U0947260

太原铁路局年鉴

2017

《太原铁路局年鉴》编委会　编

中 国 铁 道 出 版 社

2017 年 · 北京

太原铁路局车站示意图

大同车务段 13
朔州车务段 29
原平车务段 45
太原车务段 53
介休车务段 28
侯马车务段 63
大秦车务段 33
大同站 13
太原北站 13
太原站 1
太原南站 1
榆次站 3
北
图 例
符号 说明 备注
特等站 2个
一等站 24个
二等站 50个
三等站 98个
四等站 114个
线路所 7个
动车所 1个
编组站 8个
区段站 15个
机务段 3个
直属站 5个
车务段 7个
救援列车
局间分界站
合资、地方铁路
铁路代管车站
新建线、站
动车所
附：
车站总数：295个（不包括区域控制线路所）
太原铁路局运输处 2017年1月

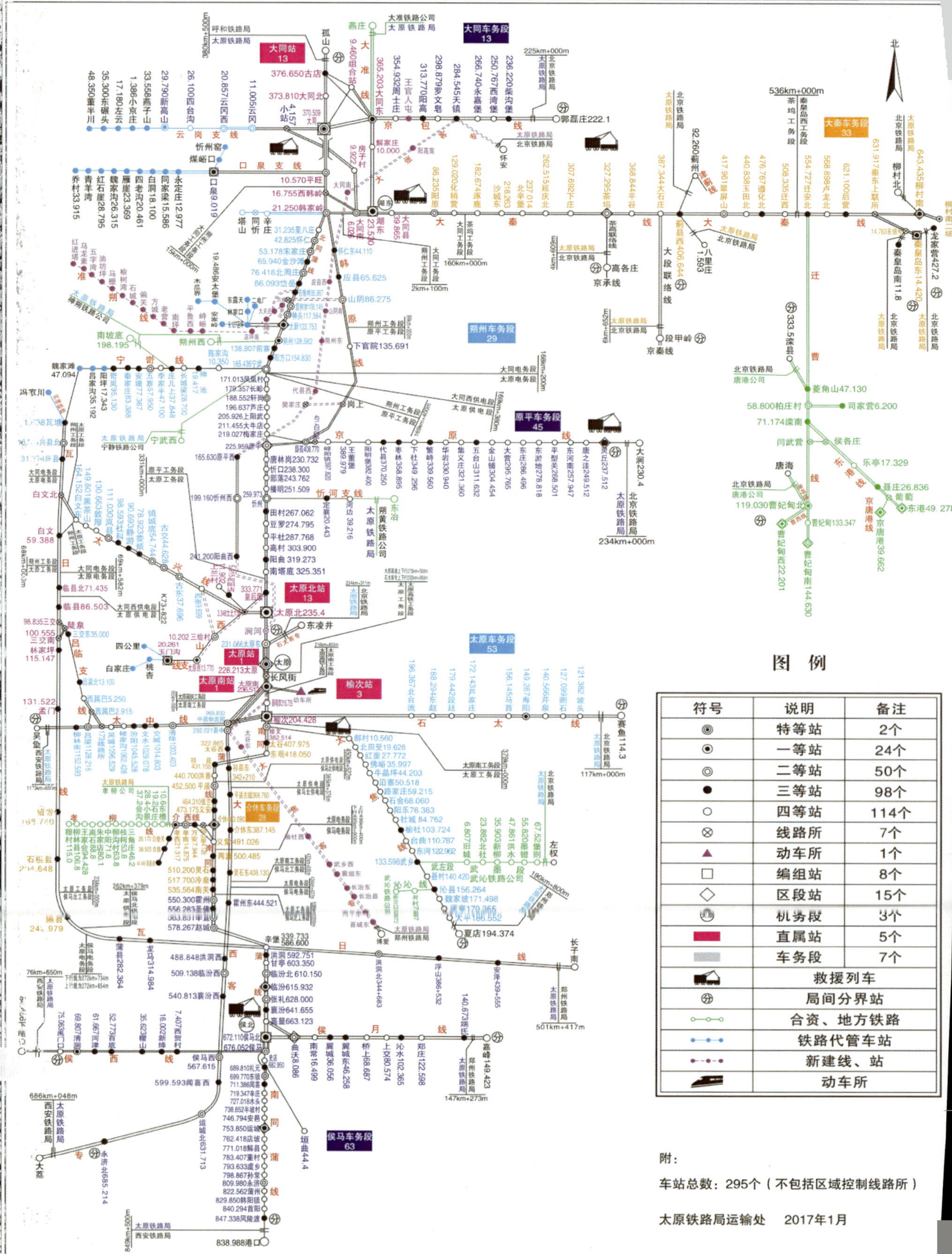

2月3日，中国铁路总公司党组书记、总经理盛光祖（右三）到大西高铁原平西至太原高速综合试验段现场调研（张炯 供）

11月7日，山西省省委副书记、省长楼阳生（中间），副省长王一新（右二）到路局中鼎物流园调研（档案史志室供）

4月20日，中国铁路总公司副总经理李文新（左一）在大西高铁原平西至太原高速综合试验段调研（陈志敏 供）

6月3日，山西省省委常委、副省长付建华（前排右三）带领省办公厅、省经信委、晋中市等有关人员到路局中鼎物流园调研（陈志敏 供）

4月18日，路局召开“两学一做”学习教育动员部署电视电话会议暨专题党课（陈志敏 供）

10月18日，中国共产党太原铁路局第一次代表大会胜利召开（张炯 供）

6月16日至17日，2016年全局职工运动会在太铁体育馆举行（陈志敏 供）

12月19日，路局、路局党委召开全局资产经营开发“十大品牌”命名表彰大会（陈志敏 供）

6月27日，路局与百度公司正式签约，共建“智慧物流云平台”，局长赵春雷和百度公司董事长兼CEO李彦宏出席签约仪式（温希伟 供）

7月19日，局长赵春雷与中国东方航空股份有限公司山西省分公司总经理谢鹏军、山西省民航机场集团公司总经理郝孝义签署客运“空铁联运”三方合作协议，确定了“空铁通”产品合作内容，标志着山西省内“空铁联运”进入了一个崭新的时代（陈志敏 供）

5月27日，山西铁路史上首趟“Y”（游）字头城际旅游列车“云冈号”开行，从大同一站直达省会太原，山西最大两座城市间的旅行时间首次缩短至3小时以内（档案史志室 供）

7月1日，首列晋北货运快线开行（陈志敏 供）

3月3日，路局开行首趟中国（清徐）—越南（安员）直达“中越专列”国际联运货物列车（张炯 供）

11月7日，“山西龙头、国内一流”的中鼎物流园开园（档案史志室 供）

3月8日，南同蒲线综合整治施工现场，边坡清筛车首次投入使用（陈志敏 供）

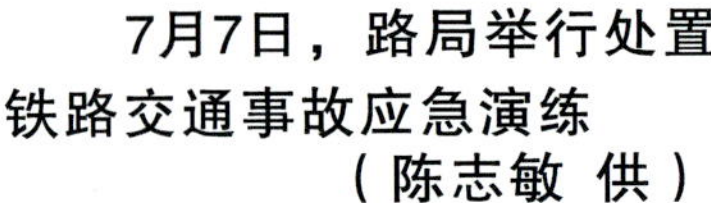

7月7日，路局举行处置铁路交通事故应急演练（陈志敏 供）

10月12日，在国家“一带一路”倡议中，路局加强路企合作，制订“火车坐火车”运输模式，将中国中车股份有限公司制造的39辆米轨石砟车，乘专列发往天津港，走出国门，运抵阿根廷（档案史志室 供）

编 辑 说 明

一、2017《太原铁路局年鉴》(以下简称《年鉴》)是太原铁路局编纂出版的第十二部《年鉴》,是在太原铁路局史志编纂委员会的领导下,由路局办公室档案史志室主持编辑,经中国铁道出版社出版按年度连续发行的综合性、资料性工具书。

二、本《年鉴》翔实、细致地记录了2016年全局的主要工作及重大事件、重要活动,各单位、各部门取得的显著成绩和存在的问题,其宗旨是为全局各级领导、各级管理人员、科技工作者以及社会各界有关人士提供信息资料。记载时间原则上为2016年1月1日至12月31日。

三、本《年鉴》采用文章和条目两种载体,设栏目、类目、条目三个层次。全书约65万字,内容层次主要根据铁路运输企业特点设置,并配有图表和照片。

四、本《年鉴》文稿分别由各单位、各部门年鉴撰稿人提供,并经本单位、本部门领导签认,路局编委会审定。

五、路局领导、机关各部门正副职、各单位领导成员名录,均以2016年底前任职为准。

六、本《年鉴》在编辑出版过程中,得到了各部门、各单位领导和相关人士的大力支持与协助,借此表达诚挚的谢意!疏漏和不当之处敬请谅解,恳请读者批评指正。

2017《太原铁路局年鉴》编审委员会

2017《太原铁路局年鉴》审稿人

审 稿 人 赵春雷 江 涛 郭家宏 支 斌 张锁明 丁永民 俞 蒙 杨占虎 刘 枫 邢 东 郭善宏 白沛锋 王旭荣

2017《太原铁路局年鉴》编辑人员

主　　编 孟亚彬

副 主 编 薛建国

责任编辑 燕保全 孙淑环 高红燕 李 朝

校　　对 燕保全 孙淑环 高红燕 李 朝

目　　录

经营管理

工程建设

综合管理

科技教育

党群工作

驻外办事处

运输站段

运输辅助单位

非运输企业

工程建设指挥部及合资公司

其他单位

荣誉记载

统计资料

特　　载

强基达标　提质增效
在创新发展转型升级新征程中展示作为

——在太原铁路局工作会议上的讲话

（2017 年 1 月 9 日）

赵春雷

同志们：

深入学习贯彻习近平总书记系列重要讲话精神，全面贯彻党的十八大和十八届三中、四中、五中、六中全会，以及中央经济工作会议、全国国有企业党的建设工作会议精神，认真落实总公司工作会议特别是陆东福总经理重要讲话精神，是我们这次会议的主要内容。下面，我就落实总公司党组具体部署，突出“强基达标、提质增效”主题，加快推进全局创新发展、转型升级，讲四个方面的意见。

一、传达贯彻总公司工作会议精神

1 月 3 日至 4 日，铁路总公司工作会议在北京召开。总公司党组书记、总经理陆东福代表总公司党组和总公司作了工作报告，并作会议总结讲话。总公司党组成员、副总经理李文新，党组成员、纪检组组长安立敏分别就运输安全工作和党风廉政建设工作作了讲话。交通运输部部长李小鹏应邀出席会议并致辞。

此前，1 月 2 日，总公司党组还召开座谈会，专门听取了各铁路局局长关于 2017 年运输、经营主要指标意见的汇报，陆总经理在会上作了重要讲话。有关精神，我也利用今天的会议一并进行传达。

（一）陆东福总经理所作的《强基达标提质增效奋力开创铁路改革发展新局面》工作报告，接通到了全局各基层单位，大家都进行了收听收看。陆总经理在会议总结时的重要讲话，主要是对《报告》的主题、主线等进行了重点解读，提出了落实要求。我感到，《报告》和陆总经理其他两次重要讲话一脉相承、互为呼应，内涵丰富、意义重大，不仅对于 2017 年，而且对于今后一段时期全路工作，都具有很强的指导性、政策性和前瞻性。我们需要不断学习，加深理解，特别要从四个方面进行重点把握和领会。

第一，陆总经理“一个《报告》、两个讲话”结合铁路实际，突出“六个深刻理解”，对以习近平同志为核心的党中央加强国有企业党的建设、深化国有企业改革、做强做优做大国有企业等一系列重大决策部署进行了领会、解读和阐释，从而作出了“三个必须”的基本判断。一是铁路在查处以往重大腐败案件后，必须落实全面从严治党主体责任，进一步扎紧制度“笼子”，强化制度约束，严肃监督执纪问责，建设风清气正、干事创业的政治生态；二是铁路在认真吸取以往重大事故教训后，必须充分认识安全责任重于泰山，坚定自觉地把确保高铁和旅客安全作为政治红线和职业底线，确保安全持续稳定；三是铁路在以往政企分开改革后，必须坚持在大局下行动，进一步解放思想，加快企业市场化改革步伐，努力构建服务经济社会发展、以效益为导向的经营管理新机制。

第二，陆总经理“一个《报告》、两个讲

话”基于上述认识和判断,提出了做好各项工作、不断改革创新需要坚持和把握的“十个重要原则”,明确了以“一个工作主题”“六个着力”为重点的2017年工作总体思路。“十个重要原则”即:一是坚持国家铁路的战略定位,自觉服从中央、服务大局;二是坚持安全责任重于泰山,坚决守住高铁和旅客安全生命线;三是坚持发挥优势,以改革创新推进铁路建设可持续发展;四是坚持融合发展,为降低社会物流成本多作贡献;五是坚持以人民为中心的发展思想,持续改善旅客的出行体验;六是坚持应用创新重点,为保安全、强管理、增效益提供科技支撑;七是坚持发挥铁路资源优势,大力拓展资产综合开发效益;八是坚持依法治企,提高铁路企业依法管理、诚信经营水平;九是坚持党的领导,筑牢铁路企业的“根”和“魂”;十是坚持依靠方针,发扬职工群众推进铁路改革发展的首创精神。

2017年铁路工作的总体思路是:深入贯彻习近平总书记系列重要讲话精神,全面贯彻党的十八大和十八届三中、四中、五中、六中全会精神,以及中央经济工作会议、全国国有企业党的建设工作会议精神,突出把握“强基达标、提质增效”工作主题,着力构建“三位一体”安全保障体系,确保铁路安全持续稳定;着力创新铁路建设机制,实现铁路建设可持续发展;着力深化运输供给侧结构性改革,提高铁路服务质量和经营效益;着力推进应用技术创新,强化科技对铁路发展的支撑作用;着力服务“一带一路”建设,扩大国际交流合作;着力加强和改进铁路党建和宣传思想工作,充分调动干部职工的积极性主动性创造性,奋力开创铁路安全稳定、改革发展新局面,以优异成绩迎接党的十九大胜利召开。

第三,陆总经理“一个《报告》、两个讲话”鲜明提出了2017年铁路工作“强基达标、提质增效”的工作主题。强基达标,就是坚持抓基础、强基本、重基层,坚持各项工作的标准和规范,完善管理制度和工作流程,明晰管理权责,强化职工教育培训,构建科学严密的考核评价体系,切实筑牢铁路事业发展的坚实基础。提质增效,就是要坚持以提高发展质量和效益为中心,确立提质增效鲜明的目标导向,加快转变铁路发展方式,深化改革创新,推动铁路发展从规模速度型向质量效益型转变,从运输生产型企业向运输物流型企业转型,全面提升铁路建设质量、运输质量、服务质量、工作质量,实行全面预算管理,增收节支,努力提高企业经营效益。陆总经理特别指出,“强基达标、提质增效”的理念不仅仅体现在经营管理业务上,在党委、行政、工会、团委包括专业领域都要延伸展开。

第四,陆总经理“一个《报告》、两个讲话”部署了2017年全路重点工作。主要是八个方面:一是预防为主、标本兼治,构建“三位一体”安全保障体系;二是持续推进铁路建设,全面加强工程质量安全;三是推进运输供给侧结构性改革,全面提高铁路服务质量;四是加强经营管理,构建权责统一新机制;五是落实经营权责,提高铁路资本经营效益;六是突出关键重点领域,积极推进应用技术创新;七是扩大铁路对外交流合作,服务“一带一路”建设;八是发挥职工群众的主人翁作用,建设企业与职工命运共同体。报告还对全面从严治党,抓好2017年铁路党风廉政建设提出了总体要求。

以上四个方面,“三个必须”的基本判断是形势分析,“十个重要原则”“六个着力”是工作思路,“强基达标、提质增效”是工作主题,八个方面工作是重点任务,逻辑严密、层次清晰,体现了鲜明的目标和问题导向,全局上下要不断认真学习,结合实际深刻领会。

(二)交通运输部部长李小鹏在讲话中,充分肯定了2016年铁路安全生产、铁路建设、运输服务、国企改革、科技创新及“走出去”等各项工作取得的突出成绩。传达贯彻了习总书记对交通运输工作作出的一系列重要指示,对深刻领会和贯彻落实好党的十八届六中全会、中央经济工作会议、中央政治局民主生活会精神提出了相关要求。对2017年工作,从5个方面进行了强调,一是深入推进铁路供给侧结构性改革;二是服务国家战略,加快推进铁路建设;三是坚持守住安全生产底线;四是加快完善综合交通运输体系;五是坚持不懈地加强党的领导。

(三)副总经理李文新的讲话,围绕"强基达标、提质增效"工作主题,在简要总结2016年全路运输安全工作的基础上,明确了总公司新一届党组的安全发展思路和工作理念。即:坚持安全第一,着力创新发展,推进强基达标,突出超前防范,注重综合施策,严格依法管理。提出了2017年安全工作的奋斗目标,即:确保不发生重大及以上责任事故,不发生客车较大及以上责任行车事故、造成旅客死亡的责任行车事故、从业人员较大及以上责任死亡事故,铁路从业人员万人生产安全事故死亡率控制在0.3以内,铁路交通事故10亿t·km死亡率控制在0.3以内。部署了2017年全路运输安全重点工作,即:一是规范和创新安全管理;二是推进高铁"强基达标、提质增效"工程;三是进一步强化安全生产过程控制;四是做好治安和外部环境隐患综合治理工作;五是组织好安全生产专项整治。

(四)纪检组长安立敏的讲话,围绕"强基达标、提质增效"工作主题,回顾了2016年铁路党风廉政建设工作情况;提出了2017年铁路党风廉政建设工作的总体要求,即:深入贯彻党中央和中央纪委关于党风廉政建设工作部署,坚持全面从严治党,认真执行准则、条例等一系列党内法规,以强化"两个责任"为抓手,以实践监督执纪"四种形态"为主要途径,持之以恒落实中央八项规定精神,进一步加强和改进纪律审查工作,不断深化廉政风险防控,努力取得党风廉政建设新成效,为铁路改革发展提供坚强纪律保证。部署了4个方面的重点工作,即:一是深入学习贯彻准则、条例等一系列党内法规,切实把纪律和规矩立起来;二是深入落实中央八项规定精神,坚持不懈纠正"四风";三是全面实践监督执纪"四种形态",进一步加强和改进纪律审查工作;四是不断深化廉政风险防控机制建设,努力压缩违纪违规问题滋生空间。最后,就强化"两个责任",努力营造良好的政治生态环境提出了相关要求。

二、深刻领会总公司工作会议精神,进一步增强全局创新发展、转型升级的责任感和使命感

研究和思考太原局2017年及今后一个时期的工作安排,我们必须增强"四个意识"特别是核心意识、看齐意识,必须体现贯彻落实党中央精神,必须体现贯彻落实总公司工作会议及上述各位领导讲话精神,坚持用历史的眼光审视过去,用发展的思路着眼未来。

刚刚过去的2016年,是国家"十三五"规划的起步之年,也是全局实施创新发展、转型升级战略的第一年。在这一年里,我们坚持安全发展,牢固树立"安全第一"思想,不断强化红线意识和底线思维,确保了高铁和旅客绝对安全,成功经受住了防洪抗汛、大秦上量等多重压力测试,顺利实现安全年。我们坚持转型发展,突出市场导向,瞄准物流产业前沿,以更加开放的姿态、更加务实的举措,跨界融合、共建共享,中鼎物流园顺利开园,智慧物流云平台成功上线,全局现代物流建设迈出实质性步伐,转型升级取得重大突破。我们坚持创新发展,以经济效益为中心,从供给侧发力,丰富客货运输产品,推进多元化经营,服务经济社会发展,在市场形势非常严峻的情况下,各项生产经营结果明显好于预期。我们坚持健康发展,始终把纪律和规矩挺在前面,倡导"机关服务、基层自立",明晰权责清单,动态完善机制,合理调配资源,各项工作始终在有序的轨道上运行,企业形象更加健康阳光。我们坚持共享发展,以人民为中心,主动承担社会责任,切实维护职工主人翁地位,从物质、精神等多个方面,通过多种途径进行大力改善,干部职工的获得感明显增强。

通过一年来的积极作为、砥砺前行，全局上下政通人和，干部职工心齐气顺，整体呈现出昂扬向上、充满活力的良好发展态势。"五大发展""六新太铁"取得明显成效，各项工作得到了总公司党组、山西省委、省政府的充分肯定，赢得了社会各界和广大干部职工的广泛赞誉。

在这份优秀的成绩单上，倾注了全局干部职工特别是在座各位的辛苦付出和无私奉献。一年来，大家以对党绝对忠诚的信念，坚决与以习近平同志为核心的党中央保持高度一致，坚决落实总公司党组各项决策部署，以实际行动检验了"两学一做"学习教育成果，体现了理想信念坚定；大家以勇于创新、甘于奉献的精神，在推动转型升级的战役中不断寻求新突破，为路局可持续健康发展蹚出了一条新路子；大家以守土有责、真抓实干的担当，完成了路局交给的各项任务，用行动赢得了职工的信赖、组织的认可。路局对大家是理解的、是信任的，对大家一年来的工作也是充分肯定的。在此，向大家表示衷心的感谢！真诚地道一声：大家辛苦了！

"兵无常势，水无常形"。2016 年的成功实践启示我们，2017 年的客观现实也要求我们，必须适应新常态，树立新理念，研究新形势，切实跟上党中央号令、总公司要求和时代前进的步伐，把握工作主动权，提升工作精准度，推动全局可持续健康发展。

1. 深刻领会总公司党组作出的"三个必须"的基本判断，切实把思想和行动统一到总公司党组对铁路发展阶段的科学分析上来。总公司党组作出的"三个必须"的基本判断，是在深刻领会习总书记关于加强国有企业党的建设、深化国有企业改革、做强做优做大国有企业一系列重大决策部署上所作出的基本判断；是总公司党组站在新的历史方位，纵向上回顾过去、审视现在、面向未来，横向上立足路内外大局、分析路内外大势，对我们铁路行业所处历史地位和经营管理环境的基本认识和精准定位。它既有理论依据，又有实践支撑；既符合中央要求，又符合铁路实际。

首先，它是客观存在的最基本的路情。不论是铁路重大腐败案件、"7·23"事故，还是铁路政企分开改革，都是真实存在、确实发生过的事情。它们不仅仅影响了我们的昨天，而且还在影响着我们的今天，甚至会影响我们的明天。这是我们在研究重大问题时必须认账并深刻反思的背景，是我们思考相关工作的一个逻辑源点。

其次，它是我们面临的最根本的挑战。为什么这么说？因为它对铁路发展、铁路形象的影响是巨大的，是要"一票否决"、影响领导干部政治生命的。在安全生产上，特别是高铁和旅客安全上，"7·23"前车之鉴犹在、切肤之痛未除。反腐倡廉方面，铁路行业一直处在风口浪尖上。历史的、现实的深刻教训，以及当前从严治党要求越来越高、越来越严的高压态势，容不得我们有一丝问题。市场化经营方面，我们承担着诸多社会责任、政治责任还有经济责任，既要市场化、又要规范化，面临着法律、道德等多重风险。这是我们做好新时期工作，必须认真思考和谋划的三大挑战。特别是对照反思，在这三个方面，我局同样有着十分深刻的教训。2015 年发生的"10·11"事故，不但中断了全局安全生产 3000 多天的成绩，而且失去了 3 个宝贵的生命，影响了 3 个家庭的幸福，至今让我们记忆犹新。面对 2016 年严峻的运输市场形势，我们"一煤独大"难掉头，"小布头补不了大窟窿"，全年货运量同比减少 7500 万 t，运输收入同比减少 108 亿元，"损失"惨重。在廉政建设上，2015 年中央巡视组专项巡视我局发现的问题，给我们领导干部和企业形象等方面造成很大的影响。

第三，它是我们需要承担的最治本的担当。我们有许多工作要做，但什么是治本之策，什么是我们企业安身立命的根本？就是安全、廉政、市场化经营这三件事。这是中央对我们的最大期望、职工对我们的最大期待。所以,我们在思考研究有关工作,在作出相关决策的时候,都要从这几个方面进行把握。看看是不是有利于维护安全稳定,是不是守住了廉洁从政的底线,是不是做到了提质增效。如果把不准这几点,就可能出现大偏差,犯大错误。全局各级干部,特别是领导干部一定要把这“三个必须”的基本判断作为我们干好各项工作的出发点和落脚点,深刻领会,准确把握。

2. 深刻领会“强基达标、提质增效”工作主题,进一步坚定推进创新发展、转型升级的信心和决心。此次总公司工作会议和陆总经理多次讲话始终贯穿了一个主题,就是“强基达标、提质增效”。这一主题,符合中央要求,符合国家经济发展“稳中求进”的工作总基调。强基达标是“稳”,提质增效是“进”。这是总公司新一届党组在科学分析全路发展形势、准确把握全路工作实际的基础上,所确定的全路上下必须高举实落的工作主题。这一主题,坚持问题导向,告诉我们必须把基础、基本、基层抓在手上,解决了“抓什么”的问题;坚持目标导向,告诉我们作为中央领导下的国有企业,必须把提高经济效益作为发展之根,解决了“为什么抓”的问题。这一主题,不是一个口号,而是要融入思想深处,落实到具体工作中,不仅要贯穿于安全生产、运输经营、现代物流等各个领域,更要体现到路局、站段、车间、班组等每一个层面、每一个岗位。

去年以来,路局大力倡导“机关服务、基层自立、各司其职、各负其责”,并在全局开展“强三基、创三优”活动,就是在建制度、明标准、定流程,夯实基础、基本、基层,促进事事有标可依、有据可循,使全局保持健康有序的发展。我们专门出台容错机制,大力推进全员创新创效创业,也是在想方设法提高企业经营效益,不断增强企业的发展活力。对照“强基达标、提质增效”工作主题来看,我局实施创新发展、转型升级战略,以往所做的、现在正在做的,完全符合总公司党组的工作主题。全局上下一定要拿出“钉钉子”的精神,下苦功夫、真功夫,坚持不懈地推动创新发展、转型升级,把“五大发展”“六新太铁”这张宏伟蓝图抓下去、绘就好。

3. 深刻领会推进铁路发展需要坚持和把握的“十个重要原则”,切实在各项具体工作中予以实践和落实。总公司党组在作出“三个必须”的基本判断之后,又提出了指导全路发展的“十个重要原则”。这“十个重要原则”,既有贯彻习近平总书记系列重要讲话精神、开创铁路改革发展新局面的创新,也有对铁路光荣传统的传承;既明确了铁路发展定位,也明确了发展思想;既讲工作方法,也提具体要求;既摆明自身资源优势,也突显行业和专业技术优势;既体现了推进企业发展的经济责任,也强调了作为国有企业必须履行的政治责任、社会责任;既告诉我们受谁领导、依靠谁,也告诉我们如何发展、发展为了谁。

太原局作为全路的货运大局、重载强局,我们承担着保障国家战略、国家安全、国民经济运行和服务人民群众的重大政治责任和社会责任,我们的客货运输事关国计民生,事关职工群众福祉。全局上下一定要坚决落实和把握这“十个重要原则”,坚持在大局下行动,坚持建立现代企业制度的改革发展方向,围绕“强基达标、提质增效”工作主题,以“六个着力”为重点,推进运输供给侧结构性改革,加快现代物流建设经营步伐,不断扩大市场份额,巩固骨干地位。要充分相信职工、依靠职工,尊重职工的首创精神,保障职工的民主权利,最大限度地调动广大职工的积极性、主动性和创造性,汇聚起推动全局创新发展、转型升级的不竭动力。

4. 深刻认识铁路面临的新挑战和新任务,正确看待我局当前需要面对的困难和破解的课题。陆总经理在报告中,对2016年工作进行总结后,从五个方面客观指出了铁路在与其他交通方式融合发展中面临的新情况、在确保运输安全中面临的新挑战、在促进铁路可持续发展中面临的新课题、在经营机制上需要取得的新突破、在提高领导能力和管理水平上面临的新任务。这“五新”,既是总公司新一届党组对当前铁路面临问题的客观评价,也体现了面对问题不回避、面对困难求突破的担当精神。从路局到站段乃至车间,都要坚持这一导向,学习这一精神,结合自身实际,主动认领问题,研究破解难题。

一分为二地看我们一年来的发展,转型升级的成绩有目共睹,但问题特别是这“五新”问题,在我局同样存在。在安全上,故障居高不下,事故时有发生,可谓基础薄弱、险情不断。在多种交通方式融合发展上,现代物流刚刚起步,全局大量资源闲置,我们在由运输生产型向运输物流型企业转型上,还有很长的路要走。在管理机制上,本位主义、自套“枷锁”的现象比比皆是,不要说“法无禁止即可为”,即便出台了容错机制,也不愿越“雷池”半步,企业的内生动力和市场活力远远没有激发出来。在履行党建责任上,不落实八项规定、不遵守纪律规矩的行为仍然存在。在干部作风上,不同程度存在履职能力不强,工作按部就班、缺乏激情,不愿担当,不敢创新,不想吃苦等问题。

从外部形势来看,在经济缓中趋稳、稳中向好的大形势下,我们有机遇、也有挑战。随着经济驱动要素的变化,需求结构也在发生着深刻变化。客运方面,务工本地化趋势明显,长途务工客流下降,旅游休闲客流、城际市郊客流大幅增长,平均运距逐步缩短,客流区域性、季节性、阶段性不平衡的特点更加突出,对我们的产品设计、装备运用、人员配备等提出了新课题。货运方面,国家“三去一降一补”持续深入,山西加快推进非煤产业、煤改电、煤炭新能源发展,2017 年山西省煤炭就要去产能 2000 万 t 以上,大宗物资运输需求呈持续下滑态势,而高附加值的白货需求快速增长。这无疑给我们的市场转型、产品转型赋予了新机遇,也提出了新课题。

以上问题,无论站在“三个必须”的基本判断上衡量,还是从“强基达标、提质增效”的工作主题上把握,都需要全局上下予以高度重视,做到因势而谋、应势而动、顺势而为,不断推动企业可持续健康发展。

三、突出主题,理清思路,扎实推进 2017 年重点任务

2017 年,党的十九大将要召开,是深入实施“十三五”规划的重要一年,是全局推进创新发展、转型升级的关键一年。我们要突出“强基达标、提质增效”主题,继续推进创新发展、转型升级,朝着“六新太铁”目标大踏步前行。关于全年整体工作的措施、目标等,将在二届五次职代会上进行报告。下面,我就各项工作中需要注意和把握的一些思路、重点、方法,从八个方面与大家进行交流。

(一)关于安全生产。郭善宏副局长要作专题部署。我重点强调两个需要把握的问题。

1. 要把握好“站位”的问题。这一站位就是,高铁和旅客安全是“红线”“生命线”“清零键”。关于“红线”。习总书记强调,“人命关天,发展决不能以牺牲人的生命为代价。这必须作为一条不可逾越的红线”。落实以习近平同志为核心的党中央的要求,就必须树牢“红线”意识。关于“生命线”。确保铁路安全特别是高铁和旅客安全,事关国家的国际形象,事关中华民族伟大复兴的中国梦。铁路没有安全就没有一切。所以说,总公司党组将高铁和旅客安全定位为“生命线”十分准确,也十分必要。关于“清零键”。对于全局工作而言,安全就是“清零键”。不要说在高铁和旅客安全上出问题,就是在其他方面出现安全重大问题,一个单位的工作也会处于被动,也会被“一票否决”;每名干部职工多年的付出、所有的努力都会被“一键清零”。所以,全局上下一定要把“红线”“生命线”“清零键”的意识根植于心、见之于行。

2. 要把握好"抓手"的问题。这个抓手就是,构建人防、物防、技防"三位一体"的安全保障体系,实现管理基础达标、人员素质达标、设备质量达标和环境整治达标。关于"人防"。除了建制度、抓标准、卡过程等,让外因起作用之外,更要通过各种方式,充分调动人的主观能动性,让内因起作用。在这方面,各部门、各单位要认真思考、狠下功夫。关于"物防"。就是要从设备的引进安装、维护检修、使用运用等各个过程入手,让设备和环境始终保持在正常的状态,让作业处于安全的环境。关于"技防"。就是要发挥科技保安全的作用,这是我们要努力的方向。人防、物防、技防既各有侧重,又合为一体。构建这一体系,不是要出多少新花样,不是要上多少新设备,而是要着眼安全实际,按照"坚持安全第一、着力创新发展、推进强基达标、突出超前防范、注重综合施策、严格依法管理"的理念和思路,解决弱项,补齐短板,立标贯标,统筹推进,把基础工作做扎实。

(二)关于客货运输。陆总经理指出,作用决定地位,市场份额决定地位。我们必须把扩大客货运输市场份额作为工作的着力点,坚决完成总公司下达的运输任务,进一步巩固太原局在全路和山西省交通运输体系中的骨干地位。

1. 货运方面。总的思路是,适应货运市场发展趋势和需求结构变化,细分目标市场,精准设计产品,促进增运增收,实现市场份额企稳回升。一是打满大秦线。运输部门要按照"动车化开行"的思路,优化运输组织,抓好机列衔接,兼顾设备"天窗",以高水平的调度指挥统领好上量工作。各设备单位要树立"大运输""一盘棋"意识,主动作为,集中技术力量和优势兵力,为运输上量提供保障、创造条件。其他部门和单位要精准服务,在资金投入、设施补强、人员调配、后勤保障以及表彰激励等方面给予支持。总之,保大秦运量,既是总公司的要求,也是全局发展的基础保证,更是我们能力水平和责任担当的具体体现。大家一定要高度重视、全力以赴,切实让大秦线这面"旗帜"更加鲜艳。二是打好两个增量点。要想方设法把瓦日线打造成第二条"大秦线",重点在入海通道上开发"重去重回"产品,在增量的同时提高运输效率、增加运输收益。要把准朔线开通运营作为扩大份额和增运增收的重要途径。相关部门和单位,要详细对接,充分准备,确保上半年开通,下半年形成能力。三是拓宽领域。去年,我们开发了100多个新项目,特别是集装箱增幅很大。今年,要继续巩固深化,把集装箱、专业物流、散货快运、班列运输等领域作为重点,在优化供给、丰富产品上下功夫,全面提升在货物运输领域的市场竞争力。特别是要全面融入"一带一路"国家发展战略,在开行中亚班列、中欧班列上有所突破。

2. 客运方面。总的要求是,在履行好社会责任的同时,主动顺应市场需求,正视年内没有新线开通的现状,大力实施高铁"强基达标、提质增效"工程,通过优化客运产品结构,提升客运服务质量,努力实现增运增收。一是横向上扩大体量。要把山西省大力发展文化旅游产业作为最大的发展机遇,按照"哪里有需求,就把车开到哪里""市场需要什么产品,就开发什么产品"的原则,主动融入文化旅游产业链条。要在做好大西高铁和旅游列车两篇文章的同时,努力在政府购买定制化产品,以及开发高铁与普速相衔接,铁路与航空、公路相衔接的组合接续式客运产品上谋求突破。要高度重视"节假日效应",把设备检修、人员调休等放在周一到周四,周五至周日要"火力全开",动客车全部上线,打好短平快,日积月累,做大体量,扩大份额。二是纵向上提升效益。要落实基本服务,提升旅客在购票、取票、乘车等各个环节的服务体验,特别是在个性化、差异化服务上要提品质、走高端。要强化和优化客运产品延伸链条上的餐饮、住宿、旅游、广告等资源,按照产业化、规模化发展的思路进一步做大做强,增加整体收益。

优化客货产品供给，核心是要提质增效。这就要求我们必须以市场需求为导向，根据市场变化，动态调整运行图，合理安排生产资源投入，保持高产高效。必须以信息化、大数据的充分运用为支撑，建立信息精准、响应迅速、应对得当的市场调查分析、监测监控机制，建立依法合规、过程快捷、浮动灵活的议价调价机制，更好地支撑客货产品优化和运输经营决策。相关部门要密切关注总公司制度安排，及时跟进，超前做好工作。

（三）关于现代物流建设。去年以来，我局加快推进现代物流的思路和做法得到各方的充分肯定。陆总经理明确要求我们深入研究“传统产业＋信息技术怎么升级”，指示我们“可以多试，多创造一些经验”。山西省楼阳生省长也对我们寄予厚望，希望我局在山西物流业发展中有大担当、有大作为，并在国家物流业格局中占据重要地位，为山西转型综改发挥重要作用。同时，明确由我局主导，承担山西综改示范区物流建设的主体责任，完善优化山西省现代物流业发展方案和山西智慧物流体系实施方案。国家交通运输部也将中鼎物流园纳入了全国多式联运示范工程培育项目。之所以有这样的结果，是因为我们抓住了创新、共享等新发展理念的“根”，完全按照网络强国战略、国家大数据战略、“互联网＋”行动计划的要求进行顶层设计，是贯彻总公司运输供给侧结构性改革要求的新探索、新实践。我们“天网”“地网”“双网合一、生态再造”的发展方向，起步早、开局好，当务之急是要大胆创新，集聚人气，开拓经营，尽快形成创效能力。

1. 加快完备“地网”体系。现在“1”已经有了规模，功能正在不断完善，“3＋13＋300＋N”正在加快建设和升级改造。如果说中鼎物流园是“树干”的话，全局所有园区、基地、节点都是这个“主干”上的“枝叶”，和“主干”一脉相承、同气连枝。“主干”的多式联运能不能发展起来，关键要看这些“枝叶”是否具备相应条件。下一步，“地网”建设的重点就是要满足多式联运的发展需要。大家头脑中要有与多种运输方式分享共赢、合作竞争的理念，进而从这个角度出发，思考规划、建设、管理、运营等一系列问题。

2. 加快释放“天网”潜能。我们发展现代物流主要是通过“地网”“天网”融合联通，组织、辐射和带动多种运输方式以及金融保险、配套服务等关联产业同步发展。这不仅是我们发展智慧物流的基础，也是将来平台能否市场化、产业化，实现智慧创收的基础。当前，大家要抓住三个创新点，尽快释放“天网”能力。一是完善支撑多式联运的基本功能，按照一次托运、一次合同、一次单证、一次结算费用、一票到底的要求，完善系统功能，建好联接“天网”“地网”的桥梁和纽带。二是把生产制造、批发零售、物流仓储企业发运需求集成的“货源池”，陆海空运输、快递配送、各类运力集成的“运力池”，相关产业实体、物流仓储企业集成的“仓储池”等有关数据，全部汇集到云平台，做大平台数据储量。三是要认识到信息化产业是低投入、高附加值的阳光产业。我局云平台在硬件设施、运算能力、远期储备等方面，都处于国内领先水平。而且未来山西省工业、商贸、物流、运输等数据将全部接入云平台，我们将掌握更多的数据资源。要按照产业化、实体化、市场化的要求，对运营和管理进行超前思考和研究。

3. 加快推进园区市场化、规范化经营。发展现代物流，我们既是建设者，又是承运商和经营者。中鼎物流园开园后的发展态势良好，但我们决不是要建一个更大的传统铁路货场，决不能只靠出租库房来挣钱。而是要建一个现代化多式联运的物流枢纽，实现各种运输方式在枢纽内的无缝衔接、高效运转。要研究解决好三个课题。一是建好机制。作为以铁路为主导的多式联运物流园，总公司给了我们“多试”的支持。我们要跳出传统铁路管理的“框框”，按照社会物流企业市场化管理、市场化运作的要求，建立起与之相适应、相配套的运行机制体系。二是培育好市场。要借助政府的力量、依托加盟企业的带动,推动商贸、金融、信息、仓储、制造、服务等产业互动融合,构建物流生态服务体系,抓紧把“智慧型”物流市场培育起来。三是抓住用好机遇。中鼎物流园纳入山西省综改示范区后,有力地巩固了我们在山西物流界的龙头地位。下一步,一方面要用好国家、总公司和山西省等各方面的政策,争取更多的优惠;另一方面,要根据综改示范区的发展要求,对我们客货发展、物流节点等进行超前规划、合理布局,在发展中争取发挥更大作用,巩固骨干地位。

这里,需要特别要求的是各车务站段。中鼎物流园区和云平台是先行,是范例。下一步,全局各货运站,也要比照中鼎模式,通过云平台联接起来,发挥聚合效应,推动多式联运,实现融合发展。要首先把货源拿到手,适合走公路的走公路,适合多式联运的用联运。各车务站段要主动上手,积极探索,尽快融入。路局货运处、营销处等职能管理部门,要督促各单位把这项工作抓好。

(四)关于铁路建设。搞好铁路建设是我们优化路网结构、促进融合发展、增加客货有效供给的重要途径,也是推进创新发展、实现转型升级的一项重要任务。

1. 坚决完成建设投资任务。2017 年,全局共有 11 项工程建设项目,其中总公司项目 3 个、局管项目 8 个,年初安排投资计划 130 亿元。这些工程建设项目,不仅是总公司的任务要求,也是我局加快发展的现实需要,必须坚决按投资计划推进。特别对于准朔铁路、南同蒲电化、京原线电化、大西代建等年内开通项目,在推进的同时,要同步考虑客货经营、土地综合开发等因素,主动上手,提早介入。

2. 加强工程建设的协调沟通。铁路工程建设项目往往牵扯到方方面面的关系和利益,大家要注意沟通协调。一是要落实好与国家有关部委、地方政府沟通协调机制,解决好征地拆迁、资金落实、市政配套等难点问题。二是根据国家、山西省“十三五”规划,动态研究市场前景。对于有市场潜力,有必要尽早建设或者扩大规模的,要及时拿出可行性方案,为路局未来的发展争取更大的空间。

3. 严把工程质量和安全。铁路工程建设项目,因为涉及设计、投资、施工、监理、地方政府等多个单位、部门,情况比较复杂。对此,我们一定要把纪律和规矩挺在前面,真正把方方面面的责任履行到位。一是严格按施组工期推进,不允许随意抢工期、赶进度,做到投资和实物工作量相匹配。二是对于工程施工、竣工验交、安全评估、动态静态测试等各个环节,要全程介入,严格把关。特别是要强化合同约束,落实质量终身负责制,防止建成投产后出现质量问题。三是一定要严格落实工程建设的有关规定,保证依法合规。

(五)关于综合经营开发。全局丰富的资产资源是一座“金矿”。全局上下要把实现效益最大化作为经营开发的总体原则,按照创新、开发、转型、提质的发展思路,着力构建全资产开发、全方位经营、全产业发展、全要素盘活的新格局。

1. 抓好创新驱动。综合经营开发必须把创新驱动作为第一动力。一是要推进理念创新。综合经营开发不是经营开发处、非运输企业一家的事,各单位、各部门手中掌握着大量的资产资源,要树立“人人都是经营者”的理念,切实承担起综合经营开发的主体责任,把手中的资源管好、用好、开发好。二是要推进管理模式创新。进一步强化专业处室的经营开发职能,明确运输站段的经营开发权责,完善以系统为单位、责任共担、利益共享的评价考核机制,切实解决站段有资源但开发不足、非运输企业想开发却缺少资源的问题,不断提高综合经营开发的规划、组织和管理水平。三是要推进增值模式创新。要依托业务和项目延长产业链条,依托“互联网 +”扩大增值面,依托大数据精细化决策,依托信息化平台扩大客户覆盖面,全面提升综合经营开发效益。

2. 抓好领域拓展。一是要深度融入现代物流发展,在引进客户、开发业务上发挥优势,不断提升现代物流基础服务、增值服务、配套服务的整体水平。二是要围绕客运服务延伸产业链条,进一步提高站车商务、广告开发、旅游列车开行、铁路餐饮品牌化经营能力。三是要统筹土地资源利用,用好总公司政策,以旅游配套、城市配送、站车商服、商业地产等为重点,按照商业化发展的模式,因地制宜,分类组织,稳步推进铁路土地综合开发。四是要运用"互联网+"思维,大力开发电子商务,借力"视频进车间、网络进班组"工程,抢占局内市场。

3. 抓好产业升级。要准确把握国家振兴实体经济的大势,按照总公司的总体部署,切实提高"五大板块"等领域的产业集中度,形成规模效应,切实把传统优势项目做强做优做大。

综合经营开发是全局创新发展、转型升级的重要领域,发展的空间很大,可做的文章很多。全局要统一共识,不断创新,寻求突破。

(六)关于优化企业管理机制。一个企业有没有活力、有没有动力,管理机制尤其关键。特别是经过一年来的创新实践,我们发展到现在这个阶段,必须打造制度和机制新优势。今年,总公司按照"强基达标、提质增效"的主题,对工资挂钩考核机制和经营业绩考核办法进行了修订,核心就是要激发保安全、增效益、闯市场的活力,激发每一名干部职工的动力。要知道,考核激励导向哪里,工作重心就会转向哪里。我们要吃透总公司的政策,紧密结合我局的实际,同步修订完善路局经营业绩考核办法、内部分配办法,以及评先和选人用人等办法,加强全面预算管理,进一步通过规范考核,搞活分配,弘扬正气,调动起干部职工安全生产和经营创效的积极性。重点要把握好以下"四个原则":

1. 把握依法合规原则。就是要严格遵守党纪国法和企业制度,提升企业依法管理、诚信经营水平。要健全完善企业重大经营决策法律论证、合同审查、重要文件合法性审查等制度,规范管理行为。建立企业违规经营和投资责任追究制度及责任倒查制度,对企业重大决策实行终身责任追究。完善合资公司经营管理机制,加强合同联签、对外投资、规范性文件及经营网点内外部关联交易等合法性审查,确保企业运营依法合规。

2. 把握权责对等原则。就是要进一步明确路局与基层单位的职能定位和权责划分。总体讲就是要落实好"机关服务、基层自立",做到"各司其职、各负其责"。处室的主要职能是建设,为基层提供服务和保障。基层单位就是"战区",主要职能是"打仗",要高度自立、灵活作战。现在我们大部分机关部门、基层单位有了服务、自立意识,但在能力上还不足,服务上还有差距。下一步重点要在以服务促自立上下功夫,全面提升一线战斗力。要优化路局各部门职责分工,形成符合企业化、市场化运行要求的组织架构。要修订完善相关管理制度,厘清路局与基层单位业务管理边界,增强制度规定的市场化特征,减少行政性、指令性行为,进一步放权,将微观的管理决策交给基层,松开他们在安全管理、经营创效等方面的"手脚"。要制定正面清单和负面清单,分别对各部门和基层单位权力运行进行规范,只要负面清单没有纳入的事项,各单位均可自主决策、实施经营行为。要进一步提升基层自立能力,站段、车间、班组在管理上要坚决落实逐级负责,在作业上可以探索由站段直管直控到班组,切实加强现场作业控制,同时倒逼车间提升管理能力,真正做到"层层自立"。

3. 把握鼓励创新原则。坚持"法无禁止即可为"的思路,切实消除制约生产效率的土政策、土规定,努力形成符合市场规律的新机制、新模式,不断推进全员创新创效创业,最大程度释放生产力。要抓好容错机制的落地,区别看待是出于公心还是源于私利,是无心之失还是有心之过，是履行程序还是破坏规则，是遵纪守法还是违法乱纪，给干事者以总结经验、重振旗鼓的机会，真正去其忧、励其志。要持续推进重要文件、制度标准等向职工代表征求意见的机制，真正让制度服务现场。特别是要有效防止“层层加码”“只堵不疏”，甚至“自套枷锁”的问题。要加大对基层意见建议的研究力度，慎重“说不”，真正让“金点子”“好创意”开花结果。

4. 把握公平公正原则。要坚持在市场上见分晓，以企业收益、经营绩效来决定单位和人员收入。对基层领导班子和领导成员的考核分配，不搞一刀切和层层递减，重点向安全责任大、生产任务重、增收节支贡献大的倾斜。对职工的分配，重点向高铁生产岗位、向苦脏累险岗位倾斜，加大对在经营创效中作出突出贡献人员的奖励力度。全面深化计件工资分配，推行全员绩效考核，强化考核办法的激励约束作用。积极推行专项考核机制，对有突出贡献的进行专项奖励，增加完成运输经营等专项考核指标的“诱惑力”。要进一步优化评先选优办法，真正让工作业绩优、敬业精神足、岗位贡献大的干部职工受表彰、得实惠，在全局形成见贤思齐、崇尚先进、争当先进的良好氛围。要创新用人机制，完善评价体系，突出现实表现，不唯学历、不唯年龄、不唯资历，知人善用、任人唯贤，让更多的优秀人才脱颖而出、施展才能。要抓好总公司对路局的安全、效益、经营及完成重点任务等单项考核指标的分解细化落实，把经营压力层层传递下去。要在综合经营开发领域探索实行创效项目考核制，促进主辅收益共享。

（七）关于科技创新。习总书记强调，“科技是国之利器，国家赖之以强，企业赖之以赢，人民生活赖之以好”。近年来各领域科技创新的速度之快、力度之大前所未有。特别是随着网络强国战略、国家大数据战略和“互联网 +”行动计划的实施，科技化、信息化技术与传统产业的深度融合更加全面深入，迫切需要我们按照适度超前、统筹统建、资源共享的思路，进一步加快科技创新步伐。

1. 搞好顶层设计。随着“视频进车间、网络进班组”工程的落地，全局科技化、信息化的基础布局基本形成。下一步的重点，一是完善设计创新体系。要按照业务部门统一规划、统一研究、统一管理、统一推广的思路，结合各系统生产、经营、管理等具体情况，确定科研课题，集中系统内各单位的科技人才、专业力量等优势兵力进行研发创新，形成成果，加快转化推广。二是提升科技管理专业水平。要加强各系统生产管理与科技信息技术的深度融合，在同一系统、同一专业内的安全设备装备要尽可能统一配置，安全管理的信息系统也要通用，避免重复建设和资源浪费。三是抓好集约整合。要对全局科技装备设备、信息化建设的整体情况进行一次排查摸底，根据生产需要和分布情况，依托新实施项目，有序对装备设备、信息系统、数据资源等进行优化整合，朝着专业化、聚集化、高端化的方向发展。

2. 推进资源共享。目前，我局尚有大量的科技资源被闲置浪费，有的是科技研发能力不强，有的是系统、专业之间自成“孤岛”，共建共享没有形成规模。对此，一是要打破不同系统、不同单位间的数据壁垒。比如，对综合检测车收集到的各专业数据，要进行集成、筛选、综合利用，真正让这些数据资源充分服务于安全生产。二是严把科技项目的方案设计、评审、立项等关口。从一开始就要按照综合利用的标准来建设，既要考虑项目在领域内的领先水平，也要考虑配套的数据转换使用等问题。三是加强与铁科院等科研机构的战略合作，探索建立大的“数据中心”，对既有各类数据信息进行统筹开发，促进成果推广应用。

（八）关于职工队伍建设。干部职工队伍是企业发展的依靠力量。要以满足企业可持续发展为总体目标，按照控制总量、用好增量、盘活存量、提高质量的要求，加快推动队伍总体结构由数量规模型向质量效能型转变。

1. 要控好总量。截至去年年底，全局职工总数为108244人，总体控制在总公司下达的用工总量范围内。但是，按照营业公里测算，我局每营业公里从业人数为26人，较全路平均水平仍有一定差距。一是要科学控制进口。严格年度新增人员计划管理，接收录用院校毕业生要严格控制在总公司和路局下达的年度计划之内。在这个总体原则下，要结合创新发展、转型升级的实际需求，特别是在关键技术岗位、现代物流管理、市场策划营销，以及经营、财务、法律等领域，要灵活用人机制，为成熟优秀的人才进入企业创造条件，满足发展需求。二是要敞开和畅通出口。任何一个企业要实现可持续发展，都容不得“闲人”和“懒人”。我们要在履行国有企业社会责任的同时，遵循市场规律和企业规则，依法合规明确退出机制。特别是对于违反法律法规、严重违反企业规章制度的，要坚决依法解除劳动合同。

2. 要用好资源。我局人力资源丰富，关键是要把这些资源管理好、调配好、使用好。各单位领导班子特别是一把手，要用好你的劳人科长，善做“伯乐”、愿做“子牙”，把能用的人都挖掘出来，放到最适合的岗位上去。一些单位总在说没有想用的人、没有可用的人，但实际情况是，全局运输站段的职工总数是96273人，较68609人的定员超出近3万人。大家不能总是强调定员测算不合理、人员素质达不到，如果一切条件都满足了，那还要我们这些领导干部做什么。一定要摸清底数，把人用活，特别是要坚决防止岗职不符、拿着薪酬不干活。路局劳资、人事部门要充分运用信息化手段，动态掌握，及时清理，发现问题严肃追责。

3. 要抓好培养。我相信，绝大多数干部职工是渴望进步、愿意练就一身真本领的。所以，我们的任务就是要在畅通成长渠道、搭建成才平台上下真功夫。路局人事、劳资、职教等职能部门，要把“充实、合成、多能、灵活”作为培养干部职工队伍的发展方向，开动脑筋、学会借鉴，多为干部职工成才提素创造条件。各业务部门要发挥专业优势，特别是在培养高精尖人才方面，要与以上三个部门同步发力，不能当“甩手掌柜”。各单位想要用“好兵”，就要切实承担起成才提素的日常管理主体责任，把眼光放长远，把工作做扎实。在抓好干部职工整体素质提升的同时，特别要在年轻人身上倾注更大精力。毕竟，太原局的未来是要交给年轻人的。年轻人往往上进心更强，适应能力更强，可塑性也更强。各单位一定要支持共青团的工作，多指导、多帮助、多创造条件，用好共青团这块阵地，把我们的年轻人培养成一支能够适应企业可持续健康发展的高素质队伍。

4. 要关爱职工。随着社会的进步、企业的发展，职工追求的不仅仅是吃好穿暖，而是更渴望活出高质量、挺起精气神，更期盼安全、公平、愉悦的工作环境和人生出彩的机会。我们要更加关注职工的精神追求，弘扬浩然正气。在建章立制时，要更多地融入人文关怀，让我们的管理要求、制度办法更有“温度”，让大家在安全稳定、积极向上、开心愉悦的环境中自控自立。要更加高质量地推进好改善职工生产生活条件“三年攻坚计划”，想方设法为职工多办好事、办实事、解难事，让大家的生产生活环境更舒适、更温馨，职工归属感、企业凝聚力更强烈。要拓宽职工服务中心、合理化建议等畅通社情民意的渠道，深化恳谈会、分享会等沟通交流的方式和内容，充分听取大家的意见建议。要充分尊重职工的首创精神，增强“我很重要”的自豪感。要多正面激励，多宣传引导。要更广泛地开展大家喜闻乐见的各类活动，多为大家创造一些参与、作为和出彩的机会。以此来凝聚职工与企业同呼吸、共命运的发展共识。

四、保持干事激情，体现责任担当，以实际行动向组织交上一份满意的答卷

政治路线确定之后，干部就是决定因素。

把握“强基达标、提质增效”工作主题，推进全局创新发展、转型升级，关键还要看干部。各级干部特别是领导干部，一定要克服“跟着走”思想，树立“带头闯”精神，彰显“敢为先”气魄，争当太原局坚持“五大发展”、向“六新太铁”迈进的促进派和实干家。

第一，要忠诚履职。何为忠诚？心在正中，不存邪念，是为“忠”；言而能成，没有虚假，则为“诚”。在座各位作为太原局的党员领导干部，首先，我们是一名党员，入党誓词以及习总书记对国企领导人员提出的五句话要求中，都有“对党忠诚”。其次，我们是铁路局的一名领导干部。这双重身份告诉我们，“忠诚履职”就是要用一颗忠于工作、忠于党、忠于人民的心，去认真履行我们的职责、干好我们的事业。应该说这两年，经过“三严三实”专题教育和“两学一做”学习教育等，大多数人的理想信念更加坚定，党性觉悟大幅提高，但也不乏“两面人”，不乏“热闹一阵子”，阳奉阴违，口是心非，活动过去“涛声依旧”。不要说共产主义信念永刻心头，连基本的岗位职责都不履行。“两学一做”，基础在学，关键在做。我们剖析了问题，反思了不足，找准了方向，接下来重点是见行动、见真招，抓整改、抓落实。一是要严守纪律和规矩。党纪党规、法纪法规，都要作为不可触碰的“高压线”、从政为官的“基准线”、政治生命的“保护线”，时时铭记，事事坚持，处处落实。二是要坚定不移地贯彻落实党中央、总公司党组和路局、路局党委的决策部署。作为组织任命的“一方官员”，首要的也是基本的要求就是与党中央保持高度一致，把上级的要求贯彻落实好，不掺水分，不出偏差，不打折扣。三是要极端负责、用心工作。这里强调极端负责，很重要的一点就是要落实逐级负责制，也就是各司其职、各负其责、一级对一级负责。作为副职，要以忠诚敦厚之心尽己所能干好本职工作，主动为正职分忧。作为正职，要谋全局、会用人，善于调动每一名副职以及广大干部职工的积极性，让他们各定其位、各显其能、各尽其才。还有，作为路局领导，我们局班子要研究思考全局如何全面、协调、可持续发展。作为基层领导，大家要思考路局部署的任务如何完成，客货增量、资产增值、物流转型、设备质量提升、职工收入保证等，这些事关本单位现实和长远发展的大事，怎么抓？抓什么？总之一句话，就是要心底无私，全心为公，立足大局，谋划发展。做到这些，我想自然就做到了忠诚履职。

第二，要勇于担当。一直以来，路局对大家总是表扬得多、批评得少，这并不是说我们工作中没有失误和问题；而是从保护大家工作积极性的角度考虑，寄希望于大家能够自立自强、主动担当。我们讲担当，首先是要能担当。置身于经济发展新常态，要通过学习领会习近平总书记治国理政新理念新思想新战略，来认知事物发展规律，把握经济发展走势，研判企业发展环境；要学会运用战略思维、创新思维、辩证思维、底线思维、法治思维来找准定位，补强短板，展示作为；要善于总结、善于思考，当前特别是要认真领会总公司“强基达标、提质增效”工作主题，深入思考我们的基础是否过硬、工作是否达标，各项工作的质量、效率及效益如何等。其次是要敢担当。对路局来说，担当就是要搞好顶层设计，从政策、制度等方面为基层服好务。对基层而言，担当就是勇于探索实践，主动去闯去干，不能老等上级发指令。为推进全局创新发展，去年路局专门出台了容错机制，这本身就是一种担当，为大家担责任。但我们有些部门和单位，还在等待、观望，就是不愿创新、不想突破。特别是一些机关部门，对基层提出的问题和建议，经常“说不”，为什么？就是不想担责。长此下去，人人避事，我们的企业还怎么发展？大家一定要清楚，每个岗位、每个管理层，都有你的职责所在。路局对敢担当、敢负责的干部是重视和爱护的，一定会为担当者担当、为负责者负责、为干事者撑腰；对那些不求有功、但求无过，心存懈怠、为官不为，甚至推诿扯皮的，也决不会客气。今年除了进一步落实容错机制，还要探索建立领导干部“能下”的措施办法，真正让“敢于担当、敢于负责”成为全局上下的自觉追求。

第三，要勇于创新。创新是引领发展的第一动力，也是一个企业的核心竞争力，是生成和提高战斗力的“加速器”。创新涉及方方面面，在此，我重点就运用互联网的思维、理念和技术推动创新发展，与大家作一交流，希望能抛砖引玉、拓宽思维。

“互联网是一种注定重写一切规则的力量”。现在，我们已经进入了信息革命时代，以互联网为代表的信息技术发展日新月异，已经引发了整个社会生产的全新变革，彻底改变了我们对这个世界的认知。看看我们的工作生活中，手机、电脑、视频、网络等已经是离不了的工具。从我们铁路系统来讲，网络约车，我们过去觉得是个新鲜事物，现在通过“12306”已经实现了这个功能；“人脸识别技术”，刚刚在乌镇第三届互联网大会上被运用，没过几天，在北京西站普通旅客都可以“刷脸”进站。

特别是通过去年一年在现代物流等方面的实践，大多数领导干部都对用好互联网，依靠信息化、科技化手段保安全、提效率、增效益感受深刻，并提出了很多思路与建议。但也有部分领导干部对此不接受，甚至持怀疑态度。其根本原因，不是技术不好，而是这些同志不学习、不创新、不愿意接受新鲜事物。这样的思维、这样的能力，何谈让他去创新，又如何指望他引领未来？

时代的发展不会因为一两个人掉队就停下脚步。创新驱动是大势所趋、是命运所系。习总书记语重心长地讲：“抓创新就是抓发展、谋创新就是谋未来”“不创新不行，创新慢了也不行”。一个国家和民族是这样，一个企业更是这样。我们一定要让创新成为干部职工的共同意志和共同行动，切实通过创新把全局推上一个可持续健康发展的轨道。

第四，要坚守底线。党的十八大以来，以习近平同志为核心的党中央全面从严治党，铁拳正风反腐，已经试出了人心相背，得到了人民拥护。十八届六中全会出台的新《条例》、新《准则》，给我们立下了新规矩。总公司新一届党组成立后出台的第一个文件，就是对落实中央八项规定精神作了进一步重申和明确。我们能够明显感到，由上至下都在努力建设一个风清气正的环境。在这样的大环境中，我们的纪律意识、规矩意识得到了进一步强化，也能够更加聚精会神地干事创业。下一步，要合力维护好风清气正的环境。一个单位、一个部门，班子几个人凑在一起不容易，合作共事是缘分。大家既要搞好团结，大事讲原则，小事讲风格，始终保持班子的思想统一、目标同向、心齐气顺；更要相互多提醒、多交心。我相信，大家都是党培养多年的干部，分得清好坏，拎得清轻重，千万不能有事不关己、甚至坐台看戏的想法。特别是正职，平时就要多严格要求，把党风廉政建设的主体责任落实好。要廉洁自律，管好自己，拒腐蚀永不沾。在领导岗位上，必然会受到更多的“关注”，包括“关注”你的家人、亲戚和朋友。大家一定要管好自己、管好身边人。否则，哪怕只开了一个小口子，都会给别有用心的人留下寻租空间。因此，一定要慎言、慎独、慎行、慎重交友，千万不要心存侥幸。

第五，要永葆激情。一个人干事创业，是要有点精神的。有了激情，再难的关也能闯过去，再难的事也能办成；反之，如果工作没激情，再有能力、再懂专业，也干不出名堂来。因此，我对干部是否有激情、是否肯努力非常看重。回顾去年以来我们的发展历程，大家顶住市场压力，直面经营困局，硬是凭着一股干劲、拼劲、闯劲，啃了很多“硬骨头”，打了许多“漂亮仗”。特别是在现代物流建设领域，我们“摸着石头过河”，形成了跨界融合、开放共享的“中鼎理念”，创出了领导肯定、社会认可的“中鼎速度”。能够取得这些成绩，靠的是什么？靠的就是大家满腔热血、一股激情。这种激情，就是瞄准目标，一往无前,“咬定青山不放松、一张蓝图抓到底”的韧劲;就是打基础、谋长远,久久为功,“功成不必在我”的胸怀;就是“有名次争第一,无名次创一流”的上进心。保持干事创业激情,是我们攻坚克难的战斗优势,希望大家继续保持。

第六,要务实苦干。我们创新发展、转型升级,是为了谋求企业更好的发展,是为了让全局11万名干部职工能够共享更多的发展红利。我们确定的“六新太铁”目标,是全局共同的美好愿景,是我们共同追逐的“梦”。要梦想成真,唯有实干、唯有苦干。我们常讲,火车跑得快,全靠车头带。时代呼唤更多志存高远、追求卓越的人,呼唤更多勇于担当、善于开拓的人,呼唤更多埋头苦干、甘于奉献的人。全局各级干部特别是领导干部,一定要首当其冲,踏踏实实当好推进全局创新发展、转型升级的“火车头”。我们的安全,是一滴汗一滴汗保下来的;我们的效益,是一分钱一分钱赚来的。大家一定要围绕“强基达标、提质增效”工作主题,瞄准我们的奋斗目标,带头出实策、鼓实劲、办实事,亲自抓推进、抓督办、抓落实,不图虚名、不务虚功、不搞“政绩”,保持务实苦干的精神,抓住事关全局、事关职工的问题,扎扎实实地办成几件实事、大事、好事。

同志们，一代人有一代人的长征路。推进太原局创新发展、转型升级，就是我们这一代铁路人需要走好的长征路。总公司党组、山西省委省政府对我们寄予厚望，全局11万名干部职工对我们充满期待。让我们在总公司党组的坚强领导下，与全局干部职工共同努力，推动我们的事业取得新的更大的成就!

落实加强党的建设主体责任
为全局安全稳定改革发展提供有力保证

——中共太原铁路局委员会工作报告

（2017年1月9日）

江　涛

各位党委委员、同志们：

现在，我代表中共太原铁路局委员会作报告，请审议。

一、2016年工作简要回顾

在过去的一年里，路局党委坚持以党的十八大和十八届三中、四中、五中、六中全会精神为指导，深入学习领会习近平总书记系列重要讲话精神，坚定不移地贯彻落实总公司党组决策、路局第一次党代会部署和党建工作座谈会安排，主动适应新常态，全面加强党的建设，依靠党政工团各级组织和广大党员、干部职工，努力推进全局安全稳定、改革发展，为实现“十三五”良好开局提供了政治、思想和组织保证。

扎实开展“两学一做”学习教育。路局党委把“两学一做”学习教育作为深入推进全面从严治党、促进改革发展、战胜各种挑战的重要举措和强大动力。加强组织领导，细化实施方案，先后8次召开专题会议进行研究部署，推动学习教育向广大党员拓展，向职工群众延伸。两级领导班子成员自觉参加组织生活，带头讲党课，与党员一起深入学习研讨、一起查摆解决问题。坚持打牢学的基础，落实4个专题安排，认真学习党章党规、系列讲话，按照有认识、有体会、有不足、有分析、有措施的标准开展集中研讨。坚持以学促做，以“不看党徽识党员，只看行动辨党员”为目标，细化“四讲四有”合格标准，组织党员承诺践诺，选树“学·做”典型在全局巡回宣讲。坚持严督实导，4个局派协调督导组严格把关，定期组织开展“回头看”，扎实推进党员组织关系排查、党费收缴检查等4项重点任务，保证学习教育质量。通过学习教育，进一步巩固和拓展了党的群众路线教育实践活动和“三严三实”专题教育成果，规范了党内政治生活，增强了党性观念，坚定了理想信念，激发了全局4.9万余名共产党员不忘初心、继续前进的行动自觉。

认真抓好党委中心组学习。路局党委把中心组学习作为把握大势、紧跟大局、统一思想、提高能力的重要平台。规范完善路局党委中心组学习管理制度，严肃考勤纪律和党委书记签阅学习笔记，严格落实每月两次集中、两次自学的要求。聚焦政治理论学习，坚持读原著学原文悟原理，把学习和讨论结合起来，党政正职带头谈体会，班子成员积极发言，组织报台专题报道，展示学习成果、接受群众检验，为基层领导人员和党员干部作出示范。去年，路局党委中心组围绕党章党规、系列讲话以及党中央治国理政新理念新思想新战略，集中学习研讨26次，其中扩大学习会6次。局属单位党委中心组学习日趋规范，各级党组织政治理论学习也深入持久地开展起来，广大党员干部参加理论学习更加自觉和主动，“四个意识”特别是核心意识、看齐意识不断增强，推进改革发展的信心和决心更加坚定。

加强领导班子和干部人才队伍建设。路局党委把领导班子和干部人才队伍紧紧抓在手上，确立“有过硬政治素质、有坚定组织观念、有科学决策程序、有称职担当能力”的要求，固牢太铁大厦的每条“钢筋”。落实民主集中制原则，修订完善决策“三重一大”事项制度，提升领导班子把握形势、突出重点、掌控局面的能力。坚持重人品、重台阶、重经历、重实绩、重公论，严格“凡提四必”要求和个人有关事项报告制度，先后调整领导人员225人次，配备党群领导人员54人。坚持党校姓党，发挥主阵地作用，抓好党员干部教育培训，先后举办全局党政正职、新任职领导人员、党支部书记和青年骨干大学生党员培训班等党员干部培训31批4231人次，主体班次达到26%。实施“人才强局”战略，召开人才表彰会，培养物流专业人才352人，全局中高级专业技术人员达到5839人，高技能人才占到操作技能人员的52.5%，骨干队伍支撑作用进一步增强。

深入推进干部作风建设。路局党委坚持作风建设永远在路上，不断巩固执行中央八项规定精神的成果。扎实整改中央专项巡视通报问题，集中两个月时间开展“回头看”，通过梳理、完善、修订、健全，扎紧制度的“笼子”。落实总公司新一届党组《关于深入贯彻落实中央八项规定精神的决定》，细化实施办法，抓好检查督促，促使党员干部树立为民务实清廉和忠诚干净担当的作风形象。严格干部日常管理监督，组织开展运输站段领导人员专项联合调研，全面考察了解干部思想和工作作风情况。倡导“向前走一步、没有结合部”的理念，两级领导班子成员带头在全局营造团结、民主、和谐的工作氛围。推行系统负责、岗位负责、专业负责、逐级负责和机关服务、基层自立，各级干部探索实践“教练式检查、积分式考核、担保式返奖”的管理方式，改变简单的查、被动的盯，大力减少对基层的干扰，有的放矢地深入现场、提供指导、搞好服务，密切党群干群关系，凝聚起太铁团结奋进的强大合力。

抓好各级党组织建设。路局党委把党的基层组织建设作为党建基础不断夯实。强化两级党委的主责主业意识，逐级开展党组织书记抓党建述职评议考核，组织召开全局党建工作座谈会，理清工作思路，推动责任落实。加强两级党委会建设，召开路局第一次党代会，选举产生了党委班子和纪委班子；认真落实总公司党组要求，指导完成基层党委换届工作。规范政工经费管理使用，加强工程建设领域党建工作，开展“工程管理和党建工作标准化”达标升级竞赛，推动基层党建基础得到加强。贯彻落实《铁路企业党支部建设纲要》，深化党支部建设“三年基础工程”，动态优化党支部设置，选优配强党组织书记，严格“三会一课”制度落实，分系统打造标准化党支部样板15个，启动实施王家湾全路党员教育示范基地建设。加强党员教育管理，广泛开展创岗建区、“三无”竞赛等活动，实现党员“两违率”控制在5%以内的目标。15个党组织、17名党员受到总公司党组和山西省委“七一”表彰。

深化宣传思想文化工作。路局党委把宣传思想文化工作运用到引导方向、激励斗志、优化环境的火热实践中。深入学习宣传社会主义核心价值观，精心组织庆祝建党95周年、纪念长征胜利80周年系列活动，开展主题党日、歌咏大会等革命传统教育。大力弘扬新时期铁路精神和“大秦铁路·重载精神”，凝聚起“负重争先、务实创新”的强大力量。积极培育“我的安全我做主”理念，树立职工的安全幸福观，深入开展“转观念、闯市场、增效益”主题教育，推出一批创新创效创业品牌，安全、经营、服务文化建设得到深入推进。大力选树宣传先进人物和感人事迹，太原站杨静、太原南站李静、大西供电段王养国等一批典型脱颖而出，123名职工荣获省部级以上荣誉称号，形成了先进倍出、群星璀璨的生动局面,使职工群众学有榜样,赶有方向。推行"必谈必访"工作方法,建好职工网上家园,提升思想政治工作覆盖面和影响力。讲好太铁故事,加强舆论引导,塑造了太铁良好形象。

推进党风廉政建设和反腐败斗争。路局党委坚持"运输安全、干部安全"两手抓,以担当的精神践行主体责任,教育引导党员干部走大道、进正门。落实中央纪委六次全会精神和总公司党组纪检组部署,健全党风廉政建设责任制,细化责任清单,加强考核问责,推动"两个责任"落实。开展"守纪律、讲规矩"教育,建成党风廉政教育网络基地,组织纪检监察干部专题培训和835名局管领导人员廉政考试。聚焦主责主业,加快"三转"步伐,推进纪检监察组织内设机构和职能调整,健全完善两级机关廉政风险内控机制和权力清单制度。以"查办、解脱、保护"为方向落实"四种形态",推行违纪违规问题专题民主生活会制度,抓好谈话函询和教育提醒工作,加大典型问题通报力度,全年对17名局管领导人员进行谈话函询,点名道姓通报14起典型问题。坚持执纪必严、违纪必究,立案84件,给予党的纪律和企业纪律处分102人,对履行党风廉政建设责任不力的5名领导人员严格问责,形成有效警示,营造了风清气正的发展环境。

积极做好新形势下群众工作。路局党委认真落实党中央群团工作会议精神和总公司党组部署,加强对群团工作的领导,坚持把群团建设纳入党建工作总体部署,研究制定新形势下加强党建带团建工作意见,加强政治领导、思想领导、组织领导。支持工会、共青团组织依法依章程独立自主开展工作,广泛开展"双百"争创、"五小"竞赛、职工运动会和"双创"立功竞赛、"青创杯"创新创效创业成果展示等活动。深化民主管理,落实职工代表大会制度,积极推进厂务公开和党务公开,举办劳模先进座谈会、职工代表恳谈会,广泛开发群众智慧。推进"三线"建设,投入1243万元整治"八小"设施,3449万元用于帮扶救助工作。建成路局职工服务中心,注册职工70818人,手机平台点击量82.4万人次,累计受理职工诉求1306件,相关部门及时给予办理或答复,先后办结1289件,办结率达98.7%,使职工的话有人听、事有人办、建议有人采纳成为常态。推进信访问题精准化解,建成视频接访系统,引导职工依法合规表达诉求,路局连续七年实现总公司信访"零考核、零扣分"。加大治安综治和反恐怖工作力度,强化公安部门打击防范职能,确保了铁路沿线治安稳定。同时,统战、保密、武装、关工委、老干部、学协会、军交等部门也做了大量工作,发挥了积极作用。

一份耕耘、一份收获。通过党政工团各级组织和广大党员、干部职工的共同努力,全局政治生态正在发生着可喜变化,路局整体工作呈现出健康有序发展的良好态势。一年来,我们认真贯彻党中央和总公司党组部署,始终把抓好党建作为最大政绩,深入落实全面从严治党要求,一级带着一级干,一级做给一级看,各级党组织理直气壮、聚焦主责抓党建,各级党委成员率先垂范、一岗双责抓党建,全体党员真诚拥护、大力支持抓党建,形成了真管真严、敢管敢严、长管长严的新常态。全局各级党组织和广大党员普遍认为,发挥六个优势、推进六项任务的党建工作目标任务清晰,真学真悟真信真讲真用的理论学习实践氛围日益浓厚,经常、认真、严肃的党内组织生活正在步入规范轨道,忠诚干净担当的选人用人导向更加鲜明,为民务实清廉的干部作风形象持续回归,遵规守纪、干事创业逐渐成为行动自觉,"为太原局好"的最大公约数持续集聚正能量,正在成为全局上下共同的价值取向。

一年来,我们坚持抓好党建促发展,充分发挥党组织的领导核心和政治核心作用,团结带领各级组织和广大党员、干部职工,和衷共济、拼搏奉献,推动各项重点工作取得新的进步。全局安全基础不断夯实,安全生产特别是高铁和旅客安全保持持续稳定，顺利实现了安全年。大宗货物运量止跌回升，集装箱运输翻了一番，全局货物发送量完成5.12亿t，大秦线非施工日运量保持在130万t，创历史最高水平。客运工作实现新的突破，旅客发送量达到7120.7万人，再创历史新高。资产经营开发效果显著，全局非运输业务完成营业收入114.3亿元、利润6.5亿元。现代物流建设加快推进，"天网""地网"双网并行，中鼎物流园按期建成投入使用，打造了国内首个铁路主导多式联运标志性工程。路网结构更加完善，全年完成建设投资113.78亿元，大张、太焦、原大等一批建设项目进展顺利，圆满完成中国标准动车组试验和运用考核。职工生产生活条件进一步改善，兑现19件实事项目，职工平均工资同比增长4.8%，获得感、幸福感不断增强。总的来看，全局上下呈现出"党建不断加强、作风明显转变、安全有序可控、经营业绩优良、建设实现'三保'、民生持续改善、队伍保持稳定、社会形象良好"的发展态势。去年，选出代表出席山西省第十一次党代会和第十三次工代会，光荣入选省委委员和省工会常委单位，说明全局党的建设和改革发展成效，干部职工的共同努力和良好声誉，得到了地方党委政府以及社会各界的充分认可。

这些成绩的取得，是总公司党组正确领导的结果，是全局党政工团各级组织和广大党员、干部职工团结奋斗的结果。在这里，代表路局党委，向全局各级党政工团组织、全体共产党员、职工群众和家属，以及广大公安干警、军代处官兵和离退休老同志表示衷心的感谢！

坚持问题导向是马克思主义的鲜明特点。在肯定成绩的同时，还必须正视问题。一是与党中央和总公司党组要求相比，个别党员、干部对全面从严治党的认识和把握还有差距。二是个别领导人员抓党建工作的意识和能力有待加强，对主责主业聚焦不够。三是基层党委会作用发挥不够突出，在把方向、管大局、保落实上还需进一步强化。四是基层党组织建设仍有差距，在严肃党内政治生活、发挥党员岗位示范作用等方面还不够好。这些问题，都需要我们深入思考和研究，并提出针对性的解决措施。

二、全局党建工作面临的新形势新要求

明者因时而变，知者随事而制。站在新的历史起点上，我们必须从推进伟大事业、建设伟大工程、夺取伟大胜利的高度出发，从推进铁路安全稳定、改革发展的大局出发，从总公司新一届党组对铁路查处以往重大腐败案件后、对认真吸取以往重大事故教训后、对以往政企分开改革后这三个基本判断出发，切实认清我们肩负的历史使命和重大政治责任。

全面加强党的建设责任重大。坚持党的领导、加强党的建设是全面从严治党的本质要求，是我国国有企业的"根"和"魂"。习近平总书记多次强调，"全面从严治党永远在路上""全面从严治党在国企没有特殊、没有例外。"去年，党中央召开了党的十八届六中全会和全国国有企业党的建设工作会议，审议通过了《关于新形势下党内政治生活的若干准则》和《中国共产党党内监督条例》，明确了习近平总书记在党中央、在全党的核心地位，就加强国有企业党的建设、深化国有企业改革、做强做优做大国有企业，作出了一系列重大决策部署。刚刚召开的十八届中央纪委七次全会，对全面从严治党形势作出了最新判断。经过全党共同努力，党的各级组织管党治党主体责任明显增强，中央八项规定精神得到坚决落实，党的纪律建设全面加强，腐败蔓延势头得到有效遏制，反腐败斗争压倒性态势已经形成，不敢腐的目标初步实现，不能腐的制度日益完善，不想腐的堤坝正在构筑，党内政治生活呈现新的气象。全会对全面从严治党作出最新部署，要求全党继续在常和长、严和实、深和细上下功夫，落实中央八项规定精神是一场攻坚战、持久战，要坚定不移做好工作；惩治腐败力度坚决不减弱，零容忍态度坚决不改变，坚决打赢反腐败这场正义之战；各级党委要坚持党管干部原则不动摇，加强领导，严格把关，严守纪律，确保选人用人正确方向。总公司新一届党组坚定不移向党中央看齐，在总公司工作会议上，党组书记、总经理陆东福同志专门就学习理解习近平总书记重要论述，抓好铁路企业党的建设，提出明确要求。要看到，过去的一年，虽然我们大力加强党建工作，效果是明显的，但党中央指出的国有企业党的建设弱化、淡化、虚化、边缘化问题，太原局也不同程度存在。特别是从路局查处的案件和发现的问题来看，执行中央八项规定精神搞变通打折扣、“四风”边反边犯、个人有关事项瞒报漏报、婚丧嫁娶“化整为零”大操大办、个别党员干部侵害职工群众利益、领导人员纪律规矩意识淡薄等现象仍未消除。因此，从严治党的形势依然严峻复杂，任务依然繁重艰巨。

推进企业改革发展面临考验。国有企业是中国特色社会主义的重要物质基础和政治基础。中央经济工作会议明确指出，“稳中求进”工作总基调是治国理政的重要原则，强调“稳是主基调，稳是大局，在稳的前提下要在关键领域有所进取，在把握好度的前提下奋发有为。”按照党中央、国务院对铁路工作的部署要求，总公司党组着眼于实现铁路持续健康发展，鲜明提出“强基达标、提质增效”的工作主题，明确了十个方面的重要原则以及2017年主要工作目标。在铁路安全方面，提出不发生重大及以上责任事故，不发生客车较大及以上责任行车事故、造成旅客死亡的责任行车事故、从业人员较大及以上责任死亡事故。在铁路投资方面，强调要保持去年规模，全面完成国家下达的固定资产投资计划。在铁路运输方面，要求完成旅客发送量30.25亿人、货物发送量27.5亿t。在铁路经营方面，提出总收入9116亿元，其中运输总收入6266亿元，多元经营收入2850亿元、综合创效280亿元的目标。此外，在铁路节能减排、劳动生产率等方面，也提出了明确要求，各项指标同比都有一定幅度的增长。落实这些目标要求，全局各级组织、广大干部职工面临着更加严峻的考验。同时要看到，总公司党组的各项决策部署，为我们做好新形势下铁路工作指明了方向、提供了遵循。特别是从山西省委十一届二次全会暨经济工作会议精神看，山西省经济发展也显现出稳步向好、坚定转型的大趋势。因此，坚持五大发展，实现六新太铁，挑战与机遇并存，迫切需要我们聚焦“强基达标、提质增效”的工作主题，发挥组织优势，团结带领干部职工坚定信心、顺势而为，固牢各项工作的基层基础，奋力开创改革发展新局面。

干部职工能力建设仍需加强。习近平总书记指出，做强做优做大国有企业，最重要的是要有一种为国家为人民忠诚奉献的精神，一个坚强有力的领导班子，一支勇于攻坚克难的高素质干部队伍，一支充分组织起来的职工队伍。这也就是常说的关键在党、关键在人。客观地讲，这些年，虽然全局干部职工队伍整体素质得到大幅提升，但不适应问题还是在各个层面存在的，尤其是老办法不管用、新办法不会用、硬办法不敢用、软办法不顶用的问题还很突出。面对党中央和总公司党组的新部署新要求，面对推进安全稳定、改革发展的新考验，我们必须紧紧抓住“人”这个生产力中最活跃的因素，把建设高素质干部职工队伍摆在更加突出的位置。在两级领导班子中，需要适应经济新常态对党的建设和思想政治工作的新要求，更加深入地抓好政治理论学习，着力强化战略思维、创新思维、辩证思维、法治思维、底线思维，进一步培养科学的思想方法和工作方法，提高把握形势、突出重点、掌控局面的能力。在中层管理和一般干部中，需要着力强化担当精神和自立意识，切实解决等靠思想严重、专业素质欠缺、不善于做群众工作等问题，进一步提高敢于担当、守土尽责的能力。在党员队伍中，需要聚焦“四讲四有”合格党员标准，解决以知促行不够深入、先锋模范作用不够突出等问题，进一步提高岗位示范、带动群众的能力。在普通职工中，需要以提高职业道德和职业技能水平为重点，着力抓好基本功建设，解决技能素质不过硬、作业标准不落实等问题，进一步引导职工树立安全幸福观，提高爱岗敬业、对标落标的能力。这些，都是需要我们下一步研究解决的重点和努力的方向。

三、2017 年全局党的建设总体思路和重点任务

总体思路是：深入学习习近平总书记系列重要讲话，全面贯彻党的十八大和十八届三中、四中、五中、六中全会精神，以及中央经济工作会议、全国国有企业党的建设工作会议精神和总公司工作会议部署，落实加强党的建设主体责任，把握“强基达标、提质增效”工作主题，持续发挥六个优势，推进六项任务，不断巩固和拓展“为太原局好”的价值取向，积极推动五大发展、实现六新太铁，以全局安全稳定、改革发展的优异成绩，迎接党的十九大胜利召开。

（一）发挥思想建设的优势，推进意识形态的固本培源，为全局改革发展提供理论指引和思想保证

意识形态工作是党的一项极端重要的工作。各级党组织要牢牢把握意识形态工作的主动权、领导权，加强思想理论武装，引导党员干部和职工群众站稳政治立场、保持政治定力，不断巩固团结奋斗的思想基础。

把学习贯彻习近平总书记系列重要讲话精神引向深入。按照党中央和总公司党组部署，把学习贯彻系列重要讲话精神作为一项长期政治任务，加强对党中央治国理政新理念新思想新战略的学习，引导党员干部坚持共产党人价值观，进一步增强“四个意识”特别是核心意识和看齐意识，更加自觉地在思想上政治上行动上同以习近平同志为核心的党中央保持高度一致。发挥党委中心组学习示范作用，以学习系列重要讲话精神为主要内容，坚持读原著学原文悟原理，围绕学习党的基本理论、贯彻《准则》《条例》、加强国有企业党的建设、学好用好政治经济学、推进铁路“强基达标、提质增效”等重点，精心设计专题，细化学习安排，组织学习研讨。根据总公司党组实施意见，规范学习制度，严肃学习纪律，不断提升党委中心组学习的制度化、规范化水平。加强领导干部理论学习培训，把习近平总书记系列重要讲话精神和党的十八大以及中央全会精神作为重点，纳入各类干部培训内容。路局党校要坚持党校姓党，将党的理论教育和党性教育作为党员干部培训必修课，加大主体班次培训比例和力度，其中党性教育应不低于总课时的 20% 。上半年，以学习贯彻党的十八届六中全会精神为主题，组织对全局副处级以上领导人员进行不少于 5 天时间的集中轮训。

坚持用科学理论指导实践。弘扬理论联系实际的马克思主义学风，切实做到学以致用，防止学用脱节。把学习党的基本理论与学习贯彻总公司工作会议和路局工作会议、党委一届二次全会、二届五次职代会精神结合起来，与研究解决重大问题结合起来，不断提高推进工作的能力和水平。在两级领导班子中大兴调查研究之风，紧扣安全、运输、经营、服务、建设、稳定和党的建设等重点任务，坚持问题导向、目标导向和正面导向相统一，组织开展专题调研。路局党校、党建研究会、职工思想政治工作研究会、学协会各部门要发挥理论研究优势，深入开展铁路改革发展和加强全局党的建设等重大问题研讨活动，推出高质量的研究成果，为做好各项工作提供思想理论支撑。

加大普及性理论宣传力度。坚持“大道理永管小道理，大道理不是空道理，要理直气壮讲好大道理”，用事实说话，用实事论理，做好面向一线职工的理论宣讲解读。编写宣传提纲，开展系列重要讲话精神进车间、班组活动，引导广大干部职工进一步增强“四个自信”，坚定听党话、跟党走的思想和行动自

党。加强形势任务宣传，统筹报台刊网资源，运用专题宣讲、政策解读等方式，集中开展“强基达标、提质增效”主题教育。通过集中性教育，讲清总公司新一届党组对当前铁路工作所处历史方位的“三个基本判断”，讲清铁路改革发展必须坚持和把握的十个方面重要原则，讲清“强基达标、提质增效”的深刻内涵和目标任务，讲清路局党政工团对 2017 年工作的总体部署和要求，引导干部职工提高认识，明确任务，坚定信心，激发动力，把思想和行动统一到总公司党组和路局党委、路局的部署要求上来。

（二）发挥组织建设的优势，推进党内政治生活规范健康发展，不断强化领导核心和政治核心作用

坚持抓基础、强基本、重基层，着力从党内政治生活严起，从基本组织、基本队伍、基本制度抓起，增强党的生机活力，持续把政治优势转化为发展优势。

严格党内政治生活。把《关于新形势下党内政治生活的若干准则》《中国共产党党内监督条例》纳入党委中心组学习、干部理论学习和党支部“三会一课”，组织党员领导人员到基层党支部讲专题党课，营造严肃党内政治生活的浓厚氛围。健全规范民主生活会和组织生活会、领导人员双重组织生活、民主评议党员、谈心谈话等制度，修订完善党员领导人员民主生活会制度。发挥党支部主体作用，组织广大党员经常性开展“入党为什么、在党像什么、为党做什么”讨论活动，不断提升党员党的意识和党性观念。领导人员要带头强化组织观念，严格执行工作中重大问题请示报告制度，对无正当理由不按时报告、不如实报告或隐瞒不报的，要严肃追究责任并作出处理。年内，要对各单位和领导人员落实组织生活制度情况进行专题检查调研，对开展党内政治生活不规范的领导人员要严肃党的纪律。

加强两级党委会建设。根据总公司党组规定，把党建工作纳入企业章程，把党组织内嵌到企业治理结构之中。健全完善党委会工作规则，明确党委政治核心地位和实施政治领导、思想领导、组织领导的主要任务，明确党委会组成、职责、组织原则，建立规范高效的党委会运行机制，使党组织发挥作用组织化、制度化、具体化。严格党代表大会制度，严肃按期换届纪律，及时增补出缺的党委委员，保证两级党委会组织健全。落实党代会代表任期制，畅通党员参与党内事务、表达意见建议的途径。完善双向进入、交叉任职领导体制，非公司制企业经营管理班子成员中符合条件的党员应依照有关规定和程序进入党委会；公司制企业推行党委书记、董事长由一人担任，党员总经理兼任党委副书记，适当增加进入董事会的党组织领导班子成员人数。组织开展党委班子成员履行“一岗双责”教育培训，不断提高履职能力。坚持民主集中制原则，严格执行决策“三重一大”事项规定，有效发挥党委把方向、管大局、保落实的领导核心和政治核心作用。开展对落实决策“三重一大”事项规定执行情况的监督检查，推动基层领导班子科学、民主、依法决策。

抓好领导班子和干部人才队伍建设。坚持党管干部、党管人才原则。加强领导班子和领导干部队伍建设，按照“对党忠诚、勇于创新、治企有方、兴企有为、清正廉洁”的要求，着力把牢记使命，守土尽责，敢于担当，乐于奉献的干部选出来、用起来。强化党组织的领导和把关作用，把公道正派作为干部工作核心理念贯穿选人用人全过程，健全完善选拔任用制度机制，年内对局属单位领导班子进行一次集中考核，选好配强基层领导班子，充实领导人员后备力量。严格“凡提四必”要求，制定防止干部“带病提拔”实施办法，实行干部选拔任用工作的纪实制度，强化干部选拔任用责任追究。按照总公司“百千万人才工程”，分领域制定并实施人才队伍建设规划，分类培育造就专业领军人物、专业带头人和专业拔尖人才，为专业技术人才打

通上升通道和发展空间。健全人才选拔、培养、激励机制，注重后备人才培养，让政治可靠、技术过硬、适应需要、作用突出的人才能干事、干成事。

深入推进基层组织建设。健全党建工作责任制，坚持党组织书记抓基层党建述职评议考核制度，形成党委抓、书记抓、有关部门抓，一级抓一级，层层抓落实的工作格局。巩固和拓展党支部建设三年基础工程成果，开展贯彻落实《纲要》对标检查，健全完善党支部标准化建设管理办法，抓好王家湾全路党员教育示范基地建设。加强运输辅助单位和非运输企业党支部建设，修订完善车间议事规则相关制度。抓好党支部书记队伍建设，制定指导意见，把优秀的党员选拔到支部书记岗位，把好书记选拔到领导岗位上来。做好在运输一线班组长和青年专业技术技能人才中发展党员工作，保证一线党员发展比例达到90%以上。加强党员日常教育管理，组织党员骨干示范培训和党员轮训，2018年底前完成全体党员轮训工作。严格党费收缴制度，规范党员组织关系管理，确保每名党员都纳入党组织管理之中。深入开展党员"三无"竞赛，实施季度测算、年度考核，保持党员"两违率"动态控制在5%以内。深化创岗建区、立项攻关、突击奉献和党内品牌创建，分领域开展"三亮三比三评"、"闯市场创效益比贡献"和"保质量保安全保进度"等党内主题活动，做到"不看党徽识党员，只看行动辨党员"。加强对群团工作的领导，支持工会、共青团组织依法依章程独立自主开展工作，深入开展群众性劳动竞赛、"劳模先进创新工作室"创建和"双创立功"竞赛、青年文明号创建等活动，保持和增强群团组织的政治性先进性群众性。

（三）发挥作风建设的优势，推进党的好传统好作风持续回归，促进党群干群关系和谐健康发展

深刻认识作风建设的长期性复杂性艰巨性，增强抓好作风建设的恒心和韧劲，锲而不舍打好作风建设攻坚战、持久战，以作风转变凝聚党心民心。

坚持抓常、抓细、抓长。旗帜鲜明、坚持不懈地反"四风"，严格落实总公司党组《关于深入贯彻落实中央八项规定精神的决定》和路局党委、路局的通知要求，进一步规范领导人员履职待遇、调研出行和新闻报道等行为。把执行中央八项规定精神情况纳入日常审计监督，发现问题严肃处理，点名曝光，坚决防止"四风"问题变异和反弹。巩固中央专项巡视问题整改成果，按照总公司党组部署，对巡视整改情况进行"回头看"。坚持关口前移，源头防范，明确权力清单，着力健全和完善不敢违的惩戒机制、不能违的防范机制、不易违的保障机制，把权力真正关进制度的"笼子"。领导人员和各级干部要带头继承和发扬党的优良传统和作风，注重家庭、家教、家风建设，养成共产党人的高风亮节。年内，对作风建设情况进行一次全面对标检查。

弘扬守土尽责、奉献担当精神。突出为民务实清廉和忠诚干净担当，引导各级干部以不兴事业不满意、不见实效不撒手、不惠群众不甘心的劲头，创造经得起实践、群众和历史检验的工作业绩。认真践行党的群众路线，落实领导人员联系点、定期谈心、定期走访、定期听取意见等制度，主动深入基层单位、车间班组，深入职工群众当中，及时掌握基层实情，改进和创新工作方法，提高服务职工群众的能力。倡导"向前走一步、没有结合部"理念，各级干部特别是领导人员要发挥表率作用，心往一处想、劲往一处使，为基层作出示范。严格系统负责、岗位负责、专业负责、逐级负责，推进机关服务、基层自立，机关部门要强化科学管理意识，多提供政策性、指导性、保障性服务，为基层开展工作创造有利条件，解决实际困难。同时，要防止越俎代庖，防止干扰基层正常的工作秩序，充分调动和保护好基层自立的积极性。基层单位和一线车间、班组要增强履职尽责意识，主动担当、主动思考，遇到困难不躲闪，自身问题不

上交，特别是要克服“等靠要”思想，积极主动地完成工作，真正展现基层自立的成效。建立完善干部容错纠错机制和领导干部“能下”的措施办法，为担当者担当，为负责者负责，为干事者撑腰，树立激励和问责的鲜明导向。

加强干部日常管理监督和考核评价。坚持以严的标准、严的措施、严的纪律管理约束干部，完善从严管理监督干部制度体系，防止“重选轻管”。加强对领导人员特别是“一把手”的管理监督，严格个人有关事项报告、选人用人评议制度，促进各级领导人员依法依规用权，从严务实履职。强化对权力集中的资金密集、资源富集、资产聚集等重点部门和岗位的监管，推行重要敏感岗位的内部轮岗和跨单位调任，促使各级干部走大道、进正门。把评价权交给职工群众，用好职代会评议和“一报告两评议”制度。本着关心爱护、及时挽救的目的，加强对党员干部的日常教育提醒，对出现苗头性、倾向性问题的党员干部及时“咬耳扯袖”，防止小毛病演变成大问题。

（四）发挥精神文化建设的优势，推进太铁优秀文化、企业精神的继承和弘扬，激发和衷共济、攻坚克难的正能量

坚持正面宣传引导和正确舆论导向，把继承和创新结合起来，把握工作规律，改进方法手段，用铁路强国的共同愿景凝心聚力，培育干部职工推进全局改革发展的自信和力量。

不断加强正面宣传教育。把面向职工的正面宣传教育作为一项经常性、基础性工作抓扎实，既要解疑释惑、理顺情绪，更要振奋精神、鼓舞斗志。针对现场安全中存在的倾向性、苗头性、习惯性问题，做好案例剖析和警示教育，引导职工强化安全是“生命线、清零键”的意识。针对经营创效中遇到的新问题，做好政治责任、社会责任、法律责任和经济责任教育，引导职工强化市场意识、法治意识、效益意识，特别是竞争合作意识，积极创新创效创业。坚持做好一人一事的思想政治工作，运用好“必谈必访”等有效做法，做到多一句问候、多一层理解、多一份尊重、多一次解忧，切实把解决思想问题同解决实际问题结合起来，努力取得暖人心、聚人心的效果。

广泛开展精神文明创建工作。以践行社会主义核心价值观和新时期铁路精神为特征，以“爱国、敬业、诚信、友善”为标准，以“争做文明太铁人，争创文明太铁局”为主题，广泛开展创建文明单位、文明车间、文明班组活动。加大“优秀党员工作室”“技能大师工作室”创建力度，形成“一家一品”的工作格局，打造一批有影响力的典型品牌和群体。健全完善先进典型选树宣传工作机制，宣传好老典型，选树好新典型，在全局范围内广泛选树、大力表彰“安全功臣”“技术标兵”“营销能手”等先进典型。按照总公司统一部署，开展“高铁精神”总结提炼工作，选树弘扬先进典型。积极做好“山西好人”“中国好人”以及全省、全国道德模范的推介工作，展现新时期太铁干部职工的良好精神风貌。积极探索实践，及时总结和提炼富有太原局特色的有效做法，努力推出一批经验成果，展示全局工作业绩和形象风采。

深入推进太铁文化建设。落实总公司党组铁路企业文化建设三年基础工程的部署，加强顶层设计，注重系统规划，明确建设目标、任务和措施，深入推进安全、服务、经营文化建设。以继承发扬铁路优秀传统文化、加强新时期铁路精神宣传教育为主线，着眼大秦重载运输的文化积淀，深入宣传和践行以“负重争先、务实创新”为内涵的“大秦铁路·重载精神”，开展形式多样的学习、讨论、宣讲活动，引导干部职工增强价值认同和践行自觉。推进局史馆建设，积极挖掘和弘扬重载文化、物流文化、高铁文化和石太文化、同蒲文化等特色文化基因，形成“百花齐放、百家争鸣”的文化格局。

精心做好新闻宣传和舆论引导。按照

“开放、引导、友好、互动”的原则，坚持“既要努力干好，又要让人知晓”，适应媒体立体化、互动化、即时化的趋势，把握好时、度、效，实现宣传效果最大化。以“铁路新成就，喜迎十九大”为主题，统筹运用传统媒体和新兴媒体，搞好宣传策划，讲好太铁故事。组织开展“发现最美铁路”系列网络宣传活动，集中展示太铁发展新面貌。坚持镜头聚焦基层，版面展示一线，大力宣传基层干部职工的感人事迹和精神风貌，增强职工自豪感、归属感和责任感。加强舆论引导，建立健全网络舆情收集、研判、处置机制，对重要信息和线索及时跟进、妥善应对，不断聚集网络宣传正能量。

（五）发挥党风廉政建设的优势，推进“两个责任”的全面落实，建设风清气正、干事创业的政治生态

从严落实党政主体责任和纪委监督责任，认真贯彻党的十八届六中全会精神和中央纪委七次全会精神，直击积弊、扶正祛邪，增强各级党组织和党员队伍的纯洁性和先进性。

深化党风廉政教育。高度重视各级干部的政治安全，深入开展党章、新形势下党内政治生活若干准则、廉洁自律准则和纪律处分条例、党内监督条例学习教育和警示教育。加强廉政文化建设，加大守纪律、讲规矩、重法治教育力度，引导党员干部牢记法纪红线不可逾越、法律底线不可触碰，带头遵守纪律规矩、执行法律法规，自觉在纪律规矩下和法治轨道上想问题、作决策、办事情。建设运用好党风廉政教育网络基地，落实领导人员任前廉政谈话、廉政考试制度，把日常学廉和集中考廉结合起来，不断扩大廉政教育覆盖面和影响力。

全面加强党内监督。认真执行《中国共产党党内监督条例》，通过及时发现问题并加以处置，体现“惩”的威力；通过加强制度建设，实现“治”的功效。健全领导人员电子廉政档案，做到一人一档，记录详实。推进党务公开、政务公开，强化组织监督，拓宽监督渠道，鼓励党员和职工群众在党内监督中发挥积极作用，营造党内民主监督环境。坚持“制度＋科技＋阳光”的思路，实行权力清单制度，进一步深化工程建设、物资采购、运输管理、多元经营等重点领域廉政风险防控，健全不当用权问责机制，让权力在阳光下运行，坚持有责必问、问责必严，推动管党治党从“宽松软”走向“严紧硬”。

用好监督执纪“四种形态”。坚持惩前毖后、治病救人的方针，落实好“查办、解脱、保护”要求，既严格执纪，对违纪违法行为敢于亮剑，又树立正面激励的鲜明导向，积极为党员干部澄清事实，使忠诚干净担当的干部放开手脚工作，彰显纪律规矩的公正和温度。认真落实党内谈话制度，综合运用谈话函询、提醒教育、诫勉谈话、专题民主生活会等形式，抓早抓小、防微杜渐。加大纪律审查力度，严格问题线索管理、严格事实证据核查、严格依纪依规处理、严格纪律处分决定的执行。保持惩处高压态势，把违反中央八项规定精神问题、重点领域违纪违规问题、侵害职工群众切身利益的问题作为重点，严肃查处顶风违纪行为，点名道姓通报典型问题和违纪人员，实现惩处极少数、教育大多数的廉洁自律效果。

抓好纪检监察干部队伍建设。认真落实《中国共产党纪律检查机关监督执纪工作规则（试行）》要求，完善纪检监察干部履职考核评价体系，推进问题线索处置、谈话函询、立案调查、执纪审理的系统化管理。各级纪委要强化自我监督，自觉接受党内和社会监督，建设一支让党放心、人民信赖的纪检监察干部队伍，严防“灯下黑”。扩大选人用人视野，及时配齐配强专职纪检监察干部，研究制定基层单位纪检监察干部提名考察办法，不断增强队伍生机活力。加强纪检监察干部岗位培训，提高开展纪律审查工作的能力和水平。广大纪检监察干部要始终坚持打铁还需自身硬，从小事小节上加强约束、规范自己，

守住做人、处事、用权、交友的底线，做严格自律的标杆。各级党政组织要旗帜鲜明地支持纪检监察工作，在政治上爱护、思想上关怀、工作上支持、待遇上保障，让纪检监察干部能够心无旁骛地投入到工作中。

（六）发挥民生建设的优势，推进“为太原局好”价值取向的树立，调动干部职工保安全稳定、促改革发展的积极性

坚持以人为中心的发展思想，努力建设企业与职工命运共同体，切实把“为太原局好”的意志和力量凝聚起来，形成“谋太铁之事，急太铁之需，解太铁之难”的生动实践。

加强民主管理。始终把民心作为最大的政治，努力让职工群众感受到尊重，体验到公平公正，享受到发展成果。落实职工代表大会制度，保障职工群众知情权、参与权、表达权、监督权，持续深化职工代表联名提案、领导包案等重点工作，推动企业民主管理与运输经营管理工作同步展开。落实依靠方针，把工作的主动权交给职工，坚持问计于民、问需于民，耐心细致地听取职工群众反映的利益诉求和意见建议，努力使民主管理成为改进工作方式方法、提升管理水平、维护和谐劳动关系的重要平台。广泛开展“五小”竞赛、合理化建议征集、民主恳谈活动，汇集群众智慧，让职工充分享有当家作主的感觉。

关心关爱职工。坚持尊重、理解、包容、关心和爱护，精准维护职工最关心、最直接、最现实的利益，帮助职工解决最困难、最忧虑、最急迫的实际问题。加强路局职工服务中心管理，完善职工诉求办理机制，持续形成职工的话有人听、事有人办、建议有人采纳的常态，真正将职工服务中心打造成“民情前哨、民生阵地”。推进改善职工生产生活条件三年攻坚计划，深化“三线”建设，探索推进站区设施联建、资源共享，努力构建“旧而无尘、置而有序、洁而共享、文而化人”的环境。深入开展“双进双千”送温暖、暑期送清凉等活动，积极推进重特困职工分类建档、精准帮扶，精心组织职工群众喜闻乐见的“百千万”站区职工健康文体活动，扩大覆盖面、提高参与度，持续调动职工群众的工作积极性。

维护和谐稳定。健全和落实信访工作责任制，按照“四子十要”工作思路，积极主动做好信访稳定工作，大力推广信访微信公众号、手机客户端和视频远程接访，进一步打造开放、动态、透明、便民的“阳光信访”新模式。深入推进“平安铁路”建设，做好治安和外部环境隐患综合治理。强化反恐防暴工作，落实各级党委责任，发挥公安机关主力军作用，严格单位责任、部门责任和岗位责任，维护铁路运输安全畅通。加强对统战、保密、武装、关工委、老干部、学协会、军交等工作的领导和支持，形成为太原局同心同德、团结奋进的良好局面。

各位委员、同志们，目标任务已经明确，发展机遇催人奋进，让我们更加紧密地团结在以习近平同志为核心的党中央周围，在总公司党组坚强领导下，不忘初心、继续前进，推动全局党的建设迈上更高水平，以安全稳定、改革发展的优异成绩，向总公司党组和职工群众交出满意答卷，迎接党的十九大胜利召开！

大 事 记

太原铁路局 2016 年大事记

2016 年大事记

一 月

4 日 路局召开 2016 年集体合同平等协商会议，按照协商双方人数对等的原则，以路局工会主席张锁明为首席代表的工会方 12 名代表，和以总经济师俞蒙为首席代表的行政方 12 名代表，就《太原铁路局 2016 年集体合同》和《太原铁路局 2016 年集体合同工资专项协议》进行了充分协商、讨论，在双方代表协商达成一致意见的基础上，《太原铁路局 2016 年集体合同》和《太原铁路局 2016 年集体合同工资专项协议》获得一致通过，准备提交路局二届三次职代会审议。

6 日 路局在太原站举行“中国好人”授牌仪式。路局党委副书记郭家宏、副局长刘枫出席会议，并为荣登 2015 年 12 月“中国好人榜”的“改梅助困室”带头人杨静授牌。

8 日 路局党委举办两级党委中心组联组(扩大)学习会，邀请国家发展和改革委员会综合运输研究所所长、中国物流学会副会长汪鸣进行“三大战略与交通运输发展格局”专题讲座。路局局长赵春雷致欢迎辞，省经信委副主任冀明德主持，汪鸣所长从三大战略相关知识、山西交通运输和物流发展方向、山西多式联运发展建议及中鼎物流园的规则与建设等方面进行了分析讲解，并与现场人员互动。路局领导班子成员、410 名机关干部，山西省经信委、商务厅、交通厅等 16 个部门的 50 名同志聆听了讲座。

10 日 全国铁路实施新列车运行图。调图后，路局开往全国各地旅客列车达到 88.5 对，其中动车组列车 36 对。

14 日 山西省文明办揭晓了 2015 年下半年“山西好人”名单，25 名事迹感人的道德典型光荣上榜，太原站职工杨静、侯马北机务段职工崔靖位列其中。

15 日 《山西日报》头版头条报道太原机务段段长陈海波同志先进事迹。

21 日 路局、路局党委召开全局工作会议，深入贯彻党的十八大和十八届三中、四中、五中全会以及中央经济工作会议精神，认真落实总公司工作会议和山西省委十届七次全会、全省经济工作会议部署，立足本职，主动担当、积极作为，加快推进全局创新发展、转型升级，开创路局改革发展新局面。

30 日 中央文明办揭晓了 1 月份“中国好人榜”名单，107 位事迹感人的道德典型光荣上榜，侯马北工务段职工李天恩位列其中。

▲ 全国“扫黄打非”工作小组对 2015 年全国“扫黄打非”先进集体和先进个人进行集中表彰，路局“扫黄办”荣获“2015 年全国‘扫黄打非’先进集体”称号。

二 月

7 日 2016 年央视春晚，路局“晋之星”高速动车组代言人闫冬“一团火”班组向全国人民拜年。闫冬“一团火”便民服务组秉持“以服务为宗旨，待乘客如亲人”的理念，用一团火的精神服务旅客、奉献社会，得到社会各界好评。

13 日 央视新闻频道“新闻直播间”以《春运返程山西太原铁路南站客流量稳中有增》为题，对太原南站春运返程客流组织情况进行了长达 3 分 13 秒的现场直播报道，其中特别报道了小红帽志愿者服务春运的事迹，对志愿者们在春运期间的辛勤付出给予高度评价。

14—15 日 中国铁路总公司党组成员、副总经理黄民带领总公司春运包保检查组到路局，利用两天时间，对路局春运工作进行检查督导，并与路局领导和有关部门负责人座谈交流。期间，黄民到大西高铁试验段添乘中国标准动车组，参加了部分项目综合试验。

26 日　路局召开全局电视电话会议，宣布路局党委书记任职人选。总公司党组成员、纪检组长安立敏作重要讲话，总公司人事部（党委组织部）副主任吴望根宣读总公司党组任免通知：江涛任太原铁路局党委书记。新任路局党委书记江涛作表态发言，路局局长赵春雷代表领导班子作表态发言并主持会议。

▲　路局研制的"多方向防错办系统"荣获中国铁道学会授予的铁道科学技术一等奖。

三　月

1—2 日　在晋的全国"两会"代表委员从太原南站乘坐高铁动车组离并赴京，出席第十二届全国人民代表大会第四次会议和政协第十二届全国委员会第四次会议。路局局长赵春雷、党委书记江涛亲自部署"两会"代表、委员运输工作，率领路局客运等有关部门负责人到太原南站，为出席十二届全国人大四次会议山西代表团、全国政协十二届四次会议委员山西团送行，并分别添乘路局客运品牌"晋之星"高铁动车组，将代表、委员安全送达北京西站。

1 日　23:40 分，路局首趟开行的"晋南货运快线"晚发早到列车从皇后园站驶出，一路向南直奔临汾、运城，拉开了路局实施供给侧改革，根据物流市场需求开行"太铁快线"特需班列的序幕。

6 日　路局首期现代物流人才培训班在路局党干校正式开班。路局局长赵春雷、副局长刘枫参加开班仪式。局长赵春雷作重要讲话，开班仪式由副局长刘枫主持。来自全局物流相关专业的首批 170 名学员以及路局推进办、相关处室、中鼎公司共计 210 余人参加了开班动员会。

8 日　南同蒲工务综合施工正式展开。此次施工区段为：南同蒲线修文（不含）—侯马北（不含）间下行线；高曲联络线高显（含）—曲沃（不含）间下行线。施工时间从 3 月 8 日至 28 日，共计 21 天，每日安排 180 分钟施工天窗。施工任务，大机清筛 81.34km，道岔及岔间线路换砟 46 组/2.356km，桥梁换砟 1.18km，大机打磨钢轨 155.955km，大机捣固线路 140.762km，大机捣固道岔 161 组，道岔达标整治 6.301km，钢轨焊联 210 头，边坡清筛 47.7km。

29 日　路局设立山西晋云现代物流有限公司，主要负责组织实施路局现代物流"1+3+13+300+N"总体规划，实现全方位物流、全过程社会物流服务和增值服务；作为太原铁路局和大秦公司的现代物流建设投资主体；负责中鼎物流云平台的功能设计、开发完善和推广应用。

四　月

14 日　路局举办"互联网与传统产业融合发展"高端讲坛。邀请国资委国资监管信息化专家组专家、中国社科院信息化研究中心秘书长、中国社科院信息化与网络经济室主任、《互联网周刊》主编姜奇平进行专题辅导。路局局长赵春雷、党委书记江涛及其他领导班子成员参加学习，全局近 2500 人收听收看了高端讲坛。

18 日　路局职工"五小"竞赛创新成果展在太铁体育馆隆重开幕。山西省人大常委会副主任、省总工会主席田喜荣，全国铁路总工会副主席萦河，省总工会党组书记、常务副主席郭新民，省总党组成员、省总工会经费审查委员会主任张亚琳，路局党委书记江涛、局长赵春雷及路局领导班子成员出席成果展示会。田喜荣、萦河、江涛、赵春雷共同为"五小"成果展示揭幕。

19 日　路局与百度公司签订"智慧物流云平台"项目战略合作备忘录，标志着路局推进供给侧结构性改革，实施"互联网+流通"行动，加快现代物流创新发展、转型升级，打造“云聚万商、流通万家”线上线下快捷交易的智慧物流企业取得又一重大进展。路局局长赵春雷和百度公司总编辑、公共事务总经理赵承出席签约仪式。大秦公司总经理关柏林和百度开放云总经理刘炀分别代表双方签订合作协议。

25日　由共青团中央主办的2016年全国“向上向善好青年”推选活动结果揭晓，来自各个行业和领域的100名模范践行社会主义核心价值观的优秀青年获此荣誉。其中，经路局团委和山西省团委共同推荐的太原南站蒲婷婷，赢得社会普遍点赞，被评为“全国向上向善好青年”。

28日　路局召开2016年全局高技能人才表彰命名会议，路局局长赵春雷、党委书记江涛出席大会并作重要讲话，路局党委副书记郭家宏主持大会，路局总经济师俞蒙宣读命名表彰名单，湖东电力机务段、太原南工务段、太原北车辆段段长分别介绍了高技能人才建设工作经验，三名优秀高技能人才代表发言。

▲　日前，在由中国内刊协会主办的中国品牌内刊2015年度优秀内部报刊暨内部媒体表彰会上，《太原铁道》报获得2015年度全国优秀内部报刊“好报纸”特等奖，这是《太原铁道》报连续六年获此殊荣，并荣登“中国品牌内刊榜TOP100”榜首。

五　月

10日　5:24分，由路局首发开行的X2512次“太原鸣李—佛山东特需班列”准时从鸣李车站发出。它将一路南下，一站直达，48小时内抵达广东佛山东站。这是路局实施供给侧结构性改革以来，推出的又一项适应物流市场需求，促进区域经济发展的新举措。

10日　11:28分，一趟满载大同市各区县的白货列车从大同火车站准时发车，当日23时28分到达南仓，次日2时28分到达塘沽。这是大同市开往京津冀地区的首趟白货快运专列，实行两站直达。这趟专列是路局与大同市政府为更好地融合环渤海地区发展，进一步发挥山西地方和铁路在推进“一带一路”建设、京津冀协同发展战略中的具体举措，将大幅降低企业和社会物流成本，助推山西对外开放促进地方经济转型发展。

16日　路局局长赵春雷，党委书记江涛与大同市委副书记、代市长马彦平就大同至太原旅游列车开行暨晋北物流园区项目进行商谈，并举行了旅游列车开行暨广告冠名签约仪式，决定从5月27日起开行大同至太原的旅游列车。路局总经济师俞蒙，副局长刘枫，大同市副市长杨勤荣参加商谈。

27日　山西铁路史上首趟“Y”字头城际旅游列车从大同驶出，一站直达省会太原，山西最大两座城市间的旅行时间首次缩短至3小时以内。“云冈号”旅游列车是大同市政府与路局经过市场调研和全面磋商，以大同市政府包车的模式开行的旅游列车。列车经由北同蒲、韩原、石太、大西铁路线运行，列车为空调车，全列由6节硬座车、1节软卧车、1节硬卧车组成。这趟旅游列车采用“Y”(游)字头车次，每逢周五、周六、周日，大同向太原方向开行Y665次，大同始发时间为14时，终到太原时间为16时58分；太原向大同方向开行Y666次，太原始发时间为17时58分，终到大同时间为20时56分，运行时长较目前两地开行的最快列车还要节省近50分钟。

六　月

2—8日　由路局领导班子成员带队组成的防洪检查组对管内主要线路进行防洪平推检查，进一步筑牢路局线路设备防大洪、抗大汛的能力。

3日　山西省委常委、副省长付建华带领省办公厅、省经信委、晋中市等有关人员到路局中鼎物流园现场调研指导，并在路局机关主持召开了专题会议，听取了路局局长赵春雷、党委书记江涛关于全局现代物流建设的情况汇报，观看了路局推进现代物流发展的专题宣传片。

▲ 为期 30 天的侯月线集中修施工顺利结束。侯月线集中修从 5 月 4 日开始至 6 月 3 日结束，每日封锁 180 分钟，大修列施工区间每日封锁 240 分钟。此次施工是路局 2016 年自 3 月 8 日南同蒲下行线综合整治施工以来第三次大规模施工。

7 日 路局领导班子围绕“学习尊崇党章，唤醒党章意识，自觉遵守维护党章”主题，进行“两学一做”学习教育第一专题集中研讨。路局局长赵春雷和其他领导班子成员紧密联系思想和工作实际，进行交流讨论，路局党委书记江涛主持并作重要讲话。

12 日 随着施工封锁命令的下达，为期 23 天的石太线集中修施工拉开帷幕。来自太原工务段、太原南工务段、太原工务机械段及前来支援的秦皇岛西、茶坞、大同、朔州、原平、侯马北工务段等单位，共计组织人力 2970 人，投入机力 10 组 51 台，对石太线，太原、榆次枢纽进行线路病害集中整治。

16 日 11:31 分，由鸣李站开往沙良、包头东首趟特需班列 79156 次正点开出，该趟特需班列由 15 辆 40 英尺集中箱专用平车组成，满载汾酒、陈醋、家用电器、家具等“白货”一站直达沙良、包头东站。

27 日 路局与百度公司正式签约，共建“智慧物流云平台”，路局局长赵春雷和百度公司董事长兼 CEO 李彦宏出席签约仪式，太原铁路局大秦公司总经理关柏林和百度公司开放云总经理刘炀分别代表双方签订合作协议。

28 日 路局党委隆重召开庆祝中国共产党成立 95 周年创先争优表彰大会，路局党委书记江涛出席大会并做重要讲话。路局局长赵春雷主持大会，路局党委副书记郭家宏宣读路局党委“七一”各项表彰决定，路局领导班子成员、驻局军代处主任为受到表彰奖励的“七一”先进集体代表和个人颁发奖牌和荣誉证书。

30 日 太原铁路公安局追授“陈方利全国公安系统二级英雄模范、人民铁道卫士”荣誉称号。

七　月

1 日 0:55 分，路局开行的首趟“晋北货运快线”列车从皇后园站驶出，一路直奔朔州（神头站）、大同（平旺站），在建党 95 周年之际，太铁快线南北贯通，为三晋百姓献上了一份“物流快餐”大礼。

▲ 路局推出多项客运新产品，提升了客运品牌的服务质量，受到广大旅客称赞。1 日，路局在往返于大同和太原间的“云冈号”旅游专列上率先开通无线 WIFI 服务。媒体记者与广大旅客共同感受到“列车 e 风暴”，并体验了“休闲购物车”的特色服务。

8 日 路局与太钢（集团）有限公司签署合作备忘录，双方本着“发挥优势，相互促进，长期合作，互利互赢”的原则，在基础设施、物流运输、产品研发、产业升级、人才培养、信息化建设等领域深度合作，推动双方产业创新发展、转型升级，主动适应经济发展新常态，共同推进供给侧结构性改革。

13 日 路局举办中鼎物流园招商推介会，路局局长赵春雷出席大会并致欢迎辞，山西省经信委副主任、省推进中鼎物流园建设协调服务领导小组办公室主任冀明德作重要讲话，路局总经济师俞蒙介绍中鼎物流园情况，路局副局长王全献出席会议，路局副局长刘枫主持大会，省市政府部门、企事业单位和新闻媒体共 170 人参加了招商推介会。

15 日 在山西省委召开的“学习贯彻习近平总书记‘七一’重要讲话精神暨全省‘两优一先’表彰大会”上，太原南站党委被授予“全省先进基层党组织”荣誉称号。

19 日 路局与中国东方航空股份有限公司、山西省民航机场集团公司签署了“空铁联运”三方合作协议。路局局长赵春雷、中国东方航空股份有限公司山西分公司总经理谢鹏军、山西省民航机场集团公司总经理郝孝义出席签约仪式并分别讲话。

27日 全国铁路第十三届运动会男子篮球比赛在太原拉开帷幕,来自各铁路局、中铁工程、中铁建筑、中铁物资、铁科院、直属机关等23支代表队300余名运动员参加了比赛。铁总工会副主席索河、路局局长赵春雷、党委书记江涛出席开幕式。

八 月

3日 路局开行首趟国际联运货物列车。9时58分,编组30辆、满载1800t玻璃的79158次列车从路局太中银线清徐站发出,经由山西、河南、湖北、湖南、广西五省,走行2700多公里,由广西凭祥口出关,最终抵达越南安员站。

4日 路局成立太原高铁工务段,为路局独立运输站段,业务上受路局工务处指导,主要负责路局管辖的大西高铁工务设备的运行、维护、管理等工作。

23日 《工人日报》在显著位置以《她带着温暖扑面而来》为题并配发评论,大篇幅报道全国铁路"党字号"客运服务品牌,路局太原站"改梅助困室"第二任带头人、共产党员杨静热心服务旅客的事迹。

31日 路局组织开展职工代表主题巡视活动,246名路局职工代表及45名基层工会主席对路局职工服务中心和正在建设中的中鼎物流园进行了巡视。巡视期间,职工代表启动了职工服务中心。

▲ 路局职工服务中心启动运行,面向广大职工开展诉求受理、政策咨询、便民惠民等服务。

九 月

2日 路局举办"现代物流"高端讲坛,邀请中国物流与采购联合会贺登才会长、成都市口岸与物流办公室陈仲维主任,作"物流园区建设与供应链服务"专题讲座。路局局长赵春雷主持,路局领导班子、有关部门人员,太原、榆次地区车务、多元经营系统的行政领导,物流师和营销人员共460人在主会场收听了讲座。

▲ 路局在太铁广场召开中鼎物流园需求对接会,来自省内外的27家物流企业参会。针对资源分享、合作模式、互补共赢、发展远景等方面进行了较高层次的需求互动和对接,并达成了共识。山西省经济和信息化委员会、山西省物流与采购联合会、太原经济技术开发区管理委员会的相关领导应邀出席会议。路局局长赵春雷主持会议。路局副局长丁永民、总经济师俞蒙、副局长刘枫参加会议。路局有关部门负责人,多经系统相关单位负责人,晋云公司、中鼎公司全体人员参加了会议。

11日 石太线集中修施工全面展开。施工范围包括石太线:榆次(不含)—赛鱼(不含)间上下行线及各站;太原、榆次枢纽:皇后园(含南岔区)—修文(含)间北同蒲、石太、石太客专、大西、南同蒲上下行线及各站。石太线及太原、榆次枢纽以大机清筛、成段更换钢轨、隧道人工更换轨枕为施工主线,集中修大机清筛、成段更换钢轨施工项目主体单位为太原工务机械段。

14日 由路局、山西杏花村汾酒集团和北京高和传媒共同举办的"汾酒号"高铁专列启动仪式在太原南站举行。此次汾酒号高铁专列的开通,是路局与汾酒集团实现强企联合,助力山西经济腾飞的重要举措,不仅汲取了高铁媒体受众量大、网络性强、精准性高、覆盖面广的特点,而且开启了以全方位、多形式有机结合的新品牌推广模式。

19日 0:30分,瓦日铁路全线运营首列重载列车,由兴县北站发车,运载原煤3668t,运行1177km,约24个小时,经长治北等站点直达日照港。这是瓦日铁路第一列真正意义上的进港煤炭班列。

26日 中鼎物流园铁路港开通试运营,标志着路局开发建设的中鼎物流园"4区11港"中的铁路港率先进入开通试运行阶段,物流园开园步入倒计时。山西省经信委主任张华龙，省经信委副主任、省推进中鼎物流园建设协调服务领导小组办公室主任冀明德、晋中市政府秘书长黄海涛，路局局长赵春雷、副局长丁永民、总经济师俞蒙、副局长刘枫，路局有关处室、单位的负责人，设计、建设、施工、监理单位和物流企业以及省内主要媒体朋友共同见证了首趟列车开行。

30 日 在山西省文明办举办的 2016 年上半年“山西好人”评选活动中，太原客运段职工刘豫泉从 64 名候选人中脱颖而出，入围助人为乐类“山西好人”。

十　月

12 日 70002 次列车从太原北站发出，这是在国家“一带一路”战略中，路局加强路企合作，制订的“火车坐火车”运输模式，将中国中车股份有限公司制造的货车，乘专列发往天津港，走出国门，运抵阿根廷。

14 日 交通运输部运输服务司处长李华强率交通运输部专家调研组一行七人专程到路局中鼎物流园，重点就园区应用互联网 +、推动大数据、云计算、物联网等先进技术与物流活动深度融合和多式联运建设情况进行调研座谈。

17—19 日 中国共产党太原铁路局第一次代表大会在太原胜利召开。这次代表大会是在全局上下深入落实“四个全面”战略布局，奋力推进创新发展的关键阶段召开的一次十分重要的会议。大会的主题是：高举中国特色社会主义伟大旗帜，深入贯彻党的十八大和十八届三中、四中、五中全会精神，认真学习贯彻习近平总书记系列重要讲话精神，团结带领广大党员和干部职工，凝心聚力、攻坚克难，为实现路局创新发展目标而努力奋斗。铁路总公司党组成员、副总经理黄民，中共山西省委常委、组织部部长盛茂林出席开幕式并作重要讲话。路局党委书记江涛代表中国共产党太原铁路局委员会向大会作了题为《落实从严治党要求加强全局党的建设为实现太原铁路局创新发展目标而努力奋斗》的工作报告。路局党委副书记、纪委书记支斌代表中国共产党太原铁路局纪律检查委员会向大会作了题为《坚持全面从严治党强化监督执纪问责　为全局持续健康发展提供坚强纪律保障》的工作报告，路局局长赵春雷主持并致开幕词。会议选举产生了中国共产党太原铁路局第一届委员会 15 名委员和中国共产党太原铁路局纪律检查委员会 11 名委员。

来自全局各单位的 263 名代表，23 位列席人员参加了开幕式。

28 日 为期 20 天的大秦、北同蒲线第二阶段集中修施工圆满结束。在此期间，全局各部门、各单位扎实践行“机关服务、基层自立、各司其职、各负其责”的工作理念，精细组织，高标落责、密切协作，确保了安全有序可控、效率持续提升、施工质量过硬、运输高产高效，大秦线日运量始终保持 100 万 t 以上，最高达到 111.39 万 t，创下大秦线集中修施工运量的历史纪录，受到总公司通令嘉奖，取得了安全、施工、运输多赢的丰硕成果。

31 日 山西省副省长王一新、省经信委主任张华龙、省政府办公厅党组成员王文保、省经信委副巡视员王黎红、省经信委交通物流处调研员张戈平等一行 6 人，到路局专程调研中鼎物流园建设运营情况。路局在中鼎物流园召开省领导专题调研筹备会，王一新副省长作出重要指示，路局局长赵春雷陪同。

十一月

7 日 由路局联手省内外企业共同打造，“山西龙头、国内一流”的中鼎物流园在山西太原、晋中两市交界处、太原都市圈核心版块开园营业。山西省代省长楼阳生亲自带队到中鼎物流园调研座谈，见证中鼎物流园开园，对路局现代物流建设特别是创造出的“中鼎速度”给予高度评价。楼阳生强调，要抢抓深化转型综改的重大机遇，提升站位，明确定位，科学谋划，合理布局，加快发展现代物流业，努力打造创新驱动，转型升级新支撑，山西省副省长王一新参加调研。

中鼎物流园是全国首家以铁路为主导的多式联运物流园。拥有国内首个铁路、公路、水路、航空“多位一体”的多式联运智慧物流信息系统，被列为“山西省重点工程”，是全国性的物流中心。它的开园，标志着路局迈出了向现代物流进军、引领山西物流业转型、辐射带动相关产业同步发展的重要一步，为山西创新驱动、转型升级注入全新动能。

11 日　路局党委举办党委中心组（扩大）学习会，路局党委书记江涛从党的十八届六中全会的重大意义、全面从严治党、全面加强和规范党内政治生活、全面落实党内监督责任、突出抓好领导干部特别是高级干部、抓好六中全会精神的学习宣传贯彻等六个方面作了专题宣讲，路局局长赵春雷主持会议。路局党委中心组成员和中层以上党员参加了学习。

17 日　路局集装箱共发运 39.4032 万箱，同比增加 18.9145 万箱，增幅 92.3%，在全路第一家提前 44 天完成了全年集装箱运输任务，受到铁路总公司通令嘉奖。

18 日　路局与山西省经信委联合主办的“中鼎现代物流发展论坛”在太铁广场举办。论坛以“新活力、新愿景、新发展——物流园区变革的未来生态”为主题，围绕“物流园区的运营模式和招商策略、多式联运的组织方式和解决方案、智慧物流的设施推进和发展趋势以及其他物流建设发展课题”等议题，提出了大量前瞻性、建设性和可操作性的宝贵建议，为路局现代物流建设提供了全新参考，注入了强劲动力。中国物流与采购联合会副会长、中国物流学会执行副会长、中物联物流园区专委会主任贺登才任论坛主席。

30 日　百度公司在北京国际会议中心举办“2016 百度云智峰会”。路局局长赵春雷应邀出席峰会，与百度副总裁王路、福田商用汽车集团总裁宋术山、南方航空电子商务部副总经理王景成、中国海事局航海保障管理处处长曾晖，共同发布国内首个覆盖陆海空的“智能交通生态联盟”。会上，路局局长赵春雷向与会人员介绍了太原铁路局与百度公司共同开发的中鼎智慧物流云平台，以及路局发展多式联运、推进现代物流建设、服务经济发展的战略部署和取得的主要成效，对“智慧交通联盟”在物流生态体系中发挥的作用予以美好展望。

▲　路局太原车务段职工孟小平在山西医科大学第二医院顺利完成造血干细胞捐献，用于挽救正在江苏某医院接受治疗的女性骨髓增生异常综合症患者。孟小平成为路局第 3 例、山西省第 136 例捐献造血干细胞的志愿者，也是中国造血干细胞捐献者资料库第 6121 例非血缘造血干细胞捐献者。

十二月

6 日　路局团委举办首届“青创杯”创新创效创业大赛成果展示会，全国铁道团委书记张腾、路局党委书记江涛、路局局长赵春雷出席会议并作重要讲话。全国铁道团委书记张腾、路局领导班子成员为获得首届“青创杯”创新创效创业大赛金、银奖项目的 30 名青年带头人和 4 名“2016 年度创新杰出青年”颁发奖杯和证书。这次展示会采取优秀项目展示和青年才艺展演相结合的方式，生动展现了全局各级团组织和团员青年为路局贡献青春力量的精神风貌。

19 日　路局、路局党委召开全局资产经营开发“十大品牌”命名表彰会，太原电务器材厂、“云冈号”城际旅游列车开行项目、铁联公司“美餐思”绿色肉食品项目、太原客运段“佳佳吃”品牌项目、太铁联合物流公司商品汽车物流总包项目、晋太公司高架桥下土地开发项目、大同铁路路兴工程有限责任公司、先行公司全程物流总包业务、太原工务机械段焊轨基地业务、大同站活性炭商贸物流业务 10 个品牌被授予全局资产经营开发“十大品牌”。路局局长赵春雷、路局党委书记江涛、路局党委副书记郭家宏、路局总经济师俞蒙出席了会议。局长赵春雷作了重要讲话，总经济师俞蒙宣读命名表彰决定。各运输站段、运输辅助单位主管经营工作的副职，非运输企业党政正职，路局机关业务部门主管经营开发工作的副职，综合部门负责人参加了会议。

▲　路局召开 2017 年集体合同平等协商会议。按照协商双方人数对等的原则，以路局工会主席张锁明为首席代表的工会方 11 名代表，和以路局总经济师俞蒙为首席代表的行政方 11 名代表，就《太原铁路局 2017 年集体合同》和《太原铁路局 2017 年集体合同工资专项协议》进行了充分协商、讨论，在双方代表协商达成一致意见的基础上，通过了《太原铁路局 2017 年集体合同》和《太原铁路局 2017 年集体合同工资专项协议》，准备提交路局二届五次职代会审议。

近日　共青团中央下发《关于表彰第十一届中国青年志愿者优秀个人、优秀组织和优秀项目的决定》（中青发〔2016〕22 号），太原铁路局团委荣获第十一届中国青年志愿者优秀组织奖。

（孙淑环）

概　况

路局概况

组织机构

路局领导及部门负责人名单

2016年取得高级专业技术(政工专业)资格人员名单

路局概况

【概述】 2016年末,太原铁路局管辖大西高铁、石太客专、南同蒲、北同蒲、大秦、侯月、侯西、石太、太中银、韩原、太兴、瓦日、京原、京包、太焦、迁曹、京唐港等共计86条线路(含控股合资公司)。太原铁路局是全路18个铁路局中货运量最大、重载技术最先进的铁路局,是全路唯一运输主业整体改制上市的铁路局,也是山西省综合服务型5A级物流企业。路网纵贯三晋南北,横跨晋冀京津两省两市,主要担负着山西省的客货运输和北京、天津、河北、内蒙古、陕西等省(市、自治区)的部分货运任务,在山西省综合交通运输体系中处于骨干地位。

与4个铁路局交界:京包线K225+000处(郭磊庄站)、京原线K234+000处(灵丘站)、石太线K117+000处(赛鱼站)、石太客运专线K222+400处(太原东站)与北京铁路局分界;南同蒲线K849+500处(风陵渡站)、侯西线K76+650处(禹门口站)、太中银线K1173+650处(吴堡站)、大西客运专线K685+214处(永济北站)与西安铁路局分界;太焦线K190+700处(夏店站)、侯月线K147+273处(嘉峰站)、瓦日线K501+417处(长子南站)与郑州铁路局分界;京包线K380+500处(古店站)与呼和浩特铁路局分界。

线路总延展里程11550.69km,营业里程4460.463km。其中客运专线424.054km,双线营业里程3438.992km,电气化营业里程3820.269km,道岔10553组,道口132处,其中有人看守道口48处,桥梁3845座,777075延长米,其中特大桥213座,537237延长米,隧道524座,725897延长米,其中特长隧道14座,215354延长米,明洞23座,2689延长米。配属机车1194台,其中电力机车905台,内燃机车289台;配属客车1979辆,其中空调车1704辆,配属动车组39组,其中CRH5型6组,CRH380型23组,CRH2-200型10组,共计312辆。主要信号设备4648km,自动闭塞线路3639km,半自动闭塞929km,其中计算机联锁308个,电气集中车站19个,非电气集中车站5个。

2016年末,固定资产原值29763762万元。

【机构设置】 全局设运输生产站段37个,其中:直属站5个,车务段7个,客运段1个,机务段3个,供电段3个,车辆段4个,工务段9个,工务机械段1个,电务段3个,通信段1个;运输辅助单位9个;非运输企业11个;工程建设指挥部及合资公司12个;其他单位10个;学(协)会4个;路局机关行政职能管理机构31个,生产机构1个,行政附属机构68个,派出机构5个。路局机关党群机构设:党委办公室、党委组织部、党委宣传部、纪委、政法委、工会、团委、机关党委。路局基层党委56个,其中:主要运输站段党委37个,运输辅助单位党委6个,非运输企业党委9个,其他单位党委4个;党总支1个,党工委1个。

【职工队伍状况】 全局用工总量108650人,其中职工总量108244人,其他从业人员406人。按多元化经营总收入计算的全员劳动生产率完成70万元/人。连续十一年调整职工岗位工资标准,继续在运输生产一线职工中开展安全效益达标考核。全局工人总数87791人,其中:女性9493人;大学本科及以上2905人、大专20133人、高中(含技校、中专)53586人、初中及以下11167人;技能人才81575人(取得职业资格69804人,其中初级工3881人、中级工21218人、高级工37368人、技师6543人、高级技师794人)。

【安全生产】 始终把安全工作摆在各项工作的首位,突出高铁和旅客安全,强化综合施策,深化专项整治,安全关键得到有效控制。狠抓安全生产责任制落实,加大安全"大数据"集成运用,修订完善安全管理职责16467项、工作标准14318项、重点工作流程6956项。严格落实施工作业组织、行车组织、人身安全"三个方案",实施机械化、大兵团作战,全年开展集中修和综合维修施工 12 次,完成大机清筛 558.8km,更换轨枕 9.3 万根,道岔达标整治 2033 组,在设备养护效率和质量实现历史性突破的同时,确保了施工、行车、人身安全。深入开展安全大检查,扎实推进安全标准线建设,坚持重点问题领导干部挂牌督办,大秦线乘务员超劳、按图行车等突出问题得到有效解决。广大干部职工坚守岗位,认真履责,经受住了黄金周、防洪抗汛、防寒过冬、G20 峰会、十八届六中全会召开等关键时期的多重安全压力测试。全年,路局奖励安全有功人员 674 人次 164.1 万元。顺利实现了安全年。

【货物运输】 顺应国家"三去一降一补"供给侧结构性改革大势,稳大宗、抢白货、调结构,千方百计增运增收。适应煤炭市场持续低迷的严峻形势,大力开发货运新产品,新增特需班列产品 18 个,开行大宗直达班列 2914 列,实重计费、量价捆绑、阶梯运价等政策"红利"得到有效释放。深度开展货运营销,与海运公司、港口等广泛开展合作,组织块煤入箱、铁水联运,集装箱发送同比增长 89%,增幅列全路第二,提前 44 天完成全年发运任务。大力挖掘新线潜力,成功开行兴县北—日照的点对点煤炭直达列车。进入四季度,抢抓市场回暖机遇,精细编制大秦线 137 万 t 日运量方案,大力压缩开车间隔,组织 C80 车辆跨局运输、重去重回。大秦线非施工日运量持续保持在 130t 左右,创历史最好水平。全年,全局货物发运量完成 5.12 亿 t。

【旅客运输】 始终坚持"人民铁路为人民"宗旨,以客运服务质量年为抓手,大力推进站车"五化"改造和厕所环境卫生整治,增设售取票网点 27 个、设备 64 台,创新推出银铁通、空铁通、常旅客积分等便民利民措施,倾力打造 20 个局级客运服务品牌,投资 9.5 亿元新购动客车装备。坚持有流开车、无流停运,抓住调图契机,增开上海、济南、北京等热门方向列车,日常采取启用热备车组、动车组重联等灵活措施,满足了不同时段旅客出行需要。全局日发送旅客最高突破 32.6 万人。主动融入山西文化旅游产业链条,创新推出"云冈号"一站直达品牌列车,"运城号""朔州号""五台山号"等主题列车成功冠名,全年开行旅游专列 71 列,进一步提高了铁路在山西文化旅游产业中的影响力。2016 年,全局发送旅客 7120.7 万人,同比增加 114.6 万人,再创历史新高。

【现代物流】 坚持开放共享,瞄准"国内一流、山西龙头"目标,充分运用"互联网 +"、大数据技术,扎实推进"地网""天网"建设,全力打造现代物流新生态。中鼎物流园建成开园,"4 区 11 港"初具规模,与德邦等物流企业成功合作,物流业务全面展开。同步推进"3 + 13 + 300 + N"基础网络建设,大同、运城、曹妃甸物流园建设有序展开,太原西、临汾北等 13 个货场升级改造稳步实施,313 个无轨站遍布管内。与百度、清华同方携手合作,中鼎智慧物流云平台成功上线,园区智能管理平台投入使用。一个线上线下互动、"天网""地网"合一的现代物流产业新生态正在形成。在这一过程中,路局"白 + 黑""5 + 2",解难题,攻难关,用太铁人特有的毅力与坚韧,创造了"中鼎速度",凝就了"中鼎精神",得到了总公司、山西省委、省政府和社会各界的高度评价。

【中鼎物流园开园】 11 月 7 日,由路局联手省内外企业共同打造,"山西龙头、国内一流"的中鼎物流园在山西太原、晋中两市交界处、太原都市圈核心版块开园营业。山西省代省长楼阳生亲自带队到中鼎物流园调研座谈,见证中鼎物流园开园,对路局现代物流建设特别是创造出的"中鼎速度"给予高度评价。楼阳生强调,要抢抓深化转型综改的重大机遇,提升站位,明确定位,科学谋划,合理布局,加快发展现代物流业,努力打造创新驱动、转型升级新支撑。山西省副省长王一新参加调研。中鼎物流园是全国首家以铁路为主导的多式联运物流园，拥有国内首个铁路、公路、水路、航空“多位一体”的多式联运智慧物流信息系统，被列为“山西省重点工程”，是全国性的物流中心。它的开园，标志着路局迈出了向现代物流进军、引领山西物流业转型、辐射带动相关产业同步发展的重要一步，为山西创新驱动、转型升级注入全新动能。

【多元经营】 坚持主辅融合，大力推进全资产开发、全方位经营，“五大板块”多点开花，创效明显。电液转辙机中标云贵高铁、出口巴基斯坦，75kg/m 道岔、HXD2 型车钩缓冲装置、客车合成闸片等产品市场份额不断扩大，装备制造板块利润占到全路的五分之一以上。客运延伸板块品牌化经营、一体化发展，“佳佳吃”“桑源水”双双入选“中国铁路餐饮”品牌，旅游列车开行列数、发送人数、旅游收入、经营创效 4 项指标同比均翻了一番以上。鸣李货场、许坦东街、太原动车所、晋中环城西路等高架桥土地开发项目取得新成效，“太铁广场”商业地产项目投入运营，路局土地综合开发做法在全路推广。物流总包、城市配送、企业大宗原料供应等实体业务有效延伸拓展，商贸物流板块转型提质步伐加快，有效吸引了公路货源回归。创新代建涉铁工程管理体制，工程施工板块利润同比增长 62.6%。各运输站段延伸产业链条，拓展路内外市场，培育出了一大批新兴产业和创效项目。2016 年，全局非运输业务完成营业收入 114.3 亿元、利润 6.5 亿元。太原电务器材厂等“十大品牌”焕发出蓬勃活力，全局多种经营开发结出累累硕果。

【企业管理】 坚决落实全面从严治党要求，认真开展“两学一做”学习教育，坚持把纪律和规矩挺在前面，不断优化企业管理体系和运行机制。大力倡导“机关服务、基层自立、各司其职、各负其责”理念，明确路局机关部门权力清单 210 项。开展“强三基、创三优”活动，持续优化制度、标准和流程，使各项工作干有标准、考有依据。充分发挥经济杠杆作用，大力推行计件工资分配机制，坚持收入向生产一线苦脏累险及关键岗位倾斜，形成了“有付出就有回报，不让老实人吃亏”的良好导向。全面加强预算管理，实施 100 项节支措施，实现节支 16 亿元。规范物资管理，节约采购成本 2 亿元。深化劳动组织改革，推进检养修分开，优化劳动用工，实行多向流动、集中调剂，在用工同比减少的情况下，满足了新线建设、中鼎开园等新增岗位及高铁用工储备需求。充分尊重职工首创精神，大力开展“转闯增”活动，坚持“法无禁止即可为”，出台容错机制，鼓励全员创新创效创业，优化评先推优，面向职工广泛征集合理化建议 732 条，108 项已收到明显成效。全局管理效能充分释放，管理水平明显提升。

【铁路工程建设】 用发展的眼光、经营的思路推进铁路建设。坚持主动上手、提前介入，大张客专有序推进，太焦、大原客专相继开工。紧贴现代物流发展需求，中鼎物流园数十项重大项目同时施工，主体和配套工程同步上马，短短 10 个月时间，一座现代物流园拔地而起。着眼早建成、早运营，准朔铁路倒排工期、全力推进，逐项破解了拆迁、设计等 21 个重点问题。依靠技术创新，曹妃甸港区扩能改造在全路首次实现了“4m 线间距双线墩”邻近营业线不停电架设单线梁。以打通瓶颈制约、实现能力匹配为目标，大西客专太原枢纽工程完成了太原北站Ⅱ、Ⅲ场改造，太原枢纽新建西南环线路基工程基本完成，京原、南同蒲电气化改造有序推进。全年，全局完成建设投资 113.78 亿元，百分之百兑现了年度计划任务。

【科技创新】 坚持科技兴局，加大科研投入，加快成果转化，全年组织开展科研课题 117 项。扎实开展职工小发明、小创造、小革新、小设计、小建议“五小”竞赛，成功举办职工“五小”技术创新成果展。加强安全生产经营重大课题的顶层设计，现代物流综合体系规划研究、智慧物流云平台等课题被列入山西省和总公司科研计划。全力攻关解决运输安全突出问题，开展大秦重车线钢轨锈蚀、2万t重载列车中部机车渡板变形等课题研究，大秦线重载列车惩罚制动等84项科研成果通过总公司、路局技术评审，高铁道岔打磨等科研成果得到推广运用。7项科研成果获得“铁道科技奖”。充分运用科技提效率、促管理，运输调度指挥系统全面升级，“视频进车间、网络进班组”工程覆盖到全局748个车间和3069个班组，电子公文系统延伸到一线站段。认真组织大西高铁综合试验，累计开行试验动车组1.3万列、走行77.2万km，圆满完成了各项试验任务。具有完全自主知识产权的中国标准动车组在路局管内原平—太原段跑出了385km/h的“中国速度”。

【职工提素】 坚持人才强局战略，积极搭建人才成长平台。培养出国家高级物流师等专业物流人才352名，专项表彰专业技术带头人、科技拔尖人才等122人。325名操作技能人员竞聘到管理或专业技术岗位，62名班组长选拔到副主任岗位。组建了8个省部级“技能大师工作室”、64个“劳模先进创新工作室”、472个“技师小组”。全面推进“全员学技练功，全局技能竞赛”，高标兑现“千人升级计划”和“千名青年骨干人才培养工程”，扎实推进职工岗位技能达标和职业技能鉴定。探索推行“主播室”、手机APP等网络教学和移动课堂，开展实物化、实景式、实作性教学，拍摄标准化视频教学片29部。供电、车辆系统在全路职业技能竞赛中取得优异成绩。

【职工生活】 坚持让职工共享路局改革发展成果，二届三次职代会提出的20件实事好事，除“研究实施路局施工及抢险路用列车”项目因不具备资质暂停实施外，其余19件全部高标兑现。大力推进“八小工程”建设，下拨专项经费1243万元，专项整治了511处沿线车间班组生产生活设施。大力实施住宅小区燃气设施、集中供热、清洁能源等改造，民生工程三年攻坚计划有序推进。全面落实职工健康行动计划，组织93564名职工进行了健康体检，新开放定点医院6家、定点药店54家，补充小药箱5745个。回应职工期盼，实行职工健康休养带家属新政，并开行职工休养旅游列车，全年共组织17386名职工进行了健康休养。在继续开展择优集中调剂和解决特殊困难调剂的同时，出台远离家居地职工同工种跨单位对调机制，全年调剂异地工作职工236人。深入开展“金秋助学”“双进双千”等送温暖活动，支出帮扶救助专项资金3449万元，救助困难职工13235人次。尤为可贵的是，广大职工积极承担社会责任，踊跃奉献爱心，累计向社会困难群体捐款186.7万元。路局成立职工服务中心，提供职工诉求受理、政策宣传咨询、便民惠民服务，7万多名干部职工注册，诉求办结率达到98.7%。常态化开展职工代表民主恳谈会、主题巡视等活动，职工民主监督、参政议政的方式更灵活、渠道更畅通。广泛开展职工运动会、纪念建党95周年歌咏比赛、“百千万”站区文体活动、“中国梦·太铁情·劳动美”等群众性文体活动，业余文化生活更加丰富。

【基层党组织建设】 强化两级党委的主责主业意识，逐级开展党组织书记抓党建述职评议考核，组织召开全局党建工作座谈会，理清工作思路，推动责任落实。加强两级党委会建设，召开路局第一次党代会，选举产生了党委班子和纪委班子；认真落实总公司党组要求，指导完成基层党委换届工作。规范政工经费管理使用，加强工程建设领域党建工作，开展“工程管理和党建工作标准化”达标升级竞赛，推动基层党建基础得到加强。贯彻落实《铁路企业党支部建设纲要》，深化党支部建设“三年基础工程”，动态优化党支部设置，选优配强党组织书记，严格“三会一课”制度落实，分系统打造标准化党支部样板15个，启动实施王家湾全路党员教育示范基地建设。加强党员教育管理，广泛开展创岗建区、“三无”竞赛等活动，实现党员“两违率”控制在5%以内的目标。15个党组织、17名党员受到总公司党组和山西省委“七一”

表彰。

【人才队伍建设】 把领导班子和干部人才队伍建设紧紧抓在手上，确立“有过硬政治素质、有坚定组织观念、有科学决策程序、有称职担当能力”的要求，固牢太铁大厦的每条“钢筋”。落实民主集中制原则，修订完善决策“三重一大”事项制度，提升领导班子把握形势、突出重点、掌控局面的能力。坚持重人品、重台阶、重经历、重实绩、重公论，严格“凡提四必”要求和个人有关事项报告制度，先后调整领导人员225人次，配备党群领导人员54人。坚持党校姓党，发挥主阵地作用，抓好党员干部教育培训，先后举办全局党政正职、新任职领导人员、党支部书记和青年骨干大学生党员培训班等党员干部培训31批4231人次，主体班次达到26%。实施“人才强局”战略，召开人才表彰会，培养物流专业人才352人，全局中高级专业技术人员达到5839人，高技能人才占到操作技能人员的52.5%，骨干队伍支撑作用进一步增强。

【党风廉政建设】 坚持“运输安全、干部安全”两手抓，以担当的精神践行主体责任，教育引导党员干部走大道、进正门。落实中央纪委六次全会精神和总公司党组纪检组部署，健全党风廉政建设责任制，细化责任清单，加强考核问责，推动“两个责任”落实。开展“守纪律、讲规矩”教育，建成党风廉政教育网络基地，组织纪检监察干部专题培训和835名局管领导人员廉政考试。聚焦主责主业，加快“三转”步伐，推进纪检监察组织内设机构和职能调整，健全完善两级机关廉政风险内控机制和权力清单制度。以“查办、解脱、保护”为方向，落实“四种形态”，推行违纪违规问题专题民主生活会制度，抓好谈话函询和教育提醒工作，加大典型问题通报力度。坚持执纪必严、违纪必究，对履行党风廉政建设责任不力的领导人员严格问责，形成有效警示，营造了风清气正的发展环境。

【“两学一做”学习教育】 把“两学一做”学习教育作为深入推进全面从严治党、促进改革发展、战胜各种挑战的重要举措和强大动力。加强组织领导，细化实施方案，先后8次召开专题会议进行研究部署，推动学习教育向广大党员拓展，向职工群众延伸。两级领导班子成员自觉参加组织生活，带头讲党课，与党员一起深入学习研讨、一起查摆解决问题。坚持打牢学的基础，落实4个专题安排，认真学习党章党规、系列讲话，按照有认识、有体会、有不足、有分析、有措施的标准开展集中研讨。坚持以学促做，以“不看党徽识党员，只看行动辨党员”为目标，细化“四讲四有”合格标准，组织党员承诺践诺，选树“学·做”典型在全局巡回宣讲。坚持严督实导，4个局派协调督导组严格把关，定期组织开展“回头看”，扎实推进党员组织关系排查、党费收缴检查等4项重点任务，保证学习教育质量。通过学习教育，进一步巩固和拓展了党的群众路线教育实践活动和“三严三实”专题教育成果，规范了党内政治生活，增强了党性观念，坚定了理想信念，激发了全局4.9万余名共产党员不忘初心、继续前进的行动自觉。

（孙淑环）

组织机构

太原铁路局行政机构系统表

表 1

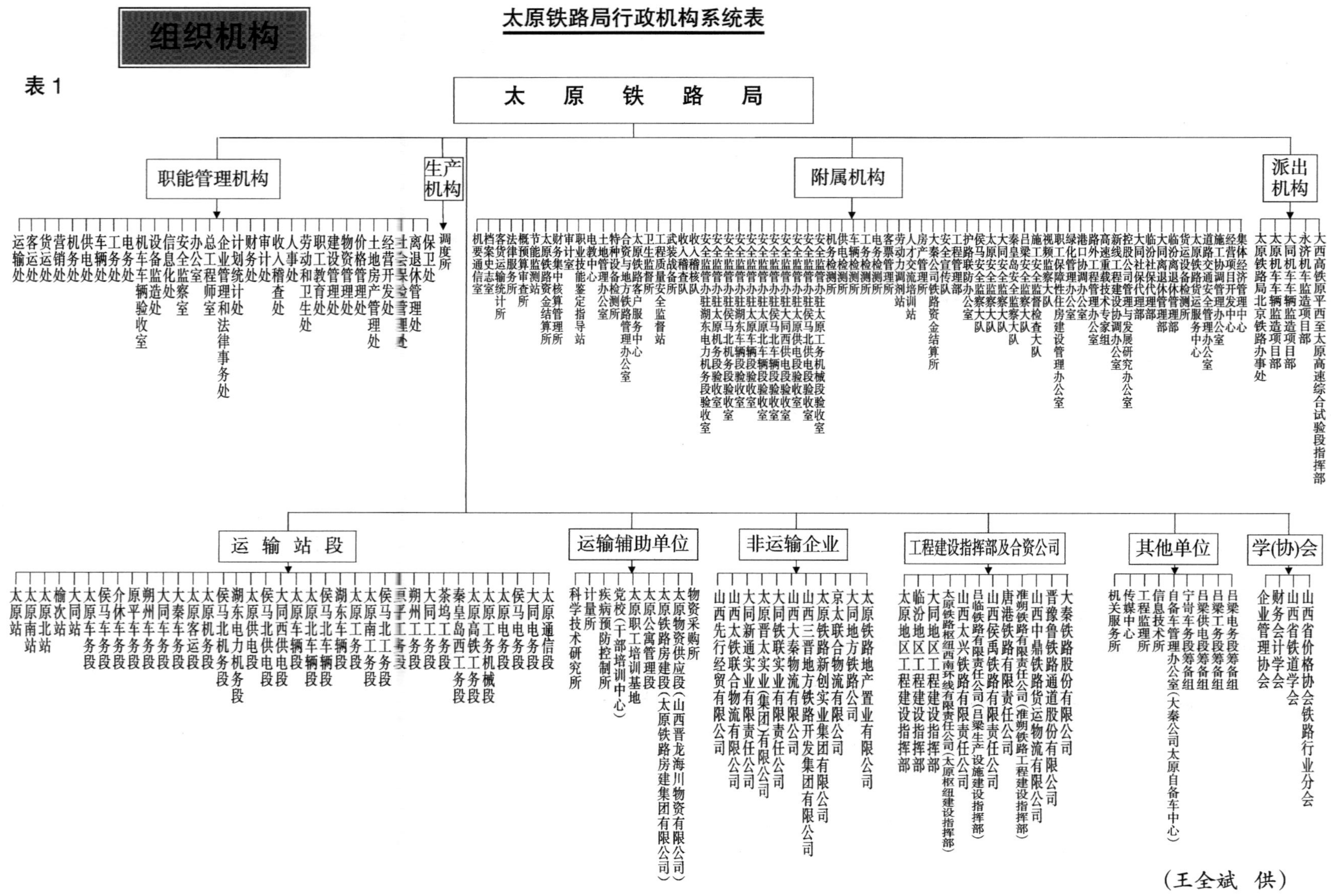

（王全斌　供）

太原铁路局党组织机构系统表

表 2

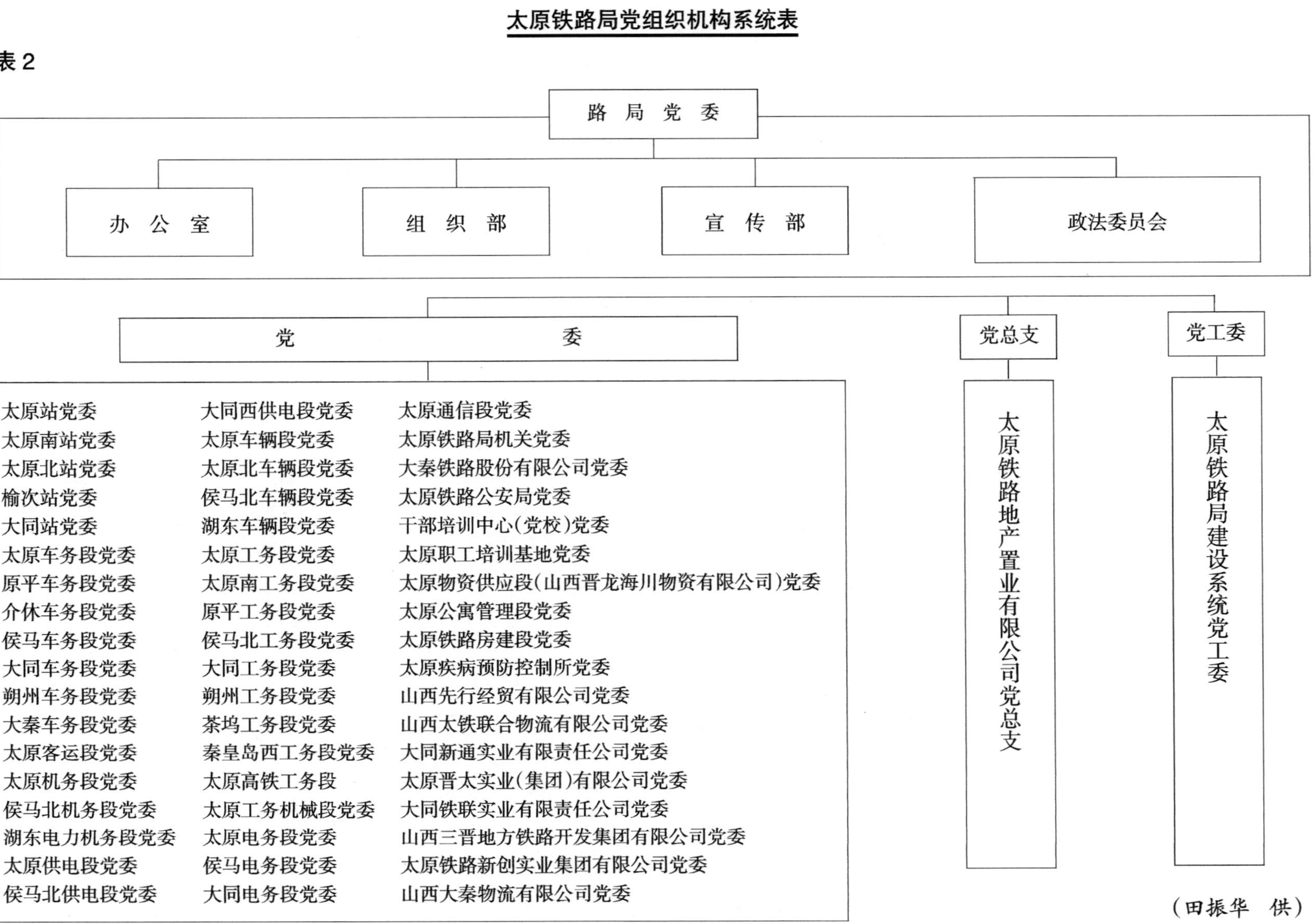

(田振华 供)

表 3

太原铁路局纪检监察组织机构系统表

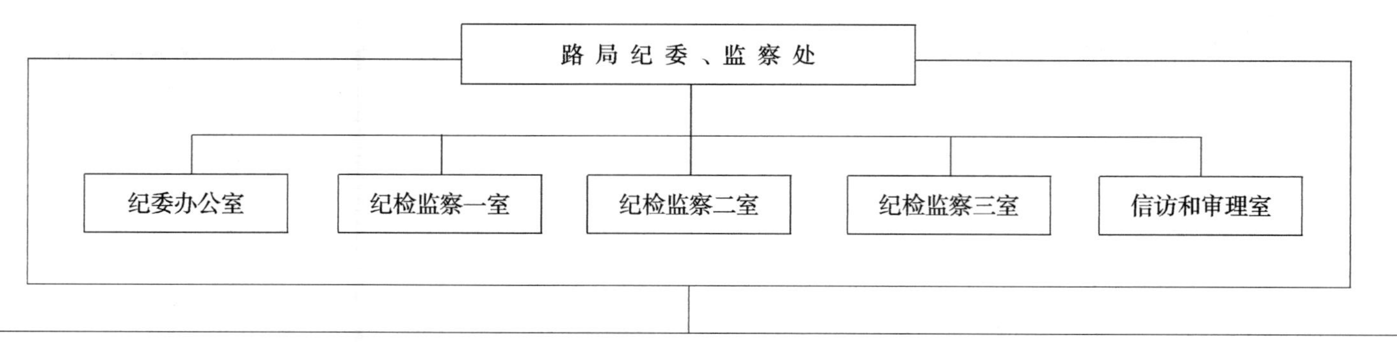

太原站纪委
太原南站纪委
太原北站纪委
榆次站纪委
大同站纪委
太原车务段纪委
介休车务段纪委
侯马车务段纪委
原平车务段纪委
朔州车务段纪委
大同车务段纪委
大秦车务段纪委
太原客运段纪委
太原机务段纪委

侯马北机务段纪委
湖东电力机务段纪委
太原供电段纪委
侯马北供电段纪委
大同西供电段纪委
太原工务段纪委
太原南工务段纪委
侯马北工务段纪委
原平工务段纪委
朔州工务段纪委
大同工务段纪委
秦皇岛西工务段纪委
茶坞工务段纪委
太原工务机械段纪委

太原高铁工务段纪委
太原电务段纪委
大同电务段纪委
侯马电务段纪委
太原通信段纪委
太原车辆段纪委
太原北车辆段纪委
侯马北车辆段纪委
湖东车辆段纪委
太原物资供应段(山西晋龙海川物资有限公司)纪委
太原铁路房建段纪委
太原公寓管理段纪委
太原职工培训基地纪委
疾病预防控制所纪委

太原晋太实业(集团)有限公司纪委
山西先行经贸有限公司纪委
山西太铁联合物流有限公司纪委
山西三晋地方铁路开发集团有限公司纪委
太原铁路新创实业集团有限公司纪委
山西大秦物流有限公司纪委
大同新通实业有限责任公司纪委
大同铁联实业有限责任公司纪委
太原铁路公安局纪委
路局建设系统纪工委
路局机关纪委
大西铁路客运专线有限责任公司纪委

(胡正平　供)

表 4

太原铁路局工会组织机构系统表

（刘卫　供）

太原铁路局共青团组织机构系统表

表 5

路局团委

序号	名称	序号	名称
1	太原站团委	29	太原高铁工务段团委
2	太原南站团委	30	太原电务段团委
3	太原北站团委	31	大同电务段团委
4	榆次站团委	32	侯马电务段团委
5	大同站团委	33	太原通信段团委
6	太原车务段团委	34	太原车辆段团委
7	原平车务段团委	35	太原北车辆段团委
8	介休车务段团委	36	侯马北车辆段团委
9	侯马车务段团委	37	湖东车辆段团委
10	大同车务段团委	38	太原铁路房建段团委
11	朔州车务段团委	39	太原物资供应段(山西晋龙海川物资有限公司)团委
12	大秦车务段团委	40	太原公寓管理段团委
13	太原客运段团委	41	党干校团总支
14	太原机务段团委	42	职培基地团委
15	侯马北机务段团委	43	疾控所团支部
16	湖东电力机务段团委	44	计量所团支部
17	太原供电段团委	45	科研所团支部
18	大同西供电段团委	46	太铁联合物流公司团委
19	侯马北供电段团委	47	山西先行经贸公司团委
20	太原工务段团委	48	晋太实业集团公司团委
21	太原南工务段团委	49	新创实业集团公司团委
22	侯马北工务段团委	50	三晋开发集团公司团委
23	原平工务段团委	51	大秦物流公司团委
24	大同工务段团委	52	大同新通公司团委
25	朔州工务段团委	53	大同铁联公司团委
26	茶坞工务段团委	54	建设系统团工委
27	秦皇岛西工务段团委	55	路局机关团委
28	太原工务机械段团委	56	太原铁路公安局团委

（刘洋　供）

路局领导及部门负责人名单(正副职)

路局领导

行政领导:

局　长　赵春雷
副局长　丁永民
总经济师　俞　蒙
副局长　王全献
杨占虎
刘　枫
总工程师　邢　东
副局长　郭善宏

党群领导:

党委书记　江　涛
党委副书记　郭家宏
党委副书记、纪委书记　支　斌
工会主席　张锁明

部门负责人

副总工程师、
大西高铁原平西至太原高速
综合试验段指挥部指挥长　高春明
总调度长、调度所主任　马志强
安全总监　张　军

行政部门:

办公室(党委办公室)
主　任　艾文凯
副主任　薛建国
李煜喆
于　洋
联合信访办公室主任、办公室
(党委办公室)副主任　刘　华

总工程师室
主　任　陈富强
副主任　杨少森
王建平

企业管理和法律事务处
处　长　张春林
副处长　李朝晖

安全监察室
主　任　邹新军
副主任　周汉晶
李春喜

运输处
处　长　魏向东
副处长　郭岳峰
王文俊

营销处
处　长　李　书
副处长　苏海春
宋俊芳
武铁军

货运处
处　长、山西晋云现代物流
有限公司总经理　沈　冰
副处长　马国锋

客运处
处　长　韩洪臣
副处长　边新城

机务处
处　长　郝有清
副处长　郭建东
张勐铁

供电处

处　长、吕梁供电段筹备组组长　孙禹文
副主任　张金胜

工务处

处　长　王旭荣
副处长　张海秋
　李　强

电务处

处　长、吕梁电务段筹备组组长　宋　钢
副处长　郝亚儒
　闫贵青
　刘　仓

车辆处

处　长　曹润国
副处长　郝崇杰
　郭　凯

建设管理处

处　长　张云彪
副处长　彭元润

物资管理处

处　长　郝学军
副处长　李子明

土地房产管理处

处　长、保障性住房建设管理
办公室主任　孙锦红
副处长　李红宇

人事处(党委组织部)

处　长(部长)　刘志刚
副处长(副部长)　郝万雍
　刘秀玲
　杨文忠

劳动和卫生处

处　长　王晋义
副处长　吴守杰
　陈伟平

财务处

处　长　师　永
副处长　张竑毅
　白子红

计划统计处

处　长　白沛锋
副处长　成　琪
　陆纪生

审计处

处　长　郑继荣
副处长　杨志国

收入稽查处

处　长　柳　淳
副处长　武建龙

职工教育处

处　长　孟亚彬
副处长　梁红卫

安全监督管理办公室机车车辆验收室

主　任　黄光宇
副主任　周皓华

设备监造处

处　长　马　强
副处长　何浩文

调度所

主　任　马志强
党总支书记　魏建军
副主任　陆英腾
　梁崇伟
　李长胜
　李振远
　杨永军
　李世彪
工会主席　程路生

社会保险管理处

处　长　马新年
副处长　宁建文
　祁　志

离退休管理处

处　长　陈玉强
党总支书记　苏文贵
副处长　王　纯
　杨致全

保卫处(政法综治室)

政法委副书记、保卫处处长、
政法综治室主任　许　戈
副处长、政法综治室副主任　王　建

副处长、护路联防办公室主任 乔跃明

经营开发处

处　长 张永青

副处长 李洪发

苏　建

乔　才

价格管理处

处　长 李　琳

副处长 罗玉生

信息化处

处　长 杨　锋

副处长 刘　丹

大秦铁路股份有限公司

总经理 关柏林

常务副总经理、董事会秘书 黄松青

副总经理 常　巍

总会计师 田惠民

驻北京办事处

主　任 陈　笑

党群部门：

宣传部(企业文化处)

部　长(处　长) 扈宝安

副部长(副处长) 杜　勇

李永娟

纪　委

副书记、监察处处长 郝亚勇

纪检监察一室主任 王金亮

纪检监察一室临时副职 王庆华

纪检监察二室主任 胡　志

纪检监察二室副主任 马永杰

纪检监察三室主任 霍超英

信访和审理室主任 王志强

办公室主任 闫　锐

办公室副主任 张晋卢

工　会

副主席 窦进忠

副主席、女职工委员会主任 曹玉华

办公室主任 李　文

组织部部长 杨　杰

生产宣传部部长 王喜中

保障和女工工作部部长 纪　超

财务部部长 王会平

经费审查委员会办公室主任 贾晋华

团　委

书　记 刘亚兵

机关党委

书记、纪委书记 田昌明

工会负责人 刘纪生

建设系统党工委

书　记 吕文华

副书记、纪工委书记 于福荣

(田振华)

2016年取得高级专业技术(政工专业)资格人员名单

序号	单　　位	姓　名	资格名称	资格时间
1	工务处	张俊俭	提高工资待遇高级工程师	20160827
2	电务检测所	张辉东	提高工资待遇高级工程师	20160827
3	科学技术研究所	马林	提高工资待遇高级工程师	20160827
4	车辆处	曹润国	提高工资待遇高级工程师	20160827
5	车辆处	刘护宪	提高工资待遇高级工程师	20160827
6	运输处	于海军	高级工程师	20160531
7	运输处	张艺	高级工程师	20161229
8	客运处	李艳	高级工程师	20160531
9	客运处	于晓东	高级工程师	20160531
10	货运处	闫建峰	高级工程师	20160531
11	货运处	高海滨	高级工程师	20161229
12	货运处	韩文俊	高级工程师	20161229
13	工务处	曹艳萍	高级工程师	20160531
14	工务处	荆泰	高级工程师	20160531
15	电务处	武钰喜	高级工程师	20160531
16	电务处	姚胜良	高级工程师	20161229
17	电务处	常计清	高级工程师	20161229
18	调度所	尚建政	高级工程师	20160531
19	安全监察室	郭峰	高级工程师	20160531
20	计划统计处	韩世通	高级工程师	20160825
21	计划统计处	孙志伟	高级工程师	20160825
22	计划统计处	张磊	高级工程师	20161227
23	人事处(党委组织部)	张晓峰	高级工程师	20160825
24	人事处(党委组织部)	孙俊峰	高级工程师	20161227
25	建设管理处	任卫华	高级工程师	20161229

序号	单　　位	姓　名	资格名称	资格时间
26	路风监察办公室	胡志	高级工程师	20161229
27	电教中心	何建忠	高级工程师	20160825
28	安全监管办驻湖东电力机务段验收室	朱国辉	高级工程师	20161229
29	安全监管办驻湖东电力机务段验收室	朱文胜	高级工程师	20161229
30	安全监管办驻太原车辆段验收室	张晓昌	高级工程师	20160531
31	安全监管办驻太原北车辆段验收室	相里张勇	高级工程师	20160531
32	供电检测所	王海杰	高级工程师	20160531
33	车辆检测所	冀晓钢	高级工程师	20160531
34	电务检测所	王军亮	高级工程师	20160531
35	电务检测所	方建	高级工程师	20160531
36	电务检测所	桑宇	高级工程师	20160531
37	电务检测所	李俊	高级工程师	20161229
38	人才交流培训站	马廷全	高级工程师	20160825
39	房产管理所	廉小洁	高级工程师	20160531
40	工程建设管理部	明建闻	高级工程师	20160531
41	施工安全监督检查大队	张向阳	高级工程师	20160531
42	施工协调管理办公室	王虎	高级工程师	20161229
43	太原站	马驰	高级工程师	20160531
44	太原南站	庞加峰	高级工程师	20160531
45	太原南站	王浩然	高级工程师	20161229
46	太原北站	王淑艳	高级工程师	20160531
47	大同站	张文	高级工程师	20161229
48	太原车务段	成峰	高级工程师	20160825
49	太原车务段	宋慧茹	高级工程师	20160531
50	太原车务段	杨莉欣	高级工程师	20160531
51	侯马车务段	秦华军	高级工程师	20161229
52	介休车务段	董社有	高级工程师	20160531
53	介休车务段	李兴强	高级工程师	20160531

序号	单　　位	姓　名	资格名称	资格时间
54	介休车务段	安志平	高级工程师	20161229
55	原平车务段	刘计有	高级工程师	20160531
56	大秦车务段	苏凤军	高级工程师	20160531
57	大秦车务段	李海燕	高级工程师	20161229
58	太原机务段	陈香明	高级工程师	20160531
59	太原机务段	贾泽平	高级工程师	20160531
60	太原机务段	王爱华	高级工程师	20160531
61	太原机务段	赵建华	高级工程师	20161229
62	侯马北机务段	张立军	高级工程师	20161227
63	侯马北机务段	张振峰	高级工程师	20161229
64	湖东电力机务段	史鑫	高级工程师	20160531
65	湖东电力机务段	杨春	高级工程师	20160531
66	湖东电力机务段	刘帆	高级工程师	20160531
67	湖东电力机务段	丁连权	高级工程师	20161229
68	湖东电力机务段	李海	高级工程师	20161229
69	太原供电段	郝明芳	高级工程师	20160825
70	太原供电段	张向群	高级工程师	20160825
71	太原供电段	张根义	高级工程师	20160531
72	太原供电段	吕春兰	高级工程师	20160531
73	侯马北供电段	贾水胜	高级工程师	20160531
74	侯马北供电段	张春芳	高级工程师	20160531
75	侯马北供电段	刘文涛	高级工程师	20161227
76	侯马北供电段	陈英杰	高级工程师	20161229
77	大同西供电段	孙士平	高级工程师	20160531
78	大同西供电段	赵建军	高级工程师	20160531
79	大同西供电段	陈渊	高级工程师	20160531
80	大同西供电段	孟善进	高级工程师	20161229
81	大同西供电段	白海荣	高级工程师	20161229

序号	单　　位	姓　名	资格名称	资格时间
82	太原车辆段	王喜来	高级工程师	20160531
83	太原车辆段	姚中贵	高级工程师	20161229
84	太原北车辆段	武志华	高级工程师	20160825
85	太原北车辆段	狄永革	高级工程师	20160531
86	太原北车辆段	展银虎	高级工程师	20160531
87	太原北车辆段	田子兴	高级工程师	20160531
88	湖东车辆段	黄丽	高级工程师	20160531
89	湖东车辆段	孟敬伟	高级工程师	20160531
90	湖东车辆段	郭占臣	高级工程师	20160531
91	湖东车辆段	罗纲	高级工程师	20160531
92	湖东车辆段	高敬	高级工程师	20160531
93	湖东车辆段	薛希党	高级工程师	20161229
94	湖东车辆段	李忠春	高级工程师	20161229
95	湖东车辆段	白建军	高级工程师	20161229
96	湖东车辆段	邓九玺	高级工程师	20161229
97	太原工务段	陈丽	高级工程师	20160531
98	太原工务段	杨峰	高级工程师	20161229
99	太原南工务段	王亚洲	高级工程师	20160531
100	太原南工务段	王志刚	高级工程师	20161229
101	侯马北工务段	黄言昶	高级工程师	20160825
102	侯马北工务段	李军	高级工程师	20160531
103	侯马北工务段	杨金锋	高级工程师	20161229
104	原平工务段	王雪峰	高级工程师	20160531
105	朔州工务段	李随敏	高级工程师	20160531
106	朔州工务段	孙高伟	高级工程师	20160531
107	朔州工务段	郭子兴	高级工程师	20161229
108	大同工务段	安文谱	高级工程师	20161227
109	大同工务段	张丽霞	高级工程师	20161229

序号	单　　位	姓　名	资格名称	资格时间
110	秦皇岛西工务段	王哲峰	高级工程师	20160531
111	太原电务段	周保寿	高级工程师	20160825
112	太原通信段	张英英	高级工程师	20160531
113	太原通信段	潘小芳	高级工程师	20160531
114	科学技术研究所	刘国军	高级工程师	20160531
115	干部培训中心	李龙	高级工程师	20160825
116	太原职工培训基地	张杰	高级工程师	20160531
117	太原职工培训基地	胡晓燕	高级工程师	20160531
118	太原职工培训基地	胡新华	高级工程师	20160531
119	太原职工培训基地	陈永红	高级工程师	20160531
120	太原职工培训基地	张靖军	高级工程师	20160531
121	太原职工培训基地	刘瑞宏	高级工程师	20160531
122	太原职工培训基地	张炜	高级工程师	20161229
123	太原铁路房建段	张国华	高级工程师	20160531
124	太原铁路房建段	段桂英	高级工程师	20160531
125	太原铁路房建段	武云峰	高级工程师	20160531
126	太原铁路房建段	耿天军	高级工程师	20161229
127	大同铁联实业有限责任公司	董震	高级工程师	20161229
128	大同铁联实业有限责任公司	谷茂	高级工程师	20161229
129	太原晋太实业(集团)有限公司	闫卫刚	高级工程师	20161229
130	太原晋太实业(集团)有限公司	宁洪	高级工程师	20161229
131	山西三晋地方铁路开发有限公司	郭力	高级工程师	20161229
132	太原铁路新创实业集团有限公司	赵慧青	高级工程师	20160531
133	大同地方铁路公司	罗川	高级工程师	20160531
134	太原铁路地产置业有限公司	杨美玲	高级工程师	20160531
135	太原铁路地产置业有限公司	郭大威	高级工程师	20160531
136	太原铁路地产置业有限公司	刘永明	高级工程师	20160531
137	太原铁路地产置业有限公司	杜彩萍	高级工程师	20160531

序号	单　　位	姓　名	资格名称	资格时间
138	太原铁路地产置业有限公司	李荣善	高级工程师	20160531
139	太原铁路地产置业有限公司	李德现	高级工程师	20161229
140	临汾地区工程建设指挥部	霍彦龙	高级工程师	20161229
141	临汾地区工程建设指挥部	秦亚栋	高级工程师	20161229
142	山西太兴铁路有限责任公司	冯世彪	高级工程师	20160531
143	太原铁路局太原枢纽建设指挥部	秦青俊	高级工程师	20160531
144	准朔铁路有限责任公司	袁文顺	高级工程师	20160531
145	唐港铁路有限责任公司	张武中	高级工程师	20160531
146	大秦铁路股份有限公司	刘纪文	高级工程师	20160825
147	工程监理所	张虎	高级工程师	20160531
148	大西铁路客运专线有限责任公司	李勇	高级工程师	20161229
149	大西铁路客运专线有限责任公司	翟江平	高级工程师	20161229
150	大西铁路客运专线有限责任公司	王云杰	高级工程师	20161229
151	大西铁路客运专线有限责任公司	雷涛	高级工程师	20161229
152	大西铁路客运专线有限责任公司	吴志宏	高级工程师	20161229
153	大西铁路客运专线有限责任公司	阴帆	高级工程师	20161229
154	山西中鼎铁路货运物流有限公司	牛明杰	高级工程师	20161229
155	企业管理和法律事务处	邬志刚	高级经济师	20160830
156	企业管理和法律事务处	周妍	高级经济师	20161226
157	劳动和卫生处	王志超	高级经济师	20160830
158	劳动和卫生处	冯萍	高级经济师	20160830
159	劳动和卫生处	卢建强	高级经济师	20160830
160	劳动和卫生处	范育燕	高级经济师	20161226
161	劳动和卫生处	武晓峰	高级经济师	20161226
162	物资管理处	郝学军	高级经济师	20160830
163	社会保险管理处	武万鹏	高级经济师	20161226
164	太原车务段	王平	高级经济师	20161226
165	原平车务段	孟令若	高级经济师	20161226

序号	单　　位	姓　名	资格名称	资格时间
166	湖东车辆段	郭凌月	高级经济师	20160830
167	茶坞工务段	魏宝琴	高级经济师	20160830
168	秦皇岛西工务段	梁志荣	高级经济师	20161229
169	太原工务机械段	郭涛	高级经济师	20161229
170	太原通信段	李鸿涛	高级经济师	20161229
171	太原铁路新创实业集团有限公司	王晋泉	高级经济师	20160830
172	大秦铁路股份有限公司	王呈喆	高级经济师	20161226
173	大秦铁路股份有限公司	王小飞	高级经济师	20161226
174	计划统计处	周文杰	高级统计师	20160822
175	太原机务段	王艳萍	高级统计师	20160822
176	财务集中核算管理所	李永启	高级会计师	20160919
177	审计室	李文勇	高级会计师	20160919
178	大秦公司铁路资金结算所	郭彩平	高级会计师	20160919
179	大秦公司铁路资金结算所	郭雁霞	高级会计师	20160919
180	大秦公司铁路资金结算所	吕红雁	高级会计师	20160919
181	大秦公司铁路资金结算所	周枫	高级会计师	20160919
182	大同站	杨菁侠	高级会计师	20160919
183	大秦车务段	邢泽平	高级会计师	20160919
184	湖东电力机务段	王晔	高级会计师	20160919
185	侯马北车辆段	薛亚琴	高级会计师	20160919
186	太原铁路房建段	田力闻	高级会计师	20160919
187	太原晋太实业(集团)有限公司	张丽荣	高级会计师	20160919
188	自备车管理办公室(大秦公司太原自备车中心)	张翠真	高级会计师	20160919
189	太原局党委宣传部(企业文化处)	李永娟	高级政工师	20161031
190	太原局纪委(监察处)	张敏	高级政工师	20161031
191	太原局机关党委	田昌明	高级政工师	20161031
192	太原铁路有线电视台	刘少良	高级政工师	20161031
193	机要通信室	李江峰	高级政工师	20161031

序号	单　　位	姓　名	资格名称	资格时间
194	榆次站	贾世杰	高级政工师	20161031
195	原平车务段	马存喜	高级政工师	20161031
196	原平车务段	齐志勇	高级政工师	20161031
197	大秦车务段	晁克峰	高级政工师	20161031
198	太原机务段	王海伟	高级政工师	20161031
199	太原供电段	扈宝安	高级政工师	20161031
200	太原车辆段	郭建斌	高级政工师	20161031
201	原平工务段	李原平	高级政工师	20161031
202	大同工务段	张彦云	高级政工师	20161031
203	大同新通实业有限责任公司	樊培春	高级政工师	20161031
204	太原晋太实业(集团)有限公司	李锡俊	高级政工师	20161031

（田振华）

运输生产

运输管理
旅客运输
货物运输
货运营销
机务
供电
车辆
工务
电务
机辆验收
行车调度
安全监察
军事运输
设备监造

运输管理

【概述】 运输处负责全局车务系统安全管理、车站作业组织、车务自管设备、高铁管理、运输统计分析、运行图和运输方案的编制等工作，组织调度所及车务站段落实总公司安全管理和运输组织要求，不断推进安全风险管理，积极改进运输组织模式，全面完成运输生产经营任务。

2016 年末，运输处有 24 人，其中处长 1 人，副处长 2 人。下设车站作业科、技术科、设备科、高铁科、运输分析科 5 个职能科室。2015 年 12 月 25 日路局施工协调管理办公室成立，2016 年 2 月 19 日运输处原施工科整体划归施工协调管理办公室。

车务系统设 5 个直属站、7 个车务段。5 个直属站分别为太原站、太原南站、太原北站、大同站、榆次站；7 个车务段分别为大秦车务段、大同车务段、朔州车务段、原平车务段、太原车务段、介休车务段、侯马车务段。12 个站段共管辖车站（线路所）295 个，其中特等站 2 个，一等站 24 个，二等站 50 个，三等站 98 个，四等站 114 个，线路所 7 个。

【运输生产组织】 主动适应国家和地方供给侧结构性改革，抢抓国家去产能政策带来的市场先机，落实总公司深化物流建设战略决策，紧跟市场行情变化，灵活调整货物运价，变革货车开行方式，丰富运输产品结构，深入挖掘增量货源，高效组织循环运输，盘活现有运力资源，合理平衡运力供需，坚持点线统筹兼顾，着力组织运输提效，确保了全局运输任务的较好完成。

缓解运力供需矛盾。根据运输组织需求，合理调整空车运用布局和结构，及时封存、备用闲置空车，保证运力围着市场转，有效节约了维修成本和使用费支出；组织 C80、C80E 型车辆按限载 73t 出局运输，覆盖北京、上海、济南、沈阳、武汉 5 个铁路局；全面摸排 C80 浴盆车混编情况，在不影响运输的前提下，累计整编 15 列，为大秦上量提供充足的运力支撑；集结 20 列 C70 型车辆，组织南部地区装运大秦线、迁曹线管重，充分利用有限的空敞车进行“南煤北运、北矿南调”大循环运输。

拓展运输增量效应。把大秦线、迁曹线、瓦日线以及中鼎物流园作为全局运输增量主干线、主战场，精心编制运输组织方案。其中，瓦日线兴县北按日均装车 5 列组织，南同蒲线经长子南交口按日均 4 列组织，并制定了 C80E 车辆固定编组、重去重回，往返拉运煤炭、矿石的钟摆式运输方案，年前已开行兴县北—日照点到点煤炭直达列车，并将路局机车延伸至日照，拉通瓦日全线机车交路，提高牵引定数，开拓了运输增量新通道；大秦线增开局管内各站至秦皇岛东、京唐港整列集装箱列车日均 3 列以上，重载列车按新增 8 种编组内容小列组大列开车日均 2 列，再加上古交、白壁关—京唐港 C80E 直达煤炭班列，大秦车流组成结构更加丰富，运力辐射范围更加广泛，为优化全局整体运力分配开辟了全新空间；迁曹线曹妃甸南、京唐港—朱家店、义安以及北京局侯家庙、张百湾、古冶等管内外到站的铁矿粉，固定循环运输，运量大幅攀升，进一步扩大了铁路运输市场份额；结合中鼎物流园开通，初期安排集装箱列车 3 对，小汽车、零散货物列车各 1 对，保证新增运力资源得到充分利用，开创了物流园区运输新模式。

提高运输组织效率。抓住枢纽这一关键节点，对太原北、榆次、侯马北、湖东四大枢纽进行专题调研，采取合署办公、跟班盯控、作业写实、过程分析相结合的形式，近距离发现问题，面对面研究解决，一件件追踪落实，着力协调解决影响运输组织效率的结合部“肠梗阻”。特别是针对湖东枢纽运输不畅的现实，2016 年 10 月份起，从动车时机、开车间隔、单机转场、单元换乘以及机车机班运用等 7 个方面研究制定了 16 条提效措施，固化为长效机制，提高 1.5 万 t 以上列车开行比例，压缩开车追踪间隔时间，收到了显著成效。在提效措施实行初期暨大秦线第二阶段集中修期间，大秦线运量日均完成102.87万t，同比增运11.33万t，最高达到111.39万t，为历年最高水平。按每万吨运量投入机车机班进行折算，同比日均节省机车29.9台。

创新货物运输产品。为适应货物受理方式变化，实现货物列车市场化开行和准时制送达，制定了《货物列车开行组织办法实施细则》《开行"点到点"快速货物列车管理细则》《特需货物列车开行管理暂行规定》以及《日常货物列车开行管理办法》《货物列车一日一图实施细化办法》，灵活安排货物列车开行，满足客户个性化需求，保证"有货即装、装车即运、按需开车、限时送达"。年内，坚持"抓大不放小"，先后开行了晋南晋北省际"货运快线"，实现了零散货物南北交互运输；组织开行了临汾北—佛山东、临汾北—黄岛、临汾北—小塘西、临汾北—大朗、鸣李—包头东、鸣李—沙良、鸣李—闵行等特需列车，为客户提供"定制化、差异化、个性化"快捷运输服务，物流产品得到社会广泛认可，并取得了良好效益。

灵活运用运价杠杆。在总公司2016年2月4日起整车煤炭运输基价2每t·km下调1分的基础上，充分释放总公司扩大铁路局运价自主权的政策红利，坚持"随行就市"原则，结合市场行情、运输需求灵活调整运价，先后出台了一系列运价下浮政策，从钢铁焦炭按实重计费到粮食化肥"以敞代棚"，从白货多品类运价相继下调到大幅核减两端服务收费，再到管内煤炭运价下浮等，全力扭转预定车急转直下的现实困局，保证全局运量相对稳定。

【车务安全管理】 以"三化"建设为主线，以安全风险管理为载体，以落实七项制度为重点，全面强化车务系统的运行机制建设。

突出风险管控关键。先后制定下发了《安全风险管理实施办法》《信息分析上报规定》《安全风险项点与防范措施》3个全局性文件，集中整合9个处室涉及高铁的应急预案，重新编制了《高速铁路突发事件应急预案》，全面规范了安全风险的管理源头；结合阶段重点工作、季节性特点、站场改造施工、运输组织变化以及各类事故教训等，坚持"变化点就是风险点"，重新梳理排查系统安全风险项目35项、风险项点49个，制定风险防控措施290条；确定了高铁多方向接发车、列控限速、动车组调车等20个局级风险、196个段级风险和402个站级风险。年内，先后开展了调度命令、调车作业、分路不良、人身安全、防洪准备、《站细》以及新标准新规章新制度执行等6项19次专项检查、平推检查，下发安全预警通知书10期，有序推进《站细》及站场配线图、穿越正线调车及车机联控2项专项整治，车务安全基础得到了进一步夯实。

规范安全专业管理。把"问题在现场、原因在管理、根子在干部"和"基层自立、机关服务、各司其职、各负其责"作为干部履职准则，组织系统上下根据机构调整、职能变化等情况，逐人逐岗动态修订安全管理职责、工作标准和重点工作流程，处内先后重新修订职责78条、标准62条，并全面落实"一岗一月一表"要求，从上到下逐级考评考核。建立了《车务系统专业管理工作评价制度》，突出安全风险管理、标准化建设、规章管理、运输管理、管理信息、安全绩效等，对12个车务站段逐月进行评价、打分、排队、通报。

完善技术规章管理。结合新设备上马、新技术运用和新规章变化，重新修订了《车机联控管理》《车机联控作业》2个作业标准；坚持"管理者麻烦、执行者简单"，着力正本清源，普速接发列车规章由3个整合为1个，修改完善了调车规章，集中梳理明确总公司、路局高铁规章129个，统一编写了囊括行车主专业综合业务知识要点的《车务系统行车业务知识问答》"教科书"；编制了常见的普速30种、高铁41项非正常应急处置流程图；先后修改审批《站细》136站次，审批各类作业办法15个,组织《站细》核查精编3次,累计纠正问题546个;完善行车室(信号楼)、调车区长室安装的317套电子规章系统功能,汇集技术规章、应急预案、处置流程及行车管理制度为一体,实现在线查询、实时指导,更好地保证了现场作业准确高效。

扩大科技安保覆盖面。把有限资金用在“刀刃”上,坚持“适度超前、均衡覆盖”的原则,大力推广运用科技保安全先进技术设备。年内,11个车务站段已完成安全监控中心建设;TDCS3.0系统已覆盖全局51个多方向车站,增加了错办方向、错接股道等21项语音报警提示功能;STP系统已覆盖61站、87场、97台机车;太中线8个普速站、大西高铁14个集控站与站场图形完全一致的接发列车实培平台。接发列车防错办、调车作业防冒进、列车运行防分离的机控网络基本形成,提高了安全保障系数。

【列车运行图调整】 此次运行图是继2007年以来首次编制基本图,2016年5月15日起执行。主要对分界口及主要区段货物列车对数进行了调整,增加了长子南口、滦县口货物列车对数,满足了瓦日线增量和港口矿石运输需求,同时对古店口、郭磊庄口及管内部分区段货物列车对数进行了适度核减,减少了机车配属支出。运行图新增动车组列车3对(日常线1对,高峰线2对),新增普速客车3对,变更运行区段6对,停运1.5对。首次开行石家庄—太原南、运城北—西安北早晚动车组,满足了城际客流出行需求。

大秦线分号列车运行图。在2016年列车运行图基础上,根据大秦线运输环境和特点,按“非施工日”“集中修施工日”分别编制了大秦线分号列车运行图,精细化统筹安排了机车、车辆运用,更贴近运输实际。其中非施工日分号运行图安排货物列车95对,较基本图增加8对;集中修施工分号运行图大秦线重空车方向均安排70列,较基本图减少17列。

唐张线列车运行图。为配合唐张线开通货物初期运营,对路局2015年底调整列车运行图中迁曹线(曹妃甸北—曹妃甸西)及湖大线、古大线(湖东—古店)货物列车进行了调整。2016年1月10日起,曹妃甸北口安排货物列车10对(其中3对与湖东—曹妃甸西重载列车共线),古店口货物列车对数由67对改为62对,减少5对。

暑运列车运行图。2016年7月1日零时起至8月31日24时结束,暑期路局安排普速临客共3对,动车组高峰线11对(已纳入基本图)。

郑徐高铁开通运行图。2016年9月10日起,路局首次开行了太原南—上海虹桥、太原南—济南西高铁动车组;路局管内动车组时刻调整11列,普速旅客列车时刻调整8列,综合检测列车时刻调整1列,货物列车运行时刻调整48列。

2016年年底调整图。2017年1月5日起实施,结合运输市场变化,增加了嘉峰口、禹门口、长子南口货物列车对数,进一步满足运输增量需求。管内货物列车增加大同(湖东)—侯马北直达列车10对,增加大同—应县小运转列车4对,增加太原北—瓦塘小运转列车1对,增加忻州—河边小运转列车4对,增加太原北—玉门沟(三给村、太原西)小运转列车24对。同时调整旅客列车开行方案,将天津—大同、大同—秦皇岛旅客列车延伸至朔州,缓解了朔州地区旅客出行需求的矛盾。

管内列车运行图。为适应客运市场变化,组织对管内列车运行图进行调整,分别开行了大同—太原、大同—北京、太原—吕梁城际列车,开拓了旅客运输新产品。特别是5月27日起开行的大同—太原K7805/6次城际列车旅行时间压缩至3小时以内,取得了较好的社会效益和经济效益;开行了吕梁—延安临时旅客列车;根据北同蒲线施工天窗实际,调整了岢岚—宁武、宁武—大同旅客列车开行方案,更加灵活地满足了客流出行需求。

【运输组织方案】 大秦线4亿t运输组织方案。根据运输市场变化,“5·15”新图中大秦线货物列车运行图按非施工日、日常维修日、集中修施工日三种运输环境分别编制。其中日常维修日(安排120分钟维修天窗)重车方向列车由100列调整为87列,减少13列,空车方向列车由104列调整为87列,减少17列,并对空重列车结构进行了相应调整;非施工日重、空车方向均安排列车95列,较基本图增加8列;集中修施工日(安排180分钟施工天窗)重空车方向均安排列车70列,较基本图减少17列。

港口矿石运输组织方案。根据前期调研,港口矿石运输需求约400万t,其中曹妃甸南至朱家店(中阳)100万t,京唐港至朱家店(中阳)100万t,京唐港至义安100万t,京唐港至张百湾(承钢)、宣化(宣钢)100万t。根据以上需求,安排京唐港—朱家店(中阳)日均1列(普列),京唐港—义安日均1列(普列),京唐港—张百湾(宣化)日均1列(普列),京唐港日均装运矿石3列;曹妃甸南—朱家店(中阳)日均1列(普列)。迁曹线合计日均装运矿石4列。

瓦日线500万t运输组织方案。根据2016年兴县北站货源运输需求550万t(嘉峰口流向470万t,赛鱼口流向80万t)及兴县北站装车1列时间标准约4h(装车2.5h,辅助作业1.5h)的实际,为确保至年底完成500万t运量,根据“5·15”基本图,分别制定了空车由太原北经太兴线进入瓦日线兴县北站及由侯马北经辛堡进入瓦日线至兴县北站两个运输组织方案。

晋南、晋北货运快线开行方案。根据物流市场需求,自2016年3月1日在起,皇后园—临汾北—运城间开行X531/2次晋南货物快运列车;自2016年7月1日在起,皇后园—神头—平旺间开行X536/5次晋北货物快运列车,进一步扩大了物流市场占有份额。

大秦线开行集装箱列车运输组织方案。管内各站至秦皇岛东、京唐港间的整列集装箱列车,可经大秦线、迁曹线运行,车次范围为重车80102/1～80152/1,空车81102/1～81152/1,列车编组不超52辆(计长不超70.0),使用集装箱专用平车、共用平车、敞车装运,车底固定循环,沿途不得拆解(特殊情况除外);重车线牵引定数5000t、普超5300t(不上波),空车线牵引定数1400t、普超1500t(不上波);使用HXD或SS4型机车单机牵引,交路按现行大秦线机车交路执行。

瓦日线增量运输组织方案。根据瓦日线运输增量需求、兴县北装车能力及运输市场变化,结合瓦日线线路整治进度,制定了瓦日线增量运输组织方案。自2016年9月18日起,兴县北站装车按日均5列组织(到站日照煤炭直达列车不少于2列)。其中兴县北装运到日照煤炭直达列车经瓦日线长子南口运输,使用图定车次82181次～82193次,兴县北装运侯月线嘉峰口方向的煤炭直达列车,经瓦日线、南同蒲线运行至侯马北(曲沃)站,在兴县北—辛堡—侯马北(曲沃)间车次范围为32201次～32249次;兴县北装车空车由侯马北(曲沃)调入,经南同蒲线、瓦日线运行,侯马北(曲沃)—辛堡—兴县北间车次范围为32202次～32250次;长子南口接入空车,在南同蒲线赵城及以北各站安排装车,暂不安排瓦日线装车。

中鼎物流园运输组织方案。为进一步适应运输市场变化,充分利用新增运力资源,研究制定了中鼎物流园运输组织方案。初期安排集装箱列车3对,小汽车列车1对,零散货物列车1对。集装箱列车3对分别为:中鼎物流园—佛山东,中鼎物流园—乔司、闵行,中鼎物流园—沙良。佛山东—榆次X8792/1次卸车组织站由鸣李调整为中鼎物流园。

【高铁管理】 按照路局、站段、车站三级研判模式,自上而下,先后组织研判了多方向接发车、列控限速、动车组调车等20个局级风险、196个段级风险和402个站级风险;组织总工室、安监室和5个单位召开了“对规会”,通过相互交流、集中对规等方式,梳理总公司、路局高铁规章129个,并对站段自定高铁规章数量、名称进行了明确;对涉及高铁的应急预案进行了整合,针对高铁规章变化和现场实际作业需求,重新编制了《太原铁路局高速铁路突发事件应急预案》;制定了《关于进一步规范高铁安全问题分析工作的通知》,明确了应急处置过程中录音回放、运统-46登销记、调度命令等8个分析项点;组织完成了信号机故障、现场准备进路等7次局级、125次站段级综合演练,参演人数达到500余人次,有效提高了车务人员应急处置能力。特别是2016年9月8日,组织23个单位(部门)118名参演人员先后完成了动车组列车空调失效后的客运组织(附挂护网、旅客组织)、内燃机车救援、动车组救援等3个演练科目,有效提高了动车组空调失效的应急处置;完成了5个单位115名高铁作业人员和74名管理人员的培训工作;组织高铁站段35名高铁管理人员到忻州西站进行观摩、指导;全年累计发布行车调度命令6961条,办理非动车组进路2103条,开行动车组19500列,正点率99.9%。

【运输设备管理】 推进双模列尾试运行。组织在大秦、太兴线进行双模列尾试验,大秦线配置机车台20套,其中SS4型机车10套、HXD1型机车10套,北京中铁、交大路通各安装10套;列尾主机12台,北京中铁、交大路通各6台;列尾主机检测台2台,北京中铁、交大路通各1台。试验期间,大秦线平均每月进行62列次双模列尾试验。

推进自管设备更新。全年共更新双模列尾主机500台、可控列尾主机142台、数字列尾主机70台、数字平调设备51套、车机联控便携电台145台,对9866块平调、2836块车机联控便携电台、648块列尾确认仪等设备电池进行更新。在全局57个列尾检测点及59个列尾作业点配置影像摄录设备232台。

【运输统计分析】 规范运输十八点统计。对十八点统计运输收入口径及上报有关工作进行了要求和安排,确保十八点统计运输总收入与收入核算口径一致;根据唐张铁路开通实际,对曹妃甸北局间统计分界站从人员、设备配备、工作制度、十八点报表上报、确报经由等进行了明确;对军用自备车分类、军用自备车编码向站段进行了公布,解决了车站作业人员长期无法区分军用自备铁路车辆是货车还是客车的问题;在运输十八点统计中增加“集装箱运输综合统计报表”,满足了35t敞顶箱运输统计需求。

加强运输组织分析。建立生产计划、大秦运输、港口疏运、保留列车、预定车5类电子台账,加强7项运输任务、9项财务预算指标的深入分析,先后完成了煤炭市场、货车周时、装车效率、物流建设、运输组织等30多篇高质量专题调研或分析报告;组织车务站段撰写分析报告142篇。

落实挖潜提效措施。制定发布了“车务系统压缩货车占用费实现节支3.6亿元组织方案”,提出了部属货车占用量压缩33%、货物发送量增长16%、货车周转时间压缩6%的目标及具体组织实施措施;突出货车周转时间、调车作业效率、机车供应台数、分界口货车出入、检修车、设备故障影响、敞车置换平车等主要项目,制定实施了《太原铁路局运输效率考核办法(试行)》,充分调动了各系统、各岗位挖潜提效的积极性主动性创造性,有效提高了全局运输组织效率。

(幸建军)

旅客运输

【概述】 客运处负责全局旅客、行包运输和旅行服务的组织管理工作,负责检查监督指导全局客运工作。2016年末,客运处定编14人,处长1人,副处长1人,下设客管科、技术科和专运办公室。客运处同时对路局客票管理所和路局客户服务中心实施专业管理。客票管理所定编9人,主任1人,副主任1人,工程师4人,客票计划员3人。客户服务中心定编 18 人，主任 1 人，副主任 1 人，工程师 1 人，专家席客服代表 3 人，普通席客服代表 12 人。

全局客运营业线路 17 条，其中客运专线 2 条，地方铁路 1 条，客运营业里程 2732km。客运营业站 105 个。其中：车站 96 个（西张站因施工目前停办客运业务）、乘降所 9 个。按等级分，特等站 2 个，一等站 9 个，二等站 26 个，三等站 50 个，四等站 15 个，北白、蒋村、北义井站等级待定。全年旅客发送完成 7101.1 万人，再创历史新高。客票收入完成 413117 万元。国庆假日首尾高峰日分别发送 325216 人、325686 人，相继刷新全局发送纪录，历史上首次突破 32 万大关。

【安全管理】 以“三化”建设为载体，深化安全风险管理，重抓客运安全长效机制建设。规范旅客列车“三乘”管理、看车一体化、站车实名制、电梯、车门等安全管理制度；修订完成处内安全管理职责 29 个、工作标准 23 个、工作流程 29 个；客运单位安全管理职责 385 个、工作标准 342 个、工作流程 224 个。修订完善客车安全风险控制措施 6 项 21 条，逐条分解，细化到岗，责任到人。为全局 178 个普速列车班组配置平板电脑，利用《旅客列车综合管理信息系统》实现列车规章资料电子化管理。按照“管理者麻烦，操作者简单”的思路，对 2005 年建局以来发布的客运规章制度、文件进行系统梳理，废止并剔除无效文件 111 个。

【客运服务】 抓住春运、暑运期间受众面广、社会关注度高的契机，组织全局各服务品牌开展“三比三带”竞赛活动，合力开展“品牌相约，爱心接力”，发挥服务品牌对客运服务工作的辐射带动作用，使全局客运服务特别是重点旅客方面换挡升级、亮点频现。如太原站“改梅助困室”从帮一把、帮一路向帮到家进行服务延伸，开展“我是你的眼”活动，品牌团队人员帮助山西省特殊教育中专学校盲人提前购好车票，自费包车到学校接上盲人学生，送到车站，与列车办理交接，确保学生顺利到家。太原站“龙城馨旅”服务台针对购票旅客携带现金不足的情况，推出“微信红包”代付费服务。朔州站“塞北之春”品牌人员利用间休时间，写下 400 多张内容涉及出行需知、车站周边公交、北京大医院地铁乘车路线等方面的便利贴，并开辟专栏，旅客需要，可直接从栏内取下带走，以便后续行程使用。大同—北京 K616/5 次“雁之情”旅客列车组织 3 个包乘组开展便民服务擂台赛。太原南站“李静导购台”通过官方微信平台推出“信息早知道”服务，通过微信定时推送客运产品、售票组织等方面的出行信息。太原南站“婷婷爱心服务区”为残疾旅客增设躺卧式轮椅、为婴儿旅客添设新式婴儿床、为幼儿旅客设置宝宝椅。榆次站“亲情港湾”为候车室座椅统一定制 246 个全新座套。吕梁站“老区窗口”与当地电视台、广播台联合开办《天南地北》栏目，播报出行信息，宣传便民利民举措。太原南站“婷婷爱心服务区”针对重点旅客推出进出站引导、专区候车、上车引导、特需应急等定制化服务。大同站“001 服务队”在候车室、售票厅公布微信公众号二维码，提供免费 WiFi 上网服务。介休东站“休贤驿站”为解决夜间无公交车的问题，联合出租车公司推出“出租车随叫随到”服务，约定安全送达、合理收费、公平载客等服务承诺。忻州站邀请忻州市特殊教育学校专业老师为“心之舟”团队进行手语培训，提升重点旅客服务能力。太原客运段 K604/3 次“诚之约”旅客快车推出“列车 120”便民服务。

【设施设备】 围绕深化服务质量年活动，重点实施“五大工程”，全面提升客运服务设施设备质量。对太原、大同、朔州等 12 个普速大站及太原南等 15 个高铁车站安检查危模式进行优化改造；对柴沟堡、大同、怀仁、神池、五台山、原平、榆次、平遥、洪洞、永济等 15 处客运站舍、站台等设施进行全面整治、升级改造；对太谷、灵石、侯马、霍州、洪洞等 5 个车站广播进行数字化改造；对大同、忻州、原平、介休、临汾、侯马、运城等7个车站候车室旅客饮用水源加装净化系统;对原平、忻州、榆次、临汾、运城等5个客运大站旅客电子引导系统及大同、平遥、洪洞、临汾、侯马、运城等6个车站14台自动售票机全部更新改造。投资290.5万元,对54个车站厕所进行升级改造,将每周五确定为全局“客运厕所清扫日”,对基础卫生好、排名靠前的21个车站厕所命名为路局“星级厕所”。

【客运营销】 围绕“多开车、开好车、用足车”,优化客运产品设计,充分利用“5·15”、“9·10”新图增开的大同—呼和浩特、包头—大同直通普速列车、西安方向3对动车组列车,铺画的太原南—侯马西高峰线,开行的上海、济南方向动车组列车以及北京高铁全部重联增加的能力。新增开行太原南至上海虹桥、济南西高速动车组列车;大同—呼和浩特K1089/90次、临汾—华山2675/6次跨局直通普速列车;此外,为支持山西旅游、地方经济发展,解决大同市旅游交通的瓶颈问题,5月27日组织开行大同—太原“云冈号”旅游专列Y665/6次;7月15日又组织开行大同—北京K4696/5次,同时,对太原—大同间既有开行结构进行分析,从8月1日起,将太原—大同K7801/2次列车升级为两站直达列车(经停忻州),全程运行仅3小时10分钟,与K7807/8次一起,形成上下午各1对快速车往返的组合产品。春暑运、小长假客流高峰期,在市场调查基础上提前制定运力安排,最大限度扩充运输能力,满足客流需求。

2016年开行旅游列车71列,累计发送游客40301人,实现旅游收入4473.73万元。积极推进列车广告冠名业务,普速列车冠名8对、10组车底,年广告收入1007万,是列车冠名数量最多、效益最好的一年。“云冈号”城际旅游列车开行项目、太原客运段“佳佳吃”荣获“全局资产经营开发“十大品牌”。

【行包运输】 全局办理行包业务的车站37个,其中局管行包车站30个,中铁快运太原分公司7个。新增高铁快件办理站12个(介休东站2016年8月1日起增加;晋中、太谷西、祁县东、平遥古城、灵石东、霍州东、洪洞西、襄汾西、侯马西、闻喜西、永济北等11个车站自2016年10月15日起增加高铁快运包裹业务办理站)、达到16个。目前,路局高铁快运业务覆盖省内主要快件市场,通达北京西、广州南、武汉、郑州东、西安北等重点城市。高质量完成“双11”电商黄金周高铁快运工作,“双11”电商黄金周期间,组织中铁快运及站段全力推进,发送快运货物62.961t,提前7天完成总公司下达的发送任务,较总公司下达40t的任务超22.961t。

【站车评比】 在总公司2015年度进京进沪进穗直通旅客快车和较大车站客运工作竞赛评比中,路局2个车站和17对旅客列车分别获得文明车站、红旗列车荣誉称号。太原站、太原南站和太原南—北京西G92/G613等8对动车组,太原—北京K602/1次,运城—北京K604/3次,太原—上海K374/3、Z198/7次,大同—北京西K616/5次,韩城—北京K610/09次、太原—深圳西K237/8次(经由广州东)、大同—广州东K731/2次、临汾—秦皇岛(经由北京)2604/3次等17对旅客列车分别获得总公司2015年度文明车站、红旗列车荣誉称号,创历史最好成绩;太原南站首次荣获“文明车站”称号,太原站连续30年荣获“文明车站”称号。

【客票设施】 2016年投资218.4万元,更新太原站自动售票机8台,投资25.92万元增加人工售票窗口32套双屏系统。投资278.6万元更新大同等6个车站共计14台自动售票机,其中大同3台、临汾3台、侯马3台、运城3台、洪洞1台、平遥1台。投资397.98万元为太原南等站增加54台取票机,其中太原南站10台、大同站10台、榆次站2台、原平车务段9台(忻州3台、原平2台、繁峙1台、五台山1台、灵丘1台、豆罗1台)、介休车务段4台(太谷2台、平遥1台、介休1台)、侯马车务段12台(临汾4台、运城4台、侯马2台、洪洞1台、河津1台)、太原车务段7台(吕梁3台、交城1台、文水1台、汾阳1台、柳林南1台)。截止2016年底,全局自动售取票机达到341台,其中自动售票机108台、自动取票机233台,自动售取票机覆盖路局76个车站,覆盖率达到80%。

【列车开行】 2016年5月15日实行基本列车运行图,路局新增开行太原南—石家庄D2008/D2007次,新增担当太原南—北京西高速动车组4对,车底套用;运城北—西安北运行区段调整为临汾西—西安北D2545/D2546次;新增太原南—安阳东高速动车组高峰线1对,首次利用热备动车组开行太原南—侯马西动车组高峰线1对;广铁集团担当的广州南—太原南G682/3、G684/1次不再经由太原局运行;新增开行包头—大同Z320/19次、大同—呼和浩特K1089/90次、临汾—华山2675/6次3对直通旅客列车;临汾—风陵渡8165/6次停运。

5月27日,新增开行大同—太原K7805/6(Y665/6)次一站直达城际列车,冠名为"云冈号"。

8月1日,开行太原南(太原)—吕梁(柳林南)K7835/6、K7837/8次2对城际列车。

9月10日,徐兰高速郑徐段开通运营,路局新增开行太原南—上海虹桥G1952/3次(太原局担当),上海虹桥—太原南G1958/5次(上海局担当),济南西—太原南G1706/7,G1705/5次(济南局担当),大西高速新增太原南—西安北3对(西安局担当高峰线改图定);太原—福州K1578/5、K1576/7次停运。

2016年底调整列车运行图,天津西—太原南列车提高等级为高速动车组列车,车次为G2609/G2610次;大同—秦皇岛2604/1次运行区段改为朔州—秦皇岛,天津—大同K608/5次运行区段改为天津—朔州,同时冠名为"朔州号",首次推出以城市命名的旅客列车;济南—乌鲁木齐K1336/7、K1338/5次运行区段改为济南—伊宁;大同—朔州4641/2次停运。届此,太原局担当旅客列车96.5对,其中直通55对,管内41.5对(含2对通勤车);按等级分,高速动车组13对,动车组23对,普速60.5对。普速旅客列车中,直达特快1对,直通快速21对,直通普快7对,直通普客3对,管内快速11对,管内普快6对,管内普客9.5对,通勤2对。

【市场调查分析】 认真开展客流调查工作,为运输生产提供第一手可靠资料。为正确掌握第一手资料,2016年组织5次节假日客流调查,在往年春运、暑运客流特点的基础上,进一步研究清明、五一、端午、中秋、国庆5个节假日的客流特点,充分考虑省内高速公路的快速发展,考虑省内旅游景点的分布及客流量,组织站段对吸引区进行综合客流调查,走访企业、大专院校、建筑工地,调查公路、民航的运营情况,借鉴兄弟局的营销策略,对铁路旅客运输现状进行优劣势分析,为合理调整运输组织提供可靠依据。

【运输分析】 通过全年三次优化调整,全局担当开行的旅客列车客座率趟均达到73.5%。总体分析,通过三次优化调整,旅客列车凸显铁路安全、快捷、舒适的特点,最大程度的方便旅客出行及换乘,最大限度方便旅客出行。不断扩大客流吸引范围,日常随时调整列车编组及停站,实现能力利用最大化。紧紧抓住假日客流,掌握周末特别是节假日客流上涨规律,及时加开临客、加挂车辆,随时增减运能,并形成长效机制。进一步满足广大旅客乘坐火车出行的需求,进一步增强客运营销工作的主动性。

【任务及指标完成情况】 2016年大力开行旅游专列,全年共开行71列,客运增收3844.5万元。2016年,全局累计发送旅客7101.1万人,客票收入税后完成41.12亿元,双双创历史新高。

【客服中心12306】 2016年,客服中心官方微博"新浪粉丝"已达到7572人,"腾讯听众"达到3412人。当年客服中心共受理旅客投诉95件,表扬2179件,求助16078件。全年话务接通率排全路前二名,其中8个月的话务接通率全路第一。

(臧　洪)

货物运输

【概述】 货运处负责全局的货场管理、货运规章管理、危险货物运输管理、超限超重货物运输管理、货物装载加固管理、货运检查及站车交接管理、专用线(专用铁路)管理、集装箱运输管理、装卸安全管理、零担货物运输管理、篷布管理、鲜活货物运输管理、货物快运管理、军事运输与保密运输管理等货运管理工作。

货运处下设四科一所:综合科、货运管理科、集装箱科、装卸科、货运设备检测所;货运设备检测所设计量管理科和视频管理科。货运处现员20人,男职工20人。设处长1人、副处长1人,检测所所长1人。学历构成:本科20人。技术职称构成:高级工程师8人,工程师8人、助理工程师4人。

全局现有货运站191个,其中:国铁141个,合资地铁50个(唐港公司11个、孝柳公司11个、武沁公司7个、太中银公司3个、准朔公司1个、晋豫鲁公司6个、侯禹公司6个、太兴公司5个)。

全局现有货场28个,货检站13个(其中路网性1个,区域性12个),集装箱办理站共计48个(通用集装箱办理站45个、干散货箱办理站2个、液体罐箱办理站1个),危险货物办理站45个(其中:站内办理站1个,为朔州车务段怀仁站,专用线接轨站44个),办理危险货物的专用线及专用铁路共68条(其中:专用线53条,专用铁路15条;共用单位6家),仅办理发送业务的专用线(专用铁路)3条,办理到发业务的专用线(专用铁路)14条,仅办理到达业务的专用线(专用铁路)51条。具备发送危险货物条件的单位22个。

全局具备铁路超限超重货物办理资质的车站40个,具备超限超重货物办理资质的线路23条,具备超限货物办理资质但不具备超重货物办理资质的线路1条,为云岗线。

全局货物快运作业站共计81个,其中:单一批量零散货物快运作业站34个,批量零散货物兼零散货物快运作业站42个,单一零散货物快运作业站5个。

全局有效装载加固方案1086个(其中定型方案896个,试运方案14个,暂行方案176个),货运系统共有技术规章26个(其中:系统规章3个,单项规章23个),2016年制定和重新公布技术规章5个,废止技术规章9个,货运处制定公布的现行货装有效规章文电(不包含运条、运价、保价保险运输专业)127个。

全局货运系统人数4674人,班组共计280个,其中:货运班组151个,货检班组18个,装卸班组62个,抑尘班组8个,三晋快运班组2个,其他班组39个。

【货装干部职工培训及技能竞赛】 年内,路局计划举办职工业务培训班8班16期745人,实际完成10班16期803人;计划举办干部管理培训班5班5期205人,实际完成4班4期177人。共培训干部职工980人。

9月8日—9日,在太原职工培训基地举办了太原铁路局2016年度货装系统职业技能竞赛,来自全局10个车务站段、共计118名选手参加了货运值班员、货运核算员、货运检查员、货运员、装卸值班员、装载机司机、叉车司机、电动起重机司机、起重工等9个工种的业务技能竞赛,涌现出郭红强、吕延龙等27名优秀选手和侯马、介休、太原车务段等9个先进团体,系统职工整体业务技能大幅提升。

【推进物流园发展】 按照路局总体工作安排,货运处自9月12日起全程介入中鼎公司,对铁路港建设和初期运营工作进行指导、督办。重点组织太原车务段与中鼎公司开展货装业务对接,先后参与了静态验收、安全评估、铁路港试运营等工作,进一步规范了中鼎公司货运、装卸、收入、统计等日常运作,配齐货装本簿、台账、戳记等生产用品,并协调解决存在的问题。同时,货运处针对结合部相关事宜,积极对接主管业务处室,帮助中鼎公司协调、解决。

为确保9月26日铁路港开通试运营,货运处主动介入运营和工程部门,协调解决结合部之间存在问题,有效提高推进进度,同时要求运营部门迅速转变思路,提前进入角色,形成了园区“边运营、边建设”的良好态势。一是与门吊、叉车、正面吊等中标厂家和施工单位进行对接,按照整体建设要求确定时间节点,倒排进度、稳步推进,对涉及到的相关问题协调、解决。二是组织中鼎公司及门吊、轨道衡等相关施工、建设单位共同组织制定吊装施工方案,并按照方案要求进行现场盯控、指导,确保施工作业安全。三是帮助、指导中鼎物流园完成《开园运营手册》的编制工作,其中包括业务流程96个、岗位职责52个,管理制度、作业标准187个。其中货运处就铁路港整章建制内容及装卸车、货区、货位使用原则提出了修改意见,指导进行了修订。

【货场管理】 2016年投资1205.4万元,对孝西、太原西、阳高、鸣李、五寨、榆社等站的货场仓库、雨棚、站台、通道等进行了设施改造,强化了货运物流服务功能和货运设备配置,提高了货运服务水平。

【超偏载治理】 一是建立货车装载质量追踪制度。货运处、各站段安排专人每日监控超偏载检测数据,及时发现装卸车存在的苗头性、倾向性问题,及时组织装卸车企业分析、整改,消除超偏载安全隐患。二是建立轨道衡“双比对”制度。针对部分装车站因装车计量衡器不准发生超偏载问题的实际,要求各装车站装车前要用标准重量车辆对衡器精度进行比对,同时对本站装出的重车通过路网各检测点数据进行比对,验证计量精度。三是严格执行问题分析制度。对于各站段发生的超偏载问题,一律由站段主管领导带队到路局交班,认真分析发生超偏载问题原因,对责任人进行严肃处理,下发12期超偏载通报。通过建立货车装载质量追踪、轨道衡“双比对”、问题分析等三项制度,超偏载整治持续保持全路前列。

2016年,全路超偏载检测装置共检测路局货车2067.02万辆次,总公司核实路局超偏载车数17辆,超偏载率百万分之0.8,全年3个月实现0超偏载,在全路月度排名中只有1个月排第9,其余均在前6名。2016年年度全路排名第二,实现了“保六争一”的目标。与2015年比较,核实车数(2015年20辆)减少3辆,下降15%;超偏载率(2015年百万分之一)下降20%。

【危险品运输管理】 一是强化危险货物站内办理站排查,对路局管内唯一的危险货物站内办理站怀仁站货场危险品库房设备进行了全面检修,对危险品库房进行整修并在库内增加隔离墙,经具备相应资质的安全评价机构进行安全评价出具《安全评价报告》。二是强化危险货物专用线办理站排查,对办理危险货物运输业务的企业专用线(专用铁路)的安全评价和整改组织工作进行排查;组织机务处、物资管理处和接轨站段对段管线安全评价工作,细化方案,推进整改;对企业危险货物自备罐车进行排查。三是对法律法规规章和国家标准、行业标准规定的危险货物办理危险货物站,坚决予以“关、停、并、转”,2016年取消危险货物办理站2个,危险货物专用线2条,办理品名6个,共用单位1个。

强化危险货物应急处置工作。一是重新修订公布了危险货物应急预案,进一步明确了应急职责,补充完善了环保应急处理预案。二是积极组织开展危险货物运输应急演练,货运处组织在介休车务段开展了模拟汽油罐车脱轨起复,罐体焊接处开裂,汽油泄漏,使用强磁堵漏设备进行堵漏处置及罐车倒装等项目危险货物应急演练,国家铁路局西安监管局进行了现场指导,管内各站段主管副职、危险货物主管人员观摩了演练,取得了良好的效果。三是强化危险货物应急器材备品管理,健全了应急器材管理办法,保证了器材状态完好,提高了应急处置能力。

【货检安全作业管理】 强化货检车间管理,深化标准化货检站创建。一是强化货检站车间管理。针对管内货检站布局,对大同、太原北、侯马北、榆次、原平站五个主要货检站的车间管理和人员配置进行了重点检查和补强。二是推广侯马北站货检工作先进经验,以点带面,加快推动路局标准化货检站创建工作步伐,为抓好全年货运安全工作,深化标准化货检站创建工作打下了坚实的基础。三是管内各货检站(车间)结合自身特点,围绕标准化货检站创建基本要求,开展了大量工作,货检作业质量和管理水平得到明显提升。

完善制度考核和学习培训,规范货检基础管理。一是认真学习落实新《检规》。在党校、职工培训基地分别组织管理干部和现场货检职工对2016年4月1日执行的新《检规》进行培训学习,组织5期培训班,培训干部职工210人。二是制定《太原铁路局货运检查管理实施细则》,结合管内货检视频安设运用实际,明确了机检代替人检的具体范围和要求。同时,组织管内12个货检站结合车站作业实际,重新编制完善了《货运检查管理工作细则》,进一步规范货检站管理工作。三是实行货检作业质量月通报制度。每月将现场检查发现的货检问题、区段交接电报反馈的漏检问题、货检作业发现严重安全问题以及货检站管理方面好的做法纳入货检工作月度通报,针对装车站、货检站暴露出的问题提出针对性要求,督促各装车站、货检站严格执行作业标准和区段负责制,及时整改,堵塞货装安全漏洞,保证列车运行安全。2016年下发货检安全工作专题通报12个,典型问题案例77个,实现了全年无货检责任事故。

加大货检设备投入,推进“货检应用”系统运用。一是针对管内卷钢运输实际,为切实保证卷钢装载加固质量,杜绝调车连挂超速,强化途中监控和问题处置工作,从强化装车源头卡控、严控调车连挂速度、加强调车后卷钢车辆的检查三个方面细化卡控措施,在路局管内大同、榆次、侯马北、太原北站四个主要编组站峰尾牵出线全部安设了装载视频监控设备,充分利用编组站驼峰峰尾安设的装载视频监控设备卡控驼峰解体后卷钢装载安全检查,确保了卷钢运输安全。二是加大保安全设备投入。2016年对太原北、介休、曲沃三个货检站的视频监控进行了设备更新;太原北、大同站峰尾视频监控安设完成。三是加快推进货检安全集中监控系统建设。按照总公司“应用软件统一、设备配置到位、系统运转良好、作业流程优化”的工作要求,加大对货检安全集中监控系统三级联网建设,目前已初步完成侯马北、榆次、太原北、大同站四个主要货检站高清视频、超偏载、轨道衡等设备建设和联网工作,为实现三级联网打下坚实基础。

截至年底,全局货检站共作业266598列13133093辆,在列整理问题车190742辆、甩车整理问题车660辆,补封160枚,使用铁线22750公斤,使用中门加固器2799条,更换篷布腰边绳122根,实现了货检安全零事故。

【三晋货物快运管理】 三晋货物快运列车编组11辆,棚车9辆、行李车1辆、宿营车1辆,棚车消防设施由货运站负责配置管理,行李车、宿营车消防设施由太原车辆段负责配置管理。随车人员由货运、车辆人员组成。

路局目前开行X511/2/3次、X514/5次、X522/3/4/5次、X526/7次三晋货物快运列车,共4组车底。其中X511/2/3次、X514/5次在太原以北运行,使用2组车底,货运人员由大同站负责管理、车辆人员由太原车辆段负责管理;X522/3/4/5次、X526/7次在太原以南运行,使用2组车底,货运人员由太原北站负责管理、车辆人员由太原车辆段负责管理。

路局将三晋快运消防安全作为一项专项整治项目，由货运处长亲自挂牌督办，对全局三晋快运消防安全隐患进行彻底排查，并逐一跟踪管理。针对安全隐患，牵头组织相关站段进行全面整治销号，严格落实三晋快运消防安全检查及消防问题考核制度，实现三晋快运消防安全管理规范，安全平稳的目标。

【集装箱运输管理】 2016年，全局集装箱办理站增至48个、办理点增至70个，同比增加18个、29个，分别增幅60%、70.7%。全局集装箱正面吊增至53台，同比增加26台，增幅96.3%；集装箱门吊增至25台，同比增加2台，增幅8.6%；集装箱堆高机增至5台，同比增加2台，增幅1.5倍；集装箱翻转设备增至26台，同比增加11台，增幅73.3%。路局新购置20英尺35t敞顶集装箱1000只。

2016年，全局集装箱发送44.8万标箱，日均1226标箱，同比增幅88.3%，增幅排名全路第二；集装箱发送量全路排名第7，同比上升3名，创建局以来新高。全路箱办站日均发送23标箱，路局箱办站日均发送37标箱，超15标箱。孝南站日均发送204标箱，京唐港站日均发送158标箱，分别排列全路箱办站发送量第9位、第18位。9月19日，京唐港站集装箱装卸1602标箱，创路局车站单日集装箱装卸最高纪录。

【装卸安全管理】 一是健全装卸管理规章，对铁路装卸规章文电内容全面清理、更新，各站段推广运用电子规章管理系统，提高装卸专业规章管理质量。组织各站段完成《装卸管理细则》的修订、审定与实施。二是规范装卸业务外包管理，实现装卸业务外包招投标管理，建立对外包企业的动态评价机制，定期对外包企业进行评估，评价结果与经济利益挂钩，优胜劣汰，逐步淘汰弱小散的承包企业。三是积极推进流动式装卸机械设备安全防护装置达标整治，为9个站段87台设备，正面吊7台、装载机50台、内燃叉车30台安装安全防护装置，使路局的流动式装卸设备达到《铁路货物装卸安全技术规则》标准要求，提高流动式装卸机械作业安全风险控制能力。四是加强劳动安全卡控，针对装卸、抑尘、防冻作业的风险关键点和结合部管理，继续加强风险排查和研判，对客运站台上装卸作业、抑尘防冻设备上道作业、流动抑尘防冻车电网下作业、正面吊作业等新作业、危险性作业制定安全作业办法，通过完善管理措施，提高相关作业的劳动安全。五是继续装卸机械检修(培训)基地建设，完善介休装卸机械检修(培训)基地设备设施，健全检修队伍和师资队伍，配备机械检修设备和教学模具，定期组织装卸机械操作人员参与设备维修作业，把装卸机械检修与职工技能培训融为一体，提高自主修能力，提升装卸技能培训实际效果。

【防冻、抑尘管理】 狠抓装车源头控制，制定了《太原铁路局关于做好2016—2017年防冻车工作的通知》(太铁货函〔2016〕897号)，明确了“三到位，三确保，一实现”的防冻车目标，开展了2次防冻车专项检查，组织大秦车务段、唐港公司召开冬季清偏协调会，集中检测39家防冻液供应厂家的防冻液样品4批次185份，严格防冻车考核，有力确保了运输畅通和大秦线运输任务的完成，截止2017年3月，累计产生冻车1列，未发生堵斗问题，无翻车机卸后空车偏载偏重问题。

全局10个站段97个车站299个煤炭装车点，共计有固定式防冻液喷洒设备179套，移动式防冻液喷洒车117台，防冻液储罐481个，防冻液生产供应厂家39家，2016—2017年度防冻期共计集中检测防冻液样品4批次185份。各站段提早动手，周密部署，狠抓装车源头控制，加强防冻车检查，严格防冻车考核，有力确保了运输畅通和大秦线运输任务的完成。

2016年喷洒煤炭2.85亿t，抑尘剂使用量2607.9t，抑尘喷洒质量102.1%，抑尘收入完成5.78亿元。

【货运计量设备管理】 强化计量检测设备

功能。一是计量检测设备系统防雷改造。为避免因雷电原因造成设备损坏,投资109.8万元为柳村南、湖东、大同南、太原北、万安、侯马北、曲沃等7站11台路产超偏载检测装置安装了综合雷电防护系统,保障了设备的正常使用。二是建设超偏载检测装置。投资110万元,在太原北站六场太兴线安装了超偏载检测装置,实现了运输过程中的动态监控。

加强货运视频监控建设。一是分界口站新建货物装载高清监控系统。投资130万元在太中线柳林南站新建货物装载高清监控系统1套,监控太原局发出列车,加强局间货车装载状态监控,强化分界口责任界定。二是投资1097.4万元完成了寿阳、怀仁、神头、口泉、柴沟堡、原平、闻喜、翼城、曲沃、稷山等10个货场视频监控系统建设。对货区货位、装卸车作业、营业厅、门卫、仓库、道路等进行全方位实时监控,并实现全局联网,提高作业效率,增强治安防范能力。三是加强卸车站监控系统。为提高作业效率,增强治安防范能力,建设柳村南站二场环线高清视频监控设备、柳村南站二场发车视频监控、秦皇岛东站五场视频监控设备。

(杨海燕)

货运营销

【概述】 营销处负责推行总公司货运组织改革和供给侧改革政策的实施,作为全局物流组织的前店和窗口,以提高路局货运服务质量、推动路局物流发展为己任,按照客户需求制定个性化营销方案、提供多样式物流服务。机构设:营销科、生产科、物流科、综合科、运杂保价科,业务管理2个附属机构(货运服务中心、自备车管理办公室),现员39人。

【营销管理】 一是建立“太局营销工作微信群”。在原有营销处工作群基础上,扩展为“太局营销工作群”,吸收区域货运营销中心主任和分管营销、物流工作的副主任等26人成为工作群成员,保证信息及时传递,进一步提高营销信息共享深度和传递效率。

二是健全完善市场监控机制。建立重点货物品类月度市场调查监测制度,对管内煤炭、焦炭、钢铁、金属矿石、化肥等企业产、销量,生产原料的到达量,运输方式及运量,主要去向及运价等情况定时监测。在省内物流园区、产业集群、重点企业、车流量较大的公路及高速公路出入口等重点部位,设立36个公路监测节点,建立了管内公路运输运价情况定期公布机制,定期在营销处微信群公布价格,并在营销处网站发布参考数据。

三是坚持日常沟通对接机制。每日9:00时,组织召开全局货运营销电视电话会,与车务站段主管生产副段长逐一对话,分析前一日兑现情况,对接当日需求,协调解决存在问题。

四是形成营销工作每月通报制度。营销处各科、货服中心结合分管工作实际,每月对系统工作推进情况进行通报,总结成绩,通报问题,分析不足,提出下一步工作措施。每月下发5个通报,编发1期营销简报。形成“卸车情况的通报”“快运货物、物流总包、接取送达、无轨站完成情况通报”“大宗稳定货物协议运量兑现情况通报”“货运服务中心月度业务受理情况通报”“货运保价运输工作情况通报”;每月编发一期《货运营销简报》,内容涵盖路局各项货运任务完成、需求变化统计、分品类去向分析情况,环渤海煤价、四大港存煤、四大港卸车、进口煤量变化、公路货运量、水路货运量等7大项33小项数据和走势图,促进了信息共享。

五是固定周四举办提素课堂。定期组织开展“学习提素”专题讲座,由处内人员或邀请其他部门人员专题讲解货运、物流、价格、财税与市场营销等各方面的知识,不断提高处内人员适应市场、适应营销工作实际的业务技能。

【物流营销】 （一）在闯市场、挖货源、促增量过程中，形成了代表性的十种营销方法。

一是路地联动营销。具有代表性的是借助地方政府资源，政府搭台，企业唱戏，将货运营销融入京津冀发展战略，协调大同市组织12个区（县）经信委、粮食局、商务局以及生产企业座谈对接，集聚化工、医疗、电器、纺织、家具、食品、果蔬、日杂等20多个品类货源，在5月8日开行了大同—京津冀白货专列，不仅开发了新产品，而且取得了良好的社会效应。

二是路企合作营销。抓住原中远和中海两大航运公司合并为中国远洋海运集团的契机，主动对接，利用该集团海运箱在铁路直接装箱，运到港口后直接下水出海，打通了路局铁水联运通道。与太钢集团签订《战略合作备忘录》，本着"发挥优势、相互促进、长期合作、互利共赢"的原则，在物流运输、产品研发、产业升级、信息化建设等方面，深度合作。

三是路内挖潜营销。营销处每年2次与路局经营开发处组织直属多经公司座谈，围绕主营业务拓展和多经公司创效，出主意、想办法、提建议、定措施。在得知"总公司将对部分C63车底在路局管内报废解体"的信息后，及时组织管内5个站段和负责拆解的4家地方企业对接，详细了解2503辆报废车辆解体后，报废车轴、箱体的外运流向，组织回新增货源53157t。

四是路港联动营销。3月下旬，路局领导专门邀请秦皇岛地区四大港口负责人来局对接，协调曹妃甸港、东港、京唐港、秦皇岛港的港杂费分别下调34.15%、19.51%、14.63%、4.26%，并取消了堆存费、配煤费等其他费用，摊薄了铁路运价降价成本，提高了铁路运输下水煤的竞争力。

五是全程跟踪公路营销。4月中旬开始，营销处由主管副处长带队，每月一次组织朔州、太原、介休车务段沿着公路运输煤炭的路径，全程调查公路供应链，研究提出小列集货"点到点"物流打包运输、集装箱装运块煤等增运措施。

六是项目制营销。营销处自行研发营销项目管理系统。组织对全局管内注册客户细分，梳理出8195户未发运的"僵尸客户"、1573户历史上发运过但今年未发运的"观望客户"、1090户今年1季度同比下降明显的"不稳定客户"、197户今年新增的"活跃客户"，全力挖掘"可铁未铁、曾铁未铁"客户货源。增量项目全年立项131项，其中115项已形成稳定运量，增运约651万t。

七是版块分品类营销。路局成立"9+1"版块营销小组，即煤炭、冶炼物资、矿建、粮食化肥、机械制造、电子产品、饮食农副、医药文教、出口物资9个营销小组和1个综合协调小组。按照"挖掘→立项→组织→落地→持续"的闭环管理思路，每季度一次组织地毯式排查货源。先后组织对18家重点出口物资企业进行营销走访，与省口岸办2次共同赴京与俄罗斯、越南企方代表洽谈，促进开行了向阳店—二连浩特煤焦沥青跨境物资专列、清徐—安员（越南）国际联运货物列车。经过与中车集团对接出口阿根廷的米轨石砟车外运项目，组织开发太北—新港的"火车拉火车"铁水联运新模式。今年以来，先后提出40余项增量项点，实现增量约400万t。

八是供应链到达端营销。将营销工作植入企业供应链，对唐山地区44家钢厂逐一梳理分析，确定28家主要营销目标，多次组织港口、钢厂洽谈，并协调京唐港改造设备，满足矿粉运输需求，仅唐山地区实施6个矿粉"一口价"增量项目，带动全局矿粉运输翻倍增长，同比增运638.1万t、增幅95.6%。

九是新线增量营销。着眼从新线挖潜运力，挖掘增量货源，研究提出了兴县北经瓦日线长子南口到日照的车流调整方案。自9月18日实施以来，日均发运3.2列，累计增量75.1万t。

十是算帐共赢营销。把营销工作前置，指定专人深入公路运输市场了解行情，主动上手把议价工作做实。对客户议价需求,组织涉及站段、上游发运客户、专用线产权单位、下游收货客户专题对接,围绕全程费用,逐项算帐比对,充分压缩两端费用,为“一口价”实施腾出空间,不仅减小了路局“站到站”议价下浮的调整幅度,而且提高了议价通过概率。

(二)从客户需求出发,设计定制化的物流产品,在快运、特需、国际列车等方面实现了多项突破。

3月1日,路局首趟开行的“晋南货运快线”夕发朝至列车从皇后园站驶出,一路向南直奔临汾、运城。2016年“晋南货运快线”列车累计装运275列,1729车,17457.7t,其中发往临汾833车,7993.2t,发往运城896车,9464.5t。

4月20日,全局首趟矿粉直达列车曹妃甸—朱家店班列开行。2016年累计开行375列,18748车,127万t,实现运输收入8890万元。

5月10日,由太原铁路局首发开行的X2512次“太原鸣李—佛山东特需班列”准时从鸣李站发出,列车一路南下,一站直达,48h内抵达佛山东站,2016年该趟特需班列累计开行43列,791车,9761.5t,实现运输收入219.38万元。

5月10日,由太原铁路局与大同市政府共同组织的首趟白货快运专列从大同站驶出,开往京津冀地区,当日23时28分到达南仓站,共计装车35车,发送615t,实现运输收入6.9万元。这是路局契合“一带一路”战略、融入京津冀一体化发展的有益探索。

5月14日、5月21日相继开行京唐港—义安、京唐港—朱家店的矿粉班列,形成了港口至介休地区矿粉、焦炭的重去重回循环列车。2016年累计开行581列,29072车,197万t,实现运输收入13790万元。

5月25、26日,宁岢线五寨站2天装运7列、2万t焦炭,这是路局北部地区近年来首次整列装运焦炭。2016年累计开行164列,8526车,57.1万t,实现运输收入6852万元。

5月25日,临汾北—大朗的美的特需班列开行,这是全局首趟“总对总”特需班列,也是总公司与美的集团达成“总对总”协议以来,为美的集团开行的全路首趟班列。开行1列、20车、240t,实现运输收入8.4万元。

5月28日,太原铁路局首趟开行的“向阳店—二连浩特跨境特需班列”从太原北站驶出,该班列装载山西北方兴安化学工业有限公司发往俄罗斯的煤焦沥青30车、1821t,采取站到站运输方式,全程运行时间72小时以内,实现运输收入31.45万元,这是路局首次开行跨境货物特需班列。

6月1日,大同—京唐港、朔州—京唐港、安塘—京唐港、李家平—京唐港、宁武—京唐港等集装箱装运块煤项目相继启动,打破了北部地区长期依赖敞车运煤的局限。2016年累计开行839列,41961车,226.6万t,实现运输收入17221.6万元。

6月16日,由鸣李站开往沙良、包头东的首趟特需班列79156次正点开出,该趟特需班列由15辆40英尺集装箱专用平车组成。2016年该趟特需班列累计开行20列,286车,3931t,实现运输收入35.47万元。这是路局在鸣李站开行的第二趟批量快运特需班列。

6月29日,由临汾北开往佛山东的首趟特需班列77755次正点从临汾北站开出,2016年该趟特需班列累计开行17列,285车,5270t,实现运输收入121.04万元。

7月1日,太原铁路局首趟开行的“晋北货运快线”夕发朝至列车从皇后园站驶出,一路向北直奔朔州、大同。2016年“晋北货运快线”列车累计装运184列,679车,7234.5t,其中发往神头217车,1655.9t,发往平旺462车,5578.6t。“晋北货运快线”开行,拉通了纵贯山西南北的快运货物铁路物流通道,为构建以省城太原为中心的快运货物物流体系发挥重要作用。

8月3日，组织开行的首趟中越国际联运货物列车编组30辆、满载1800t玻璃从清徐站发出，经由山西、河南、湖北、湖南、广西五省，走行2700多公里，由广西凭祥口岸出关，最终抵达越南安员站。实现收入54.9万元。这是全路首趟到达越南的国际联运货物列车，为太原局开发中欧、中亚班列积累了经验。

10月5日，围绕实现快捷准时运输，满足客户需求按市场开行的要求，组织开行临汾北至小塘西的首趟特需班列，发运临汾华翔铸造公司生产的铸件及压缩机配件。2016年该趟特需班列累计开行51列，959车，22794.1t，实现运输收入475.5万元。

10月7日，经过积极营销设计"火车拉火车"新物流产品。中车集团太原机车车辆有限公司新出厂的39辆米轨石砟车"乘坐"70002次火车专列，重量826.8t，由太原北站太北四场始发，前往天津新港，由天津"换乘"货轮下海走出国门，最终抵达阿根廷，实现收入62万元。这是路局契合国家"一带一路"发展战略，强化跨境物资运输组织过程中，营销开发的新货源，也是首次实行"火车拉火车"的运输模式。

11月3日，为了开展与电商、快递企业合作，"双11"电商黄金周期间积极组织货运产品开发和拓展，经过多次与京东对接，与京东达成利用三晋快运试发运京东货物意向。京东通过三晋快运南环列车累计发送24托盘，11t，50m^{3}货物，运输收入1505元。通过与京东合作进一步提高铁路快捷货运产品的市场竞争力和影响力，打响铁路物流品牌，也为下一步拓展电商物流奠定基础。

11月7日，开行中鼎物流园至三眼桥点到点快速货物列车。2016年该趟班列累计开行25列、679车、11660t、实现收入247.94万元。

11月18日，在"双11"电商黄金周期间，与美的集团开展合作，发运临汾华翔铸造有限公司生产的铸件，由临汾北站至黄岛站开行特需货物列车1列、25车、880.7t，实现收入10.86万元。

11月25日，积极组织大同站营销伊利集团乳饮料及奶制品，通过为客户测算运费对比运价，宣传铁路点到点快速货物列车优势，成功营销客户通过铁路发运乳制品。第一列平旺到三水西整列集装箱牛奶点到点快运专列于17点在平旺站首发，发运1列、25车、1056t，实现运输收入47.73万元。

12月5日，营销伊利集团乳饮料及奶制品，由平旺站至城厢站开行"点到点"快速货物列车1列、25车、1375t，实现收入35.81万元。

货运服务中心　（秦树银　供）

【物流生产组织】 全局零散货物快运情况。2016年全局零散货物快运累计完成870869.5t（日均2379.4t），收入10985.7万元，日均同比增加147t，增幅6.6%。

三晋货物快运列车开行情况。2016年全局环线列车发运零散货物完成121504.1t（日均完成331.9t），占零散货物快运发运总量870869.5t的14%，其中南环列车完成52024.8t（日均142.1t）；北环列车完成69479.3t（日均189.8t）。

批量零散货物快运。2016年累计完成1749336.2t（日均完成4779.6t），32540.6万元，日均同比增加316.2t，增幅7.1%。

物流总包。2016年全局物流总包签约项目88项，超铁路总公司下达的80项任务指标8项;其中152类签约项目45项,比铁路总公司下达的32项任务指标超13项;医药企业签约项目4项,比铁路总公司下达的5项任务指标少1项;日均装车完成4086.3车,比铁路总公司下达指标2500车多1586.3车;运量完成10598.4万t,日均完成29.0万t。

接取送达服务情况。全局现有接取送达车辆169辆,其中自有车辆62辆(厢货49辆,皮卡8辆,面包车4辆,高栏1辆);社会协议车辆107辆(货车、五十铃农用、五菱之光、皮卡、轻卡、轻型货车等车型)。2016年全局接取送达29.9万t。其中:零散货物快运44398批、18.8万t,分别占零散货物快运发运总量的19.4%、14.3%;批量零散货物快运2185批、9.7万t,分别占批量零散货物快运发运总量的9.5%、12.1%。较去年同期,全局接取送达工作总量减少0.7%、零散快运接取送达量增加19.3%、批量快运接取送达量增加23.4%。

【主要运输指标完成】 货物发送量。年内,全局货物发送累计完成51208.9万t,完成年计划59170万t的86.5%,较年计划进度少运7961.1万t,同比少运7514.7万t、降幅12.8%。其中,大秦线完成35125.1万t,比年预期40000万t进度少运4874.9万t,同比少运4573.4万t,降幅11.5%。太原局运量占全路总运量的19.3%.

运输收入。全局运输收入完成6274684.9万元,较进度少1146515.1万元;同比少收1084022.8万元,降幅14.7%。

装车完成情况。2016年累均完成19739车,同比少装2326车,降幅10.5%。

【货运服务质量】 95306货服受理情况。路局人工接听95306货服电话99142个,同比减少11582个,人工话务接通率99.48%。受理客户“我要发货”需求962批,代客户提报“阶段需求”5391批、成功订车19152车,兑现18210车,除客户自行取消942车外,其余全部兑现。回复处理邮件610件,其中:互联网邮件509件,电子商务平台邮件101件。

投诉工单转办情况。2016年共接到投诉问题59件(电商平台35件,95306电话24件),同比增加1件,全部生成“货运服务质量投诉工单”。其中涉及我局管内货运有效责任工单45件,具体为:侯马车务段15件、太原北站14件、朔州车务段4件、信息部门3件、介休车务段2件、大同车务段2件、大同站2件、原平车务段1件、太原车务段1件、榆次站1件。投诉内容主要是以运输时限、服务态度、装卸作业、保价理赔、信息服务(电商系统)等方面为主。其中涉及货物受理的7件,涉及运输时限的7件,涉及服务态度的6件,涉及装卸作业的4件,涉及保价理赔的4件,涉及信息服务的4件,涉及货车调送的3件,涉及货物交付的3件,涉及接取送达的1件,涉及其他方面1件,同时涉及运输时限和保价理赔方面的1件,同时涉及服务态度、货物受理方面的1件,同时涉及货物受理、接取送达、运输时限方面的1件,同时涉及装卸作业、运输时限方面的1件,同时涉及货物受理及运载工具方面1件。

【货运保价】 2016年全局货运保价收入实际完成16238.4万元,较进度考核指标增加2238.4万元,增幅16.0%;较进度奋斗目标增加1238.4万元,增幅8.3%。

【营销网络建设】 按照“1+3+13+300+N”的规划建设目标,至2016年底全局建成无轨站(揽货点)313个,提前完成300个的年任务目标。全年揽货10433单、132786.7t,收入2226.1万元。

(秦树银)

机　务

【概述】 机务处负责对侯马北、太原、湖东三个机务段的安全管理、专业管理、生产经营等工作进行监督、检查、指导、协调,直接领导附属机构机务检测所的工作。为路局运输生产提供牵引动力,负责全局机务安全生产工作。机构设:运用燃料热力科、检修设备技术科、安全监控救援科、高铁科、综合管理科,附属机构:机务检测所。2016 年,机务处定员 21 人,现员 19 人。其中:处长 1 人,副处长 2 人,科长 4 人,专业技术管理人员 12 人。其中高级工程师 6 人,工程师 4 人,助理工程师 5 人、技术员 4 人。

机务处附属机构机务检测所定员 13 人,现员 12 人。设所长 1 人,专业技术管理人员 8 人、工人 3 人(机械、维修、化验工)。

2016 年末,机务系统设太原、侯马北、湖东 3 个机务段。在册职工总数为 18607 人,其中:太原机务段 6028 人,侯马北机务段 4024 人,湖东电力机务段 8555 人。

【防止路外伤亡事故】 截至 2016 年底,防撞死伤 313 件、防撞机动车 11 件、防撞大牲畜 1 件、防撞异物 26 件。全局管内共发生路外 36 件(含外局 5 件、不含自杀),路局机务系统共发生路外伤亡 31 件(死 29 人、伤 4 人、机动车 1 件、大牲畜 0 件),路外死亡人数比同期增加 11 人。

【牵引任务】 侯马北机务段担当侯西线、南同蒲线、侯月线、瓦日线、介西支线等 295 对货物列车牵引任务,29 台调(度)车机任务。太原机务段担当南同蒲线、北同蒲线、石太线、太中银线、石太客专、京原线、太焦线、侯西线、介西支线、忻河支线及太原市郊 66 对客运列车牵引任务;大西高铁、石太客专 55 对动车组牵引任务;北同蒲线、石太线、太中银线、京原线、太焦线、太兴线、太原枢纽小运转 278 对货物列车牵引任务;31 台调(度)车机任务。湖东电力机务段担当北同蒲线、宁岢线及大同市郊 6 对客运列车牵引任务;大秦线、迁曹线 2 万 t 列车、单元万吨列车、组合万吨列车、北同蒲线、宁岢线及大同枢纽小运转合计 325 对货物列车牵引任务;33 台调(度)车机任务。

【任务、效率指标完成情况】 机车总走行 km 计划完成 1889000 百万 km,实际完成 1910064.62 百万 km,完成计划的 101.1%;总重 t·km 计划完成 5358.0 亿 t·km,实际完成 5064.07112 亿 t·km,完成计划的 94.5%。日车公里计划 576km,实际完成 564km,完成年计划的 97.9%;较 2015 年减少 17km。技术速度计划 45.0km/h,实际完成速度 48.1km/h,完成年计划的 106.9%;较 2015 年增加 1.7km/h;列车平均总重计划 6350t,实际完成 6040t,完成年计划的 95.1%;较 2015 年减少 377t;日产量计划 248.0 万 t·km,实际完成 232.1 万 t·km,完成年计划的 93.6%;较 2015 年减少 18.0 万 t·km。

【安全风险管理】 梳理 35 类安全风险项点、165 个安全管控环节,制定《安全风险管控表》。动态修订完善干部安全管理职责 1189 个,工作标准 1083 个,重点工作流程 536 个,确保了安全风险管控责任界定清晰、覆盖全面。根据生产组织变化及研判出的管理薄弱环节等,先后修订完善了《机车防溜管理办法》《动车组司机管理实施细则》《太原铁路局机车静置试验管理办法》《机务系统事故苗子管理办法》《机务段段内施工安全管理办法》等 33 项基础管理制度。围绕"影响编组站、枢纽站、繁忙客运站"运输效率的调车作业相关规定,清理"土政策、土规定"16 条。通过"编写、验证、修订、审核、验证、审批、发布"等 7 个环节,重新审编作业指导书 1983 个(其中:检修 1439 个、救援 16 个、运用 185 个、整备 161 个、设备专业 161 个、其他 21 个);编制完成动车、客车、货车机务 96 项非正常行车作业指导书和应急处置流程图。

【阻断潜在安全风险】 和谐型机车加装机车车载安全防护系统(6A)42 台、机车远程监测与诊断系统(CMD)加装 25 台、机车油库和管线安全达标整治问题 35 个。挂牌督办解决了"站内调车存在越出站界的安全隐患"等 36 个安全突出问题。高铁方面:针对全路发生的 14 起动车组作业事故制作案例,明确作业流程、制作安全明示图7项，补强“防空转、滑行措施，防错对标、错开门”措施4个，针对“9·5”南昌局动车组事故，排查了担当区段32个车站的调车径路，研判出10个越站调车风险站，4项52个风险项点，编制了《动车组车站调车安全风险明示图》。重载方面：重载机车制动阀切除发生28件，同比减少24件，减少52%，重载安全得到了加强。采取技术措施，优化操纵办法，消除重载列车隐患，机车渡板变形发生26件，较2015年同期减少132件，下降84.18%。技术利用：利用车辆5T系统实现了对全局机车走行部的动态检测和安全防范。

【安全生产信息日分析】 日安全信息追踪分析实行“四清、三看、三到位”制度（四清：每日有一名处领导组织分析24小时发生的行车安全信息，分析做到作业过程清、存在问题清、涉及规章清、控制措施清；三看：看规章是否健全、看作业是否正确，看干部管控是否到位；三到位：问题整改到位、责任考核到位、系统通报到位）。完善补强“多方向进路车站机务行车安全卡控办法、普速铁路列车运行中碰撞线路障碍物等非正常情况机务应急处置措施”等8个规章制度及“关于HX型系列机车弹停制动装置操作及应急处置程序、双管供风旅客列车总风系统漏风应急处置流程”等5个作业流程。

【风险预警常态化】 先后15次集中研判，列出变化清单，找出风险点，制定防控措施，督办落实，确保全年10次集中修施工、4次调图机务安全。专项研判。结合现场安全突出问题，先后研判出可能发生人身群死群伤安全风险77项，制定《机务系统易引发三人及以上群死群伤事故的作业项目及安全卡控措施》；结合新技术、新设备、运输组织方式变化及全路机务系统事故通报等，研判客车、动车乘务员“始发作业、途中运行、换端作业、到达作业”四个作业过程及动车组三种（LKJ、ATP、CIR）安全装备操作存在的风险，识别出58项可造成事故的风险点，制定控制措施。及时预警。根据安全管控过程中出现的薄弱点先后下发了动车组“防错对标、错开门”等安全动态风险《安全预警通知书》32张，有效的提高了干部防控动态风险的主动性。

【现场检查常态化】 结合“春运、汛期、施工、调图、小长假、两会”等安全关键期，详细制定检查方案和量化标准，实现了安全关键、三外作业场所的覆盖性检查，2016年共开展专项检查37次，下发专题通报27期。周重点预警。结合“人、车、天、地、图”变化，由专业科室负责纳入周工作重点，每周一具体安排，周末分析兑现完成质量，实行周报告、周兑现、周督查。突出专项查。以整顿职工“两纪”为重点，先后开展了围剿值乘睡觉、当班离岗、当班（班前）饮酒、当班（待乘）玩手机“四大顽症”和“乘务员执标落标”专项整顿。丰富检查手段。机务系统充分利用机车视频、地面视频监控设备分析现场作业情况，严抓违章违纪、简化作业，并对存在的倾向性问题集中整治，提升了职工落标意识，视频分析发现问题30938件，追责考核19358件。

【修程修制改革】 积极推进和谐机车修制改革，形成了“数据检修”的检修理念，和谐型机车检修真正由“精细检修”向“精准检修”转变。和谐型机车C4、C5修全部实现了自主修，全年完成C4修99台、C5修29台。强化过程控制。七月份，机务处组织各段成立了质量检查科，明确了质量责任追究、检查考核制度和质检范围，有效解决了修程机车、整备机车、重要配件检修过程卡控和质量验收卡控不到位的问题。湖东机务段通过修程车机车复检，检修作业现场过程写实等方式加强了修程机车走行部、高低压电器和制动系统等关键部件的质量卡控，2016年下半年共发现以上部件质量隐患1308件，有效的提高了机车关键部件质量。太原、侯马北机务段通过加强修程机车质量检查、组织台台修程机车“零公里”检查、机车整备作业督查等方式,有效的提高了机车质量,2016 年下半年机车设备故障分别比上半年下降了 76.2% 和 42.3%(太机、侯机下半年分别发生设备故障 20 和 19 件,比上半年分别减少了 64 和 15 件)。完善检修工艺。对机车检修工艺进行大排查,查找不足,组织完善,共完善机车检修工艺 152 项,其中湖东电力机务段修订完善工艺 58 项,侯马北机务段修订完善工艺 31 项,太原机务段修订完善工艺 63 项,彻底解决了部分机车检修工艺缺失、工艺标准不符合现场作业实际的问题。针对典型质量问题,组织编制机车蓄电池、牵引电机防缓装置等 2 项检修技术要求,填补了路局 2 项检修技术空白。堵塞管理漏洞。针对配件管理专项检查中发现的机车配件委外修、配件管理存在的管理漏项,制订了《太原铁路局机车配件委外修管理办法》《机车配件管理办法》,明确了路局、机务段配件管理职责,规范了配件委外修理、第三方招标、验收、报废等各环节,建立了配件委外修招标程序和相关制度,强化了采购环节的风险控制。实现了配件委外修程序规范、质量优良、经济合理。

【质量整治】 春秋两季分别开展机车春季鉴定、秋季防寒整修工作,通过春秋两季机车专检专整工作确保了机车季节性质量稳定。春季鉴定 1189 台、处理问题 6731 件,秋季防寒整修 1203 台、处理问题 5965 件。开展专项治理。全年先后组织机务段开展机车车顶设备、机车火灾隐患、机车走行部、机车电器部件、机车车钩等关键部件专项普查整治 5 次,共整治机车 14231 台次,消灭机车火灾隐患、走行部、车钩等严重质量问题 12781 件。开展质量攻关。组织大连等主机厂,针对 HXD3C 型机车踏面剥离惯性质量问题,制定了有效整改措施,组织更换轮对 26 条,组织进行联合攻关,完成 25 台 HXD3C 客运机车性能技术改进,通过对 HXD3C 型机车控制软件进行升级,机车踏面剥离磨耗速率从 5 万公里延长至现在的 7.5 万 km。

【创新机车整备模式】 开展湖东、太原、侯马三个标准化整备场建设,按计划湖东整备场完成机 9 道 ~ 机 11 道建设,已投入使用;太原机务段完成机 6 道 ~ 机 9 道建设,初步具备机车整备能力;侯马北机务段机 2 道 ~ 机 5 道正在安装三层作业平台,积极推进整备场建设。结合整备场标准化建设,在太原机务段北区实施了“互联网 +”技术实现了整备 HX 型机车数据自动下载自动检索自动分析,利用图像采集仪对机车“五项专检”项点进行拍照和上传,对制动机“五步闸”试验进行 IC 卡记录分析。不仅提高了机车整备质量,更为标准化整备场作业摸索出一套新的数据化整备模式。完善管理办法。研究制定了《机车“五项安全重点”质量实施办法》,对整备机车走行部、车顶高压设备、机车防火、制动机、机车 DC600V 供电系统按专检范围进行检查、验收,消灭了出库机车走行部、制动机、车顶高压设备、DC600V 供电系统故障,消除了机车火灾隐患,实现了出库机车“五项专检”部件零故障。

【牵引动力配置】 迁曹线京唐港—滦县间货物列车由内燃机车替换为 SS4 型机车牵引;侯西线全线电化开通,全局管内机车调整 50 台次,确保了电化开通后的机车运用。适时调配。安排太原机务段 HXD3C 型机车担当大同—岢岚间客车任务;将大秦线“富余”、牵引力大、设备稳定的 HXD2 型机车调配到口支、云支、北同蒲、南同蒲等线,替换下 51 台 8K 型机车,减少老旧机车因设备故障对运输的影响。保证运输。针对瓦日线货运增量需要,调拨 30 台 HXD2 型大功率机车到侯马北机务段,取消了南同蒲线牵引普超列车时上行襄汾、洪洞、霍州、圣佛、冷泉、义棠、祁县站,下行灵石、霍州等车站必须按通过办理的限制条件,提高了运输效率,技术速度较上半年提高 8.1%,列车平牵提高 2.3%。

【结构调整】 太原机务段北同蒲线太原

北—原平间货物列车及太原北—平社间补机乘务交路由双司机配班单司机值乘改为标准班,有效降低了乘务员的超劳。储备学习。预计2017年京原线电化开通,自2016年5月25日调整太原机务段灵丘车间10班乘务员到太中银线学习,熟悉电力机车运用(其中9人通过验收,已从事司机岗位),为京原线电化开通储备人员。人员调整。调整太原机务段韩原线32名机车乘务员,充实到太中线、石太线,调整侯马北机务段入助太原机务段70名机车乘务员返回侯马北机务段,满足瓦日线运输任务上量需求。

【科技创新】 年内开展“2.1万t重载列车中部HXD1型机车渡板变形的研究”等科研项目共21项;其中,“铁路机务安全风险研判系统”等13项科研项目获得路局科学技术进步奖,其中一等奖1项、二等奖5项、三等奖7项;为解决大秦线重载组合列车在运行过程中发生“制动阀切除”故障,在总公司立项研究“大秦线重载组合列车惩罚制动/制动阀切除故障深化研究”的科研课题,提出解决重载组合列车制动阀切除和惩罚制动故障的有效方案及实施措施,课题于2016年1月在总公司通过了结题验收,综合评定为A级。在总公司立项开展了“3万t重载组合列车操纵技术优化研究”的科研课题,2016年1月通过总公司结题验收,综合评定B级。二是节支降耗取得实效。实施机车柴油“低烧”,各供油点共计使用“0”号柴油6921t,直接减少柴油成本支出168.6万元。减少配件委外修,1—12月共减少20项、770件,节支276.0万元。开展配件修旧利废,1—12月份共修旧利废88项、6147件,节支1431.0万元。推进和谐机车修程修制,调整高级检修范围,压缩检修单价。1—12月份已完成98台HXD1型机车C4修,节支14700.0万元。对进入大、中修周期的机车,按总公司检修规程规定的上限控制,完成大修机车62台、中修机车70台。利用和谐型机车再生制动,1至12月份大秦线再生反馈电网电量19683.57万度。

【抓基础提素质】 分批举办管理人员、专业骨干、技术人才等各类业务培训班16期、培训557余人。坚持示范典型引路,设立了“高兴”技能大师工作室、“李伟、席小东、王志华”等42个技师小组,完成《动车组相互救援流程图》、SS4机车LOCOTROL及CCBⅡ布线图等攻关课题45个。太原机务段救援列车吊车司机将进口的160t起重机的技术资料全部自主翻译成汉语资料,为全局掌握新技术创造了条件。

补充机车乘务员158名,完成机车司机提职307名,完成动车组司机理论培训22名,储备动车组司机56名。技能竞赛。路局开展了“动车组司机、电力机车钳工、救援起重机械司机、铁路探伤工”等22个工种、412名选手参加的路局技能竞赛,表彰奖励66人;选派21名选手参加总公司7个工种(每个工种参赛数54人,各取前15名)的职业技能竞赛,五个工种五名选手取得名次,动车组司机第6名,设备维修电工第11名,电力机车司机第11名,机车调度员第14名,检修电焊工第14名。提高操纵。按照“一段制动”模块化对标法的实操要求,确定了“北京西”等6个停车站作为示范站,先后3次修订完善,形成了动车组模块化对标操纵办法,动车组司机全部掌握了6个示范站“一段制动”对标操纵法。重载列车按照“整备、出勤、开车、运行、到达、退勤”六个环节,对作业时间及标准分段量化,先后3次优化《2.1万t列车模块化操纵提示卡》《景生启2.1万t重载列车操纵法》,开展“名师带徒”,推行平稳操纵自动评价系统,重载列车的操纵水平得到大幅提升,湖东至柳村列车通通时分由603分压缩至590分,压缩13分。技术速度由52.6km/h提高至59.6km/h,提高7.0km,实现了大秦线运量130万t/日持续突破。

【节支降耗】 电力机车能耗完成情况:2016年

通过总重4579.94324亿t·km，用电33.2676989亿度电，财务单耗完成72.64kWs/万(t·km)，较财务预算70.5kWs/万(t·km)增加2.14kWs/万(t·km)。

内燃机车能耗完成情况：2016年内燃机车完成总重9.304397亿t·km，用油53555.046t，完成财务单耗57.56kg/万(t·km)，较财务下达预算单耗60.0kg/万(t·km)减少2.44kg/万(t·km)。

多措并举，节支降耗效益效果显著：全局机车大修、中修公里严格按上限掌握，年度较计划减少大修机车29台，减少中修机车39台；充分利用既有检修能力，大力开展机车局做大修，2016年完成局做机车大修20台，同比增加11台，减少委外修费用2880万元；路局各机务段供油点年度共计“低烧”柴油12241t，减少燃油成本支出329.3033万元。

【各类报表概况及任务、效率指标生产情况】

表6　　2016年机车配属表

部门	机型	HXD1	HXD2	HXD2C	HXD3C	8K	SS4	SS3	SS1	8G	小计电力	HXN5B	DF4DK	DF4K	DF4	DF4D	DF4DD	DF7	DF8	DF12	小计内燃	合计
路局	配属	270	180		25	40	387		1	2	905	7	8	46	48	24	8	71	72		284	1189
	出助																					
	入助			40	30		10	2			82				9		2	8	12	1	32	114
	长备						8				8			1	6	4		1	7	1	20	28
	封存					40	1		1	2	44											44
	支配	270	180	40	55		388	2			935	7	8	45	51	20	10	78	77		296	1231
太原机务段	配属	20			25		171		1		217	3	4	22	22	17		22	10		100	317
	出助																					
	入助				30						30											30
	长备																					
	封存						1		1		2											2
	支配	20			55		170				245	3	4	22	22	17		22	10		100	345
侯马北机务段	配属		40				96			2	138	2	2	15	17	1		25	35		97	235
	出助																					
	入助			40			4				44											44
	长备						8				8					1					1	9
	封存									2	2											2
	支配		40	40			92				172	2	2	15	17			25	35		96	268
湖东机务段	配属	250	140			40	120				550	2	2	9	9	6	8	24	27		87	637
	出助																					
	入助						6	2			8				9		2	8	12	1	32	40
	长备													1	6	3		1	7	1	19	19
	封存					40					40											40
	支配	250	140				126	2			518	2	2	8	12	3	10	31	32		100	618

注：全局114台地铁车：HXD2C型40台、HXD3C型30台、SS4型10台、SS3型2台、DF4型9台、DF4DD型2台、DF7型8台、DF8B型12台、DF12型1台。

表 7　　2016 年各机务段生产布局概况表

机务段＼项目	在册总人数	机车乘务员人数	固定总原值（万元）	设备总净值（万元）	机械设备台数	电车中修台位	修竣台数	电车小辅修台位	修竣台数	内燃中修台位	修竣台数	内燃小辅修台位	修竣台数	中修主要机型
太　原	6028	3119	351001.84	7615.44	776	4	20	5	780	2	20	5	306	DF4、DF4D、DF7、SS4
侯马北	4024	1741	113721.59	3520.2	552	0	0	1	473	2	19	5	355	DF4、DF8、DF7
湖　东	8555	4359	2286573.49	13161.22	1189	11	131	23	1204	2	8	2	283	SS4、DF4、DF7 HXD1、HXD2
路局计	18607	9219	2751296.92	24296.86	2517	15	151	29	2457	6	47	12	944	

表 8　　2016 年机务任务效率指标完成情况

机务段	项目	总重 t·km(百万)	总走行 km(千 km)	日车 km	日产量	平均牵引	技术速度
太　原	计划	8080000.0	70400000.0	455	101	3130	43
	实际	8288972.4	74633847	461	101.5	3125	46.7
	完成%	102.6%	106.0%	101.32%	100.50%	99.84%	108.60%
侯马北	计划	4700000.0	27900000.0	440	114	3120	43
	实际	4957118.1	29800702	412	108.1	3089	45
	完成%	105.5%	106.8%	93.64%	94.82%	99.01%	104.65%
湖　东	计划	40800000.0	90600000.0	685	368	8500	47
	实际	37394620.7	86571913	681	353.9	8221	49.9
	完成%	91.7%	95.6%	99.42%	96.17%	96.72%	106.17%
路　局	计划	53580000.0	188900000.0	576	248	6350	45
	实际	50640711.2	191006462	564	232.1	6040	48.1
	完成%	94.5%	101.1%	97.92%	93.59%	95.12%	106.89%

表 9　　2016 年内燃机车检修指标完成情况

机务段＼项目	支配台日	检修台日	总率	大修台日	厂率	在段修台日	在段率
太　原	39899.1	2706.3	6.8	61.7	0.2	2644.3	6.6
侯马北	36103.3	2789.2	7.7	547.7	1.5	2210.7	6.1
湖　东	27069.4	2375.9	8.8	801.7	3.0	1569.6	5.8
合　计	103071.8	7871.4	7.6	1411.1	1.4	6424.6	6.2

表 10　　2016 年电力机车检修指标完成情况

机务段＼项目	支配台日	检修台日	总率	大修台日	厂率	在段修台日	在段率
太　原	88089.9	7017.4	8.0	793.8	0.9	6278.2	7.1
侯马北	54439.8	5160.9	9.5	175.7	0.3	4862.6	8.9
湖　东	193836.1	14447.1	7.5	2554.6	1.8	10434.7	5.4
合　计	336365.8	26625.4	7.9	4464.1	1.3	21680.7	6.6

表 11　　2016 年机车大中小辅修完成情况(内燃)

机务段＼项目	大修		中修		小修		辅修	
	台数	均停时(天)	台数	均停时(天)	台数	均停时(小时)	台数	均停时(小时)
太　原	3	35	19	9	104	44	202	37
侯马北	7	39	15	20	112	107	243	49
湖　东	7	48	13	16	88	65	195	56
合　计	17	42	47	14	304	73	640	47

表 12　　2016 年机车大中小辅修完成情况(电力)

机务段＼项目	大修		中修		小修		辅修		C1 修		C2 修		C3 修	
	台数	均停时(天)	台数	均停时(天)	台数	均停时(小时)	台数	均停时(小时)	台数	均停时(小时)	台数	均停时(小时)	台数	均停时(小时)
太　原	14	55	8	12	128	87	424	52	104	36	64	50	60	68
侯马北	3	40	12	8	80	65	255	40	75	79	21	219	42	77
湖　东	28	93	3	20	143	65	328	33	402	26	246	49	85	50
合　计	45	77	23	25	351	71	1007	43	581	35	331	60	187	62

(张仰林)

供　电

【概述】　供电处负责全局接触网、变配电、电力、给水以及供电专业运用的自轮运转设备等专业的管理工作。对太原、大同西、侯马北三个供电段的安全管理、专业管理、生产经营等工作进行监督、检查、指导、协调,直接领导附属机构供电检测所工作。负责贯彻执行总公司、局的政策和各项规程、规章、制度、命令等,为路局运输生产和职工家属生活提供供电供水服务。2016 年末,定员 10 人,设处长一名,副处长一名。机构设:接触网科、供电科、电力科、安全设备科。

供电检测所是供电处下设附属机构,主要职责为:负责全局电力设备质量检定、接触网 6C 检测管理和局远动中心设备维护,并承担全局电力设备试验任务。

【规范完善专业管理】 一是修订完善规章制度。供电处修订发布了《太原铁路局普速铁路接触网巡视管理办法》《太原铁路局接触网作业车管理细则》等8个技术规章制度,制定了《供电系统危树整治安全保障措施》《车站(场)行车室接触网供电分段示意图绘制标准》等12个专业管理办法。二是科学规范施工配合。《太原铁路局普速铁路供电部门配合工务施工(维修)作业管理办法》和《关于明确供电配合工务施工作业相关要求的通知》文件明确7种配合工务施工(维修)项目、配合人数规定和配合具体要求。明确了不影响供电设备参数及供电设备安全的施工如小机捣固道岔及线路,道岔、线路整修、道岔达标整治等8项施工供电部门可不配合。通过优化配合工务模式,有效释放供电系统检修资源,与2015年同期相比,2016年供电系统配合工务施工项目数量由2296项降到1684项,降低了26.65%。配合人员由日平均228人减少为日平均160人,减少了29.8%,将优化出的人员全部投入到供电设备检修中。接触网集中修总体检修设备数量由4985.3条km提高到6130.6条km,供电设备检修效率整体增加22.9%。三是推动完善远动系统。全年组织远动设备专项检查2次、远动网络安全检查3次、供电远动系统检测、校验工作2次、接触网隔离开关远动功能专项测试2次。对管内纳入远动系统的178座牵引所、51座配电所、181台箱变、34座10/0.4kV变电所、404台接触网隔离开关以及4个调度主站(大西高铁1个)、3个复示终端(大西高铁2个)全部进行了检测、校验,共累计发现解决各类问题419个。四是提高应急处置能力。供电处发布了《大西高铁最小停电单元故障应急处置预案》、《关于公布太原铁路局供电调度应急处置流程的通知》,准确全面地规范了非正常情况下快速应急处置方案。为实现应急抢修"轻便快速"目标,供电处在忻州培训基地组织供电段抽调整班制人员进行了"2+3断线抢修"等项目实作培训,改变以往抢修机具笨重延误时间,使小团队能够利用轻便的工器具,快速解决现场问题,确保线路快速开通。

【推进修程修制改革】 以《高速铁路接触网运行维修规则》和《普速铁路接触网运行维修规则》为指导,以现代化装备为依托,全面探索推进接触网修程修制改革。一是高度重视全力推进。供电系统接触网修程修制改革方案历经5个月反复研讨,期间路局领导多次协调推进,确定了依靠装备现代化,科学优化组织机构和人力资源,提高生产效率的根本思路。10月26日由杨占虎副局长亲自组织路局八个处室召开了专题推进会,协调解决修程修制改革过程中存在的机构设置、生产设施、机动车辆等各方面问题,11月14日路局召开党政联席会对供电系统修程修制改革方案进行审议。二是科学谋划统筹安排。本次修程修制改革高速、普速铁路统筹考虑,结合路局管辖范围内近远期开通运营的新线情况。在机构设置上以内部调配为主,合理进行车间职能转换,通过内部调配实现供电、检测、维修车间的合理配置。通过运检修分开和集中修最大限度地释放人力资源,优化出的人员为新线开通做储备,最大限度地提高检修效率,确保供电设备的运行品质和安全可靠性。三是结合实际分步实施。修程修制改革整体划分为三个步骤。第一步2016年底前,高铁修程修制改革方案全部实施到位。第二步2017年6月30日前,普铁修程修制改革既有线部分按实施方案推进到位,普速车间职能进行转换。第三步结合新线开通,按线路不同的开通时间,供电段按远期规划方案实施到位。

【提高供电设备质量】 一是大修更改源头提高设备质量。全年组织完成设备大修项目24项,更新改造项目44项,重点完成侯北二、四场43.226条km、大同东一场24.564条km接触网的更新改造工作。二是集中修提高关键设备质量。全年集中修完成接触悬挂检修9130.6条km,占全年检修任务量的

67.8%；附加悬挂检修3425.8条km，线岔检修5823组，分相检修296组，锚段关节检修3321组，避雷器检修1481组，隔离开关检修982台。三是加强标准线建设。以太中银、南同蒲线标准示范线为契机，整治标准化示范设备1940.611条km，占设备总数的14.4%，提高了设备的安全系数，为供电设备的稳定运行打下坚实的基础。四是专项整治优化设备质量。充分发挥专项整治优势，大秦、侯月、太兴线等15座隧道安装790块防水绝缘挡板，整治漏水点178处，有效降低了冬季隧道除冰隐患。针对上跨桥掉物烧损接触网线索，全年组织在289处上跨桥下方安装铠装预绞式护线条12080m。

【构建检测监测体系】　一是构建覆盖全局的检测监测体系。为各供电段增加配置2C装置3套、绝缘子检测装置19处，3C装置2套，5C装置6套。二是不断完善管理办法。修订了《太原铁路局接触网检测车检测管理办法》《太原铁路局受电弓滑板监测装置（5C）管理办法》等规章制度，规范了检测监测管理工作。三是加大应用和分析力度。路局普速接触网全年检测普速铁路15516.3km、发现超限10157处；超限数量由一季度0.92个/km下降到四季度0.10个/km；2C装置，检测高速铁路40128.6km、普速铁路39865.7km，发现鸟窝2762个、异物34个、设备缺陷28个。四是狠抓缺陷整治销号。对检测监测发现的缺陷，及时组织供电段进行复核整治，提高了超前防控风险的能力。全系统运用检测技术和数据，在指导设备检修、掌握运行规律、协同故障处理、减轻劳动强度等方面发挥了突出作用。

【促进“三供一业”移交】　一是高度重视整体推进。严格贯彻落实中央、铁路总公司的工作部署，供电处四次组织召开了供水供电分离移交协调会，积极、稳妥、高效、有序地推进分离移交工作。二是主动联系加强对接。杨占虎副局长亲自带队与国网山西省电力公司接洽，建立了周通报工作机制。召开关于太原铁路局“三供一业”供电设施分离移交推进会，形成了《关于太原铁路局职工家属区供电设施移交工作推进会会议纪要》，并通过了《国网山西省电力公司供电设施移交接收框架协议》。三是严格程序明确标准。供电段高度重视，严格程序，标准明确、依据充分，依法合规、稳步推进。年内，供水签订了102处/85985户/55078.91万元的供水接收框架协议，占需移交总户数的74%。供电签订了301处/118300户/90874.6608万元的供电接收框架协议，占需移交总户数的96.6%。

【加强供电经营管理】　一是直购电工作取得重大突破。2016年路局3个亿电量参与山西省电力用户与发电企业直接交易。每度电价降低0.1元，全局节约电费支出3000万元。二是不断扩大需量计费。2016年新实施需量计费牵引变电所15座，全局实施需量计费的变电所增至39座。其中路局直接支付电费的23座，各合资公司支付电费的16座。全年节约基本电费支出3000万元。

【整治外部环境隐患】　供电系统打出治理外部环境侵害的“组合拳”。一是借助媒体发力。3月15日至3月22日供电处会同路局宣传部邀请中央电视台、山西省电视台、黄河电视台、山西经济报、山西晚报、三晋都市报等6家新闻媒体就铁路两侧轻飘异物、危树、彩钢瓦、上跨线桥等侵害源的表现和危害进行了现场采访报道。发放以“爱路护路从我做起”为主题的宣传画册2万余份。向社会发声，提高社会对铁路供电的重视程度，赢得社会各界的理解。新闻播出后临汾市政府立即将大西高铁K514+500处高达20余米的轻飘异物垃圾山进行填埋平整、栽种树木，从源头上彻底杜绝了轻飘垃圾的侵害。二是互联互保。为避免地方上跨电力线脱落引发的铁路事故、故障，供电系统积极与地方供电部门联系，全年发布正式函件27个，供电段与地方电力部门联系积极配合完成35kV以下及废弃电力线路拆除68条，有效减少上跨电力线路对供电设备的威胁。三是规范管理。制定了《太原铁路局上跨接触网电力线管理办法》,从一般规定、既有上跨电力线管理、上跨电力线施工管理、应急处置等方面全面规范了路局上跨电力线的管理。四是法律维权。3月1日大西高铁霍州东至洪洞西间因洪洞县广播电视发展有限公司光缆脱落造成接触网断线,中断行车305分钟。路局向临汾铁路运输法院提起诉讼,10月31日临汾铁路运输法院开庭宣判,判决洪洞县广播电视发展有限公司及第三人刘华跃赔偿我方经济损失33.9067万元。

【科技教育工作取得优异成绩】 一是全年供电系统申报合理化建议项目158项,获得路局奖项共计40项。"基于云技术的供电6C数据分析报警平台"获得中国铁道学会铁道科技二等奖,"供电生产调度指挥中心综合信息平台"等4个项目获得路局科技进步奖,"大秦线开行3万吨重载列车关键技术研究—大秦线应用地面带电自动过分相适应性研究"通过总公司科技部的结题验收。二是在2016年全路供电系统接触网专业职业技能竞赛路局取得了个人第一名、第七名和团体第五名、轨道车专业取得理论考试第一名的好成绩,极大的激发了全员岗位成才、学技练功的积极性。三是大同西供电段茶坞检修车间实验组荣获全国质量信得过班组称号。

表13　　2016年供电、水电生产布局概况表

项目 / 供电段	职工总数	行政科室	检修车间	工区	接触网		变电			电力			给水	固定资产总值	其中		
					正线公里	线条公里	变电所	分区所	开闭所	35kV线路	10kV线路	配电所	管网		牵引供电	电力	给水
	人	个	个	个	km	km	个	个	个	km	km	个	km	万元			
太原	2360	15	22	106	2107.501	3337.99	34	27	6	21.5	3665.4	49	437.452	180377.0	85809.2	59294.3	13560.4
大西	4187	15	26	178	1647.74	6868.095	38	33	11	3.6	3219.652	49	378.46	481608.9	307182.08	97179.99	18864.6
侯马北	1934	14	16	76	1730.2	2653.55	22	24	2	76.660	3000.008	33	272.195	213770.01	150014.51	51199.53	12555.97
局总计	8481	44	64	360	5485.441	12859.635	94	84	19	101.76	9885.06	131	1088.107	875755.91	543005.79	207673.82	44980.97

表14　　2016年牵引供电生产情况

项目 / 供电段	供电能力	发受电量	自用及损失	自损率	供电量	力率	负荷率	利用率
	万kVA	万kWh	万kWh	%	万kWh	%	%	%
太原	0.833	75750	5102.07	6.6	69340	94	52	11
大西	1.9445	245600	14763.47	6.01	230836.65	97.99	48.43	15.93
侯马北	0.9965	77500	5218.5	6.7	72309.6	96.77	47	16.5
全局	3.774	398850	25084.04	6.29	372486.25	96.25	49.14	14.48

表 15　　2016 年电力生产情况

项目 / 供电段	供电能力	用电设备容量	发受电量	自用及损失	自损率	供电量	力率	负荷率	变压器		节电量
									受电量	利用率	
	kVA	kW	kWh	kWh	%	kWh	%	%	kWh	%	kWh
太原	180138	71825	178449309	18633535	10.4	159815774	95.8	56	173079195	27.5	4307412
大西	174472	94401	219880000	22010380	10	197199420	96.5	65.8	204325260	23.1	5947980
侯马北	81517	91749	102684700	10891800	10.6	92487300	96.3	65	102684700	24.4	2484300
全局	436127	257975	501014009	51535715	10.3	449502494	97	61.8	480089155	25.5	12739692

表 16　　2016 年给水生产情况

项目 / 供电段	供水量			总购水量	用水量		供水损失		扬水损耗
	合计	直接扬水	直接购水		总计	客车用水	损失水量	损失率	用电量
	万 m^3	万 m^3	万 m^3	万 m^3	万 m^3	万 m^3	万 m^3	%	kWh/千(t·m)
太原	613.9246	601.1240	12.8006	343.7214	530.4789	66.2139	83.4457	13.592	5.8809
大西	647.1433	503.9825	143.1608	286.3071	541.4108	36.4900	105.7325	16.338	6.5514
侯马北	414.8392	394.8175	20.0217	145.4991	357.3682	16.2470	57.4710	13.854	5.8422
全局	1675.9071	1499.9240	175.9831	775.5276	1429.2579	118.9509	246.6492	14.717	6.0449

（李保忠）

车　辆

【概述】 车辆处负责对路局的客、货车辆段进行管理；具有对客、货车技术管理，车辆资产、费用清算管理，车辆调度管理，车辆检修设备和检修能力管理等方面的职能；对中国铁路总公司颁发的车辆规章制度、命令、指示全面认真地组织贯彻实施并进行监督。

机构设：客车科、动车科、货车科、设备综合科、货车成本科；附属机构车辆检测所，业务指导车辆调度室。车辆处定员 28 人，其中：车辆处 17 人，车辆检测所 11 人。车辆处内设处长 1 名，负责处室全面工作；副处长 2 名，分管动客车及货车工作。车辆检测所所长 1 名，负责车辆检修所全面工作。

车辆系统 2016 年底有 4 个车辆段。其中：客车车辆段 1 个（太原车辆段）；货车车辆段 3 个（湖东车辆段、侯马北车辆段、太北车辆段）。截至 2016 年底，各车辆段在册职工总数 11494 人，其中太原车辆段 2725 人、湖东车辆段 4634 人、侯马北车辆段 1616 人、太原北车辆段 2519 人。

2016 年车辆系统全体干部职工认真贯彻总公司和路局、路局党委各项工作部署，以“守纪律、讲规矩”为主线，坚持“机关服务、基层自立、各司其职、各负其责”要求，不断强化安全基础管理，大力整治安全隐患，全力提升规范管理，为运输提供了良好优质的车辆，为运输安全畅通做出了积极努力。

【车辆配属情况】 截至 2016 年底，配属 39 个标准动车组，其中 CRH2A 统型 10 组、

CRH5A 型 6 组、CRH380A 统型 23 组。配属客车 1979 辆，其中空调客车 1703 辆（DC600V 客车 560 辆，AC380V 客车 1143 辆），占客车总数的 86%，非空调客车 275 辆，占 14%。双管供风客车 865 辆，装有集便器客车 758 辆。另代管邮政车 10 辆，共计 1989 辆。图定开行运用客车 91 列 1405 辆，开行三晋货物快运列车 4 列 8 辆，不定期开行旅游列车、军运等临时列车。湖东车辆段固定配属货车 33768 辆，其中 C76 型车辆 420 辆，C80 型车辆 33348 辆。

【车辆检修任务全面完成】 1. 动车组：高级修 22 组（其中三级 5 组、四级 17 组）、加装改造 55 项、源头治理 38 项（四方 28 项、长客 10 项）。

2. 普速客车：厂修 180 辆、段修 793 辆、辅修 2047 辆、结合厂修加装改造 10 项 533 辆。

3. 货车：入段厂修 5850 辆、段修 35619 辆（其中配属 14103 辆、国铁 16498 辆、C80E5000 辆）、通过修 5249 万辆、货车轮对新组装 4971 条、厂修 20091 条、临修 16751 辆、破损车整治 4171 辆、加装改造 29809 辆（其中手制动机拉杆改造 19250 辆、浴盆车空重车阀改造 402 辆、钩尾框改造 510 辆、脱轨自动制动装置改造 9624 辆、换装 K2 转向架 23 辆）。

【有效提升安全风险防控水平】 1. 安全管理体系机制不断完善。全面建立健全了安全风险研判、干部安全管理、专业安全管理、技术规章、安全监督检查、安全“红线”等管理制度；先后三次动态修订了干部安全管理职责、工作标准及工作流程；动态完善系统安全风险项点 20 类 86 项。“机关服务、基层自立”能力不断增强。

2. 安全分析力度不断加强。一是发挥“日信息跟踪、周通报预警、月对话评价”作用，抓小防大，做好安全源头管控。二是坚持问题导向，定期对各类安全信息进行定性和定量分析，查找安全倾向性、规律性和苗头性问题，积极采取“人防”“技防”“物防”手段，大力消除、规避和降低安全风险。三是发挥深度分析的作用，突出与其他系统以及系统内各环节之间结合部风险隐患的排查，找出管理层、作业层等方面的漏洞，及时补强短板。2016 年以来，处、段两级共对 40 余件问题分层、分类深度解剖分析，系统点评，并及时完善管控措施。

3. 坚持安全隐患及时预警。按照“变化就是风险”原则，针对安全薄弱环节、现场组织变化、阶段性安全重点以及外局发生的典型事故、故障，及时采取专项、专题、广泛、短信等方式和手段进行预警，并通过明确责任、分级盯控、验收评估等方法，确保了安全隐患的及时消除。

4. 坚持疑难问题挂牌督办。系统各级领导干部率先垂范，通过严把项目确定关、过程实施关、验证销号关等保障措施，先后对 55 个难点问题实施挂牌督办。

5. 安全专项整治效果明显。以高铁、客车安全为重点，大力推进安全专项和源头质量整治工作。总公司安排的“TEDS、TVDS 全路联网运行”等 46 项已按计划完成 21 项，其余项目正在分阶段继续推进；路局安排的“动车组防污闪”等 3 项整治项目已全部完成。各车辆段也结合自身实际，开展了多项目、多形式的专项整治活动，在安全质量控制方面，发挥了重要作用。

6. 技术规章规范管理有效加强。通过认真组织开展专项整治、“技术规章管理月”等活动，大力规范技术规章管理体系，及时进行修建补废。全年路局层面公布有效技术文件 1465 个、废止 196 个，清理“保留车技检作业”等“土政策、土规定”4 项。

7. 作业指导书建标落标扎实推进。大力实施作业指导书体系建立完善，认真组织学标、贯标、落标工作，全面推进系统作业指导书管理工作。以“作业指导书”为核心内容的全路车辆系统安全风险管理现场会在路局召开，发挥了显著的示范引领作用。

【提高运输安全保障能力】 1. 进一步优化动客车结构。2016 年新购动车组 5 组、优化转属 7 组(与沈阳局置换 3 组、与广铁置换 4 组),配属总数达 39 个标准组;新购客车 9 辆(25T 型 3 辆、25G 型 6 辆)、报废 2 辆、转路用 13 辆,配属总数 1978 辆,空调率达 84% 。

2. 实施系列保障措施。主要有通过充分利用车辆检修走行公里上限,努力实现“零检备”目标。积极推行以“确定编组种类、确定编组数量、确定担当人员、确定编组规律、确定停放地点”为主要内容的“五定”措施等办法,大力提高动、客车使用效率,在保证图定交路用车的基础上,满足了大幅增长的旅游、军用列车和高峰临客开行需求;通过内部挖潜,系统联劳协作,实施人力资源对口支援方法,极大缓解客车高峰开行时期乘务人员不足的问题;通过对配属 C80 车辆实施常态化、动态化封存、解封、保留、解备、集中整备等措施,满足了运输形势起伏不定、快速变化的需求;通过立足自我、超前谋划,解决了 5000 辆 C80E 型敞车段修难题,为保证路局运输增量需求发挥了重要保障作用。

3. 车辆检修设施不断完善。围绕车辆检修工装设备、设施完善配套,全年新建并完善太原车辆段 DC600V 车下电源检修、集便器检修等基础设施 13 项,太原北车辆段榆次站修库延长改造工程等机械动力设备更改、大修 135 项,5T、AEI 设备更改、技改 215 台。特别是完成了动车所增两线库、榆次站修库延长改造、湖东厂修转向架分解工艺线改造、介休工业站列检设施改造等重点项目,车辆检修设施得到进一步完善。另外,侯马北车辆段以及大同客技站的集中供热等重点项目的相继实施,使职工生产生活条件得到大力改善。

【推进重点试验及推广项目】 1. 大西高铁动车组综合试验。按照大西高铁综合试验段试验安排,先后完成 4 组中国标准动车组型式试验、互联互通试验及运用考核(长客 2 组、四方 2 组);完成四方永磁电机动车组试验及浦镇厂 2 组 CRH6A、6F 型城际动车组在介休东—霍州东间 30‰坡道上型式试验任务;另外唐车 CJ－1 城际动车组载客运用考核工作正在按计划顺利推进。

2. C80E(H、F)型敞车运用考核。按照总公司有关 C80E(H、F)新型车辆运用考核工作安排,组织进行了在大秦线以及扩大至太原地区范围的运用考核工作,安排进行了首次段修,完成了各项性能参数的测试、鉴定、评价等阶段性任务。另外在 C80E 车上试装的 6 套主动润滑 120 阀运用考验工作正在按计划进行。

3. TV、TE 实施系统联网。按照总公司车辆部要求,我局做为全路首批 TV、TE 系统联网试点局,通过制定实施联网方案、组织平台换装、测试验证、相关制度完善等工作,顺利实现总公司、路局、车辆段三级联网,并正在全路推广。

4. 车辆信息化建设。一是强力推进“视频到车间、网络进班组”。系统内 23 个异地车间已接入视频系统,428 个班组已接入路局网,其中太原北车辆段被路局选为远程培训试点单位。二是持续推进“5T”网络通道建设,数字化覆盖率已达 88.69% 。实现了检测车数据由外网到内网的穿越以及数据对比分析功能,同时研发车辆数字化管理平台,实现残车自动统计、TF 差异信息鉴定、5T 信息自动采集等功能。三是客车 TP、TC、TV 及货车 TP、TF 等“5T”系统综合管理运用能力进一步提高,处于全路前列。四是各段“大数据”应用,车辆检修过程智能化、无纸化开发运用效果显著。如侯北段已率先完成轮轴检修数字化改造,正在进行后期试验完善工作。

【科技创新取得新成果】 1. 在科技项目方面,全年提报实施“手持式列车车辆制动试验数据采集监测系统”等科技项目 35 项(处 3 项、段 32 项),其中 8 项获得路局科技创新奖(一等奖 1 项、二等奖 3 项、三等奖 4 项)。全年完成“客车电端子超温预警系统”等科研项目局级技术评审23项,其中TKS-50型客车制动监测系统和客车轮轴温度报警系统两个重点项目,按总公司要求,已上报申请进行总公司级技术评审,推广应用后将在运用客车制动故障监测预警方面发挥重要作用。

2. 在合理化建议方面,全年提报“创新客车使用管理,保障百列旅游列车开行”等109项建议(处23项、段86项),其中40项建议获得路局合理化建议和技术改进成果奖(一等奖5项、二等奖11项、三等奖24项)。

3. 在QC成果方面,获得省级优秀QC成果8项,总公司级3项,局级13项。

【职工队伍整体素质不断提升】 坚持以“紧贴实际、真实实用、务求实效”为目标,采取强化专兼职教师队伍建设、针对性理论和实作培训封闭训练、广泛开展背规及技能竞赛等手段,大力促进职工队伍整体素质的提高。全年系统269人次参加了总公司32期专业性培训,路局层面举办各类适应性培训8期434人参培。特别是在总公司2016年职业技能竞赛活动中整体取得历史最好成绩,其中动客车专业在团体和个人奖项上实现历史性突破,货车专业保持了一贯的好成绩。

【资产开发节支降耗工作成绩显著】 紧扣“创新、创效、创业”要求,强化“转闯增”主题教育活动,多措并举推进经济效益最大化。一是加强节支降耗工作,提出并落实节支措施。实施货车封存与报废,压缩C80段修3597辆、C80厂修625辆。用足检修上限,减少客动车检修数量。合计节支检修费用9070万元。二是加强成本分析和写实工作,完成了各项节支降耗指标。三是加强国铁货车修理成本管理,实现了全年收支平衡。四是加强资产经营开发工作,扩大轴承一般修、橡胶件脱胶等配件生产范围,同时扩大缓冲器大修等既有项目市场占有率。其中轴承一般修项目被提名为局经营创效“十大品牌”产品。

(姚惠军)

工　务

【概述】 工务处负责线桥维修、线路大中修、防洪、安全、设备、路基、道口管理、养路机械、科技教育、探伤、绿化及生产调度、工务检测等各项工作。2016年末,机构设线路科、机械设备科、大修科、桥隧科、高铁科、安全道口、技术科7个科室及附属机构(工务检测所、绿化办公室、武装战备所),现员24人,其中:处长1人,副处长2人。高级技术职称10人,中级技术职称11人,初级职称1人,二线1人。工务处下设附属机构工务检测所,现员23人,高级职称4人,中级职称10人,初级职称3人,工人9人,二线1人。绿化办公室现员3人,中级职称1人,初级职称2人。

路局工务系统下设10个段及1个筹备组,分别为南区(太原、太原南、原平、侯马北工务段)和北区(大同、朔州、茶坞、秦皇岛西工务段)、太原高铁工务段、太原工务机械段及吕梁工务段筹备组。

管辖线路共计11765.863km,其中正线线路8325.649km,管辖道岔共计10592组,其中正线道岔4002组。

【曹妃甸港区改造】 曹妃甸港区铁路扩能改造工程包括曹妃甸北至曹妃甸西、曹妃甸北至曹妃甸至曹妃甸南间增二线以及相关各站站场改造工程。2016年12月26日复线开通后,曹北至曹南间取消曹南线线别,变更为迁曹上下行;曹北至曹西间取消迁曹单线,变更为曹西上下行,闭塞方式由自动站间闭塞变为区间自动闭塞。

工程概况:全线路基土石方339.57万m^3;特大桥3座13025.1单延长米;大中桥2座457.62双延米;框构桥11座8890.69m^2;正站线铺轨196.585铺轨公里,均为有砟轨道,铺道岔245组。

主要技术标准:铁路等级为国铁Ⅰ级;正线数目为双线;限制坡度4‰;最小曲线半径800m;牵引种类为电力,机车类型HXD系列、SS4；牵引质量为曹西线 5000t、10000t、20000t，曹南线 5000t、10000t；到发线有效长度为曹西线 2800m，曹南线 1050m、1700m。闭塞类型：自动闭塞。

【集中修】 年内，组织 11 次集中修施工，使用 189 个施工天窗，完成大机清筛 558.8km、成组更换道岔 72 组、成段更换轨枕 9.3 万根、成段更换钢轨 415.7km、道岔达标整治 2033 组、大机捣固线路 2841km、大机捣固道岔 1766 组、大机打磨 2347.2km、成组更换道岔轨件 607 组、更换维修钢轨 71km、更换再用轨 113.39km。道床修理总量完成 714.69km，是往年工作量两倍以上。

2016 年，全局 112 台大型养路机械、110 台轨道车及 700 余辆移动设备，在 200 余天施工作业中，K 车装卸石砟 638 列，补充石砟近 60 万方；天窗点内发生 30 分钟及以上故障 76 件，较去年下降 8.9% 。

【线路维修】 2016 年四季度全局轨检车综合检测线路 6267km，优良率达 98.37% 、平均每公里扣分 7.42 分、轨道质量指数 TQI 平均 9.21；与上年度同比优良率增加 4.01% 、平均每公里扣分下降 6.08 分、轨道质量指数 TQI 提高 0.43。特别是大秦、北同蒲（宁武—大同）、迁曹等重载线路，在运量持续高位运行的情况下，始终保持了优良率 100% 、每公里不良扣分 2 分以内的优质状态；百年老线—石太优良率达到 91.87% ，每公里不良扣分 24.22 分，分别较年初提高 44.5% 、下降 57.34 分，实现了历史性突破；南部重载通道—侯月优良率达到 100% ，平均每公里扣分 10.38 分，分别较年初提高 17.13% 、下降 19.75 分，提前 6 个月完成年初确定的目标。

【桥隧、路基】 桥隧维修技术指标：桥隧涵 B 级劣化率分别达到 22.49% 、57.73% 和 4.56% ，分别较上年降低 2.02% 、2.62% 和 0.56% ；主要完成隧道清污 45 座 228276m/9200t、隧道清淤 81116m、栏杆除锈油漆 38231m、更换人行道板 15918m、整治隧道漏水 3618m、隧道基底病害整治 200m、桥梁横隔板加固 49 孔。

投入路基维修专项整治费用 945 万元、路堑作业通道专项整治费用 1450 万元，增设作业通道 60 处/40653m，改善了施工作业环境。实施步行板工厂化预制，大大降低成本且提高了预制质量和效率。

【高铁】 2016 年 8 月 4 日，成立太原高铁工务段，重新制订完善 25 项规章制度、6 项安全措施；先后开展尖轨水平裂纹、隧道斜井、封闭层伸缩缝、周边环境、防护栅栏等 8 项 / 11 次专项安全隐患排查；对太原动车所设备进行全面检查，共计发现和整修超临补病害 138 处；通过高铁道岔打磨岔区轮轨关系，共计打磨大西高铁钢轨 830km、道岔 122 组。

【专项整治】 按照总公司、路局要求，投资两千余万元进行钢支架人行道加固改造、安设山体落石预警装置、站场薄弱设备整治、半自动闭塞区间安装防断监测系统和平改立等 5 项专项整治工作。共计完成钢支架人行道加固改造 3 座 549m、更换桥梁人行道板 48 座 32119m^2、安设山体落石预警装置 2 套、更换砼轨枕再用道岔 18 组、整治站内小半径曲线 1807 条 / 136.15km、半自动闭塞区间安装防断监测系统 140km。实现石太线小半径曲线车载涂油，完成大机廓形打磨钢轨 2347.2km、成组更换道岔轨件 607 组、更换异型钢轨 935 根、处理加固钢轨 5883 处、改造防护栅栏 77.46km、解决立交积水 27 处。

【防洪】 年内，局管内吕梁、太原、忻州等多个地区经历了 60 年一遇的强降雨，管内太兴、瓦日、吕临等多条新线首次经历了强降雨的冲击。系统各段从 3 月初到 5 月中旬，采用多种方式对防洪隐患进行全面排查，共发现各类隐患 622 处，确定防洪重点处所 594 处，安排防洪预抢工程 28 处/707.4 万元。全年共计发生出巡警戒 2267 次、限速警戒 387 次、封锁警戒 88 次，出动检查人员 16526 人次，共检查发现及时处置正线断道水害 78 处，实现路局第 12 个防洪安全年。

表 17

太原铁路局 2016 年末线路设备机构一览表

分类	序号	项目		单位	路局(不含孝柳)总计 km	路局运营合计	路局合资合计	大同	朔州	太原	原平	太原南	茶坞	秦皇岛西	侯马北	太原高铁
路产	1	营业长度		km	4460.463	2627.373	1833.09	370.385	418.906	807.399	430.939	387.932	396.044	379.09	851.464	418.304
	2	线路长度	总计	km	11765.863	7294.166	4471.697	1475.362	1089.419	1910.602	844.655	988.083	953.609	1243.843	2087.107	1173.183
			正线	km	8325.649	4578.787	3746.862	842.124	739.173	1301.331	629.846	734.175	770.17	737.974	1532.959	1037.897
			站线	km	2993.705	2295.149	698.556	497.684	305.478	521.255	193.66	219.684	171.575	482.507	470.225	131.637
			其中:到发线	km	2011.098	1519.062	492.036	306.625	234.343	344.373	136.23	141.552	138.891	369.273	279.565	60.246
			段管线	km	265.042	259.702	5.34	96.314	13.284	54.228	11.213	16.161	6.73	18.752	48.36	0
			岔线	km	133.518	126.683	6.835	34.491	26.196	22.402	4.656	14.421	3.936	2.217	25.199	0
			特别用途线	km	47.949	33.845	14.104	4.749	5.288	11.386	5.28	3.642	1.198	2.393	10.364	3.649
	3	无缝线路长度		km	8043.399	4304.901	3738.498	879.962	748.991	1140.475	573.595	711.299	783.524	668.338	1429.662	1107.553
	4	轨枕	总计	km	11765.863	7294.166	4471.697	1475.362	1089.419	1910.602	844.655	988.083	953.609	1243.843	2087.107	1173.183
			其中:木枕	km	274.237	273.332	0.905	85.098	31.616	51.817	10.021	11.677	1.927	17.127	64.954	0
			砼枕	km	8455.72	6137.178	2318.542	1185.993	903.697	1434.706	739.35	715.856	787.671	1086.378	1481.314	120.755
			宽轨枕	km	131.911	121.912	9.999	33.972	0	4.76	0	0	70.751	5.73	2.283	14.415
			整体道床	km	1614.996	32.606	1582.39	1.533	46.864	165.643	23.594	89.295	0	0.335	268.522	1019.21
	5	道岔	总计	组	10592	8240	2352	1779	1002	2115	777	831	454	1271	1901	462
			其中:正线	组	4002	2777	1225	454	401	808	407	333	219	388	749	243
			到发线	组	3351	2658	693	639	358	600	195	250	165	639	429	76
			不符技规	组	123	123	0	24	12	41	0	0	0	0	46	0
			砼岔枕	组	8015	5715	2300	1093	882	1436	590	697	409	1058	1388	462
	6	道口	总计	个	124	112	12	6	17	26	18	15	3	19	20	0
			其中:有人看守	个	47	35	12	4	5	13	2	2	1	13	7	0
非路产	7	代维修	专用线长度	km	1592.349	1484.323	108.026	119.942	571.711	281.467	50.916	86.178	45.167	137.084	299.884	0
			专用线道岔	组	1919	1797	122	197	506	425	84	98	71	153	385	0
			专用线道口	个	648	648	0	78	180	130	23	51	16	7	163	0
			其中:有人看守	个	63	63	0	7	4	25	3	4	1	1	18	0
合计	8	路与非路	线路	km	13424.814	8845.091	4579.723	1595.304	1661.13	2192.069	895.571	1074.261	998.776	1380.927	2386.991	1173.183
			道岔	组	12903	10086	2817	1976	1508	2540	861	929	525	1424	2286	462
			道口	个	783	760	23	84	197	156	41	66	19	26	183	0
			其中:有人看守	个	110	98	12	11	9	38	5	6	2	14	25	0
其它	9	管内车站		个	330	232	98	32	33	70	42	25	13	20	58	20
	10	车间	总计	个	170	151	19	26	14	29	17	18	19	15	26	6
			其中:养路	个	103	92	11	16	9	16	11	9	12	10	19	1
	11	班组	总计	个	932	822	110	125	78	147	91	96	102	96	179	18
			其中:养路	个	599	523	76	84	55	94	62	46	67	65	116	10
	12	职工人数		个	15879	14803	1076	2137	1167	2497	1341	1309	1410	876	2818	320

【防断】 2016年,路局发生断轨16起,较2015年断轨17起减少1起。其中探伤责任漏检3起,较去年2起增加1起。

【道口、平改立】 全年安排5处道口安全专项整治,平交道口改立交1处,护网封闭增设人行通道4处。其中:石太线K238+888平交道口改立交工作,正在请太原市政府提前启动立交桥建设涉及地方拆迁工作;北同蒲K8+850增设人行通道,正在施工;北同蒲K300+421,南同蒲K813+080、K815+670增设人行通道,已完成顶进工程。

【绿化】 全年栽植各种乔木5.15万株,灌木10.34万株(穴),草坪7514m^2,绿篱9560m^2,完成南同蒲张礼—高显间、北同蒲平社—阳曲间、榆次—新鸣李间三角地、原平站区、介休职工培训基地、中鼎物流园区、秦皇岛公安处院内的绿化任务,栽植成活率均达到95%以上。移植各类乔木3306株,灌木250株。利用天窗共砍伐危树杂灌624922株(丛),修枝12833株,截杆8072株。

【安全】 2016全年发生责任铁路交通事故19件(C类1件,D类18件),同比减少5件。

【科技教育】 2016年积极与厂矿院校合作,先后完成《立交式辙叉单开道岔技术研究》《动车所小半径曲线列车运行安全试验性研究》《延长60kg/m和75kg/m18号道岔使用寿命关键技术研究》《超声波断轨监测系统》《大型养路机械关键技术装备自主深化研究—工务后勤保障车研制》等6项总公司科技创新项目;积极推进大西高铁综合试验段3个工务科研项目;完成6项科研项目试验评审。

全年举办各类理论实作培训班17期,培训干部职工761人。特别是针对近年来大型养路机械、轨道车司机培训通过率低的现象,举办了大型养路机械、轨道车司机理论、实作强化培训班。共计报考123人,通过67人,通过率达54.5%,其中大机通过率达80%、轨道车通过率达46.2%。

年内,组织进行线路工、桥隧工、高铁线路工、高铁桥隧工、钢轨探伤工、轨道车司机、大型线路机械司机、大型养路机械操作手等8个工种12项竞赛。在总公司组织的高铁线路工职业技能竞赛中,路局选手秦海浪获得第15名。

【人民武装】 一是做好全局"两参"(参加战争、参加核试验)人员的摸底工作,积极和北京市、天津市、河北省相关地区民政部门联系,了解其当地优抚政策,为路局制定工作标准提供决策依据;二是在基层运输生产单位按照营、连、排、班建制,开展了民兵预备役、国防交通和人防专业保障队伍整顿工作;三是在武器弹药管理方面,按照"一垫五不靠"和"三勤四无"的武器弹药存放要求,定期对各军分区代管的武器进行检查、保养,对弹药的出厂时间、批次、数量进行认真核对,做到账、卡、物相符,保证武器存放安全和弹药性能可靠;四是对全局内外战备指挥所、国防交通物资储备库和战备抢修器材进行了安全检查,针对检查中发现的问题向路局财务处申请专项资金18.3万元,对大同、小峪战备指挥所进行维修;五是与路局运输处、机务处、车辆处、货运处、计统处和劳卫处沟通协调,收集相关资料,顺利完成铁路国防潜力调查工作;六是结合全局"安全大检查"等重点工作,围绕春融和汛期特点,完成早期和结建人防工程安全检查;七是提前利用报纸、电视台和车站LED电子屏幕等平台对警报试鸣进行广泛宣传。9月18日10时整,路局设在铁道大厦、小东门高层、东院主楼及武装部办公楼的警报器准时鸣放,圆满完成人防警报试鸣工作。

(贺海霞)

电　务

【概述】 电务处负责全局信号、通信设备的维护工作。2016年9月电务处内部科室调整,将大修综合技术科更名为安全科,大修综合技术科的工作职能调整到信号技术科、通信科承担。电务处设处长1名、副处长3名,下设信号技术科、通信科、车载控制技术科、综合技术科、高铁技术科、安全科6个科和附属机构电务检测所。电务检测所设所长1名、副所长2名,下设信息技术维护室、信号试验室、监控数据维护室、数字移动通信维护室、通信实验室、通信数据管理室、大修设计室7个室。电务处现员26人,电务检测所现员39人,其中高级工程师22人、工程师31人、助理工程师7人,全部具有大专以上学历。

路局下设太原、大同、侯马三个电务段及吕梁电务段筹备组,管辖4648.014km信号设备。其中四显示自动闭塞3592.987km,自动站间闭塞125.967km,半自动闭塞929.06km;管内联锁站(场)332个,其中计算机联锁站场308个,继电集中站场19个,非集中联锁站场5个;全局信号设备道岔换算组数167876组,其中侯马电务段36710组、太原电务段62518组、大同电务段68648组。下设一个太原通信段,负责全局有线、无线通信设备的维护工作,通信换算设备374401.68皮长公里;GSM-R网无线覆盖线路里程3093km,450M无线列调覆盖线路里程2018km;全局支配机车1271台、动车组39组、自轮运转特种设备(GYK)317台。

【电务技术装备】 1. 信号设备监测手段得到完善。结合新建、大修、更新改造和专项整治,将迁曹、南同蒲等线20站信号集中监测升级为2010版,管内2010版信号集中监测设备已达228套;积极推行轨道电路基础数据纳入集中监测研发工作,完成平遥古城、应县等5站试点;组织更换大西高铁全线ZPW-2000维修机软件,降低了电气特性误报警率;完成侯月线10站272个区段ZPW-2000A型区间轨道电路加装隔离整治和33个区段N+1发送器采用直采方式断开采集整治;与铁科院技术合作,在电务大数据管理运用、各专业动态检测数据综合利用等方面开展研究,拓展电务监控系统功能。

2. 全面完成大西高铁增加区间逻辑检查功能。结合工程同步完成大西高铁原太试验段区间逻辑检查功能同步改造;通过积极协调、精心组织,按计划完成太原南大西场至永济北站局界26站(含10个中继站)增加逻辑检查功能开通工作,并同步取消CTC/TDCS占用丢失报警功能。

3. 电务设备安全保障能力不断提升。结合站改开通大秦线茶坞、柳村、湖东共9个站场基于GSM-R传输的STP系统,完成武乡、沁县2站STP系统开通,全局累计开通87个站场,122台机车安装STP车载设备;大秦线湖东—茶坞10个区间627个闭塞分区增加机车信号L2、L3码显示改造,为提升运输效率提供了有力技术支撑。

4. 积极配合原太试验段各项试验工作。配合完成了C3系统顶棚速度变更,各厂家国产化、自主化RBC、ATP互联互通试验和标准动车组、CJ-1动车组试验等相关工作,积极组织分析整治C3无线超时问题。总公司领导对原太试验段进行检查时,多次对路局电务系统所做的工作提出表扬。

电务系统局级技能竞赛——电缆接续及故障处理 (李向东 供)

【电务设备维修和管理】 1. 积极探索科学的维修模式。修订发布了路局信号设备维护管理办法,明确信号设备分级修划分原则,合理调整了维修周期,使设备的修程修制更加科学合理,减少过度修;出台路局超期使用电务设备评估办法,组织对2016年已超期使用和2017年到期的信号、通信设备进行质量评估,并根据评估结果,建议对相关电务设备利旧改造和技术补强,延长大修期20% ~30%,节省大量大修和改造费用;学习兄弟路局先进的维护管理模式,并结合路局实际,探索试行值检分开的维修方式,取得了一些好的经验。

2. 优化电务系统生产力布局。将路局管内大同、太原、临汾3个电话所合并为1个,实现全局电话查号的集中管理;利用局办公网络推进局内网络电报公文模式,将全局8个电报所整合为1个;撤消大同电务段大西车载车间大新检测工区,改为车载应急值守点等工作全面完成。

3. 电务设备质量不断提高,惯性故障得到有效遏制。一是设备基础质量得到提升。组织完成口泉二、三场微机联锁改造和太北驼峰三部位11个股道、侯北驼峰三部位12个股道缓行器及道床基座更换施工,管内两个重要编组场的电务设备质量得到提升。二是道岔联整工作取得明显成效。路局主管领导亲自部署,多次组织召开现场会,对整治工作提出具体要求,使路局车工电道岔联整工作在2016年得到强力推进。电务处重新制定下发了《太原铁路局车工电联合整治道岔管理办法》(太铁电〔2016〕119号),由各电务段牵头组织工务、车务部门开展道岔设备整治,路局两次组织对全局道岔联整工作进行检查验收。全年共与工务部门联合检查5469组、整治3443组,整治后的道岔设备故障明显减少。三是扎实落实提高电务设备质量的技术措施。完成ZY(J)6转辙机调整架更换1593组,ZY(J)4尖端铁更换3457组,ZY(J)4平衡阀加装4813组,更换大秦、北同蒲线和太原站新型外锁闭装置219组;完成普速线路2947个ZPW-2000A轨道区段、大西高铁1449个ZPW-2000A/K轨道电路基础数据调查和标调整治;组织完成太兴线7站202个ZPW-2000R区段的电路修改,更换ZPW-2000R接收器255台;针对侯月线南常站发码电路设计问题,对管内47站ZPW-2000站内电码化双频发送设备低频编码电路进行检查修改;加强胶结绝缘的工电联合检查整治,配合工务部门拆除废弃胶结绝缘339组;组织对95架瞭望困难信号机进行集中整治,确保显示距离达标;更换南同蒲LED信号机电源盘102个;更换不良转辙机36组;大秦线双模列尾安装466台机车,HXD1机车CIR设备B子架改造完成89台。通过以上措施的落实,电务设备运用质量得到明显提高,惯性故障多发的势头得到遏制。

【安全基础建设】 年内,电务系统杜绝恶性违章作业和责任人身B类事故,消灭行车C类及其以上责任事故和机械室火灾事故,行车D类事故和设备故障也呈现逐步减少趋势,全年各项安全指标全面兑现。

1. 完善安全风险管控机制。对系统内可能造成三人及以上群死群伤事故的作业项目及风险项点进行研判,制定了13条控制措施,重新修订了电务系统七项安全管理制度,把“日追踪、周通报、月分析、安全预警”等制度贯穿于日常各项安全工作中,电务安全风险管控机制得到有效完善。

2. 完善岗位履职考评机制。对各级岗位职责、工作标准和工作流程进行动态修订完善,并按照“一岗一月一表”的要求,完善月度安全履职考评表,确保岗位、职责一一对应并落实到位。为适应安全工作需要,9月份电务处内部调整成立了安全科,规范了故障追踪分析制度,强化了电务系统安全风险管理基础,整体风险管控管理水平得到提高。

3. 严格落实安全管理机制。及时组织对典型故障及安全信息进行追踪分析,全年发布安全周通报52期、月通报12期,组织开展深度分析60余次,并对照安全典型事故和季节性因素,提前进行阶段性风险预警和提示;全面试用“电务安全生产管理信息系统”,将日、周、月分析情况及安全预警信息上网通报,直通车间、班组,安全信息直击现场,起到良好的预警提示作用;电务系统挂牌督办解决安全隐患23项,解决了一批长期得不到解决的惯性问题,堵塞了安全漏洞。

4. 电务专业管理不断提高。一是强化技术规章管理。电务系统开展了为期半年的规章清理活动,对超出总公司、路局规定,影响运输效率的"土政策"逐一清理,公布电务系统有效、无效技术文件目录;开展技术规章清理和修废补建,全年电务处发布新技术规章13个、废止17个,并组织完成《联锁管理》局级标准的修订工作,当2016年年底电务处有效技术规章共46个。为强化学规、落规,举办了"电务新规章培训班",对总公司、局部分技术规章进行集中宣贯、讲解,使参培的各电务段专业科室及现场车间技术骨干对相关规定、制度有了进一步领会和掌握。

5. 专项整治效果明显,安全基础得到强化。一是推进自动闭塞区段列车占用丢失整治。按照总公司"普速铁路分三年实施完成,既有高速铁路分两年实施完成"的要求,结合工程同步完成曹北至曹南、曹北至曹西间4站区间逻辑检查功能改造,并主动协调联系各合资公司,推进太中银、太兴等线增加列车占用逻辑检查功能。二是开展TDCS3.0设备改造。组织完成南同蒲线两渡—襄汾及吕梁、口泉、辛庄、李家平等18个站场TDCS3.0软件升级,并结合站场改造完成12个站场,路局管内已有77个站场完成TDCS3.0软件升级。三是开展车站电码化改造。组织完成秦东分解场、口泉二场电码化改造,京原线4站结合电化改造同步实施,太北六场四信息移频结合西南环线建设工程同步改造。四是开展数据通信网网络安全整治。建设开通通信数据网流量监测和分析系统,推进通信网络安全防护补强实施。五是路局安排的光电缆等各专项整治工作良好推进,设备基础质量得到提高。

6. 积极消除高铁设备安全隐患。先后组织完成18个站场应答器增加站台信息报文修改施工;对太原南站大西场、石太场无源应答器报文进行修改,解决了300T动车组由侧线股道发车经由动车所踏面诊断库入所时控停问题;组织完成太原南大西场、石太场列控软件升级,解决了动车组侧线股道接车时接码晚问题。

7. 通信管理得到强化,重点工程按期推进。一是完成通信传输网改造。西北环骨干传输网太原局管内工程完成全部设备安装,正在组织调试。大秦、北同蒲、京包、南同蒲侯马以南等通信基础网设施改造涉及工程,机房电源等具备条件的已全部开通。二是完善数据通信网建设和管理。积极推进路局站段、车间、班组三级工程光缆敷设工程,打通车间、班组最后一公里,为站段、生产车间和班组具备光纤宽带接入能力提供物理条件,累计完成光缆敷设662.1km,光缆成端累计完成1458条,电务工作量全部完成。三是进一步提高通信业务网运用水平。组织开展了通信光电缆、电源、网管、杆塔等专项检查整治活动,提高了设备的运用质量和安全可靠性。积极推进路局三级视频会议网改造。组织完成对全局所有站段会议设备的高清改造及车间的标清会议设备安装,实现集中控制、集中调度管理。

8. 车载专业有序管理,数据安全得到保证。一是规范跨局LKJ数据结合部管理。强化LKJ数据委托换装管理,进一步规范协议签订、业务委托、数据交接、换装计划实施和卡控等关键环节的管理流程。各电务段分别与其他路局6个电务段签订了委托换装协议,与10个电务段签订了受托换装协议。二是规范了跨局回送动车组的数据管理工作。明确了涉及LKJ数据变化的动车组跨局回送范围,对回送计划与数据准备及换装安排的衔接,以及回送过程中数据发生变化时的应急处置等内容做出规定。三是车载设备加装改造工作有序推进。结合动车组高级修完成200C车载设备自动过分相功能单元加装改造2组,EOAS车载设备加装完成3组,

200C 设备国产 BTM 更换结合高级修完成 2 组,C3 车载设备空口监测设备加装完成 5 组,动车组 CIR 设备转接记录单元加装完成 20 组,全局在高铁运行的 24 组自轮运转特种设备全部完成加装 BTM 改造,并按计划完成 477 套 LKJ2000 设备 H 型监控记录板改造和 70 套 LAIS 车载设备的加装工作。四是严格卡控 LKJ 数据换装安全。严格落实 LKJ 数据各项管理规定,坚持提前对各专业提报的数据进行复核和反馈,严卡 LKJ 数据的局内、局间、段间交接流程,强化调度指挥中心在换装过程中的整体协调作用。全年共组织编制全局机车 LKJ 数据文件 60 版,动车组 LKJ 数据 12 版,组织运用机车、动车组换装 48 次,其中机车 10131 台次,动车组 93 台次;此外,因相关局动车组回送径路数据变化,编制动车组回送数据 16 版,换装回送动车组 26 台次,未发生一起错换、漏换问题。

9. 教育培训成效明显,科技工作取得实效。一是干部职工培训工作取得成效。全年共推荐 154 名技术管理干部、现场技术骨干参加总公司组织的 10 个岗位任职资格培训和专业管理及设备维护强化培训。完成路局年度计划的 STP、车载新技术、新规章 3 个干部培训班,共有 135 人次参加培训。为推动全局工电联整工作,举办了两期车工电联整计划外培训班,147 名工务、电务车间干部和现场技术骨干参加培训。为提高管理人员的技术业务素质,在北京交通大学举办一期高铁新技术送外高端培训班,各电务段中层管理人员 40 人参加培训。列入路局年度培训计划的车载、TDCS3. 0、信号电气特性调整三期现场技术骨干培训班全部按计划完成。此外,还举办了两期面向现场班组人员的“占用丢失”计划外培训班,198 人参加培训。通过以上培训,电务干部职工技术业务水平和应急处置能力得到提升。二是深入开展“全员学技练功、全局技能竞赛”活动。针对当前电务设备故障中外锁闭道岔故障较多、现场职工技能水平不高的问题,首次设置了“外锁闭转辙设备分解安装及故障处理”项目。结合电务系统人力资源优化工作情况,将“综合视频设备维护”设置为局级竞赛项目。通过对项目的优化调整,使技能竞赛的整体布局更加合理、切合实际。在路局职教、电务处组织和各段积极配合下,电务系统“全员学技练功、全局技能竞赛”局级技能竞赛活动于 7 月至 9 月在太原职工培训基地、各电务段及有关厂家进行,163 名现场职工分别参加了通信、信号专业共 13 个项目的竞赛,带动了现场职工学业务、练技术的积极性,也为参加总公司技能竞赛奠定了良好的人才基础。三是科技和合理化建议工作取得成果。全年电务系统 6 个科研项目通过路局组织的技术评审;8 个项目获路局科技进步奖,其中一等奖 1 项、二等奖 2 项、三等奖 5 项;《多方向防错办系统》获 2015 年度中国铁道学会科学技术奖一等奖;《大秦线开行 3 万吨列车 LKJ 监控技术研究》项目通过总公司组织的科研项目结题验收,并获 2016 年度中国铁道学会科学技术奖二等奖。

【任务指标完成】

1. 信号设备综合合格率:99. 89%

2. 色灯信号机综合合格率、良好率:99. 94% 、93. 83%

3. 电动(液)转辙机综合合格率、良好率:99. 87% 、93. 43%

4. 轨道电路综合合格率、良好率:99. 90% 、92. 51%

5. 控制台合格率、良好率:99. 84% 、97. 56%

6. 电源屏合格率、良好率:99. 62% 、96. 45%

7. 组合架合格率、良好率:99. 91% 、97. 82%

8. 电缆合格率、良好率:99. 97% 、97. 39%

9. 机车信号(地面)合格率:100%

10. 机车信号(车上)合格率:100%

11. 地面信号显示合格率:99. 30%

12. 通信(有线)设备综合合格率:97.46%

13. 通信(无线)设备综合合格率:98.61%

14. 电报到报优质率、标准发报率、时限率:99.9%、100%、99.90%

15. 电话优质率、时限率:99.4%、100%

16. LKJ数据编制正确率:100%

(李向东)

机辆验收

【概述】 太原铁路安全监督管理办公室(以下简称安全监管办)机车车辆验收室(以下简称机辆验收室)负责管辖区域内动车组、机车、客车、货车、工务机械车、接触网作业车及牵引供电设备维修质量监督验收的管理工作。安全监管办驻各段验收室作为路局附属机构承担管辖区域内的机车、客车、货车、工务机械车、接触网作业车、牵引供电设备维修质量和机车车辆配件质量的具体验收工作。

安全监管办机辆验收室和安全监管办驻段验收室由安全监管办统一领导和管理。安全监管办机辆验收室在业务上接受总公司运输局的专业管理和指导,安全监管办驻段验收室在业务上接受安全监管办机辆验收室的专业管理和指导。

2016年末,安全监管办机辆验收室有5人,其中主任1名、副主任1名。安全监管办驻段验收室有166名,其中驻段验收室主任11名、副主任12名。

【基础管理】 年内,机辆验收室推进安全管理规范化。组织修订管理职责106项、工作标准94项、工作流程16项,明确了各专业、岗位的管理清单、权责清单和互补互控职责,规范了安全风险研判和专项检查等工作标准。围绕"安全管理规范化"建设,制订了《机车、车辆、大型养路机械及轨道车、接触网作业车配件委外修检验管理办法》《接触网作业车重要件验收管理办法》,不断完善验收管理制度标准;重新修订了铁路机车验收范围、机车、车辆、工务机械、供电验收作业指导书,推进了验收作业标准化。组织对《验收系统安全风险控制表》进行了补充完善,识别风险项点79项、制订卡控措施166条,分层、逐岗量化了检查标准要求。

【机辆验收】 机车专业全年验收机车3394台。其中:大修机车10台,其中SS4型机车10台,一次交验合格率100.0%。共验收中修机车206台,其中内燃中修53台,电力中修153台,一次交验合格率100.0%。验收小修机车1164台,其中内燃小修349台,电力小修815台,一次交验合格率100.0%;验收辅修机车2014台,其中内燃辅修739台,电力辅修1275台,一次交验合格率98.36%。关键部件验收共计27221件,其中驻侯马北机务段验收室验收8831件,驻太原机务段验收室验收9849件,驻湖东电力机务段验收室验收8541件。

车辆专业全年验收各修程车辆59147辆、一次交验合格58571辆、一次交验拒收率0.97%。其中:验收段修客车797辆、一次交验合格785辆,一次交验拒收率1.51%;验收各修程货车58350辆、一次交验合格57786辆,一次交验拒收率0.97%。验收配件3353311件,其中:验收客车配件374312件、一次交验合格357236件、一次交验拒收率4.56%;验收货车配件2978999件、一次交验合格2969866件、一次交验拒收率0.31%。零部件入段复验5145847件,其中:客车零部件入段复验300767件,一次交验合格300750件;货车零部件入段复验4845080件,一次交验合格4843590件。

供电专业全年入库验收接触网重要零部件96种35100套,支柱2种224根,重要线材7种53271m,重要设备10种55台。同时落实维修质量监督检查,组织驻太原、大同西、侯马北供电段验收室对大秦、大张、石太、侯月、同蒲等线集中修供电施工质量进行了抽查。

工务机械车验收重点对工务机械车整车、配件年修质量开展了监督检查，交验年修整车 94 台，工务机械车配件验收 8725 件；重要件复验 5062 件。

服务路局多元化经营管理，积极提供技术支持和验收服务，促进质量管理体系的完善，对路局工务系统自产路用产品实施质量监督检查，全年入厂抽检原材料、配件、委外品 32 批 744 件，一次抽检合格率 98.25%。入库抽检产品 118 批 2162 件，其中：道岔产品 111 批 1477 件，一次抽检合格率 98.1%。

【安全风险管理】 针对和谐机车修程修制改革、HX3 型机车检修、客车 14 项故障整治、C80E 货车全面检查修等新情况，超前开展了验收项目策划、风险预研、首件鉴定。结合阶段重点工作和季节性特点，组织各专业对照 23 个安全风险项目，开展专项检查 100 次，其中机务专业 27 次、车辆专业 36 次、大型养路机械专业 21 次、供电专业 16 次，排查整治了大量安全风险问题，固化了风险工序跟班作业写实制度，做到了检查整治滚动化推进、周期化覆盖、常态化开展。强化配件源头质量卡控和检修过程监督，全年验收检查签发《质量问题通知书》3171 张、《回修通知书(车统 -93)》3012 张，采取拒验、停验措施 20 次，李立全、王维成、张秦平、邓晓琦先后 5 次发现检修设备安全质量严重隐患受到路局通报嘉奖。

落实“机关服务”职能，坚持“管理问题是最大的风险源”，结合安全风险防控体系建设，本着“动态化管理、一站式查询、跟进式监督、目标化卡控”的原则，健全完善了验收员岗位“五大质量信息库”，通过对“大数据”的及时分析，适时预警安全事项、预判管理漏洞、预控薄弱环节、预防惯性问题。针对全路故障、事故案例、季节特点、薄弱环节、惯性问题等典型案例教训，集中开展对照检查 10 次，机辆验收室挂牌督办项目 2 项，驻段验收室签发《向厂(段)长建议书》89 张全部采纳实施，帮促解决突出问题 101 件。

机辆验收室组织从质量管理、实物质量和质量业绩三个方面，分别对各机务段、车辆段及太原机车车辆配件厂质量保证能力进行审核检查，期间共计发现处理问题 746 项，促进了检修基础管理的完善和提高。全年各驻段验收室累计召开段(厂)验联席会议 52 次，督促落实段验会议提案 576 项，通过现场质量问题追溯管理层面，督促规范管理，积极服务质量安全。

供电验收员在忻州培训现场进行技能演练(郝亚平　供)

【质量攻关】 验收系统积极服务现场、解决一线生产质量难题，组织围绕和谐型机车修程修制改革、客车电器检修、非运输企业配件新造等新形势、新情况、新问题，组织调查研究，帮促解决了检修质量难点和现场实际问题。《防止轴箱拉杆螺纹孔钢丝螺套窜出、内缩故障的合理化建议》《DF4B 型内燃机车牵引电机驱动端防缓装置技术改进方案》《关于对 BT -2.6/10A 型螺杆空气压缩机组进行技术改造后应用于 SS4 型机车的建议》《关于 SS4 机车零压时间继电器改造的合理化建议》《关于降低客车空调故障，确保旅客舒适出行的建议》5 项获路局合理化建议三等奖;《关于对弹条质量保障体系完善的建议》获路局合理化建议四等奖。

年内,验收系统注册 QC 小组 30 个,各小组积极深入一线,与驻在单位联合解决与生产实际密切相关的重点问题,获得局级以上 QC 成果奖 4 项。其中:驻太原车辆段验收室《降低客车段修制动漏风故障率》的成果获铁道行业级优秀成果奖;驻湖东车辆段验收室《研制货车转向架心盘磨耗盘分解工具》的成果获省、局级优秀成果奖;驻湖东电力机务段验收室《降低 HXD1 型机车蓄电池亏电故障率》《降低 HXD2 牵引电机驱动端端盖裂损故障》获得局级优秀成果奖。

机辆验收室积极组织围绕验收检查发现的典型质量问题深入调研、追根溯源,撰写专题报告,系统内交流专题报告 45 篇。《货车吊托架安装座检修质量及管理》等 4 篇专题报告推荐报送总公司运输局。

严把检修质量关　　(郝亚平　供)

【强基达标】 机辆验收室强化岗位素质系统性、适应性、专业性培训工作,适应"新机型、车型,新生产组织模式"需求,组织外出学习 8 人次、办班培训 3 期 95 人次,组织开展了验收系统年度岗位技能竞赛,对 3 名新聘验收员进行了系统性岗前培训。组织 166 名验收人员开展驻段验收室、系统技能竞赛,通过全员理论考试、实作演练,促进了全员综合技能的提高。

验收系统持续开展了验收人员工作业绩考评、室内排名考核,建立"一岗一月一表"考评机制,组织质量问题通知书、回修通知书(车统-93)的评比晾晒,全年下发考评排名通报 13 期,形成系统内综合排名、系统点评、专题通报、网上晾晒,逐级帮促、督导、激励等制度,促进验收岗位严格落实岗位职责、工作标准。

【立标树型】 按照"管理规范化、作业标准化、检查常态化"要求推进标准化验收室创建,机辆验收室每季组织一次标准化创建专项检查,12 月份分专业组织专项检查组开展年度标准化验收室考核评比,同时组织对验收人员年度业绩评价,实行季度等级验收员考评。

(郝亚平)

行车调度

【概述】 路局调度所负责全局运输安全、客货组织、重点物资运输的职责。负责路局 295 个车站的调度指挥工作,调度指挥管辖范围覆盖大西高铁、石太客专、南同蒲、北同蒲、大秦、侯月、侯西、石太、太中、韩原、太兴、瓦日、京原、京包、太焦、迁曹、京唐港 17 条干线,曹南、东港、介西、西山、忻河、宁岢、口泉、云岗、兰村、滦菱 10 条支线。

调度所设 4 个管理科室、9 个专业调度室、施工协调管理办公室(路局附属机构,正处级建制,日常由局调度所实施管理)。全所 408 人,正处级 4 人,副处级 10 人,正科级 23 人,副科级 37 人,股级 21 人,干事级 313 人,其中党员 198 人。行政设主任 1 人,书记 1 人,工会主席 1 人,副主任 6 人,施工协调管理办公室设主任 1 人,副主任 2 人。学历情况:研究生 3 人,大本 182 人,大专及以下 223 人。技术职称:高级工程师 5 人,高级政工师 1 人,工程师 52 人,政工师 1 人,助理工程师 224 人,助理统计师 1 人,技术员 76 人,全所平均年龄 41 岁。

【安全管理】 完善技术规章管理。一是根据生产组织、设备设施、修程修制和作业条件等变化,发布调度所细化措施《所技通》

55 个，确保了技术规章“修建补废”及时、准确。二是编制细化措施时，系统梳理汇总同类规章、制度意见，确保了细化措施的所有条款和内容不违背上位规章或未经授权作出宽于上位规章的规定，未使用含糊不清或简单地用“等”字来涵盖，方便了调度员使用。三是根据新线开通、新设备投入使用、新规章颁布和既有规章、技术资料修订完善情况，动态完善了调度员作业标准、作业流程、《岗位作业指导书》和《重点工作指导》，方便了管理人员和调度员贯彻执行。四是根据规章制度实施时限，修订完善规章内容，认真清理调度所规章管理系统内容，按季公布技术规章目录。

完善基础管理。一是按照“机关服务、基层自立”的原则，结合调度工作实际创新安全管理方式方法，全面加强调度室和班组建设，不断提高班组安全管理的组织能力。二是综合管理调度室逐步形成了重点工作落实督办机制，对总公司、路局部署的重点工作，以及倒班组和调度员提出的问题、建议等重点工作按周、月进行实施跟踪督办，强化了跟踪检查和专业指导，实现了重点工作闭环管理。三是党总支定期评估岗位人员综合能力，根据评估结果，集体研究班组人员调整方案，合理调整调度员岗位，逐步形成了值班主任（副）—计划调度员—列车调度员班组内部逐级负责的管理体系，增强了班组安全风险和重点作业自我管控能力。

完善教育培训管理。一是进一步完善业务培训制度，严格卡控教育培训过程，通过严格的月度考试，和考试成绩连带考核制度的落实，不断提高调度员教育培训的实效性。二是采取让调度员走上讲台讲授亲身经验教训、采取“走出去”“请进来”等方式，改变传统的授课方式，增强培训内容，不断提升日常培训的实效性和针对性。三是组织 CTC 区段调度员利用模拟台每月进行不少于一次的信联闭设备操作培训，并将其纳入 CTC 台助理调度员验收出徒实作考核项目，切实提高助理调度员信联闭设备操作能力。四是组织进行了调度员背规比武大赛，对竞赛获得名次的 9 名调度员除给予一定的物质奖励外，分别给予调度员综合评价考核加分奖励，并在调度所网站办公快讯发布专题通报进行了全所通报表扬，激发了调度员学习的主动性与自觉性。

完善干部安全管理。动态修订完善各级管理人员的安全管理职责、工作标准和工作流程，确保了安全风险管控责任界定清晰、覆盖全面。二是将安全管控责任细化分解到各管理岗位，形成了 856 份预考核表，每月根据季节性气候变化和阶段性重点工作，修订年初确定的预考核内容，按月形成管理人员安全管理职责考评表。三是各级管理人员对照考评表，深入到班组、盯控到调度台、及时发现和整治调度员作业不规范问题 1511 个，查找并整治深层次的管理原因问题 113 个，不断改进和加强了安全管理工作。四是修订完善《干部安全责任综合考评制度》，依据安全管理职责和工作标准，对中层干部的履职过程和质量进行考评，按月汇总通报。五是严格安全责任追究，对 2016 年以来调度所发生的“1 · 13”“6 · 4”两起 D 类事故和调度指挥中存在的性质较为严重的安全隐患，倒查安全管理责任和履职情况，全年累计追究考核各级管理人员 113 次，扣罚奖金 31100 元。

规范安全监控检查。重新公布了《调度所安全检查监控管理办法》（所安通〔2016〕9 号），围绕安全管理和高铁、客车、CTC 指挥、调度命令、施工、人身、调车等重点，强化了综合、专业等监督检查职责的落实，规范了监督检查的内容、方法和常态化监督检查的要求，明确了通过现场问题剖析管理原因，促进安全风险管理水平的提升的具体要求。对涉及调度指挥关键的旅客列车运行组织和调度命令发布归类分析和调研剖析，按月发布安全通报 10 期，深挖细究管理原因，强化了源头治理。

完善安全基础管理制度。一是完善岗位作业标准和基础管理制度，累计实施 22 次安全预警帮促，全面落实风险管控责任。二是全面加强技术培训，强化调度指挥队伍建设，严格把控高铁、CTC 区段调度指挥关键岗位调度员任职资格，通过技术规章有奖纠错的方式，完善调度所技术规章管理系统。

【客车运行组织】 本着“优化管内、增开跨局、做强旅游、常开临客”原则，合理优化客车开行方案。一是增开大同—太原、大同—北京、太原—吕梁城际列车及太原—柳林南管内快速旅客列车，调整岢岚—宁武、宁武—大同旅客列车开行方案，将天津—大同、大同—秦皇岛旅客列车延伸至朔州。二是首次开行石家庄—太原南、运城北—西安北早晚动车组，利用 2 对 CJ1 型试验动车组在太原南—永济北间载客运行，将 11 对动车组高峰线纳入基本图，郑徐高铁开通后开行太原南—上海虹桥、济南西动车组。三是积极支持多元经济发展，根据旅游市场变化，铺画图定旅游列车 13 列，全年开行旅游列车 71 列，居全路前列；特别是首开“云岗号”大同—太原 Y665/6 次一站直达旅游列车，将大同—太原 K7801/2 次升级为城际列车，将省内最大两座城市间旅行时间缩短在 3 小时左右组织开行旅游列车 213 列次，其中路局组织开行旅游列车 126 列，圆满完成全年 100 列旅游列车的开行任务。四是结合春运、暑运以及节假日等客流增长预期，采取加开临客、扩大编组、动车组重联、启用热备车组等措施，适时增加运能，更加灵活地满足客流出行需求，丰富产品结构，促进了客运增收。五是管内始发正点率 99. 8%，管内终到正点率 99. 7%；直通始发正点率 99. 7%，直通终到正点率 99. 3%，总运行 79623 列，正点 79547 列，正点率 99. 9%。在“春运”“清明”“五一”“端午”“暑运”“中秋”“十一”等旅客运输重点任务时期，为满足学生放假、探亲访友、旅游观光等客流增长的需求，最大限度缓解了购票难的情况，使各单位能够做到早布置，早安排、早售票，为旅客出行提供方便，在客流大的列车上加挂客车，组织客运、车务部门将卧铺利用不高的 YW 车代用 YZ，满足旅客需求，合计在旅客列车上加挂 YZ3178 辆次、YW3610 辆次、RW526 辆次、代用 YZ3462 辆次，增加运能 853616 个席位，特别是 2016 年 10 月 1 日，太原站发送旅客 85724 人，太原南站 50876 人，太原地区合计日发送 136600 人，均创历史最高纪录，太原局 10 月 7 日发送旅客 325686 人，创建局最高纪录。五是新老兵运输工作圆满完成。根据国务院、中央军委决定，2016 年新兵补充工作执行夏秋季一次征兵，士兵退役工作分两次组织实施。在全军整编制改革的情况下，在时间短任务重的形势下，为确保新兵运输安全平稳，调度所根据新兵运输计划，制定盯控重点，对接续时间短、接续两种以上交通工具、接续列车惯性晚点的可能因素制定应急措施，落实信息报告制度，积极组织，共发送及中转退伍老兵 3039 人、运送新兵 29514 人，全局选线列车 35 列。实现了新兵运输“不错、不漏、不伤、不亡”的目标。

【发挥龙头作用】 一是深度调研调度班组和调度室现状，全面梳理现有规章制度，针对不符合实际、不利于操作、不适应形势的“三不”问题，实施废止一批、修订一批、规范一批的“三个一”措施，明确需完善的 39 项重点工作和 25 个大项基础管理制度。二是定期评估岗位人员综合能力，根据评估结果，调度所相关管理人员集体研究班组人员调整方案，合理调整调度员岗位，逐步形成逐级负责的管理体系，增强了班组安全风险和重点作业自我管控能力。对 32 个列调岗位 96 人次排名第一的调度员，累计奖励 48000 元，共有 4 名列调岗位调整到计划岗位。三是健全完善调度员和中层干部综合评价机制，由印象打分向数据评价转变，逐月排队通报，对排名最后人员进行组织谈话，对不适应岗位要求的人员坚决调整。

【运输能力和运输效益】　一是从动车时机、开车间隔、单机转场、单元换乘以及机车机班运用等7个方面研究制定了16条提效措施，固化为长效机制，收到了显著成效。二是阶段集中修期间，大秦线运量日均完成102.87万t，同比增运11.33万t，最高达到111.39万t，为历年最高水平。按每万t运量投入机车机班进行折算，同比日均节省机车29.9台，仅增加机班3.1班。三是瞄准“大力压缩货车占用费”目标，牵头制定节支组织方案，合理压缩部属货车占用量的基础上，突出货车周转时间、编组站解编列数、货物作业停留时间、机车供应台数、分界口货车出入、车辆技检或扣修、设备故障及敞车置换平车等直接影响或制约运输效率的8大项目，全局大点运用车由最高20000车以上压缩至4000车左右，货车周转时间由上半年日均2.77天压缩到2.41天，最大限度地提高车辆使用效率。

【装卸车组织】　一是先后探索C80E装运焦炭、焦末，经韩原线、大秦线运输；组织C80、C80E、C70型整编，安排C70在修文以南相关车站装运迁曹线煤焦经赛鱼口运输，到迁曹线卸车后装运义安、朱家店矿粉，卸空后再装运迁曹线煤焦，实现“两装一卸”，目前日均达到5列。C80E在修文以北相关车站装运迁曹线煤焦，经大秦线运输，到迁曹线卸车，实现了钟摆式运输，有效缓解了空车不足现状。二是释放新品类能力。自7月20日以来，共组织开行到达京唐港集装箱班列379列，发送货物104.27万t，创收7749.2万元。京唐港集装箱班列周转时间由6天压缩至3天，效率提高1倍以上。集装箱日均装车610车，较计划增加70车，同比增加293车，先后9次突破历史纪录，最高日达到1348车。三是释放白货装车能力。选扣3列C70型车底，组织开行岚县至朱家店、岚县至东镇固定循环班列，岚县至朱家店至东镇共循环装运矿粉108列，完成运量40.28万t。同时，加大对普明至太钢循环列车组织力度，每日必保普明站到开6对，最高日完成到7列开8列。四是确保秦皇岛港700万t存煤。紧盯大秦线日运量130万t和秦皇岛港700万t港存目标，全面优化列车开行组织结构，组织湖东二场和北同蒲线2.1万t列车开行实现100%高质量，日均分别达到55列和21.3列，环比分别增加10.7和4.3列，大秦线运量日均达126.1万t，最高达到130.81万t。

【车流调整】　一是优化大秦集中修施工期间车流结构，分片细化京津唐、东北、济南局车流交口列数、迂回运输方案。特别是大秦线集中修期间日运量达到100万t以上。先后两次刷新集中修期间历史纪录。同时，为缓解大秦线列车运行密度大的现状，提高列车开行质量，湖东二场和北同蒲线2万t列车开行实现了100%高质量，日均分别达到55列和21.3列，环比分别增加10.7和4.3列。二是借鉴大秦、石太、侯月3条繁忙干线集中修经验，制定车流迂回、机车使用的车流调整措施，将干线施工天窗“化零为整”，在南北同蒲、侯西、太中、韩原、京包、京原、太焦等9条干线全面推行综合修施工，连续安排不少于10个180分钟天窗的综合修，日常时段仅安排维修天窗。三是实行分号运行图。每条繁忙干线集中修，都提前编制分号运行图，合理安排货车开行数量和结构，做到合理核减、均衡组织。如石太线货物列车由76对调整为62对，减少14对；侯月线货物列车由78对调整为68对，减少10对，保证运量和效率最大化。

【保重点提效益】　一是从3月底开始，先后封存了浴盆C80车辆3465车，C76车辆417车，C80E车辆384车，累计节约货车使用费52.58万元。同时将所有HXD2型机车全由运用状态转入备用，日均备用HX2型136台，封存待报废8K型机车51台，累计压缩运营生产支出1.74亿元。二是及时解备了34列浴盆C80车辆，合理安排5000辆C80E检修及整备，同时将HXD2运用机车由21台至68台,恢复担当2万t列车主控,并延伸至同蒲、宁岢、燕庄,为运输上量提供了有力保障。三是积极采取备用、封存、报废及解备、解封车辆和车辆置换使用等措施,通过提升运输组织效率,大力压缩货车使用费。年内,收费货车完成2517.77万辆,支出货车使用费31.03亿元,节支2.66亿元,较路局确定目标多节支6629.2万元,圆满完成节支目标。

【营业线施工】 顺利完成大秦线、北同蒲线、石太线、侯月线、南同蒲线上下行、京原线、北同蒲线(皇后园—宁武)、京包线上行、太兴线的14次189天的集中修、综合修施工任务,共计安排施工计划5799项,实际给点1115076分,较计划多给点121050分,准确发布运行揭示调度命令1210条。

重点施工圆满完成。一是按照中鼎物流园路局重点建设工程安排,按照施工进度编制了9月21日至24日的12项站改施工日计划,其中Ⅰ级1项、Ⅱ级1项、Ⅲ级10项,并按时间节点组织兑现;二是完成了侯北二四场接触网大修,大西高铁增加区间逻辑占用检查功能及大西高铁大机打磨线路道岔,迁曹线菱角山、滦南站室内信号设备大修改造等25项重点施工,共计安排Ⅰ级施工3次,Ⅱ级施工11次。同时完成了冷泉站、介休站、四公里线路所、太原北三场、五场、六场共23组道岔成组更换。

积极推进施工计划管理机制改革,创新实施集中审批制度,提高施工计划管理效率,实现计划审批高效化。一是实行施工计划集中审批。创新施工计划审批模式,采取审批时间集中、审批地点集中、审批人员集中、审批任务集中的新方法,对全部施工计划采取集中审批制度。二是推行施工日计划集中会审。坚持从源头控制施工安全风险的思路,借鉴施工月度计划集中审批的经验,利用每日路局施工办早交班时间,组织召集工务、电务、供电等相关部门、单位集中会审施工日计划,实时协调解决施工日计划存在的问题,有效提高了施工日计划的正确性、合理性。三是规范临时要点审批制度。为明确临时封锁要点计划提报和实施的流程及规定,路局施工办分别在每日8:00和15:30,将主管业务处审核完毕的临时封锁施工要点计划进行再次的严格审核,将不符合临时要点范围的项目剔除,重新汇总后,统一呈送分管运输副局长(总调度长)批准,送交调度所组织实施,有效压缩了临时计划提报项数,提高了临时计划兑现率,保证了行车设备发生病害及时整治或抢修。全年共审批4539项临时封锁要点施工计划,日均14项,同比减少41项;兑现4480项,兑现率达到98.7%,同比提高42个百分点。优化组织模式为运输生产挖潜提效。

创新施工组织模式。一是优化集中修组织模式。对于大秦、侯月、石太3条繁忙干线每年2次的集中修施工,精确把握时间差,合理避开枢纽区,区别实施分号图,保证有序衔接,减少交叉干扰。二是全面推行综合修战略。结合太原局货运量大、日常施工对运输干扰大的实际,借鉴大秦、石太、侯月3条繁忙干线集中修经验,将干线施工天窗“化零为整”,在南北同蒲、侯西、太中、韩原、京包、京原、太焦等9条干线全面推行综合修施工,连续安排不少于10个180分钟天窗的综合修,日常时段仅安排维修天窗。同时,不论是集中修,还是综合修,组织各设备、施工单位提前调查工作量,以工务为主线,同步安排电务、供电、建设、委外等各类施工,细化同一区段、同一时间内的各项施工计划,提高天窗综合利用率。三是大力创新施工组织办法。把施工计划和天窗管理作为重点,本着务实、集中、高效的原则,不断探索管理方式方法的创新实践。首先是枢纽天窗独立安排。针对榆次、太北、侯北、大同等枢纽衔接多个方向、多条线路,天窗容易造成枢纽堵塞的问题,实行枢纽独立安排天窗制度。整体枢纽天窗每周安排一次,且与衔接线路不同日期安排。如侯北枢纽每周五安排一次不少于120分的维修天窗，而与之衔接的南同蒲、侯月线等每周一至四安排，避免同日“错牙”安排对运输造成影响。同时，坚持枢纽地区分场安排天窗，侯北、太北、榆次枢纽除执行月度施工计划中的天窗外，每周一至周五由调度所恰车务站段根据客车实际运行情况，分场区安排三次60min工电维修天窗，每次只安排1个场区，做到维修与运输两兼顾。其次是站改方案专业会诊。针对近年运输扩能需求增加、站改施工增多，且覆盖多条干线的特点，把站场改造作为重点和难点，立足于天窗点内工作量最大化，坚持“化掌为拳”，牵头组织施工单位、专业处室对施工方案反复研讨论证，除微联开通安排180～240min大点外，其他相关施工均安排在每日120min维修天窗内同步实施，最大限度地压缩施工工期，实现降低成本、规避风险和运输畅通“三赢”。第三实行股道封闭修。为最大限度满足设备单位维修养护设备需求，在非天窗日安排车站到发线进行180分钟股道封闭修，最大限度降低对运输的影响，确保运输设备的稳定。

应用科技实现过程控制信息化。一是推广应用电子运统－46。为方便施工现场登销记作业，压缩登销记时间，提高登销记正确性，根据前期在大同、阳高、朔州、侯马、太原北四场、太原站、原平站7个站试点运行效果良好的实际情况，实现全局292个车站全部启用“电子运统－46”，取消纸质登销记本簿资料，全面实现从施工日计划、维修计划中提取施工登记内容的功能。二是施工计划网上审批。积极与信息化处联系，不断完善施工管理信息系统各项功能。目前，已实现了月度施工计划上报、审批、下达的网上流转，为月计划集中审批提供了信息应用平台。同时，在全年5次集中修、1次综合修及多次综合整治施工中的施工日计划实现了网络上报、审批、下达功能，为现场作业提供了便捷途径，提高了计划审批效率。三是开通施工办公网。为充分发挥共享施工信息大数据优势，更好地为运输、施工、安全、生产服务，会同路局信息化处、信息技术所共同研发了路局施工协调管理办公室网页，并月4月8日起开始试运行，办公网具备年度轮廓计划、月度施工计划、施工日计划、路局施工分布示意图等内容的查询功能，同时可进入施工计划管理系统、工务安全生产信息系统、施工安全协议管理系统、一件一档管理系统。

（解耀旭）

安全监察

【概述】　安全监察室负责全局铁路交通事故及行车设备故障管理、调查分析、劳动安全、特种设备、安全环境（自轮运转、救援管理、路外宣传、行政执法）、视频监察、施工安全监督管理，以及日常现场安全监督检查等工作。

机构设：综合、事故分析、安全管理、行车安全监察、安全环境、伤害事故、特种设备科，8队：太原、吕梁、侯马、大同、秦皇岛安全监察大队，视频监察大队、施工安全监督检查大队和安全宣传队，1所特种设备检测所。2016年末，限额内定编23人。设主任1名、副主任2名。全室定编155人，现员146人（其中监察133人，司机13人）。

【安全百日】　截至2016年12月31日，路局实现安全生产447天。期间，1月19日18时，实现安全生产100天；4月28日18时，实现安全生产200天；8月6日18时，实现安全生产300天；11月14日18时，实现安全生产400天。

【安全大检查】　2016年11月9日至2017年1月13日，路局、路局党委在全局范围内组织开展了以查安全管理、查干部作风、查现场作业、查施工安全、查设备质量、查规章制度、查劳动安全、查消防安全、查环境安全、查应急处置为主要内容的安全生产大检查。路局分系统成立了12个专业检查组和3个综合督导组,各单位按照统一领导、分工负责、突出重点的原则,也相应成立大检查组织机构,全方位推进大检查工作。安全大检查期间,路局领导班子带头,对全局37个运输站段进行全覆盖督导检查,对客车、重载通道进行全覆盖添乘。各业务处分别成立包保检查组,对系统各单位进行全覆盖包保检查,并每天安排至少二分之一人员深入现场检查。各单位领导班子成员对本单位所有车间(车站)进行全覆盖检查。同时紧盯高铁和旅客安全,处室正副职每人确定1~2个关键项目进行重点检查剖析,站段每名领导干部确定1~2个车间(车站)进行重点检查和指导帮教。安全生产大检查活动期间,路局、站段两级机关干部共计下现场检查43653人次、添乘3076趟次、检查发现各类问题76418件,并对20个安全突出问题进行了挂牌督办解决,防止安全事故59起。通过为期两个多月的集中检查整治,补齐了一批工作短板,堵塞了一批管理漏洞,消除了一批安全隐患,全局安全基础得到进一步夯实。

【专项整治】 年内,路局投入资金2.34亿,开展30个项目的安全专项整治和设备改造,其中车务系统4项、客运系统2项、货运系统3项、机务系统3项、工务系统5项、电务系统4项、车辆系统1项、供电系统7项、信息化系统1项。具体是:(1)《站细》、站场配线图专项整治。(2)穿越正线调车作业、车机联控专项整治。(3)完善调车安保设备安装。(4)驼峰峰顶平台作业环境整治。(5)扩大客运车站视频监控覆盖范围。(6)旅客电梯安全专项整治。(7)货物装载安全专项整治。(8)危险货物运输安全专项整治。(9)流动式装卸机械设备安全防护装置达标整治。(10)加装机车车载安全防护系统。(11)加装机车远程监测与诊断系统。(12)油库安全整治。(13)钢支架人行道专项整治。(14)山体落石预警装置专项整治。(15)站场设备专项整治。(16)半自动闭塞区间防断轨专项整治。(17)道口安全专项整治。(18)自动闭塞区段列车占用丢失整治。(19)TDCS设备改造。(20)车站电码化设备到期更换和改造。(21)网络安全防护设施补强整治。(22)TEDS、TVDS的三级联网升级改造。(23)加装5C装置。(24)3C装置整治。(25)上跨线桥处承力索防护整治。(26)上跨电力线下穿改造。(27)隧道漏水点加装绝缘挡板。(28)重污染区段复合绝缘子更换。(29)大秦线变电所综自视频整治。(30)互联网网站专项整治。

【挂牌督办】 持续巩固和拓展2015年挂牌督办的经验成果,制订出台《太原铁路局领导干部挂牌督办解决安全突出问题管理办法》,将挂牌督办作为一项长效机制全面推行。由路局领导班子带头,全局副处级以上领导干部对影响安全的突出问题实行挂牌督办。挂牌督办项目实行挂牌公示、动态管理、按季公布,整治情况纳入领导干部和单位的经营业绩考核。全局362名副处级以上领导干部对469件安全重点问题进行挂牌督办,解决了一大批安全突出隐患。特别是路局主要领导挂牌督办的大秦线“按图行车”项目,在大秦线日运量达到历史最高水平的情况下,天窗同比增加了一倍,机车乘务员超劳率控制在6.2%以下。

【排查整治】 一是实施联合排查。每季将电务、接触网、红外线、工务检测车整编成综合检测列车,对全局所有正线覆盖检测一遍,分析比对各系统设备历次数据,总结规律,为设备整治提供“大数据”支持。二是开展专项检查。围绕季节性、阶段性安全关键,实施专项检查,排查防范风险,先后开展春运、施工、防洪、人身等专项检查200余项,确保了安全关键有序可控。三是严抓问题整改。严格落实安全问题整改复查“双销号”制度,责任单位和部门负责整治销号,检查人负责整治效果追踪销号,确保各类安全问题及时得到整改。

【激励制度】 对原有的《太原铁路局劳动安

全竞赛办法(试行)》(太铁劳卫〔2011〕382号)进行了修订,下发了《太原铁路局劳动安全考核办法》(太铁劳卫〔2016〕332号)文件,全年按季度实施4次劳动安全考核,发放奖励370余万元。

【组织开展“安全生产月”活动】 一是开展安全发展主题宣传活动。安监室专门订制了有关安全生产月宣传条幅50条，在高铁站、客运站等人员密集场所进行悬挂。太原铁路有线电视台、太原铁道报社开辟了专题节目、专栏，集中宣传党中央、国务院和省委、省政府、总公司、路局有关安全生产工作的决策部署和法律、法规、规定，报道安全生产先进典型事迹，推广安全管理先进经验，曝光安全生产非法违法行为，共发表各类宣传专题、专栏12期。二是专门刻录了50套安全事故案例光碟，主要包括了《生产安全事故典型案例》《生命无价》等，全部发放给基层单位组织广大干部职工进行播映观看。三是组织开展全国安全咨询日活动。6月16日局安监室、宣传部、团委、保卫处、工会生产宣传部、太原站有关人员及部分青年志愿者，联合在太原站站前广场组织开展“全国安全生产月”咨询日活动，活动现场悬挂了太原铁路局门旗及安全月主题等条幅，路局领导及有关部门负责人亲临现场与大家一同宣传，发放了《铁路运输安全保护条例》、职业健康知识等宣传资料30000余份和印有铁路安全知识的宣传折扇2000余把、手提袋3000余个。

【整治危害源头】 安装隧道除尘装置。路局投资170万元,对茶坞工务段大秦线摩天岭、景忠山隧道进口安装了除尘装置。该装置由集料动力系统、输送系统、滤尘和落料系统、控制保护系统等组成,洞口500m范围内安装吸管机输送管,洞口安设滤尘和落料动力装置。

货车检修防尘设施改造。投资276万元,对三个车辆段货车检修库防尘设施进行改造。一是投资29万元,为侯马北车辆段轮对车间新安装1套车轮车床金属切削烟尘处理系统,并对4台车轮车床8个烟尘点有害气体进行处理。二是投资30万元,对湖东车辆段湖东轮对车间焊烟除尘装置进行改造。三是投资217万元,为太原北车辆段预检预修库增设电焊烟尘等除尘设施。

【旅客安全】 优先保证客车安全所需投入,优先安排客车径路设备整治；配齐补强安检查危仪、旅客电子引导系统等必要的安全设备设施。结合现场实际变化，重新修订完善了路局确保客车绝对安全300条措施；建立了涵盖117项主要内容的高铁技术规章体系。下半年，以提升运输设备质量，强化安全管理为重点，在南同蒲、太中线深入开展了安全标准线创建活动，以“杜绝旅客列车一般C类及以上责任事故，杜绝货物列车一般B类及以上责任事故，杜绝人身重伤事故，设备故障较上半年压缩20%以上”为目标，高标准、全方位深化客车通道安全基础，实现了设备设施质量、安全基础管理的双促进、双提高。

【应急演练】 组织处置铁路交通事故Ⅱ级综合应急演练,春节、国庆节假日期间,安监室太原、大同、侯马、秦皇岛、吕梁安全监察大队在各自辖区分别组织铁路交通事故应急救援演练。演练有11个处室、84个单位和太原铁路公安局参加,出动救援队28个,共计1938人。通过演练,增强全局应急救援意识,规范应急处置程序,使全局救援能力得到了进一步提升。

【行车事故统计】 截至12月31日18时,发生铁路交通事故307件(含外局转入9件),消灭了一般A类及以上责任铁路交通事故。局内单位责任中,行车事故178件,其中行车作业类事故47件,设备故障延时导致的D21类131件。

【行车安全】 截止12月31日18时，局内单位责任178件行车事故，按事故类别划分：C类6件、D类172件（含D21类131件），具体情况如下：C11类1件、C12类1

件、C14类2件、C15类1件、C24类1件，D1类1件、D3类1件、D9类4件、D10类32件、D15类3件、D21类131件。

发生责任行车设备故障995件，其中车务42件、机务248件、供电43件、工务65件、电务579件、车辆18件。

【事故案例】 1.1月27日北同蒲线皇后园站机车溜逸一般C类事故。

1月27日，太原机务段司机×××、学习司机××值乘SS4型0403号机车担当89544次牵引任务（编组空车45辆、总重1103t、计长69.4）。4:14分到达北同蒲线皇后园站4道停车（计划全列摘下装车）。4:38分车站作业人员提开车钩后通知司机摘解机车，因接触网停电机车无法移动，司机也未采取防溜措施。5:15分机车发生溜逸，5:18分司机使用手制动机制动停车，机车溜逸145m并越过S4出站信号机4m。

事故原因：列车到达皇后园车站摘机时，车站作业人员将机后车钩提开，乘务员在接触网停电状态下未能移动机车，也未对机车实施防溜措施，且机车起非常后，错将自阀手柄移至中立位，机车撒砂管排风不止将总风缸及制动缸风压排净，过程中乘务员未发现机车风压异常变化，最终导致机车失去制动力在2.6‰的下坡道发生溜逸。

太原机务段主要责任，太原北站重要责任。

2.3月1日宁岢线工务违章处置线路晃车一般C类事故。

3月1日17时21分，湖东电力机务段8K88号机车牵引客车6833次运行至宁岢线神池至长城梁间K22+300处时，司机汇报晃车（速度73km/h）；17时43分，后续列车A37046次运行至K22+300处时司机再次汇报晃车（速度47km/h）。17时53分工务部门销记K22+300处14号轨高低8mm，经整修已恢复正常。

事故原因：朔州工务段在对宁岢线K22+300晃车处所进行撤垫作业时，未在《行车设备检查登记簿》内登记、申请调度命令，严重违反《铁路营业线施工安全管理办法》（铁运〔2012〕280号）第46条、第61条的规定。

朔州工务段全部责任。

3.7月14日太原站调车冲突一般D类事故。

7月14日4:40分，太原机务段DF7型0158号机车，太原站9道甩10辆作业完毕，单机站7道转头进太原站客技库18道挂车过程中，机车与停留在该股道的6801次客车底发生冲突，造成6801次客车底第一位车辆（车号YW25B－674582）破损，当日客车6801次车底欠编1辆运行。

事故原因：机车乘务员在调车作业计划变更后，未核对停留车位置及重点注意事项，盲目动车；在天气不良情况下，机车乘务员调车作业中瞭望不彻底，未严格执行“十、五、三”车呼唤应答制度，最终导致机车与停留的6801次客车底发生冲突。

太原机务段全部责任。

4.12月6日侯阎线作业人员死亡一般B类事故。

12月6日23:52分，侯马车务段百底站助理值班员×××在侯阎线K52+751处（站内平过道）Ⅰ、Ⅱ道间接发上行K506次列车时，侵入下行限界一侧，被下行Ⅰ道通过的45035次列车刮碰。23:53分，45035次列车停于侯阎线下行线K53+170处，K506次列车停于侯阎线上行线K52+418处。12月7日0:30分，经120急救人员现场确认其已死亡。

事故原因：百底站助理值班员在Ⅰ、Ⅱ道会车的情况下，接K506次列车时站在列车运行方向右侧，违反《行规》第94条“会车时在有站台的一侧，无站台时应在运行方向的左侧”、《站细》第41条第二项第四款“会车时在有站台的一侧，无站台时应站在列车运行方向的左侧”的规定，且所站接车位置处于Ⅰ、Ⅱ道间平过道处，侵入了Ⅰ道限界，违反《太原铁路局行车外勤人员人身安全卡控措施》(太运〔2006〕134号)第二项第五条中"严格在规定地点接车,接发列车时不得侵入限界"的规定,是造成事故的直接原因。侯马车务段全部责任。

【获得荣誉】 经路局推荐,太原供电段、太原北车辆段被山西省人民政府安全委员会办公室命名为"省级安全文化建设示范企业"。

(高秀峰)

军事运输

【概述】 2016年,驻太原铁路局军事代表办事处坚决贯彻落实上级党委的决策部署,按照"稳定思想、完成任务、保证安全"的思路,突出"思想政治建设、军事运输组织、干部队伍管理、停止有偿服务、新营区建设和安全稳定"等六大任务,紧贴改革大局,强化号令意识,严格纪律规矩,主动责任担当,圆满完成年度任务。全年组织装载1075批5394车52列、运行3198批18671车330列、卸载774批4177车87列、办理饮食供应74批18732人次、航空输送800余人、过往军人车票保障1236张,装车计划兑现率、列车始发正点率、运行正点率都达到了100%。

【思想政治建设】 年内,先后整建制转隶到北京军区善后办、郑州联勤保障中心。着眼交出合格答卷,首先狠抓党委自身建设,在看齐追随上做好样子,以肃清郭徐流毒影响、推进"两学一做"学习教育、贯彻习主席训词为主题,先后4次组织党委中心组理论学习,5次召开组织生活会,深刻开展批评与自我批评,党委委员对照检查材料集中公示接受官兵监督,做到了有板有眼、一丝不苟;其次狠抓教育落实,以改革强军主题教育和"两学一做"学习教育活动为重心,深入推进"坚决贯彻落实主席训词""坚决维护核心、坚定看齐追随""廉政主题教育月""学习贯彻十八届六中全会精神""接过主席授旗、接续优良传统、接受改革大考"等教育活动,处领导带头辅导授课,机关处长分专题登台讲课,组织全体党员以"不忘初心、继续前进"为主题,到"革命圣地"延安重温入党誓词、人人向党旗签字承诺,官兵思想得到锻炼和洗礼,精神状态昂扬向上;第三狠抓了一人一事的思想工作,处常委先后3次与干部谈话交心,思想底数掌握清晰,教育引导精准到位,官兵整体思想稳定。

【军交运输保障】 为了确保在军队改革中,无论体系部队体制如何改变,保障标准不降、保障时效不差。狠抓战备训练,指挥关系移交后,修订完善应急应战军交运输保障预案,规范战备值班秩序,组建应急保障分队,常态组织体能训练,官兵的应急保障能力明显增强,依托野战机械化站台车,高效保障部队演习铁路输送。狠抓"十二五"战场设施建设,军专线大修验收组织严密,军运装卸站战备道路和军交调度指挥中心建设完成较好。狠抓特殊时期军事运输任务完成,针对部队调整和新武器装备配备实际,深入调研、摸清需求、完善方案,主动与铁路站段对接,组织开展2次业务培训,有力提高了保障效能;面对军事运输管理模式和渠道发生变化的实际,及时加强与上级业务部门、驻在单位和部队之间的沟通协调,计划方案制定、调度值班管控、装卸运行组织、安全检查落实等重点环节把控严格。

【安全稳定工作】 针对调整改革期间,工作任务重统筹摆布难、思想心态杂凝神聚力难、风险隐患多防范管控难等现实,驻太原铁路局军事代表办事处始终坚持"保证安全是政治、是能力、是贡献"和"安全第一、安全比什么都重要"的思想,把安全管理作为常态性的重点工作挺在前面、持续用力。定期开展警示教育和敏感时节的专题教育,组织学习基地和中心下发的各项纪律规定,官兵保持清醒头脑、保证安全的紧迫意识和责任意识增强;严格执行人员、车辆、保密、运输、财经等管理规定,从严规范各级各类人员行为；严密组织“百日安全”、隐患排查、形势分析等专项整理活动，制定落实安全防范措施22条，受到军委后勤保障部组织三级联合检查工作组的充分肯定；定期组织安全检查，4次组织保密专项检查，配合中心现场核查密码装备，账物相符；开展“铁路军事运输安全整治活动”“军运安全整治工作总结交流和军运货运知识”培训及“铁路调度值班现场观摩”学习，有效保证了军交运输全时畅通安全，年内成功处置两起运输安全隐患；党委理财制度坚持经常，财经管理秩序更趋规范，全年压减行政性开支62.1万元。

【营区规划建设】 始终把新营区建设作为党委工程紧抓不放。坚持党委集体把关，落实常委周三现场办公制度，集体研究解决建设中的重难点问题；营建办统筹协调，职能部门密切配合，功能用房规划建设科学合理；加强现场监督，严格质量把关，工程建设稳步推进。目前，公寓楼已经完成结算审计，分配干部、职工入住，有效解决了住房保障问题；综合楼、公寓楼已经通过竣工验收，依托军交调度指挥中心完成多次迎检任务；水暖管网和道路等附属配套工程已经竣工；综合楼、公寓楼监控系统已经设计安装完成。

【停止有偿服务】 始终把全面停止有偿服务作为一项重大政治任务，立令立行聚力推进。调查核实周密认真，审查合同、现场取证、外围调查，涉及项目底数掌握清晰；政策宣传深入扎实，通报情况、讲清政策、答疑解惑，按时关停态度坚决果断；沟通协商持续不懈，登门走访、邀请座谈反复工作，帮助解决难题争取理解支持，军人接待站和南楼4个门面房于2016年6月前停止收回；法律咨询严谨细致，制药厂合同合法性和诉求合理性得到司法认定；专题调研组织有力，深入大同、临汾四个友邻单位，学习经验、借鉴做法、研究措施，终止新营区药厂租赁合同工作有序推进。住房专项清理纠治工作果断有力，认定的违规住房腾退彻底，党委主体责任和纪委监督责任落实严格。

【大事记】 1.1月14日，根据中央军委命令，驻太原铁路局军事代表办事处由北京军区联勤部划归北京军区善后工作办公室领导管理，军委指导工作组监交组、北京军区善后工作办公室接收先遣组和北京军区联勤部移交先遣组在北京签署了交接登记册、交接书，顺利完成交接工作。

2.6月15日，全国人大代表、原北京军区副司令员黄汉标中将一行9人莅临驻太原铁路局军事代表办事处调研，视察该部新营区整体建设情况，听取工作情况汇报。会上，刘全新主任围绕“当前人员思想反映、深化军民融合、创新驱动发展、两项重大教育”等调研内容，结合工作任务实际，就“加快军民深度融合、提高战略投送能力”这个课题进行了专题汇报。全国人大代表团肯定了近年来工作任务完成情况，对抓铁路军事运输的做法给予较高评价。

3.9月3日，根据中央军委命令，驻太原铁路局军事代表办事处由北京军区善后工作办公室划归郑州联勤保障中心领导管理，军委第1指导工作组监交组、郑州联勤保障中心接收先遣组和北京军区善后工作办公室移交先遣组在北京签署了交接登记册、交接书，顺利完成交接工作。

（孟　辉）

设备监造

【概述】 设备监造系统负责在总公司和路局等单位设备采购、维修合同的执行过程中，代表买方依据合同和规定的监造范围，对铁路设备造修企业执行技术标准实施监督等工作。主要承担辖区内电力机车造、修，接触网作业车造、修，工务轨道车新造，货车造、修以及轮对、轴承、电机、变压器等动车组、机车、客货车辆重要件的监造工作。

2016年末，设备监造处人员编制4名，

现员4名，其中处长1名、副处长1名、科员2名。

太原、大同、永济监造项目部人员编制共47名，现员45名，大同项目部缺员2名，分别为25名、12名、8名。

【监造企业】 主机企业6家，其中机车2家(大同、太原)，货车2家(太原、晋西)，接触网作业车1家(太原)、工务轨道车1家(永济)。

重要件企业38家，其中动车组轮对1家(智奇)，客货车车轮2家(爱碧玺、太重)，客货车车轴2家(晋西、太重)，动车组、机车牵引及高压供电系统4家(永济、赛德、ABB、日立永济)，动车组空调系统1家(日立永济)。

【监造任务】 1. 整车。新造机车164台，一次移交拒收率4%。检修机车114台，一次移交拒收率1.75%。新造货车938辆，一次移交拒收率为0.3%。检修货车3458辆，一次移交拒收率为1.4%。

2. 重要件。完成重要件监造557380件(台/套)，其中机车重要件30342件，一次移交拒收率1.37%；车辆重要件527038件/套，一次移交拒收率0.45%。

3. 全年监造产品未发生铁路动客车一般C类、货车一般B类及以上事故；未发生负有监造履职责任的铁路一般D类及以上事故。在总公司运输局发布的2016年全年机车大修10家企业综合评价成绩排序中，中车大同电力机车有限公司、太原机车车辆有限公司分别名列第二名、第四名。

【产品核查】 1. 发现各类不符合239项，其中关键工序严重不符合项14项，关键工序一般不符合项60项，一般工序严重不符合项38项，一般工序一般不符合项127项。

2. 发现各类缺陷6103项，其中A类缺陷17项，B类缺陷158项，C类缺陷5928项。

【扎实推进整章建制工作】 年内，监造系统开展了管理规范年活动，一是编制、实施了《太原铁路局铁路机车车辆监造管理实施细则》，该实施细则在完全符合铁路总公司各部门关于监造工作有关要求的基础上，体现监造系统的法治思维，在专业管理方面，适应产品验收调整为产品监造、政府职能转变为企业职能的变化，理顺能不能监造、怎么监造、如何高质量完成监造等工作环节。

二是编制、实施产品监造细则，监造处严格依据总公司颁布的产品接收准则组织进行编制工作，在符合“实际、实用、实效”原则基础上，务求简练，从编制源头上杜绝因缺项、错项、漏项而造成的管理风险。全部细则均组织项目部、相关企业组成专家组进行评审。全年路局共发布产品监造细则457个，其中车辆155个，工务7个，供电17个，机车278个。

三是健全系统管理制度体系，按照“机关服务、基层自立、各司其职、各负其责”工作理念，以“铁总运〔2015〕155号”、“太铁监造函〔2016〕206号”为核心，构建了包括监造专业管理、工作绩效管理、信息管理、安全管理、党群管理、行政管理六大板块的监造系统管理制度体系，确定了60项制度。

四是规范监造人员行为，发布了《太原铁路局监造系统安全风险控制“红线”管理制度》，强化设备监造人员遵章守纪、严格把关的责任意识，努力杜绝在铁路移动装备监造过程中，监造人员发生对铁路机车车辆造修企业生产过程监督不力、产品核查把关不严、监造工作履责不到位等行为，给铁路运输带来安全隐患及后果的情况。

【强化专业管理】 一是严格履行监造管理程序。对新增产品、委托监造产品、代理商采购产品，监造处严格执行申请、评审后再行指派监造的程序，同时严格规定产品监造细则未评审公布前不得实施监造，做到监造依据清晰、监造工作规范。细化了委托监造产品管理工作流程、对代理商采购的新造及委托维修铁路机车产品监造暂行规定，共完成委托监造评审32项，代理商采购评审16

项。

二是加强装用重要零部件产品监造管理。制定《太原铁路局铁路机车车辆整车（整机）装用重要零部件监造管理制度》，突出抓好监造产品外购及委外检修重要零部件的资质管理。机车、车辆、供电、工务产品资质要求主要有CRCC认证、铁科院审核认证、企业审查认证三大类，机车、供电、工务产品还保留部分原铁道部重要零部件定点企业及分工情形。按照制度规定，各项目部编制了重要零部件产品复核细则，辖区内生产企业进行了铁路产品资质认证、认可工作。

三是组织开展专项检查、整治。①开展机车防火专项检查，检查采取查看企业相关管理制度、文件技术资料、过程质量记录、试验（检测）报告，现场抽查实物质量，进行座谈、交流等方式，发现生产企业存在的吸取火灾教训不深刻、技术规范中防火要求不明确、工艺落实不到位等16个问题；②开展GQ70型铁路罐车“三对三查”，对晋西车辆公司新造GQ70罐车开展了“三对三查”活动，发现企业工艺技术管理、质量检验管理、供应商管理等方面共9个问题；③开展货车敞车称重专项检查，专项检查了中车太原公司落实总公司货车敞车厂修时逐辆称重技术规定情况，发现问题5个；④开展技术文件落实专项检查，抽查了太原、大同、永济三个项目部和9个生产企业，发现问题5件。

四是强化专业基础管理。梳理机车重要零部件“潜在供应商”清单，从产品名称、规格型号、潜在供应商名称及资质认可单位、拟监造单位等方面进行了摸底、梳理，共计245类；梳理车辆专业规章，组织各项目部对照相关车辆专业规章目录进行梳理、自查，梳理确认适用本系统工作的基本规章制度115份，提出问题7个，建议24个；落实工务机械车产品监造要求，重新对永济公司工务轨道车产品监造范围进行了梳理识别，对所涉及的通用件、准通用件及专用件的监造方式方法进行了确定。

【提升监造效能】 1. 注重质量评价结果利用。针对监造产品出现故障的原因近80%为外购零部件造成，监造处注重国家铁路局、总公司、路局关于产品质量、供应商评价的结果利用，将其作为对监造产品供应商管理管控的有效手段之一，制定了《监造系统落实总公司及所属企业对供应商信用评价结果的暂行规定》，明确了相关工作流程及生产企业不按规定执行后的处置手段，通过对供应商管控提升整机质量。

2. 组织开展监造质量监督延伸服务。加大对监造产品运用状况的关注，做好重点时期、特殊时期的监造延伸服务工作。春运期间，监造系统共计33人次到18个机务段段访，与段方召开座谈会、研讨会20余次，收集各类质量问题237个。

3. 对生产企业开展函告整改。针对专项检查和监造处现场巡视检查发现的监造产品在造修过程中的典型问题、倾向性问题，监造处采取了向相关企业正式发函的方式，督促生产企业重视问题并从管理上查找原因进行整改，2016年分别向中车太原公司、大同ABB公司、北京赛德公司就10项典型问题发函。

4. 发挥奖惩机制作用。鼓励监造人员尽职履职，将监造人员在过程核查和实物核查中发现的缺陷和不符合项等内容纳入奖励范围，经过评审，2016年以来对监造人员发现的A、B类缺陷及关键工序不符合、一般工序严重项共奖励2万余元。根据总公司、路局开展先进直评的精神，积极发挥正面激励导向作用，将日常工作中勤勤恳恳、按标作业在系统年度累计排名前2名的监造人员直接评为局机关先进工作者。

5. 提高监造人员业务素质。监造处组织了路局“重”字项目“监造管理及实务培训班”及系统注册设备监理师的继续教育，共计98人次。积极组织系统各级监造人员参加路局专业及综合管理培训 4 期 13 人次，参加总公司培训 2 期 12 人次。

6. 改进工作作风。全年设备监造处及项目部领导人员下现场 474 人次，发现各类问题 727 件，考核监造人员 56 人次。按照路局开展跟班作业的要求，制定了监造系统跟班作业方案，要求对监造人员执行产品监造细则开展过程核查、产品核查的情况及监造记录填写进行跟班，共跟班作业 7 人次。

（诸宁冬）

经营管理

企业管理和法律事务
计划统计
财务管理
审计
收入稽查
干部管理
劳动和卫生管理
物资管理
经营开发
价格管理

企业管理和法律事务

【概述】 企业管理和法律事务处负责落实铁路总公司企法工作有关规定和要求，结合实际制定细化措施，制定全局安全生产、市场经营、队伍建设、资产保值增值等方面的发展方向、战略目标，促进建立现代企业制度；研究制定结构调整、制度创新、资产重组、生产力布局优化等重大改制、改革方案，指导改革试点工作；建立完善铁路局经营业绩考核体系，科学设置绩效考核指标；全面开展管理创新；推进依法治企，为铁路局改革发展提供法律保障；对铁路总公司授权管理的合资铁路进行股权管理；研究确定企业内部及与各种投资、控股、参股企业间的经济法律关系；负责全局实行合资、联营、租赁等经营方式的企业审查、审核管理；负责路局对外经济关系的处理；对企业管理协会实行归口管理。

机构设：经营管理科、企业改革科；法律服务所、合资与地方铁路管理办公室2个附属机构，以及企业管理协会1个学协会机构。全处现员20人，其中处长1人，副处长1人，企协副秘书长1人，科长2人，合资办主任1人，法律服务所所长、副所长各1人，科员11人，业务督查1人。

【经营业绩考核】 在制度建设上，积极适应路局现代物流创新发展和转型升级的工作要求，对路局经营业绩考核办法进行了全面修订，于2月6日下发《太原铁路局　中共太原铁路局委员会关于印发〈太原铁路局经营业绩考核办法〉的通知》（太铁企〔2016〕98号），将各单位、各部门落实物流建设发展的工作情况作为重点，纳入路局经营业绩考核，有效地促进了路局现代物流企业建设，推动了路局经营管理水平的提升。同时，为引导干部职工解放思想，创造性地开展工作，有效调动全局干部职工“创新、创效、创业”的积极性，在全路18个铁路局中率先试行容错机制，于6月7日下发《太原铁路局　中共太原铁路局委员会关于在绩效考核中试行容错机制的通知》（太铁企〔2016〕305号），形成了对绩效考核机制的有益补充，促进了全局保量增收和节支降耗，确保2016年路局经营目标的顺利实现。

在考核管理上，始终秉持以正向激励为主、反向约束为辅的精神，对考核期内有效落实“振奋、担当、创新”精神以及在“转、闯、增”主题教育实践活动中成绩突出的单位和部门，给予增分鼓励；对安全管理滑坡、生产任务下滑和核心预算失控的单位和部门，实施了严格的减分考核。强化考核导向作用，针对上半年全路专业管理评价结果排名整体不够理想的情况，路局对机关10个业务部门实施了考核奖罚和跟踪督办。各业务处室严格落实整改措施，全面强化专业管理，在下半年彻底扭转了专业管理排名靠后的被动局面。同时，根据《中国铁路总公司审计局关于对铁路局落实控股合资公司考核工作问题的通报》（审计函〔2016〕1号）要求，路局于3月中旬将局控股的大西铁路客运专线有限责任公司等合资公司全部纳入了经营业绩考核管理，进一步规范对控股合资公司的管控。

在考核结果运用上，对基层单位和路局机关部门，继续按季实施经营业绩考核评定和奖罚兑现。1～4季度，纳入路局经营业绩考核的114个单位（部门）中，绝大部分单位（部门）取得了良好及以上的成绩，平均优良率达到了99%以上。2016年6月28日，中国铁路总公司印发《关于公布2015年度所属企业负责人经营业绩考核结果的通知》（铁总审函〔2016〕487号），公布了2015年全路所属企业负责人经营业绩考核结果，路局以96分的高分再获佳绩。

【制度建设】 管理制度体系建设。一是对各层级制度建设作出明确规定；二是明确管理制度与技术规章的区别，提出制度清理工作要求；三是对各职能部门管理制度“修、建、补、废”清理工作进行系统部署，要求结合实际管理需要，不断完善与总公司制度体系上下衔接、协调一致、符合路局特点的制度体系。

权力运行机制建设。组织开展清权确权、建立权力清单目录行动。研究确定权力事项的性质、运行范围、所指对象等权力运行规律,组织制定路局的"权力清单目录",列入路局机关35个部门210余项权力事项。

【供给侧改革】 制定并公布《关于规范铁路货物运输两端作业服务收费标准降低物流成本的通知》(太铁企〔2016〕303号),提出规范收费的总体原则、适用范围、收费标准和具体要求,从有政策有服务、无政策有服务、无政策无服务三方面,明确了规范铁路货物运输收费和专用线委托运输管理收费的标准和原则。

配合做好国家发改委价监局"铁路专用线经营者价格行为规则"调研工作,提供专用线管理相关资料;配合完成了山西省发改委对铁路货物运输两端收费的调研,起草了工作报告。

重新研究拟定《太原铁路局非路产专用线受托管理办法(讨论稿)》,提出统一管理、统一签订协议、统一收费标准、统一收取费用等建议。

【基础性改革】 针对太原客运段配餐中心外包方案,分析利弊,提出资产保值增值、食品安全、监督检查等三方面工作建议。完成太原高铁工务段组建工作。承担太原高铁工务段综合保障工作,制订《关于组建太原高铁工务段做好资产档案移交工作的保障措施》,明确资产划转、设施调配、档案移交等工作原则,制订保障措施,组织有关部门人员现场指导相关工务段移交各种文书档案,对有关资产、物资等进行划转。

对晋太集团公司拟成立"晋思源"便民超市(分公司)的问题进行研究,明确同意设立的理由,提出办理相关手续、银行开户的工作建议,经局领导审批同意后组织晋太公司具体实施。

【业务外包清理】 组织开展业务外包调查摸底,一是与56个基层单位进行对接,解读有关业务外包政策,分析应纳入业务外包的项目、用工范围、成本预算等问题,指导基层单位规范用工、节支降耗。二是指导填写调查摸底表,统一清查内容。三是全面掌握业务外包情况,研究确定下一步清理规范工作措施。四是对相关政策和文件进行了系统梳理,对下属55个单位和公司开展业务外包的情况进行深入调查,起草专题调研报告《关于全局业务外包清理情况的调研报告》,发现一些问题,并对下一步继续推进业务外包合规发展、实现节支降耗、规范劳动用工等提出了具体的工作建议。

【合同管理】 推进法律事务信息化建设,自行研制开发合同管理电子信息系统,于7月初正式开通运行。将路局机关、基层单位的合同全部纳入合同信息系统的监管范围,实现了路局对合同签订、履行情况实时查询和掌控,大大提高了合同签订的效率,防范了合同审查中有可能出现的廉政风险,为加强合同监管提供了技术支持。

结合路局实际以及非运输企业投资关系转变的新情况,修订发布了《太原铁路局合同管理办法》,将非运输企业合同管理纳入路局统一管理的轨道,并对合同签订的程序、各方的责任以及合同履行监管进一步作出细化规定,规范了全局合同管理工作。

结合铁路配件专项整治工作,对19个单位的合同管理情况进行了检查,共检查发现问题30个。针对存在的问题,指导、督促各单位进行了整改,并对其中2个典型问题列入挂牌督办项目进行督办。制定了全局委外修合同范本,提高了合同签订质量。

根据路局中心工作,积极开展相关合同的审查。在物流建设方面,先后对路局运城晋南铁路物流园规划合同等11份协议进行审查,提出修改意见,保证了物流建设的顺利进行。在货运保量方面,审查了路局与山西焦煤集团公司等219家企业签订的铁路运量互保协议。在客运新产品开发方面,起草了大同至太原开行旅游列车合同及客票代售协议、开行大同至北京城际列车铁路公益性、政策性运输补贴协议,开行太原(南)至柳林南(吕梁)城际列车政策性、公益性补贴协议,审查了路局与东方航空公司空铁通产品合作协议,从法律上保证了路局重点工作的顺利推进。

年内,审核各类合同3770份,标的金额1679522.4万元,无一发生纠纷。

【法律纠纷案件管理】 2016年,路局新发生法律纠纷案件38起。其中27起劳动争议案件,3起路外伤亡案件,2起旅客伤害案件,2起行政诉讼案件,1起用益物权纠纷案件,1起排除妨害纠纷案件,1起财产侵权案件,1起人身损害赔偿案件。1—12月份共计结案34起,其中去年遗留案件27起,本年新发生案件7起。8起调解结案,19起胜诉,为路局避免经济损失9417.5万元。

制定路局主动维权工作实施方案,各单位上报主动维权案件共计48起。其中,3.1大西高铁接触网断电事故赔偿侵权纠纷案件、朔州工务段诉马九金侵占铁路房产案件被总公司列为重点维权案件。其中朔州工务段诉马九金、周世景房屋侵权案经山阴县人民法院一审,判决两被告返还侵占铁路房屋。侯马北供电段诉洪洞县广播电视发展有限公司损害铁路设施赔偿侵权案,两审终审判决洪洞县广播电视发展有限公司和肇事司机承担连带赔偿责任34万元。

【法制宣传教育】 根据总公司改革与法律部统一部署,于9月9日举办路局领导班子法治专题讲座,企法处处长在讲座中,结合路局经营管理、客运服务、铁路设施管护中存在的问题,有针对性地提出了8个方面的具体规范措施和意见。根据总公司法治宣传教育第七个五年规划的要求,结合路局实际,制定路局法治宣传教育第七个五年规划,对“七五”普法的指导思想、主要目标、重点任务、组织领导等方面做出了全面规划,保障七五普法工作的顺利进行。

【法律事务】 一是组织召开山西省铁路安全管理规定立法论证会,邀请省法制办、省综治委护路办、山西大学、太原理工大学等领导和专家学者对路局起草的《山西省铁路安全管理规定(草案)》进行研讨论证,对规定的结构、执法主体、违法行为追究等方面提出了修改完善意见。二是协调省工商局办理路局营业执照三证合一,为路局走向市场提供了资质保障。根据建筑业营改增的要求,就工程指挥部及运输辅助单位办理营业执照事宜提出方案,并组织有关单位和部门落实。三是办理路局国际货物运输代理资质备案手续。加强与省商务厅和省国际物流贸易协会的沟通协调,完成路局国际货物运输代理资质备案。

【股权管理】 对合资公司经营工作中遇到的涉及政策性较强的经营决策问题组织相关业务部门多方论证、反复研究,确保政策依据充分、工作程序完备、所提出的措施和建议针对性和操作性强。完成合资公司“三会”议案审核、委托管理事项协调和跟踪落实、月度合资铁路经营状况统计报告和分析等各项工作,全面加强了合资铁路股权管理工作力度。

组织相关合资铁路公司,与财务、经营开发、计统处等部门共同编制了2017年长期股权投资计划,制订投资方案和推进计划,经相关公司履行程序上报了铁路总公司,使长期股权投资工作纳入预算管理,增强了投资项目的计划性、科学性、可行性。指导合资公司完善法人治理结构,加强合资公司路派董监高人员的推荐、聘任程序和考核管理工作。

与山西能源交通投资有限公司多次沟通,提出组建公司法人治理结构的初步方案和合资建设合同书、公司章程,经请示铁路总公司同意,3月10日召开了公司创立会暨第一次股东会,完成了太焦城际铁路山西有限责任公司的创立程序和注册登记等工作。办理了委托大西客专公司项目代建的相关决策程序,为太焦城际铁路项目建设提供了有效保证。

【合资公司经营管理】 按照总公司供给侧

改革、统一合资公司与国铁直通运价和运价下浮幅度的要求，督促、协调和组织相关合资公司及时完善决策程序，统一和规范运价管理工作，促进合资铁路增运增收，提高了市场竞争力。

组织相关部门研究拉通宁岢、岢瓦铁路与瓦日线三线直通运输的建议，报路局领导进行决策。研究制定了瓦日线相关工务、电务、供电和车务等专业，统一设置综合管理段、综合车间的运营维修管理模式，经路局2月23日党政联席会议研究原则通过。相关业务部门正在进一步完善管理和作业办法，全部落实到位后将有效降低瓦日线运营成本，满足现阶段运输生产需要。

【合资铁路委托运输管理】 全年配合业务部门，及时就60余项重点问题专门致函相关合资铁路公司，督促合资公司履行程序，争取尽快安排投资解决，配合业务部门协调解决太兴铁路水毁设施及度汛隐患修复、瓦日线吕梁山隧道病害整治、太中银站区围墙道路改造等一批安全隐患和工程遗留问题，对安全生产起到促进作用。

通过平等协商的方式，积极与相关合资公司协商委托运输费用，及时签订了瓦日线、太兴铁路、吕临铁路、侯禹铁路等《委托运输费用清算协议》，确保了委托运营工作的需要。

吸取广西沿海铁路股份有限公司“4·5”防城港站冲突事故教训，配合安监室专人组成调研组，深入到地方铁路公司进行调研，提出了在规范基层站段与合资铁路公司代维修协议签订管理，规范改进地方铁路监管工作的建议。

【规范上市公司管理】 支持上市公司可持续发展，避免同业竞争，减少关联交易。按照总公司改革与法律部规范和统一信息披露的要求，借鉴广深铁路股份有限公司目前在港交所公开披露的关联交易框架协议的格式和内容，协调大秦铁路公司草拟了《中国铁路总公司与大秦铁路股份有限公司综合服务框架协议》，经总公司相关部门会商研究通过，年内完成了《综合服务框架协议》签署。

（周　妍）

计划统计

【概述】 计划统计处负责编制下达运输生产经营、基本建设、勘察设计、运输设备更新改造、机车车辆装备购置、客货保价运输设备更新改造、专项资金、护路联防更新改造、环境保护、综合开发等年度计划，监督、检查计划执行情况；负责客货运输指标统计、固定资产投资统计、更新改造工程概预算审查等工作；定期进行统计分析，对重点项目及主要指标进行专题分析，为企业经营决策提供依据。设置4个科、2个所和1个临时机构：基建和规划科、技术改造科、统计科、综合科；概预算审查所、客货运输统计所；临时机构为局综合开发领导组办公室。

2016年末有37人，全部为大专及以上学历，平均年龄45岁。技术职称：高级工程师13人，高级统计师7人，占54%；工程师10人，统计师2人，经济师1人，占35%；初级职称5人，占14%。政治面貌：中共党员28人，占76%。

【物流相关资料】 路局制定了《关于加快推进铁路现代物流发展的意见》（太铁办〔2015〕318号）等1+13个文件，提出了“1+3+13+N+300”物流建设规划，推动物流建设。年底《太原铁路局中共太原铁路局委员会关于推进全局现代物流创新发展转型升级的决定》印发。至此，全局物流工作全面展开。

1.1月25日，路局组织中鼎公司向中铁十七局集团有限公司勘察设计院发出《关于中鼎物流园项目委托设计的函》，要求设计部门于3月15日前完成可研报告编制，3月30日前完成修建性详细规划编制。

2.1月开始与省发改委进行对接，3月2日，报送了备案材料和申请，3月14日，省发改委出具企业投资项目备案证(晋发改备案〔2016〕46号)。

3.1月27日,向晋中市人民政府发出《太原铁路局关于恳请批准中鼎物流园项目总规的函》,向晋中市规划局报送了中鼎物流园控制性详规资料。3月15日,将修改性详规方案报晋中市规划局,3月17日,晋中市规划局进行了专家评审,出具了专家意见。

4.3月19日,中鼎可研初稿编制完成,路局组织内部审核和组织设计院修改。

5.1月6日,在北京路局与总公司计统部、鉴定中心的专家就中鼎物流园一期工程设计变更进行交流。2月17日,组织召开了北六堡站场平面优化协调会。4月14日,《太原铁路局关于新建太原枢纽(北六堡)物流中心结合园区规划调整作业区布置变更设计的审查意见》(太铁计函〔2016〕2059号)出具,项目完成变更设计。

6.2016年6月,中鼎、大同晋北物流园可研分别编制完成。6月6日,太原局以《关于呈报中鼎物流中心[太原枢纽(北六堡)物流中心二期]可行性研究报告的请示》、《关于呈报新建铁路大同晋北物流园工程可行性研究报告的请示》报铁路总公司审查。6月21—23日,总公司鉴定中心对项目进行了审查。

7.2016年7月28日,大同物流园取得山西省发展和改革委员会企业投资项目备案证(晋发改备案〔2016〕185号)。

8.2016年9月初,曹妃甸、京唐港物流基地项目方案由铁三院编制完成。9月11日,《关于启动曹妃甸铁路物流基地和京唐港物流项目建设的建议》经路局党政联席会议通过。

9.9月26日,中鼎铁路港试运营。

10. 中鼎云平台由百度公司承建,3月,百度公司拿出初步方案,项目分四阶段实施。4月6日,路局组织对方案进行了研究,期间项目经多次论证,9月20日前最终完成设计,10月,开园第一阶段完成,年底完成了第二阶段任务。中鼎园区智能系统分别由清华同方、太钢信息与自动化技术公司承接,项目按期推进。

11.2016年10月,中鼎物流中心铁路(口岸)海关监管场所可行性研究报告编制完成。

12.11月7日,中鼎物流园一期工程正式开通运营。

13.11月22日,新建曹妃甸、京唐港铁路物流基地预可研审查会由总公司计统部组织审查。

【环境保护】 1. 指标完成情况。2016年总公司下达路局化学需氧量排放量考核指标91t,实际排放化学需氧量89.9t,减排1.1t。

2. 制度建设。会同劳卫处制定了《太原铁路局节能减排工作考核办法》(太铁劳卫〔2016〕436号)、《太原铁路局统计质量综合考核办法》(太铁劳卫〔2016〕406号),对基层单位环保管理工作、减排完成情况、环保统计等工作按季进行考核。

3. 集中供热。太原(太原西站、玉门沟、大机段)、大同(客技库)、运城、侯马北(车辆段)、临汾(车站洗刷线、临汾车辆库检楼)、寿阳(工务工厂)、柴沟堡、翼城(家属区)、榆次编组场、祁县、沁水、代县等地区集中供热入网356284万 m^2,拆除锅炉房30处。

4. 清洁能源改造。完成稷山站区、闻喜站区、玉田北站区3处锅炉房10034m^2 天然气改造;对新绛、皇后园、大石庄等3个站区及侯北峰尾、永济货场、曲沃作业场、侯北到达场、孙常线路工区共28512m^2 房屋实施了空气源热泵改造,拆除燃煤锅炉房9处。

5. 污染治理。完成茶坞地区污水站升级改造工程;完成了湖东污水站升级改造工程的可研批复和设计文件审查;完成了湖东电力机务段大西运用车间锅炉房环保设施升级改造工程;实施了湖东、侯马北车辆段车轮车床及太原北车辆段预检预修库消烟除尘改造工程。

6. 建设项目环保。完成南同蒲、京原线电化改造工程及新建中鼎物流园的前期工作;完成新建太原枢纽(北六堡)物流中心项目、曹妃甸港区铁路扩能改造工程环水保静态验收工作;完成了黄韩侯铁路(山西段)水保专项验收工作;启动大包线电化改造工程环保专项验收工作。

7. 环保信访。按照铁路总公司要求,完成全局铁路沿线环境状况调查工作;协助信访办妥善处理长治南仙泉矿和古交市镇城底村涉路信访问题。

8. 环保统计。完成46个排污单位以及唐港铁路有限责任公司、太中银铁路有限公司(国家铁路控股合资公司)、孝柳铁路有限责任公司(非控股公司)环保年报及定期报表统计工作,其中重点排污单位15个,非重点排污单位31个;在全局范围内开展了环保统计执法大检查;召开了环保统计年报会,并组织一期环保统计培训班。

【综合管理】 1. 转发中国铁路总公司《关于修订2015年铁路统计年报和2016年定期统计报表制度部分内容的通知》《关于铁路总公司客货运工作量统计范围调整的通知》《关于明确不良货车统计有关事项的通知》《中国铁路总公司关于加强清算运统1与货运票据匹配统计基础工作的通知》。组织管内合资、地方铁路向总公司上报报表,做好铁路行业统计工作。

2. 重新颁布《太原铁路局统计质量综合考核办法》(太铁劳卫〔2016〕406号),并重新制定了《太原铁路局统计质量综合考评实施细则》(太铁计〔2016〕396号)。考核范围在原来只有运输统计和劳动统计的基础上,增加了投资、运输设备、节能、环保、物资、物流和工业统计,进一步加强了全局统计管理,促进统计质量全面提高。

3. 根据中国铁路总公司计划统计部《关于布置2016年全路统计执法大检查的通知》(计统分析函〔2016〕87号),于2016年5—8月在全局范围内进行了统计执法检查工作,深入17个站段和1个合资公司进行了重点抽查;下发了《关于2016年运输、运输设备统计执法检查情况的通报》,对全局统计执法大检查情况进行了通报,对发现的问题考核共计24.5万元;向总公司计统部上报了统计执法大检查总结。

4. 按照《太原铁路局车流监测工作管理办法》要求,通过进行车流监测,经与各局协调,路局增加周转量1989062万t·km。其中,侯禹公司有总公司调度命令违流工作量40600万t·km。呼和浩特局发送货物中,应经张集线、唐张线,实际经大秦、唐港公司有总公司调度命令违流工作量经大秦公司产生801042万t·km,经唐港公司产生163506万t·km。

5. 按照《太原铁路局统计质量综合考核办法》和《太原铁路局统计质量综合考评实施细则》,每月对各单位统计质量进行了考评,其中运输统计全年累计考核各类问题191个,累计处罚29.94万元,涉及17个基层站段、1个合资公司和1个机关部门,进一步促进了统计工作质量全面提高。

6. 路局下发《关于上报参加评选2015年度优秀统计分析报告和征集铁路第十二次统计科学论文的通知》,全局共上报127篇统计分析报告,其中31篇统计分析报告被评为本年度路局一、二、三等奖。在总公司计划统计部2015—2016年度铁路优秀统计分析报告考评中,路局获得统计分析工作先进组织单位,上报了23篇,其中18篇通过总公司初审,10篇获得参评资格,获得一等奖1篇,二等奖1篇,三等奖7篇。在全路第十三次优秀统计论文及征文活动中,路局获得先进组织单位,并获得三等奖1篇,优秀奖1篇。

7. 完成铁路信息系统建设投资基本情况调查工作。下发《太原铁路局关于开展铁路信息系统建设投资基本情况调查的通知》,举办了铁路信息系统投资调查培训班,向总公司上报了铁路信息系统投资调查表,按总公司要求上报了关于信息系统调查“硬件和软件及运用中存在的主要问题”情况的汇报。

8. 完成统计培训工作。全年开办统计培训班八期,其中运输统计4期,劳动、节能、环保和物资统计各1期,路局于11月8日至12日在西南交通大学举办了一期统计专业人员继续教育培训班,路局相关部门、基层站段、合资公司统计主管、优秀统计分析作者和月度统计分析负责人共64人参加了培训。

9. 完成铁路统计基本单位名录库建立和上报工作。根据中国铁路总公司《关于推进铁路统计基本单位名录库建立有关工作的通知》(计统分析电〔2016〕142号),下发了《关于上报铁路统计基本单位名录的通知》,组织管内各单位、各部门和各合资地铁公司完成单位名录库信息录入和上报工作。

10. 实现由客票系统自动生成各车务站段运输十八点电子票旅客人数相关数据。研究制定了十八点统计系统与客票系统联接方案,实现由客票系统自动生成各单位运输十八点电子票旅客人数相关数据。提高了运输十八点统计旅客相关人数的准确率,减少了精速报误差,该项目获得太原局2015年下半年合理化建议和技术改进成果三等奖。

11. 提出关于原平车务段采用停时指标统计系统计算停时的建议。将口泉站停时指标统计系统推广至原平车务段轩岗站应用。该建议成为太原铁路局“创新创效创业”118条优秀合理化建议之一。该系统于2016年10月1日在轩岗站正式使用,大大提高了统计工作效率。

12. 修改完善货车占用统计系统,保证合资公司货车占用数据统计准确。对韩原线、太兴线、瓦日线货车占用统计程序进行了修改完善,并安排太原北站、侯马车务段、太原车务段对太兴线、侯阎线、瓦日线货车占用数据进行统计审核,保证准确向合资公司收缴货车使用费。

13. 完成统计报表工作。路局各专业统计人员每月坚持认真收审、核对、编制完成上报总公司的统计报表,全年没有发生晚报、错报现象。在总公司计统部2015年铁路统计报表工作考评结果中,路局取得综合考评第三名的成绩,专业排名中机车车辆购置统计排名第一;劳动、劳动生产率统计排名第二;节能统计排名第二;物资统计排名第二;客运统计排名第三;机车统计排名第三;运输设备统计排名第三。

14. 完成统计咨询服务。按照总公司“计统分析函〔2016〕73号”通知要求,完成了2015年太原局的铁路统计资料汇编;完成《2015年度太原局统计资料》领导手册编纂工作。

15. 做好铁路统计人员岗位资格管理,加强统计队伍管理。按照《中国铁路总公司计划统计部关于组织2016年铁路统计岗位资格在线考试的通知》要求,组织局内50名统计人员参加了考试。组织全局各部门系统管理员对统计机构和统计人员信息按总公司要求及时进行维护,按季向总公司上报全局统计人员信息。

16. 加强统计分析。要求各基层单位每月定时上报月度统计分析,由计统处汇总,每月按时上报太原铁路局和大秦公司经济活动分析;完成总公司安排“春运、十一黄金周”客流调查分析上报工作,服务路局旅客运输组织和管理。

17. 完成机车跨局工作量统计。外局配属机车在太原局管辖线路内完成货运机车牵引总重吨公里406.59亿t·km,其中:内燃机车完成48.89亿t·km,电力机车完成357.70亿t·km,(配属北京局机车在太原局管辖线路内完成118.18亿t·km,配属呼和浩特局机车完成1.22亿t·km,兰州局机车完成90.90亿t·km,郑州局完成196.29亿t·km)。

2016年,太原局配属机车在外局及合资公司线路上完成货运机车牵引总重656.08亿t·km,其中:内燃机车完成16.81亿t·km,

电力机车完成639.27亿t·km,(太原局配属机车在北京局线路完成168.74亿t·km,在呼和浩特局线路完成74.89亿t·km,在济南局线路完成33.07亿t·km,在兰州局线路完成3.20亿t·km,在西安局线路完成10.26亿t·km,在郑州局线路完成0.77亿t·km,在蒙冀公司线路完成10.32亿t·km,在呼准铁路公司线路完成1.26亿t·km,在新包神公司线路完成7.62亿t·km,在太中银公司西安局和兰州局管辖线路完成46.08亿t·km,在唐港公司线路完成292.82亿t·km,在晋豫鲁公司郑州局和济南局管辖线路完成7.05亿t·km)。

（张　军）

财务管理

【概述】 财务处负责路局运输核心业务以及运输业其他业务经营的成本预算、运营及建设资金筹措运用,国有资产监管、财务会计核算、税务管理、资金结算等财会管理工作,业务受中国铁路总公司财务部指导。财务处下设运营、大修、会计、出纳清算、综合、机关财务、基建财务、价税、产权、财务监察、非运输企业财务等职能科以及财务集中核算管理所、铁路资金结算所、财务会计学会等附属机构。

2016年末,财务处定员131人,现员126人,其中处长1人,副处长2人。全处人员包括高级会计师36人,高级经济师1人,高级工程师2人,会计师54人,工程师2人,经济师2人,助理会计师21人,会计员2人,其他管理人员2人,业务员4人。

【任务完成】 盈亏总额完成341132万元,完成年度预算464311万元的73.5%,较年度预算少完成123179万元,对应考核利润完成979478万元。其中:

运输利润完成664130万元,完成年度预算1038012万元的64.0%,较年度预算少完成373882万元;

运输其他业务利润完成16956万元,完成年度预算9120万元的183.9%,较年度预算多完成7836万元;

非运输企业利润完成54328万元,完成年度预算30000万元的181.1%,较年度预算多完成24328万元;

唐港公司利润完成110245万元,完成年度预算106160万元的103.8%,较年度预算多完成4085万元;

准朔公司利润完成-32734万元,完成年度预算-30313万元的108.0%,较年度预算多亏2421万元;

大西公司利润完成-253183万元,完成年度预算-255660万元的99.0%,较年度预算少亏2477万元;

晋豫鲁公司利润完成-439910万元,完成年度预算-526581万元的83.5%,较年度预算少亏86671万元;

侯禹公司利润完成121万元,完成年度预算120万元的101.2%,较年度预算多完成1万元;

太兴公司利润完成-35027万元,完成年度预算-49181万元的71.2%,较年度预算少亏14154万元;

吕临公司利润完成-13037万元,完成年度预算-17246万元的75.6%,较年度预算少亏4209万元;

中鼎公司利润完成-1715万元;

朔黄等投资收益完成270958万元,较年度预算159880万元多完成111078万元。

【制度管理】 1. 完善财务处内部管理制度、工作流程和工作标准。认真梳理当前工作制度,并结合铁路发展的新形势、新任务、新要求,加以补充修订,汇编成财务处《工作手册》,包括27项部门职责、105项岗位职责、60项工作流程、115项工作制度,涵盖预算管理、资金管理、资产管理、会计基础管理、日常管理等14大类,为职工"守纪律、讲规矩""各司其职、各负其责"确立了工作标尺。

2. 坚持经济活动分析制度。牵头按月组织召开路局经济活动分析会,全年编发12

期经济活动分析会议纪要,及时收集并分析运营相关数据,对运营结果进行经济运行分析评价和风险监控,通过寻求运量变化所带来的盈亏影响及经营薄弱环节,找出存在的问题,提出下一步的整改措施,按照部门职责分工进行明确部署,并按照路局要求紧紧盯住问题的落实。

3. 坚持财务收支核查工作制度。财务收支核查工作在路局已经连续开展5年,核查内容触及经营管理各个方面,包括会计基础、预算执行、节支降耗、资金安全、资产管理、合同管理等内容。同时,采取核查与包保相结合,每年对包保形式进行调整,运用专人包保、科室包保、重点包保等不同的方式,通过热点问题座谈、财务政策解读、现场调研检查等方式对基层单位人员进行专业指导和帮促,寓检查于服务中。2016年,增加增收节支创效、低值易耗品管理、食堂伙食团管理、废旧物资处置等方面的内容,通过公布核查方案、增加检查重点、现场包保检查、撰写核查报告、录入核查系统、下发整改通知等一系列工作的实施,累计深入基层400余人次,发现各类问题700余项,全部纳入自行开发的财务收支核查系统问题库管理。同时,对撰写的核查报告进行质量评比,对发现的重点问题进行全局通报,实现闭环管理,发挥财务监督职能。

4. 实施重点任务督办机制。将2016年年初安排的重点任务细化为90个项点,将每月确定的重点工作形成责任分解表,指定负责领导并区分责任科所限定时限完成,按月通报完成情况,形成动态报告,责任到人,进行考核,保证各项工作有条不紊地整体推进。

【预算管理】 1. 准确完成年初预算编制。按照路局制定的预算编制方案,严格履行审批程序,以上下结合的方式完成全局44个运输单位及局机关和附属机构运输支出预算的编制、下达工作,以《太原铁路局关于下达2016年全局财务预算指标的通知》(太铁财〔2016〕96号)文件下发,为全年预算执行打下坚实的基础。为提高预算编制质量,在运输站段及运输辅助单位上报备案执行预算后,分阶段、有重点地开展2016年财务预算集中会审和评价工作,针对单位编制的执行预算提出相关意见和建议,提高各单位预算编制的质量。

2. 合理测算营改增调减额度。对全局各运输站段、运输辅助单位2016年上半年建筑业、生活服务业等涉及营改增业务支出情况进行调研。根据调研结果,9月20日发布《太原铁路局关于全面实施营改增后调整2016年财务预算的通知》(太铁财〔2016〕493号),合计调减预算6550万元,其中:直接费5517万元、间接费1033万元,确保全局盈亏目标的实现。

3. 提出加强全面预算管理措施。下发《太原铁路局关于进一步加强全面预算管理的通知》(太铁财〔2016〕286号)文件,就落实预算管理责任、提高预算编制水平、加强预算过程控制、细化预算分析考核等方面提出13项具体要求,确保全年经营目标的实现。

4. 开展"一件一档"集中会审。3月、11月,分别对各单位的"一件一档"录入工作进行集中会审,对相应工作质量进行考核,保障财务支出的真实性、准确性、合理性,实现运输安全与经营效益的共赢。

5. 重新修订预算考核办法。重新修订《太原铁路局2016年财务预算考核办法》(太铁劳卫〔2016〕200号),将总公司确定的上年实际压减考核项目、按上年实际考核项目、挂钩动态考核项目、按修程标准考核项目、据实项目等五类考核内容全部纳入。经过动态跟踪分析全局财务预算考核指标,平均每季度对11个单位进行考核,对10个单位进行奖励,并且在具体执行中落实到人,奖优罚劣,发挥财务预算考核的激励约束作用。

【节支降耗管理】 1. 下达全年节支指标。在综合分析目前市场变化以及路局运输生产经营情况的基础上,制定全年节支10亿元的工作目标。同时结合各单位的实际情况,履行相关程序后，下达各单位2016年具体节支指标，为实现全年成本管理目标提供保障。

2. 出台节支降耗考核措施。在增收方面，实施普速列车客票收入增收奖励，各站段发售的普速列车的旅客票价收入同比增收部分，给予5% ~10%的奖励；实施货物运费收入增收奖励，各站段货物运费收入同比增收部分给予5% ~10%的奖励；在节支方面，直接生产费中委外修理支出、业务外包支出，按照确认节支额度的5% ~10%给予奖励；剔除劳动保护、水害预抢和复旧支出的其他间接生产费各项支出，按照确认节支额度的5% ~10%给予奖励；在全面完成年度其他业务预算各项指标的前提下，按照其他业务利润实际完成超预算部分的10%给予奖励，由路局单独结算。

3. 超额完成节支任务。2016年，编发11期落实"增收节支创效"工作进展情况的通报，参加12次集中修综合施工盯控，深入现场720人次督导检查，发布3次节支考核进程预警，重奖13个单位和部门，起到激励先进、鞭策后进的导向作用，全年节支16亿元，较预定10亿元节支目标再节支6亿元，取得总公司成本节支奖励8000万元。

4. 积极参与全员创新创效创业活动。提报83条节支降耗"金点子"，入围路局创新创效合理化建议11条，名列路局处室第一。

【大修管理】 1. 下达全年大修预算指标。梳理各业务主管部门以及单位提报的2016年运输设备大修支出预算建议，在充分沟通、全面协调的基础上，按照路局明确的2016年大修支出预算总规模，提出全局各系统、各单位年度运输设备大修支出明细项目及额度安排的建议签报，在报经1月27日路局党政联席会议批准后，1月29日发布《关于下达2016年运输设备大修支出预算的通知》（太铁财〔2016〕76号）。

2. 推进大修进度质量。自3月开始，全面实施大修项目推进情况的动态分析和跟踪管控，在现场盯控、信息反馈、整理数据和专题分析的基础上，先后编发8期《关于全局2016年运输设备大修推进完成情况的通报》，针对不同阶段的问题提出对应措施，解决问题41个，确保大修项目的有序推进。7月8日，下发《关于落实7月4日路局运输生产大交班会精神，确保2016年大修项目推进速度和质量的通知》，专项组织开展半年度大修项目推进的核实、分析和督办工作，为全年大修项目的落实奠定基础。7月下旬，下发《关于开展未开工大修项目重新核定工作的通知》，组织相关部门和单位，对列入重点排查范围的涉及9个单位、截至通知下发日仍未开工的36个项目（总金额509万元），逐一进行梳理核实，就前期推进迟缓进行原因分析，就后续加快进度、确保按期完工制定并实施推进方案。

3. 强化大修项目过程管控。发布《关于明确2016年运输设备大修支出预算执行及有关事项的通知》（太财修函〔2016〕21号），从"强化大修预算的刚性约束、规范大修项目的管理行为、严控预算项目的大修支出、扎实推进节支降耗管理工作"等4个方面提出2016年度大修支出预算执行过程中需具体落实的要求，同时明确各单位自行安排大修预算的审报、大修进度考核标准及依据以及项目负责制落实方案和各大修项目完成进度数据提报等方面的指导意见，为规范管理、创新思路、保障安全、服务一线方面，起到及时的约束和导向作用。

4. 开展项目审价工作。在与各部门对接的基础上，确定对供电、工务、电务、房建系统84个涉及预算额度6498.2万元的大修工程项目支出开展审价工作，方案经路局领导批准后，于3月16日发布《关于开展2016年运输设备大修工程项目支出审价工作的通知》（太财修函〔2016〕20号），全局大修预算编制、执行体系得到进一步细化和优化。

【资金管理】 1. 规范资金预算编制工作。下发《关于做好2016年运营资金预算工作的通知》(太财清函〔2016〕6 号)文件,重点对其他业务资金的核算模式进行改变,由原来的上转通知书改变为现金支付,以明晰账务往来关系,避免主营业务与其他业务资金之间相互占用,减少债权债务的发生。

2. 制定《太原铁路局备用金管理办法》。制定《太原铁路局备用金管理办法》(太铁财函〔2016〕228 号),从备用金的使用范围、审批支付到管理等方面进行明确规定。

3. 运营拨款使用银行承兑汇票。3 月,对第二次运营资金的拨款进行重新核定,开始使用银行承兑汇票,当月拨付 8087 万元。截至 2016 年 12 月 31 日,运营资金拨款已累计使用银行承兑汇票金额 81082 万元,月均使用 7173. 09 万元,有效减少银行承兑汇票存量,缓解现金支付压力。

4. 开展银行账户清查工作。对各单位截至 2016 年 6 月 30 日,在商业银行及政策性银行开立并持有的银行账户进行清查。针对在清理工作中发现的问题,财务处下发《关于进一步加强银行账户及资金管理工作的通知》(太财清函〔2016〕55 号),各单位迅速进行整改。

5. 开展更新改造资金以及公务卡使用情况专项检查工作。8 月 13 日至 9 月 29 日,先后对太原站等 37 个站段的 2015 年更新改造项目完成及资金使用情况、公务卡推广使用情况、银行承兑汇票的管理使用相关情况等进行专项检查,对发现问题提出整改措施,并在下一步工作中进行完善。

【财务管理】 1. 建设资金到位情况。截至 12 月 31 日,建设资金累计到位 2370. 60 亿元,占累计投资计划 2426. 11 亿元的 98% 。其中铁路资金累计到位 751. 20 亿元,占累计投资计划 760. 41 亿元的 99% ;地方资金累计到位 527. 88 亿元,占累计投资计划 574. 18 亿元的 92% ;债务性资金累计到位 1091. 52 亿元,占累计投资计划 1091. 52 亿元的 100% 。

2. 开展建设资金专项检查。①工作安排。年初下达《太原铁路局 2016 年建设资金专项检查工作安排》(太财基函〔2016〕3 号),按照对未进入竣工财务决算编制环节的项目(建设单位)全覆盖检查的工作目标。②实施情况。自 5 月开始组织专项检查,累计现场检查 38 天,总计检查 7 个建设单位、9 个建设项目、21 个施工单位(包括单独核算的分项目部),完成年度计划的 100% 。发现问题 64 个,其中建设单位 18 个,施工单位 46 个。③检查结果。优秀单位 4 个、良好单位 2 个、合格单位 1 个,评定结果和问题整改情况纳入四季度财务会计报告考核。

3. 开展竣工财务决算编审工作。对概算清理已完成(或初验工作已完成)进入竣工财务决算编制工作环节的建设单位(项目)全覆盖,深入现场开展竣工财务决算专题调研工作,总结竣工财务决算编审工作存在的 5 个方面的问题,提出 7 条整改措施或工作建议,上报调研报告。

【会计基础管理】 1. 完成总公司对路局 2015 年经营业绩审计工作。7 月,总公司审计中心对路局 2015 年经营业绩审计及杨绍清同志离任进行审计。财务处全力做好各项审计准备、配合、接待工作。

2. 按时完成财务决算报表的报送。严格执行《企业会计准则》,如期完成 2016 年前三季度路局、大秦公司运输企业三套报表、财政久其全级次企业报表、厂办大集体企业报表、财政部门决算及各套报表财务情况说明书、会计报表附注、会计报表的汇总、合并、上报工作,并起草发布财务会计报告考核文件。

3. 加强失业保险返还补贴管理。由财务处牵头,社保处、职教处、劳卫处共同配合,历经 10 次推进会,路局失业保险返还补贴的管理和使用工作取得长足的进步。①实现规范管理。针对返还补贴申领不及时、补贴资金使用不规范等问题,发布《太原铁路局关于规范失业保险返还补贴管理使用有关工作的通知》(太铁财〔2016〕115 号)文件,从失业保险返还补贴的基本概念、管理原则、使用范围、申领返还工作流程、预算管理、会计核算、监督和考核等方面进行详细规范。②纳入预算安排。下发《关于下达2016年失业保险返还补贴支出预算的通知》(太财会函〔2016〕26号)文件,把失业保险返还补贴资金全部纳入路局全面预算管理体系,安排预算12075万元。明确各单位收到的稳岗补贴80%用于缴纳失业保险、20%用于职工教育培训支出;在岗培训补贴全部用于职工教育培训支出,达到节约企业成本支出、减轻企业负担的目的。发布《关于下达2016年失业保险返还补贴支出调整预算的通知》(太财会函〔2016〕64号)文件,根据当季各单位收到补贴情况,按季度进行动态调整,提高资金的使用效率。③加强监督考核。利用两个阶段的财务收支核查工作和委托中介审计机构的专业力量,对39个基层单位进行重点检查,对各单位失业保险返还补贴收支核查情况进行通报(太财会函〔2016〕49号)。联合路局社保处、劳卫处,下发《太原铁路局关于对2015年失业保险返还补贴增加工资清算的通知》(太铁劳卫函〔2016〕263号)文件,对积极申领失业保险返还补贴、资金到位、管理规范的46个单位,按2015年申领补贴资金总额的5%增加工效挂钩工资清算金额,共计356.78万元,调动了各单位争取失业保险返还补贴资金的积极性。

4. 加大债权清理力度。延续2015年债权专项清理工作中好的做法,重新修订《太原铁路局债权债务管理办法》(太铁财〔2016〕435号),采取专人清收、离岗清欠、上门清欠等行之有效的方式,提高了清欠效果。对于应收各合资公司债权,结合总公司向各铁路局下拨2015年增值税金的契机,在保证对方现金流稳定的前提下,通过签署抹账协议、三方协议等方式进行委托运输费的清收工作;对于应收各工程局债权,因部分单位存在应付对方的工程款项,经认真梳理,积极协商,通过办理委托付款、三方抹账等方式进行,清理效果明显。截至2016年12月31日,全局共清理2014年未清理债权和2015年新增债权808笔,金额合计52.16亿元。

5. 开展内部控制中期测试。根据内部控制工作测试范围,定量考虑,选取合并财务报表具有重大影响的科目及业务,选择重点站段进行测试;同时兼顾以前年度的测试范围及测试发现问题,对以往年度测评工作中未涵盖的站段,考虑选取部分纳入本年度测评范围;对以往年度测试中发现问题的站段,考虑有重点地选择部分纳入本年度测评范围。全年共测试23个单位306个关键控制点。

【财会信息化管理】 1. 完成学习成果转化。组织相关科室外出学习,充分吸收上海局、沈阳局,西安局、南昌局、南宁局等5个铁路局在财务管理工作中的先进经验,撰写14篇调研报告,转化以系统开发为主的8项学习成果。

2. 会计核算系统V5.0各子系统的应用率达到100%。按照总公司7月份发布的《关于会计核算系统应用情况的通报》(资信函〔2016〕26号),路局(包含运输主业、非运输业和合资公司)V5.0管理系统中账务和报表的应用率达到100%,工资系统应用率96.06%,固定资产系统应用率达到98.55%。通过组织人员对未使用单位逐个辅导培训,截止到10月底,工资和固定资产系统未使用单位已全部推广应用,应用率达到100%。

3. 加快推进财会信息系统建设。一是下发《关于明确财务会计管理信息系统日常应用维护流程的通知》(太财会函〔2016〕9号),进一步明确日常运行维护工作流程和故障处理流程,确保财会信息系统正常运行。二是做好全年财会信息系统研发和推广实施的统筹规划,形成制度,逐月推进督办,每月进行专题汇报,路局财会信息化管理得到进一步加强。三是在进一步完善和扩充现有财务管理信息系统功能基础上,加快推进财会信息系统建设,主要完成以下系统开发:①完成“税务管理信息系统”的研发。结合涉税业务和管理流程全税种进行统计分析,掌握全局税务管理中的有关情况,实现涉税业务精细化管理、全过程监控,在12月底全部开发完成,投入试运行。②开发“承兑汇票管理系统”,该系统已于10月底部署完毕,正在试运行。③推广现金流量管理系统。

【国有资产管理】 1. 出台《太原铁路局低值易耗品管理办法》(太铁财〔2016〕175号)。通过对低值易耗品的标准与分类、管理职责、购置管理、财务核算与监督、报废处置、清查盘点等方面进行规范,填补了低值易耗品管理制度空白,堵塞了管理漏洞。

2. 规范废旧物资处置财务管理行为。印发《太原铁路局规范废旧物资处置财务管理通知》(太财产函〔2016〕22号),明确各单位废旧物资处置的管理主体和相应职责,建立废旧物资处置公示制度,并规定废旧物资处置收入必须纳入单位财务账项统一核算,不得以任何理由私自侵吞占有或擅自在单位财务账以外进行核算。

3. 印发《太原铁路局无形资产财务管理办法》。对无形资产从确认和初始计量、摊销,到期末计价、清查、处置,进行全流程的操作规范,同时明确路局及各单位对无形资产的管理权责,规定各单位购建、研发无形资产统一纳入预算管理,计划部门负责对各单位按规定审批立项的无形资产购置和开发项目下达项目投资预算。

4. 制定《太原铁路局公允价值应用实施细则》。明确单位应成立公允价值确认工作小组,具体负责公允价值的申报、审核、计量以及核准工作,同时明确各单位公允价值的确认流程,为规范公允价值计提资产减值准备等方面的应用提供制度保障。

5. 完成清产核资后续工作。一是落实中国铁路总公司对清产核资和向国家铁路局划转资产等工作结果的批复,严格按照批复结果进行清产核资损失账务处理工作。二是对清产核资和资产评估中反映出的问题,深入剖析根源,制定切实可行的整改措施并进行整改。三是组织各单位对清产核资中经确认为资产损失,拟进行账务核销,但尚未形成最终事实损失的债权性、股权性及实物性资产建立专门档案,作为账销案存资产进行专项管理,防止国有资产流失。四是印发《太原铁路局账销案存资产管理办法》,明确资产管理部门的职责和分工、销案依据、销案程序、审批权限、档案管理等内容,建立企业内部年度账销案存资产管理情况专项报告制度、监督管理机制和责任追究机制,完善账销案存资产管理的内部控制制度。

6. 强化对资产调拨、转让、出售等事项的审核。按照总公司、路局规定的审批程序、审批权限,组织办理各类资产的报废、毁损、调拨、出售等资产处置的审批,指导做好新设立单位的资产移交工作,指导全局各单位做好资产处置过程中资产权属界定、处置费用及补偿等财务管理有关工作,规范资产处置行为。全年分两次办理运输主业固定资产及高价耐用品报废集中审批,共报废资产损失约2000万元。

7. 组织开展全局收藏品专项清查工作。下发《太原铁路局中共太原铁路局委员会关于开展收藏品专项清查工作的通知》(太铁财函〔2016〕496号),将2016年6月30日确定为清查基准日,共清查出各类收藏品共计153件,预估市场价值总计1799500元。通过清查,全面摸清了全局收藏品的数量、来源、质量和状态,有效地防止了收藏品的丢失、损坏,以及因违规处置收藏品而产生“小金库”的风险。

8. 加强国有资产评估管理。组织资产有偿调拨、实物资产出资、产权转让、增资扩股、公司注销等项目涉及的资产评估,并对评估过程及结果的客观公允性进行评判。通过与路局业务主管部门的密切合作,与评估、审计中介机构的充分沟通,尽最大可能提供验证评估结果的有力依据,并对经济行为依据、评估资产范围界定、评估方法运用、技术参数选取、取价标准及资产评估增减变动结果的合理性提出审核意见，既维护了评估结果的公正、客观、合理，又确保了路局国有资产处置的效益最大化及资产购置成本的最小化。2016 年主要组织完成与沈阳局、广铁集团置换动车相关资产评估工作；增资准朔公司项目资产评估工作；晋中长龙天源公司股权转让资产评估结果审核备案工作。评估中重点做好与资产权属单位的对接及评估工作技术处理方面的沟通协调工作。

9. 组织完成 2016 年法人企业产权登记工作。经严格审定，共办理登记 182 户，其中办理年检登记 125 户，变动登记 35 户、注销登记 9 户、占有登记 13 户。同时，对产权登记集中会审后的资料进行整理，梳理总结产权登记工作中暴露出的问题，督促非运输企业进行整改。

【税收管理】 1. 开展 2015 年企业所得税汇算清缴工作。梳理重点事项，与税务师事务所共同研究确定 2015 年度运输企业所得税预估调整数据，以缩小与所得税汇算清缴应纳税额差额。借助专业力量，安排中汇、信益税务师事务所进行 2015 年度运输企业所得税汇算审核工作。遵守法律法规，开展税收筹划，全局所得税汇算清缴工作在 2016 年 5 月 31 日前按时完成申报，享受企业所得税优惠 15. 3 亿元，有效节约了企业运营资金。

2. 基本完成税务机关专项检查配合工作。从 2 月 23 日起，大同、太原、侯马等地区国地税务机关陆续进驻，开始对 2012—2014 年涉税业务进行重点检查。一是组织各单位财务主管亲自负责接待和解释，对检查人员询问的事项，结合当时国家的有关政策以及铁路行业的特点合理解释，争取对方的理解和支持。二是每日统计检查情况，掌握各类涉税问题并向总公司动态报告。同时每旬向总公司上报税务检查情况。三是随时关注各单位税务机关重点检查情况，积极协调，给予专业指导。四是总结税务检查以来相关情况，对发现的问题核实并提出应对意见，并向总公司上报重点税源检查自查及检查阶段入库税金情况。截止 12 月 31 日，现场检查工作基本结束。

3. 精心安排全面实施“营改增”后政策辅导和研讨调研工作。从 5 月 1 日起，随着营业税改征增值税试点工作全面展开：①组织专题培训。2016 年 4 月中旬，组织基层站段的税务管理人员进行营改增政策培训工作；2016 年 6 月，组织税管人员进行《营改增后增值税申报表填报》的专题培训，确保增值税纳税申报及时准确。②进行政策辅导。对涉及全面营改增事项的工务系统、各地区工程建设指挥部以及太原公寓管理段等单位进行平行推进辅导，帮助各单位正确执行税收政策，解决实际问题，规范核算行为，降低涉税风险。③召开研讨会。一是组织路局相关部门和部分单位开展全面实施营改增研讨会，向总公司上报 2016 年 5 月 1 日起建筑业、房地产、金融业、生活服务业实施营改增对铁路企业影响的研究结果。二是针对营改增后因太原铁路房建段、太原工务机械段、太原科研所实施内部模拟市场化运作及近期税务机关在检查上述单位时提出“其他业务收入”核算的事项属于应税行为的问题，组织召开专题会议，提出通过调整财务核算方式来防范税务风险。三是召开营改增后不动产的物资采购、进项税额抵扣的税务管理研讨会。四是组织处内相关科室及部分站段结合营改增政策辅导发现的十个方面问题开展集中研讨。④及时修订印发相关文件办法。根据现行营改增政策同时结合总公司营改增后财务管理有关问题的通知，修订太原铁路局增值税发票暂行管理办法、进项税暂行管理办法。

【财务监督】 1. 开展“小金库”专项治理工作。2015 年 9 月全路开展的“小金库”专项治理工作，在 2016 年主要是整改落实。①按照既定方案，抓好组织落实。按时向总公司上报重点检查阶段、全面工作总结、问责追责等6个专题报告，编发14期工作简报，适时召开会议、落实工作、督办各单位做好各项工作。②迎接上级检查，抓好整改落实。2016年3月3日至5日，总公司督查组一行4人对路局的治理工作进行督导检查。根据督导组的现场帮助指导，结合正在推进的整改落实工作，迅速布置"小金库"专项治理"回头看"工作，主要是进一步做好阶段性资料的梳理补充，及时下发督办通知，认真落实问题整改，严格落实举报制度，完善举报核查事项，规范档案资料整理，提高此次治理工作的效果。③落实整改方案，抓好组织沟通。按照路局"小金库"专项治理工作领导小组办公室的方案，立即分头开展工作，组织人员、拟定方案、下发督办、规范模板，针对性地展开"小金库"专项治理"回头看"工作。梳理每个阶段的开展情况，针对存在的不足，立即填平补齐各种资料。截至治理结束，共完成各项制度49个，其中：财务和资产管理方面8个。

2. 做好"小金库"专项治理后续工作。一是将"小金库"监督检查纳入全年财务监察工作计划和财务收支全面核查工作，落实"小金库"监督检查的常态机制，预防和制止"小金库"行为的发生。二是下发《太原铁路局关于做好"小金库"专项治理后续工作的通知》（太铁财〔2016〕401号）文件，从统一思想、提高认识、加强教育、完善制度、强化监督等方面提出要求。三是组织力量修订路局《防治"小金库"重点环节风险防控手册》（太铁财〔2016〕609号），重新对全局经济业务进行梳理排查，细化为26个管理模块，达到整体构架的完整性、重点环节的覆盖性，切实起到指导性和可操作性。四是下发《关于开展财务监察重点事项有关工作的通知》（太财监函〔2016〕71号），分阶段开展"小金库"处理情况和发行费、稿酬规范管理情况自查和重点检查工作。

3. 推进会计基础工作规范化。验收、专项检查单位57个，其中，复验单位16个，本年增加达标单位11个，验收、专项检查通过率得到提高。一是按《太原铁路局关于下达2016年财务监察工作计划的通知》（太财监函〔2016〕16号），对22个单位开展并完成2016年的会计基础工作规范化验收和复验工作。根据《铁路会计基础工作规范化单位考核评分标准》，对被检查单位会计机构和会计人员、会计工作交接、会计核算的一般规定、会计凭证、会计账簿、财务会计报告、会计档案、会计信息化、内部会计管理制度、会计监督的执行情况十大项156小项内容进行检查，填写《财务监察工作日志》《财务监察记录》，撰写上报专项检查报告，形成监察意见书，督促被检查单位进行整改。同时，所有验收工作全部纳入《财务监察信息管理系统》进行信息化管理。二是开展会计基础工作专项检查。抽调兼职监察25人，对35个单位进行会计基础工作专项检查，完成35份专项检查报告、5份小组专项检查报告、1份汇总报告；下发《关于2016年会计基础工作专项检查通报》（太财监函〔2016〕81号）文件。对于专项检查中出现问题比较多的单位，在年度决算前进行"回头看"检查，督促其整改到位。

【机关财务管理】 1. 严格预算管理。一是印发《关于下达2016年路局机关财务预算指标的通知》（太财机函〔2016〕10号），加强源头控制，合理安排控制成本费用支出，特别是加强"三公"经费的管理与控制，确保完成财务预算各项指标。二是根据路局下达的间管费节支额度，在年初下达机关各部门预算指标的基础上，对办公费用、短途运输费用、会议费用、财务费用进行核减，顺利完成110万元的节支任务。三是编制2016年铁路企业负责人履职待遇、业务支出预算表预算并上报总公司财务部；编制2016年机关各部门业务招待费预算。四是在下达预算指标的同时，路局机关使用预算指标IC卡控制手段，分季度控制各业务处室办公、差旅、短途运输、微机耗材、修理费用等各项成本支出，使成本支出控制在预算之内。

2. 做好职工收入统计和纳税申报工作。一是严格执行国家税收政策照章依法纳税。根据中华人民共和国个人所得税法的规定和山西省地方税务局关于对个人所得税代扣代缴的要求，规范执行汇总扣缴路局机关个人所得税的扣缴方法。二是根据国家税务总局《关于印发〈个人所得税自行纳税申报办法〉的通知》要求，机关财务科作为个人所得税代扣代缴义务人，提醒年所得在12万元以上的纳税人自行办理纳税申报，并发放申报提醒通知、申报宣传资料及申报规定的办法，3月份完成申报工作。

3. 规范各项财务行为。一是针对"营改增"后有关出差住宿发票问题进行明确并发布通知要求机关各部门认真执行，尽量取得增值税专用发票。二是接受铁路总公司派驻路局的中一事务所对2015年财务决算的检查和企业所得税汇算清缴检查，并对提出的问题进行逐项整改。三是接受铁路总公司审计与考核局对路局机关的财务审计，并对提出的问题进行逐项整改。四是严格执行机关经费报销制度和公务卡制度，把好原始凭证报销、付款审核关。

4. 开发"机关财务综合查询服务平台"。目前该系统按照设定的目标实现全部机关人员工资、奖金的查询，为职工了解本人工资收入、开具收入证明及办理纳税申报等方面提供极大的便利。全部开发完成以后，路局机关各部门通过平台可查询本部门人员工资、预算、固定资产状况等信息，实现机关预算、资产等明细化、透明化管理。

【资金结算管理】 1. 制度建设得到进一步完善。根据铁路总公司的部署，重新修订并公布了《太原铁路局资金结算所管理办法》。根据总公司出台的具体管理办法，分别制定《太原铁路局总户资金运用管理实施细则》《太原铁路局资金结算所内部调剂资金操作实施细则》《太原铁路局资金结算所稽核管理办法》，为结算所的工作奠定了坚实的基础。

2. 资金安全得到保证。一是坚持大额动态报告与网银监控相结合，全年记录报告大额动态共11.4万笔，日均笔数3128笔，大额资金流量共计586亿元。对监控中存在的问题及时反馈，并适时进行跟踪督办，对违反规定的单位及时进行通报，保证大额资金报告制度的严肃性。二是资金支付与预算执行相互配合。每日坚持算好生产资金支付头寸，确保支付，做到对无预算、超预算的支出不予受理。三是坚持按照结算所利息核对办法，每季度认真核对，确保了各项利息收入足额收讫。四是严格内部控制，按规定、按流程规范操作，严格履职，做到"各司其职、各负其责"。经过全所职工的共同努力，没有发生一起资金安全事故。

3. 资金运作收益再创新高。一是合理安排资金余缺，精心策划，上调资金计划兑现率100%，年末上调总公司资金中心140亿元，全年日均上调资金余额133亿元，比上年日均余额增加6亿元，取得收入5.24亿元，并获得总公司上调资金奖励6492.1万元，比上年增加226.8万元，奖励金额位居全路第二。二是面对央行去年连续5次降息不利因素，一方面根据央行出台的金融政策，积极争取利率上浮最大空间，合理利用银行利率政策实现上浮；另一方面，在办理协定存款的基础上，积极办理目前利率最高的七天通知存款，最高存款高达102亿元，创历史新高。针对七天通知存款的特点和当前金融市场利率的不稳定性，对已存的存款适时进行"解存再存"及时锁定即得利息，收益达1.9亿元。三是积极为非运输企业办理调剂资金，降低融资成本，从路局整体效益分析，与银行同期贷款利率相比节约190万元。2016年，实现资金收益总计6.2亿元，比确定的年奋斗目标5亿元增长24%，超额完成1.2亿元，创效达历史最高水平。

4. 资金归集和资金监管效果显著。一

是加强账户归集工作的日常管理,从账户个数、账户分类、账户开立等几个方面做细做实,特别是针对合资公司账户归集难的问题,积极采取按协定存款上浮优惠政策、奖励等激励办法,强化合资公司账户归集工作,效果明显。年末,按照账户归集考核指标计算,路局账户个数归集率完成90.81%;账户金额归集率完成96.05%,实现银行账户资金归集36.2亿元,银行账户资金归集创历史新高。两项指标超总公司规定的账户归集及账户资金归集指标85%,实现双达标。二是将提高各协作银行监管率作为重点督办工作,经过与各协作银行反复沟通,账户监管又取得较大进展。年末,银行账户监管率为97.82%,比年初确定的奋斗目标95%增加了2.82个百分点。

【财务会计学会】 一是完成财务各类骨干人才培训班;二是出版4期《太铁财会》会刊;三是开展主题征文活动;四是推进财会课题研究;五是开发会计人员信息系统;六是会计知识竞赛取得历史突破。

（苏旭林）

审　计

【概述】 审计处负责对全局各单位经营管理活动以及财务收支情况的真实性、合法性和经济效益进行审计监督,业务上受中国铁路总公司审计和考核局指导。机构设:综合审计科、运输审计科、基建审计科三个科及审计室一个附属机构。2016年末,定编22人,现员20人。其中:处长、副处长各1人,科长(主任)4人;高级审计师1人、高级会计师1人、会计师8人、审计师4人、助理会计师6人;硕士研究生学历1人、大学本科学历18人、大学专科学历1人。

【审计任务完成】 完成审计项目76项,其中:财务收支审计57项;任期经济责任审计6项;基建审计6项;专项审计和调查7项。通过审计,发现问题560个,问题总金额516831万元。其中:可量化问题407个,不可量化问题153个,审计处理处罚金额383219万元,增加被审计单位效益7082万元,其中:增加收入4321万元,节约支出2307万元,其他效益454万元。

【审计决定执行】 以送达审计的形式对全局70个单位进行了2015年度决算审签,分别对各单位2015年年度盈亏指标完成情况进行检查、对各单位2015年499条审计决定执行情况进行逐条落实、对各单位2015年年度决算填报情况进行检查。通过审签,发现未整改到位的历史遗留问题8个,金额1886万元。问题主要是投资方面问题5个,金额958万元;长期未清理债权及坏账损失方面问题1个,金额648元;潜亏挂账方面1个,金额280万元。2015年各运输站段运输成本实际支出均控制在有权支出的范围内,无超预算情况;抽查的预算外清算项目未发现违规行为。

【财务收支审计】 开展财务收支审计工作57项。审计发现问题463个，金额393165万元。其中：收入方面问题21个，金额4163万元；支出方面问题67个，金额10604万元；资产管理方面问题94个，金额16916万元；风险控制方面问题8个，金额7350万元；劳动工资管理方面问题11个，金额116万元；大修、更新改造等工程管理方面问题13个，金额4270元；其他方面存在问题249个，金额349745万元。审计处理处罚金额380797万元，增加被审计单位效益6218万元。通过财务收支审计，对被审计单位财务收支的真实性、合规性做出客观评价，有效地促进了被审计单位合法经营、规范管理，保障了全局经营目标的实现。同时，根据审计结果做好季度经营业绩考核提报，通过考核规范各单位的经营行为，促进被审计单位问题整改落实到位、促使其更好地发挥出经营优势。

【经济责任审计】 对6名单位或部门负责人进行任期经济责任审计。审计发现问题

39 个，问题金额 55828 万元。其中：收入方面问题 7 个，金额 737 万元；支出方面问题 9 个，金额 685 万元；资产管理方面问题 14 个，金额 6419 万元；风险控制方面问题 1 个，金额 1194 万元；其他方面问题 7 个，金额40338万元，审计处理处罚金额 55829 万元，增加被审计单位效益 856 万元。通过审计，对领导人员贯彻落实企业重大决策、业务支出情况和“三重一大”事项等进行审查和评价，客观界定领导人员经济责任，为路局人事部门干部监督、选拔、任用、奖惩提供依据。

【建设资金审计】 围绕铁路建设资金安全管理和使用这个核心要求开展 2016 年基建项目审计。检查各项资金筹集、运用和管理情况,关注债务风险,防范资金风险、确保建设资金用在建设项目上。审计处在进一步落实中央巡视组关于“工程建设领域审计监督全覆盖”和总公司“全覆盖、无遗漏”“分级负责、分阶段重点实施和落实责任制”原则的基础上,将总公司和局管建设项目、项目建设单位以及施工单位、项目建设期三个方面纳入审计范围。2016 年,开展建设项目 6 项,发现问题 22 个,问题金额 66804 万元。其中:总公司项目 3 项,分别为:大同至张家口高速铁路工程、侯马至风陵渡段电气化改造工程、曹妃甸港区铁路扩能改造工程。发现问题 10 个,问题金额 47005 万元;局管建设项目 3 项,分别为:北同蒲韩家岭至应县增建四线朔州至山阴联络线、西南环线工程、北六堡物流中心。发现问题 12 个,问题金额 19799万元。通过实施对建设单位的审计,将审计关口前移,进一步提高了建设单位的管理水平,有效防范了建设资金管理使用过程中的风险。通过实施对参建单位的审计,有效破解了铁路内部审计的局限性,确保了资金的闭环监督,从而保证了各项铁路建设工程顺利实施。

【管理审计】 开展落实总公司盈亏与工资挂钩机制等重大决策事项情况及相关工作情况的管理审计。按照《中国铁路总公司办公厅关于印发 2016 年审计和考核工作要点的通知》要求，以及《中国铁路总公司审计工作管理暂行办法》规定，总公司委托审计处对路局落实总公司盈亏与工资挂钩机制等重大决策事项情况及相关工作进行专项审计。审计处派出专项审计组，主要对 2015 年度及 2016 年 1 月至 9 月的相关资料进行查证，涉及单位有路局劳卫处、财务处、营销处、企管处，并抽审太原车务段、侯马北机务段和山西太铁联合物流有限公司等单位及相关车间班组。重点对太原铁路局全面落实盈亏与工资挂钩机制，深化内部分配制度改革情况进行专项审计；同时在 2015 年已实施专项审计调研的基础上，继续对路局推进现代物流转型工作激励考核措施落实情况、路局加强控股合资铁路公司经营责任考核情况进行跟踪审计。通过审计，促使路局及各单位增收节支与工资总额挂钩机制的建立和落实，建立了挂钩机制全覆盖、管理考核多层次的工资总额管理机制，充分调动了广大职工的积极性。

开展基层单位固定资产购置与核算的管理审计。审计处将与节支运输成本措施相悖的管理方面的问题作为审计的一个项点,通过对上半年审计发现问题的梳理,审计处对加强基层单位固定资产购置管理与核算达到节支运输成本方面提出合理化建议。一是建议路局相关部门加强对基层单位固定资产购置管理与核算的监督检查力度,杜绝基层单位拆分购置固定资产或违规列支固定资产的行为,从而减轻成本压力;二是 2015 年总公司重新印发了《中国铁路总公司固定资产管理办法》,修订了固定资产目录。建议财务、计统等相关部门根据该办法对电务、机务、车辆、信息等系统在成本中列支的购置金额超过 5000 元、使用期限超过 1 年且符合固定资产目录的高价配件或设备进行梳理,调整管理方式和列支款源,同时兼顾更新改造款源的年总体承受能力,从而达到整体节支效果。

该项合理化建议符合现场实际、能够满足运输生产需要,有利于提高经济效益、降低运输成本。

【专项审计和调查】 开展落实总公司审计组审计问题整改项目的专项审计调查。于8月初成立专项小组深入太原、侯马地区对行车指挥系统搬迁工程更新改造项目工程支出9928000元未及时验工计价及列账核算的问题、违规使用现金结算会议费45000元的问题以及虚开劳务发票套取资金设立“小金库”的问题进行现场核查及整改落实。就行车指挥系统搬迁工程更新改造项目工程审计发现问题3个，提出审计建议3条。通过审计，进一步深化了检查力度，为后续整改落实做好摸底工作；就虚开劳务发票套取资金设立“小金库”的问题除总公司审计局对路局经营业绩审计时发现的金额外，审计组还发现其他年度的同类问题4601306元，审计对上述“小金库”问题的形成过程、责任认定、处理建议做了详细的调查并撰写了专项调查报告上报局领导以及总公司。通过专项审计调查，促使基层单位做好举一反三的自查自纠工作，使审计问题整改形成闭环管理。

开展直属非运输企业内部审计管理模式和审计职能的专项调研。对山西先行经贸有限公司、山西太铁联合物流有限公司、大同新通实业有限责任公司、大同铁联实业有限责任公司、山西大秦物流有限公司、太原晋太实业（集团）有限公司、山西三晋铁建工程集团有限公司、太原铁路新创实业集团有限公司等8家直属非运输企业内部审计机构的设立情况、人员配备情况、日常管理情况、部门职责、制度建设情况、内部审计职能发挥情况等内部审计工作的具体工作流程、2014年至2016年各单位内部审计工作完成情况做了详细的调研。通过调研，摸清了非运输企业履行内部审计职责的现状，为完善全局非运输企业内部审计制度奠定基础。

开展非路产专用线代维修费债权签认情况的专项调查。对照各单位2016年审计决定以及2017年审计报告中有关专用线代维修费的清理情况进行了调查。审计发现存在未收回的非路产专用线代维修费债权总笔数144笔，问题总金额86063534.34元。通过审计，收回债权金额1539355元。2016年各单位未收回的非路产专用线代维修费债权笔数77笔，问题金额49932556.34元。审计发现的主要问题，一是由经营网点收取非路产代维修费；二是近一半的债权得不到对方单位的签认，加大了企业资金回收的风险。通过对非路产专用线代维修费债权的签认情况进行审计调查，为路局在经济好转的形势下清理清欠代维修费提供依据，切实维护铁路企业的利益，提高审计成果的利用率。

【委托审计】 开展对路局工会本级经费使用情况的委托审计。派出审计组对路局工会本级2015年度经费使用情况进行了审计。通过审计，促进路局工会积极履职，细化财务制度，规范经济行为，加强过程控制，进一步实现预算精细化、财务标准化、监管全程化。

【开展经费检查】 根据《中国铁路总公司关于进一步加强中央八项规定精神落实情况审计监督工作的通知》(铁总审〔2015〕283号)文件精神,在开展各类审计项目时,审计处继续强化对“三公”经费、会议费、领导人员履职待遇等的审计监督,将中央八项规定精神和总公司相关要求落实情况纳入所有审计项目重点内容,实施常态化审计,促进规定的贯彻落实。

【内部管理】 全面推广审计管理信息系统在审计工作中的应用。制定了《太原铁路局审计信息管理系统推广实施方案》，成立推进工作领导小组及办公室。方案明确了各部门的职责和分工、硬件设备及软件运行环境的具体实施方案、推进工作时间计划以及工作要求。该系统的使用加强了审计资源的集中管理和信息共享，加大了数据的集中、整合和综合分析能力，提高了铁路审计工作的信息化程度，实现审计全过程的质量控制；通过系统的深化应用，能够充分发挥审计的监督和保障作用，强化对经营行为的过程监控，创新审计方式，提高了审计质量和效率。

开展审计制度建设专项工作。开展审计制度建设专项工作,对现行的规章制度及审计法律法规进行重新修订,切实增强制度的适应性和创新性,确保审计工作“有章可循”“有法可依”。一是编制了太原铁路局审计制度汇编。汇编分为:管理制度、审计规章、作业标准三个章节。二是发布制度性文件4个。分别为:《太原铁路局领导人员任期经济责任审计实施办法》《太原铁路局关于建立经济责任审计工作联席会议制度的通知》《太原铁路局审计工作实施办法》《太原铁路局关于建立审计问题整改联席会议制度的通知》,逐步建立健全各项审计制度,完善审计业务考核办法,深化审计体系机制建设,为提高管理效能、规范审计行为、发挥监督作用提供有力保障。

（李　君）

收入稽查

【概述】 收入稽查处负责全局运输收入管理工作。机构设:综合管理科、预算管理科和收入会计科三个科,收入稽查队和收入稽核队两个附属机构。收入稽查处限额内定编11人,收入稽核队定编34人,收入稽查队定编16人。收入稽核队和收入稽查队2016年退休3人。截止2016年底共有在岗职工59人,平均年龄46岁。技术职称:高级经济师3人,高级会计师3人,高级工程师3人,高职职称占15.3%;会计师13人,工程师6人,经济师4人,统计师2人,中级职称占42.4%;初级职称21人,初级职称占35.6%。

表18　　**2016年运输总收入完成情况**

项　　目	年度预算	完　　成	超欠年预算	超欠±%	同比±	同比±%
运输总收入(万元)	7421200	6270412.2	-1150787.8	-15.5	-1088295.5	-14.8
其中:客票收入	456300	411470.7	-44829.3	-9.8	20958.1	5.4
货物运费收入	4768600	3934089.7	-834510.3	-17.5	-796900.8	-16.8
其他收入	1022600	944191.1	-78408.9	-7.7	-125793.3	-11.8
建设基金(万元)	1173700	980660.7	-193039.3	-16.4	-186559.5	-16.0
日均完成	20332.05	17132.3	-3144.2	-15.5	-3028.6	-15.0
客运发送量(万人)	7390	7101.1	-288.9	-4.1	94.4	1.3
客收率　(元/人)	61.75	57.94	-3.80	-6.2	2.21	4.0
货运发送量(万吨)	59170	51208.5	-7961.5	-15.5	-7523.6	-12.8
货收率　(元/吨)	80.59	76.82	-3.77	-4.7	-3.73	-4.6

【运输任务完成】 全局运输总收入完成627.04亿元,欠预算115.08亿元,同比减少108.83亿元,下降14.8%。其中:

(1)旅客票价收入完成41.15亿元,完成年预算的90.2%,欠预算4.48亿元;同比增收2.1亿元,增长5.4%;

(2)货物运费收入完成393.41亿元,完成年预算的82.5%,欠预算83.45亿元;同比减少79.69亿元,下降16.8%;

(3)其他收入完成94.42亿元,完成年预算的92.3%,欠预算7.84亿元;同比减少12.58亿元,下降11.8%;

(4)建设基金完成98.07亿元,完成年预算的83.6%,欠预算19.3亿元;同比减少18.66亿元,下降16%。

客收率年预算61.75元/人,全年完成57.94元/人,欠年预算3.80元/人,同比增加2.21元/人,增幅4.0%。

货收率年预算80.59元/t,全年完成76.82元/t,欠年预算3.77元/t,同比减少3.73元/t,降幅4.6%。

【现代物流建设】 1. 积极开办汇总结算。出台了《关于明确货物运费汇总结算有关事项的通知》,在全局范围内,试行普通货物运费汇总结算新政策。2016年,大同站、朔州车务段等辖区内的6个发运客户使用了汇总结算方式办理业务,汇总结算达到144597.3万元。

2. 优化银行承兑汇票结算。积极与山西焦煤、阳煤集团商洽,从额度调控、站间调剂、背书次数等几个方面,对既有结算政策进行优化,最大限度地满足客户需求,提高政策的适用性和有效性;同时,对已背书转让票据出现遗漏证明等问题,积极协助有关企业进行追溯,补开票据差错证明。截至年底,累计核收银行承兑汇票2179张,结算金额累计63.68亿元。

3. 深入开展焦炭实重计费调研。对26个车站63个发运户的称重设备、装车载重、焦炭密度等情况进行了摸底调查,对个别车站存在的不按规定填记称重数据、空车标记自重与实重不符以及计重不符等情况进行了跟踪检查,并从设备配备、台账建立、查堵漏收等几个方面提出改进建议,防止漏少收行为的发生,确保收入完整。

【收入预算管理】 1. 精细预算目标管理。统筹考虑客货运量预期值、瓦日线煤炭运输增量以及太兴等新线开通运营信息,紧紧围绕盈亏考核目标,编制并下达了2016年运输总收入预算考核指标。2016年全局运输总收入预算742.12亿元,不含税同口径增加6.2亿元,增长0.84%。

2. 强化预算日常管理。整车煤炭基价2每吨公里下调1分后,认真研究调价特点和调价线路,结合整车煤炭流向,分析并测算了调价对路局收入预算产生的不利影响。2016年底,调价减收累计221755.2万元,货收率平均实际下降4.49元/t。10月10日,整车直通煤炭运输恢复执行基准运价后,调价减收仅影响管内整车煤炭运输收入。梳理曹妃甸、张百湾、凌源东等去向运距变化,剖析对路局经营产生的影响。经测算,唐张线开通后,年减少路局税前利润133957.04万元。

3. 深入开展调研分析。对竞争性一口价、运输欠款清理、集装箱运输、债权清理、氧化铝运输、乘意险、旅游列车开行等情况进行深入剖析,积极为运输生产经营决策建言献策。截至年底,共编写运输收入信息42期。

【收入审核管理】 1. 严格客货票据审核,确保运输收入完整。(1)审核发现基价1运费拆分错误,严重侵害了大秦公司收入。及时纠正,调增1—10月大秦收入10403.5万元,维护了大秦公司经济利益,得到了路局领导的充分肯定、表彰奖励。(2)针对部分车站误将货票打印"运费合计"项目视作"运费"项目,导致补收运输费用未按规定收入项目分项列示,产生收入混列。经查实后,补收运费费用43.29万元,调增大秦公司运费5.49万元。(3)针对审核显示的161640001项目号1623张错票,发现因上浮的基准运价错误或未上浮造成丰沙大(太)、兰渝(成)运费等核收错误,及时对程序进行了修改,同时补收运费96333.8元,确保了局运输收入的完整。(4)下发《关于进一步明确填制货票、运费杂费收据相关事项的通知》,对货票、运费杂费收据票面记载事项进行规范,明确差错纠正操作流程。

2. 强化收入欠款监控,及时清理进款债权。严密盯控客户缴款结算情况,对延期支付、超额抵用的客户,及时采取措施追缴。全年累计追缴欠款25123万元,核收迟缴金3699.1万元。加大对运输进款债权的清理,特别是对超过15天的运输进款欠款,下发欠款催缴通知书,督促站段进行清理,取得良好效果。全年累计下发欠款催缴通知书20份,涉及债权25224万元。

3. 积极配合审计系统建设,开展联调联试工作。及时安装、调试接口程序,开展铁路审计管理信息系统与运输收入管理信息系统数据接口联调联试工作。同时,向审计系统推送路局2015年审核后的货票、军运、杂费、行包系统基础数据及收入报表数据,进行数据校验、核对。

【收入会计核算管理】 1. 加强会计基础管理,规范收入会计核算。根据2016总公司运输收入会计核算季报表格式以及“营改增”全面铺开等有关要求,增设会计科目和收入报表,并及时维护收入会计系统参数,进行系统测试;同时对系统存在的问题,积极与课题组沟通,进行修改升级,确保收入核算的有序衔接、平稳过渡。

2. 积极配合审计工作,提升收入会计信息质量。积极配合总公司审计与考核局、普华永道以及中一会计事务所对路局的审计工作,提供2015年、2016年上半年运输收入及代收款相关数据,对检查发现的“三晋货物快运”同一张快运货票总合计与分项合计差异0.1元等问题,会同运价部门向总公司行文,协调课题组进行解决。

3. 紧盯运输生产需求,积极推进电子支付。一是根据太谷西等6站新增16台闸机的需求,积极向总公司资金清算中心协调,申办中铁银通卡密钥,提升管内部分车站进出站通过能力;二是积极与客运等部门配合,为介休、侯马车务段增设174台POS/TVM自动售(取)票机;三是及时与银行沟通,协调处理车站POS/TVM机出现的故障,确保设备状态良好、使用正常;四是经与省工行协商,优化POS/TVM机安装与故障处理沟通机制,由各车务段直接与本地工行对接,减少了中间环节,提高工作效率。

【运输票据管理】 1. 周密组织票据订印,确保运输票据供应。及时组织订印和发放票据,有效地保证了票据供应,同时,对保管期满的旧票据进行了清理。全年订印票据7069.1万张组,发放票据6965.1万张组,缴销票据32万张组,销毁保管期满2011-2012年票据120万张组。

2. 规范测试车票管理,防范票据安全风险。将测试车票纳入铁路运输收入票据管理的范围,建立测试车票明细账,对测试票的供应、使用、保管、回收、销毁全过程作业进行规范,有效地防控测试车票安全风险。为此,从侯马、介休和太原车务段及太原南站四个单位,收缴测试车票19000张。

3. 紧盯运输生产动态,及时跟进票据管理。紧跟代售点新设以及列车运行图新增列车动态,及时增设票据窗口,组织票据调拨和配发工作,同时,及时深入现场,对票据管理业务进行帮教和指导,确保票据安全。全年累计新设代售点9个、新增太原南—虹桥高铁动车组窗口4个,配发票据5万多组。

4. 全面实施客票大循环,降低票据印刷成本。在前期太原、太原南、大同、临汾、运城、太北和榆次7个站实施电子客票大循环试点的基础上,7月1日,电子客票大循环拓展至全局所有车站,全局97个客运站895个售票窗口全部纳入试点范围,设立票据总户窗口,由总户向路局请领电子客票,并根据各窗口实际需求量合理调拨使用票据,达到压缩库存、节约成本高效使用的目的。全面铺开后,每年压缩库存量 2260 万张,节约印刷费 520 万元。

5. 开展票据大清查,全面掌控库存票据。组织开展全局票据大清查活动,全面、系统地核查所有车站客货票据库票据库存、在用现状,确保账实、账账相符。活动期间,清查客货运输票据共计 37 种,核实库存票据累计 3366 万组。所有票据库票账相符,票据管理安全有序、风险可控。

【收入稽查成效】 1. 全面覆盖搞自查,积极查堵创效益。认真分析对比专项检查重点费目变化,按照日常检查与专项检查、例行检查与专题检查、站段自查与重点检查、内部审核与外部稽查四结合的原则,明确检查重点,制定站段与路局同步、分季度组织检查的总体方案,并采取本站自查、站间互查、突出问题专题检查等多种形式,组织开展 2016 年运输收入专项检查活动。活动期间,检查太原等 85 个车站、37 个列车班组,对发现的票据库安全设备破损、票据账登记不规范、票据存根交接不规范、汇总结算报告填记错误、债权不签认等问题,督促站车班组整改。

2. 积极配合总公司重点检查,全力督促问题整改。积极配合总公司运输收入专题检查组,对路局本级以及太原、大同等 4 个车站进行重点检查,现场核查了检查组带来的以整化零问题,并对路局 1—3 月到站无交付信息、1—6 月各站点多少缴情况、1—6 月欠款、2—6 月特种箱使用费少收信息等进行了核查与分析,说明了产生原因。同时,针对检查组反馈情况,下发了《关于总公司对太原局运输收入专项检查评估的情况通报》,督促站段制定措施,整改问题。

3. 对照总公司重点检查,全面组织平推检查。开展全局运输收入平推检查活动,重点对太原、介休和侯马车务段所属车站,进行拉网式排查。其间,检查赵城、介休、岚县等 68 个车站、24 个列车班组,对货车调送单填记不完整、取送车里程不正确、银行结算单据不按规定保管、金柜上锁不加密以及银行上门取款协议未签订等问题,处领导亲自与车务段交换意见,责成有关单位彻底整改问题。

4. 紧盯小长假客流高峰,积极组织客运查堵。以客流集中的主要车站以及临客列车开行情况为重点,相继组织开展了元旦、春节、清明、五一、端午、中秋和国庆小长假客运专项检查,规范节日期间客流高峰车站票据进款管理,增加了查堵收入。七个小长假期间,累计检查 79 个车站、162 个列车班组和 37 个客票代售点,查出不符合乘车规定的旅客 5073 人,补收票款 24 万元。

【收入专题检查】 1. 开展票据专题检查,规范票据基础管理。在春运前和暑运期间,开展两期车站、代售点票据专题检查。其间,共检查太原、清徐等 43 个车站、运唐等 17 个车队,D5341 次 4 组等 33 个列车班组以及临汾开尧庙等 45 个代售点,对发现的涂改账簿、不按规定登记账簿、安全措施不力以及未按规定办理交接等问题,现场与车站站长、票据员以及收专交换意见,限期进行整改。

2. 深入吸取外局教训,抓实开展退、废票专项检查。组织稽核及稽查等业务骨干人员,开展为期一月的客票退、废票正确性专题检查活动。活动期间,梳理 2015 年 12 月 1 日以来的电子信息数据 658.7 万条,核查退票和废票 413.8 万条,遴选确定重点票 2279 张,填开票价通知书 25 份,补收票款 1605.5 元。

3. 严格收入专户监控,及时组织账户清理。分三个组,对车务站段所有运输收入账户开户、审批、备案、使用、监管、归集以及协议签订等情况,开展专项清理活动。活动期间,检查运输收入账户 121 个,发现 6 个账户没有实现资金归集、2 个地方合资铁路公司的 3 个运输收入账户没有在资金结算所备案、4 个账户没有实现资金监管、14 个账户的银行预留印鉴与现职人员不一致,要求车站限期进行整改。目前,除农村信用社天镇运输收入专户无法实现归集、监管外,其他问题都已整改到位。

4. 强化银通卡监控，组织开展密钥自查。组织开展为期1月的密钥自查工作。其间，检查太原南以及大西高铁晋中等15个站。全局安装投运中铁银通卡密钥共243组。其中，正常使用236组，6组暂未使用，1组故障已报修。同时，下发了《关于规范中铁银通卡密钥管理的通知》，规范了中铁银通卡密钥的申领、安装、业务变更等工作流程，

5. 严格监控异地票，组织开展异地票专项检查。组织开展异地票手续费专题检查，采取现场核查与系统对照结合的方式，核查异地票与异地票手续费票号的对应关系，判别票款是否一致、正确。其间，检查发现部分车站在客货票据进款交接班登记簿中异地票手续费票据登记不规范、整理报告费目填写不规范以及异地票手续费所售张数与金额统计不正确等问题，现场进行指导和帮教，并责成车站限期整改，同时补收了12个车站漏少收2721张异地票的手续费共计13605元。

【基础管理】 1. 积极开展收入课题研究，全面提升收入管理质量。(1)积极推进运输收入综合信息系统课题研究。运输收入综合信息系统采用B/S架构设计，创建客户管理、运价管理、预算管理、进款结算、票据管理、客运收入、杂费管理、专用线收费、数据接口九个子系统，通过数据集成、加工，实现客户、预算、收入、结算、运价等数据的综合运用、评价、监督和分析。目前，客户管理和运价管理等七个子系统已开发完毕，现已通过功能测试，具备了试运行的条件，其他子系统正在分步推进中。(2)积极组织研讨，确立《基于管理收入信息视角的大数据平台的构建》课题，对数据现状及存在问题、数据开发、数据实现、数据系统展望等项目进行研究，并根据课题研究的内容，调整了课题报告的目录结构。目前，课题已结题，并按规定上报。(3)积极与铁科院合作开展运输收入风险监督管理技术课题研究工作，梳理运输收入管理现状，剖析了目前存在的问题和不足，辨识了不同作业环节的风险点，建立了运输收入风险评价体系与方法。目前，课题已通过总公司验收。

2. 创新业务培训方式，提高人员业务素质。(1)结合收入专项、专题检查揭示出的问题，采取不同站段、不同问题、不同培训内容的个性化培训方案，有针对性、有重点地组织开展了运输收入业务"送教上门"活动，收到了良好的培训效果。全年在侯马、介休、太原车务段开展了"送教上门"活动，培训8期，培训人员600人。(2)根据总公司财务部组织运输收入业务培训安排，由处领导带队，相继组织收入人员和站段收专40人，参加4期业务培训。其中，运输收入进款和票据管理培训班2期计20人，运输收入监督检查工作培训班2期计20人。(3)举办运输收入进款、票据业务培训班，组织210名进款员、票据员，重点培训电子客票大循环、票据有关单据及报表问题分析等内容，并对运输收入报表和日常审核中经常发现的问题进行剖析和纠正。培训结束，组织了业务考试，考试成绩全部合格，收到了良好的培训效果。(4)为有效提高基层收入管理人员的业务素质，11月中旬，组织站段、合资公司以及路局收入人员共计65名，对预算口径变化、稽查现场问题处理讲解、票据管理、收入审核以及收入规章制度变化等内容进行了系统培训，并通过业务考试，取得了良好的培训效果。

3. 强化规章制度建设，夯实收入管理基础。(1)充分利用售、退、改、废票数据接口文件，研发出退票、改签票筛选判别软件，提高了审核效率，强化了审核监控力度。同时，结合退、改、废票中存在的问题和不足，下发《关于进一步加强客票收入管理的通知》，对系统结账、用户管理、岗位牵制、退改废票管理等业务进行了规范。(2)下发《关于重申有关运输收入纪律的通知》，明确站段行政正职对运输欠款的追缴责任，责成站段与客户协商，签订还款协议，约定运输欠款和迟交

金的还款期限。(3)下发《关于C80型车发往外局按73t计费有关收入管理的通知》,明确了计量设备管理、装车卡控、现场监督、超载检测以及漏收责任考核等内容。(4)一是对财经法律法规、管理性规章制度,分别总公司和路局两个层面进行整理,编印《铁路运输收入规范性文件汇编》,已配发站段100册。二是对现行执行、作废和修改的电文进行整理分类,汇集完成《运输收入汇编专刊》第七期。三是建立微信学习平台,创新学习渠道,及时编发微信学习资料50期,供大家学习参考。

(郝美峰)

干部管理

【概述】 路局人事处(党委组织部)负责全局各级各类干部管理和全局党的组织建设,以落实全面从严治党为主线,以服务全局创新发展为目标,建好班子带强队伍,抓好基层夯实基础,为"六新太铁"建设提供坚强的组织保障和人才支撑。机构设:综合干部科、领导干部科、机关干部科、技术干部(培训)科、组织科、支部科、党员科、干部监督审查办公室,附属机构:人才交流培训站。全处(部)现有32人。其中处(部)长1人,副处(部)长3人,路局党委组织员1人,站长1人,科长5人,主任1人,副科长2人,科员18人。

【领导班子建设】 修订路局、基层单位两级领导班子决策"三重一大"事项制度和6项配套办法,明确提出议案、调研论证、确定议题、集体讨论、会议表决、复议变更6个决策程序。落实中央和总公司党组的新要求,细化"好干部"标准,出台《局管领导人员管理工作实施办法》,将从严选拔任用、管理监督干部的要求贯穿到各环节。制定《局管领导人员参会、值班、请销假及外出报告四项制度》,增强领导人员规矩纪律意识。以提升领导人员思想政治素质和经营管理能力为重点,举办两期党政正职培训班,轮训全局党政正职198人,开设领导人员远程网络培训。组织新任职领导人员轮流到局联合信访办公室锻炼。378名运输站段领导人员开展"一日工作体验"751次。通过调研评估、职代会推荐、培训选拔等方式,健全接续人才库,实施以培养为目的交流54人次,22名接续人才走上领导岗位。严把选用资格条件关、编制关、廉政关,严格执行"凡提四必"要求,因个人有关事项报告漏报、瞒报等原因,批评教育41人,诫勉处理24人,取消上会资格1人,移交纪检监察部门1人。按照"严、细、实"的要求,完成管理和专业技术人员档案专审工作。关注扎根基层一线、边远地区的优秀人才,关注在急难险重任务、关键时期勇于担当的骨干,提交路局会议研究提拔领导人员72人,树立重视基层、崇尚实干的鲜明导向。竞争性选拔3名路局团委副书记后备人选。累计整改超职数配备局管领导人员19人、消化站段长助理17人,超职数配备领导人员问题全部消化整改完成。坚持抓早抓小,强化日常监督,因工作滞后迟缓、规矩意识不强等问题,对40名领导人员进行提醒。每季度对领导人员安全绩效排名晾晒,对不申报、不解决安全突出问题的2名党政正职进行函询,17名副职进行提醒。严肃失职渎职问责,因安全管理职责不落实等原因追责处理领导人员21人次。

【干部人事制度改革】 贯彻从严要求,明确中层及以下管理和专业技术人员不再改任业务指导或业务督察政策。局机关公开招聘工作人员实行"准入考试+用人部门能力测试",扩大用人部门选人自主权。"考选结合"为路局客运处等12个部门招聘58人,选调关键岗位人员28人。大学生引进全面实行公开招聘。规范机关人员助勤管理,组织开展自查和专项核查。持续深入推进岗位管理,指导26个单位选拔325名优秀操作技能人员或专业技术岗位。开展选人用人专项检查,对问题整改实行周督导、旬督办、月追踪,选人用人专项检查工作在全路进行经验交流。全局管理和专业技术人员档案专审基本完成。

【现代物流人才队伍建设】 以构建“1 + 3 + 13 + 300 + N” + 云平台的现代物流发展体系为重点，盘活既有人才资源，大力实施物流人才培养工程。邀请国内物流行业知名专家举办“互联网与传统产业融合发展”高端讲坛；贯彻在培训中选人的思路，创新培训方式，制定人才评价模型，举办现代物流管理人才培训班；坚持从实践中锤炼人才，遴选 50 名优秀人才到中鼎物流园进行学习锻炼，组织全局物流师职业资格人员开展专项调研攻关，择优为中鼎公司选派 28 人，为晋云公司选派 30 人；积极开展各类现代物流知识专题培训班和物流师职业资格考前培训班共计 14 期，全局取得物流师职业资格人员达 500 人（其中，高级物流师 47 人、物流师 344 人、助理物流师 119 人）。《英才荟萃物通天下——太原局创新人才培养模式服务转型升级侧记》在《人民铁道》刊发。

【高层次人才建设】 为进一步推动人才强局战略的深入实施，充分调动专业技术人员强技术、攻难关、抓经营、保安全的积极性和创造性，2016 年 5 月组织召开全局人才表彰会议，评选表彰 2015 年度太原局专业技术带头人 10 人、青年科技拔尖人才 30 人、首席工程师 20 人、专业技术人员年度专项奖 34 人（杰出奖 2 人、成就奖 9 人、贡献奖 23 人），评选表彰“优秀大学生”28 人并入选路局“百优大学生专项人才培养工程”。

【专业技术职称评审】 围绕中国重载、中国速度、中鼎物流“三中”建设等重点项目，提出 2016 年新增高级专业技术人员 100 人、中级 300 人、初级 600 人的“千人升级计划”。突出用人主体在职称评审中的主导作用，按照“缺什么补什么”的原则，制定专项补强方案，确保升级计划全面完成。逐步实现职称政策与人才成长规律相匹配，专业能力与岗位履职相匹配，结构比例与路局发展相匹配。

2016 年推荐山西省评审高级会计师 17 人、通过 13 人；推荐总公司评审高级专业技术人员 70 人、通过 41 人；推荐总公司评审高级政工师 20 人、通过 16 人；路局评审通过高级工程师 134 人、工程师 556 人、政工师 32 人。通过初级专业技术（政工专业）职务任职资格考试 568 人，其中专业技术 493 人、政工专业 75 人。考核认定全日制大学生初级专业技术资格 298 人，考核认定硕士研究生中级专业技术资格 97 人。

全局专业技术人员总量达到 16362 人，其中高级 1178 人、中级 5126 人、初级 10058 人。

路局团委副书记后备人选考试现场　（田振华　供）

【大学生接收分配】 认真贯彻总公司《关于进一步严格规范毕业生招聘工作的通知》等文件精神，全面推行公开招聘。借鉴并运用“互联网 + ”思维，创新公开招聘方式，着力引进高质量人才，为全局创新发展奠定良好的基础。

1. 接收工作。一是制定招聘计划。依据路局用工规划，满足主营业务需求，结合用人单位发展实际和人员现状，编制招聘计划。二是发布招聘公告。2016 年中国铁路人才招聘网 6 次发布公告，明确招聘条件、需求专业、招聘方式以及咨询电话，全程做好政策解答。三是资格审查确认。升级《太铁人才网》信息平台，运用大数据精准分析，依托国家权威机构，坚持全覆盖诚信甄别。现场审核应聘资料原件，突出辨色力、身体质量指数等基本素质检查。四是组织考试考核。根据岗位需求和所学专业、自身条件,分批次开展考试考核,增强横向比选的科学性。全程委托高校开展健康体质测试,提高人才评价的匹配度和精准度。五是公示结果、审核签约。在考试考核的基础上,通过招聘网信息平台公示招聘结果。组织公示无异议人员办理审核签约手续,约定双方权利、义务和违约责任。

2. 分配工作。一是制定配置派遣方案。按照满足新项目新线人才急需、满足高铁重载重点单位需求、优化主要行车工种结构、实施定向配置和分类培养等原则,拟定配置派遣方案,报路局党政联席会议批准后公布实施。二是开展入职审核报到。组织用人单位召开专题会议,重点复审人事档案等资料。统一组织入职体检、办理落户手续和党组织关系审核接收。三是抓实早期培养制度落实。跟踪督办用人单位入路教育、安全培训、初期考核计划落实等情况,对责任单位全局通报并考核问责,确保高校毕业生早期培养制度落地,为全局改革发展提供坚强的人才基础。

【干部作风督查】 坚持“督查就是服务”理念和“监督检查不能少”原则,2016 年,围绕调图、防洪、集中修、安全生产大检查等全局阶段性重点任务,春暑运等关键时期,处(部)领导带队,856 人次直插现场开展作风督查。聚焦阶段安全问题频发单位,专题帮教剖析太原机务段、侯马电务段、朔州工务段安全管理工作。扎实开展“两学一做”学习教育,推动全面从严治党向基层延伸。发挥牵头抓总职能,周密筹备会议组织,10 月 17 日至 19 日,路局第一次党代会成功召开。以提升领导人员思想政治素质和经营管理能力为重点,举办两期党政正职培训班,轮训全局党政正职 198 人。针对选拔岗位特点,合理选择竞争模式,竞争性选拔 3 名路局团委副书记后备人选。

(田振华)

劳动和卫生管理

【概述】 劳动和卫生处负责全局劳动用工、工资奖惩、行政机构编制、定员定额、职业技能鉴定、卫生防疫、卫生监督等工作。内设定额科、计划统计科、工资科、编制科、工人科、综合科、卫生防疫科等 7 个职能科室。归口管理职业技能鉴定指导站、卫生监督所、劳动力调剂站等 3 个路局附属机构。

【机构设置】 2016 年末,全局设运输站段 37 个,其中:直属站 5 个,车务段 7 个,客运段 1 个,机务段 3 个,供电段 3 个,车辆段 4 个,工务段 9 个,工务机械段 1 个,电务段 3 个,通信段 1 个;运输辅助单位 9 个;非运输企业 11 个;工程建设指挥部及合资公司 12 个;其他单位 10 个;学(协)会 4 个;路局机关行政职能管理机构 31 个,生产机构 1 个,行政附属机构 68 个,派出机构 5 个。

【劳动工资指标】 2016 年,全局用工总量 108650 人,其中职工总量 108244 人、其他从业人员 406 人。按多元化经营总收入计算的全员劳动生产率完成 70 万元/人。连续第十一年调整职工岗位工资标准,继续在运输生产一线职工中开展安全效益达标考核。

【机构编制管理】 1 月 26 日,路局设置专职副总工程师 1 名,按路局内设职能管理机构领导职数管理,不再兼任总工程师室主任。

1 月 29 日,山西三晋铁建工程集团有限公司更名为山西三晋地方铁路开发集团有限公司。

3 月 23 日,路局附属机构工程管理部更名为工程建设管理部,按正处级建制设置。

3 月 23 日,太原南站工程建设指挥部(大秦铁路股份有限公司太原(地区)工程建设指挥部)、大秦铁路股份有限公司南同蒲线铁路扩能改造指挥部、大秦铁路股份有限公司大秦线铁路扩能改造指挥部分别更名为大秦铁路股份有限公司太原、临汾、大同地区工程建设指挥部。同时,撤销吕梁生产设施建设指挥部、迁曹线铁路工程建设指挥部、大秦铁路股份有限公司文化宫综合改造项目部。

3月29日，设立山西晋云现代物流有限公司，主要负责组织实施路局现代物流“1＋3＋13＋300＋N”总体规划，实现全方位物流、全过程社会物流服务和增值服务；作为太原铁路局和大秦公司的现代物流建设投资主体；负责中鼎物流云平台的功能设计、开发完善和推广应用。

7月14日，设立吕梁生产设施建设指挥部，主要承担吕梁地区铁路生产设施的建设任务，与吕临铁路有限责任公司实行“一个机构、两块牌子”。

8月1日，设立太原高铁工务段，为路局独立运输站段，正处级建制，业务上受路局工务处指导，主要负责路局管辖的大西高铁工务设备的运行、维护、管理等工作。

【工资管理】 结合路局实际和铁路总公司要求，先后下发《太原铁路局关于路局管理的合资铁路公司负责人工资收入管理的指导意见》（太铁劳卫〔2016〕2015号）、《太原铁路局基层单位领导人员工资收入管理办法》（太铁劳卫〔2016〕2016号），对路局管理的合资铁路公司负责人和基层单位领导人员工资收入管理有关事项进行明确规范。下发《关于清理规范奖励项目的通知》（太劳卫资函〔2016〕7号），按照“突出重点、精简项目、归口管理”的原则，实施清理规范奖励项目。

【工效挂钩制度】 年内，在保持上年总体增收节支与工资总额挂钩机制不变的情况下，结合全局生产经营情况，对挂钩指标基数及单价进行核定，并进一步深化增收节支挂钩考核。一是将单一单价的形式调整为阶梯单价，同时大幅提高超额完成运输总收入、总重吨公里预算目标时的清算单价，超额完成任务越多，单价越高，调动单位超额完成任务的积极性。二是将劳动生产率纳入挂钩考核，按照劳动生产率增幅分段累计设定清算单价，鼓励单位优化劳动用工、挖潜提效。三是继续实施“增人不增工资、减人少减工资”的政策，按照定员核定工资，鼓励单位少用人，多提效。四是继续实施“减一增二”结算政策，鼓励单位大力支持非运输业发展，提高非运输业盈利能力的同时，增加职工收入。五是继续对单位结算工资实施托底限高调节政策。

【内部分配】 一是组织召开全局计件工资管理推进工作会议，巩固计件工资分配管理成果，总结交流先进经验，推动全局计件工资分配管理纵深发展。二是下发《太原铁路局关于进一步规范车间、班组计件工资分配管理的通知》（太铁劳卫〔2016〕142号），从完善计件工资分配办法、抓好派工计工制度落实、严格分配管理、严格加班管理、严格工资支付程序、加强公示管理等六个方面，全方位加强和规范车间班组计件工资分配。三是制定《太原铁路局内部工资分配管理达标考核办法》（太铁劳卫〔2016〕322号），扩大考核范围，明确考核基数，增加考核内容，细化考核标准，缩短考核周期，按季度对运输站段、运输辅助单位、非运输企业的内部工资管理进行严格考核。四是下发《太原铁路局关于实施中鼎物流园零散快运营销专项奖励的通知》（太铁劳卫函〔2016〕890号），对兼职为中鼎物流园营销的人员实行“双十”奖励。

【工人管理】 截至2016年底，全局有操作技能人员87791人，其中：女性9493人、男性78298人；大学本科及以上2905人、大专20133人、高中（含技校、中专）53586人、初中及以下11167人；技能人才81575人（取得职业资格69804人，其中初级工3881人、中级工21218人、高级工37368人、技师6543人、高级技师794人）。

持续深化劳动用工管理，深推劳动组织改革，优化劳动力资源配置，在全局职工总量和劳务派遣等其他用工双减少的情况下，满足了新线建设、春暑运、调图、旅游列车、物流建设等新增岗位的人员需求。一是制定路局“十三五”劳动用工储备规划，将“十三五”新线人员需求，分年度、分线路、分工种分劈到对应单位，为保证新线开通人员需求奠定基础。二是制定《太原铁路局关于加强人力资源优化工作实施意见》（太铁劳卫〔2016〕348号），以劳动组织改革为核心，对人力资源优化工作进行全面部署。由各主管业务处、运输站段细化方案，组织推进。三是建立客运列车乘务人员储备机制，满足客运列车乘务人员的短期性、集中性需求。四是在继续开展集中择优调剂和特殊困难职工调剂的同时，建立远离家居地职工同工种跨单位对调机制，拓展调剂渠道，解决远离家居地职工实际困难。

【职业技能鉴定】 创新实施随时报名、及时鉴定、上门鉴定新模式，充分利用“职业技能鉴定特事特办服务窗口”，解决单位岗位用人急需和特殊鉴定需求，以最快捷、最便利的服务满足运输生产岗位用人需求。2016年，共组织6238名职工参加铁道行业特有工种职工鉴定，其中4422人取得职业资格证书（初级工189名，中级工1325名，高级工2391名，技师387名，高级技师130名）。共组织484名职工参加社会通用工种鉴定，其中433人取得职业资格证书（初级工39人，中级工43人，高级工189人，技师106人，高级技师56人）。

【高技能人才建设】 围绕全员提素目标，创新高技能人才培养模式，职工队伍素质得到进一步提高。一是制定“十三五”高技能人才培养规划。下发《太原铁路局关于进一步加强高技能人才建设工作的通知》（太铁劳卫〔2016〕218号），明确十三五期间全局高技能人才建设的指导思想、任务目标以及主要措施，全力培养一支数量充足、结构合理、素质优良、分布适当、保障力强，具有创新精神、富有创新活力的高技能人才队伍。二是深化技能大师工作室创建。分别在榆次站组建了高颖梅技能大师工作室、介休车务段组建了王凯技能大师工作室、侯马车务段组建了段晓军技能大师工作室、侯马北工务段组建了李国强技能大师工作室、大同电务段组建了王其锋技能大师工作室、太原供电段组建了李玉峰技能大师工作室。三是开展高技能团队技术攻关活动。组织“技能大师工作室”“技师小组”完成技术攻关516项。四是加大高技能人才激励力度。对相关政策进行了调整，其中：对获得国家级、总公司和省级荣誉称号的，在国家、总公司或地方政府奖励基础上，路局奖励标准由10000元、8000元分别提高到15000元、12000元；将路局技能竞赛前一、二、三名的奖励标准，由2000元、1500元、1000元分别提高到5000元、3000元、2000元；将铁路特有工种技师、高级技师岗位技能津贴提高到200元、300元。五是组织召开2016年全局优秀高技能人才表彰命名会议。对2个铁路技能大师工作室、5个省级技能大师工作室、10个2015年度路局“示范技师小组”、1名全路首席技师、7名全路技术能手、3名山西省享受政府津贴高级技师、8名三晋技术能手、266名路局专业技能拔尖人才以及2015年度职业技能竞赛优秀个人进行了命名表彰，对1549名符合条件的动车组司机和重载列车司机比照实施享受技师、高级技师待遇。

【劳动定额管理】 制定《动车组一、二级检修劳动工时定额》《车站客运作业劳动工时定额》《HXD2型电力机车C5修劳动工时定额》，路局级定额标准由2015年末的18个增加到21个，路局级劳动定额标准体系进一步健全。

【职工健康维护】 扎实推进职工健康行动计划，一是职工健康体检、休养任务高效兑现。坚持体检、休养指标向一线倾斜，增加体检项目，扩大体检范围，将全体行车主要工种岗位职工及年龄大于50岁男职工、年龄大于45岁的女职工体检周期调整为每年体检一次。全年投入资金3567.02万元，安排职工健康体检93564人；投入资金2718.71万元，安排职工健康休养17386人。二是持续加强职工健康培训。对1792名一线职工进行了红十字救护知识培训。三是扎实抓好重点人员健康维护。对2068名第三类重点人员进行了面对面健康干预维护。四是积极推进健康保健室建设。在运输站段的615个车间建设了健康保健室。

【卫生安全】　坚持将卫生安全放在与运输生产、人身安全同等重要位置,一是修订《太原铁路局卫生安全管理办法》(太铁劳卫〔2016〕368号)、《太原铁路局公共卫生管理考核办法》(太铁劳卫〔2016〕453号),建立路局劳卫处综合监督、路局机关各部门系统管理、各单位主体管理的卫生安全全局共治的管理机制,按照公共卫生安全问题的严重程度实施分级考核、月度考核及季度兑现。二是完善路局突发公共卫生事件应急预案,修订部门单位职责,细化应急处置程序,预案更具操作性。三是加强食品安全关键控制,开展"中国铁路餐饮"系列产品安全性全面调查评估和全品种检测,确保了"中国铁路餐饮"系列产品经营开发工作有序推进。四是持续加强食品安全现场监督和卫生防疫工作,全年未发生食物中毒、生活饮用水污染等责任性突发公共卫生事件及鼠虫滋扰旅客事件,无旅客投诉卫生问题等不良舆情。

【计划生育】　一是下发《太原铁路局关于做好人口与计划生育工作的通知》(太铁办〔2016〕625号),明确计生各项工作的政策衔接口径,规范新时期人口与计划生育管理。二是落实计划生育优待奖励政策,2016年,路局独生子女父母退休时一次性生活补贴发放标准为15888元,对59个单位符合政策规定的2197名职工发放独生子女父母退休时一次性生活补贴3326.1万元,兑现率100%。

(王全斌)

物资管理

【概述】　物资管理处负责全局物资、设备、能源和道路交通安全管理。2016年末,机构设:供应管理科、设备能源管理科2个科和节能监测站、道路交通安全管理办公室2个附属机构,定编21人,现员20人。

【基础管理】　年内,先后出台了《太原铁路局物资管理办法》《太原铁路局物资采购管理办法》等12项基本管理制度和《太原铁路局关于进一步规范物资设备集中采购工作的通知》等8项操作层面管理制度。同时按照"机关服务、基层自立、各司其职、各负其责"的工作原则,指导站段明确承担物资管理的职能机构,实行站段物资与采购事项归口管理,进一步完善了物资管理制度体系,建立了界面清晰、职责分明、运行有序的逐级负责体系。

【储备管理】　以创新发展为导向,以节支创效为目标,多措并举压缩全局实物库存33779.57万元。一是减少生产库存。充分利用路局网络通道接入车间班组的有利契机,组织研发了车间班组物资收、支、存信息系统,在利用既有系统对材料科库存动态管理的基础上,进一步实现了对车间班组库存的动态管理。同时创新物资储备模式,推行以供应商存储为主、使用单位存储为辅的周储备定额管理模式。年内,有312家供应商在局内现场储备物资3260项,对应减少局内实物库存13605.38万元。二是盘活不良库存。自主研发了"太原铁路局闲置物资管理信息系统",构建局内、段内两级闲置物资调剂平台,积极组织局内各单位开展计划前段内调剂和采购前局内调剂,共调剂闲置物资565项,盘活不良库存7665.69余万元。三是清除无效库存。针对再生资源市场价格趋稳回升的实际,抓住时机公开废旧物资处置信息,充分引入市场竞争,实施废旧物资网上公开竞卖。对管内已完成集整符合竞卖条件的107353.38t废轨、废轮饼、废轴承等废旧物资进行网上公开竞卖,减少12508.50万元库存资金占用。

【招标采购】　坚持公开招标为主、网上电子采购为辅的采购方式,全力推进公开采购,规范采购流程,实现物资采购依法合规。一是全面公开信息。2016 年共发布各类物资需求、采购信息 1569 条,其中公开招标 494 条,网上采购 529 条,采购结果公示 401 条,审前公示 145 条;累计集中采购生产、经营物资 245885 万元,公开采购率 99.51%,公开招标占 69.27%。节支 19946 万元,节支率 8.11%;建设物资归口物资部门采购 31892 万元,均通过地方公共资源交易市场公开采购。二是规范招标文件。根据物资管理实际,2016 年共 5 次对招标文件的 8 项内容进行修订完善,明确应标供应商的相关约束条款,以及供应商中标后不履约的对应处理措施。三是推进生产厂直供。通过电话或公函等形式邀请生产厂直接参与物资市场竞争,减少中间环节,降低采购价格。2016 年将从代理商采购调整为从生产厂采购 425.1 万元,节支 343.39 万元,节支率 44.68%。

【重点物资供应】 2016 年物资系统干部职工克服供应任务重、物资需求急等困难,周密计划、精心组织,确保了全局运输生产所需各项物资的供应,特别是完成了工务集中修施工用钢轨、线上料及大型养路机械用柴油等物资的供应,确保了各次集中修如期进行。全年供应运营物资 292029 万元,其中供应柴油 37795 万元、钢轨 15889 万元、机车车辆配件 84534 万元、线上料 29221 万元。

【质量管理】 将"守纪律、讲规矩"贯穿于产品采购前技术标准的明晰规范和到货后验收的有效控制。一是规范技术标准。对 2013 年以来公开招标的 200 项物资技术规格书进行了整理规范并全局公布,形成技术规格书数据库,为使用单位、业务部门提供参考依据。对相对复杂的项目,从评标专家库中随机抽取两名专业技术人员参加预备会议,特殊情况下还邀请设计院、科研所等专业机构参加预备会议,对招标文件共同把关。年内有 18 个项目随机抽取 43 名专业技术人员、4 个项目邀请设计院参与审议。二是严格合同约束。通过完善制度将物资采购质量标准、验收标准、质量责任等内容纳入物资采购合同范本,其中对全寿命周期管理增加了 19 项通用条款、8 项专用条款。三是强化抽样送检。将采购批量大、首次进入路局物资市场的供应商供应物资实施了抽样送检,抽样送检太原市誉远涂料有限公司、新乡市路达机械制造有限公司等 10 家供应商的 13 批次产品。

【信息化管理】 立足物资管理实际需求,推进大数据管理创新发展。一是完成平台系统升级改造。从系统软硬件准备、物资目录、价格、合同库建立、供应商信息审核、人员培训、数据处理等环节逐一细化措施,组织相关单位严格推进落实。2016 年 9 月初同步完成铁路物资管理信息系统 2.0 版本和物资采购商务平台的升级改造,以及两个系统的互联互通、信息共享,实现物资从需求计划提报、需求信息发布到付款完结等全过程的闭环管理,受到总公司好评。二是构建大数据服务平台。利用全局信息网络接入车间班组的有利契机,立足实际需求,加大信息技术研发力度,构建了覆盖路局、站段、车间班组三个层面的物资管理大数据信息系统,建成了以铁路物资管理信息系统和物资采购商务平台为核心,车间班组物资管理、闲置物资调剂、应急物资管理等 10 个信息系统为业务支撑的"2+10"全覆盖信息化管理体系。三是利用物资采购资源提高晋云平台经济效益。创新推进物资采购商务平台与中鼎智慧物流云平台连通,引导供应商签认物资采购订单后通过晋云平台完成相关交易,在向供应商提供便捷服务的同时,提升了晋云平台品牌效应,为路局带来了社会效益和无形资产。2016 年共营销晋云平台注册会员 1837 家,营销晋云平台链接物资采购订单 21784 单,采购交易额 25.68 亿元,营销晋云平台线上物流交易 4 单,物流交易额 6596 元。

【公务用车管理】 全局公务用车保有量 424 辆。2016 年 1 月 5 日下发了《关于明确公务用车及调整为生产用车(专用乘用车)

管理“24 项细化规定”的通知》（太铁物〔2016〕11 号），对公务用车的层级职责、配备调整、日常使用、费用支出、基础台账等进行了规范。

【设备管理】 2016 年末，全局机械动力设备保有量为 33631 台，固定资产原值 351526.26 万元；主要设备利用率 60.44%，主要设备完好率 92.96%；设备大修 400 台、报废 1771 台。

【能源消耗情况】 2016 年全局（国家铁路口径）能源消耗：煤炭 250567t，柴油 90047t（其中机车用柴油 69586t、空调发电车用柴油 12197t、其他生产生活用柴油 8264t），汽油 3978t，电 467726 万 kWh（其中机车用电 436454 万 kWh、其他生产生活用电 31272 万 kWh），城市煤气 15 万 m^3，液化石油气 1880t，气田天然气 877 万 m^3，新鲜水 10191767t。

【节能管理】 1. 节能考核指标完成情况。由于全局运输工作量下降及全局基础用能增加的影响，2016 年全局单位运输工作量综合能耗完成 3.46t 标煤/百万换算吨公里，比去年同期增加 3.23%；单位运输工作量新鲜水消耗量完成 30.91t/百万换算吨公里，比去年同期增加 8%。2. 实施了能源消耗总量和单耗“双控”考核新机制。根据总公司下达的能耗节约目标，按照“从严从紧，满足基本需求”的原则，编制下达各单位节能降耗指标。节能指标首次增加了工作量单耗指标和总量指标，并作为约束性指标纳入对单位节能指标考核。3. 完善考核制度。2016 年路局将节能指标完成情况纳入对基层单位的经营业绩考核范围；下发了《太原铁路局节能减排工作考核办法》，对节能指标兑现情况实施节奖超罚。4. 严格定期分析考核。路局每月对能耗情况进行分析，对能耗量临界超标的单位进行预警；每季度对各单位计划兑现、节能管理情况进行通报考核，全年对 29 个节能指标超计划、节能管理存在问题和 27 个节能管理工作开展较好的单位进行了通报，并按照规定实施了考核。5. 扎实做好节能统计工作。2016 年路局将节能统计纳入《太原铁路局统计质量综合考核办法》，每季度对各单位节能统计基础、统计报表质量等情况实施考核。参与了总公司铁路节能统计规则、大型客站能耗统计系统设计的审查工作。路局报送的节能统计分析报告《客车结构调整对能耗的影响》获得总公司优秀统计分析评选三等奖。2016 年路局节能统计工作在总公司铁路统计报表工作考评中取得全路节能统计第二名的优异成绩。

【物资监察】 始终坚持廉政、业务两手抓，紧盯重点环节，不断加强廉政风险排查，全面贯彻“守纪律、讲规矩”。一是开展物资采购领域专项治理。组织在全局范围内开展了专项治理工作，针对存在问题，重点从严格卡控单一来源项目、加强采购文件审议、加大评委抽取力度等 7 个方面细化完善措施，进一步规范物资采购工作。二是开展铁路配件供应、管理及维修专项整治。将专项整治内容细化分解为 24 项重点，组织 13 个部门召开了 4 次协调会，组织机务、车辆等 12 个部门对全局 18 个重点单位进行了抽查，发现典型问题 210 个，并逐一进行了分析、制订了整改措施，指导各单位、各部门完善管理制度、措施 240 项，就问题和工作推进情况形成专题通报 1 期、简报 5 期。三是强化检查指导。2016 年，物资管理处先后组织下现场 374 人次，发现物资管理方面问题 1382 个，下发整改通知书 53 份、管理告诫书 4 份，形成专题检查通报 8 期、专项治理工作简报 7 期，主管领导和材料科长到路局交班 21 人次，对 116 个（次）单位纳入路局经营业绩考核，在服务现场、整改考核中全面落实“守纪律、讲规矩”。四是坚持与纪检部门动态对接机制。经过对日常检查发现问题分析甄别，将太原车辆段等 7 个单位的 12 个重点问题及时移交局纪检部门，共同防控廉政风险。

（柴惠琴）

经营开发

【概述】 经营开发处负责全局多元经营系统国有资产的监督管理。2016 年末,机构设:综合科、市场开发科、经营管理科、运行监督科 4 个科室;经营项目开发中心(为路局附属机构,由经营开发处实施管理)下设项目论证科、招商服务科、统计信息科、政策研究科、物流服务科 5 个科室;集体经济管理中心(为路局附属机构,由经营开发处实施管理)下设综合科、管理科、财务统计科 3 个科室。

经营范围涉及交通运输业、农林牧渔业、采矿业、制造业、建筑业、批发零售业、住宿和餐饮业、房地产业、租赁和商务服务业、科研技术服务业等 12 个行业。

【经营发展】 年内,全局资产经营开发认真落实路局工作部署要求,突出“创新、开发、转型、提质”总要求,着力推动资产经营、项目开发和产业发展,面对宏观经济增速放缓,煤炭钢铁产能过剩,运输需求不旺,经营压力巨大的多重困难,积极开辟资产增值创效的新渠道、新业态、新模式,充分发挥对改善路局整体经营的重要推动作用,主动调整经营策略冲浪市场,在压力下砥砺前行,在困难中奋力开拓,全力推动经营创效,取得了较好经营成果。全年累计营业收入 112.33 亿元,实现利润 7.29 亿元,分别完成全年预算 111%、137%。在总公司开展的铁路局资产经营开发季度排名中,路局持续保持全路前列,先后获得一个第二、两个第三。特别是路局工业制造企业优势明显,占全路工业制造板块利润总额的 21% 以上,在全路处于领跑地位。

【资源开发】 着力推动发展实体经营,加大各类资源开发力度,呈现出多领域、多产业、多渠道的良好发展态势。物流服务业务向多业态、全链条深入发展。太铁物流公司“晋南快线”“晋北快线”分别于 3 月 1 日、7 月 1 日成功开行,累计吸引 26315t 公路零散白货回归铁路;先行公司太钢袁家村矿粉物流总包业务有序运作,累计发运 634.72 万 t,同比增长 48.11%;大秦物流公司曹西环线煤炭物流总包服务平稳发展,累计发运 1050.47 万 t,同比增长 6.54%;太铁物流公司商品汽车物流总包规模化经营再上台阶,创下单月接卸 12000 辆新纪录,较年初实现了翻番,累计接卸 45012 辆;大秦物流公司兴保铁路物流总包业务进入合同签订阶段,可实现与线路同步开通运营,年发运量可达 800~1000 万 t,将成为推动路局非运输物流企业转型的又一标志性业务。太铁物流公司取得城市配送牌照。商品汽车物流、城市配送、保险代理、餐饮、便利店等一大批非运输业务进驻中鼎物流园或纳入中鼎云平台。

客运板块深度拓展,旅游列车开行创历史新高,累计开行 71 列、发送游客 40301 人、旅游收入 4474 万元、创效 461 万元,同比分别增长 97%、138%、116%、177%。列车冠名广告和站车电子商务深入实施,相继成功开行了“云冈号”“吕梁号”“张壁古堡号”“运城号”等旅游主题列车,列车冠名、WIFI 服务创效将达到 1 千万元以上。“中国铁路餐饮”品牌化经营有序发展,路局“佳佳吃”和“桑源水”2 个品牌 4 月 28 日成功上线,销售 30.28 万盒,收入 883.65 万元;销售桑源水 29344 瓶,收入 6.15 万元。

土地综合开发深入发展,全局最大的商业地产项目太铁广场投入运营;晋中环城西路高架桥下土地、太原动车所附近高架桥土地和鸣李货场土地开发项目纳入中鼎物流园“四区十一港”整体规划,分别承担农副产品交易、商品汽车分拨、冷链及特种商品物流仓储等配套功能。晋太公司许坦东街高架桥下空地完成二次开发并投入创效。侯马车务段利用闲置场所开办汽车修理厂,太原工务机械段利用整合车间形成的闲置场地开发停车场。路局高架桥下土地综合开发做法在全路进行推广。土地开发已成为全局非运输企业创效新渠道、转型发展新支撑。

工业产品市场拓展和研发取得新突破，推动实施工业产品“走出去”战略拓展局外市场，全局工业制造板块在全路领先地位持续巩固。先后中标云贵高铁、青藏公司等4个全国性铁路建设重点项目、3个铁路局762组电液转辙机、10.5万块合成闸瓦供应业务。年内，累计销售电液转辙机6903组，实现利润1.4亿元。积极推进新产品研发，多项新产品投放市场，C70、C80车辆脱轨自动制动装置配件具备批量生产条件，8月份正式批量供货，累计供应7000套；75kg道岔进入路局采购目录；60kg/m钢轨12号交叉渡线道岔试制完成产品试制和质量检测，正进行现场铺设；KQ18合金钢组合辙岔已通过路局科委上道技术审查，准备上道试用；HXD2车钩缓冲装置项目确定了合作模式，准备签订合作框架协议；客车合成闸片已签订技术转让合同，准备型式试验；与瑞斯福公司签订了代加工10万块D型高磨合成闸瓦的协议，年内可新增创收380万元。多项合作项目有序实施，呈现出梯次式良性发展格局。

局内市场开发显现巨大的创效潜力，路局政策支持、企业自我加压走市场，非运输企业紧盯局内市场搞开发，在工业制造、站车保洁、物资供应、保险代理、后勤服务等方面实现的快速发展，非运输企业提供产品和服务同比实现了增长。

新兴产业培育发展取得新成效，充分利用晋太公司闲置房屋开办了太原和临汾两个“体验店”，7月份上线运营，日销售额破万元。“双11”期间，晋太公司电商销售793单、金额8.94万元；铁联公司云海汽贸公司丰富营销手段，销售汽车42台，创收400多万元；“美餐思”网上销售2600元，超市线下销售土特产5756元，电脑耗材2.78万元；新创公司网上销售土特产372单、20428元。太原车务段利用太东停车场开发建成了集充电、休息、餐饮、洗车等配套功能为一体的新能源电动汽车充电站，8月1日正式开始营业。推动局内加油站设施设备盘活利用，与国基国信能源公司合作开展油品经营业务取得阶段性进展。充分依托汽车“六统一”政策，围绕盘活闲置车辆，开展“互联网+汽车租赁业务”取得新进展。

【经营转型】 “五大板块”结构不断优化，发展质量不断提升。装备制造板块依托产品研发和拓展市场，盈利能力和经营规模不断提升，实现利润2.29亿元，同比增长38%，超过商贸物流、成为全局资产经营开发第一创效板块。商贸物流板块通过物流总包、城市配送、企业大宗原料供应等实体业务延伸链条、转型提质，在煤炭钢材市场持续疲软的情况下，保持较好发展态势。实现利润1.82亿元，收入利润率同比提高了0.5个百分点。工程施工板块借助涉铁工程代建的体制创新，拓展市场，增加创新，实现利润2935万元，同比增长37%。资源开发板块实现利润8292万元，成为全局资产经营开发的重要效益来源。客运延伸板块借助客运供给侧结构性改革的东风，不断推动品牌化经营和一体化融合，经营链条得到延伸，市场空间和经营质量不断提升，营业收入完成30637万元，同比增长10%；实现利润1633万元，同比增长183%。

【规范经营】 围绕非运输企业投资关系调整，推动资产经营开发管理方式转变，每月开展非运输企业运行情况的监测分析，实现了经营管理的动态掌握、动态诊断、动态补强。重新修订完善全局资产资源招商实施细则，强化了对全局经营性资源的分类管理和增值评价，累计招商557项，招商总底价3289.64万元，溢价率14.18%。持续推进商贸业务风险防控，细化业务流程，实行清单管理，严格决策程序，落实经营责任，确保了有序可控。落实铁路供给侧改革部署要求，对全局非运输企业涉运经营收费项目进行调查、分析和梳理，停止了加固围挡销售业务，优化调整了专用线代管代运营业务。

开展了营改增专项调查，针对营改增全面实施的实际，组织对全局非运输企业涉及餐饮、住宿服务业，以及工程施工、保险代理业的16企业税负情况进行调查，逐家分析“营改增”后企业经营状况的变化，组织相关人员展开深入研讨，提出了针对性的建议措施，起到了督导落实、规范经营的作用和效果。落实路局“机关服务、基层自立、各司其职、各负其责”工作理念，修订完善管理制度43项，建立工作清单101项、工作流程35项；深入开展“短板帮促”活动，按季组织处相关职能科室对口开展帮促，全年开展专项检查调研25次，对提升经营开发工作质量和水平起到了积极的推动作用。

【创新管理】 实施以由专业处室牵头、以系统为单位的资产经营开发组织机制。路局明确了各单位资产经营开发主体责任，明确路局各专业处室对本系统资产经营开发的组织责任，以系统为单位按季分析、评价和考核，有力促进了全方位开发。实行资产经营开发专项考核，出台新的“资产经营开发专项考核制度”，把各单位的非运输业务经营利润、综合创效和总资产经营开发增值率等主要指标作为主要考核内容，按季评价考核，与领导班子奖励直接挂钩，推动了资产资源的全面开发和盘活。实行资产经营开发季度推进会制度，借鉴总公司做法，每季召开全局资产经营开发推进会，对综合创效、利润总额、人均综合创效等主要指标进行排队晾晒，按单位排、按系统排、按板块排，对亮点项目进行展示，形成比学赶超、竞相发展的态势。整合“散小弱”企业，深入调研形成了具体实施方案，全力组织推进，通过企业机构优化推动经营质量的有效提升。

【十大经营品牌创建】 以唤醒品牌意识、强化经营导向,选树优秀品牌、激励创新创业为重点,在全局开展资产经营开发“十大品牌”创建活动,明确评选内容和标准、组织方式，通过逐级把关审核,确定了28个推介展示的品牌项目、品牌业务、品牌企业优中选优,通过现场比拼和网上展示,评出了全局资产经营开发“十大品牌”,形成了追求一流、创建品牌的价值导向,全局创新创业创效活力得到有效激发。

品牌一:太原晋太实业(集团)有限公司太原电务器材厂;

品牌二:太原客运段、太原车辆段和太原晋太实业(集团)有限公司联合推出“云冈号”城际旅游列车开行项目;

品牌三:大同铁联实业有限责任公司“美餐思”绿色肉食品项目;

品牌四:山西太铁联合物流有限公司商品汽车物流总包项目;

品牌五:太原客运段“佳佳吃”项目;

品牌六:太原晋太实业(集团)有限公司高架桥下土地开发业务;

品牌七:山西三晋地方铁路开发集团有限公司大同铁路路兴工程有限责任公司;

品牌八:山西先行经贸有限公司全程物流总包业务;

品牌九:太原工务机械段焊轨业务;

品牌十:大同站活性炭商贸物流业务。

【大事记】 1.3月1日,“晋南货运快线”正式开行。

2.4月21日，太铁物流承揽了上汽通用五菱公司商品汽车区域接卸、仓储、配送等物流总包业务，在太原设立区域分拨中心，形成山西省的配送总渠道，年业务量8万辆，年收入可达4000万以上，利润达600万。

3.4月29日,运城—大同K7808/7次成功冠名“运城号”。

4.5月16日,“晋太商城”微商平台上线运行。

5.5月27日,成功开行大同—太原Y665/6次“云冈号”城际旅游列车。

6.7月1日,“晋北货运快线”正式开行。

7.7月15日，开行首趟太原—新疆—

甘肃—宁夏职工（家属）休闲度假旅游专列。

8. 8 月 31 日，太铁广场正式开业运营。

（杜　光）

价格管理

【概述】　价格管理处负责全局价格管理工作。机构设：客货运价科、采购价格科、综合信息分析科三个职能科室，截至 2016 年底，人员定编 14 人，现员 7 人，退休 1 人。

【整章建制】　全面落实“机关服务、基层自立、各司其职、各负其责”工作理念，细化完善各岗位工作职责、岗位职责、工作流程等 33 项内部工作流程及制度，加强监督监管力度，确保做到各司其职，各负其责。

【建立防控机制】　完善集体议事规则、部门及科室重要敏感事项等廉政风险内控机制，及时修订台账资料，做到价格业务管理规范、责任界面清晰、办事过程留痕，让权力阳光运行。

【梳理运价规章】　对现行有效的高铁客运价格规章文电进行全面梳理，形成高铁规章汇编，目前收录总公司文件 61 个、铁路局文件 24 个；组织制定铁路货运价格管理和客运运价管理人员两个培训计划，将培训纳入路局 2016 年度人才资源能力建设工作要点内容，培训班共培训 80 人次，通过对客货运价管理知识的深入学习，使基层价管人员熟练掌握价格的计算方法，以及《铁路货物运价规则》等规章文电政策要求。

【落实价格政策】　铁路总公司陆续出台一系列价格调整政策，特别是贯彻执行总公司调整煤炭运价下调 1 分钱政策，组织专业人员进行运输市场分析。为全面做好此次煤炭调价工作，指定专人 2 人连续 24 小时进行系统升级工作，在 4 小时内完成各线路运价测试，2 小时内组织完成全局货运车务站段及 6 个国铁控股公司货运制票系统的升级工作，确保系统运行正常。圆满地完成这次调整煤炭运价工作；针对焦炭、钢铁实重计费，组织开展实重计费写实工作，用大量的数据分析，为价格政策的落实提供有力的数据支撑。

【推进中鼎物流园建设运营工作】　为实现路局现代物流企业目标，全处动员，精心组织，落实中鼎物流园的建设及运营相关工作，确保中鼎物流园于 10 月顺利开园和运营。一是组织梳理出涉及该处工作任务 3 项，制定落实方案，有序推进，确保中鼎物流园顺利开园；二是提前开展中鼎物流园站运价调查，每月对相关数据进行分析汇总，在开园前夕相关数据已完成录入工作；三是研究制定培育中鼎物流园市场的运价支持政策，并大力推进落实。已批复批量议价项目 6 项，竞争性一口价项目 4 项。2016 年末，中鼎物流园竞争性一口价项目完成运量 70470t，运输收入 2189. 5 万元。

【研究制定运价政策】　为积极应对市场低迷，增强铁路运输竞争力，实现钢铁、焦炭、煤炭运量止跌回升，价格管理处组织实施钢铁、钢铁阶梯、焦炭、管内煤炭、粮食化肥以敞代棚等五项保量增收运价下浮政策，并大力推进“以白补黑”战略，及时高效审批批量议价及竞争性一口价项目，成效显著。截止 2016 年 12 月底，共批复审议批量议价 1109 项，完成发运量为 89. 4 万 t，超出协议运量 46. 4 万 t；一口价项目 239 项，累计使用优惠号发运货物 3875. 7 万 t，运输收入 50. 6 亿元；其中，集装箱项目共发运 307468 箱，日均 842 箱，完成运量 805. 3 万 t，运输收入 15. 3 亿元。

【落实市场化定价机制，动态调整价格政策】　进一步落实货运价格市场化定价机制，根据运输市场变化，制定实施停止审批运价下浮项目等方案；10 月 10 日实施太原局出局煤炭恢复基准运价率政策，11 月 10 日实施了出局煤炭运价上浮 10%，十大品类及集装箱货物运价恢复基准运价率政策，为路局增运增收目标的实现提供价格政策支持。

【开发运输新产品】　为适应市场需求，助力中国制造走出国门，会同相关部门共同开发新的运输产品，首次尝试国际联运一口价项目，即清徐至凭祥（境）玻璃整车跨境运输以及中车太原机车车辆有限公司火车装运火车项目，为确保顺利开行，连夜完成运价测算及撰写材料等工作，并积极与铁路总公司沟通协调，通过精心组织，两项目均已顺利实施。

【调整旅客列车票价】 组织客运价管人员，深入研究客运价格增收潜力。太原局担当的太原至深圳北 K237/8 次旅客列车票价为全路唯一的折扣票价，已与当地经济水平严重不符，经测算，提出票价调整方案，2016 年 4 月经请示总公司价格管理部同意，恢复太原局 K237/8 次旅客列车公布实行票价，预计每年为路局增收 2000 余万元，获得路局 2016 年上半年合理化建议二等奖。

【开展货物运输价格调查】 组织研究完善公路运输价格调查机制，强化双渠道调查方式，定期组织站段、经营开发处进行市场价格调查，采用双渠道调查方式，运用 1∶1 比例平衡测算，有效避免个别调查的不准确性，并严格履行集体审议程序，由价格办会议集体审核通过后，会同相关部门进行快运价格测算生成当月快运价格，经路局价格委员会批准后，按月调整快运价格，为批量货物运输上量提供价格支持。

【严格履行运价管理程序】 年内，组织召开价格办公会议 46 次、价格管理委员会议 20 次、审议公路运价调查及快运价格 12 次、煤炭、焦炭类等运价政策类议题 11 项，批量议价 1109 项、一口价项目 239 项。在审议审核过程中，均严格执行运价管理程序，加强岗位互控，落实全过程留痕，强化责任追究，切实杜绝运价管理的不规范及议价过程中的谋私行为，有效防范经营及廉政风险。

【开展专用线收费调查】 为降低社会物流成本，大力压缩铁路运输两端费用，牵头成立调查工作组，组织开展 3 次对专用线（专用铁路）非运输、非铁路收费调查，结合现场调研情况及各单位上报结果，按项目及收费主体列出收费主体为专用线产权单位收费的 43 项、政府收费的 14 项、铁路单位收费的 35 项合计 92 项收费项目清单，研究制定太原铁路局关于清理规范两端收费降低社会物流成本方案，并组织实施。

【配件专项整治工作】 根据铁路总公司、铁路局专项整治工作部署，细化路局铁路配件、委外修价格专项整治工作方案，指导相关单位开展价格管理工作，对 4 个站段进行现场督导，对全局 18 个重点单位开展专项检查，及时梳理检查问题强力推进整改工作，为切实加强铁路配件委外修价格管理，制定下发《太原铁路局关于加强铁路配件委外修价格管理的通知》（太铁价管〔2016〕386 号），明确基层站段设立限价管理机构，履行集体审议程序，规范铁路配件委外修价格管理。

【价格写实工作】 参加总公司价格管理部组织的价格写实工作 5 项，其中牵头组织 HXD1、HXD2 型机车 C5 修价格写实工作，全程参加配合完成沈阳局普速餐车改造价格写实、西安局既有铁路罐车老式安全阀换装 A41X 型安全阀价格写实、沈阳局 25T 型客车车窗玻璃改造为贴膜或夹层玻璃、沈阳局客车厂修写实；牵头组织对恒张力放线车进行市场销售价格情况开展深入调研，根据市场调研结果，研究制定最高限价。

【确定内部供应结算价格】 一是牵头成立调研组，采用实地调研、网络数据收集等方式进行市场调研，根据市场变化，集体研究，确定全局 2016 年生产生活用煤供应结算价格，有效保障路局生产生活用煤的采购及供应；二是大力压缩配送费用，合理制定局 2016 年上半年洗护类用品集采供应结算价格，比上年结算价格降低 25%，节支约 195 万元；三是对调拨及近期销售价格调研，结合市场价格波动情况，确定出报废机车的调拨价格，商讨可行报废货车解体废旧物资调拨价方案，确保竞价销售工作的顺利开展；四是对局内生产企业生产的170多项涉及机务、工务、电务、供电、劳保等物资的供应价格进行定价管理，通过梳理收集相关产品的市场价格和历史价格数据，并进行科学分析，提出价格建议；五是对工会、客运、车辆等部门所采物资进行限价管理，参加路局组织的招标采购预备会会议百余次，对局内生产企业生产万余种物资，认真进行价格比对，提出采购限价意见，确保路局节支降耗工作目标实现。

（乔　琼）

工程建设

建设管理

土地房产管理

建设管理

【概述】 建设管理处负责铁路建设管理制度建设并监督实施;根据建设项目特点提出项目管理机构的组建方案,对项目管理机构进行业务指导、监督、协调和考核;对铁路建设项目设计、工程实施和竣工验收等工作实施专业管理;归口向铁路总公司报告工程进度,报送统计报表等。

2016 年末,机构设:综合管理科、工程管理科。定员 8 人,其中处长 1 人,副处长 1 人,科长 2 人,科员 4 人。设有 2 个路局附属机构。项目管理机构(指挥部)共有 5 个。

【建设项目】 年内,路局在建大中型项目共有 16 项,其中太原至焦作城际铁路为新开工项目,其余 15 项为续建项目,全年共计完成建设投资 175.28 亿元。太原铁路枢纽(北六堡)物流中心、曹妃甸港区铁路扩能改造工程 2 个项目开通,山西中南部铁路通道、太原至兴县铁路太原至静游段、太原至兴县铁路静游至兴县段 3 个项目销号。

1. 北同蒲铁路韩家岭至应县增建四线工程。工程北起大同市南郊区韩家岭站,经朔州市怀仁县、应县至应县站。包括:北同蒲四线自大同市南郊区韩家岭站至朔州市应县站新建双线,线路长 66.65km;朔准铁路至北同蒲四线联络线山阴站(不含)至店坪南站(不含),新建单线 44.2km,山阴疏解线新建单线 3.2km,朔山联络线大夫庄站至北同蒲线东榆林站联络线新建单线 13.7km。工程总投资 49.45 亿元。建设单位为准朔铁路有限责任公司。

项目于 2007 年 11 月 18 日开工建设,韩家岭至应县增建四线于 2014 年 3 月开通,与北同蒲应县至原平新建取直线合称为韩原线;朔州至山阴联络线于 2015 年 5 月开工建设。截至 2016 年底,开累完成投资 44.1 亿元,为全部投资的 89.2%。

2. 新建朔州至准格尔铁路工程。起点为朔州市新建店坪南站进站端 DK8+400,与新建朔山联络线相连。线路经山西省朔州市、朔州地区平鲁区、忻州地区偏关县、河曲县,跨黄河后进入内蒙古自治区鄂尔多斯市准格尔旗,跨越十里长川后,穿越陕西省府谷县北部边缘,再次回到准格尔旗的红进塔站。新建正线长 214.5km,单线电气化铁路,全线设店坪南、平鲁西、南坪、老营、方城、偏关、石城、榆树湾、马栅、油房坪、五字湾、乌龙素、红进塔 13 个车站。工程总投资 89.95 亿元。建设单位为准朔铁路有限责任公司。

2008 年 5 月,六郎山、鹰鹞山、卧龙山隧道先后开工建设,2008 年 11 月初全线开工建设。截至 2016 年底,开累完成投资 84.25 亿元,为全部投资的 93.7%。路基土石方完成 100%,桥梁完成 99%,涵洞完成 100%,隧道完成 100%。力争黄河以东(山西境内)2017 年 12 月竣工。

3. 太原铁路枢纽新建西南环线工程。起点为太原市尖草坪区西山支线汾河车站,终点为晋中市榆次区太中银铁路北六堡车站,途经太原市尖草坪区、万柏林区、晋源区、小店区并两跨汾河,最后进入晋中市榆次区。线路全长 53.64km。工程总投资 106.04 亿元。建设单位为太原铁路枢纽西南环线有限责任公司。

项目于 2009 年 9 月开工,截至 2016 年底,开累完成投资 74.2 亿元,为全部投资的 70.0%。路基土石方完成 90%,桥梁完成 98%,涵洞完成 95%,隧道完成 51%。计划 2019 年 12 月竣工。

4. 黄陵至韩城至侯马铁路(山西段)工程。黄陵至韩城至侯马山西段(侯马至禹门口)全长 78.2km,为侯西线增建二线并电气化、车站到发线延长至 1050m。工程总投资 25.57 亿元。建设单位为山西侯禹铁路有限责任公司。

项目于 2010 年 8 月 18 日开工,2014 年 7 月侯西线增建二线开通,2015 年 7 月双线电气化开通。截至 2016 年底,开累完成投资 24.40 亿元,为全部投资的 95.4%。

5. 新建吕梁至临县(孟门)铁路临县北至孟门段工程。

三交(含)至临县北(含)段新建正线19.947km,临县北站向南沿秋水河经临县、三交、林家坪至孟门站,线路全长54km;车赶站至孟门方向疏解线5km;工程投资45.57亿元。建设单位为晋豫鲁铁路通道股份有限公司。

项目于2010年4月开工建设,2014年12月底与山西中南部铁路通道同步开通。截至2016年底,开累完成投资43.38亿元,为全部投资的95.2%。

6. 太原至兴县铁路太原至静游段工程。线路途经太原市的尖草坪区、古交市、娄烦县,由既有线太岚线汾河至镇城底段增建二线和新建镇城底至静游双线铁路组成,起点为太原北编组站的汾河站,终点为静游站。正线全长87.6km,其中镇城底经娄烦至静游34.995km为新建双线。全线共设西张、古东、古交、镇城底、娄烦、静游站6站。工程总投资58.73亿元。建设单位为山西太兴铁路有限责任公司。

项目于2010年4月18日开工,2014年12月底开通。截至2016年底,开累完成投资58.73亿元,为全部投资的100%,项目销号。

7. 太原至兴县铁路静游至兴县段工程。线路途经太原市的娄烦县和吕梁市的岚县、兴县、临县,由太静段的静游站接轨至瓦日线的白文站。为新建单线,正线全长76.001km,白文疏解线4km,白文北疏解线4.189km。全线共设社科、岚县、敦厚、东会、白文东5站。工程总投资38.23亿元。建设单位为山西太兴铁路有限责任公司。

项目于2010年8月18日开工,2014年12月底开通。截至2016年底,开累完成投资38.23亿元,为全部投资的100%,项目销号。

8. 太原枢纽(北六堡)物流中心工程。太原枢纽(北六堡)物流中心选址位于晋中市北六堡车站太中银车场北侧,距离太原市约15km左右,距晋中市(榆次)约5km。项目包括物流中心、北六堡车站改扩建和联络线工程。物流中心划分为成件、集装箱、长大笨重、快运、商品车作业区及未来预留仓储、钢材交易和冷链物流作业区。同时对北六堡站及榆次编组站进行改造,新建北六堡至榆次编组站货车联络线10.6km。工程总投资22.17亿元。建设单位为山西中鼎铁路货运物流有限公司。

截至2016年底,累计完成投资21.0亿元,完成全部投资的94.7%。于2016年9月26日开通运营。

9. 聂庄至东港增建二线和东港站改造工程。对滦港铁路聂庄站至东港站增建二线16km及东港站改扩建,拆除京唐港站、新建东港站普通货物到发场和矿石装车场,对开发区既有铁路专用线进行调整。工程总投资21.07亿元,建设单位为唐港铁路有限责任公司。

项目于2014年12月开工建设,2015年12月聂庄站至东港站增建二线开通。截至2016年底,开累完成投资11.81亿元,为全部投资的56.1%。

10. 曹妃甸港区铁路扩能改造工程。增建曹妃甸北站至曹妃甸西站二线23.4km,增建曹妃甸北站至曹妃甸南站二线23.6km,对曹妃甸北、曹妃甸南站、曹妃甸、曹妃甸西站等4站进行改扩建。工程总投资38.05亿元。建设单位为唐港铁路有限责任公司。

项目于2014年12月开工建设,截至2016年底,开累完成投资34.7亿元,为全部投资的91.2%。于2016年12月26日开通运营。

11. 山西中南部铁路通道工程。山西中南部铁路通道为跨越晋、豫、鲁三省的大能力运煤通道,正线起点为山西吕梁市瓦塘镇,向南经吕梁市、临汾市、长治市,进入河南省安阳市、鹤壁市、濮阳市、山东省济宁市、泰安市、莱芜市、淄博市、临沂市等3省12市39

县,到达终点山东日照港。线路正线全长1259.57km。其中新建线路1034.89km,利用既有线增建二线170.673km。配套建设与岢瓦线、南同蒲、太焦、京广、京九、京沪等干线的联络线,联络线长度113.977km。工程总投资941.73亿元,建设单位为晋豫鲁铁路通道股份有限公司。

瓦塘至汤阴东段于2010年4月9日开工,汤阴东至日照南段于2010年9月10日开工,2014年12月底全线开通,开通后称为瓦日线。截至2016年底,开累完成投资941.73亿元,完成全部投资的100%,项目销号。

12. 南同蒲铁路侯马至风陵渡电气化改造工程。对南同蒲铁路侯马至风陵渡段既有正线173.448km进行电气化改造,工程总投资9.69亿元。

项目于2015年12月开工建设,截至2016年底开累完成投资5.1亿元,完成全部投资的52.6%。计划2017年12月竣工。

13. 京原铁路太原局管段电气化改造工程。对京原铁路太原局管段大涧站(不含)至薛孤站(含)正线174.29km及京原下行疏解线6.71km进行电气化改造,工程总投资8.09亿元。

项目于2015年12月开工建设,截至2016年底开累完成投资5.1亿元,完成全部投资的63.0%。计划2017年12月竣工。

14. 大同至西安铁路工程。按照国家发改委批复,工程设计为北起山西大同,经朔州、忻州、太原、晋中、临汾、运城、渭南等9市31县(区)至陕西西安,全长859km。工程新建线路自山西省原平西站至陕西省西安北站,正线全长678km,其中,山西省境内529km,陕西省境内149km,大同—原平段利用目前已建成的韩原线。工程总投资851.28亿元。建设单位为大西铁路客运专线有限责任公司。

项目于2010年3月10日开工,2014年7月太原至西安段开通运营。截至2016年底,开累完成投资833.28亿元,完成全部投资的97.9%。

15. 大同至张家口高速铁路工程。线路自韩原线米庄线路所引出,经新建大同南站后向东经大同机场,在阳高县境内新设阳高南站,向北引入既有天镇站后,接入在建呼张客专怀安站。新建正线共计141.3km,其中山西省境内124.28km,设大同南、阳高南、天镇3个车站。山西省境内工程投资141.46亿元,建设单位为大西铁路客运专线有限责任公司。

项目于2015年11月开工建设,截至2016年底,开累完成投资46.0亿元,完成全部投资的32.5%。计划2019年11月竣工。

16. 太原至焦作城际铁路工程。线路自太原南站引出,经山西省晋中市、榆社县、武乡县、襄垣县、长治市、高平市、晋城市,河南省博爱县,接轨于郑焦城际铁路焦作站,全长362km。山西省境内325.35km,设11个车站,工程投资374.58亿元。太焦铁路为山西省控股项目,建设单位为太焦城际铁路山西有限责任公司,委托大西铁路客运专线有限责任公司建设。

项目的先期站前工程于2016年6月开工建设,截至2016年底,开累完成投资10.0亿元,完成全部投资的2.7%。计划2019年11月竣工开通。

【施工管理】 全年进行涉及营业线施工2121项,其中一级施工3项、二级施工3项,三级施工567项,邻近营业线A类施工146项,B类施工307项,C类施工1095项,涉及车、机、工、电、辆、供、信息、通信各系统、覆盖全局各地区。为确保质量安全,突出强化了过程管理,重点组织了8个项目的施组审查,召开方案审查会46次,对设计方案和施工方案优化14次,从源头上为现场施工安全质量打好基础。

【重点项目推进】 2016年按期建成并开通中鼎物流园和曹妃甸港区铁路扩能改造工程2个项目。在中鼎物流园建设过程中:一是牵头制定《太原铁路局关于加快推进太原枢纽（北六堡）物流中心工程建设的实施意见》，成立工程建设推进组织机构，明确职责，制定考核制度、会议制度及工程推进措施，对工期及各专业主要节点进行了安排、专项考核，组织建设、设计、施工、监理单位每日碰头，以小施组节点完成确保大施组工期兑现；针对征拆中遇到的难题，多次与山西省政府、太原市政府、晋中市政府及相关部门协调，推进了征地拆迁工作，使后续工程实体建设工作能够顺利推进。二是建设过程中在时间紧、任务重的情况下，通过大干快上、连续奋战，不断优化园区布局，变更设计，以适应现代物流需求，全面推进施工建设，创出了十个月开园的“中鼎速度”。

在曹妃甸港区铁路扩能改造工程建设过程中，反复研讨多次论证，通过改造架桥机、既有线接触网改造、工程线偏心铺设，实现了曹妃甸特大桥“不停电架梁”，在全路首次完成4m线间距双线墩邻近营业线不停电架设单线梁，为年底竣工开通奠定了基础。

【日常安全管控】　编制七项工作制度流程图，畅通信息收集反馈渠道，从源头上制定防范措施。一是逐步规范了安全日分析，全面落实安全问题双销号，每日对于系统内检查发现的问题，通过微信群进行转发，通过办公网与指挥部进行互动。二是不断提高周安全分析质量。每周召开安全分析专题会，传达路局会议精神，对系统发生的安全典型问题进行分析通报，同时针对性提出下一周安全质量重点工作。三是深入开展安全深度分析。紧盯高风险施工，坚持眼睛向内，不回避问题，归纳特性，组织深度分析，形成专题报告，跟踪督办问题整改。四是严格落实典型问题通报制度。对于系统内发生的倾向性问题，先后7次上网通报。五是认真落实安全对话会精神。对总公司、路局安全对话会确定的65项重点工作，制定了198条落实措施，全部落实到位。六是切实发挥安全预警作用。制定风险防控措施21项104条，同时结合系统特点及季节性施工安全，发布安全预警通知书2张。

【安全专项检查】　坚持每月一个主题，组织了多专业、多层次的专项检查，确保了安全风险各项机制、制度的落实，有效保证了现场施工质量安全。一是开展了防洪隐患排查。二是开展了自轮运转特种设备安全专项检查，组织5个指挥部对在用的21台自轮运转特种设备进行了检查。三是开展营业线施工安全检查，彻查施工方案、计划、安全培训、现场作业方面的问题，在微信群发布，及时组织整改。四是开展人身安全专项检查，明确了4方面27个项点的检查内容，发现并及时解决起重吊装、钻孔打桩、架梁、模板、脚手架、深基坑、高空作业、大型施工机械等方面的问题126个。五是开展危险性较大分部分项工程检查，及时解决在基坑开挖（支护）、模板、脚手架、起重吊装、铺架及隧道等方面不按设计施工、高处临边不设防护、专项施工方案不完善、脚手架搭设不规范等问题。六是开展冬季施工专项检查。

【标准化管理】　重点对新开工的2个电化改造项目全面推进标准化管理，开工的同时高标起步，从明确指导思想、强化目标管理、落实责任要求、统一资料管理、规范现场管控、落实四化支撑、拓展显现形式、加强过程把控、同步扎实推进、落实绩效考评等十个方面对标准化建设进行推进。同时，针对西南环铁路东晋隧道盾构施工具有目前国内土压平衡法最大断面积和最长距离的现状，从施工单位进场开始，就提出严格落实“管理制度标准化、人员配备标准化、过程控制标准化、现场管理标准化”要求，走一条以技术创新推动施工作业的路子，在盾构施工准备阶段施工单位已经取得了4项关于盾构施工的技术专利。另外，针对铁路既有线施工标准化管理要素杂，具体操作难度大的问题，以太北站进行太钢特大桥和汾太梳解线特大桥墩台等邻近营业线施工现场为试点，施工方案突出“一墩一案”；施工防护采用隔离墩、隔离网、混凝土枕木直埋捆堆等多种方式，有效规避安全风险，消减对运输安全的影响，积极探索实践既有线施工标准化管理。

【制度建设】 一是修订完善制度。修订下发了《太原铁路局更新改造项目建设管理办法》（太铁建〔2016〕191 号）、《太原铁路局铁路工程建设项目招标投标活动监督实施细则》（太铁建〔2016〕192 号）和《太原铁路局铁路建设工程招标投标实施细则》（太铁建〔2016〕261 号）等文件。二是清理和修订建设管理文件。对《建设处工作手册》进行了重新修订，重新界定了各科、各岗位职责，26 项工作流程。同时，组织清理路局建设方面失效文件 56 个，保留 17 个，对总公司和原铁道部的文件进行了认真梳理，整理汇总后的有效文件共 441 个。

【廉政风险管理】 在廉政风险管理中，将招投标、信用评价、变更设计等工作任务进行重点防控。一是突出招投标监管并完成进入太原招标市场相关工作。从 2016 年 5 月 25 日起，路局管理铁路更新改造项目的招标投标工作开始在太原交易中心进行。二是强化设计变更审查，重点审查项目管理机构履行变更设计程序的合规性、变更设计分类的准确性和变更设计的合理性，共审核上报各类变更设计 14 项，其中 I 类变更 5 项，II 类变更 9 项。三是加强信用评价管理，认真执行以铁路总公司相关规定和程序，每两个月向总公司报一次施工企业发生不良行为的统计汇总情况；每季度向总公司报一次监理企业发生不良行为的统计汇总情况；每半年向总公司报施工、监理企业信用评价结果。四是根据路局纪委要求，对《廉政风险内控机制》从部门、科室重要敏感事项议事规则、个人岗位分工职责、重要敏感事项管理流程、日常教育制度、廉政提醒制度、部门工作人员行为规范和个人行为规范承诺等方面进行了重新修订，从管理上进一步规范。

【考核激励】 一是对 2015 年聘用的 18 名技术能手组织考核，再次聘用了 5 名技术能手，以上同志参与了路局工程建设专项检查、重大方案研究和技术攻关，作用明显。二是开展了在建项目优秀管理者评选活动，对 7 名“火车头奖章”获得者以及 17 名优秀建设管理者进行了表彰，起到典型引领的作用。三是在信用评价工作中，按照铁路总公司有关铁路建设项目信用评价文件要求，每半年对铁路建设项目设计单位施工图进行考核，对施工、监理单位进行信用评价。

（蔡　宇）

土地房产管理

【概述】 土地房产管理处是太原铁路局机关的职能部门，主要负责路局房屋建筑物的大、维修管理，职工保障性住房建设及规划管理，供暖及小区物业管理，公有住房的出售及管理，指导检查行车公寓日常管理，负责路服采购等工作。组织、参加房建设备的竣工验收，根据季节性变化部署重点工作并检查落实。业务上对太原铁路房建段、太原公寓管理段、太原铁路地产置业有限公司进行业务指导。该处设综合科、房产管理科、供热科和生活科。现员 11 人。其中：处长 1 人，副处长 1 人，科长 4 人，科员 5 人。高级工程师 5 人，工程师 5 人。附属机构 3 个，即房产管理所、土地管理办公室和职工保障性住房建设管理办公室。

【春检】 2016 年全局房建设备春检总责任量 112608 栋件/29450788hm^2。其中房屋 20602 栋/13816751m^2，室外公共构筑物 75740 件/5050145hm^2，室内公共设备 16266 件/4191675hm^2，附属设备 6392217hm^2。设备一级率 51.36%，二级率：47.19%，三级率 1.45%。

【运输房建设备维修】 1. 综合维修情况。2016 年房建单位实施屋面漏雨、电线路破损、外饰面破损、给排水破损堵塞等影响安全使用的综合维修项目 1026 栋件/3579188hm^2，综合维修计划兑现率 100%，计划准确率 96%，一次验收合格率100%；处理报修事件1257件，报修兑现率100%。

2.站台排查整治。一是完成75座/3455m站台综合维修整治；专项投资32万元，完成三晋快运阳曲一站台整治1550m²。二是配合工务部门对管内45座无客运或撤销车站的站台进行拆除、改造。三是根据总公司对临靠站台道岔处站台限界进一步调查的要求，组织太原铁路房建段及相关工务单位进行调查，确认路局临靠站台及站台端以外22m范围铺设道岔处的站台为29座。

3.彩钢瓦屋面整治。按照"谁加装、谁负责"的原则，组织各单位开展生产生活房屋彩钢屋面专项整治，重点排查整治石太、大秦、侯月线已使用10年以上的彩钢瓦腐蚀、连接松动等风揭隐患。共计排查彩钢板屋面1077栋件，检查发现病害270栋件，各责任单位均采取相应整治措施，消除安全隐患。

4.客运车站房建设备排查整治。根据总公司运输局（运工房管电〔2016〕1605号）和路局太铁客〔2016〕415号文件部署的重点任务及分工要求，组织相关单位对全局范围内的旅客站房、站台、雨棚、旅客天桥、地道、空调、照明等房建设备进行排查，检查发现问题235个，各责任单位按照职责分工全部完成整治。

5.按照总公司对客运站车厕所环境卫生的总体要求，结合路局管内各站设备故障情况，调增相关站段2016年财务预算共计1919316元，用于37个车站厕所的整治（其中包括大同站等4站厕所升级改造）；同时根据总公司、路局"深化客运服务质量年提升铁路温馨服务"活动安排，路局专项投资1095万元，对15个车站站房进行整治。

【防洪】 运输房屋大维修补漏1001栋件/215181m²，住宅房屋屋面整修补漏334栋/215680m²；补安落水管324樘/5350m，疏通落水管433樘/8989m；疏通排水沟、下水管46379m，清掏过水井6322座；清扫屋面4688栋件/2036149m²；处理低洼积水650个工日；覆盖彩条布塑料布111栋件/4652m²；处理塌陷的路面、散水、彩砖4270m²；处理倒塌危险围墙13件/264m；汛期预警出巡735次/1959人，抢险出动5200人次。配合施工单位完成了阳曲西站二站台站桥结合部护坡下沉、忻州西站牵引变电所围墙外倾等15处新线设备防洪安全隐患的整治。

【防寒】 防寒期间维修门窗111樘，补安玻璃25m²/11块，管道毡条保温31处/64m等，确保了设备安全逾冬。

【运输房建设备大修】 2016年完成运输生产房屋构筑物大修183栋件/68830hm²，预算费用679.1万元，其中：屋面95栋/49834m²，电线路12栋/12507m²，构筑物21栋件/1735hm²，站台24面/3340m；对太原通信段漏雨屋面专项整治31栋/1414m²。大修工程一次验收合格率达100%，优良率达72.8%。重点解决了四电房屋屋面、站台、电线路、排水管道及围墙等房建设备病害，有效提高了房建设备技术状态。

【供暖】 2016年房建系统供暖设备责任量744.2万hm²。供暖总面积1159.45万m²，其中由55个地方热力公司和热源厂提供热源的供热面积997万m²，房建系统自供热面积162.45万m²，由123处锅炉房和15台地源热泵机组和30台中央空调机组提供热源。

一、路局为职工办实事项目完成情况

1.实施集中供热。共实施太原西站、寿阳工务工厂、玉门沟站、柴沟堡地区、临汾洗刷线、翼城地区、祁县站、沁水站、大机段、代县站、大同客技库、闻喜站、玉田北、古交地区、介休货场、侯北车辆段、运城站、运城地区、柳林南站等28处既有锅炉集中供热。总投资2032.9万元，入网面积425966m²。实施集中供热后，停用28处锅炉房39台锅炉，2处空气源，减少司炉工260人。

2.实施联片供热。共实施湖东地区、口泉新区、口泉旧区3处联片供热。总投资345万元，联片面积333021m²。

3.燃气管道整治移交。完成介休、临汾、运城地区共计15个小区124栋5285户的燃气改造。改造完成后移交地方，实行属地化管理。

二、供暖设备大维修、更新改造情况

1.维修。对未纳入大修、更改项目的锅炉和辅机设备全部进行了周期整修，对暖气设备进行了状态维修。全年共计整修锅炉196台77.78万hm^2，整修采暖系统91.53万hm^2。

2.大修、更新改造。2016年，路局下达房建系统供暖设施大修计划500万元15项，主要对锅炉、暖气管网进行大修。下达更改计划5619万元33项。主要是集中供热、锅炉环保改造及暖气管网更新，有效改善供热设备技术状态。

3.锅炉环保改造。针对环保部门要求停用燃煤锅炉房实施清洁能源改造的情况，全年共计实施集中供热、空气源热泵、燃气锅炉等改造34台，保障了供暖的正常进行。

三、焚火供暖工作

2016—2017年度焚火供暖期，房建系统担负全局运输一线生产办公、住宅及其他房屋1159.45万m^2的供暖任务。供暖涉及两省两市17个地级及以上市。耗煤量9.16万t，同比减少1.84万t。

组织房建单位专业技术人员对太原北、原平、运城、大同东等11个房建供热车间、22处锅炉房的安全管理、锅炉本体和辅机整修质量、保养、水质化验及大西高铁供暖设备问题整改消号等6个方面23项工作进行了检查，发现共性问题3个，个性问题56个，督促全部进行了整改，保证焚火供暖工作安全和质量。

【运输重点房建设备专项整治】 为进一步夯实安全基础，为铁路运输安全提供强有力的设备保障，2016年土房处组织太原站跨线候车室外饰面空鼓病害、侵限站台等房建设备专项整治。经路局主管领导和土房处领导挂牌督办、努力推进，相关安全专项整治项目全部完成。

1.太原站跨线候车室外饰面空鼓病害专项整治。由于受限于太原站行车运输条件，常规的拆除重做的施工方案无法实施，为彻底整治病害，消除安全隐患，组织专家研究确定了采用高强度纤维布、纤维板加固墙面并植筋与站房结构进行锚固的整治方案。采取合理增加天窗时间、增设接触网隔离开关、调整部分客车停车股道等方法，优化确定了营业线施工方案。共计完成粘贴芳纶纤维布3248m^2，粘贴玻璃纤维板376m^2，墙面植筋锚固（膨胀螺栓）3800个，外立面护窗安装448m^2，屋面防水整治1548m^2，小雨棚屋面防水整治640m^2，水落管更换300m，设备层钢窗整治162m^2等。太原站跨线候车厅天井外饰面、站房和雨棚屋面防水、设备层钢窗整治加固满足相关规范要求和设计要求，确保行车和旅客乘降安全。

2.站台侵限及病害专项整治。根据技术状态，确定了大同站、柳村南、化稍营、涿鹿、朔州、岱岳、神头一站台等24座站台侵限整治项目，纳入2016年房建设备大修整治计划，通过整治，各站台限界符合技规规定的限界标准。

3.安排专项资金500万元，共计安排整治房屋构筑物59栋件/50924hm^2，其中整治屋面47栋/46899m^2，电线路5栋/2585m^2，给排水管路4处/980m，构筑物3栋件/460m（含站台2座/400m）。

【住宅管理】 1.设备病害整治。一是专项整治：投资1627.79万元进行设备专项整治。屋面整治245栋/177918m^2、上水管整治99栋/330个单元、下水管整治52栋/7026m、阳台整治1142个、女儿墙整治34栋/2498m、外饰面整治16栋/2503m^2、处理重复接地32栋/59处、更换15栋楼室外电线路、整治1处二次供水设施。二是公租房整治：投资500万元对寿阳、灵丘西巷、古交、襄汾、辛置、霍州、临北等107栋/2627户的屋面、电线路、门窗等进行整治。

2. 小区建设。按照太原市政府既有居住建筑节能改造实施方案，太原市政府补助资金321万元，路局投资1317.8万元，共投资1638.8万元，对大东关小区25栋楼的屋面、外墙、窗户等进行建筑节能改造，对大东关52号~62号院小区的道路、绿化、活动场地、停车位、上下水、电线路等配套设施建设。

3. 配合地方政府城市建设，实施住宅改造。一是投入53万元，配合北京市政府对延庆站区、住宅小区道路、彩砖便道、铁艺围栏等综合整治。二是投入174.98万元，配合忻州市政府对忻州5个小区、36栋楼、55449平方米的住宅房屋、围墙、道路、大门等整治。

4. 配合供电部门住宅电表管理移交工作。经与供电部门协商，将太原房建段将管辖的48199分块磁卡电表移交太原、侯马北、大同西三个供电段。

【职工保障性住房建设】 2016年一是完成原平站北79户、0.94万平方米建设任务，向职工发放钥匙；二是配合灵石县翠峰镇政府对灵石火车站东住宅地块棚户区进行了改造，新建住宅44套，4700m^2；三是太原市政府主导，路局配合对五龙口铁路住宅区404户棚户区进行了拆迁改造。

【“三供一业”分离移交】 2016年7月26日，中国铁路总公司召开会议，印发《中国铁路总公司关于做好“三供一业”分离移交工作的通知》（铁总运〔2016〕180号），启动全路“三供一业”分离移交工作。

路局成立了由路局党委副书记、总经济师、主管副局长任组长，局土房、供电、财务、计统、劳卫、企法处和党委宣传部为成员部门的“三供一业”分离移交领导小组，明确职责分工，全面启动三供一业分离移交工作。8月10日印发《太原铁路局关于做好“三供一业”分离移交工作的通知》（太铁土房〔2016〕417号），明确了分离移交工作目标、推进步骤、重点环节及时间节点安排，确保分离移交工作平稳起步、有序推进。8月11日路局召开全局“三供一业”分离移交工作启动会议。

土房处组织各相关单位对管内山西省、河北省、北京市、天津市辖区内供热、供气、物业分离移交设备设施进行全面摸底调查、完善核实，初步明确移交范围、拟定移交方案、梳理存在问题。

2016年，积极推进供热、供气、物业分离移交工作，供热共计签订移交框架协议926户/334.8万元；供气共计签订移交框架协议34747户/5819.172万元。

【土地管理及监察】 1. 土地授权经营登记工作有序开展。攻坚克难，积极协调地方政府完成124宗，面积915公顷土地授权经营变更登记，领取66宗土地《不动产登记证》，并领取难度较大的9宗，面积42公顷土地《国有土地使用证》，全局领证率达到99.32%。

2. 铁路用地收益足额入账。对全局362条非路产专用线及非主业使用的站台、货位，重新签订协议收取土地租金。与139家企业签订专用线占地租用协议，土地租金收益390万元。对照月度施工计划对外单位施工用地严格审批把关，土地穿跨越补偿费收益达到1673万元。

【公寓管理】 全局共有行车公寓24所，单身公寓11所。太原公寓管理段管理行车公寓21所，唐港铁路有限责任公司管理行车公寓3所，全年共接待乘务人员110.9万人、叫班37.6万班次，接送车安全运行208.2万公里，安全接送乘务员90.3万人次。

全年投资1074万元，对茶坞、大同、大新、临汾、榆北、太原等6所行车公寓进行设施设备整治与更新，为公寓食堂配置和面机、冰柜、绞肉机等炊厨机械，补充床单、被褥等物品，极大地改善了入住人员的住宿条件。

（王建平）

综合管理

行政办公管理

社会保险

离退休职工管理

安全保卫

行政办公管理

【概述】 截至2016年末，路局办公室(党委办公室)设：总值班室、督查调研室、联合信访办公室、机要保密办公室，文书科、信息科、行政科、会务科，政工信息科、政工调研科(党群机构)。附属机构3个：机要通信室、档案史志室、控股公司管理与发展研究办公室，其中控股办下设4个科，分别为对外公共关系科、战略发展研究科、信息分析科、思想理论研究科。派出机构1个：北京办事处。年内，路局办公室(党委办公室)围绕路局、路局党委中心工作，以“强三基、创三优”主题实践活动推进年为抓手，积极应对头绪多、大事多、任务重、要求高等诸多考验，圆满完成各项工作任务。

【推进“强三基、创三优”主题实践活动】 围绕“推进年”主题，全力推进年初确定的29项任务。组织修订、完善了《办公室内部计件工资考核办法》《重大活动档案管理办法》《信访“零报告”制度管理办法》等32项岗位职责和工作标准。拓展运用“太铁办微信公众号”“会议服务微平台”“温馨提示短信”“电子公文管理交流平台”“重要信息日报告平台”等信息化载体，大力提升工作效率。持续开展“读精品书、写千字文”读书系列活动，购置大量图书，提升全员理解能力和以知促行水平；充分利用重点报刊、微信公众号等载体，组织学习领会党和国家方针政策、总公司党组决策部署，提高思想站位，增强大局意识。突出督查督办、公文管理、档案管理、机要保密、信访管理等工作，先后对基层单位进行全面平推检查和验收，督促指导各单位明晰职责、健全制度、规范流程。组织基层单位办公室系统人员到路局“两办”对口科室轮流学习，推进基层单位办公系统人员素质同步提升。

【推进现代物流发展】 坚决贯彻落实路局发展现代物流的一系列决策部署，主动承担推进办的职能和责任。多方收集、掌握各层面的前沿信息，先后整理《学习交流》150期，《中鼎物流》创刊首发，及时为领导提供了国家、省部等各个层面有关现代物流的政策法规、信息动态。围绕中鼎物流园开园、云平台建设中的重点事项，制定路线图，明确时间点，紧盯推进过程，督办落实结果，先后形成《推进路局现代物流发展议定事项落实情况》48期，《开园100项业务筹办推进动态》6期，《中鼎物流园建设推进现场督查专报》36期，推动了物流园按期开园、云平台早日上线运营。围绕如何发挥云平台作用、如何确保中鼎物流园经营创效、如何使相关项目落地等，先后开展《众创空间解决方案》《业态展开解决方案》《物流指数解决方案》《物流APP解决方案》等课题研究，形成研究成果12个。其中，《一体化托盘解决方案》申请国家专利，《智慧物流云平台》被山西省列为科技重点研发计划，《太原铁路现代物流综合规划体系研究》被山西省列为软科学研究计划。对外密切与省市相关部门的沟通协调，搭建起路局与山西省经信委、交通厅、科技厅等部门的联系渠道；对内密切与晋云、中鼎以及各部门的统一协调组织，使相关政策传递、信息沟通及工作推进更加顺畅。11月7日，中鼎物流园正式开园，山西省委副书记、代省长楼阳生赴园区进行专题调研并见证开园。

【局史馆筹建】 组织对中国铁道博物馆、沈阳铁路陈列馆、北京局毛泽东号机车纪念馆、清华大学艺术博物馆、大同机车厂厂史馆、李大钊故居纪念馆以及灵石站同蒲铁路陈列馆、寿阳站百年石太文化室、大秦重载基地等23个路内外展馆进行考察调研，应邀参加铁路文化与博物馆工作委员会的年会和学术研讨会，集众家之所长，制定筹建方案，于6月6日全面启动局史馆建设工作。大力宣传推广，多方征集历史资料，先后到铁路总公司档案史志中心、山西省档案馆、山西省图书馆、山西省图片社查阅路局发展史料，先后走访67个基层单位、211个车间、353个班组，咨询广大收藏爱好者和离退休职工，征集各类文献资料和物品1449件、老照片710张。

【文稿撰写】 围绕全局重点工作和中心任务，圆满完成向国务院及总公司，山西省委、省政府领导的各类工作汇报及领导讲话等文字材料300余篇，努力做到无纰漏、无错别字、无不良反映，充分发挥了以文辅政作用，得到了方方面面的充分认可。

【信息专报】 坚持通过信息简报、专报等形式，及时反馈全局各系统工作动态，主动向总公司、山西省汇报路局、路局党委特色工作，报告重点情况。全年，紧扣路局、路局党委重点工作，及时开设了“转观念、闯市场、增效益主题教育活动”“创新创效创业”等专题，编发《太铁信息》263期。政务信息被总公司办公厅采用235篇，名列全路第二。特别是《加快现代物流建设工作情况汇报》等6篇专报，得到了总公司和山西省委、省政府主要领导的批示肯定。

【政务值班】 努力提高政务值班协调能力和服务水平，整合优化领导人员值班工作、外出报告两项制度，联合有关部门出台《局管领导人员参会、值班、请销假及外出报告四项制度》。严控文电流转风险点，绘制接收处理流程图，建立每日文电办结情况资料库和重点文电办理过程电子登记簿，全年流转总公司电报及传真2645份、办理涉及网文695份、受理通话记录135份，无一错办、漏办。

【应急管理】 完善《绿色通道使用管理及流程》等4项工作流程图，修订局级专项应急预案17项；开展应急资源储备、应急预案、应急值守、重要信息报告等4项专项检查，强化局内应急物资、运输力量、社会应急装备、应急预案等基础管理，健全完善管理体系；主动“走出去”观摩省级应急演练，开拓视野，提升水平；在西安铁路监督管理局有关领导的现场观摩下，联合11个处室、13个单位，组织开展了处置铁路交通事故Ⅱ级综合性应急演练，得到肯定。全年共计处置各类突发事件70起，形成《值班大事记》10期，特别是积极参与应对“7·19”建局以来最强降雨，协调有关部门、单位及时消除了地方水库溢水、泄洪对南同蒲铁路的威胁，受到路局通报表扬。

【督查督办】 坚决贯彻落实“纪在法前、督在纪前”“督查工作只能加强不能弱化”“督查督办是最好的服务”等要求，对路局、路局党委研究部署的工作，各类会议议定的重点事项，主要领导重要讲话和指示、批示等逐一分解，明确责任部门和完成期限，采取网上督办、现场督查等多种形式，督过程、督结果，促进各项工作推进落实。全年先后督办季度会、周一大交班等各类重点事项881项，做到事事有回音、件件有结果。针对重点时期、重点任务，开展现场督查30余次，下现场120余人次，形成《督查调研情况专报》57期，下发《督查督办通知书》8期，推动各项决策落地。针对节假日、重点时期干部值班，组织电话专项抽查11次，抽查各级干部1207人次；每日进行“常态化”抽查，每月覆盖全部运输站段和有值班任务的处室，累计抽查各级干部4523人次，全年形成各类《值班督查报告》53期，促进各级干部作风转变。

【调查研究】 紧密围绕路局中心工作，把注意力集中在牵动全局、事关长远发展的大事上，把关注点聚焦于情况复杂、矛盾突出的热点难点问题上，先后深入基层单位开展专题调研20余次，从大量调研问题中掌握运输生产一线实情和职工思想动态，为领导决策提供客观实际、“接地气”的现场情况。主动收集了解党中央、国务院重要政策和行业前沿信息，深入一线了解基层单位的特色做法，当好领导的“眼”和“耳”，全年编辑形成《领导参考专报》31期。特别是按照领导指示要求，认真学习研究军改、团改等中央重大改革举措，结合路局实际提出建设性意见和建议。

【文书管理】 在2015年路局机关实行电子公文管理的基础上，对87个基层单位126名公文处理人员进行“一对一”培训、“面对面”帮教。设立2部“公文管理服务及查询热线”，建立“公文管理群”，强力向基层单位推广应用。7月1日全局实现了电子公文“点对点”发送和网上流转。量化各单位、各部门发文数量,紧盯质量,实行周统计、月分析、季通报;严格文件审核把关,全年在收文同比增加7.08%的情况下,路局发文同比压缩15.52%。

【信访工作】 围绕全国“两会”、两节、国庆等国家重大活动、重要节日,以及全局工作会议、职代会等关键时期,坚持超前筹划、严密组织、协调动作,维护了稳定大局,多次受到路局、山西省领导批示肯定和山西省联席办通报表扬。搭建与职工群众交流的直通车,来访同比下降26.9%,集体访人次同比下降6.5%,进京访同比下降33.1%,持续保持全路信访重点项目“零扣分”“零考核”的好成绩。

【机要保密】 组织对全局25台密码机更换密钥,保证“两会”、G20杭州峰会等敏感特殊时期机要通信的安全畅通。迎接山西省国家保密局的检查指导,受到省政府领导的充分肯定。落实总公司有关要求,按照C级屏蔽室标准,于11月11日安全完成机要通信室的整体搬迁工作。

【档案史志】 组织做好聂庄至东港增建二线和东港站改造(复线部分)工程、新建太原枢纽(北六堡)物流中心工程等6个建设项目静态验收、初步验收的档案工作。落实总公司要求,针对路局开通运营1年以上的7个项目,督导相关工程建设指挥部及合资公司做好国验准备。编制《太原铁路局归档文件整理规则》(Q/CR-TYT26—2016)企业标准,严格规范归档文件管理工作,接收建设项目档案15936卷,会计档案1283卷,实物档案49件,整理路局机关2015年度文书档案197卷4735件、大西高铁高速综合试验段时速350km中国标准动车组资料21卷。完成2016《太原铁路局年鉴》编辑出版任务,全书约50余万字,17个栏目,涉及机关各部门、基层各单位122个单位。完成向《中国铁道年鉴》《中国交通年鉴》《山西经济年鉴》《山西年鉴》等刊物的供稿工作,累计字数约2.4万字。完成《太原铁路分局志》(1995—2005年)第六遍校对工作,全书共14编62章,约80万字。协助太原市地方志办公室编写《太原市志·铁路志》,涉及线路、桥梁、隧道、车站、枢纽、客货运营、综合管理等内容,约2.7万字。

【后勤管理】 以“参会者满意、承办者满意、领导满意”为原则,创新会议组织模式,制作“路局会议工作任务清单”,开辟“会议服务微平台”等项目,圆满完成上级领导视察、路局第一次党代会等重要会议组织、公务接待近百次。严把审批、执行、报销三个环节,路局机关会议同比压缩27个,费用支出同比减少7.7万元。严控办公经费支出,强化高价耐用品及低值易耗品的购置、使用和管理,积极开展办公用品自主维修、回收调配使用,全年办公费用同比节约8%。研发“机关办公用房管理信息系统”,完成856间办公用房的信息录入、审核工作,实现办公用房信息化、规范化管理。完善机关通行证、乘车证、汽车派班、就餐卡等综合管理机制,有效提升了后勤保障水平。

【开展“两学一做”学习教育】 坚决落实全面从严治党要求,坚持把“两学一做”学习教育与“强三基、创三优”主题实践活动有机结合,利用“三会一课”等形式,不定期抽取晾晒学习成果,组织科室间进行横向交流,提升学习教育的主动性、自觉性。“七一”期间,“两办”党支部首次开展了“牢记光荣历史、重温入党誓词”主题党日活动,组织到兴县蔡家崖“四八”革命烈士纪念馆进行革命传统教育,全体党员爱党为党护党的觉悟明显提升。

(张新亮)

社会保险

【概述】 社会保险管理处负责太原铁路局职工基本养老、基本医疗、工伤、失业、生育保险以及企业年金和补充医疗保险管理工作。业务上受总公司劳动和卫生部以及山西省人力资源和社会保障厅、山西省社保局指导。处内设办公室、社保科、医保科、工伤科、医疗监督科;在大同、临汾地区设社保代理部;年金办挂靠社保处。全处定员 51 人,现员 45 人,其中处长(兼年金办主任)1 人,副处长 2 人,年金办副主任(副处级)1 人,科长(主任)7 人,副科长(副主任)7 人,科员 27。

【基本养老保险】 根据山西省人力资源和社会保障厅、财政厅《关于 2016 年调整退休人员基本养老金的通知》(晋人社厅发〔2016〕69 号)文件,从 2016 年 1 月起,路局 39601 名离退休人员按政策规定调整了基本养老金,人均调待 216 元。至此已连续 12 年为企业退休人员调整养老金。根据山西省、北京市、天津市政策规定和当地 2015 年在岗职工平均工资标准,调整了在职职工个人基本养老保险缴费基数和缴费标准。全年职工养老保险缴费比例为 8%,最低缴费月标准为 211.8 元,最高缴费月标准为 1059.2 元。全局在册职工全部依法参加了基本养老保险。根据晋人社厅发〔2016〕31 号、京人社保发〔2016〕98 号、津人社局发〔2016〕46 号文件,从 2016 年 5 月 1 日起至 2018 年 4 月 30 日两年内,阶段性降低养老保险单位缴费比例至 19%。

路局按照山西省基本养老保险管理部门核定的缴费基数,共向山西省养老保险财政专户上缴基本养老保险费 28.17 亿元,其中企业缴费 19.97 亿元,职工个人缴费 8.2 亿元,依法足额、及时上缴了养老保险费。

【基本医疗保险】 积极协调地方政府和相关部门,全年新开放 6 家定点医院,在偏远、沿线地区和新建住宅小区开放 54 家定点药店。全局定点医院总数达到 62 家、定点药店 127 家,卫生服务站 49 家。全省各地市一流的医院几乎全部纳入路局定点医疗机构。全局定点医院由过去单一的铁路医院服务模式拓展为多层次、多学科、多选择、多地域、多渠道服务的新特点。年内组织相关医院每月对地理位置偏僻、交通不便、工作和生活环境较为艰苦的大秦线、侯月线、迁曹线站区进行巡回医疗,共出动医务人员 112 人次、医疗服务车 72 台次,全年服务职工 8263 人次,刷卡消费 37.3 万元。积极为重病患者办理转院、转诊手续,全年共办理转院、转诊 1129 人次。

大病保险全年共投保 2270 万元,截至 12 月 25 日,中国人民健康保险股份有限公司山西分公司已办理大病理赔 402 件,赔付总额 652 万元,件均赔付 1.6 万元。

基本医疗保险基金上缴 10.34 亿元,按规定支出 8.4 亿元。

【工伤保险】 根据《关于调整 2016 年工伤人员工伤保险待遇的通知》(并人社发〔2016〕63 号)精神,为路局 828 名工伤职工调整了工伤职工伤残津贴、生活护理费及因工死亡职工供养亲属抚恤金。经太原市人力资源和社会保障局审核批准全年认定工伤职工 138 人。全局累计有工伤职工 4050 人。根据太原市人力资源和社会保障局、财政局《关于调整工伤保险费率的通知》(并人社发〔2015〕51 号)文件,2016 年工伤保险费按 0.9% 的费率缴纳。

工伤保险基金上缴 9375 万元,按规定支出 4227.8 万元。

【失业保险】 按照国家和企业所在市(县)失业保险政策规定,全局所属各单位分别在临汾、晋中、太原、原平、朔州、大同、秦皇岛等地市失业保险中心参保并缴纳失业保险费。根据晋人社厅发〔2016〕31 号、冀人社发〔2016〕21 号文件,自 2016 年 5 月 1 日起至 2018 年 4 月 30 日两年内,阶段性降低失业保险单位缴费比例至 1%,个人缴费比例为 0.5%。根据晋人社厅发〔2015〕69 号、秦人社〔2015〕228 号文件,2016 年全局共申领失业保险返还补贴 1.69 亿元。共向各参保地区失业保险管理中心上缴失业保险费 1.72 亿元。

【生育保险】 根据山西省有关文件规定,路局职工全部参加了生育保险，执行山西省省直管单位职工生育保险政策。2016 年，路局参保职工和男职工未就业配偶共有 1323 人按规定享受到生育保险待遇。

生育保险基金上缴 4135 万元，按规定支出 1057 万元。

【企业补充医疗保险】 根据《中国铁路总公司关于规范企业补充医疗保险管理的指导意见》(铁劳卫〔2014〕98 号)、《太原铁路局企业补充医疗保险管理办法(试行)》(太铁社保〔2015〕463 号)文件，从 2016 年 7 月起，企业补充医疗保险费计提比例由 1% 调整为 1.2% 。路局补充医疗保险基金按规定主要用于职工住院费用补助、门诊大病补助、供养亲属住院费用补助、大病保险费用等。

企业补充医疗保险基金共征缴 8632 万元，按规定支出 1.12 亿元(含使用结余)。

【企业年金】 根据企业年金章程规定，路局在职职工有 104992 人自愿参加了路局的企业年金计划，参加人数达到 99.71% ，企业年金共征缴 5.4 亿元，其中职工个人缴费 0.9 亿元，企业缴费 4.5 亿元。为退休、死亡人员支付企业年金 1.15 亿元。为调出局外人员转移企业年金 15 万元。企业年金基金市场化运作中实现累计净收益 5.9 亿元，居全路各局年金收益中等水平。

(张志刚)

离退休职工管理

【概述】 路局离退休管理处(以下简称离退处)负责全局离退休干部和退休、退职职工的服务管理工作，对外称太原铁路局老干部部。业务受铁路总公司离退休干部局和山西省委老干部局指导。路局离退处下设办公室(含老年大学)、组织宣传科、生活管理科、老干部科、关工委办公室 5 个科室和大同、临汾 2 个管理部。路局离退处设党总支，下设太原、临汾、大同 3 个机关党支部和 38 个离退休党(总)支部。路局各基层站段均设有离退休管理组织，有专、兼职工作人员 200 余人。在太原、大同、临汾及沿线地区有 3 个老年活动中心、33 个老年活动室(站、点)。

2016 年末，全局有离退休职工 45199 人(含内退)，占全局职工总数的 38.3% 。其中，离休干部 270 人(包括老战士 34 人)；退休干部 9449 人(副局级以上 15 人、正处级 136 人、副处级 523 人、高级职称人员 337 人、正科 1580 人、其他干部 6858 人)，退休工人 35334 人，内退 146 人。在离休干部中，享受地(厅、司、局)级待遇的 28 人，享受县(处)级待遇的 178 人，享受一般待遇的 64 人。

【政治待遇】 一是坚持学习党的最新理论知识。认真组织老同志深入学习党的十八届五中、六中全会和习近平总书记系列重要讲话精神，学习总公司、局领导的讲话精神。坚持用报告会、学习会、座谈会、专题讲座等多种形式，统一广大离退休职工的思想。坚持送书送学到老同志家中，为离退休干部订阅《内部参考》《经济要参》和《海外新视角》等中央期刊和文件，为老年活动室增订了报刊杂志等，方便老同志学习。二是坚持重大情况通报制度。路局领导带头定期走访老干部，向老干部通报情况，邀请离退休老领导参加路局党代会、职代会等重要会议。3 月，路局党委书记江涛上任后，邀请离退休老干部、老领导座谈，虚心听取他们对铁路局改革发展的意见和建议，体现对老干部政治上的尊重。年初中办《意见》下发后，按照总公司的要求，分组在路局党校和太原、大同、临汾等地区，组织基层单位退管负责人、老同志代表 1500 余人，采取集中学习、专题辅导、座谈讨论等多种形式进行了学习宣贯。三是坚持发挥老同志学习骨干作用。积极发挥老战协、关工委以及各老年团体协会在学习、宣传和维护稳定中的骨干带头作用，结合自身特色，发挥各自优势，多层次、多角度地开展座谈讨论和谈心活动，交流体会，畅谈感受，进一步提高了大家学习思考的主动性和积极性。

【生活待遇】 保证了离退休职工养老金足额发放、离休干部医药费实报实销。全年路局为离退休职工办生活实事投入近1500万元。其中春节路局投入1297.91万元为全局42724名离退休职工发放了节日慰问金和慰问品；投入10.29万元对全局离休干部、老红军遗孀和正处职以上退休干部进行了走访慰问；投入49.94万元对全局1232名离退休特重困职工（含老红军遗孀）进行了慰问；投入62万余元组织13批544名退休职工分赴路局晋祠、南戴河、五台山疗养院进行健康疗养。同时，全年为全局120名机关离休干部发放通讯费补助144960元、生日文娱费5400元、防暑降温费28080元，共计178440元。还为老战士协会、各老年团体协会和老年大学下拨了专项活动经费。为13名离休干部报销医药费超额部分合计260597.69元。在建党95周年期间，按每人2000元标准对全局36名老党员进行慰问，其中太原24名、大同10名、临汾2名，共计72000元。此外，全年家访、探视、慰问老干部、重特困、高龄老人和老红军遗孀共计5000余人次，为200余位去世老同志妥善料理后事，为600余名离退休职工办理了大病医疗、医药费报销以及困补、丧补等事宜，受到了广大离退休老同志的普遍称赞。

【春节慰问】 路局、路局党委春节期间筹专款1350余万元对全局离退休职工进行了慰问。其中，按800元和600元的标准为全局309名离休人员，发放慰问金19.28万元；按每人100元的标准，为全局42091名退休、88名工伤离岗、236名内退人员，发放慰问金424.15万元；按每人200元标准，为全局42724名离退休职工发放价值854.48万元的慰问品。慰问品由太原晋太公司采福分公司和大同铁联公司提供，每名退休人员一袋10kg特精面粉、一桶5L金龙鱼纯香大豆油、一块2.5kg精选猪肉（少数民族一块牛肉），共设立了太原、大同、临汾、原平、榆次、介休、侯马、运城、朔州、茶坞、秦皇岛地区11个集中送货点。按每人300元标准，对全局306名离休干部、5名老红军遗孀和32名正处职以上退休干部进行了走访慰问，共计10.29万元；按照1000元、600元、300元的标准，对全局1232名离退休特重困职工（含5名老红军遗孀）进行了慰问，共计49.94万元。

【宣贯《意见》精神】 年初，中央办公厅、国务院办公厅印发了《关于进一步加强和改进离退休干部工作的意见》（中办发〔2016〕3号），简称《意见》。对此，离退处在全局离退休职工和离退休专兼职工作人员中进行了宣贯。一是在全处范围内召开学习宣贯会。组织全处人员认真学习《意见》和中组部负责人就《意见》答记者问的相关内容，人人讨论发言、撰写心得体会。重点让大家领会《意见》的深刻背景、指导意义、最大特色、总体要求，规范规定、方法措施、责任落实等，明确新形势下离退休干部工作的方向，增强贯彻执行《意见》的自觉性。二是由处领导牵头，成立宣贯小组。分组在太原、大同、临汾地区，组织基层各单位离退休党小组负责人、老同志代表和骨干1500余人，采取集中学习、专题辅导、座谈讨论等多种形式，传达文件精神。其间，组织报告会3场、座谈会6次、印发学习资料5000余份，上门辅导50余人次、开展谈心活动530余人次；组织1600余名太原、大同、临汾三地区机关离退休老党员、老干部开展答题活动。三是开展专题调研。拟定6篇调研课题，重点对全局老年团体协会、老年活动室、老年大学、党支部活动组织的覆盖范围、构架设置是否合理，是否适应当前的新形势等方面进行探讨。由处领导带队，分组深入基层单位，与所调研的基层单位分管副职、劳人科长进行座谈，交换意见，共走访22个单位，收集整理各类好的做法、问题和建议200多条，确保调研工作取得了实效。

【活动阵地建设】 一是坚持办好老年大学。在原有书法、绘画、声乐、器乐、布艺、摄影、太极拳（剑）等十多个课程的基础上，增设了葫芦丝和二胡班。9月，老年大学搬入路局新建的职工服务中心大楼，随着教学环境的改善，适时增加了电钢琴、工艺美术等新课程。目前路局老年大学有7个专业12个教学班600多名学员，并建立了学员定期毕业制度，让更多的老同志能在老年大学学习。此外，老年大学合唱团还经常参加省市各类演出活动，先后荣获了山西省“三晋之春”合唱比赛“春花奖”金奖和山西健康之声广播“颂歌献给亲爱的党”合唱比赛第一名。二是坚持搞好团体协会活动。将现有的老年团体协会组织整合为18个，分宣传文艺和生活体育两大类。在活动形式上主要是“请进来”和“走出去”，即尽可能多地组织展览会、演示会、鉴赏会等，尽可能多地参与社会活动、外出比赛等。如太极、门球、书画等协会多次参加省市比赛，合唱、舞蹈、模特等协会多次深入社区、站区慰问演出，摄影、骑游、花卉等协会远赴祖国各地开展活动。三是抓好老年活动场所建设。投入19.9万对大同老年活动中心门球场、桥东、局东和朔州、太原建南4个老年活动室进行了修缮。同时对部分活动室装设了老年扶手，更新了部分桌椅、棋牌、防滑垫、灭火器等活动用具和安全设施。9月，新建的职工服务中心大楼投入使用，为老同志提供了二千余平方米的活动场所。老同志们在全新的棋牌室、台球室、阅览室、健身房、书画室、乒乓球室、舞蹈排练室、器乐排练室、声乐排练室等场所活动，心情非常愉悦。

【文化活动】 一是开展建党95周年系列活动。组织3000余名老党员、老干部参观武乡县八路军纪念馆、灵丘县平型关大捷纪念馆、阳泉市狮脑山百团大战纪念馆、文水县刘胡兰纪念馆、太原牛驼寨解放纪念馆等革命纪念地；组织机关130多名离退休职工开展歌咏、书法、摄影等“颂歌献给党”系列活动；分片组织各地区离退休党员学习习总书记“七一”讲话并讨论；组织离退休党员开展党章答题活动。二是举办纪念长征胜利80周年演唱会。10月22日，在太铁体育馆举办“长征精神、永放光芒—纪念中国工农红军长征胜利80周年演唱会”。路局领导班子、12位离退休老领导、300多位老同志与400多位干部职工，共同观赏了文艺演出。《人民铁道报》在A1版显著位置和手机客户端，以及总公司网首页进行了报道。三是开展老年九项秋季运动会。9月至11月，在太原、大同、临汾三地先后举办老年门球、网球、乒乓球、羽毛球、象棋、拱猪、麻将、气排球、太极拳九项比赛。来自基层50余个单位的5000余人次离退休职工参加了比赛。四是开展重阳节系列活动。太原地区组织机关130多名离退休职工开展了“强健体魄阳光生活”趣味活动。活动设有套圈、定位拍球、踢毽子、水中捞珠、投筷入瓶、跳棋、象棋、军棋、华牌、麻将、台球等十几个项目。临汾地区组织机关120余名离退休老同志开展了套圈、赶猪等趣味活动和抖空竹、打陀螺表演等。五是开展健康疗养等活动。组织太原、大同、临汾地区近500名退休职工赴路局晋祠、南戴河、五台山疗养院进行健康疗养；组织三批200名机关离退休人员参观路局榆社县云竹生态农业园等八小工程。

【服务管理】 一是坚持老干部看病就医“双优先”制度。对年高体弱的老干部坚持特事特办、重点照顾。如对异地、生病、住院的离退休职工采集指纹，该处克服各种困难亲自上门，得到了老同志们的广泛认可。二是广泛开展“一对一、面对面”谈心活动。采取走家串户、召开座谈会、设立意见箱、公布热线电话等形式，及时了解老同志的意愿，积极为老同志送温暖、办实事。三是加强调查研究。处领导每季度带着调研课题，分组深入基层单位和离退休职工家中，广泛收集意见建议，针对性地提出解决问题的办法和措施。四是拓宽信息渠道。继续维护好离退休职工短信平台，对适宜群体建立微信群，定期发布健康养生知识、节日慰问等信息。

【党组织建设】 一是加强离退休党支部建设。补强配齐了38个支部班子，把身体健康、政治素质高、群众基础好、热心党建工作的离退休党员充实进小班子里。重新整合设置了 11 个党支部,方便离退休党员开展组织生活。二是完善离退休党支部联络人制度。对每一个离退休党支部选派 1 名在职工作人员作为联络员,帮助开展工作。要求联络员定期参加支部生活会,与老同志结成互学互帮对子,充分利用电话、微信等形式,结对助学。三是采取多种形式扩大学习覆盖面。在“两学一做”活动中,分片召开党支部大会 3 次,组织专题党课 4 次,老年大学时政教学 40 多课时,印制“致离退休党员的一封信”和试卷等学习资料 5000 余份。除向离退休党支部发放《习近平总书记系列重要讲话读本》等书籍外,还发放了《正能量——党员干部读本》《学习弘扬焦裕禄精神践行“三严三实”要求——党员干部读本》《世界社会主义五百年》等书籍,并对年老体弱、生病住院、行动不便的老党员、老干部坚持上门送书送学,充分发挥了党组织在学习教育、维护稳定、发挥作用等方面的引导、纽带和协调作用。

【稳定工作】 一是对一些历史遗留问题,做到思想上不松懈,通过采取座谈、家访等形式,对思想上有所反弹的老同志做好耐心细致的政策宣传和思想解释工作,确保其思想与国家政策或路局规定相统一。二是充分发挥离退休党小组长维稳信息员的作用,坚持动态收集和掌握离退休队伍的思想情况,坚持每两个月召开一次由老同志维稳骨干参加的情况分析会,排查分析离退休队伍的思想动态,梳理老同志的诉求和问题,研究解决措施。三是大力选树和宣传老同志先进典型,通过推广他们的先进事迹和经验,使广大老同志学有榜样、比有标杆,较好地发挥了示范引领作用,涌现出一批老有所学、老有所为的老同志。四是对来信来访实行专人接待、登记和反馈,全年接待和处理各类来信来访问题 60 余件,进行政策宣传和思想疏导工作 400 余人次,确保了离退休职工队伍的整体稳定。

【自身建设】 一是坚持整章建制。组织各科室(部)重新梳理细化本部门的岗位职责、工作制度、工作流程。目前全处已梳理汇总出 59 项岗位职责,23 项处室和 20 项科室管理制度和办法,44 项管理流程。二是抓好培训学习。11 月下旬在路局党校举办了离退休工作业务知识培训班,对全局基层单位百余名离退休专兼职工作人员进行了培训。三是开展创优竞赛活动。在全局离退休专兼职工作人员中开展了“服务无小事、在岗有作为”“树典型、创品牌”等竞赛活动,涌现出许多先进典型。

【调整离休人员基本养老金】 从 2016 年 7 月 1 日起,企业离休人员比照机关同类人员增加基本养老金。具体为:①离休人员增加基本养老金标准:厅局级正职每人每月增加 900 元,厅局级副职 750 元,县处级正职 600 元,县处级副职 500 元,乡科级及以下 400 元。②此次企业离休人员增加基本养老金时,比照职务仍按机关的有关规定执行。③企业离休人员此次增加基本养老金所需资金,参加企业职工基本养老保险的,从企业职工基本养老保险基金中列支;未参加企业职工基本养老保险的,由企业按原资金渠道解决。④此次增加的基本养老金,作为计发一至三个月“生活补贴”的基数。

【调整退休人员基本养老金】 从 2016 年 1 月1 日起,调整退休人员基本养老金水平。(一)调整范围:2015 年 12 月 31 日前企业和机关事业单位已按规定办理退休(职)手续并按月领取基本养老金的退休人员。(二)调整办法和标准:(1)定额调整　调整范围内的退休人员每人每月增加 70 元。(2)挂钩调整　①企业退休人员按本人缴费年限(含视同缴费年限、不含折算工龄)每满 1 年(不满 1 年的计为 1 年)每月增加 3.5 元;缴费年限不满 10 年的按 10 年计算。②机关事业退休人员按本人退休时职务(职级)对应的 2015 年 12 月同职务(职级)人员平均养老金水平的 3.6% 增加基本养老金;

企业符合原劳动人事部劳人险〔1983〕3号文件规定条件的退休老工人,挂钩调整部分按机关事业单位同类人员标准调整。(3)倾斜调整 2015年12月31日前年满70周岁的退休人员,在上述两项调整的基础上每人每月再增加50元;企业退休军转干部调整后月基本养老金低于2824元的补到2824元。

【获得荣誉】 铁路总公司授予路局大同车务段离退休管理办公室"全路离退休干部工作先进集体"荣誉称号,授予路局离退休管理处组织宣传科科长张怡泛、太原北站离退休管理办公室主任靳建斌"全路先进离退休干部工作者"荣誉称号。

(杨 阳)

安全保卫

【概述】 路局政法委员会(简称政法委)负责全局政法工作的安排部署,深入调查研究,分析治安形势,了解掌握政法各部门的重点工作情况,协调解决铁路公、检、法机关工作中的有关重大问题。统一政法各部门的思想和行动。及时向路局党委、省委政法委员会报告情况,协助党委抓好全局政法队伍建设。办理路局党委和上级政法委交办的其他工作。

路局治安综合治理委员会(简称综治委),是路局党委、路局领导下的治安综合治理工作机构,在路局党委、路局的领导下进行工作,主要任务是贯彻落实山西省、中国铁路总公司治安综合治理工作各项制度,安排、部署和制定全局治安综合治理各项制度和工作安排,对路局综治工作实行统一的领导和协调,组织铁路公安及综治成员部门对各基层单位治安综合治理工作实施检查、管理、考核验收;总结推广典型经验,表彰先进,推动全局治安综合治理工作深入开展。协助路局党委、路局抓好全局治安防范和保稳定工作。及时向路局党委、路局和上级综治委报告情况,办理路局党委、路局和上级综治委交办的其他工作。

路局综治委下设护路联防领导小组,主要任务是研究制定铁路护路联防工作总体规划、工作部署、护路经费计划的审核,检查督促实施情况;建立健全各项管理规章制度,对铁路护路联防工作进行考核、评比、表彰;指导、协调和解决铁路护路联防工作中遇到的重大问题;组织开展维护铁路治安和爱路护路宣传教育活动;组织开展铁路沿线治安专项整治活动;完成中国铁路总公司、山西省护路联防领导组交办的有关工作任务。

路局政法委下设办公室(简称政法办);路局综治委下设办公室(简称综治办);路局综治委护路联防领导小组下设办公室(简称护路办);主要负责全局政法、综治、护路的日常管理工作。

路局保卫处与路局政法综治办实行"一个机构,两块牌子",主要负责全局内部保卫、护路联防、反恐防范、治安综治、维稳、消防安全、对外协调联系等管理工作。编制7名,设处长1名(兼任路局政法综治室主任),副处长2名(其中1名兼任路局政法综治室副主任,另1名兼任路局护路联防办公室主任),科员4名。护路办编制7名。

【平安太铁建设】 在全国"两会"、G20杭州峰会和党的十八届六中全会及小长假等重要节点的安保任务中,一是为管内13个较大客运站和14个高铁车站配备了防暴头盔、防刺背心、抓捕器等安全防护及应急处置的反恐装备;二是对14个高铁站站前广场加装了反恐防暴硬隔离设施;三是保卫处与反恐办联手共检查了62个基层单位、328个站区、427个车间(班组)、295趟旅客列车、620个重点要害处所及人员密集场所,填发安全问题通知书共225张(其中红色安全问题通知书178张,黄色安全问题通知书47张),发现并督导整改治安防范、反恐防暴各类隐患215件,针对检查发现的上述问题和隐患,保卫处(政法综治办)按照路局安全问题"双销号"的要求,督导责任单位认真剖析,查明原因,完善制度,堵塞漏洞,落实整改,确保了管内治安防范、反恐防暴平稳有序一事不出。期间,铁路总公司反恐专项检查组对路局 G20 峰会安保工作中问题整改销号到位,主体责任落实到位,反恐装备投入到位的做法,给予了充分肯定,并在文电中给予通报表扬。

【规范管理】 分系统对 2015 年度全局 63 个单位治安综治检查验收情况进行梳理打分排队,印发了《2015 年度治安综治检查验收及考评情况的通报》。同时针对 2015 年治安综治工作中存在的突出问题,制定补强措施,印发了《路局、路局党委关于 2016 年政法综治工作安排的通知》,制定出台了《路局铁路外部安全环境管理实施细则(试行)》《关于铁路沿线开展"五查五创"活动实施方案》,重新修订了《路局站区治安联防管理办法》《路局旅客列车治安联防管理办法》和《路局护路联防管理办法》及保卫处(政法综治办)安全管理职责、工作标准、工作流程,并组织 63 个基层单位与路局、路局党委签订了《2016 年度治安综合治理责任书》。同时各基层单位分别与车间、班组、个人签订了治安综合治理责任书,使治安综治工作责任真正落实到车间、班组、岗位。

【调处涉路矛盾】 新年伊始,管内涉路矛盾频发。1 月 12 日,正值全路调图期间,大秦线延庆站、北同蒲线原北白乘降点内 1 天相继发生两起因涉路矛盾纠纷处置不当引发的拦车断道事件。保卫处(政法综治办)接到报告后,立即分头赶赴事件现场进行处置。同时组织安监、公安部门,与北京市政法委、山西省护路办进行面对面沟通,通过讲事实、摆道理,依法依规,合理合情,积极稳妥处置化解了 2015 年"12·13"因路外交通事故赔偿费和列车运行图调整取消北白乘降点引发的涉路矛盾。

7 月下旬,山西省境内突降大雨,太谷、祁县境内南同蒲线上游 4 个水库溢满,造成南同蒲下行线太谷至东观、东观至祁县间一侧路基边坡脚被洪水浸泡。保卫处(政法综治办)接到报告后,第一时间向山西省政法委、省护路办、晋中市护路办进行通报。并指派专人赶赴现场,会同工务处、太原工务段紧急联系太谷、祁县县委和县政府,召集当地水利、公路、住建、土地局及相关乡政府进行现场办公,紧急开挖一条引水渠将洪水引向昌源河。经路地双方共同努力,6 个小时将引水渠挖通,及时将铁路一侧积水排出,确保了南同蒲线运输安全畅通。

2016 年,保卫处(政法综治办)依法依规妥善化解上兰村站区周边治安整治、中煤平朔集团东露天专用线拦车断道事件,当即叫停太中银线吴堡黄河特大桥桥下擅自打井施工等涉路矛盾 54 起。

【构筑屏障】 路外安全环境是影响铁路运输安全畅通的"惯性"问题。保卫处(政法综治办)把净化铁路运输安全环境作为"硬指标"强力推进。积极协调完成了大西高铁线路安全保护区划定及公告工作。针对管内铁路沿线私搭乱建、取土挖砂等危及高铁行车安全的治安隐患相对突出的实际,保卫处(政法综治办)与大西客专公司联手相继向山西省政府行文,请求批准划定及公告大西高铁山西段铁路线路安全保护区。通过多方共同努力,2016 年 10 月,大西高铁沿线涉及的 5 个地级市及其下属 24 个区(县)政府,高铁线路安全保护区已全部划定并公告。同时为了推进局管内普速铁路安保区的划定,又分别向河北、山西省,北京、天津市政府商请划定及公告普速铁路线路安全保护区。两省两市人民政府相继出台了文电,要求各自管辖的市、县(区)积极完成普速铁路安全安保区的划定及公告工作,此项工作正在推进中。

【"五查五创"专项整治】 按照晋综铁护〔2016〕1 号文件精神,在山西省境内铁路沿线开展以"查整维稳薄弱环节,创良好铁路稳定环境;查整涉路矛盾纠纷,创良好路地和谐环境;查整沿线安全隐患,创良好铁路安全环境;查整沿线环境问题,创良好铁路旅游形象；查整新线建设问题，创良好铁路施工环境”为主题的“五查五创”专项整治活动。截至目前，路地联手共排查整治沿线各类问题隐患1756件，管内铁路沿线治安环境得到明显改善。

【物防建设】 加大了沿线治安环境治理投入，充分运用先进的科技手段参与防范和治理安全隐患。2016年，先后投入1600余万元，在大秦、太焦等线的重点地段，实施了补强防护网栅栏、加装刺网滚笼、安装限高防撞架、道口平改立等短平快工程；在治安隐患多发地段加装无线视频监控系统，在困难地段和关键时段实施“人防”补强，强化治安巡查和守候，全局沿线治安巡防、隐患排查治理能力和水平得到了进一步提升。

【学技练兵】 为强化全局综治保卫干部业务素质，按照《路局2016年度人才资源能力建设工作要点》安排，6月13—15日、6月20—22日，保卫处（政法综治办）在路局党校分别举办两期治安综治培训班。对63个单位150名专职保卫干部就治安综治、反恐防暴、涉路矛盾调处、现代物流建设、压力管理与心理疏导等专业知识进行系统培训，并进行了结业考核。

【护路宣传】 积极主动与媒体沟通，利用网络、电视、报刊等平台，广泛宣传爱路护路常识，努力营造“联建共创、爱路护路”的浓厚氛围。一是请进来。主动邀请各地市电视台、报社新闻媒体，深入现场一线，采访报道铁路沿线环境治理情况，广泛宣传轻飘异物、危树、上跨线桥隐患等对铁路安全的危害。同时，以张贴警示标牌、举办图片展示等多种方式，开展平推式、面对面宣传，增强了铁路沿线民众自觉保护铁路沿线治安环境的意识。二是走出去。针对铁路沿线中小学生、放牧户、废品收购网点等特殊群体，结合“治安综治宣传月”“平安太铁”创建等专项活动，综治保卫和铁路公安机关与地方相关市、县（区）综治护路部门联手共同开展“进村庄、进校园、进企业、进农家”“打造平安铁路，确保安全畅通”等爱路护路靶向宣传教育活动。重点深入铁路沿线5华里内中小学校，广泛开展“大手牵小手、共建平安铁路”护路宣传活动。2016年，全局累计开展爱路护路宣传教育活动196场次，发放《铁路安全管理条例》8万余册、《铁路运输安全管理条例漫画手册》24万余册，受教育群众达64万人次。

（陈明山）

科技教育

综合技术

职工教育

信息化管理

综合技术

【概述】 总工程师室负责路局运输生产中技术工作的综合、平衡、协调工作。总工室下设技术管理科、质量技术监督科、工程鉴定科及科学技术委员会办公室,全室定员14人,2016年底现员13人,主任1人,副主任2人,科长4人,科员6人;附属机构为路外工程管理办公室,定员9人,2016年底现员9人,副主任3人,科员6人。

【制度建设】 1. 重新修定规章管理办法,完善规章管理源头。根据总公司技术规章管理办法,结合近几年路局及站段技术规章管理的实际和现场调研问题的反馈,修订发布《太原铁路局技术规章制度管理办法》(太铁师〔2016〕465号),进一步明确技术规章管理职责、分工,规范技术规章制定、修订、修改原则、时机、范围、流程等。

2. 积极研究站段请示,做好规章服务工作。年内,分别解决答复大秦车务段提出的滦南、菱角山站变更防溜办法的请示;侯马北机务段提出的南同蒲线侯马北(曲沃)—介休区段上行牵引4000t以上普超列车需六个车站正线必须绿灯通过的请示;侯马北机务段提出的瓦日线辛堡至长子南间遇天气不良时需双机牵引的请示;太原机务段牵引超轴列车在石太线测石站停车试风存在的列车溜逸隐患的反映;湖东电力机务段解决茶坞站简略试验时列车溜逸隐患请示;调度所提出的增加重载编组内容的请示等共12个请示。

3. 及时清理整治规章文件,缩短规章目录发布时间。一是督促全局业务处室梳理整理建局以来的技术文件目录。做到技术管理全覆盖。将脱离技术规章管理的设备开通、基础数据、运行图资料、设备技术资料、行车组织分工调整、转发总公司文件、对技术问题的答复等一次性的、周知性技术文件纳入管理,督促11个业务处室发布本专业的技术文件目录。二是便于站段查询,将一年一度的技术规章目录发布时间缩短为半年。2016年8月份公布上半年全局技术规章目录。

4. 做好规章发布后的培训、编制中的纠偏工作。总工室修订发布《营业线施工安全管理实施细则》后。同时发布修订说明,做好办法新旧对照宣贯工作。并跟踪现场落实情况,收集执行中存在的问题,做好解释引导,保证该办法的正确执行。一是精心备课,做好培训。集中对太原工务、供电、电务段科室、车间干部进行专题培训。在党校对有关处室、站段及建设单位、指挥部共70人进行培训。二是做好纠偏工作。配合施工办对12个车务站段的施工办法进行审核。三是组织营业线施工管理办法联合专项检查。联合安监室成立5个检查组对36个站段培训宣贯情况进行重点检查,对运输站段存在的问题进行通报,实行动态管理。

5. 扎实有效开展清理整治,持续加强技术规章管理工作。一是发布通知,要求路局处室和站段两级分阶段、分步骤各自清理与技术规章不符的非技术规章文件、按总公司要求细化有关规章、及时处理试行、暂行技术规章和临时文电等要求。共有9个处室发布18个技术规章,清理整合35个技术规章和技术文件。特别是废止了以太铁办发布的涉及施工且与施工技术规章不符的6个文件,初步达到清理整治目的。二是总工室分别派人参加安监室对站段的半年一次的检查验收工作,分系统整理出站段存在的“技术规章检查管理制度未落实、转发细化上级技术规章滞后、技术规章内容与上级和实际情况不符、车间(车站)宣贯仍有差距”等普遍存在问题进行通报,并深入分析问题存在的原因,提出针对性解决措施。

6. 发挥综合处室突出作用,解决生产疑难问题。编制修订《段管线结合部技术管理办法》等19个技术规章。解决了段管线防溜分工不清、货物列车运行途中车辆发生抱闸判断没有具体处置办法、区间停电防溜“长时间”没有规定、视频监控系统分工不明确、轨道电路分路不良个别条款操作性不强、隧道防灾救援疏散设备没有规章支撑等疑难问题。

【新线动态检测】 围绕新建工程,提前与施工单位接洽,深入现场了解设备建设情况,掌握一手资料,组织相关处室做好动态检测准备工作,先后对太原物流中心工程、曹妃甸港区铁路扩能改造工程进行动态检测,并发布相关的设备开通通知。

【综合试验】 1. 本着为运输生产服务的宗旨,根据运输生产需求,先后组织侯西线电力机车试验、大同至太原客车往返牵引试验、中鼎联络线牵引试验、瓦日线牵引试验等试验,并公布相应的牵引试验定数。

2. 继续组织开展大西高速综合试验工作,组织各部门、各单位密切配合、全力推进各项科学试验。完成地震预警监测系统试验、永磁电机动车组(开行 1402 列,走行 8. 2 万公里)、第一批次两列中国标准动车组在路局 18 万 km(四方标动开行 3376 列,走行 22. 5 万 km;长客标动开行 3102 列,走行 21. 3 万 km;每日 2300km)运用考核任务等试验任务。

【列车运行图调整】 1. 根据《中国铁路总公司关于公布 2016 年基本列车运行图的通知》(铁总运函〔2016〕222 号),4 月 1 日发布《太原铁路局关于公布 2016 年基本列车运行图的通知》(太铁师函〔2016〕192 号),基本图定于 5 月 15 日零时起实行,动车组追踪间隔时间 5min;双线自动闭塞区段旅客列车追踪间隔时间 7 分钟,货物列车追踪间隔时间 8min(大秦线湖东二场重车方向 2 万 t 列车追踪间隔时间 15min,1. 5 万 t 列车、万吨列车追踪间隔时间 12min;其他线路及大秦线线内 2 万 t 列车追踪间隔时间 12min,1.5 万t 列车、万吨列车追踪间隔时间 10min);基本图共安排开行旅客列车 151. 5 对,外局担当 57 对,均为直通旅客列车;本局担当 94. 5 对,其中直通旅客列车 54 对,局管内旅客列车 39. 5 对,在北京局管内套跑开行快速旅客列车 1 对。

2. 根据《中国铁路总公司关于公布徐兰高速线郑徐段等线列车运行图的通知》(铁总运函〔2016〕619 号),路局对管内部分线路运行图进行调整,8 月 19 日发布《太原铁路局关于公布部分线路调整列车运行图的通知》(太铁师函〔2016〕646 号)。

3. 根据《中国铁路总公司关于公布 2017 年春运列车运行图的通知》(铁总运函〔2016〕892 号),11 月 29 日发布《太原铁路局关于公布 2017 年春运列车运行图的通知》(太铁师函〔2016〕1022 号)。2017 年春运图,自 2017 年 1 月 13 日零时起实行至 2 月 21 日 24 时结束,自 2017 年 2 月 22 日零时起全路恢复基本运行图。2017 年春运期间,路局安排春运临客方案 11 对,另路局担当外局管内临客 2 对。

4. 编制 2016 年基本列车运行图技术资料。对线路允许速度表、列车追踪间隔时间标准、客运作业时间、机务折返作业时间等技术作业标准进行重新核定。

【LKJ 基础数据管理】 审核 8 个工程类 LKJ 数据,目录类的 16 个,旅游列车 43 个。审核出工务、电务数据不一致,提报数据不规范等问题 5 个,保证数据使用准确性。

【专用线及工程技术改造】 1. 依法合规加强专用线接轨技术管理工作,保证技术标准和技术设备符合国家、铁道行业有关标准和铁路技术管理规程等规定,满足铁路运输安全的要求。同时,在技术方案定位上,改变过去一味的按照直通运输、整列装车、立交疏解、站内增加到发线、要求发运量等做法,千方百计合理控制投资,缩短建设周期,最大限度争取货源。2016 年建设竣工山西吕梁石油分公司孝义油库铁路专用线、山西海威物流有限公司铁路专用线、五寨场站油库运转站铁路专用线、万达煤炭集运有限公司集运站改造工程、五寨县昌茂石油销售有限公司专用线、岢岚福耀现代物流安塘铁路专用线改扩建工程、霍州站四七五处铁路专用线改造工程、司曹铁路胶带排岩系统扩建工程、曹妃甸港矿石码头三期铁路专用线、京唐港化工站扩建集装箱铁路装卸场工程、大同煤矿集团金庄煤业有限责任公司专用线11条专用线，山西世忻铁路运销公司孙家沟至瓦塘地方铁路1条。设计增加运量4833万t。

2. 加强路外工程管理，确保施工安全。全年组织各种级别和类别施工453项，其中II级施工3项，III级施工168项，邻近营业线施工282项。完成上跨施工7处、下穿施工30处、电力线跨越49处、专用线施工12处。完成的卧虎山路钢箱梁转体立交桥施工，其建设规模和设计难度属国内首例，立交桥跨越石太及石太客专4条线，钢箱梁T构长度200m是国内最长的无塔钢箱梁T构桥；完成的张呼铁路怀安站特大桥上跨京包线墩顶转体桥施工是目前国内首例100m跨度的连续梁墩顶转体桥。

【质量管理】 1. 组织优秀QC小组评选奖励。路局在全局运输、货运、客运、机务、供电、车辆、电务、工务、机辆验收、房建、物资、安全、劳资、人事、卫生、多经、综合、基建等18个系统成果发表会基础，组织召开2016年推荐铁道行业优秀质量管理小组活动成果资料评审会，路局共评出路局级优秀成果197个，其中一等奖100个、二等奖97个，共奖励23.488万。组织参加山西省各地市质量管理成果发布会，获得山西省级优秀QC小组75个，国家级优秀成果3个，奖励25.89万。推荐铁道行业优秀QC小组19个。组织参加全国铁道行业质量管理小组成果发布邀请赛（北戴河），太原机务段太北检修车间包修攻关QC小组《提高SS4机车辅助回路良好率》被铁道行业推荐为国家级优秀QC小组；大同西供电段茶坞检修车间试验组《依托“三精”理念、创建金牌班组》被铁道行业推荐为国家质量信得过班组，获得双丰收，为历年最好成绩。

2. 组织客运处、货运处推荐全路客货运输窗口用户满意单位。推荐单位分别为：太原站客运车间、太原客运段动车车队、太原车务段寿阳站货运、大同车务段口泉站货运、侯马车务段临汾北站货运。

【计量管理】 1. 开展计量监督检查。严格按照JJF（铁总）801—2015《铁路计量监督检查规范》要求，组织对工务系统开展计量管理专项检查，检查重点：一是管理工作。主要检查各单位计量管理办法制定情况、计量器具管理台帐设立、计量检定人员培训考核、铁专量具审核、计量标准器使用及计量器具委外送检计划等。二是进行现场抽查。现场主要检查计量器具检定、运用、维护情况，同时根据抽查的计量器具，核实计量检定室原始记录，是否填写规范，规范各项管理工作。

2. 组织计量检定人员换证、取证培训。6月份在太原职工培训基地组织对各机务、车辆、供电、电务、工务、房建段计量检定人员及管理人员，共计176人举办两期计量检定人员换证、取证培训班。培训主要内容为：（1）万用表计量检定规程；（2）JJF1033—2008《计量标准考核规范》；（3）JJF（铁总）801—2015《铁路计量监督检查规范》；（4）《计量基础知识》（第三版）。对换证人员填写、发放上述相应项目计量检定人员证书。对取证人员在理论考试合格基础上，结合各单位计量监督检查或分片区（侯马、太原、大同）就地对取证人员实际操作进行考核（共计32人次）对考核合格者颁发检定人员证书。

3. 进行计量管理软件研发。研发路局（包括计量所）、站段（包括计量室）、车间三级管理的“计量管理信息系统”，对计量标准、计量器具、计量人员等进行动态管理。

【标准化管理】 1. 编制并发布2016年标准制（修）定项目计划，全年完成11项标准评审。

2. 组织标准化管理监督检查,各系统各抽查一个单位,从标准化日常管理、单位标准制(修)定、标准实施监督检查与考核及对总公司、路局标准的收集、发放、宣贯、学习情况等方面进行检查。

3. 对路局企业标准电子台账进行完善,方便站段的查阅、使用,今后不再继续编纂《太原铁路局企业标准汇编》。

4. 组织太原北站、太原电务段、太北车辆段标准化专职编制“企业标准体系结构图”,为路局“现代物流多式联运标准体系建设”提供依据。

【科研开发】 1. 2016 年各单位、部门申报路局科研攻关课题达 160 项,通过各专业论证推荐、路局科研计划管理委员会把关,下达科研开发计划课题 117 项,当年总投资 823 万元。保障安全质量类课题 91 项,提高效益效率类课题 22 项,管理创新类课题 4 项。申报的“太原铁路现代化物流综合体系规划研究”“智慧物流云平台”两项课题顺利通过省科技厅组织的专家立项评审,列入山西省科研计划。主持研究的“铁路现代物流经营关键技术研究——太原铁路局现代物流体系构架与实践研究”“铁路工务维修技术研究——大秦重车线 U78CrV 钢轨锈蚀成因分析”“机车车辆安全运用技术研究——2 万 t 重载列车中部 HXD1 型机车过渡结构安全技术研究”三项课题列入总公司科研计划,同时作为配合单位承担总公司 8 项课题的研制工作。

2. 全年完成路局科研攻关课题 90 项,通过路局技术评审 80 项。

【科技成果转化】 科技成果示范推广计划安排“车站接发列车模拟演练网络培训系统”“半自动闭塞区段断轨监测系统”“钢轨无损加固装置”“铁路应急救援设备路堤边坡运输装置”“高架铁道救援抢险设备快速吊运装置”“电缆应急接续装置”“隧道渗漏水排水暗管电热融冰装置”“便携式桥梁检查仪”“铁道线路作业巡查防护监督系统”“电池式电动钢轨钻孔机”“钢轨轨头全断面检测系统”“螺旋道钉砂浆锚固剂”“桥梁振幅检测仪校正台”“基于 800MHz 通信平台的安全预警系统”“铁路隧道检修梯车”“客车水栓压力在线监测及故障自动切除装置”“大秦线重载组合列车机车设备统一授时系统”“SS4G 机车主变压器超温报警装置”“C80 制动软管外部清洗机”“红外轴温探测器除雪装置”20 个成果,总投资 692 万元。

【科学技术奖励】 1. 组织路局科技进步奖评审委员会对各单位申报的 63 项成果进行评审,对 47 项科学技术进步奖成果进行表彰奖励,其中:“铁路机务安全风险研判系统”等 5 项成果获得一等奖,每项成果奖励 3 万元;“筒仓装车激光雷达偏重报警系统”等 16 项成果获得二等奖,每项成果奖励 2 万元;“SS4G 机车二代 LCU 逻辑控制单元研究”等 26 项成果获得三等奖,每项成果奖励 1 万元;管理奖 7.3 万元,合计 80.3 万元。

获得 2015 年度中国铁道学会科学技术奖的 7 项成果荣获 2016 年路局重大科技成果奖,其中:“多方向防错办系统”成果奖励 4 万元,“大秦线重载技术深化研究—延长钢轨和道岔修理周期关键技术研究”等 3 项成果分别奖励 2 万元,“机车安全及运用维修技术研究—重载组合列车紧急制动有效控制对策的深化研究”等 3 项成果分别奖励 1 万元;管理奖 1.3 万元,合计 14.3 万元。

2. 组织 2015 年下半年、2016 年上半年合理化建议和技术改进成果的申报、评审工作。

路局对各单位 2015 年下半年完成的 804 项合理化建议和技术改进成果进行评审,对 463 项合理化建议和技术改进成果进行表彰奖励。其中,“关于大秦线压缩机车乘务员超劳的建议”等 47 项荣获一等奖,每项奖励 9000 元;“对侯月线曲沃、上交站机待线进行延长改造的建议”等 117 项荣获二等奖，每项奖励6000元；"关于解决石太线坡头站列车停车试风存在安全隐患的建议"等206项荣获三等奖，每项奖励4000元；"关于减少配电所综自设备故障维修时间的建议"等93项荣获四等奖，每项奖励2000元；管理奖213500元，合计2348500元。

路局对各单位2016年上半年完成的856项合理化建议和技术改进成果进行评审，对414项合理化建议和技术改进成果进行表彰奖励，其中："关于清理营业线施工安全管理制度文电的建议"等40项荣获一等奖，每项奖励9000元；"安全调度指挥系统现场检查终端"等95项荣获二等奖，每项奖励6000元；"东港站空车场和重车场间增设的列尾作业室，保证列尾作业员人身安全的建议"等179项荣获三等奖，每项奖励5000元；"旅客列车（动车组）站内未对标停车应急处置措施"等100项荣获四等奖，每项奖励3000元；管理奖212500元，合计2337500元。

（郭富春）

职工教育

【概述】 职工教育处负责全局职工教育培训管理工作。2016年末，机构设：综合管理科、工人培训科、电教中心（附属机构，下设网络教育科、学历教育科、高铁培训科）。全处定员18人，现员16人，另业务指导1人。现员中，处长1人，副处长1人，电教中心主任（副处级）1人，综合科科长1人，工人培训科科长1人，网络教育科科长1人，学历教育科科长1人，高铁培训科科长1人，副主任科员2人，科员6人；高级工程师5人，工程师7人，助理工程师3人；大专以上学历16人；女职工4人。

【培训任务】 年内，全局组织各类资格性培训6316期、培训289517人次；路局集中组织脱产培训班212期，培训13402人次。其中，组织全局主要运输生产单位89496人进行人身安全培训考试，83438人进行电气化安全培训考试，78153人进行防洪培训考试，81930人进行防寒安全培训考试；组织1191人进行营业线施工安全知识培训。

【技能竞赛】 在全局范围深入开展"全员学技练功、全局技能竞赛"活动，分为全员学练、站段选拔、路局竞赛三个阶段。第一阶段学技练功，全局涉及8个系统，39个单位，共有7万余名职工参与；第二阶段站段级技能竞赛，通过班组、车间层层选拔，共有6千名职工参加；第三阶段路局级技能竞赛，由车务、机务、工务、车辆、电务、供电、客运、货运、价格、土房10个业务处室组织，最终1792人进入局级技能竞赛，在决赛中有351名优秀选手脱颖而出。同时，路局出台《关于明确参加国家级、总公司级职业技能竞赛选手有关待遇》（太铁职教〔2016〕554号）文件，在一次性奖励、等级晋升、评先疗养、业绩考核等各个方面明确待遇政策，激发学技练功的积极性。通过层层开展技能竞赛活动，优秀职工不断涌现，有4人获"全路技术能手"称号。在全路供电系统接触网工职业技能竞赛中，太原供电段选手陈斌获得接触网工个人第1名、侯马北供电段选手崔壮壮获得接触网工个人第7名，团体获得第五名，同时取得名次的两位选手被总公司授予"全路技术能手"称号。在全路车辆系统客车职业技能竞赛中，太原车辆段郝勇鹏获得发电车乘务员个人第1名、王乃臣获得制动钳工个人第4名，其中郝勇鹏被总公司授予"全路技术能手"称号。在全路车辆系统动车职业技能竞赛中，太原车辆段杨申获得动车组机械师个人第7名、被总公司授予"全路技术能手"称号。

【技能达标】 按照总公司岗位技能达标三年实施方案，继续开展各工种第二周期的岗位技能达标活动。以岗位为单元，以岗位作业指导书为标准，以实作技能为重点，逐人培训，逐人考核，逐人达标。全局有57983人纳入达标活动。培训过程中，充分发挥车间、班组培训职能,调动站段兼职师资和现场业务骨干的力量,把培训班办在现场,把课堂设在岗位,组织职工采用脱产、半脱产、日常业务学习、跟班作业等各种形式,充分利用各级培训基地实训设施设备以及“天窗”施工作业现场进行培训,对不能在现场组织培训,又远离实训基地的车间职工,使用仿真模拟教学、多媒体教学等手段组织培训,弥补不能组织实作培训的不足,有效提高职工标准化作业能力。

【网络培训】 着力解决工学矛盾,发展网络教学和移动课堂,让职工随时随地接受培训。一是探索网络培训“主播室”。利用“车间班组接入网络通道”大好时机,先行试点在车辆系统各单位探索建立站段网络培训“主播室”,开展实时视频教学、课件播放、同步交流等,解决工学矛盾。二是发展手机教学。局搭建易信“物流学习”公众号平台,推送物流资讯、营销案例、前沿技术等各类学习资料 162 期。指导基层单位研发“职工教育学习平台及手机客户端”“技术规章查询考试手机应用程序”等,使学习资料电子化,便于职工利用碎片时间学习。三是组织拍摄客车检车员、动车组车载通信设备维修等 29 部标准化视频教学片,发布在职教办公网“教学课件”专栏,供职工下载学习。

【培训能力】 全局专职职教管理人员达 696 人,兼职师资达 3103 人,举办专兼职教师培训班 3 期,培训 122 人。修订、完善 126 个工种、93190 道机考题库;编制发放《铁路物流概论》5 万余册。制作发布 50 个典型事故案例多媒体课件。率先在车辆系统试点建设完成“远程教育主播室”及车间“远程培训教室”。“视频到车间”将授课教师与参培职工进行分离,实现“在段授课、车间学习;教师提问、职工回答;职工申请、教师解答”真实课堂的网络化。“网络进班组”在车辆系统 4 个单位 16 个车间搭建网络学习平台。

【检查评估】 全年开展春运调图培训、劳动安全培训、防洪培训、防寒培训等 7 个专项检查,进一步促进职教工作的规范化、标准化。针对“三新”人员的培训管理、强化《铁路岗位培训合格证书》(《高速铁路岗位培训合格证书(CRH)》)管理开展重点项目整治,从源头进行治理。年中,组织培训质量专项整治,各单位交叉互验,相互取长补短。年底,对照标准,从 5 大类 24 小项全面平推 36 个运输站段职教工作。全年下发专题通报 16 期,有力地促进职教工作质量。

(苏华兵)

信息化管理

【概述】 信息化处负责全局信息系统的规划、设计、建设、管理和标准贯彻落实,组织、协调和推进全局信息化建设,推进全局信息资源整合、应用集成、互联互通、信息共享、优化应用及开发利用工作。

2016 年末,信息化处定员 10 人,现员 10 人,其中处长 1 人,副处长 1 人,科长 2 人,科员 6 人。机构设管理科、技术科。

年内,信息化处在巩固近年来信息化发展成果的基础上,以“强管理、重运维、抓建设”为主线,夯实网络安全管理基础,细化运维工作流程,大力推进现代物流、车间班组联网、信息资源整合等重点信息化项目建设,为全局运输生产、客货营销、经营管理提供系统支持与技术保障。

【信息化管理】 年内,信息化处全面强化信息化管理,以网络安全管理保障体系建设为契机,建立健全规章制度体系,编写岗位业务流程清单,加大现场检查力度,进一步夯实安全管理基础。

推进网络安全管理保障体系建设工作,建立健全规章制度体系。从网络安全体系管理、信息网络安全管理、运行维护安全管理、信息系统建设安全管理四个方面入手,编写完成《太原铁路局网络安全管理办法》《太原铁路局信息工程项目建设管理办法》《太原铁路局信息系统运行维护管理办法》《太原铁路局网络安全管理保障体系管理办法》等27个体系文件,通过总公司审核,在全局发布,进一步规范路局网络安全管理。

【加强基础管理】 修订、完善规章制度、管理办法,编写岗位业务流程清单,夯实管理基础。2016年度,信息化处进一步强化制度建设,认真修订、完善各种制度、办法。发布了《太原铁路局信息系统技术评审管理办法》《路局信息中心机房托管设备管理办法》,修订了《太原铁路局信息网络管理办法》《信息系统施工安全管理办法》,并对既有制度进行梳理,编写岗位业务流程清单。夯实基础,确保规章制度完整、可行。

【网络安全检查】 强化网络安全检查,促进问题整改。根据总公司、路局要求,信息化处认真落实现场安全检查工作。制定并发布检查安排14个,在"春运""两会""国庆""G20峰会"等关键时期,安排人员深入生产一线进行安全包保检查;每季度,对高铁车站进行全覆盖、平推检查;按照总公司要求,开展"互联网网站安全专项整治""铁路关键信息基础设施网络安全检查"等专项检查。检查结束后,认真分析检查情况,按时报送检查总结,确保检查工作落实到位,发现问题高质量整改。

【信息化建设】 为全面应用好"大数据""互联网+"等新技术,按照总公司、路局的统一规划和部署,信息化处全力推进现代物流信息化建设、车间班组信息网络覆盖、信息资源整合、调度系统升级等重点信息化建设项目。

推进车间班组联网工程,实现全局信息网络覆盖,为信息系统的推广应用打下坚实的基础。一是完成站段车间班组接入路局综合信息网络改造工程。通过调研分析、方案设计、设备招标采购、工程实施,完成257个CE汇聚节点、1256个车间班组信息源点的设备安装调试,敷设光缆664.77km,完成项目主体建设;二是推进车间班组联网工程实施,组织召开7次"两网融合及车间班组联网实施推进会",优化调整组网方式,解决实施过程中遇到的问题;三是根据信息网络进班组的建设及运维需求,修改完善《太原铁路局铁路信息网络管理办法》,明确相关部门和各单位的维护职责和分工界面;四是开展各专业信息应用在综合信息网络的迁移及推广工作。会同工务处,完成了工务安全生产管理系统由综合视频网向综合信息网的迁移工作,使用效果良好。截止2016年底,车间班组联网工程基本完成,实现了全局范围内748个车间、3069个班组的信息网络覆盖。

运用"互联网+"的思维,采用"云计算""大数据"等技术,助力路局向现代物流企业转型发展。一是建设中鼎智慧物流云平台。以太原铁路局规划建设的"1+3+13+300+N"物流网络为基础,依托大秦公司铁路货运优势和百度公司的互联网资源优势,充分整合社会资源,构建以混合云为基础架构,以大数据为核心,以人工智能为手段的"物流+互联网+大数据"相融合的一体化产业生态平台。2016年10月10日,中鼎智慧物流云平台第一阶段功能通过了信息化处组织的专家验证评审;10月18日零点,云平台开始上线试运行。二是构建中鼎物流园区业务的核心智能化信息平台。通过园区智能化平台、园区信息化平台实现不同层次物流综合服务的一体化信息平台。自2016年10月20日开始,由信息化处牵头,根据整个工程进展情况,对中鼎物流园智能化物流园区系统工程采取分阶段实体工程现场验收、软件平台专家评审验收,在各阶段验收全部完成后组织整体工程综合验收。

推进信息设备资源"使用创新",实现数据资源综合利用。一是应用"虚拟化"技术,新建"太原局综合网虚拟平台",实现硬件资源的"虚拟化""资源池化"及动态扩充、弹性管理,为数据资源综合利用奠定基础。二是合理利用虚拟平台,先后安装部署客运管理系统、物资系统、审计系统、运输收入管理分析系统,实现数据资源综合利用。

升级“运输调度管理 5.0 系统”。完成了客调、货调、计划调、施工调等 10 个子系统的版本统一、升级换代。将原总公司信息中心研发的机调子系统更换为全路统一版本软件,便于后期应用集成、数据共享。在全局范围内推广运统 46 施工登销记系统,实现运统 46 登记工作由纸质、手写模式向电子化、远程化转变。

（田　文）

党群工作

路局党委
党务办公管理
组织
宣传
纪检、监察
机关党务
建设系统党工委
工会
共青团

路局党委

【概述】 路局党委管辖基层党组织56个。其中:主要运输站段党委37个,运输辅助单位党委6个,非运输企业党委9个,其他单位党委4个;党总支1个,党工委1个。

全局有党员49309人。其中,在职党员39846人,占总数的80.81%;离退休党员9463人,占总数的19.19%。在职党员中,女党员4416人,占在职总数的11.08%。预备党员357人,占在职总数的0.90%。主要运输生产站段在岗党员31850人,党员班组长2888人。全年共发展党员340名。其中:运输生产一线职工300人,占发展总数的88.24%;班组长133名,占发展总数的39.12%;35岁以下青工172人,占发展总数的50.59%;女党员40人,占发展总数的11.76%;大学专科以上学历人员261人,占发展总数的76.76%;高铁岗位人员18人,占发展总数的5.29%。

年内,路局党委坚持以党的十八大和十八届三中、四中、五中、六中全会精神为指导,深入学习领会习近平总书记系列重要讲话精神,坚定不移地贯彻落实山西省委、中国铁路总公司党组决策和路局第一次党代会部署,主动适应新常态,全面加强党的建设,依靠党政工团各级组织和广大党员、干部职工,努力推进全局安全稳定、改革发展,为实现"十三五"良好开局提供了政治、思想和组织保证。

【"两学一做"学习教育】 把"两学一做"学习教育作为深入推进全面从严治党、促进改革发展、战胜各种挑战的重要举措和强大动力。加强组织领导,细化实施方案,先后8次召开专题会议进行研究部署,推动学习教育向广大党员拓展,向职工群众延伸。两级领导班子成员自觉参加组织生活,带头讲党课,与党员一起深入学习研讨、一起查摆解决问题。坚持打牢学的基础,落实4个专题安排,认真学习党章党规、系列讲话,按照有认识、有体会、有不足、有分析、有措施的标准开展集中研讨。坚持以学促做,以"不看党徽识党员,只看行动辨党员"为目标,细化"四讲四有"合格标准,组织党员承诺践诺,选树"学·做"典型在全局巡回宣讲。坚持严督实导,定期组织开展"回头看",扎实推进党员组织关系排查、党费收缴检查等4项重点任务,保证学习教育质量。通过学习教育,进一步巩固和拓展了党的群众路线教育实践活动和"三严三实"专题教育成果,规范了党内政治生活,增强了党性观念,坚定了理想信念,激发了全局4.9万余名共产党员不忘初心、继续前进的行动自觉。

【党委中心组学习】 把中心组学习作为把握大势、紧跟大局、统一思想、提高能力的重要平台。规范完善路局党委中心组学习管理制度,严肃考勤纪律和党委书记签阅学习笔记,严格落实每月两次集中、两次自学的要求。聚焦政治理论学习,坚持读原著学原文悟原理,把学习和讨论结合起来,党政正职带头谈体会,班子成员积极发言,组织报台专题报道,展示学习成果、接受群众检验,为基层领导人员和党员干部作出示范。去年,路局党委中心组围绕党章党规、系列讲话以及党中央治国理政新理念新思想新战略,集中学习研讨26次,其中扩大学习会6次。局属单位党委中心组学习日趋规范,各级党组织政治理论学习也深入持久地开展起来,广大党员干部参加理论学习更加自觉和主动,"四个意识"特别是核心意识、看齐意识不断增强,推进改革发展的信心和决心更加坚定。

【领导班子和干部人才队伍建设】 把领导班子和干部人才队伍紧紧抓在手上,确立"有过硬政治素质、有坚定组织观念、有科学决策程序、有称职担当能力"的要求,着力固牢太铁大厦的每条"钢筋"。落实民主集中制原则,修订完善决策"三重一大"事项制度,提升领导班子把握形势、突出重点、掌控局面的能力。坚持重人品、重台阶、重经历、重实绩、重公论,严格"凡提四必"要求和个人有关事项报告制度,先后调整领导人员

225人次，配备党群领导人员54人。坚持党校姓党，发挥主阵地作用，抓好党员干部教育培训，先后举办全局党政正职、新任职领导人员、党支部书记和青年骨干大学生党员培训班等党员干部培训31批4231人次，主体班次达到26%。实施“人才强局”战略，召开人才表彰会，培养物流专业人才352人，全局中高级专业技术人员达到5839人，高技能人才占到操作技能人员的52.5%，骨干队伍支撑作用进一步增强。

【干部作风建设】 坚持作风建设永远在路上，不断巩固执行中央八项规定精神的成果。扎实整改中央专项巡视通报问题，集中两个月时间开展“回头看”，通过梳理、完善、修订、健全，扎紧制度的“笼子”。落实山西省委部署和铁路总公司新一届党组《关于深入贯彻落实中央八项规定精神的决定》，细化实施办法，抓好检查督促，促使党员干部树立为民务实清廉和忠诚干净担当的作风形象。严格干部日常管理监督，组织开展运输站段领导人员专项联合调研，全面考察了解干部思想和工作作风情况。倡导“向前走一步、没有结合部”的理念，两级领导班子成员带头在全局营造团结、民主、和谐的工作氛围。推行系统负责、岗位负责、专业负责、逐级负责和机关服务、基层自立，各级干部探索实践“教练式检查、积分式考核、担保式返奖”的管理方式，改变简单的查、被动的盯，大力减少对基层的干扰，有的放矢地深入现场、提供指导、搞好服务，密切党群干群关系，凝聚起太铁团结奋进的强大合力。

【各级党组织建设】 把党的基层组织建设作为党建基础不断夯实。强化两级党委的主责主业意识，逐级开展党组织书记抓党建述职评议考核，组织召开全局党建工作座谈会，理清工作思路，推动责任落实。加强两级党委会建设，召开路局第一次党代会，选举产生了党委班子和纪委班子；认真落实总公司党组要求，指导完成基层党委换届工作。规范政工经费管理使用，加强工程建设领域党建工作，开展“工程管理和党建工作标准化”达标升级竞赛，推动基层党建基础得到加强。贯彻落实《铁路企业党支部建设纲要》，深化党支部建设“三年基础工程”，动态优化党支部设置，选优配强党组织书记，严格“三会一课”制度落实，分系统打造标准化党支部样板15个，启动实施王家湾全路党员教育示范基地建设。加强党员教育管理，广泛开展创岗建区、“三无”竞赛等活动，实现党员“两违率”控制在5%以内的目标。15个党组织、17名党员受到山西省委和铁路总公司党组“七一”表彰。

【宣传思想文化】 把宣传思想文化工作运用到引导方向、激励斗志、优化环境的火热实践中。深入学习宣传社会主义核心价值观，精心组织庆祝建党95周年、纪念长征胜利80周年系列活动，开展主题党日、歌咏比赛等革命传统教育。大力弘扬新时期铁路精神和“大秦铁路 · 重载精神”，凝聚起“负重争先、务实创新”的强大力量。积极培育“我的安全我做主”理念，树立职工的安全幸福观，深入开展“转观念、闯市场、增效益”主题教育，推出一批创新创效创业品牌，安全、经营、服务文化建设得到深入推进。大力选树宣传先进人物和感人事迹，太原站杨静、太原南站李静、大西供电段王养国等一批典型脱颖而出，123名职工荣获省部级以上荣誉称号，形成了先进倍出、群星璀璨的生动局面，使职工群众学有榜样，赶有方向。推行“必谈必访”工作方法，建好职工网上家园，提升思想政治工作覆盖面和影响力。讲好太铁故事，加强舆论引导，塑造了太铁良好形象。

【党风廉政建设】 坚持“运输安全、干部安全”两手抓，以担当的精神践行主体责任，教育引导党员干部走大道、进正门。落实中央纪委六次全会精神和山西省纪委、铁路总公司党组纪检组部署，健全党风廉政建设责任制，细化责任清单，加强考核问责，推动“两个责任”落实。开展“守纪律、讲规矩”教育，建成党风廉政教育网络基地，组织纪检监察干部专题培训和835名局管领导人员廉政考试。聚焦主责主业，加快“三转”步伐，推进纪检监察组织内设机构和职能调整，健全完善两级机关廉政风险内控机制和权力清单制度。以“查办、解脱、保护”为方向落实“四种形态”，推行违纪违规问题专题民主生活会制度，抓好谈话函询和教育提醒工作，加大典型问题通报力度，全年对17名局管领导人员进行谈话函询，点名道姓通报14起典型问题。坚持执纪必严、违纪必究，给予党的纪律和企业纪律处分102人，对履行党风廉政建设责任不力的5名领导人员严格问责，形成有效警示，营造了风清气正的发展环境。

【职工生产生活】 推进“三线”建设，投入1243万元整治“八小”设施，3449万元用于帮扶救助工作。建成路局职工服务中心，注册职工70818人，累计受理职工诉求1306件，相关部门及时给予办理或答复，先后办结1289件，办结率达98.7%，使职工的话有人听、事有人办、建议有人采纳成为常态。推进信访问题精准化解，建成视频接访系统，引导职工依法合规表达诉求，路局连续七年实现总公司信访“零考核、零扣分”。

职工生产生活条件进一步改善，兑现19件实事项目，职工平均工资同比增长4.8%，获得感、幸福感不断增强。全局上下呈现出“党建不断加强、作风明显转变、安全有序可控、经营业绩优良、建设实现‘三保’、民生持续改善、队伍保持稳定、社会形象良好”的发展态势。

（高　毅）

党务办公管理

【概述】 路局办公室（党委办公室）政工调研科、政工信息科负责路局党委调研督查、文稿起草、公文流转、印章管理，编发《政工信息》《政工调研》《太铁政工》刊物。2016年末，政工调研科定员4人，现员2人，政工信息科定员4人，现员3人，并有限额外附属控股公司管理与发展研究办公室思想理论研究科，定员5人，现员2人。

【健全制度】 修订完善办公室（党委办公室）党委公文流转、信件流转等制度，规范发文程序，同时，按照路局党委要求，在抓紧完成原政工科人员落编工作后，迅速与兄弟局沟通联系，学习借鉴，集中研究、分别制定政工信息科、政工调研科、思想理论研究科工作制度、岗位职责、工作标准、工作流程图，待修改完成后提交领导审阅通过。

【基础管理】 落实全面从严治党要求，以“两学一做”学习教育为契机，在支部委员会的领导和具体指导下，夯实党支部基础工作。组织了党支部书记抓基层党建工作述职评议，进行了党支部换届选举，对党员组织关系开展了全面排查，摸清了党员底数，统一印制了党支部和党小组工作记录本，认真做好党支部“三会一课”工作记录。组织“两学一做”学习教育，及时制定下发四个专题学习推进计划，组织并督促各党小组做好专题党课、学习笔记、学习体会和集中学习研讨等相关工作，使全体党员加强了党性锻炼，提升了推进学习教育的主动性、自觉性，组织生活制度得到有效落实和规范。

【全员提素】 购置《快乐工作享受生活》、《大道之行》等理论书籍7部300余册，分别发放给10个科室，协调科室组织轮流阅读，提升了全员的阅读能力和知识素养。政工科坚持每天早8点碰头学习和每周五下午理论学习制度，重点学习了《求是》《人民日报》《人民铁道》《山西日报》等党报党刊，特别是组织学习了习近平总书记系列重要讲话和《治国理政》《准则》《条例》等丛书。在此基础上，建立实施了重要文件、讲话等传阅制度，及时组织科室人员学习中央、总公司党组以及路局、路局党委的部署要求，掌握情况，指导工作。通过坚持不懈学习，政工科全体人员的理论水平和写作能力持续得到提升。

【强化意识】 落实"机关服务、基层自立"要求,提升服务意识,帮助基层单位党(群)办的同志提升工作能力。今年以来,紧紧抓住"两学一做"学习教育和筹备路局第一次党代会契机,按照路局办公室(党办)的统一部署,采取安排站段党群办人员助勤培训的方式,对基层党建工作进行党建业务知识培训。截至目前,共分两批对7名基层站段党群办骨干进行了为期3个月的助勤培训,提高了基层党群办的工作水准和党群干部的岗位履职能力。规范基层单位党委机要文件接收管理,指定专人负责与全局37个主要生产站段和14个非运输企业、运输辅助单位组织助理员,逐一联系对接,对机要文件相关管理工作进行面对面培训指导,并组织学习了相关保密文件管理规定,确保了机要文件流转安全有序。

【转变作风】 紧扣路局党委、路局全年重点工作和阶段性重点任务,及时深入现场,组织开展现场督查106次。同时,加大对领导添乘发现问题的跟踪督办,积极协调相关部门、处室和单位,共同研究解决,推动问题整改,截至目前,共跟踪督办问题96个,全部得到整改和答复。深入现场,严格落实中央八项规定精神和路局、路局党委要求,减少对基层单位工作干扰,严格在规定地点食宿。同时,利用现场指导、电话沟通等方式,对基层单位上报的政工信息、政工调研情况,进行了指导帮助,先后对28个基层单位、36名党群工作人员从写作技巧、选题方式、措词用语等细节进行了指导,提升了党群办人员的文字水平。

【创造业绩】 圆满完成路局党委领导各类会议讲话、汇报材料219份。特别是在全局党建工作座谈会和路局第一次党代会期间,高质量完成了各类文字材料,先后20余次受到路局党委领导的肯定表扬。运用《政工调研》平台,及时交流基层单位特色做法,编发调研报告13期,总公司采用政工调研6篇,其中4期对下调研、1期对上调研受到路局党委领导批示。紧扣路局党委重点工作,及时开设了"奋战一季度、实现四确保"活动,"两学一做"学习教育,深入学习贯彻全局党建工作座谈会精神,"喜迎党代会、争创新业绩""学习贯彻路局第一次党代会"等专题,编发对下政工信息110期,总公司党组办刊发采用40篇,其中7期对下信息、11篇对上信息受到路局党委领导批示表扬。同时,对太铁政工进行改版,体现政治性、严肃性、人民性。

(高　毅)

组　　织

【概述】 人事处(党委组织部)负责全局党的组织和党员队伍建设。2016年末,路局直属基层党组织58个,其中基层党委56个,党总支1个,党工委1个。全局有党总支543个,党支部3381个(班组党支部2145个)。其中,主要运输生产站段现有党总支482个,党支部2808个(班组党支部2062个),运输辅助单位、非运输企业及其他单位党支部451个。全局共有专职党支部书记722名。有党员49309人。其中,在职党员39846人,占总数的80.81%;离退休党员9463人,占总数的19.19%。在职党员中,女党员4416人,占在职总数的11.08%。预备党员357人,占在职总数的0.90%。主要运输生产站段在岗党员31850人,党员班组长2888人。全年共发展党员340名。其中:运输生产一线职工300人,占发展总数的88.24%;班组长133名,占发展总数的39.12%;35岁以下青工172人,占发展总数的50.59%;女党员40人,占发展总数的11.76%;大学专科以上学历人员261人,占发展总数的76.76%;高铁岗位人员18人,占发展总数的5.29%。路局机关党群机构设:党委办公室、党委组织部、党委宣传部、纪委、政法委、工会、团委、机关党委。

【党代会召开】 根据路局党委安排部署,严格落实组织组工作职责，围绕大会组织机构设立、文件材料起草、代表和“两委”委员推选、会议议程确定等重点工作，明责到人、倒排进度、按期推进。经请示总公司党组和山西省委同意后，10 月 17 日至 19 日中国共产党太原铁路局第一次代表大会在太原召开，大会听取并表决通过了党委、纪委工作报告，选举产生中共太原铁路局第一届委员会 15 名委员和中共太原铁路局纪律检查委员会 11 名委员。大会闭幕后，分别召开“两委”第一次全体会议，等额选举产生中共太原铁路局第一届委员会书记、副书记和中共太原铁路局纪律检查委员会书记、副书记。

根据总公司党组批复，中共太原铁路局第一届委员会由丁永民、王全献、王金虎、支斌、邢东、刘枫、刘全新、江涛、杨占虎、张锁明、赵春雷、俞蒙、郭家宏、郭善宏、董跃峰（按姓氏笔画为序）15 名同志组成。江涛同志任书记，赵春雷、郭家宏、支斌同志任副书记。中共太原铁路局纪律检查委员会由王志强、王金亮、王晋义、支斌、师永、刘志刚、闫锐、郑继荣、郝亚勇、胡志、霍超英（按姓氏笔画为序）11 名同志组成。支斌同志任书记，郝亚勇同志任副书记。

与中铁六局集团太原铁路建设有限公司党委组成第六联合选举单位，按照民主集中制原则，组织基层党组织采取自下而上、自上而下、上下结合的方式，先后提出代表候选人推荐人选、初步人选和预备人选，经考察公示，山西省第十一次党代会筹备工作领导小组代表人事工作办公室批复同意后，10 月 12 日组织召开第六联合选举单位党代表会议，无记名投票差额选举产生了出席山西省第十一次党代表大会的江涛、景生启、蒲婷婷 3 名代表。

【基层党组织建设】 1. 加强基层党建工作制度建设。为进一步规范决策行为，提高决策水平，防范决策风险，2016 年 3 月 29 日修订并印发《中共太原铁路局委员会太原铁路局关于印发〈太原铁路局领导班子决策“三重一大”事项实施细则〉和〈基层单位领导班子决策“三重一大”事项规定及配套制度〉的通知》（太铁党〔2016〕19 号）。为严肃党员领导人员双重组织生活制度，加强党内生活锻炼，2016 年 5 月 3 日印发《中共太原铁路局委员会关于印发〈太原铁路局党员领导人员参加所在党支部或党小组组织生活制度〉的通知》（太铁党组〔2016〕2 号）。为加强新形势下发展党员工作，保持和发展党员队伍的先进性和纯洁性，2016 年 6 月 7 日印发《中共太原铁路局委员会关于加强新形势下发展党员工作的实施意见》（太铁党〔2016〕34 号）。

2. 党组织书记抓基层党建述职评议。分 6 个系统分别开展党组织书记抓基层党建工作述职报告会，采取“述、问、评、考、展”立体多维方式，全面检验抓基层党建工作实效。开展运输一线党支部建设工作联检互评，深入 76 个车间、112 个班组，调阅资料台账 700 余本，与 218 名党员群众面对面座谈，逐项核查党支部职能界定、制度建设、党组织党员作用发挥等落实情况。

3. 党支部建设。将《铁路企业党支部建设纲要》的学习纳入“两学一做”学习教育计划，组织专题讲座，编制题库自测学习，组织各级党务工作者撰写学习体会，4 篇学习体会在《人民铁道》报上刊载。从车务、客运、机务、供电、车辆、工务、电务、运输辅助、非运输企业 9 个系统遴选近年来表彰的大同站湖东站党总支等 15 个先进党支部标杆，总结工作经验，推广全局各党支部学习。

4. 着力打造王家湾党员教育示范基地。组织力量对“全国先进基层党组织”王家湾线路车间党总支进行全面调研，分析车间党的建设情况，并提出工作思路建议。通过实地走访、现场勘查、座谈了解，按照“旧而无尘、置而有序、洁而共享、文而化人”的思路对党员教育示范基地进行规划，提出学习教育区、生产生活区、综合服务区的改造计划方案并组织实施。

5. 深入开展党建课题研究。2016 年 7 月 22 日召开太原铁路局党的建设研究会工作会议,审议通过了党的建设研究会理事会组成人员调整建议名单。局党委书记、党的建设研究会会长江涛同志作了重要讲话,传达学习了全国党建研究会第六次会员代表大会、铁路系统党建研究专委会第三次全体委员会议精神,深入分析全局党建研究工作面临的形势任务,对路局党建研究工作的主要任务、重点课题进行安排部署。党的建设研究会副会长、秘书长、副秘书长以及 52 名理事出席了会议。根据铁路系统党建研究专委会第三次全体委员会议精神,局党委组织部专题研究了《国有企业党委坚持党管干部原则的基本内涵和现实意义》《建立现代企业制度条件下铁路企业党委坚持党管干部原则应处理好的几个关系》2 个课题,形成课题研究报告。

6. 扎实推进基层党建 4 项重点任务。根据中央组织部和总公司党组安排部署,扎实开展党员组织关系集中排查,党代会代表和党员违纪违法未给予相应处理情况排查清理,基层党组织按期换届情况专项检查,党费收缴工作专项检查四项重点任务,提升全局党建基础管理水平。

【党员队伍建设党员管理】 1. 扎实开展"两学一做"学习教育。根据党中央、总公司党组要求,以专题党课开局,区分人员层次制定实施方案和配套文件,扎实推进四个专题学习研讨。召开阶段推进会,举办骨干培训班,开通学习教育网,搭建"太铁先锋"微信平台,坚持严督实导,把"学做促改"贯穿始终,有力提升全局党员践行"四讲四有"合格党员的自觉性。撰写《太原局党委学用相长增强党员党性观念》和《一个先进党总支的反思与进取》在《人民铁道》头版刊发,总公司摘编路局典型做法信息 7 条。选树 7 名生产一线优秀共产党员组成宣讲团,分别深入太原、侯马、大同地区举办先进事迹报告会,教育引导入党积极分子和广大党员不忘初心、继续前进。

2. 党员教育管理。着力加强党员教育培训力度,先后举办党员示范培训班 5 期,青年大学生党员培训班 3 期,以及党员骨干示范培训班、"两学一做"学习教育骨干培训班、党员组织关系集中排查专题培训班、党费收缴工作专项检查部署培训班、《铁路企业党支部建设纲要》专题培训班、全局党内统计培训等班次,强化党员党性意识,提升党务工作者业务水平。加强标准化党员活动室建设管理使用,按照"十个一"建设标准,组织对全局 60 个标准化党员活动室管理使用情况进行年度验收,充分发挥党员活动室作用,指导各基层单位党组织经常性组织党员开展学习交流和工作研讨,发挥活动室党性教育的阵地作用。认真落实《党内品牌管理办法》,积极推进"一家一品",新创建党内品牌 216 个,提报局级优质品牌 72 个。严格落实发展党员工作"控制总量、优化结构、提高质量、发挥作用"要求,全年发展党员 340 人,接收大学生党员 357 人,转出退休职工中的党员 444 人。截至 2016 年底,全局党员总数 49309 人,较 2015 年底的 49551 人减少 242 人,降幅 0. 49% 。

(田振华)

宣　传

【概述】 党委宣传部(企业文化处)(以下简称宣传部)负责全局的宣传思想文化工作。2016 年,宣传部定编 21 人,现员 18 人,其中部长 1 人,副部长 2 人。机构设宣教、企业文化、新闻、网络舆情 4 个科。年内,宣传部坚持融入中心、服务发展,坚持正面引导、强化引领,为推动全局安全稳定、改革发展提供了思想基础、精神动力和文化支撑。

【"两学一做"学习教育】 把学习党章党规、学习系列讲话、学习先进典型作为重中之重,扎实开展"两学一做"学习教育四个专题集中研讨,坚持学是基础、做是关键、以学促做的导向,教育引导全体党员加强党性修养,补足精神之"钙",增强"四个自信",强化"四个意识"特别是核心意识、看齐意识,争做"四讲四有"合格党员,营造了党要管党、从严治党的浓厚氛围。

【党委中心组学习】 把落实基本学习制度作为保证学习质量和严守政治规矩的根本体现。围绕政治理论主题和创新发展课题,每月坚持2次集中学习讨论、2次自学,全年举办"互联网+与传统产业融合发展""党的十八届六中全会精神专题宣讲"等高端讲坛6场,强化两级领导班子在大局下行动的自觉,在推进思想建设、政治建设、作风建设、廉洁建设和能力建设中,收到了武装头脑、指导实践、推动工作的实际效果。

【党的十八届六中全会精神学习宣传】 路局领导班子成员先学一步、深学一层,在坚持领学解读、集中研讨的基础上,采取扩大学习和组织巡回宣讲方式,覆盖全局对党的十八届六中全会精神进行广泛深入的宣讲阐释和解读辅导,以上率下掀起学习宣传热潮,引发了广大党员和党员干部的强烈反响,坚定发展信心,激发工作热情,推动了全局创新发展、转型升级。

【开展主题教育活动】 通过领导干部带头讲、两级机关深入讲、宣讲分队巡回讲、网微平台线上讲,分众组织宣讲220场次,在全路推进会上进行经验介绍。采取分系统专题讨论和开展换位体验营销实践等有形有效的活动形式,征集转化2000余条金点子,宣传推广106项优秀成果,增强了干部职工大胆闯市场、创效作贡献的思想自觉和行动自觉。

【路局党代会精神学习宣传】 把学习宣传路局第一次党代会精神同"两学一做"学习教育结合起来,以落实25大项81小项学习宣传方案为抓手,突出会前预热、会中同步、会后跟进,充分发挥报台网刊资源优势,营造了学宣结合、以学促做的浓厚氛围。

【安全文化建设系统抓、抓系统】 以工务系统安全文化建设为牵引和突破,从文化层面助力全局安全管理"健体强身"。通过召开全局工务系统安全风险管理暨安全文化建设现场会,命名表彰10个安全文化建设示范班组,推广交流20例典型经验,深化了"机关服务、基层自立、各司其职、各负其责""我的安全我做主"等,进一步强化了安全自觉理念。

【现代物流建设宣传】 以中鼎物流园宣传为牵引和突破,广泛宣传中鼎速度、中鼎模式、中鼎精神,成功举办中鼎论坛,持续带动和放大全局以"1+3+13+300+N"为模式的现代物流宣传效应,通过内育文化、外创品牌,激励引导干部职工树牢"以市场为导向,以经济效益为中心"的新理念,塑造了太铁良好发展形象。

【弘扬和践行大秦铁路·重载精神】 把宣传弘扬"大秦铁路·重载精神"同学习践行社会主义核心价值观和新时期铁路精神结合起来,宣传王家湾先进典型,挖掘大秦铁路感人故事,发挥典型引路作用,大力营造见贤思齐、岗位践行的浓厚氛围,涌现出王养国、韩喜青等一批新时期大秦精神的先进代表,生动诠释了"负重争先、务实创新"的精神内涵和价值传承。

【新闻宣传和舆论引导】 按照"既要努力干好、又要让人知晓"的要求,讲好太铁故事。全年在中央主要传统媒体刊发稿件456篇;在人民铁道报刊发稿件1162篇,排名全路第一。一大批有高度、有厚度、有温度的服务奉献鲜活故事感动了社会,一系列围绕安全、运输、经营、建设等中心任务的生动故事展示了太铁担当。新媒体宣传更加有质有量,扩大了影响力,凝聚了正能量,路局职工杨静通过微信客户端评选,荣获了全路"最美暑运铁路人"称号。管好用好"两微两端一网",坚持主动发声,加强舆论调控,确保负面舆情零炒作,营造了和谐发展环境。

【精神文明创建】 举办"逐梦太铁——2016迎春联欢会"、《伟大的旗帜》——庆祝中国共产党成立95周年歌咏大会、“山西好风光铁路伴您游”专题摄影活动等一系列群众性文化活动，极大地丰富了职工群众的精神文化生活，凝聚了“为太原局好”的精神力量，先后有太原站杨静、侯马北工务段李天恩等9人(次)获评“中国好人”“山西好人”“太原好人”荣誉称号。

（赵　剑）

纪检、监察

【概述】 按照中央纪委“转职能、转方式、转作风”的要求和总公司党组的部署，结合路局工作实际，调整了路局纪委、监察处的工作职责和内设机构，将原路风监督职能移交业务主管部门，剥离原执法监察中部分与企业性质不相符的职能。调整以后，路局纪委、监察处下设办公室、纪检监察一室、纪检监察二室、纪检监察三室、信访和审理室，定编25人，工作力量进一步向主责主业聚焦。

年内，两级纪检监察组织紧密围绕全局中心任务，突出主责主业，强化监督执纪问责，把纪律规矩挺在前面，为全局改革发展稳定营造了风清气正的良好环境。

【选举产生中共太原铁路局纪律检查委员会】 2016年10月17日至19日，召开中国共产党太原铁路局第一次代表大会和中共太原铁路局纪律检查委员会第一次全体会议，选举产生了由王志强、王金亮、王晋义、支斌、师永、刘志刚、闫锐、郑继荣、郝亚勇、胡志、霍超英(按姓氏笔画为序)组成的中共太原铁路局纪律检查委员会，支斌同志任书记，郝亚勇同志任副书记，2016年11月3日，中共中国铁路总公司党组以铁总党函〔2016〕34号文件形式下达了批复。

【落实党风廉政建设监督责任】 认真落实全局党风廉政建设工作部署，明确从严治党任务，强化组织协调，严格监督检查，重抓问责考核，促进了“两个责任”的有效落实。一是细化责任清单。召开党委会、党政联席会研究全局党风廉政建设重要事项成为常态。召开全局党风廉政建设工作推进会议，党政主要领导亲自部署工作任务，细化责任，明确要求。提出全局党政组织和纪检监察组织责任清单，完善党风廉政建设责任制考核办法，细化两级领导班子成员和部门主要负责人年度党风廉政建设重点任务。二是严格督办落实。运用“一表、一台、一报告”工作平台，加强动态监督，定期通报领导人员重点任务完成情况，层层传导压力，推动责任落实。三是严格问责考核。对发生违纪违规问题的局管领导人员进行了处理和经济考核，按规定召开领导班子成员违纪违规问题专题民主生活会，对履行“两个责任”不力的局管党、政、纪负责人进行了追责，对执纪能力较弱的单位纪检监察干部进行了原因分析与指导，释放了有责必问、执纪必严的强烈信号。

【强化廉政风险防控】 加强运输领域廉政风险防控，坚持参加集体研究货运需求受理，把追加需求受理作为监督重点，纳入货运日班计划自动编制系统，监督两把密钥双人卡控模式落实质量，强化以科技手段促廉保廉。参加价格管委会会议，集体确定“批量议价”、竞争性“一口价”及货物运价下浮水平。加强大修、更新改造项目廉政风险防控工作，研发了“大修、更新改造工程项目监督管理系统”，对大修、更新改造项目实施精准监督，将实施过程中的关键环节、重要风险点纳入监督范围，通过计划信息动态管理、项目实施过程写实、验收记录留痕卡控、监督检查信息反馈、数据比对分析预警等手段，在局域网上搭建起与业务部门联合监督的共享平台。

【加强监督检查】 下发《关于纪检监察组织提高监督工作有效性的通知》，明确监督原则，细化重点监督内容，进一步优化了纪检监察组织监督检查采取的5种形式，突出精准监督，提高监督工作有效性。研发了“物资招投标远程监督系统”，利用监控设备全过程留痕，实现远程实时监督、抽查监督和标后抽查的监督工作新模式。

【狠抓干部作风】 坚持作风建设常抓不懈，组织协调对中央专项巡视反馈问题的整改进行“回头看”工作，抓住重要节点，紧盯“四风”问题，严肃查处违反中央八项规定精神和侵害职工群众利益的问题，对典型违纪问题进行通报，推动清风正气持续向好。

【严格纪律审查工作】 有效运用监督执纪“四种形态”，积极推行谈话函询处置方式。修订《太原铁路局管理岗位人员及专业技术人员违纪违规行为处分规定（试行）》有关条款。修订完善纪检监察工作规则，对信访受理、线索处置实行集中管理，有效提高了成案率，全局呈现信访举报数量下降、办案质量上升的特点。

【深化守纪律讲规矩教育】 坚持抓党风先抓廉政、抓廉政先抓教育，实行新任职领导人员任前廉政谈话制度，组织全局领导人员签订《廉政承诺书》，开展领导人员党风廉政知识集中考试。运用“互联网＋”模式，党风廉政教育网络基地直通现场，并在局党校干部培训和关键岗位新职人员培训中得到有效运用。深入开展廉政文化建设，推广交流廉政文化作品，推动基层单位创建以“廉政”为主题的微信公众号，全局上下守纪律、讲规矩的氛围更加浓厚，领导人员遵守纪律规矩的意识进一步增强。

【加强纪检干部队伍建设】 着力加强纪检监察干部队伍建设，实行基层单位纪委书记述职评议制度，坚持组织对全局专职纪检监察干部进行系统培训，对新转岗人员进行业务辅导和培养锻炼，全局纪检监察队伍的监督执纪能力得到进一步提高。大同车务段纪委等4个单位被评为“总公司纪检监察工作先进集体”，李建文等7名同志被评为“总公司优秀纪检监察干部”。太原北站纪委等12个单位被评为“全局纪检监察工作先进集体”，王丙君等50名同志被评为“全局优秀纪检监察干部”。

（胡正平）

机关党务

【概述】 路局机关党委负责路局机关党的组织建设、宣传教育、思想作风和党风廉政建设、精神文明建设等工作。2016年末，机关党委定编6人，现员5人。下设16个党总支、128个党支部，党员2903名。

【“两学一做”学习教育】 制定下发路局机关“两学一做”学习教育安排，以《实施方案》确定的4个学习专题为主线，以党章党规和系列讲话为主要内容，区分全体党员和领导人员两个层次，分别明确学习内容、掌握领会的重点和重点解决的问题，提出学习要求，作出具体安排。路局机关各级党组织在讲好专题党课、抓好专题学习讨论、组织好党员集中学习培训的基础上，根据自身特点，采取多种方式，调动党员学习积极性，增强学习实效。充分利用局域网、有线电视、微信平台等推送学习资源满足学习需求，运用交流研讨、撰写学习体会、现场观摩、集中观看专题片等丰富学习形式，通过开展主题党日活动、参观红色教育基地等深化学习效果。各部门领导人员坚持学在前面、层层示范，带动形成上行下效、联动学习的整体效应。支部委员充分发挥带学、促学作用，坚持多学一些、深学一步，带头读原著、学原文、悟原理，带头搞好专题学习研讨。在学习教育的全过程，机关党委采取参加学习、随机抽查等方式加强对各部门学习组织的检查督导，通过个别访谈、跟踪问效、查阅记录等方式检验学习成效，及时发现和指导解决苗头性、倾向性问题，确保学习教育取得实效。

【组织基础建设】 认真做好局机关党员组织关系集中排查工作。按照路局党委部署要求，坚持全面摸底与重点排查相结合，通过深入支部、电话沟通，指导各部门按照“五查五看”要求，对正式组织关系在本部门党支部的党员进行登记造册，重点统计2007年以来组织关系转出人员名单，与党员本人和接收单位党组织主动对接，查明组织关系落实情况，并做好相关记录。对应当转出组织关系的，按照有利于党组织日常管理、有利于党员参加组织生活的原则，及时办理转出手续，并同步做好铁路组织人事管理信息系统中党员基本信息的补充和完善工作，确保信息准确无误。

开展2015年度路局机关党组织书记抓基层党建工作述职评议考核。机关党委严格对照述职评议考核的六方面内容对42名支部书记的述职报告进行审核把关，并提出修改意见。派员参加了部门党支部书记向下述职评议会，指导各支部聚焦基层党建工作，突出管党治党责任，紧扣述职评议考核的六方面内容，开展向下述职评议。3月25日，组织召开局机关党组织书记抓党建工作述职评议会议，机关各部门党支部（总支）书记参加述职，现场点评、现场测评。

完成机关党支部换届改选工作。为不断加强机关党支部建设，自2016年1月起，在任期届满的党总支、支部进行换届改选工作。机关党委对换届程序进行了规范，指定专门的会议室作为支部党员大会的会场，并悬挂党旗，播放《国际歌》，进一步增强支部换届的仪式感。各支部高度重视，结合各自工作实际，本着充分酝酿、民主选举、作用突出、结构合理的原则，做好换届改选工作，不断提高机关党建工作水平。

做好路局机关“七一”表彰工作。下发了《关于庆祝中国共产党成立95周年创先争优表彰的决定》，对11个“先进党支部”、104名“优秀共产党员”、10个“党内优质品牌”进行命名表彰。在评选表彰中，路局机关各总支、支部高度重视，精心组织，坚持标准，把推荐评选的过程作为学习先进、赶超先进、争当先进的过程，大力学习和宣传先进典型事迹，弘扬“振奋、担当、创新”精神，认真落实路局党委部署要求，扎实推进“两学一做”学习教育，形成创先争优的浓厚氛围。

【宣传思想教育】　结合局机关实际，就迅速兴起学习宣传贯彻党的十八届六中全会精神的热潮作出专题部署。各部门负责人围绕全会通过的《准则》和《条例》、围绕习近平总书记重要讲话，结合路局党委专题辅导报告，带头开展宣讲，引导广大党员坚持严字当头、突出问题导向，发扬自我革命精神，推动全面从严治党向纵深发展，迅速营造学习宣传的浓厚氛围。

组织学习贯彻习近平总书记在庆祝中国共产党成立95周年大会上重要讲话精神。机关党委把学习贯彻习近平总书记“七一”重要讲话精神作为“两学一做”学习教育重要内容，纳入第二专题学习安排，认真组织学习，领会精神实质。7月1日上午10时，组织各部门以支部或党小组为单位，结合实际情况，通过电视、电台、网络、移动终端等平台，认真组织党员准时收听收看。并以支部为单位组织党员开展学习讨论，交流思想体会，真正把讲话精神学深学透入脑入心，转化为推动各项工作的精神动力。

集中学习传达路局第一次党代会精神。组织召开专题学习会，集中学习传达路局第一次党代会精神，并结合机关实际，就贯彻好路局党代会精神，从加强机关党组织建设等方面提出了具体要求。各部门把学习党代会精神和“两学一做”学习教育高度融合，协调推进，领导干部带头学深学透，结合当前各项重点工作全面深入贯彻落实，做到学习宣传和推动当前工作两不误、双促进。

广泛开展“转观念、闯市场、增效益”主题教育活动。根据路局党委总体部署安排，制定下发活动方案。各部门负责人带头讲党课，对党员进行“转观念、闯市场、增效益”专题党课教育。29名处室负责人深入基层站段，围绕“以提高企业经济效益为核心严格落实经营管理责任”广泛开展“五讲”形势任务宣讲教育，落实路局提出的“四个讲清”要求。

不断加强机关干部政治理论学习。结合

各个时期重点工作任务，坚持每月制定下发《局机关政治学习重点》。通过“三会一课”等多种形式组织支部委员和广大党员认真学习贯彻全局党建工作座谈会精神和《铁路企业党支部建设纲要》，深刻领会和全面把握精神内涵，围绕落实总公司党组、路局党委关于加强党的建设的部署要求，聚焦“发挥六个优势，推进六项任务”，进一步明确机关党支部建设的指导思想、基本原则和目标要求。在加强政治理论学习的同时，为每个党支部配发了《党支部工作实用方法与规程一本通》系列读本，帮助支部委员系统学习和掌握支部工作业务。

开展局机关纪念建党95周年群众歌咏比赛活动。按照路局党委的安排部署，机关党委组建了13支合唱队，先后3次召开工作推进会，对活动安排、日常组织、乐队合乐、彩排演练等各阶段重点工作进行专题部署，确保活动有序推进。各部门积极响应，通过唱响红色歌曲、重温红色历史等形式，进一步增强广大机关干部职工的爱国热情和爱党情怀，以安全生产和保量增收的优异成绩向党的生日献礼。

【党风廉政建设】 开展部门党风廉政责任制落实情况专项抽查。机关党委分组对运输处、调度所、营销处、货运处、客运处、车辆处、总工室、建设处、计统处、收入处、物资处、职教处、社保处、局工会、局团委、科研所、计量所17个部门（单位）进行专项抽查考核。下发了检查通报，指出了各部门在党风廉政建设责任制落实方面好的做法及存在的问题，要求各部门要把主体责任贯穿始终，加强党纪党规学习宣贯，开展针对性廉政提醒，形成学廉、倡廉、促廉的浓厚氛围。

为进一步加强机关党风廉政建设，进一步规范领导干部廉洁自律和廉洁从业言行，带头执行中央八项规定精神，带头守纪律、讲规矩，以部门为单位，组织局机关副处级以上领导干部认真学习廉政承诺八项内容，把学习教育作为防控廉政风险的首要环节，并进行集中承诺签名。

组织观看专题片《永远在路上》。要求机关各党支部结合“两学一做”学习教育，将观看该片作为强化党员干部政治纪律和政治规矩教育、筑牢理想信念根基的一项重要工作，以典型案例为镜、为戒、为鉴、为训，教育引导党员干部自觉把讲政治、对党绝对忠诚放在首位，牢固树立政治意识、大局意识、核心意识、看齐意识。通过观看学习，路局机关广大党员干部受到了一次思想上的洗礼，大家纷纷表示要认真学习、深入贯彻落实党的十八届六中全会精神，不断加强党性修养，时刻绷紧作风建设这根弦，以昂扬的精神状态和踏实的工作作风尽职履责，以实际行动做好“两学一做”的答卷。

对局机关新招聘人员进行专题党课教育及廉政集体谈话。8月10日在路局机关新招聘录用人员培训班上，机关党委书记围绕如何“增强党性观念，提高思想觉悟，履职尽责做一名合格的机关工作人员”，对58名局机关新招聘录用人员进行了专题党课教育，并进行了廉政教育提醒。

开展节日期间廉政提醒。9月18日，组织召开局机关党支部工作会议，集中学习了太铁纪〔2016〕26号《关于加强2016年中秋、国庆期间监督执纪工作的通知》和太铁纪〔2016〕25号《中共太原铁路局纪律检查委员会关于7起违反中央八项规定精神和侵害职工群众利益问题的通报》，并进行节日期间的廉政提醒。

【作风建设】 制定下发《太原铁路局机关干部工作作风建设评价办法》，评价范围为局机关各处室、部、委、所，以服务态度、服务质量、职工群众的满意度为主要内容，具体从管理、服务、工作效率、表率作用、廉洁自律五个方面进行评价。分为基层单位评价和职工代表评价两种形式，每方面评价结果分为好、较好、一般、差四个档次，依据得分高低排出名次，对评价结果位于后三位的，部门负责人到机关党委交班，帮助整改。

做好局机关《安全问题通知书》质量评审工作。坚持每季度通过采取处室“报牌”、网上“摘牌”、基层“荐牌”，从12个业务处室发出的《安全问题通知书》中，经过初选和终评，确定了每个季度10张质量最高和10张质量最低《安全问题通知书》。牵头有关部门对局机关2016年上半年发牌情况进行统计，从发牌性质分类、主要业务处室发牌排名、业务处室评选好差牌情况等方面进行分析，为进一步强化安全监督管理提供决策依据。下发了评牌通报，指出了发牌过程中存在的“对评牌工作不够重视；对责任人教育整改不够；抓安全关键和重点不准；发牌依据引用不准确；发牌考核不严谨”等突出问题，明确了具体整改要求，对评为差牌的部门通报批评，并纳入机关月度综合考核。同时，为进一步提高《安全问题通知书》质量，发挥好《安全问题通知书》在安全生产管理中的作用，对《局机关〈安全问题通知书〉质量评审办法》进行了修订。进一步明确了评审范围、评审流程、时间节点、组织机构等，建立了处室月度评牌、荐牌制度和基层单位报牌通报表扬制度。特别是注重加强管理考核，要求各部门及时学习讨论每季度局机关《安全问题通知书》质量评审情况通报，表彰高质量的、能够抓住安全关键的“牌”，对“差牌”进行批评教育，切实提高各级干部的安全管理能力。同时，评审组对报牌不重视、不认真、不把关和对发牌质量不分析的部门，将予以通报批评，并建议纳入机关月度考核。

【工会作用发挥】　开展“全员健身、快乐工作、健康生活”太极拳健身活动。按照路局工会的总体部署，在局机关干部职工中开展了以“全员健身、快乐工作、健康生活”为主题的太极拳健身活动。1月6日，在局机关信息楼一层会议厅举办太极拳健身知识讲座，邀请中国武术六段、国家级社会体育指导员、太原市太极拳工作委员会主任贾承平老师对太极拳相关知识进行了解读，共计430名机关干部职工参加了讲座，并于每周一、周四，利用业余时间举办“24式简化太极拳”培训。7月份，为了巩固太极拳普及培训的成果，全面启动了局机关24式简化太极拳交流比赛活动，每周定期对13支联合代表队的130名骨干进行集中培训。同时，各队利用业余时间开展自主训练。进一步推动太极拳运动的普及和深入。

做好局机关职工健康休养工作。为切实保障局机关干部职工的身心健康，按照路局《关于2016年职工健康休养工作安排的通知》要求，将全年休养名额分劈到各部门，每月及时下发健康休养通知，明确休养时间、休养地点、休养原则以及乘车安排，确保把职工健康休养的实事完成好，落实好。先后组织17批、257名机关职工参加了南北戴河、五台山和琼海疗养院的休养。

积极为机关干部做好服务保障。组织开展局机关太原南站小区住房报名工作、局机关太原地区未售公有住房出售有关工作和临汾路东花园住房项目建设方案调查摸底工作，切实为机关干部职工做好服务。

积极开展局机关文体活动。根据路局2016年职工运动会安排，组织局机关处室人员进行10大项目运动员选拔赛，34个处室的408名职工踊跃报名参赛，在局机关营造了“劳动光荣、运动快乐”的良好氛围。

完成职工大病医疗保障互助金的收缴工作，积极与各部门联系确认，仔细核对每一名职工的姓名、医保号、籍贯、家庭地址和职务，确保在规定时间内职工个人缴纳部分按要求足额到位，有2444名职工缴纳大病互助金，入会率达100%。

（张　斌）

建设系统党工委

【概述】　建设系统党工委负责领导建设系统基层党组织党的工作，提出建设系统党的建设规划和指导性意见。负责指导开展建设系统党建工作和创先争优活动，充分发挥党组织的战斗堡垒作用和党员的先锋模范作用。指导基层党组织实施对党员领导干部进行监督,对党员严格管理,保证党的路线、方针、政策和上级决议决定的贯彻落实。对信访举报和建设系统内副处级以下党员干部发生的违反党纪、政纪的案件进行调查核实与党纪政纪处分。指导建设系统基层单位纪检监察工作。2016 年末,定员 5 人,现员 5 人。其中:党工委书记 1 人,党工委副书记、纪工委书记 1 人,全局各建设单位共设 1 个党委,1 个党总支,15 个党支部,有党员 302 名。

【党组织作用发挥】 一是高标严落《关于在全局建设工作中发挥党组织作用的通知》(太铁党〔2016〕10 号)文件精神。召开专题会议,对文件部署的八项重点工作进行研讨,高标谋划建设系统党建工作。结合建设系统实际,突出"管理优良、工程优质、干部优秀"主线,下发了《关于细化分解落实 <关于在全局建设工作中发挥党组织作用的通知>重点任务的通知》(太建党函〔2016〕3 号),将八项重点工作逐项细化分解为 22 项具体措施,明确责任人,明确完成时限,确保各项工作取得实效。二是全部制定细化措施。各党支部在组织全体党员干部认真学习、深刻领会的基础上,详细讨论,认真研究,广泛征求全体党员意见建议,按照细化分解表确定的工作事项、具体措施、完成时限,结合本单位建设任务和经营任务的实际,迅速组织制订本单位党支部可执行、易操作的细化落实方案,方法得当,措施有效,强力推进,确保各项重点任务真正落到实处,起到作用。三是开展主题实践活动。为认真贯彻落实江书记"建工委要按照'努力干好,让人知晓'的方向抓好党群工作"的批示,充分发挥党组织在铁路建设中的服务保障作用,建工委在全局铁路建设项目参建单位"两学一做"学习教育中开展"深化三优共创 携手联创共建"主题实践活动。紧紧围绕依法建设、施工监管、招投标管理、质量控制、项目推进、安全文化、廉政风险防控等重点工作,开展了"双标"达标升级活动、"三保一创"活动、青年创新创效活动、创建服务型党组织。目前,主题实践活动正在蓬勃开展。

【做好服务型党组织创建工作】 一是主动为中鼎物流建设提供服务。以高要求、高标准的原则,主动为中鼎物流公司党支部高标建成了"党员活动室",为加强党员教育和提高党员素质提供了活动场所和有效阵地;以党建工作内容和"三优共创"主题,制作了 8 块不锈钢揭挂、宣传版面悬挂在党员活动室和中鼎物流园建设施工现场,更好的将党建工作与工程建设相结合,增强了党建工作实效性,加大了党组织作用现场发挥,促进了中鼎物流园工程建设。二是认真做好民主评议工作。年初,组织各指挥部、铁路公司按照民主评议的范围、内容、方法步骤,召开干部职工大会,对领导班子及成员和中层干部进行民主评议,进一步巩固了"三严三实"专题教育成果,推动了建设系统民主管理进程。对 9 个单位的年度民主评议工作进行了监督指导。共填写《领导班子评议表》《领导班子成员评议表》《中层干部评议表》1120 张,梳理意见建议 68 条。三是常态化到施工现场检查指导。建工委全体人员先后 12 趟次深入到中鼎物流园工程建设施工现场、南同蒲线侯马至风陵渡段电气化改造工程永济至孙常区段施工现场、侯禹公司侯北三场北环路框构顶进施工现场、太原枢纽西南环线盾构施工现场、京原线电气化改造工程崞阳施工现场等进行"三优共创"现场检查指导,并会同建设处及监理单位参加了准朔线六标四电项目部举行"百日大干"启动誓师大会,向准朔六标中铁三局电务公司项目部负责人进行了授旗。45 趟次深入到 11 个指挥部、铁路公司检查指导党建工作,共解决党建、办公、生产、生活等实际问题和困难 32 个,充分体现了组织作用在现场,充分发挥了党建工作与中心工作一体化的优势。四是指导监督"两学一做"学习教育。4 月 18 日上午,路局党委"两学一做"学习教育动员部署电视电话会议暨专题党课后,建工委迅速召开专题学习部署会,立即下发《关于做好建设系统“两学一做”学习教育有关工作的通知》,明示了时间节点、工作任务。成立了建设系统“两学一做”学习教育组织机构,实行了“两学一做”学习教育联系人联系点制度,11 个建设指挥部、铁路公司分别由专人联系负责,提出“组织有力、主动对接、联系到位、任务落地”的工作职责,实行“全覆盖、全过程、全节点”的工作思路,及时掌握各党支部的学习教育开展情况,做到动员部署会议暨专题党课、四个专题学习讨论、专题组织生活会、民主评议党员等全过程参与,做到学习教育规定动作的全过程的指导监督,确保学习教育工作扎实推进。7 月 7 日至 8 日在路局党干校召开了建设系统“两学一做”学习教育阶段推进会。目前,建设系统“两学一做”学习教育正在扎实推进。

【开展建党 95 周年系列活动】　一是开展党章“学背答”知识竞赛。结合“两学一做”学习教育第一专题学习研讨,针对建设系统特点,组织各指挥部、铁路公司党(总)支部认真制定《党章》学习教育和知识竞赛的实施方案,以《建设系统党工委党章“学背答”竞赛题库》为主要内容,精心组织党章“学背答”竞赛预选赛。各党组织书记以身作则,肩负起第一责任人的职责,主动带头学习宣传党章,着力营造党章学习的浓厚氛围。利用集中学习时间,采取会前提问、会中互问、会后巩固等方式促进党员“学背”党章,并以闭卷答题、知识竞赛等形式,层层选拔、优中选优,各选派出 3 名优秀选手,共 33 名优秀选手,于 6 月 30 日在路局党干校采取学习笔记展评、计算机考试、答题竞赛的方式进行了建设系统党章“学背答”决赛,进一步引导广大党员深刻理解党章“学背答”活动是“两学一做”学习教育的重要载体,是贯彻落实路局党委“两学一做”学习教育部署的重要举措,也是纪念建党 95 周年的一次实践活动,充分调动党员职工深学党章、精读党章,以党章为标尺,不断增强看齐意识、组织意识和遵规守纪意识。二是搞好主题党日活动。按照建设系统“两学一做”学习教育实施方案安排,建设系统各党支部组织全体党员认真开展了主题党日活动。晋豫鲁铁路公司党总支组织党员赴刘胡兰烈士纪念馆开展主题党日活动,大西客专公司党总支组织党员到武乡八路军太行纪念馆开展主题党日活动,侯禹公司党支部组织优秀党员到彭真故居缅怀老一辈革命家风采,准朔铁路公司党支部组织党员到徐向前纪念馆开展“缅怀革命先烈牢记党的宗旨”主题党日活动,大同地区工程建设指挥部党支部组织党员到平型关大捷纪念馆开展主题党日活动,太原地区工程建设指挥部党支部、太兴公司党支部组织党员到黄崖洞进行红色教育,建工委组织受表彰的 30 余名优秀党员和优秀党务工作者到八路军太行纪念馆参观学习并重温入党誓词。为组织好主题党日活动,建工委为 11 个独立党委、党总支、党支部下拨活动经费 59789 元。三是做好建设系统庆祝建党 95 周年创先争优表彰工作。召开了专题会议研究,对各类先进候选对象进行总评排队,确定了上报路局党委和建设系统的“七一”表彰对象,下发了《关于建设系统庆祝中国共产党成立 95 周年创先争优表彰的决定》,对评选出的 6 个先进党(总支)支部颁发奖牌,奖励活动经费 2000 元;4 个“党内优质品牌”颁发荣誉证书,各奖励活动经费 1000 元;6 个“党支部立项攻关优秀成果”颁发荣誉证书,各奖励活动经费 1000 元;26 名“优秀共产党员”和 11 名“优秀党务工作者”颁发荣誉证书和 500 元奖品。

【加强党支部建设】　一是开展建设系统党组织换届专项工作。按照《中共太原铁路局委员会转发中共中央组织部关于在“两学一做”学习教育中对基层党组织按期换届情况进行专项检查的通知》(太铁党组〔2016〕5 号)要求,建设系统党工委组织建设系统由于党支部书记人员变化和届满的太原地区工程建设指挥部党支部等6个党支部按照程序进行了换届,选举产生了新一届支部委员会。在换届期间开展指导检查工作,并根据建设系统实际情况,编发支部换届选举程序指导书,严把程序,确保换届工作的顺利进行。截止7月份,6个党(总支)支部委员会按照程序进行了换届。二是强化支部委员党内职务作用。为提高各指挥部、铁路公司领导班子成员“一岗双责”意识,强化他们作为支部委员这一党内职务的作用,建工委为建设系统14个党支部和48名支部委员设计制作了《党支部基本职责》《党支部基本工作制度》《党支部书记主要职责》《党支部副书记主要职责》《组织委员主要职责》《纪律检查委员主要职责》《宣传委员主要职责》揭挂,把职责挂到墙上,作用发挥到工作中。三是做好建设系统党费专项检查工作。按照路局党委党费收缴工作专项检查专题培训班精神,10月9日组织召开了建设系统11个指挥部、铁路公司党支部书记和综合部长参加的党费收缴工作专项检查培训研讨及安排部署会议,对党费收缴工作专项检查进行了专题部署,将全局基层党建重点任务对话会暨党费收缴工作专项检查专题培训班精神进行了传达,对《关于在“两学一做”学习教育中开展党费收缴工作专项检查的实施方案》(太铁党组〔2016〕13号)、《关于党费收缴、使用和管理的规定》(中组发〔2008〕3号)、《党费收缴工作专项检查有关事项说明》等文件和资料进行了全面的学习,对建设系统党员实际情况进行了分析,对可能发生的问题和出现的情况做出了预判,做出了具体部署,提出了详细要求。期间制定了《建设系统党工委关于在“两学一做”学习教育中开展党费收缴工作专项检查的实施方案》,设计制作了《党费交纳计算表》,以便于广大党员进行党费计算,解答党员电话咨询党费交纳问题25人次。

【营造良好的铁路建设环境】 一是研究制定党风廉政建设任务清单。按照路局纪委《关于路局机关各部门制定党风廉政建设工作任务清单的通知》安排,召开专门会议,研究制定了《建设系统党工委2016年党风廉政建设工作任务清单》5项10条,为做好建设系统2016年党风廉政建设工作做好了准备。并指导各党支部认真研究,广泛征求意见建议,对照《建设系统党工委2016年党风廉政建设工作任务清单》细化分解,结合本单位建设任务、经营任务和党风廉政建设的实际,组织制订本单位党支部可执行、易操作的党风廉政建设工作任务清单,力争方法得当,措施有效,强力推进,确保各项重点任务真正落到实处,起到作用。目前,建设系统11个党组织已经全部制定了党风廉政建设工作任务清单。二是深入抓好廉政警示教育。春节和中秋节前,以党员干部和重点岗位人员为重点,组织各党支部利用廉政党课、案件通报、观看警示教育专题片等形式,对党员干部进行党性党纪和廉政警示教育,切实增强党风廉政责任意识,进一步丰富了教育形式,树立了增强自我约束意识。纪工委组织300名党员干部和重点岗位人员,重新学习了《关于共建规范廉洁铁路建设市场的意见》、中央“八项规定”和廉政承诺“八不准”,与12名新调入人员签订《廉政承诺书》,强化廉政监督,确保廉政践诺。加大检企联合法制教育,按照年初工作安排,由各党支部邀请大同、太原、临汾地区铁路检察院以法制讲座、送法到工地等形式,宣传各种政策、法律法规、纪律规定,进行法律咨询等。目前,各党支部共举办检企联合活动3次,参加人数150余人。三是丰富畅通廉政监督举报途径。为认真贯彻执行中央八项规定精神和路局党员干部廉洁自律有关要求,加强建设系统党员干部日常监督,公布了违反廉洁自律规定监督举报电话、电子邮箱和微信,统一制作了揭挂,悬挂在在各指挥部、铁路公司,职工群众可以通过打电话、发电子邮件、扫微信二维码加专用微信等形式,对建设系统党员干部在工程招投标、物资采购、征地拆迁、公车使用与管理、办公用房使用、公款吃喝、公款旅游、公务接待、婚丧喜庆事宜办理等方面违反中央八项规定及路局廉洁自律有关要求的行为进行监督、举报，以此加大监督力度，杜绝违规违纪，增强党员干部依法合规搞建设，勤政廉洁做表率的意识。

【改善职工生产生活条件】 一是切实解决异地施工职工生活困难。随着南同蒲线侯马至风陵渡段电气化改造工程和京原线电气化改造工程已经开工，由于施工需要和路局安排，大同地区工程建设指挥部、临汾地区工程建设指挥部分别搬迁到原平、运城办公，侯禹公司也将从侯马搬到河津办公。建工委根据三个指挥部干部职工异地施工，工作和生活上产生诸多实际困难的情况，想方设法处理好三个指挥部生产生活中存在的问题，经主动请示路局工会，协调配合路局机关工会、大秦公司工会实地调研三个指挥部，在办公、就餐、住宿、健身等方面以“八小”建设名义请示报告上报路局工会，共申请“八小”建设资金 101000 元，现已办理完成。二是主动上手丰富职工菜篮子。为改善建设系统广大干部职工生活，丰富建设单位“菜篮子”，稳定异地施工干部职工思想，让职工群众吃上“放心肉”“放心菜”，申请为建设系统大同、太原、临汾 3 个地区工程建设指挥部和山西侯禹铁路有限责任公司集中配送肉品和菜品。三是冬送温暖夏送凉爽日常送关怀。按照机关工会安排，在元旦、春节、中秋节、国庆节前夕及暑运期间，为 8 个指挥部、铁路公司办理送温暖送凉爽慰问金 60000 余元。春节来临之际，慰问困难党员 6 名 5000 元。

【加强舆论宣传引导】 一是先进典型树标立样。结合“两学一做”学习教育第四专题学习先进典型，增强先锋意识，自觉争做合格党员要求，组织各指挥部挖掘、推荐不同类型的典型模范，采取专访、座谈、调研等方式，收集汇总突出、感人的先进典型的模范事迹，撰写不同的先进典型材料，编印了《榜样的力量》一书，下发到各建设指挥部、铁路公司全体党员干部，用模范树正气，用典型倡新风，用榜样聚能量。二是开设专栏互促互进。为更加充分运用好《“三优共创”活动简报》这一载体，年初，设立了《学习与交流》专栏，每月刊发各建设指挥部、铁路公司领导班子成员，撰写内容为调研文章、学习体会、读书笔记 2 期，以此促进学习交流的规范化和常态化。目前已刊发 16 篇；“两学一做”学习教育开始后，立即在《“三优共创”活动简报》开辟“两学一做”学习教育专栏，收集整理学习教育中的有益经验、特色做法，择优刊发，互相交流、相互借鉴。目前已刊发 12 篇三个专题的发言材料。三是媒体宣传舆论引导。年内编发《“三优共创”活动简报》124 期，《政工信息》刊发 12 篇，《纪检监察信息》刊发 2 篇，《太原铁道报》刊发 13 篇，《人民铁道报》刊发 5 篇。

（张会军）

工　会

【概述】 2016 年，全局各级工会组织认真学习贯彻党的十八大、十八届三中、四中、五中、六中全会以及全国国有企业党的建设工作会议精神，深入贯彻习近平总书记系列重要讲话精神和治国理政新理念新思想新战略，牢固树立“四个意识”特别是核心意识、看齐意识，全面落实路局、路局党委和铁路总工会、山西省总工会工作部署，充分发挥工会组织自身优势，团结动员全局广大职工为推动路局创新发展、转型升级做出新贡献，各项工作取得新进展。2016 年末，路局工会定员 25 人，现员 21 人。机构设：办公室、组织部、生产宣传部、保障和女工工作部、财务部、经费审查委员会办公室、职工群众体育工作者协会。下设太原、大同、临汾 3 个文体活动中心。有基层工会 55 个。全局兼职工会主席 988 人，其中兼职基层工会主席 3 人、兼职车间工会主席 985 人。工会会员 108244 人，其中女会员 13740 人。

【职工代表大会】 1 月 19 日至 20 日，路局召开第二届职工代表大会第三次会议,248名正式代表、33名列席代表参加了会议。与会代表听取和审议了路局局长赵春雷所作的《坚持“五大发展”,打造“六新太铁”,全面开创全局各项工作新局面》的行政工作报告;审议通过了太原铁路局2016年职工培训工作计划等12个报告和方案;民主评议了路局领导班子及班子成员;无记名表决通过了太原铁路局2015年为职工办实事项目完成情况及2016年初步安排等4项议案;局长赵春雷代表企业、工会主席张锁明代表职工签订了《太原铁路局2016年集体合同》和《工资专项协议》。3月10日,组织召开路局第二届职工代表大会第四次会议,247名正式代表审议通过了《太原铁路局安全风险控制“红线”管理办法》(草案)。全年组织召开2次职代会联席会议,审议通过了《关于2017年增加职工工资实施方案》等2项议案。认真做好提案办复工作,二届三次职代会211件职工代表提案已全部办复完毕并反馈给职工代表,切实保障了职工代表的知情权、参与权、表达权和监督权。

【组织建设】 3月18日,路局工会召开二届四次全委(扩大)会议,与会代表听取了路局工会主席张锁明作的题为《严字当头,实处发力,在推进“五大发展”打造“六新太铁”中展现工会新作为》工作报告。路局工会第二届委员会委员、经审委员会委员及基层工会主席等140人参加了会议。路局局长赵春雷、党委书记江涛出席会议并作重要讲话。11月4日,召开路局工会会员代表会议,基层工会主席和部分劳模先进、工会积极分子共81人参加了会议,会上,选举路局工会主席张锁明、副主席窦进忠、山西省总工会直属基层工委常务副主任郭化(代选)、太原站客运车间业务主管杨静为山西省工会第十三次代表大会代表。11月30日至12月3日,路局工会主席张锁明、副主席窦进忠、太原站客运车间业务主管杨静三名正式代表,和特邀代表太原南站售票车间副主任李静出席山西省工会第十三次代表大会。路局工会主席张锁明当选为山西省总工会第十三届委员会常委委员。在全局基层工会广泛开展“争创模范职工之家、争做职工信赖娘家人”活动。命名表彰路局“模范职工之家”“模范职工小家”231个,评选表彰路局“优秀工会工作者”“优秀职工之友”“优秀工会积极分子”402人。按照运输站段党群机构编制,指导基层工会配齐配强专职工会干部79名。举办基层工会主席、车间工会主席等专兼职工会干部培训班5期,培训工会干部450名,强化了工会干部履职意识和能力。

【民主管理】 扎实开展“双百”争创活动,命名表彰100个车间职工代表(职工)大会和100个班组民管会。8月15日至23日,组织24名职工代表对路局和14个基层单位2016年集体合同履行情况进行检查,收到并办复职工代表意见建议19条。8月31日,组织146名路局一线职工代表对中鼎物流园和太铁职工服务中心开展主题巡视活动。12月5日,组织26名路局一线职工代表与局长书记进行面对面座谈,收到并办复职工代表意见建议131条。全局4581名路局、站段职工代表均在车间职代会上进行述职,进一步提升了基层工会民主管理水平。

【劳动竞赛】 认真落实山西省总工会、铁路总工会部署要求,持续开展群众性“小发明、小创造、小革新、小设计、小建议”竞赛活动,激活了创新引擎,营造了“人人可以创新,创新就在身边”的浓厚氛围。4月18日,在太铁体育馆举办职工“五小”竞赛总结表彰暨创新成果展。山西省人大常委会副主任、省总工会主席田喜荣,中华全国铁路总工会副主席索河,省总工会党组书记、常务副主席郭新民,省总工会党组成员、经费审查委员会主任张亚琳,铁路总工会生产宣传部副部长王勇,路局党委书记江涛,局长赵春雷及路局领导班子成员出席表彰会,参观成果展,并为获得“五小”竞赛职工技术创新优秀成果和优胜单位代表颁奖。2016年参赛人数18137

人，实施完成成果 2651 件，创效 6208 余万元。在全局运输站段 26 个工种的 40 个岗位开展了“践行新理念、建功“十三五”劳动竞赛，148 名职工荣获竞赛优胜职工，并被路局评为年度先进。持续开展“安康杯”“主人翁保安全”等劳动竞赛，促进了安全生产的持续稳定。

【劳模管理】 为进一步弘扬劳模精神、劳动精神和工匠精神。5 月 12 日，路局召开 2016 年太原铁路局劳模先进座谈会，路局局长赵春雷、党委书记江涛出席会议并讲话。深化劳模先进创新工作室创建工作，截至 2016 年年底，全局共创建各级劳模先进创新工作室 66 个，其中路局劳模先进创新工作室 32 个，站段劳模先进创新工作室 34 个，山西省总工会命名山西省职工（劳模）创新工作室 8 个，山西省总工会直属基层工作委员会命名（劳模）职工创新工作室 10 个，铁路总工会命名火车头劳模创新工作室 1 个。深入开展全国“安康杯”竞赛和“五一”评比表彰活动，1 个集体荣获全国“安康杯”竞赛优胜集体，1 个集体荣获全国“安康杯”竞赛优胜班组，2 个集体荣获全国工人先锋号，1 名职工荣获全国五一劳动奖章，1 个集体荣获山西省五一劳动奖状，1 个集体荣获山西省工人先锋号，1 名职工荣获山西省五一劳动奖章；16 个集体荣获火车头奖杯，55 名职工荣获火车头奖章。重贡献讲实绩的评先导向和激励机制在全局进一步形成。

【职工生活保障】 工会全年支出帮扶救助专项资金 3449 万元，其中：路局工会本级支出 2182 万元，用于对全局 12215 人次患病职工助医救助 1767 万元；对全局 870 户次特、重困职工给予节日定期补助 138 万元；对全局 143 名特、重困职工的 150 名子女给予助学资助 47 万元；为一线车间班组补充配备小药箱等支出 230 万元。为基层单位工会拨付日常困难补助金 1267 万元。全局 46 个互助储金会为 1379 人次提供借款 1037 万元，解决了职工燃眉之急，提升了保障水平。

【女工工作】 坚持女职工妇科普查工作，为全局 11172 名女职工进行了妇科普查。指导各单位创建“铁路爱心屋”，铁路总工会命名挂牌 16 个，两年共命名挂牌 35 个。举办全局法律维权培训班，为 74 名专兼职工会干部开展培训。举办全局工会女职工干部培训班，培训女工主任和女工委员 105 人。组织开展第二届“书香人生．幸福生活”读书征文活动，太原南站李静同时荣获全国、全路书香家庭，太原电务段王晓霞荣获全路最美家庭，5 个作品分别荣获全国一等奖和优秀奖，12 个作品荣获全路奖项，丰富多彩的女职工业余文化生活，凝聚推动路局创新发展的“半边天”力量。

【生活线、文化线、卫生保健线建设】 承办全路工会保障工作暨“三线”建设现场会，中华全国铁路总工会副主席郭润英出席会议并讲话，局工会作了《精准对接职工需求，做实保障服务工作》经验交流，与会人员观摩了太原工务段榆社桥隧车间、太原供电段榆社供水工区、新创实业公司云竹生态农业园、太原客运段高铁之家等“三线”建设成果。此次会议，充分展示了路局近年来扎实推进“三线”建设，改善职工生产生活条件取得的成果。组织医疗专家深入 10 个偏远站区，为职工举办健康知识讲座 10 场次，服务职工及家属 1200 余名。全年会同行政整治小伙食团（含食堂和伙食点）72 个、小单身 342 间、小浴室 57 个，为全局 5745 个小药箱补充药品和小型医疗器械，在 30 个站区新建小活动场地 40 个，对小文化室、小书屋、小菜园进行补充更新，一线职工生产生活条件得到进一步改善。整治太原、临汾、大同文体活动中心体育馆 3 处，为全局 14 个既有物业小区更新配置健身器材共计 118 套，由局工会牵头负责的为职工办实事好事项目按期兑现。

【群众体育】 举办 2016 年全局职工运动会，组织乒乓球、羽毛球、男子篮球、象棋、游泳、（男子、女子）气排球等 7 个项目的比赛。6 月 17 日，太原铁路局 2016 年职工运动会开幕式暨“聚力杯”拔河赛在太铁体育馆举行，中国火车头体协秘书长、铁路总工会体育工作部部长张长河出席，路局局长赵春雷讲话，党委书记江涛宣布开幕，路局工会主席张锁明主持开幕式。组队参加了全国铁路第十三届运动会全部11项赛事，并获得优异成绩。7月25日至8月3日，承办了全国铁路第十三届运动会男子篮球比赛，路局荣获最佳赛区奖。在全局27条干线支线116个站区2078个车间班组中持续开展“百千万”站区职工文体活动，全局7万余名干部职工在运动中增进健康、享受快乐、共保安全。

【路局职工服务中心】 为认真贯彻落实中央党的群团工作会议精神，推进工会改革创新，路局工会按照路局党政联席会议和路局二届三次职代会确定的为职工办实事项目安排，以贴心性、智慧性、高效性、便捷性为筹建目标，建成了集职工诉求受理、政策宣传咨询、便民惠民服务三大功能于一体的路局职工服务中心，让职工“话有人听、事有人办、建议有人采纳”真正成为常态。8月31日，在246名路局二届职代会代表和45名基层单位工会主席的见证下，路局职工服务中心正式启用。职工服务中心总体框架概括为“三大功能、五项支撑、一套机制”。三大功能，即：职工诉求处理、政策咨询解答、便民惠民服务。五大支撑，即：服务中心网站、微信公众号、91818热线电话，路局、站段、车间三级服务网络，太铁广场。一套机制，主要包括《太原铁路局职工服务中心管理办法》《太原铁路局职工服务中心职工诉求受理办法》《太原铁路局职工服务中心内控管理制度》等37项制度。截止2016年年底，路局职工服务中心累计注册职工已达7万余人，占到全局职工人数的60%以上。微信公众号点击量达到80余万人次，局域网访问量超过20万人次。累计受理职工诉求1306件，办结率达98.7%以上。路局职工中心的启动标志着路局在更直接、更便捷、更精准服务职工方面取得了新突破，迈出了新步伐。

【职工生产宣传】 举办太原铁路局“逐梦太铁——2016迎春联欢会”，为全局干部职工送上了丰盛的节日盛宴。在全局开展了“中国梦·太铁情·劳动美”职工微影视大赛。参加“春运‘三个出行’职工手机微视频大赛”“中华全国铁路总工会关于纪念青藏铁路开通运营10周年职工书画作品征集活动”“‘中国梦·铁路情·劳动美’全国铁路职工才艺竞赛活动”“中华全国铁路总工会关于征集全国铁路第十三届运动会主题曲活动”“省总直属基层工委壮丽史诗—纪念长征胜利80周年职工美术、书法、摄影大赛”“第三届‘中国梦劳动美’全国职工微影视大赛”等活动，39人次在全路、全省美术、书法、摄影、微影视大赛中获奖。路局工会获“第三届‘中国梦·劳动美’全国职工微影视大赛”最佳组织奖。成风化人凝心聚力效果得到进一步彰显。

【工会财务和经费管理】 规范非运输企业工会经费拨缴及专项资金的结算。深入开展财务检查工作，全年对42个基层工会进行财务检查，覆盖率达到71%。实行工会物资采购归口管理，全年完成集中采购项目12项，节约经费74.6万元，较预算节支12%。强化经审效能，组织43个审计组，对路局工会本级和42个基层工会经费收支、财产管理情况和“三不让”帮扶救助等专项资金进行审计检查，审计检查覆盖率达到71%，促进了基层工会经费管理依法合规。铁路总工会审计组对局工会围绕中心工作，积极履行职能、发挥作用给予较高评价。

【“送温暖”工程】 持续开展走进1000个职工伙食团、1000户困难职工家庭“双进双千”送温暖活动，对一线职工伙食团、生产岗点和当班职工，特重困和一般困难职工以及患大病职工进行全覆盖慰问。2016年春节期间，为全体工会会员发放米、面、油慰问品。在暑期继续开展“服务职工送清凉”活动，下拨经费购置绿豆33万斤、冰糖8.7万斤，保证了每一名当班职工都能喝上绿豆汤。全年组织集中修施工慰问 7 次，进一步增强广大职工的归属感和获得感。

【获得荣誉】

1. 2013—2016 年度全国铁路体育先进单位(6 个)

太原车务段

太原机务段

大同工务段

太原电务段

太原铁路房建段

太原文体活动中心

2. 2013—2016 年度全国铁路体育先进个人(11 名)

王喜中　太原铁路局生产宣传部部长

覃沛生　太原铁路局体协秘书长

杜志彪　太原文体活动中心主任

曲　涛　临汾文体活动中心副主任

田昌明　太原铁路局机关党委书记

张建平　太原机务段段长

穆启厚　大秦车务段工会主席

张石庆　大同西供电段工会主席

张秀丽　太原北车辆段工会主席

吴孟龙　太原通信段工会主席

任彦龙　大同铁联实业有限责任公司工会主席

3. 全国铁路第十三届运动会“最佳赛区”

太原铁路局

4. 太原铁路局工会获第三届“中国梦·劳动美”全国职工微影视大赛最佳组织奖

5. 太原铁路局工会获第三届“中国梦·劳动美”全国职工微影视大赛最佳组织奖

6. 太原铁路局代表队获有关奖项：

①全国铁路第十三届运动会“体育道德风尚奖代表团”

②全国铁路第十三届运动会老年门球比赛荣获优胜奖和道德风尚奖

③全国铁路第十三届运动会男子篮球比赛第七名

④山西省总工会直属基层工会第三届职工乒乓球比赛优秀组织奖、团体总分第二名、女子团体第三名、男子团体第四名

⑤全国铁路第十三届运动会桥牌比赛团体第六名

⑥全国铁路第十三届运动会中国象棋比赛团体第三名

⑦全国铁路第十三届运动会老年女子气排球比赛优秀奖和体育道德风尚奖

⑧全国铁路第十三届运动会大众体育比赛体育道德风尚奖

（魏福华）

共青团

【概述】　路局团委负责研究制定全局共青团工作方针目标，负责全局团的组织建设、宣传教育，制订具体措施并组织落实。加强团干部的考核、管理、培训和团员教育管理工作。负责调查分析全局青工生产状况，针对实际，研究提出加强青工生产工作的意见，制订措施组织落实。

2016 年末，路局团委定员 8 人，书记、副书记各 1 名，部长 2 名，部员 4 名。现员 5 人，其中团委书记 1 人，组织部长 1 人，组织部员 1 人，宣传部长 1 人，宣传部员 1 人。

年内，路局团委以“青创众帮，聚力启航”为主题，紧密围绕服务安全生产和青年成长成才，在积聚“为太原局好”的最大公约数上充分发挥团组织生力军和突击队作用。

2016 年，路局团委所辖基层单位团组织 59 个，其中基层团委 54 个（含公安系统 5 个团委）、基层团工委 1 个、独立团总支 1 个，独立团支部 3 个，基层团总支 16 个，团支部 577 个，全局现有 35 周岁以下青年 28051 人（含公安系统），团员 9516 人（其中保留团籍的党员 2023 人）。

【青年思想教育活动】　抓实“学党史、感党恩、跟党走”主题教育活动，过好青工“主题团日”，组织广大团员青年深入学习贯彻党的十八届五中、六中全会和中央党的群团工

作会议、路局一次党代会精神。开展青年党团知识竞赛24场次、擂台赛8场次、重温入党(团)誓词仪式52场次、参观革命纪念馆18场次,覆盖青年10000余人。以纪念建党95周年和红军长征胜利80周年为契机,组织400余名团员青年走访15位铁路老干部、老专家、老战士、老模范,讲解党团历史和革命奋斗史,学习和继承党的优良传统和作风。开展"转观念、闯市场、增效益"主题教育活动,围绕青年如何通过思维创新、岗位实践和市场探索,破除被动保守思想,主动适应铁路经济发展新常态等,举办53场站段初赛、4场片区复赛、512名青年参与的全局青年"转观念、闯市场、增效益"演讲赛;选送总决赛中获奖的6名青年到"中鼎物流园区"进行一个月"体验式"培养,最终有3人正式成为中鼎物流园职工。与路局宣传部联合开展"转、闯、增"新媒体大赛,征集微电影、微动漫、沙画、H5网页等青年原创作品184件,生动展示各级团组织在营销创效、节支降耗、现代物流建设等方面取得的新成效。其中《"转闯增"我们在行动》沙画作品被全国铁道团委授予"美丽铁路"沙画大赛最佳作品。改版"太铁青年"微信公众平台,围绕"组织青年、凝聚青年、服务青年、维护青年"等四项职能,设置4大版块20个子栏目。通过青年自荐、组织推荐和逐级审核,选取全局24名政治过硬、素质优秀的青年骨干担任"太铁青年"微信平台兼职编辑员;编发"太铁小编带你逛中鼎""我和志愿服务有个约会""工长叫我来巡检""我的美丽工区"等特色主题信息159期614条,吸引全局15000余名青年关注。

【青年志愿服务活动】 连续8年开展春运志愿服务,组织800名路内外青年志愿者在太原站、太原南站等20个主要客运站开展志愿服务,累计服务重点旅客16700余人,上岗时长达37408小时,接受旅客表扬(信)120余次(件),中央电视台、《工人日报》《中国青年报》等媒体先后报道80余次,25名青工荣获全路春运立功先进个人,20名青工荣获山西省春运立功竞赛先进个人,太原南站等5个站段团委被授予全路春运立功竞赛先进集体。突出志愿服务常态化,以"学雷锋,献爱心"为主题,组织700余名团员青年,开展植绿护绿、清理站场白色垃圾等志愿服务35场次;积极参加社会公益,太原站"龙城馨旅"志愿服务队先后20余次前往太原市儿童福利院、太原市盲童学校,为数百名孤残儿童提供志愿帮扶。扩大社会影响力,结合山西省大力发展旅游文化产业的契机,在太原站、太原南站开展"我为山西旅游代言"志愿服务活动,邀请30名中青网实习记者深入现场写实报道。2月13日,中央电视台新闻频道栏目报道了太原南站小红帽志愿服务春运的情况,对志愿者在春运期间辛勤付出给予高度赞扬。10月19日,《中国青年》报7版刊登了《太原龙城馨旅志愿服务传达爱》。局团委获得全国第十一届青年志愿者优秀组织奖,太原客运段刘畅荣获全国第十一届青年志愿者优秀个人称号。

【青年典型选树工作】 评选第二届十大"太铁青年领航之星",通过逐级审核、征求意见、片区推荐和网上投票,评选出在营销创效、市场开发、节支降耗及现代物流建设等方面做出突出业绩的十大太铁青年领航之星,在纪念五四运动97周年暨"两红两优"表彰会上进行隆重表彰,在《太原铁道》报五四专版刊登先进事迹。召开专题分享会,各级团组织召开"奋斗的青春最美丽""我身边的榜样"等主题座谈会78场,讲好青年典型奋斗故事,激励广大青年树立奋斗目标,坚定成长信念,在企业发展的大熔炉中百炼成钢、实现自我价值。持续推荐选树典型,先后推荐选树全国"向上向善"好青年、山西省青年五四奖章获得者太原南站蒲婷婷、山西省青年五四奖章获得者郝亮等一大批青年典型,其中蒲婷婷光荣当选为山西省第十一次党代会代表。

【千名青年骨干人才培养】 优选培训骨干,

联合局人事处（党委组织部）、宣传部（企业文化处）、党校，选取近3年来获得过局级以上荣誉称号的优秀青年、参加工作满2年的硕士研究生和满3年的本科生、任职满1年的专兼职团干部、优秀青年工班长以及其他专业青年骨干，开办物流管理人才培训班、青年党员培训班等11期培训班，培训1100余人次。创新培训形式，采取军训晨读、研讨交流、现场观摩、体验式教育等授课方式和自主管理模式，从思想作风、业务素质、敬业爱岗、执行落实、个人修养5大板块着手培训，最大限度拓展青年人才思维方式和知识结构。聘请专业师资，分别邀请国家行政学院、铁科研、山西大学、山西团省委、中国青年报等单位的专家讲师授课，期间局团委做了《努力做一名适应太原局创新发展的青年人才》的专题辅导，并组织各培训班学员到富士康太原工业园区、山西省青创产业园参观学习。

【"青创杯"创新创效创业竞赛】 搭建平台，助力攻关，实施"项目＋人才"行动，年初下发"青创杯"创新创效竞赛文件，从技术创新、营销创新和服务创新等六方面，采取个人立项、集体立项、联合立项的方式，立项青年攻关课题75项，申请项目支持资金15万元。导师帮扶，阶段推进，积极协调人力、智力和物力资源，帮助青年做好项目攻关、试验及保障工作，每季度末通报项目推进情况。全年累计完成各类设备试制500余次、组织试验1100余回，上报推进小结145篇、结题报告75篇。分片区召开"对接需求，优化服务"座谈会，与210多名青年骨干围绕"为路局经营创效提供一条合理化建议""创新客货服务新产品"等课题进行座谈，征集创新创效"金点子"160余条。助推成果转化，两次召开专家评审会，倒排时间进度，对75项攻关课题准予结题，对获奖的60项成果进行梳理，汇编成册；精心筹备首届"青创杯"创新创效创业成果展示会，促进项目转化。

【服务青年主题系列活动】 举办第二季"激扬青春、缘在太铁"青年交友联谊活动，邀请16个地方企事业单位，以片区为单位，分别在七夕节前后举办联谊会17场，吸引路内外青年1200余名参加，现场牵手成功60余对；10月23日，《中国青年》报4版刊登"激扬青春，缘在太铁"青年交友联谊图文稿件。精编安全文化作品，拍摄《我们正年轻》MV，被团中央推荐至"中青在线"网站进行展播；制作《千里大秦》沙画作品，荣获全路"美丽铁路"沙画大赛最佳创意奖；绘制《图说安全风险控制"红线"》，配发全局536个团支部，教育引导广大青年谨记"红线"，崇尚安全，敬畏生命。开展主题特色活动，举办"青春太铁，聚力启航"异地青年新春联欢会、"奔跑吧，太铁青年""秀出自我，活出精彩"等主题活动23场次，通过素质拓展、才艺展示和互动交流，丰富青年业余文化生活。

【路外安全宣传活动】 联合路局保卫处、太原铁路公安局以1853所路外安全包保学校和新开通线路周边学校、村庄、社区为重点，编制《中小学生铁路安全》漫画手册，在太原、侯马、大同、原平、秦皇岛等地集中开展路外安全宣传75场次，百余名铁路青年志愿者、校外辅导员向6500余名师生、群众发放铁路安全"十不要"、安全漫画、挂图等宣传资料20000余份，蜡笔、雨伞、环保袋等各类宣传品2000余份。

【团干队伍作风建设】 开展团干部"双心双实"活动，结合"团干部如何健康成长大讨论"活动，以"面对面、心贴心、实打实"为主题，开展跟班写实56人次、撰写跟班写实报告54份、与一线青年班组结对子36个、慰问一线青工岗位45个、与一线青年面对面座谈交流410人次，协调解决各类问题132个。4月24日，局领导对该项工作作出重要批示。分层举办团干培训班，培训基层专职团委书记53人，邀请4位路局党群领导为大家做专题辅导，提升思想认识、履职能力；注重现场教学，组织参观武乡八路军太行纪念馆，接受红色革命教育。培训58名基层团支部书记，通过开展历奇教育、青年心理辅导、“青创杯”项目汇报表演、新媒体项目研讨等专题培训课程，有效提升一线团支部书记素质能力。召开专职团干部践行“为太原局好”专题座谈会，分析铁路共青团工作改革面临的形势和任务，教育引导团干部紧扣“6个坚持”，围绕“6个+”工作要求，创新工作方式方法。8月份，《中国青年》杂志2016年第16期刊发了《凝聚青春力量，只“为太原局好”》稿件，报道了广大太铁青年紧扣全局安全、经营、服务、建设、稳定等重点任务，用“责任”与“奉献”去践行“为太原局好”的生动实践。

【团组织队伍建设】 深入贯彻学习《共青团中央改革方案》精神，保持和增强共青团工作政治性、先进性和群众性，努力构建“凝聚青年、服务大局、当好桥梁、从严治团”的四维工作格局。坚持党建带团建制度，联合路局党委组织部起草下发《关于进一步加强新形势下全局党建带团建工作的指导意见》，深入分析当前共青团工作改革创新面临的形势，从“加强党委对共青团工作的组织领导、支持共青团组织独立自主开展工作”等6项19条明确了党建带团建具体工作要求，为加强团组织建设和开展各项工作提供有力保障。组织召开全局共青团工作会议，明确全年共青团工作思路，就“进一步加强团建工作”和“如何激励青年运用‘互联网+’思维做好创新创效”进行分组讨论，征集意见建议173条。加强团组织工作考评，严格落实《太原铁路局基层共青团工作绩效评价办法》，注重片区联动作用发挥，组织片区单位开展4次季度工作联检互评，对各单位团组织工作开展情况进行排队公示，下发专题通报3期，有效夯实共青团基础工作。局团委荣获山西省五四红旗团委荣誉称号。

【获得荣誉】 湖东车辆段团委开展“青年小班制竞赛”活动经验做法被全国铁道团委列为工作典型，在全路团组织中进行经验介绍；路局团委被团中央授予“第十一届中国青年志愿者优秀组织奖”，被团省委授予“山西省五四红旗团委”；太原南站青工蒲婷婷被授予“全国向上向善好青年”“山西省五四青年奖章”荣誉称号；太原客运段团员青年刘畅被团中央授予“第11届中国青年志愿者优秀个人奖”荣誉称号。

（刘　洋）

驻外办事处

北京办事处

北京办事处

【概述】 2016年，北京办事处有工作人员3名，其中主任一名，汽车驾驶员2名。北京办事处作为路局的常设驻外办事机构，主要担负着路局领导在京公务活动和在大秦线、石太客专（京广高铁）添乘检查接送服务及路局与铁路总公司有关部门之间的文件传送、信息传递、人员接送等工作任务。

北京办事处紧紧围绕全局的中心工作，自觉服从、服务于路局、路局党委的工作大局，在远离路局机关、远离家庭，人员少且工作任务有时相对集中的情况下，主动联系，加强协调，积极为各级领导在京公务活动提供一切可能的便利条件，精心做好服务工作，质量良好地完成了办事处职责范围内和各级领导交办的各项工作任务。

【全员提素】 驻京办事处坚持认真学习党的十八大和十八届三中、四中、五中、六中全会及习近平总书记系列讲话精神，积极投身“两学一做”学习教育，自觉运用科学理论的基本观点和思想方法，深入分析研究本职工作的实际情况，不断提高用科学理论认识问题、判断问题和解决问题的能力。坚持把学习的过程作为分析思考问题的过程，作为创新工作思路的过程，作为完善工作措施、改进工作方法的过程，作为不断开创工作新局面的过程，及时研究新情况，解决新问题，制定新对策，力求站得高一些，看得远一些，想得细一些，自觉把办事处的工作放在全局中去思考、去谋划、去推进。坚持结合办事处的工作实际，认真学习办事服务等方面的业务技能和工作规范，不断拓宽工作思路，全面增强创新意识，努力使自身的知识水平和办事能力适应新形势新任务的要求，适应办事处工作的需要。

【会议接待】 一是认真做好路局领导在京参加大型会议的会务组织和接送服务工作。根据铁路总公司的统一部署和路局领导的要求，先后参与了“中国铁路总公司工作会议”“全路建设工作会议”“全路党校工作会议”“铁路总公司工作座谈会”等19次大型会议（活动）的会务组织工作，共接送服务路局领导及局有关部门人员82人次。

二是认真做好路局领导在京参加各类专业性和专题性会议的接送服务工作。一年中，共接送了在京参加“全路电务工作会议”“全路财务工作会议”“铁路既有线施工组织经验交流会”“铁路住宅小区物业管理移交地方部署会”等91次专业性和专题性会议的路局领导及局有关部门人员215次。

三是认真做好路局领导在大秦线和石太客专（京广高铁）添乘检查的接送服务工作。一年中，共接送了在大秦线茶坞、秦皇岛、唐港等地区及石太客专（京广高铁）检查指导工作、慰问现场作业人员、执行专运任务的路局领导及局有关部门人员126人次。

四是认真做好路局领导和路局办公室主任安排的其他人员的接送服务工作。接送铁路总公司、山西省和路局有关部门及兄弟单位、协作单位人员79人次。

【综合管理】 认真做好路局与铁路总公司有关部门及相关单位之间的信息传递、文件传送、协调配合等方面的工作。严格执行党风廉政建设和廉洁从政的各项制度、规定，牢固树立驻京办事处工作无小事的思想，时时处处讲规矩、守纪律，树立了驻京办事处的良好形象，圆满完成各级领导交办的各项工作任务。

（陈　笑）

运输站段

太原站
太原南站
太原北站
榆次站
大同站等单位

太 原 站

【领导成员】

站　　长　　任智斌
副 站 长　　郜京胜
　　　　　　马　驰
　　　　　　苏枝军
　　　　　　哈国全(2016年9月11日任)
党委书记　　王志评
党委副书记、纪委书记　　杨绍文
工会主席　　朱福建

【概况】 太原站每日图定接发旅客列车91对,日均旅客乘降8万余人。机构设:安全科、技术科、客运科、办公室、劳人科、财务科、职教科、信息科、计划统计科。党群机构设党委办公室、纪委、工会、团委。下设客运、售票、运转、设备、行包5个车间。2016年,全站有职工数774人,其中女职工262人。

【安全生产】 深化安全风险管理,根据安全生产变化,跟进修订完善安全管理职责、工作标准、工作流程和作业岗位指导书,做到管理有规范、作业有依据。按照"四不放过"原则追踪分析整改每日安全信息,及时实施安全预警和管理补强,实现对安全信息这一宝贵资源的最大化应用,达到"抓小防大、超前防范"的目的。抓实事故案例教育,把事故当成财富,运用专题安委会、周分析会等手段,逐环节、逐细节研究,定措施、对标准,转发总公司、路局的每一起事故通报,把教训吸取明确到具体岗位、具体职名。结合工作实际和季节性特点,发出《安全预警通知书》,预测预判安全风险,实施精确、有效的安全警示和风险控制。按照"把麻烦留给管理层、把简单留给作业层"的要求,修订完善各类规章制度,规范设备标准、作业标准和岗位标准,牢牢把住规章制度源头安全风险。扎实开展穿越正线调车作业、车机联控、调车及防溜、接发车、施工等专项整治活动,取得了实效。梳理细化应急处置流程30项,累计非正常演练204次,妥善处置施工及设备故障非正常情况51次。加强施工作业组织,顺利完成石太线集中修施工、雨棚整治及天窗维修等施工作业,经受住了累计13天集中修、一日多项施工及连续74天天井院外饰面整治施工的考验。班子成员牵头负责,对保洁手推车及机动车管理、给水作业、站台电梯质量等方面安全突出问题进行挂牌督办,消除安全风险隐患。7月19日因强降雨石太客专线路中断,干部职工奋战3天2夜,确保旅客列车绝对安全。截止2016年12月31日,车站实现安全生产9846天,胜利实现安全年。

【生产任务】 面对高铁持续增开,普速客流不断减少的严峻形势,实施《太原站客运营销项目管理办法》,成立列车开行方案研究、大客户管理、售票技巧攻关三个客运营销项目组,客运营销做到有目标,有计划,有推进。组织开行临客274列,旅客发送增加122828人,增加运输收入369.9万元。二季度客流淡季期间,开展了"普速列车上量提效"团体票营销竞赛活动,营销车票32689张,增加进款665万元,兑现奖励102335元。组织开展了"冲刺两个月,实现异地票上量"劳动竞赛活动,发售异地票64800张,增收577.5万元。主动对接太原市111家旅游公司,协助规划旅游出行路线,助推旅游列车开行常态化,全年开行旅游专列34趟,发送旅客19778人,增加收入1666.7万元。采取"全方位宣传,扩大购险认知;全覆盖培训,提升销售技巧;全过程服务,优化销售环境;重实际效果,增强销售信心;重考核激励,营造赶超氛围"的"三全两重"措施,持续加大旅客"乘意险"营销工作力度,全年累计销售"乘意险"52万份,增收156万元,全路窗口投保率第一。

【服务质量】 以深化客运服务质量年活动为契机,不断改进客运服务,改善旅客体验,全面提升"温馨服务"水平。围绕改善旅客体验,对改梅助困室、"龙城馨旅"服务台、进站口等处所进行了设施设备改造升级。深入开展客运厕所卫生达标年活动,实施周五

"客运厕所清扫日"制度，每月组织包保人员对厕所卫生进行自评打分，保证动态达标，获得路局"星级厕所"称号。完善"改梅助困室"品牌，细化"全天候助困服务、全过程链接服务、全方位延伸服务、全员化帮扶服务、全角度特需服务"的"五全"服务项目，"改梅助困室"日均服务重点旅客430人次，感人事迹被各大报纸媒体相继报道，得到了广大旅客的赞誉，赢得了社会的广泛认可。丰富"龙城馨旅"服务台项目，延伸"票务信息查询、旅程规划服务、车票寄存服务、旅游导乘服务、重点旅客服务、馨旅微博服务"六个服务项目，"龙城馨旅"服务台平均每天为旅客设计旅程60人次，推出了"微信红包支付"业务，广大旅客频频点赞，"龙城馨旅"官方微信平台、微博关注1.3万人。

【专项管理】 严格执行"全面预算控制，一支笔审批"制度以及零小工程、物资采购招投标办法，严把大额资金审批使用关、财务报销审核审批关，加强能源动态管理，保必须，压一般，节支降耗，成本费用控制在了有权支出范围内。结合岗位作业特点，重新修订了《太原站生产人员全面计件工资分配实施办法》，科学设计计件工资清算、分配模式，加大捆挂力度，拉开收入差距，干部带班、跟班作业与本岗位生产人员同标准计件、同标准考核，"按劳取酬、以岗定薪、易岗易薪"充分激发了全站干部职工保安全、创效益的积极性，有效地提高了劳动生产率。对客服系统各机房进行了标准化机房达标再整治，研发了安全管理子系统、考勤子系统、设施设备管理子系统、客运现场作业管理子系统。全年将职工业务学习作为重点工作来抓，组织全站35岁以下职工进行背规，奖励74人76174元，形成了"比、学、赶、超"的良好氛围，促进了职工整体业务水平提高，车站连续三年夺得路局客运系统竞赛团体第一名的良好成绩，创造了史上最好成绩。狠抓干部管理，全年下发干部作风通报37期，考核干部546人次155031元，行政警告2人，诫勉2人，免职1人。通过点评晾晒，强化警示作用，形成了各级干部沉入一线、主动奉献、紧盯现场关键的良好局面。计划生育"五率"指标全部达标，获得路局先进单位称号。积极组织质量攻关活动，获省优成果奖1个，局优成果奖5个。强化信访稳定工作，及时摸排不稳定因素，沟通思想，化解难题，维护了稳定大局。完善治安综治各项制度，群防群治，动态管控，保持了良好的车站秩序。

【职工生产生活】 坚持把关心职工的切身利益作为大事来抓，下功夫改善职工生产环境，提升生活质量。一是扩建了改梅助困室、改建"龙城馨旅"服务台、值班站长室，整修高架候车室、母婴候车室，完善服务设施，改善服务环境；二是加大健康投入，组织全体职工进行了体检；三是整修了信号楼、客技站集中楼及行车、客运、设备职工工作间、间休室，更新了相关备品；四是在天和大厦为行包装卸作业人员租赁了间休室，配备相应设施，改善了生产生活条件；五是为调车组、上水组等苦脏累险工种人员增加劳保用品；六是实施了进站口门厅外延接建工程，解决了进站口岗位冬冷夏热问题；七是对售票厅、进站口安检查危进行了优化调整；八是解决了16名单身职工的住宿问题；九是在4/5站台安装了旅客防护栏杆，规避了高铁、动车旅客侵限安全隐患；十是制定精准帮扶对策，点对点帮扶救助困难职工，发放救济款，送去助学金。全年干部职工收入较上年人均增加5100元。

【党群工作】 2016年，面对安全稳定的巨大压力，面对运输经营的严峻考验，车站党委坚持以落实全面从严治党要求为主线，认真贯彻落实路局党委的决策部署，抓牢"两学一做"学习教育，深推党支部建设三年基础工程，顺利完成党（总）支部换届选举，有效促进了党建责任制的层层落实。紧紧围绕"转观念、闯市场、增效益"主题教育实践活动，切实将宣传思想工作有机融入到车站的中心任务中，引导全站干部职工牢牢把握"为太原局好"这一最大公约数，为确保车站安全生产稳定和经营目标的完成提供了坚实的政治保证。车站党委荣获路局“宣传思想工作先进单位”等荣誉称号。一是开展“两学一做”学习教育。车站党委把“两学一做”学习教育作为增强党性观念、规范党内政治生活、激发广大党员行动自觉的重要举措。坚持“学”这个基础,落实4个专题安排,精心制定学习计划,采取多种方式学习规定篇目和参考资料,认真撰写发言提纲,党委书记会前亲自审定、会中亲自领学,全年共计实行联组学、网上学、集中学、研讨学等56次,确保了专题学习扎实有效。抓住“做”这个关键,细化“四讲四有”合格标准,把应对春暑运、集中修施工、防洪抗汛等阶段重点,当作学习教育的现场和争做“合格”党员的考场。突出“改”这个重点,车站3个协调组严格把关,定期深入开展“回头看”自查活动,做实基础工作、加强薄弱环节,保证学习教育高标从严。二是牢筑党组织建设基础工程。车站党委始终牢记管党治党的政治责任,把党建作为主责主业,逐级开展党(总)支部书记以及支委成员抓党建述职评议考核。贯彻落实《铁路企业党支部建设纲要》,深化党支部建设“三年基础工程”,动态优化12个党支部设置,选优配强9名党支部书记,分车间打造5个标准化党支部,组织召开现场推进会。广泛开展党员“三亮三比三评”、党员“三无”立功竞赛和党内优质品牌创建等党内主题实践活动,全站党员两违率持续下降,基本保持在5%以下,连续6个月消灭了路局级党员两违。2个基层党组织、9名党员受到总公司和路局党委的表彰奖励。三是深化宣传思想文化工作。站党委把宣传思想文化工作有机融入到车站的中心任务中,突出凝神聚气,强化正面引领,持续巩固干部职工推动车站发展的思想和行动自觉。深入学习宣传社会主义核心价值观,围绕庆祝建党95周年、纪念长征胜利80周年等契机,组织开展歌咏比赛。深入开展“转观念、闯市场、增效益”主题教育,组织开展“我的三观”主题微征文、“我说三个出行”微交流活动,讲好“我的营销故事”,编发手机H5专题网页29期并形成物化成果《赢在当下》,帮助干部职工在观念上求新求变,实践上敢闯敢为,工作上形成合力。以改梅助困室、龙城馨旅服务台两个党字号品牌创建为依托,不断创新服务项目,传递社会责任,不断扩大社会影响力。年内,车站在市级以上各类新闻媒体累计发稿485篇。官方微博、微信发布铁路资讯1万余条,微博粉丝数量突破26万人,微信关注度超过2.5万人。在全局政治工作一体化评比中车站思想政治工作连续四个季度保持A级。

【大事记】 1.12月31日,车站实现安全生产9846天,胜利实现了第26个安全年。

2.杨静荣获“铁路最美暑运人”称号,“改梅助困室”荣获“山西省巾帼文明岗”,被山西省总工会命名为“杨静劳模创新工作室”;母婴候车室被山西省总工会和山西省卫生和计划生育委员会授予“妈咪小屋”。

3.车站连续三年获得路局客运系统技能竞赛团体第一名。

4.4月20日车站机关办公楼、多经公司、北侧行李房整体搬迁。同时为11个机关科室、1个生产车间、1个多经公司合计约340人重新安置了生产生活办公场所,平稳进入拆迁过渡期。

5.车站获得山西省文明和谐单位标兵、全国文明单位荣誉称号;连续30年获得全路文明车站称号,车站团委获得全路“五四”红旗团委称号。

(郭文杰)

太原南站

【领导成员】

站　长　张　兵

副站长　王慧韬

庞加峰(2016年12月26日免)

王满祯

郭有祥

吴锦凯

党委书记　许晓伟

党委副书记、纪委书记

杨文忠(2016 年 3 月 31 日免)

田　强(2016 年 6 月 29 日任)

工会主席　刘红梅

【概况】 太原南站是路局直属一等站。位于太原市小店区东南部,处于同蒲铁路、石太客专、大西高铁、太中银四线交汇处,是太原铁路枢纽的重要组成部分,管辖石太场、大西场、长风街线路所和动车所。2013 年 7 月 26 日组建筹备,同年 8 月 20 日石太场拨接开通;2014 年 7 月 1 日正式开通运营。

日常开行动车组列车 58 对(石太 23 对,大西 35 对),高峰线目前调整 9 对,普速办理业务的 9.5 对。2016 年日均发送旅客 3.16 万人。

机构设:办公室、党委办公室、劳动人事科、财务科、客运科、安全科、技术科,信息科,保卫科 9 个科室;下设运转、客运、售票、设备车间。年末,全站有干部职工 328 人。

【安全生产】 坚持把高铁、旅客安全放在首位,加强安全风险源头控制和顶层建设,严控多方向、防错办风险控制措施,以行车室、综控室为核心的安全防控体系初见成效;修改安全生产管理制度 63 项,重新梳理安全职责 82 项、工作标准 68 项、重点岗位流程 77 条,汇总编制 10 套《工作手册》。深入推进“一月一岗一表”的安全生产岗位责任制,逐步形成职工按标作业的良好行为习惯。持续开展安全生产大检查活动,扎实推进接发列车、给水作业、消防、电梯和人身等 21 项次的安全专项整治活动,坚持问题导向,严格落实突出问题领导挂牌督办,有效解决 14 项安全典型问题,现场作业标准有效固化。全年消灭铁路交通事故、路外伤亡事故、责任设备故障、人员轻伤以上事故以及严重路风不良投诉,安全生产保持稳定有序。截至 2016 年 12 月 31 日实现安全生产 1230 天,顺利实现第三个安全年。

【运输生产】 坚持“应流开车”的运能利用政策,长途增效益,短途打运量,最大限度挖潜提效。围绕春暑运、小长假、黄金周,开动脑筋,做足文章,先后 10 次向路局提报增加运能方案,扩大热备车、检备车的使用能力,分别增开了到北京、西安北方向 257 对,重联调整列车 36 对。全年,增加 21.26 万个运能,利用率达 95% 以上。特别是在取消 G684 广州车和 G628 北京车的被动条件下,动态优化售票策略,盯紧客票预售和余票情况,严格堵漏保收,杜绝运输收入流失,运输指标逆势而上。全年完成发送旅客 1153.7 万人,超任务计划 3.7 万人,旅客发送量突破千万大关,全年到达旅客 1048.7 万人。2016 年 10 月 1 日单日发送旅客量达 50876 人,创历史新高。全年,运输总收入完成 11.92 亿元。

【经营管理】 坚持“机关服务、车间自立”的理念,明确各科室权力清单 106 项,着力加强干部作风,逐步形成科室服务一线,车间独立作业的工作模式。大力倡导委屈奖和绿色通知书奖励,绝对不让“老实人受委屈,有功者无回报”现象发生,影响职工服务热情。持续规范物资采购管理,严格物资采购招投标手续,加大合同管理的动态卡控,进一步规范报销和审批流程。全面推行计件工资分配机制,做到多劳多得、按量取酬。大力开展合理化建议征集活动,广泛征求职工意见和建议,全年,车站共征求合理化建议 272 条,奖励 30 余万元。

【设备管理】 设备设施运行状态良好是太原南站服务质量的基本保障。年内,车站始终坚持谨检慎修的原则,针对设备覆盖广,项目多,检修人员少等不利因素,用合同约束规范维保工艺流程的落实,确保设备设施日常维修保养力度,与维保单位积极沟通、合力攻坚,有效化解结合部间的诸多问题。全年,共签订设备维保合同 23 份,驻站维保单位达到 6 家。集中人力、物力、财力,加装上水井电伴热保温设施,改造 163 个上水管头,有效防止冻管、裂管、爆管现象的发生。广泛征求旅客意见，认真落实市人大议案决定，持续加大信息设备维修，改进改造设备功能，新增信息设备、自动售取票机35处。扎实推进“厕所卫生达标年活动”，协调房建部门修复厕所设备故障334处。全年共修复设备设施1865件，其中旅服设备102件，电梯类故障维修225件，设备故障率同比下降23%。

【职工教育】 坚持“学以致用，学用结合”的教育方式，强化学技练功，促进全员提素，不搞“大水漫灌”式的普及性教育，而是因人而异、因岗而异，做好定制性教育方案，立足于哪里不足补哪里。举办礼仪、旅游等服务型培训班41期。固化调图培训模式，逐岗位细化培训方案，推行干部、职工“轮换”上台讲解，人人当老师，达到教学相长，互相促进，全面提素的目的，确保全年3次大调图的平稳过渡。落实每班一题提问和全员每月抽考制度，对月考中53名满分者给予重奖。职工业务学习的主动性和自觉性在考核和奖励并行的机制下得以提升。

【科技创新】 勇于追求“智能化车站”的发展理念，不断运用技防手段，创新研发出多项保安全、提效率的服务型产品。《太原动车组运用所作业组织管理系统》的研发运用，大幅度提高了动车组检修计划在线发布与执行的效率，设计研发的《关键作业提醒系统》已成为该站防控安全风险体系中的重要支撑。安装并试用10台双向自动检票机，有效缓解换乘压力。及时调整思路，改进中铁银通卡服务，增加自动取号机，实现趟车中铁银通卡旅客取号由人控向机控转变。在改善服务质量上，不断创新思想、精益求精，40个检票口电子显示牌的设立，极大的方便了旅客。智慧服务平台的研发试用，颠覆了传统的客运服务理念，构建网络化车站服务的新模式。2016年，申报技术研究成果3项，11项QC专业课题获得路局级以上成果。

【服务质量】 牢固树立“人民铁路为人民”的服务宗旨，深入开展客运服务质量年活动，持续完善静、动态标识203处；在休闲候车区增加10台自动取票机；换乘口由A改B，方便旅客中转换乘。“婷婷爱心服务区”改进专区候车、特需应急等10个服务项目。一年来，10余万重点旅客接受“婷婷爱心服务区”的温馨服务，赢得社会的高度认可。持续延伸导购服务，方便旅客购票，丰富“李静导购台”官方微博功能模块，新增“余票查询、网上订票、联程往返、旅游出行”等服务内容。主推“快旅慢游”的旅行观念，重点推介沈阳北、秦皇岛、天津西、上海虹桥、济南西5趟高铁列车沿途各站的历史名胜、人文典故、特色美食等旅游文化，努力把购票乘车人性化、柔情化、趣味化。“李静导购台”形象带头人李静同志获得全国五一劳动奖章；“婷婷爱心服务区”被命名为山西省十大杰出女子班组、山西省工人先锋号等荣誉称号。车站荣获全路文明车站称号。

【应急组织】 坚持把应急处置常态化作为日常作业的一部分，先后经历大面积停运、晚点、车底置换等各类急难险重任务。特别是在“3·1”大西线霍州段接触网断电、“7·19”特大暴雨等特大非正常应急情况面前，全站各级干部职工不辞辛苦，沉着应对，极大地压缩了客运列车延误时间，平复旅客焦躁情绪，圆满完成非正常应急任务。2016年，不断完善应急制度基础建设，采用实战为主、理论结合的培训方式，相继开展消防、电梯、防洪、大面积晚点等多种性质的应急演练35项，将站区单位、维保及设备厂家一并纳入到演练中，实现无阻碍、无缝隙协同作战。通过一次又一次不断反复的应急常态化实战演练，逐步总结出一套涵盖“宣传解释、客流疏导、退票改签、迂回停运、更换车底”等在内的应对措施，经受住来自各种主客观复杂因素的实战考验，得到广大出行旅客的交口称赞，用实际行动证明车站干部职工是一支召之即来、来之能战、战之必胜的优秀队伍，展示了太原南站乃至太原局客运系统的良好形象。

【职工生活】　坚持将职工生产生活环境放在第一位，各级组织共建共享太原南站改革发展成果，一届二次职代会提出的 7 件实事好事，全部高标兑现。全面落实职工健康行动计划，组织 185 名干部职工进行健康体检；大力宣传职工健康休养带家属的新政，全年共组织 42 名干部职工进行健康休养；深入开展助困、助医、助学等活动，支出帮扶救助和金秋助学资金 3.88 万元；集中解决 23 名干部职工异地户口迁入问题，积极争取路局政策，增加 4 套旧房分配名额，为 61 名异地干部职工解决单身宿舍问题。广泛参与歌咏比赛、职工运动会等活动，改造职工休闲活动中心，为客运、售票职工配置按摩座椅 15 台，更新男女职工澡堂洗浴设施，增加站区职工停车位 40 个。

【党群工作】　以学习贯彻落实十八届三中、四中、五中、六中全会精神和总公司、路局工作会议精神为重点，深刻领会习近平总书记系列讲话精神，深入开展“两学一做”学习教育，锲而不舍地落实中央八项规定精神，大力推进党风廉政建设，进一步强化党风廉政管控，筑牢干部职工的思想防线，组织全站 49 名党员干部签订《廉政承诺书》。先后召开 3 次专题会议，认真学习总公司、路局违法违纪和违反中央八项规定精神的问题通报。大力开展“转、闯、增”主题实践活动，加强高铁文化宣传建设，引领品牌争先创效，积极带领全站干部职工发扬“振奋、担当、创新”的精神，主动发声，在中央电视台、人民日报等中央传统媒体刊发稿件 19 篇，在央视 2 个栏目推出 15 条报道，进一步提升了新闻宣传的“软实力”。

【大事记】　1. 2 月 1 日，太原南站婷婷爱心服务区获得“全国铁路工会特色工作品牌”荣誉称号。

2. 2 月 1 日，太原南站荣获“山西省五星级基层工会”荣誉称号。

3. 3 月 1 日，太原南站婷婷爱心服务区荣获“山西省工人先锋号”称号。

4. 4 月 29 日，太原南站李静同志获得“全国五一劳动奖章”。

5. 6 月 1 日，太原南站荣获“山西省先进基层党组织”荣誉称号。

6. 12 月 31 日，太原南站荣获“全路文明车站”称号。

（田　雪）

太原北站

【领导成员】

站　　长　　郭　鸣

副 站 长　　闫德龙（2016 年 5 月 11 日免）

　　　　　　吴　斌

　　　　　　杜明玉

　　　　　　冯文将

　　　　　　刘文龙

党委书记　　宋旭平

党委副书记、纪委书记　　刘文宏

工会主席　　程红滨

【概况】　太原北站位于山西省太原市尖草坪区新店街 3 号，处于石太线的终点，西山、太岚、上兰村支线的起点，北面与北同蒲线相衔接。车站等级为一等站，技术性质为编组站，业务性质为客货运站，是路局主要编组站之一。全站管辖六个车场、两个站管一等站、一个二等站、七个三等站和二个四等站，其中：一场为到达场，二、四、五、六场为到发场，三场为调车场，玉门沟站和太原西站为一等站，三给村站为二等站，向阳店站、皇后园站、白文站、临县北站、临县站、林家坪站、孟门站为三等站，上兰村站、三交线路所为四等站。全站配有到发线（包括正线）104 条，调车线 33 条，专用线 33 处（含专用铁路），道岔 705 副，线路总延长里程 208km。太原北站主要办理石太线、北同蒲线、太兴线、西山线、上兰村支线各衔接方向旅客列车的接发和货物列车的到发、编解作业，直接担负着太原钢铁（集团）公司、大唐太原第二热电厂、山西焦煤西山煤电集团有限责任公司、太原重型机械集团（有限公司）、晋西机器工业集团责任有限公司等多家厂矿企业原材料及产品的运输任务，并在晋煤外运中起着重要作用。

全站配设专用调车机10台，其中：太原北站中心站配有东风7型内燃调车机4台、东风4型内燃调车机1台，玉门沟站配有东风4型调车机1台，太原西站配有东风4型内燃调车机2台，三给村站配有东风4型内燃调车机1台，皇后园站配有东风4型内燃调车机1台。三场峰上自动化驼峰一座，采取一、二、三部位缓行器及减速顶制动的点连式调速系统，峰尾设有停车器；太北六场、向阳店站为6502型集中联锁设备；太北一场、二场、三场、四场、五场、玉门沟站、太原西站、三给村站、皇后园站、白文站、临县北站、临县站、林家坪站、孟门站、三交线路所为计算机集中联锁设备；上兰村站为电锁器联锁；接发车、调车、货检作业全部配有无线对讲机设备。

截至2016年12月31日，全站职工总数2276人，其中女职工有193人。

机构设：办公室、劳动人事科、财务科、收入科、保卫科、安全科、运输科［原技术和信息管理科］、职工教育培训中心、信息统计科、太原北货运营销中心（下设技术安全部［原客货运科］、客户营销部、物流服务部、装卸管理部）。党群机构设党群工作办公室。

【运输生产】 年内，车站顺应国家“三去一降一补”供给侧结构性改革大势，稳大宗、抢白货，千方百计挖潜提效、优化运输策略。针对作业量萎缩相继核减了太西站东晋支线、南区长、太北二场货检等岗位定员69名，盘活了劳动力资源。用活工资分配杠杆，初步探索了“安全保底、上不封顶、班组计件、多劳多得”的计件工资分配体系，从9月份开始在驼峰、行车、运转车间试点，在10月、11月货检辆数大幅增加的情况下，外站电报反馈车站问题车数下降50%左右。大胆改进作业流程，对运行多年的全站货运票据传递、统计报表编制进行了删繁就简，将太西站集中制票的玉门沟站、三给村站移设至原发站，货运票据随车运行，彻底解决了长期存在的“车等票”这一严重影响运输效率的难题。克服站改施工影响，对大西客专站改施工造成站场设备变化进行超前调研，谋划8条运输组织措施，实现了施工条件下运输组织的最优化，5月28日办理车数达11743辆，创建站以来最高纪录。

【技术指标】

表19　　2016主要技术指标完成情况

目　标	单位	计划	实　际	与计划比较(%)
货运量	万t	1870	1785	95.5
客运量	万人	7	7.4674	106.7
装车	车	303780	293852	96.7
静载重	t	61.6	60.7	98.5
卸车	车	248880	254747	102.4
中时	h	6.5	5.4	120.4
停时	h	30.5	31.0	98.4
运输收入	万元	196000	175617.4	89.6

【经营管理】 正视车站面临的严峻经营形势，不断提升经营创效本领。一方面算好盈亏帐，对赔钱经营的营业部实施了关停；另一方面找准增长点，下大力气跟进实施，促使项目尽快投产见效。敏锐捕捉集装箱发运和维修业务潜在的巨大市场，开办了玉门沟站总库5道和太钢集装箱到、发业务；与中国远洋海运集团合作开办集装箱发运业务，每月可发出空自备集装箱150车、300箱左右；促成了车站劳服公司进入太钢利用正面吊卸集装箱的业务；抢占全局集装箱维修业务制高点，仅用时两个月就高效完成了太西站集装箱维修基地的立项、开工和建成投产，形成了车站太西、中鼎两个集装箱维修点，业务实现全局全覆盖的经营目标。在外拓市场的同时，同

步加强了对内经营项目的开发，劳服公司先后开办印刷、宣传、制作业务和办公用品销售业务，实现资金成本的站内流转和全站印刷品业务的回归，创收40余万元。在种养殖基地开拓销售业务，扩大规模，增加项目，实现了全站伙食团食材100%自供和配送。

【货运改革】 突出履职尽责和失职追责的导向引领，对交接班专项检查期间主动思考、主动作为的车间给予3000～5000元不等的重奖，对卸车严重滞后、安全重点不掌握等典型问题，分别给予相关车间、部门负责人1000～2000元不等的考核并全站通报批评。针对因制度不到位导致的干部作风不实问题，相继完善了委外装卸"黑名单"制度、货损理赔与装卸工挂钩制度、干部绩效考核制度、机关管理人员履职约谈制度等。出台了《机关集中办公服务日制度》，通过细化14项业务办理事项、印发《服务流程》小册子、提供"一站式"代签服务等举措，有效解决了职工来机关办事难问题，工作作风有了新提升。

【安全生产】 车站将人身安全作为抓管理、强基础的有力抓手，科学研判安全规律，以"N－1＝0"的安全管理理念统领安全工作，对全站95个岗点实施全覆盖平推检查，固化人身安全制度13项。持续开展职工代表巡查和全员劳动安全竞赛活动，累计奖励37.6万元。高度重视安全风险源的排查整治，对屡查屡犯、难以根治的交接班不规范这一顽疾，采取了立标打样在前、学习培训同步、正反典型并举、领导带头督查的超常手段，解决关键隐患8项。对卷钢装载、调度命令等问题开展一事一案专项整治，卷钢扣车率由1月份的5%下降至12月份的2%，实现全年12万余车无一辆超偏载的历史最好成绩。狠抓专业管理，打通业务科室专业"壁垒"，加大对新规章下发、新设备运用的全过程督导，对现场干部一人不漏100%抽问核查。全年针对因管理失职导致典型问题，下发专题通报22期，考核问责管理人员35人次。对职工发现和防止安全隐患、正确应急处置等及时下发《安全表扬通知书》298期、奖励职工862人次、165000元。

【职工教育】 针对全面提升职工素质，车站在教育培训方式上由"大水漫灌"式向"精准滴灌"式转变。主要作法："点对点"滴灌：针对非正常应急处置统计分析的业务短板，制定7项精准培训措施，逐人逐岗开展精准、有效的"滴灌"培训；"激励式"滴灌：创新关键岗位月度抽考制度，累计对专业管理干部、现场关键岗位抽考5000余人次，累计奖励300余万元；"图例式"滴灌：组织开展图例教学，制作了《常见人力制动机的操作方法》等6个图文并茂的教学课件，使职工"看得懂、学得会、记得住、用得上"；"现场式"滴灌：充分利用三给村站装运中车出口阿根廷米轨车这一"火车坐火车"罕见的运输模式、太西站装卸海尔家电等作业现场，组织252人次现场培训装载加固方案，参培人员印象深刻、效果明显；"实作式"滴灌：按照机关服务的工作理念，结合G网手机、双模列尾、电子公文等新技术、新设备运用，将服务送到一线，制定机关人员培训包保表，蹲点培训，逐人过关，提高了培训的针对性和效果。

【职工生活】 树立以职工为中心的指导思想，推进车站与职工共建共享，去年职代会确定的实事、好事全部兑现。将"八小工程"作为暖心工程，在全站倡导"人必精神、衣必干净、物必有序、室必清洁、院必整齐、厕必无味"的"六必"环境卫生标准，对皇后园站进行分区规划整治，实现了职工间休时足不出户就能就寝、洗澡、更衣、如厕。对太北一场1至10道、二场1至5道作业通道铺设水泥方砖、劳保石渣；对太北一场、三场、五场、六场约15.5万m^2的杂草进行集中清理；对汾河客站售票厅进行了改造；对全站45处卫生间下水管道不畅问题进行了维修改造；将原尖草坪客站候车室、站房改造为职工培训和模拟演练室，彻底解决了以往职工来站培训交通不便问题，职工作业和生活环境有效改善。深入开展"金秋助学""双进双千"送温暖等活动，全年为13名重困职工发放困难补助7.98万元、为478人次办理助医救助金80.3万元、为34人次办理互助储金会借款32万元、为7人次办理工伤互助会借款10.5万元、为14名职工支付生育补助1万元、组织职工健康体检1621人等等，让职工切身感受到了组织的关心和北站大家庭的温暖。

【大事记】 1.3月1日，路局首趟"晋南货物快线"从皇后园站发出。

2.5月28日14时39分，路局首趟开行的"向阳店—二连跨境特需班列"从太原北站太北四场2道驶出，一路向北直奔国际联运口岸站二连站，拉开了路局实施供给侧改革、根据客户需求开行特需班列的序幕。

3.10月9日，太原北站开行太原北至北京局新港特需货物班列。

4.11月16日，撤销车站所属的非运输企业（法人）：山西先行隆盛工贸有限公司；撤销非运输企业（非法人）：山西先行隆盛工贸有限公司铁运分公司、山西先行隆盛工贸有限公司储运分公司、山西先行隆盛工贸有限公司经销分公司。

5.12月14日，成立车站收入科。

（崔丽萍）

榆　次　站

【领导成员】

站　　长　李京阳

副 站 长　牛晋亮

石春明

张晓峰（2016年12月免）

孟庆泽（2016年12月任）

牛喜双

党委书记　贾世杰

党委副书记、纪委书记

巩小飞（2016年8月免）

郝文根（2016年9月任）

工会主席　王继承

【概况】 榆次编组站位于山西省晋中市榆次区，是石太、太焦、同蒲、太中银四条铁路干线的交汇枢纽，是晋煤外运的重要通道。太中银线、石太线连接中西部地区、承东启西；同蒲线贯通山西南北，榆次编组站成为铁路华北路网的重要枢纽站。

榆次编组站主要担负着晋中市榆次区及周边地区旅客、货物的集散和运输任务及西北至华北、东南沿海客、货转运任务。本站在业务性质上为客货运站；在技术业务上为编组站；在等级上为一等站，下辖修文、新鸣李中间站。

榆次编组站以客站为中心，石太及同蒲正线轴线里程长约20.746km（自新鸣李站石太上行进站信号机—榆次西场同蒲上行进站信号机；榆次客站中心至榆次客站石太线站界标），分为Ⅰ、Ⅱ、Ⅲ、Ⅳ、西场和客站六个车场和修文站、新鸣李站两个中间站。全站有站线109条，接轨专用线16家30条，专用铁路1家9条，段管线7家。编组场Ⅰ、Ⅱ、Ⅲ、Ⅳ场为横向二级四场布置；设有自动化驼峰1座，采用点连式调速系统，一、二、三部位均采用车辆减速器调速，线路内采用减速顶调速制动；驼峰尾部采用停车器防溜，驼峰尾部停车器均为"2+1"制式。全站各到发场（站）采用EI32－JD计算机联锁信号设备。

机构设：货运营销中心、安全科、运输科、信息统计科、劳人科、财务科、职工教育科、办公室、保卫科；党群系统设党委办公室，履行党委、纪委、工会、团委的工作职能。

2016年末，全站有职工1435人（女职工167人），其中干部231人（女干部46人），工人1204人；具有大专以上学历446人，中专学历384人，中技学历31人；具有高级技术职称1人，中级技术职称34人，初级技术职称129人，工人技师94人。

【技术指标】

表 20　　2016 年主要技术指标完成情况

目　标	单位	计划	实　际	与计划比较(%)
货运量	万 t	340	337.8	-2.2
客运量	万人	170	161.1	-8.9
装车	车	54900	64264	+9364
静载重	t	61.9	52.6	-9.3
卸车	车	14640	25813	+11173
中时	h	5.5	5.4	-0.1
停时	h	22	19.4	-2.6
运输收入	万元	52090	50599.4	-1490.6

【安全工作】　先后修订完善安全管理职责164 项、工作标准 144 项和工作流程 192 项，分行、客、货编制岗位作业指导书 90 项，安全制度基础进一步夯实。持续加大安全投入，铺划走行通道标识 3000 余米、新增 9 处尽头线太阳能标志灯，更新升级 13 处语音安全门，为正面吊、叉车加装声光报警装置 3 部，客站旅客乘降站台硬隔离做到了全覆盖，安全基础建设持续强化。优化施工组织、细化施工措施，圆满完成了 1 次Ⅰ级、1 次Ⅱ级施工、3 次综合修施工、690 次Ⅲ级零小施工和1300 余次天窗维修任务，施工安全有序可控。坚持问题导向，深入开展安全大检查，扎实推进“一日体验”活动，领导班子挂牌督办，重点解决站场照明不足等 8 项难点问题，督办完成 39 项阶段性重点工作；40 名车间行政干部逐月开展立项攻关，解决影响安全的突出问题 389 件，高质量组织完成了路局铁路交通事故Ⅱ级响应救援演练，堵塞了管理漏洞，补强了安全短板。组织近 3000 名职工家属签署“共操一份心、共担一份责、家属共保安全倡议”，给职工家庭发放“红线”宣传页 1200 余份，筑牢二道防线；持续强化安全警示，印发典型事故案例“口袋书”2100 余册，制作职工“两违”视频 27 期，用身边事教育身边人，增强职工对安全的敬畏感。全站干部职工共同努力、不懈攻坚，顺利实现了第4 个安全年。

【运输生产】　面对枢纽作业量的持续攀升，着力内部挖潜提效，确保了运输组织的有序高效。实施计件工资考核办法，将效率指标与职工收入紧密挂钩，促进职工由“要我干”向“我要干”转变；扩大红旗岗位竞赛评比范围，专项奖励，逐月兑现，营造了比学赶超的良性竞争环境。在驼峰楼 TDCS 显示终端增加显示范围，完善《十八点车流分析系统》功能，推广《枢纽综合指挥系统》，行车信息化指挥范围逐步扩大。通过持续优化岗位设置，采取调车机跨区运用、驼峰解体双推单溜、调车机阶梯交接班等运输组织新举措，实现了运输组织无缝衔接、高产高效。全年全站日均接发列车 245 列，办理 11178 辆；日均解体 48.6 列，驼峰日均解体 39.2 列。创造了单日办理车 14193 辆、单日推峰 52 列的历史新高。

7 月 7 日，在鸣李救援基地开展全局 2016 年处置铁路交通事故Ⅱ级应急响应救援演练　　（夏胜鹏　供）

【经营管理】　直面煤焦价格波动对运输市场的影响，坚持营销围着市场和需求转，不等不靠、主动出击，想方设法增收创效。紧跟路局现代物流推进规划，完成 95306 网注册客户 626 户、展示 162 户，建设无轨站 7 处，超计划完成全年任务。成立煤炭、集装箱、快运等 6 个项目制攻关组，组建了 9 +1 版块营销小组，站领导带头深入厂矿企业营销走访，先后有6家客户执行竞争性一口价项目,与7家客户签订物流总包协议。借鉴首开佛山东特需班列的成功经验,增开鸣李—包头东、鸣李—沙良特需班列,全年共开行特需班列70列、发运1.53万t、创收273.85万元。针对北专封停、管内煤炭停运的实际,报请路局将修文发往济南局车流改经赛鱼口运行,并在修文站新增煤炭发运业务,仅半年时间就发运煤炭10.58万t,创收1303万元。全年实现货运收入4.38亿元,完成年计划98%;发送货物337.8万t,完成年计划99.3%;装车6.4万车,超计划17.1%。

3月23日,北六堡物流中心引入榆次三、四场站场改造Ⅰ级施工 (夏胜鹏 供)

【科技教育】 克服资金紧张困难,加大自主创新力度,研发的绩效积分管理考核信息平台、调度命令揭示系统、督查督办管理系统、重要信息管理系统、规章查询手机APP软件,有效提升了管理效能,打造了科技创新新名片。梳理职工素质短板,科学制定培训计划,先后举办各类季节性、适应性培训51期,培训7883人次,修订完善了16个工种“岗位作业项目技能培训资料”共240项内容,汇总整理6个工种1200题背规竞赛资料,印制《铁路营业线施工安全管理知识学习资料》《多方向接发列车学习手册》等学习资料3000余册,分阶段梳理典型事故案例,印制“口袋书”4000余册。“我行我秀背规赛”“一站到底技能赛”等活动,以赛促学、以学促练,岗位达标、岗位成才。全年投入26万元改善教学设备设施,拿出12万元对路局、车站级比武、竞赛中取得名次的职工予以表彰奖励。车站专业技能拔尖人才已达到29人,工人技师达到94人,修文站董强被评为全局践行新理念、建功“十三五”劳动竞赛优胜职工,营销中心邵强获得全路火车头奖章。

【服务质量】 以服务质量年、厕所环境卫生达标年活动为载体,以创品牌、塑形象、上质量“三比三带”活动为契机,全力丰富服务内容,提升服务质量,“亲情港湾”客运品牌得到了越来越多旅客的认可。先后投入58.3万元整修客运站舍设备设施,大修广播系统、前移问询处、升级改造服务台、增配自动售票机,全方位提升硬件服务,“星级厕所”称号贯穿始终。积极与地方旅游公司、商业银行建立合作关系,新增客票代售点4处,营销触角已延伸至周边乡镇。立足榆次周边景区集中、大学城学生客流密集的区位优势,针对性开展以旅游流、学生流为目标的点对点营销,团体票营销效果明显。

【职工生活】 始终坚持把保障职工群众的根本利益作为工作的出发点和落脚点,千方百计多办好事实事。高度关注职工身心健康,先后两次聘请名医举办健康大讲堂;联系路局送诊到一线,现场为职工健康体检;为车间班组小药箱配备血压计、血糖仪等实用型医疗小器械26部;建立健康档案,完善突发疾病应急处置方案,全方位强化了职工生命安全保障。大力丰富职工文化生活,新建近600m^{2}多功能运动场,先后组织开展了职工手工才艺展、文艺汇演、子女书画展以及羽毛球、篮球比赛等职工喜闻乐见的文体活动,提升了队伍的凝聚力、向心力。全年慰问困难住院职工341人次、医疗救助79人次、“金秋助学”40人次,发放各类救助金20.5万元,为8名职工提供互助储金借款5.8万元。持续开展暖心留情活动,为46名车站退休职工发放暖心留情纪念品,为40名新入大学的职工子女发放了拉杆箱。持续推进“八小”工程建设,粉刷了调度楼、货检室、客站信号楼、修文助理室、新鸣李站间休室等岗位房屋，升级了调度中心、驼峰楼、峰尾信号楼应急照明设备，更新了生产岗位座椅 35 把，整修修文站台 1400m 照明线路，增设三晋快运装卸场地、客运站前广场等照明设备 24 处，岗位办公、现场作业环境大幅改善。不遗余力抓好职工就餐和“冷暖”大事，为修文站加装了电淋浴、为鸣李网点安装太阳能热水器，投入 5.5 万元为各食堂、伙食团增配餐厨设施，筹资 62 万元用于改善职工伙食，逢节必改善，班班定菜谱，顿顿不重样，免费就餐得到了职工一致好评。特别是在运输经营形势严峻的情况下，想方设法增加收入，职工平均工资增幅达到 4.96%。

【党群工作】 站党委以“两学一做”学习教育为契机，坚持“一个专题一培训、一竞赛、一展评、一征文”。4 期培训班、4 个专题研讨、3 次知识竞赛、16 个主题党日活动，548 名党员“四讲四有”细化承诺体现了“学做”成效。认真学习贯彻《铁路企业党支部建设纲要》，召开“三年基础工程”现场会，推行“每个总支有一套、每个书记有一招”党建工作法、“三多工作法”等 10 套、36 个务实管用的抓党建小招法全站推广。四项整治如期完成，政治生活不断加强。四个扎实推进“转、闯、增”主题教育，联合路局传媒中心在鸣李物流园区作业现场举办了“转、闯、增”主题教育活动示范讨论会，活动情况在《太原铁道》报整版刊发并在太铁电视台播放。探索实施“一滴水”思想教育工作法，用滴水穿石、滴水汇流、滴水折射阳光的精神教育感染职工，形成《珍视一滴水的折射力和聚合力》调研成果。站党委荣获路局“先进党委”、“学习型领导班子标杆”荣誉称号。站工会健全落实企业民主管理制度，注册职工服务中心账号，确保职工的话有人听、事有人办、建议有人采纳。深推“千钩万辆无苗子”劳动竞赛，选树百日“安全标兵”，劳动保护持续加强。统筹抓好“八小”建设，开展“五小”创新创效竞赛，全面落实“帮扶救助”机制、站区文化活动，深入开展“双进双千”送温暖活动，丰富职工精神文化生活。共青团组织广泛开展“双创立功”、爱路护路等活动，发挥了生力军和突击队作用。

5 月 11 日，鸣李至佛山东特需列车首趟开行　　（夏胜鹏　供）

【大事记】 1. 3 月 23 日，北六堡物流中心引入榆次三、四场站场改造 I 级施工取得圆满成功。

2. 4 月 1 日，车站日办理辆数达到 14193 辆，创下历史新纪录。

3. 5 月 1 日，车站自主研发的综合安全信息平台投入使用。

4. 5 月 11 日，在鸣李网点首趟开行鸣李至佛山东的特需列车。

5. 9 月 25 日，实现车站连续安全生产 1500 天。

（夏胜鹏）

大　同　站

【领导成员】

站　　长	罗万军
副 站 长	马登陆
	郎公为
	姚小东
	谢　林
党委书记	丁存德
党委副书记、纪委书记	刘守仁
党委副书记	雷小奇
工会主席	马登陆

【概况】 大同站是路局管内集客运、货运、编组、枢纽为一体的综合性特等站。管内营运里程为 121.518km。其中,北同蒲线 21.250km,京包线 11.447km,大秦线 39.856km,云联支线 8.378km,同联支线 4.525km,湖大 20.192km,北环 7.641km,古大 9.429km。

机构设:办公室、劳动人事科、财务科、收入科、安全科、运输科、客货科、职工教育科、信息统计科、保卫科;党群组织设党委、纪委、工会、团委,下设党群工作办公室。

2016 年年末,全站干部职工 3080 人。干部 465 人,其中行政干部 367 人、技术干部 98 人;工人 2615 人,其中技师 116 人、高级工 818 人。

5 月 10 日,大同至京津冀白货快运专列首发 (田乐平 供)

【主要运输生产指标完成情况】 车站发送旅客 5316197 人,较 2015 年同比增加 93226 人,客票收入共计 30937.1 万元,较 2015 年同比减少 1782.1 万元;发送货物共计 10512.8 万 t,较 2015 年同比减少 1020.5 万 t,货运总收入共计 1007789.3 万元,较 2015 年同比减少 277478.9 万元。

【企业改革】 将大西一场机 1 线道口划归大西三场管理,为塔山专用线配齐配强管理人员。结合作业实际,调查摸底各工种工作量,采取余缺调节与岗位兼并的方式,取消大同北站信号员岗位、东场车间南客封堵岗位、一场车间调车区长和机 1 线闸扳岗位,最大限度优化人力资源,行车岗位节约劳动力 16 人。通过对人员合理分流安置,既实现了现有工种岗位的优化,又缓解部分岗位人员紧张问题,从长远来看还节约了精简岗位后续人员配置成本。另外,全面推行"管理人员以岗位责任制为主,生产人员以计件工资制为主"的内部工资分配模式,及时完善修订《工效挂钩工资内部分配计件考核办法》,深入推进分配制度改革,有效激发全站保安全、保任务、增效益的积极性。

【经营管理】 积极帮助建设八年之久的国投塔山专用线开通运营,共发运 141.5 万 t;充分用好"放开立户"政策,积极引进煤炭新客户 29 家,新增运量 466.2 万 t;多次与大同市经信委组织 12 个区(县)经贸局和生产企业座谈对接,5 月 10 日成功开行大同—京津冀间白货快运专列,10 月 25 日成功开行平旺—城厢"点对点"货物快运列车,11 月 5 日成功开行平旺—三水西"点对点"货物快运列车;新增平旺货场集装箱办理业务、晋宏专用线集装箱装块煤业务,不断丰富入箱品类,集装箱运量完成 6591 箱;利用钢铁议价政策,帮助古店钢厂走出困境,重新恢复生产,发运 19.5 万 t。同时,不断优化运输组织,立足合署办公,大力实施湖东、大同两大枢纽互补和湖东、大同南、解家庄区域联动运输机制,协调联动装、运、卸各个环节,最大限度提升大秦线运输效率,为车站保量增收提供后厂保障。全年,车站货运任务实现有效减亏最大化,第三年货运量突破 1 亿 t、运输总收入突破 100 亿元。

【安全生产】 量化干部每月人身问题指标,月度安全例会专题分析,全站形成没有问题找隐患、没有隐患查标准的人身安全意识。研发《安全风险管理系统》,运用"大数据"分析安全生产风险发展规律,发现平稳时期的隐含风险,着力从管理源头超前防范安全风险。用好岗位检查二维码扫描,督促现场干部紧盯 125 个关键岗位,实现基层盯控作业自立。每月组织 10 个以上行车班组开展非正常应急处置演练、评比,在实战中提升职工现场风险控制能力。对照 21 个《安全风险控制表》和254个《安全检查表》,在日常查整基础上,扎实开展安全意识疲劳、三项重点工作、安全大检查等专项查整活动,车站领导班子挂牌督办的17件突出隐患全部销号,形成“明确项点专项查整、带着课题专题查整”的常态化检查整治格局。车站胜利实现第三个安全年,荣获全路优质编组站、全局先进单位等称号。

【科技创新】 进一步完善科技创新工作机制,建立人才使用、资金投入保障机制,以专业技术人员、工人技师、科技拔尖人才为核心的科技创新、科技攻关和技术改造机制,以全员参与合理化建议、小改小革发明创造的群众性技术创新活动机制,形成现场调研、发现问题、选择课题、专业讨论、立项申报、技术攻关、模拟测试、实践论证、推进实施等技术改进和科技转化工作流程。同时,全方位整合技术改进和科技创新资源,完善与铁路院校、生产厂家的技术合作,促进与路局有关业务处室信息沟通、资源共享和联合攻关。2016年,车站共完成“客运上水管改造”、“安全调度指挥系统现场检查终端”等合理化建议和技术改进成果65项,并对评选出的优秀成果择优向路局上报,其中“研究可控减速顶防止短路装置”、“数字平调设备电池实时查询装置”等成果获得路局2016年上半年合理化建议和技术改进成果二等奖2项、三等奖1项、四等奖1项。其中客运车间QC小组的“降低客运售票废票率”获得铁道行业优秀质量管理小组成果,平旺站运转QC小组、职教科QC小组分别被评为大同市优秀质量管理小组、山西省优秀质量管理小组。

【职工生活】 始终把职工呼声最高和反映最迫切的吃、住、行等问题作为首要解决的实事,用好大同南种植、养殖基地,累计为车间(站)伙食团配送鲜蛋96次63552kg、鲜菜54次48652kg;持续整治维修现场生产生活设施,湖东站、古店站、调度车间、退管会生产办公环境明显改善;“八小”建设投资198.3万元,更新、配置12个车间(站)的厨具、衣柜和床上用品等;及时足额配发各类劳动防护用品的基础上,为职工间休室安装空调,为调车组、客车上水、三晋快运等外勤人员每人增订一套防寒服、一双防寒鞋、一个护膝和脖套,切实做好防暑降温、防寒过冬工作。丰富职工文化生活,组织“巧手厨娘才艺大赛”“庆七一”歌咏比赛,及480人参与的“百千万”职工文体活动。更加关注职工身体健康,积极组织2425名职工进行健康体检、464名职工进行健康休养,开办“送医送药送健康”健康知识讲座,两次开展环文瀛湖健身走活动,引导干部职工健康生活、快乐工作。

【干部培训】 坚持党管干部、党管人才,落实“好干部”标准,做好人才培育开发和人事工作,吹响人才“集结号”,培养一支听党指挥、政治合格、能打胜仗的干部队伍。改进培养方式,鼓励人才冒尖。扎实推进培训工作标准化建设,规范内训、外委、经费管理等培训工作流程,突出“紧”“重”“强”字培训,“干部培养工程”高标兑现,自主举办春运安全等干部培训班6次,累计培训837人次7853学时。遴选203人次参加路局举办的64期培训。在西南交通大学举办货运管理与市场营销培训班,培训30人1200学时。组织6名管理干部参加专科、专升本学历教育。组织56人参加专业技术职务评审,45人获得资格并聘任。路局表彰专业技术带头人、青年科技拔尖人才、首席工程师、专业技术人员杰出奖各类人才5人。组织大学生开展定向培养实践锻炼,54名大学生安排到一线主要生产岗位锻炼。

【职工教育】 相继建成湖东、平旺、一场、二场等4个多媒体教育基地,送教到现场,解决现场工学矛盾问题;安装二场、北站、解家庄、西韩岭等4套接发列车计算机联锁仿真演练系统,实现12个行车车间(站)自主组织职工开展非正常应急演练;投入18.6万元开展车站职业技能竞赛、背规竞赛、应急演练竞赛,个人最高奖励6150元,团体最高奖励

4000 元,全面为职工学技术、练硬功、比技能创造条件。高度重视新职人员入路成长,实施"三新"人员师带徒奖罚考核,抓实日常培养;开展新职人员实作演练,严把新职人员定职考试,全方位打好新职人员入路业务基础。积极实施合理化建议、小改小革表彰奖励机制,共有 9 个车间(站)、31 人、14 项合理化建议和技术改进成果获得车站表彰奖励,个人最高受奖 1 万元,营造全员围绕运输安全、减员增效建言献策的浓厚氛围。全年,车站技能人才总数不断扩大,队伍整体素质得到提升。

【资产经营】 坚持做强实业、发展实体、壮大实力。主动承担资产经营开发职责,围绕 7 天连锁酒店既有实业,全面整治基础设施,增加自助取票服务,房间安装纯净水设备,持续提升酒店品质,"7 天酒店"入住率日均 94.2%、同比增长 5.6%,创收 447.1 万元、同比增收 4.2%。依托运输优势,探索发展服务大同朝阳产业的活性炭"商贸 + 物流"业务,成功拉通活性炭原料从新疆出厂到大同入厂全程"门到门"物流业务以及上下游间的商贸业务,形成前景广阔、生命力强的创收创效实体,成功入选路局 2016 年资产经营开发"十大品牌",实体化经营迈出坚实步伐。盘活 6 台装载机资源,开展韩家岭储运站专用线装卸业务;深度开发客运候车室闲置空间,租赁自助银行、按摩椅场地等;加强路企合作,承揽韩家岭国投专用线装卸业务,让企业甩掉人员包袱,低成本运行,实现双方互利共赢;持续抓好广告发布、房屋租赁、煤炭商贸等业务,一批资产经营开发项目呈现出良好的发展态势。全年,资产经营开发创收 9193 万元,创效 356 万元,超额完成路局下达的任务指标。

【大事记】 1.3 月 23 日,车站召开"转观念、闯市场、增效益"主题教育活动动员大会,并举行"转观念、闯市场、增效益"主题教育活动启动仪式,成立 10 个营销突击队。

2.3 月 24 日,车站管内塔山国投专用线举行首列开行仪式,站长罗万军在现场组织主管副站长、业务科室人员对列车运行、调车、装车、抑尘等全过程盯控,确保国投专用线首列作业安全。

3.4 月 6 日至 4 月 30 日,圆满完成为期 25 天的大秦、北同蒲第一阶段集中修施工任务。

4.5 月 10 日 11 时 28 分,大同开往京津冀地区首趟白货快运专列在大同站 1 道正式发车。首趟"京津冀白货快运专列"装运果蔬饮料、乳饮料、活性炭等白货 35 车共 900t。专列的开行,促进铁路与地方经济转型发展。

5.5 月 23 日,在大同站召开了大同至太原首开一站直达城际旅游列车新闻通气会,邀请 17 家新闻媒体进行宣传报道。

6.5 月 27 日 14 时,大同—太原间"云冈号"旅游专列 Y665 次列车首发,这是山西铁路史上首次出现"Y"(游)字头一站直达的城际旅游列车。

7.10 月 1 日至 8 日,湖东站一场开车日均达到 128 列以上,最高完成 137 列,湖东站二场开车日均达到 87 列,最高完成 91 列,大秦线持续保持 110 万 t 以上运量,最高完成 118.74 万 t,创近两年来最好成绩,受到路局两次通报嘉奖。

(田乐平)

太原车务段

【领导成员】

段　　长　　牛志刚
副 段 长　　聂力强
　　　　　　刘永平
　　　　　　王亚龙
　　　　　　梁　凯
　　　　　　范建诚
　　　　　　周晋辉(2016 年 11 月 21 日任)
党委书记　　郭耀荣
党委副书记、纪委书记　　许铁平

党委副书记　门龙飞
工会主席　　刘玉明

【概况】　太原车务段是路局主要运输站段之一，管辖石太线（太原东站、北合流站至坡头站，与北京局赛鱼站相邻），石太客专（太原东站至太原站），大西线（太原东站），大西高铁（晋中站），太中银线（北六堡站至柳林南站，与西安局吴堡站相邻），太兴线（西张站至白文东站），太焦线（郝村站至大平站，与郑州局夏店站相邻），吕临支线（西蜀巴站至三交东站），总营业里程728.897km。

车务段管辖53个中间站和1个乘务车间、1个调度车间。行政机构设：办公室、劳动人事科、财务科、收入科（2016年12月16日设立）、技术科、安全科、客运科、职工教育培训中心、货运营销中心。党群机构设：党委办公室。2016年末，全段干部职工2937人，女职工382人。

【安全生产】　坚持32字安全工作思路和问题导向不动摇，正本清源，防范风险。抓实风险研判，注重安全隐患预控。分线别逐站排查共性静态安全风险14处、特性静态安全重点风险89处，结合技术规章、作业标准梳理，组织制定预控措施286条。出台“五个立即”应急处置程序，重新编制114项《非正常作业处置流程图》以及防溜器具撤除确认汇报“五控法”。抓实履职考评，突出履职过程管控。借鉴路局“强三基、创三优”《工作手册》，对段机关13个科室128个管理及专业技术岗位的工作职责、工作流程、重点工作流程进行修订完善，梳理健全各科室9项内部管理制度，初步形成“界面清晰、职责分明、运行有序、考核有效”的管理体系，并通过《干部安全履职考评系统》对干部进行履职考评。按照“定时间、定岗位、定职责、定效果”的“四定”要求，开展“班子成员当一天站长、站长当一天班组长”体验活动，促使两级班子成员深入现场、跟班写实，掌握实情。正向激励，主控风险。年内，对安全立功人员奖励105人次5.24万元，兑现无过错返还2230人43.5万元，签发2张表扬通知书、奖励6000元，发放关键岗位专项奖励38.5万元。有效地激发了干部职工主动落标、防控风险的内在动力。截至2016年底全段实现安全3673天，夺取了第10个安全年。

9月26日9时36分，X2512次集装箱货物列车从中鼎物流园站发车，这是中鼎物流园站开出的首趟货物列车　（焦斌　供）

【运输生产】　深层拓展现代物流。细化落实物流建设“1+12”文件，积极推行“一企一案、一品一案”服务套餐和项目制精准营销，创新实施物流总包、协议运输、立项攻关、产运需对接会等联动机制，持续释放批量议价、承兑汇票、实重计费等政策红利，协助中鼎物流园开办货运业务。全年新建无轨站14个，95306网注册企业4816家，其中企业logo展示1211家，签约物流总包业务9项，零散快运、批量快运同比分别增运19.5%、41.2%。大力推进集装箱运输业务，在开办1.5t小型集装箱运输业务的同时，筹备寿阳站集装箱开办事项。首次应用C80型装车，对装车全程盯控，确保顺利运行。强化货运管理，落实焦炭实重计费改革，做好焦炭钢材类货物实重计费装载及重量确定工作；严格装载加固质量，落实超偏载整治关口前移。全段大宗货源保持相对稳定，白货货源不断拓展，快运运量持续递增，全年快运货物运量完成49836t，货物发送完成3692.5万t，装车544276车，运输收入349552.1万元。共下发段长表彰令23次，表彰奖励在保量增收上做出突出贡献的车站、班组共计40.1万元。

深入推进客运营销。细化“三个出行”常态化实施方案,开展温馨服务质量年和厕所卫生达标年活动,放大“老区窗口”、“晋馨晋意”品牌示范效应,开展客票发售专项竞赛,扩大团体票、异地票、直通车票发售比重。全年发送旅客406万人,31个客票代售点收入占到全段客票收入的三分之一。

【经营管理】 坚持开源为基，深度挖掘资产资源创效潜力，形成了以中小门锁、防冻液、玉米袋及三晋快运打包袋、缠绕膜为支撑的经营创收“拳头”产品；工务防洪袋、客车炉灰袋成为全局唯一指定产品。新建成太东汽车充电站，闯出了一条直面市场、转型发展的创效之路。全段资产经营“创新、开发、转型、提质”的道路越走越宽，多元成果惠及职工越来越多，全年完成营业收入7068万元，实现利润284万元。坚持节流为重，优化成本支出结构，大力开展节支降耗，实施20条增收节支措施，全年总支出较预算压缩45万元，煤水电油等能耗大项节支43.3万元。

【企业改革】 坚持以推进人力资源集约化管理，实施一系列优化创新举措。创新劳动用工，优化岗位定员设置，通过兼职并岗、余缺调剂、分流转岗、业务外包等举措，满足了太兴、吕临、大西高铁及中鼎物流园站开通运营的用工需求。通过两次“一体化”择优竞岗，累计产生示范员工81人、优秀员工267人，良性用工环境持续优化。创新分配考核，实施岗薪工资三级考核分配，出台关键岗位专项奖励、困难站艰苦补助等10项激励政策，正向激励作用有效放大。创新履职考评，推行能力建设“五位一体”闭环运作机制，建立管理失职集体问责制度，实行“一月一表”绩效考评，做好“两上两下”民主测评，改进干部作风跟踪督查，实行工作落实网上督办，重落实、肯作为、严履职正在成为各级干部的自觉行动。

【科技教育】 继续推行“菜单式”培训制度，全年职工累计“点菜”1187题，制作10起不同类型典型事故案例的“一事一教”培训资料，纳入接发列车人员定职考试题库。建立“太车职教”微信公众平台，开设“一日一题”“一事一教”“菜单解答”“职教微信”“职教易课”“培训考试”“非正常流程”等7个版块，方便职工自主学习。编制列尾故障应急处置流程卡片和《列尾控制盒简易操作说明书》，作为列尾作业人员日常学习及非正常应急处置指南。为管内各站配置专用电脑，建成“学技练功台”，将培训考试系统延伸至班组。扎实开展“全员学技练功、全局技能竞赛”活动，在路局举办的技能大赛中，该段参赛选手获得了2个团体、13个个人全能名次的优异成绩。按照路局专业学历达标要求，组织62人报名参加2016年春季高等学校远程教育运输班。继续推进职工岗位技能达标活动，将扳道员、调车指导、客运员、列车员、货运值班员、叉车司机等6个工种281人新纳入“达标”活动范围。该段对管内各站（车间）191个班组的1655册岗位培训合格证书进行核查，整改各类证书问题571个。

【职工生活】 坚持“锦上添花”与“雪中送炭”相结合。一是推进增收稳心工程，建立职工收入与企业效益同步增长机制，坚持工资分配倾斜一线，全段提前实现职工收入倍增计划。二是推进环境舒心工程，投资986万元整治“八小”设施24站57项，巩固寿阳、测石、文水等“八小工程”“百佳示范点”、“优秀示范点”创建命名成果。对太兴线等13个站的小活动场进行建设。三是推进救助暖心工程，落实帮困救助累计844人325万元，办理互助借款59人78万元。四是推进健康放心工程，整治车站水井12个，配置净水器22套；全部更新了一线职工使用5年以上的床上用品，并为全体职工配发了床上用品三件套，安排干部职工进行疗养、体检、妇科普查，为138名货装外勤作业人员配发了防尘口罩，为管内170个班组的小药箱补充应急药品和血糖仪，为每名职工配发了便携式急救小药包。五是推进“舌尖”安心工程，新建蔬菜暖棚12个、蔬菜冷棚5个，开辟小菜园累计达到56亩，购买50余种菜籽发放到各站小菜园。坚持以货币或实物的形式进行伙食补贴，年配送娄烦基地绿色蔬菜57500kg。评选“太车好味道”，免费用餐、可口用餐、绿色用餐已经成为职工生活的真实写照。六是推进文体怡心工程。职工运动会、“百千万”站区职工文体活动、“奋进杯”职工游泳比赛、职工才艺展示等丰富了职工工余生活，参加路局男子组“聚力杯”拔河比赛再次夺冠。七是推进关爱贴心工程。奖励考入全日制大学的职工子女258人23.3万元；将主动放弃年休假职工经济补偿标准由50元提高至80元，累计发放4810人458万元；深入开展“双进双千”送温暖活动，走访慰问各类困难职工、离退休人员195人次，发放了39.1万元的慰问金、慰问品。

【党群工作】　一是聚焦抓龙头带动，思想建设有效强化。细化修订党委中心组学习制度，开展集中学习27次，集体研讨5次，进一步增强领导班子的政治定力。严格落实“三重一大”事项实施细则，坚持科学决策。二是重点抓全员覆盖，“两学一做”高标推进。在全体党员中深入扎实推进了“两学一做”学习教育活动，高质量开展“回头看”和平推检查，党费收缴、党组织关系排查等重点工作统筹兼顾、有序展开。将学习教育与“转观念、闯市场、增效益”主题教育活动结合，挖掘宣传典型案例，进一步扩大先进典型的辐射效应。三是突出抓基础夯实，组织建设成效显著。将年初确定的60项党建工作与路局党建工作座谈会6个方面73项具体任务统筹分劈、逐级落实；对党委委员、党委办公室人员、专兼职党支部书记等165名人员的岗位职责、工作流程、工作标准进一步修订明确。四是强化抓政策优化，人才工作持续给力。出台了关于优秀人才的十项倾斜政策，对34名大学生落实岗位培训路径，实行段领导结对包保，选拔55名优秀一线职工充实到管理岗位，有47人通过双轨聘任晋级专业技术人才队伍，5人获得路局“专业技能拔尖人才”称号,3人分别荣获路局专业技术带头人、青年科技拔尖人才、优秀大学生称号。五是从严抓制度落实,党风政风风清气正。以“三学三提高”为载体,组织全员学习领会十八届中纪委第六次全会精神。在《太车之窗》设立“廉政园地”专栏,每周刊发党风廉政知识。组织95名新任职管理人员开展任前集体廉政谈话。开展作风督查17次,下发专题通报10期,表彰奖励干部48人次、部门5个,通报考核干部60人次、部门20个。七是广泛抓活动开展,群团工作凝聚合力。共青团组织建立健全了8项团的工作基本制度,优化设置了15个团支部,建立了《太车团讯》、太车青年微信公众号,开展了青春分享会、“转闯增”演讲比赛、“一站到底”知识竞赛、“加油向未来”青工业务知识竞赛等活动,发挥了广大青年的生力军和突击队作用。

【大事记】　1.9月21日19:10分,中鼎物流园站“新站场及新微机联锁”施工顺利完成,开通运营。

2.11月30日,太原车务段汽车司机党员孟小平在山西医科大学第二医院接受了造血干细胞分离术。他是全国第6121例、山西省第136例、太原车务段第1例造血干细胞捐献者,于2009年5月23日在献血站签订了《捐献造血干细胞志愿书》。

3.12月17日,电视专题片《慢车里的乡情—探访山西最短的火车》在新华网络电视、搜狐网、网易网、凤凰网、东方卫视、广东卫视同步直播,该片以直播的方式反映了该段值乘的8171/8172次旅客列车24年如一日,穿行在蜿蜒曲折的太焦线,服务太行革命老区,助力沿线人民脱贫致富的事迹。

（焦　斌）

介休车务段

【领导成员】

段　　长　　阎树万

副 段 长　　武铁军(2016年12月26日免)

李兴强

董社有

杨建军

王　彬

张晓峰(2016年12月26日任)

党委书记　　何　军

党委副书记、纪委书记　　白计刚

工会主席　　侯民洪

【概况】 介休车务段管辖27个中间站,包含南同蒲正线13个车站、介西线6个车站,大西高铁5个车站,瓦日线3个车站。其中一等站2个、二等站2个、三等站20个(含大西高铁5个站、瓦日线3个站)、四等站3个。该段主要承担着山西、陕西两省的晋中、吕梁、榆林三个地区26个县市的客货运输和汾西矿务局七个国家统配煤矿的晋煤外运任务,主要发送货物为煤炭、焦炭、石膏、铝钒土、生铁等散堆装货物,是南同蒲线运量最大的运输单位。2016年末,全段有职工2209名。

【安全管理】 紧盯安全意识疲劳,开展安全大反思2次,安全专项整治5次,修建补废规章52项,修订《站细》22站次246条,录入电子规章113个、技术文件108个;以安全日分析为切入点,围绕高铁客车、调车防溜、隔离开关操作等9大安全风险,建立典型问题、重点隐患、惯性"两违"和季节、设备、人员变化等多维度的预警卡控,在全段呈现出层层研判风险、环环卡控风险、全员防控风险的发展态势,胜利夺取第九个安全年。

【主要生产指标完成情况】 按照"稳黑增白"的运输战略,实施"一图、一卡、一表"的营销策略,用好承兑汇票、实重计费、物流总包、量价捆绑等营销政策,签订煤焦大客户运输互保协议50个,全年发送货物6397.2万t,发送旅客667万人,运输收入95.39亿元。

【经营管理】 经营理念朝着走向市场的方向转变。推行全员工效挂钩,实施"一对一"营销奖励,举办"转观念、闯市场、增效益"主题教育巡回演讲9场,推广特色做法12件,介绍营销案例26件,组织"营销体验"活动82次,成立专业营销攻关小组6个,开办客票代售点10个、三晋快运揽货点13个,在全段呈现出面向市场、参与竞争的发展态势。

运输组织朝着转型升级的方向转变。开发量身定制的集装箱焦炭班列运输产品,开办南关、孝南箱办站2个、箱办点8个,形成了3线、9站、21点的集装化运输链条,在煤炭发运同比减少392万t的严峻形势下,焦炭、粮食、氧化铝同比分别增运20.1万t、12.9万t和110.2万t,在全段呈现出逐步转型、不断升级的发展态势。

客货服务朝着品牌引领的方向转变。按照"路有多远,服务就有多远"的品牌理念,持续打造"普速+高铁""5+5"模式的客运品牌10个、着手规划货运品牌16个、积极创建经营品牌1个,在全段呈现出靠品质引领服务、用品牌吸引客户的发展态势。

多种经营朝着依铁非铁的方向转变。开展"我为太铁创效益"合理化建议征集,打造"铁臂匠心"装载机4S店项目品牌,开拓站车广告业务,改装流动售票车,促成"张壁古堡号"列车冠名,全年多经收入1.1亿元,实现利润3465万元。

【职工教育】 开展视频培训22次,召开应急处置研讨会8次,举办各类培训班12期,开展了"全员大背规"2次、冷门非正常非标演练6次、技能竞赛2次,取得了路局车务系统技能竞赛货装团体第2名、车务团体第3名、客运团体第3名的历史最好成绩。

广大干部职工投身安全生产的主战场,唱响创新创效的主旋律,涌现出介休站甲班甲调等安全标杆班组,赵国栋、魏俊奇等防止事故能手,刘成林、王晓君等营销状元,在全段呈现出全员干事创业、勇创一流的发展态势。

【科技成果】 实现了“公文流转、规章查询、施工登记、台账填记、合同送审”的电子管理，发明了集装箱防脱限载装置，接入了助理岗位TDCS显示终端，发挥了监控设备的“天眼”功能。

【干部管理】 明确机关服务的10条措施、车站自立的10项职责，提升自我管理的10种能力，形成自主自立的典型做法18个，展示自我管理成果12次，创建最美车站2个、一流岗位19个，开展班子成员“一日体验”36人次，中层干部跟班写实386人次，发现解决各类突出安全隐患问题1286件，经受住了大雪、水害、施工、调图等压力测试，做到了在职一方、守土有责。

【职工生活】 改善信号楼、单身楼、伙食团等职工生产生活环境8处，安排职工健康体检1665人、健康休养341人，举办全段性文体活动8次，落实了带薪休假，完成了年初职代会10件好事，在运输经营十分困难的情况下，职工平均工资同比增长3.84%，在全段凝聚了“为太原局好、为车务段好”的正能量。

【工程建设】 对太谷西站、祁县东站、灵石东站、介休站候车室、售票厅进行了扩建，对介休东站、平遥古城站候车室、售票厅进行了布局改造，使以上车站均按照路局要求实现了先安检后买票进入候车室。对太谷站一站台进行了翻修，平遥站客运综合楼目前正在施工。

【党群工作】 段党委中心组集中学习23次，网络在线学习760多个小时，撰写心得体会36篇，人均学习笔记5万余字，领导干部政治理论素质明显提升。开展“班子成员当一天站长(书记)”一日工作体验活动，9名领导班子成员跟班体验24人次，体验干部艰辛，查找管理漏洞，传授管理经验，解决实际问题；同时，27次深入联系点党支部上党课37场次，受教党员378人次，与职工群众谈心236人次，不断提升班子成员相信群众、依靠群众、关心群众、服务群众的思想自觉。

举办“两学一做”培训班，267名党员骨干接受培训。支部书记、党员讲党课208场次。组织365名党员参观武乡革命纪念馆、刘胡兰纪念馆、大寨等红色革命教育基地，邀请40余名离退休老党员重温入党誓词。详细制定阶段安排，集中解读重要任务，4次全覆盖检查督导30个党支部，下发专题检查通报，紧盯问题整改。206名党员因表现出色受到表彰。

全年慰问困难职工351人次，经济救助17.51万元；金秋助学71人次，每人发放一个行李箱和1000元学习用品。组织“送医送药送健康进班组”活动，聘请医师讲解高血压等慢性病的成因及主要防治措施，并进行血压、血糖免费测试。为各站配发30个血糖仪、2台豆浆机、1150个洗漱套装包、1000盒藿香正气水。

【大事记】 1.3月26日18时，该段实现安全生产3200天。

2.12月31日，段实现第九个安全年。

3.该段装卸机械销售与维修项目被评为全局资产经营开发“十大品牌”创建活动入围奖。

（赵　莉）

侯马车务段

【领导成员】

段长、党委副书记　安子俊(2016年3月3日任)

副段长　马建成

柏大伟

温广华

柳伟康

张三宝(2015年12月13日任)

党委书记　安子俊(2016年3月3日免)

严　斌(2016年3月3日任)

党委副书记　郭　强

党委副书记、纪委书记　　王丙君

工会主席　　南　端

【概况】　侯马车务段管辖南同蒲线、侯西线、侯月线、大西高铁、瓦日线和礼垣支线上的63个车站，是路局管辖车站最多、运营里程最长的车务段。段管内总营业里程1029.534km。其中，南同蒲线北起霍州站、南至风陵渡站，共33个车站，运营里程311.5km；侯西线东起西贺村站、西至禹门口站，共7个车站，运营里程75.804km；侯月线西起曲沃站、东至端氏站，共9个车站，运营里程151.564km；大西高铁北起霍州东站、南至永济北站，共8个车站，运营里程224.821km；瓦日线西起蒲县站、东至安泽站，共有5个车站，运营里程221.075km；礼垣支线运营里程44.770km，保留垣曲1个封闭站。管内有5个车站与邻局衔接，其中侯月线端氏站、瓦日线安泽站分别与郑州局衔接，南同蒲线风陵渡站、侯西线禹门口站、大西高铁永济北站分别与西安局衔接。

机构设：安全科、运输科、职工教育培训中心、客运（路风）科、货运营销中心、信息统计科、劳动人事科、财务科、收入科、保卫科、办公室、党群工作办公室12个科室。另设1个调度车间和企业公司、劳动服务公司、物流公司3个辅业单位。管内4个一等站、13个二等站、24个三等站、22个四等站。2016年末，全段有干部职工4369人，其中干部710人，工人3659人。

【生产经营】　全段货物发送3452.7万t，旅客发送1475.4万人，卸车409151车，静载重58.7，周时完成1.53天，运输收入完成705067万元；其中，旅客发送创造车务段历史最好成绩。

【安全管理】　始终坚持“机关服务、基层自立，各司其职、各负其责”的工作理念，认真践行“安全无处不关键、规矩无处不存在、服务无处不体现”，把安全摆在创建“四型”侯车的首位，狠抓安全问题闭环管理，加强“三类”风险研判，细化“五到”安全布控。以机关服务为突破口，运用“五查”方法强化安全检查，应急指导组帮助一线处置2440起非正常作业，施工检查组帮助现场纠正问题163件。以基层自立为内动力，党政工团齐抓共干，各级组织倾力共为，汇聚了共保安全的强大合力。

【货运营销】　面对运量下行的压力，全段上下直面挑战，深入开展“转观念、闯市场、增效益”主题活动。“焦行天下”“钢铁亮价”营销团队走访589家企业，帮助解决运价、装卸等发运困难363件；全年焦炭发运1020万t，钢铁发运615万t，取得了止滑补亏、同比持平的效果。全面推进“稳黑增白”战略，全年集装箱发运同比增长49.8%；积极发展快运业务，开行临汾北至小塘西、佛山东等特需列车，快运货物运量和收入在全局收获“双料第一”。

7月31日，该段组织霍州至侯马各站接发列车人员，在临汾站进行非正常应急处置演练　　（张军　供）

【多经创效】　深入开展创新创效创业，用新思路寻找新出路，以新理念引领新发展，自主研发竹掩挡、挡固器等加固材料，开辟新的经济增长点。进一步加大客票代售业务的合作共赢，全段客票代售点达到58个，拓宽主业增收、辅业创收的渠道。积极推进“脱铁”发展，煜盛汽修厂、安邑物流园、东镇粮食库等实体项目的经营与上马，标志着转型发展迈出实质性步伐。全年多经收入3249万元，为加大安全投入、稳定职工收入提供了有力保障。

【科教工作】　提高职工素质就是提高安全系数，广泛开展大背规、大比武活动，全年举办非正常作业等培训班87期，培训5.3万人次；在路局技能竞赛中，荣获行车、货运、装卸3个团体第一，勇夺13个全能第一，取得前所未有的好成绩。关世雄、段运德、王琪3名同志荣获全路技术能手称号。持续开展小改小革，全年对99项成果奖励8.9万元，《调整编组站班组联网施工图设计》荣获路局技术改进成果一等奖。

【经营管理】　将预算管理贯穿于经营工作始终，运输支出控制在有权支出额度之内。加强收入稽查，全年堵漏保收完成1545万元，同比增加406万元，增长35.7%。深化工资分配改革，职工人均收入实现持续递增，以表扬令、委屈奖、科室绩效评价等方式，强化正激励、正引导，全年共奖励230万元，全员工作激情和正能量得到充分释放。

【职工生活】　积极筹资，修缮赵城等22个车站的宿舍、浴室、伙食团，安装桥上等26个车站的净水器、空调等设施，改造稷山等12个车站的供暖设备，修建清涧等17个车站的停车棚，修缮临汾等8个车站的信号楼、行车室，新设了解县、郑庄、侯马北等11个车站的道口抑尘设备、走行便道和站场照明。给683名调车组、货检职工增发手套、劳保鞋。全年安排职工体检3731人，女工健康普查560人；组织712人赴海南等地疗养。全年助困助医助学762人次，并广泛开展春运、暑运、集中修等慰问活动。

【大事记】　1.2016年，获全路货车清查工作优秀单位。

2.1月10日，车务段胜利实现安全生产2000天。

3.10月2日，安邑、东镇仓储物流园破土动工建设。

4.10月7日，全段旅客发送68987人，创历史纪录。

5.12月6日，百底站发生铁路交通一般B1类事故。

（张　军）

原平车务段

【领导成员】

段　　长　　孟亚彬（2016年8月免）
　　　　　　苑　玉（2016年8月任）
副 段 长　　王文俊（2017年1月免）
　　　　　　刘计有
　　　　　　解　勇
　　　　　　冯文亮
　　　　　　郝永飞
　　　　　　庞佳峰（2017年1月任）
党委书记　　杨宝星
党委副书记、纪委书记　　齐志勇
工会主席　　马存喜

【概况】　原平车务段管辖北同蒲线、京原线、韩原线、大西高铁试验段、忻河线、薛梅联络线，营业里程485.981km。其中：北同蒲线154.338km、京原线171.232km、韩原线29.033km、大西高铁75.62km、忻河线39.942km、薛梅联络线8.578km、白彪疏解线7.238km。管辖45个车站（包括大西试验段忻州西、原平西、阳曲西3个车站），2个车间（乘务车间、调度车间）。

机构设办公室、劳动人事科、财务科、技术和统计科、安全科、职工教育科、信息技术科、多元办公室、保卫科；党群系统设立党群工作办公室，党群工作办公室履行党委、纪委、工会、团委的工作职能。

2016年末，全段有干部职工2059人，其中干部344人，工人1715人；党员754人，占总人数的36.6%；团员63人，占总人数的3.06%。

【安全生产】　一是筑牢基础保安全。坚持现场检查不间断、领导带头夜查不间断，采取“定项目、查规章、列重点、全排查、重通报、再复查”6步工作方式，全年共对32项关键环节开展专项检查，安全隐患得到有效控制，顺利实现了第二个安全年,安全生产实现955天。

二是卡控关键保安全。制定《单人上线互控防护制度》,明确人身安全“上线登记、来车预告、返回消记”三程序,确保人身安全动态卡控;制定《保留车挂运卡控措施》,实行“车站值班员、车站干部、车务段监控”三重盯控,确保了保留车作业安全。

三是精细组织保安全。制作《大西高速铁路综合试验段车站试验列车运行提示卡》,卡控13项关键环节,逐项确认抹销,确保试验列车运行安全。其中非常站控模式下接发列车9265列,完成各项施工750项。圆满完成中国标准动车组CRH－0207、CRH－0503科学试验和运用考核各项工作,受到总公司和路局表彰。

四是强化施工保安全。从施工方案审核、施工措施制定、施工过程组织、施工作业把关等方面,从严从细要求,逐站逐日绘制本站及相邻区间的施工、维修分布示意图,显现化管理、图示化明示,确保京原线、北同蒲线综合整治施工,京原线电气化扩能改造施工,城际列车径路设备整治施工以及全年各项其他施工任务的圆满完成。

五是严谨规章保安全。全年共修订技术规章7个,规范有效技术规章48个;为40个车站安装电子规章管理系统,方便职工查询和运用规章;坚持每季一次《站细》互审,对互审发现的131个《站细》问题进行修订完善,有力保障了技术规章的严谨性、有效性、指导性。

【生产经营】 一是努力完成运输任务。2016年旅客发送计划735万人,实际完成721.3万人,完成年计划的98.1%,较计划亏欠13.7万人;货物发送量计划1550万t,实际完成1422.97万t,完成年计划的91.8%,较计划亏欠127.03万t;运输总收入计划164280万元,实际完成157518.1万元,完成年计划的95.9%,较计划亏欠6762万元;停时完成33.3h,较计划压缩2.1h;中时完成5.2h,较计划增大1.2h。主观上全段干部职工勤勉尽责、想方设法完成运输任务,从停时压缩2.1h,即可看出大家所做的努力。但客观上受煤炭市场低迷和空车来源不足大形势的影响,造成运输任务有所亏欠。

二是开拓市场营销增量。构建运输服务市场化运作体系,结合“转、闯、增”主题教育活动,客运方面与忻州市政府合作将K601/2次列车冠名为“五台山号”,建立铁路与政府深度合作互赢机制;货运方面扎实推进“田村、阳曲站焦炭实重计费”“代县站铁矿粉集装箱班列”“定襄、河边法兰产品战略合作”“薛孤铝厂集装箱业务”“开通轩岗焦家寨1道发运”等7项“抓大不放小”货运营销增量项目,实现整体市场疲软下的增量创收。

三是典型激励全员营销。重新修订《原平车务段货运营销联挂考核办法》,对全段专兼职人员实行营销连挂考核,共计考核1294612元,奖励1971812元。同时,大力宣传在货运营销工作中作出突出贡献的个人及团队,并实行重奖、快奖,共计编发表彰短信28条,对26名取得突出营销成绩的个人及团队进行表彰奖励,涌现出阳曲站高翔、南塔底站副站长孟建军、忻州营销网点王斌、定襄营销网点胡耀明等营销典型。

四是大力拓宽营销渠道。充分利用现代信息化渠道,建立“58同城快运营销网页”,开办“快运微店”以及“客户营销部微信公众号”,利用媒体大力宣传“互联网＋货运营销”的营销模式。同时,实行全员营销策略,开展“一对一”或“一对多”服务,研发“原平车务段三晋快运网格化营销信息系统”,准确掌握全段零散、批量快运货物发运及走访情况,从源头上减少和杜绝货源流失。全段零散快运累计完成31763.319t,批量快运完成45835.629t。

五是全面开展议价工作。积极应对货运量持续下滑严峻形势,在充分与企业对接、市场调查、价格分析的基础上,全方位开展议价工作。为原平、忻州、阳曲、代县4个车站9家客户议价15次，发运批量快运货物4320.705t。为田村、阳曲、代县、薛孤、原平、枣林6个车站8家企业申请10次竞争性一口价项目，发运20972车、106.97万t。为薛孤站中电投山西铝业有限公司实行阶梯运价优惠项目，发运氧化铝14814车、326174t。

六是完善现代物流建设。建成15个无轨站，其中自营无轨站3个，合作无轨站12个。成立9个公路运价调查小组，每月对管内公路运价情况进行调研。制定接取送达电子围栏，划分接取送达范围，并签订6家物流总包企业，利用物流配送手持终端机和GPS定位系统，规范接取送达作业，极大的提高了接取送达作业效率，现代物流建设初见成效。

【职工教育】 一是领导带头，提高全员学习技能主动性。开展车务段领导讲规章活动，段领导每日利用电话会议进行规章讲解，讲解内容包括《行规》、《技规》、劳动安全、防洪、施工等方面内容，共讲解规章162条。并充分运用微信形式，制作"领导讲规章微课堂"15期，"典型事故案例警示"6期，以职工喜闻乐见的形式促进全员学习兴趣的提高。

二是强化培训，提高标准化作业能力。按照"符合现场实际、职工作业实用、培训务求实效"的原则，结合各岗位作业实际细化了各岗位实作培训演练科目，采取集中办班、远程培训、日常演练及案例教育等方式共计培训1238人，通过"培训—评价—补强—提升"周期性循环，有效提升职工岗位标准化作业能力。

三是全员背规，提高理论业务基础知识。针对调车组人员业务素质偏低的实际，组织全段忻州、原平、轩岗等18个车站140名调车人员分期分批开展背规竞赛活动，共有26名职工受到奖励，奖励金额高达1.9万元，个人最高奖励获得1000元。通过背规竞赛，有效提高了调车作业人员的基本业务素质，进一步激发职工主动学习规章的积极性。

四是全员参与，提高作业人员综合素质。进一步深化该段劳动用工和分配制度，促进职工岗位技能达标，建立健全素质决定岗位、岗位决定收入的岗位激励机制，组织全员"一体化"考试，共涉及27个工种1322人，达到A级职工50人，B级职工204人，在考核周期内分别按每人每月100元、40元进行奖励；对15名D级职工在考核周期内每人每月核减100元，培训考核使用待遇"一体化"环流机制发挥应有作用。

12月1日，该段组织定襄法兰企业参观中鼎物流园　　（党秀泉　供）

【经营管理】 一是转变干部作风。修订完善各项管理制度和措施，实行干部督察制度，加强对干部的监督检查，共下发通报303期，对表现突出的管理人员奖励505人次，对履职不到位的管理人员考核969人次，并对在岗不作为、有令不行、有禁不止的13名管理人员给予行政警告处分和党纪处分，有效促进干部作风的转变。

二是优化人员配置。通过外包、兼并等形式，加强人力资源优化配置，解决人力资源紧张的矛盾，将原平客票代售点经营业务，原平、轩岗抑尘站部分业务实施外包经营，节省10人；将轩岗、阳曲站客运员兼职行李员，五台山、繁峙等6站调车组人员兼职客运站场封堵作业，节省28人；撤销灵丘、原平闸楼值班员岗位，人员充实到行车主要岗位，有效缓解人员缺乏现状。

三是严抓职工"两纪"。坚持安全问题考核通报制度，对检查发现的各类问题，进行分析考核，对责任人进行追责考核，共计下发通报328期，考核3054人次，考核金额314648元。对3名严重违纪人员给予待岗处理，1人给予党内警告处分。同时，加大对防止事故人员的奖励力度，共下发奖励通报4期，奖励81人次、5810元。

四是提升职工收入。在2016年市场不振，经营困难的严峻形势下，全体上下不畏困难，直面收入压力，积极增收创效，开源节流，拓展多集经创收渠道，在确保安全生产的前提下，实现了职工收入稳步增长。2016年，职工人均收入达到91402元，同比人均多收入4408元，增幅达5.07%，让职工充分享受到安全生产、平稳有序、努力奋发工作的成果。

（党秀泉）

朔州车务段

【领导成员】

段　　长　　崔连平

副 段 长　　苑　玉（2016年9月1日免）

　　　　　　马　欣

　　　　　　李建平

　　　　　　李　青

　　　　　　孙　亮

党委书记　　张岳黄

党委副书记、纪委书记

　　　　　　祝雪平（2016年6月29日任）

工会主席　　张俊平

【概况】　朔州车务段位于山西省北部雁门关外，现有干部职工2649人。经济吸引区辐射山西、陕西、内蒙古三省区28个市区县，是国家煤炭重载运输大通道——大秦线最大的装车基地和货源组织源头。煤炭外运是朔州车务段主要运输产品。全段管辖北同蒲、韩原、瓦日3条干线和宁岢、岢瓦、平朔3条其他线路，管辖里程448km。管内有39个车站，管辖专用线99条，其中2万t装车线4条、单元万吨装车线44条、小列装车线23条、军专线10条、其他专用线18条；煤炭客户617户，白货客户216户。

车站组织货运职工现场进行装载加固培训　　（卢纪国　供）

【运输任务】　1.运输指标。年内，朔州车务段货运量完成1.65亿t、运输总收入完成190.21亿元、旅客发送量完成457.93万人。2.具体做法。一是量化式营销。将“每季一次全方位煤炭市场调研、每月一次客户营销、每旬一次公路市场调研”固化为常态，全年编辑营销报告39份，为路局提供全链条深度调研11份。二是服务式营销。坚持以“五大客户”为基础，全面服务运力需求；以大宗协议用户为根本，倾斜服务运力资源；以零散客户为补充，公平配置服务运力。通过三项服务，实现了运量基本稳定，五大客户日均装运3500车，占全段装车50%以上。三是杠杆式营销。以“逐月分析、逐月调节、逐月签约、集体审议、倾斜重点、扶持新生”的承兑汇票为杠杆，年内为60多家客户解决了月初、月末因资金断链无法发运问题。四是搭桥式营销。帮助企业谈判，降低站台费、管理费，实现盈利发运。累计帮助32家企业降低5元/t费用、激活发运100多万t，孵化3家僵尸企业；特别是阳坪站昊东公司、东榆林站瑞启公司、里八庄站国怀公司全年分别发运28个小列9.6万t、9个大列7万t、4个大列3万t，沉睡了一年多的3家僵尸企业均已复活运作。五是创新式营销。克服设备缺陷，创新装车、组织模式，成功促成宁武、李家平、安塘3站装运集装箱，实现管内5站集装箱发运的良好态势。全年发运7.7万箱，超运

2.6 万箱。六是精细式营销。聚焦专用线作业前的准备、装车、上线等环节，按照“严重不畅通、不畅通、一般效率问题”三个等级问责考核，年内考核严重不畅通 2 次、不畅通 11 次、一般效率 25 次；调整配空结构，最大限度满足“站与站间、一站多点间”平行装车，达到了“平朔线日装 18 列、阳方口站日装 4 列、五寨站日装 12 列、兴县北站日装 5 列”的运输最优化成绩。七是温馨式营销。率先在全局完成了“朔州站售票查危改造、神池等 4 站客运基建、朔州号列车冠名”3 项重点工作，强力整治岱岳等 7 站厕所，好人好事 318 件、奖励 37 人 4900 元。

万吨装车现场　　　　(卢纪国　供)

【安全生产】　一是突出现场管控。成立 8 个自然组，确立中午、夜间等四个重点时段，每日由 1 名段领导组织或亲自带队，组织 2 名机关干部开展现场检查，做到月度站岗全覆盖，形成重查报告 323 份、检查整治问题 8194 件。二是突出视频管控。实行视频“科室重查、值班普查、调度盯查、车站抽查”“四位一体”查控，天天交班汇报，查整问题 2456 件。三是突出挂牌管控。动态确定突出、顽症问题 41 件，及时消除了一批诸如东榆林站专用线防溜失管失控等实质性隐患。四是突出关键管控。紧盯客车关键，认真研判车动、人动“双动”人身风险，明确“四动”控制措施，实现客车安全无隐患；紧盯施工关键，明确“布置到位、领导带队流查到位、选项盯控到位”等“八到位”措施，实现施工绝对安全；紧盯军运关键，明确“一次一部署、一次一预想”等 8 个一措施，实现 32 列军运列列安全；紧盯快运关键，明确“货营中心旬登乘，安全科抽查登乘”制度，实现全年快运安全能控。五是突出职能管控。开展穿正调车、防溜器具等 22 项专项整治，实施新工跟师、隔离开关等 7 项调研；明确技术管理问题“一事一分析、一事一批点、一事一辅导、一事一考核”，下发“业务指导书”21 期。六是突出制度管控。坚持七项制度不动摇，开展安全对话 43 次，深度分析 23 次，安全预警 25 期，非正常处置分析 125 站次，事故通报 74 期。七是突出标准管控。月月以行客货标准为检查重点，通报规范、指导纠偏，整治问题 1315 件。八是突出生产管控。把生产变点视为安全险点，遇阶段性增量作业、生产组织方式变化等，及时指派专业干部到站指导盯控，全年对五寨等增量站派出干部盯控 103 人次。

【职工生活】　一是新增建设“八小工程”18 站点，重点是“新建了应县站职工伙食团，增建了北周庄、秦家庄等 4 站行车室卫生间，硬化了阳方口站进出站道路，扩建了岢岚站行车办公房舍”。二是维修整治“八小工程”23 站点，重点是“大修了前寨站水塔，整治了宁武站职工家属给水管道，整修了怀仁抑尘网点食堂、大新和庄儿上 2 站装卸房舍、陈家沟站办公房舍、神池站办公楼、阳坪站货运办公楼”。三是帮扶救助 573 人 80.4 万元，为 13 名职工发放特重困救助金 13.7 万元，为 146 名职工发放大病救助金 30.1 万元，为 232 名职工发放困难救助金 8.7 万元，为 7 名职工发放朝阳助学金 2.3 万元，为 78 名职工发放子女助学金 14 万元，为 28 名职工发放生育补助金 1.9 万元，为 97 名职工发放丧葬慰问金 9.7 万元。四是送温暖慰问全员全覆盖，为各站伙食团送绿色蔬菜 6.8 万斤；为生产一线职工发放洗漱包、枕巾、单人床单、电暖宝等生活用品；在节日、施工、暑运期间，推出“米面油暖心福利以及慰问职工到一线”活动，对慰问品发放做到了购前“问计职工”，购时严把质量，购后逐站逐点送到了伙食团及职工手中。

【职工教育】 一是追踪复考提素。每月实行“同题同卷”追踪考试,全年组织“追考”132站次1561人,奖励职工556人8.1万元、奖励干部81人1.1万元,考核职工97人7260元、考核干部20人1960元。二是青工月赛提素。每月随机抽取不少于30%的客运青工到段参加月赛,奖前7、罚后7,累计458人次参赛,奖惩4.56万元。三是案例教育提素。全年收集典型案例261件,编制《案例警示教育》45期,教育8321人次。四是技术比武提素。举办涵盖29个工种42个岗位369名干部职工的职业技能竞赛,掀起全员学习高潮,取得全局技术比武“1个全能第一、2个全能第二、1个全能第三”的较好成绩。

【多元经营】 与时俱进提升桑源饮用水品质,推动其一举荣获“中国铁路餐饮”品牌,积极扩容升级;全年路内市场占有率100%,路外市场占有率10%、瓶装水同比增长3倍、桶装水同比增长1倍。宏运公司主动而为,全年发运22列煤炭17.9万t,激活了近两年未发运的活水。

(卢纪国)

大同车务段

【领导成员】

段　　长	蒋智忠
副 段 长	马树臣
	樊继文
	樊景智
	秦奋文
党委书记	贺欧滨
党委副书记、纪委书记	张　宏
工会主席	孙亚军

【概况】 大同车务段成立于1961年,是路局北部地区的主要运输站段之一。主要担负着大同煤矿集团15个本部直属大型煤矿、地煤集团和部分地方煤站的煤炭,以及大同市周边地区的煤炭运输、中间站行车组织工作,兼顾一部分零散货物的到发和客运业务的办理等工作。管辖大张线、口支线、云支线13个车站,包括一等站2个(口泉站、新高山站),二等站2个(云冈站、云冈西站),三等站3个(阳高站、天镇站、柴沟堡站),四等站5个(周士庄站、罗文皂站、永嘉堡站、西湾堡站、四台沟站),线路所1个(小站站);1个生产车间(调度车间),1个区域性营销中心、1个多经公司(大同建鹏商贸有限公司)、1个集经公司(口泉劳动服务公司)和口泉房建分公司,线路总长211km。京包线大张段是京包铁路干线的重要组成部分,担负着大同县、阳高、天镇、柴沟堡4个县区的客货运输、军特运列车运输安全任务,图定办理旅客列车14对,货物列车25对;云冈支线、口泉支线是大秦线煤炭源头装车基地重要组成部分,管辖专用线70条,万吨装车点15个,担负着大同煤矿集团15个大型煤矿和地方煤站的煤炭发运业务,口支线图定办理货物列车23对,云支线图定办理货物列车28对。

行政管理机构设办公室、劳动人事科、财务科、运输科、安全科、职工教育科、信息统计科、保卫科8个科室。党群系统设党群工作办公室,履行党委、纪委、工会、团委的工作职能。截至2016末,全段在册人数为2164人,包括干部403人,工人1761人。男职工2001人,女职工163人;设有党总支12个,党支部68个,现有党员952名。

各站、货主召开中鼎物流园区及智慧物流云平台推介会　　(白存荣　供)

【任务指标完成】 深化推进全员大走访,各级客户代表共走访企业7684人次,累计营销回煤炭货源 86.4 万 t,新增批零货源 6300 余吨。丰富货运服务产品,与大同市经信委、大同站及生产企业座谈对接,促成大同—京津冀间白货快运专列开行。支持有运输需求但资金困难的企业使用承兑汇票结算,全年签订承兑汇票合同 13 户,使用承兑汇票结算运费 10179.7 万元。推进项目化营销,九大版块营销小组立足精准营销,全年组织召开客户座谈会 14 次,发现有价值的营销信息 42 条,形成 9 个增量项目,实现收入 4700 余万元。拓展客运市场,主动与管内学校、旅行社、温泉休闲度假村建立长期合作关系,全年累计营销回客票 11246 张 70 余万元,较好完成全年客运组织工作,提前 2 天完成全年运量指标。全年完成装车任务 512409 车(年计划 622200 车),货物发送 3890.4 万 t(年计划 4700 万 t),卸车 9984 车(年计划 7320 车),旅客发送 108.5174 万人(年计划 108 万人),运输收入 388237 万元(年计划 499500 万元),客票收入 3490 万元(年计划 3450 万元)。

【企业改革】 按照路局活动方案,深化推进创新、创效、创业活动。广泛开展金点子征集,对 32 条优秀合理化建议进行表彰奖励、论证实施,举全段之力、集全员之智,为段经营创效献计献策。传递经营压力,收入利润、成本节支等经营项目在经营业绩考核中的比重,以经济杠杆调动全员创收节支的主动性。按月组织召开经济活动分析会,动态控制成本支出,杜绝超支挂账、虚列支出,无预算、超预算行为,全年完成成本节支 85 万元,段连续四个季度被路局命名为经营业绩考核优秀站段。

【经营管理】 始终秉承“依法依规从严治企”的管理思路。以有章可循为前提,深化推进“强三基、创三优”,将机关层面 14 类 59 项工作职责、43 项工作流程、83 项管理制度编入《工作手册》印发全段,理清管理标准,做到办公办事有章可循、有据可依;深化落实规章制度查错纠错奖励机制,全年共核查出规章差错问题 261 项,既有规章的准确性得到了显著增强。以令行禁止为导向,细化修订 6 大类 49 条安全“红线”,通过在岗明示、培训考核、手机微课件等宣传教育手段,抓实干部职工“底线”意识培养,年内杜绝了主观触碰安全“红线”的问题。以言出必行为准则,一盯到底抓督查,全年对推进落实扯皮拖拉的 2 个科室、2 个车站分别签发了 7 张督查督办通知书,确保上级决策部署落地见效。以学以致用为目标,每月利用安全分析例会时间开展法律知识培训讲解,培养干部职工法制观念和法律思维。年内在法律的框架内妥善处理了长期债权、路外伤亡、人身伤害等司法问题,段主动维权意识得到显著增强。

【安全生产】 强化源头控制,将危及现场安全的 28 类 132 个风险项点、418 个季节性风险项目分岗位细化明示,运用“二十查”、安全预警、挂牌督办等手段,源头阻断风险失控症结。全年下发安全预警通知书 16 期,挂牌督办项目 7 件,各级干部共下现场 21326 人次,发现解决各类问题 20358 件;突出过程管控,落实“常态化检查、项目化整治”,全年高标开展意识疲劳反思、三项重点工作、安全大检查等全局性活动,有序推进年度 5 项安全专项整治、38 项阶段性专项检查,集中整治隐患问题 413 件。严抓闭环落责,组建运输、安全、职教等业务科室参与的“安全信息追踪小组”,对 461 件倾向性安全问题、134 件安全重要信息予以全程追踪、回访销号,有效杜绝了典型问题不整改、假整改、假考核的问题。截至 12 月 31 日,段实现安全生产 2832 天,胜利夺取了第七个安全年。

【科技教育】 依托监控、通信、网络等设备设施,在视频监控指挥中心升级搭建远程应急处置指挥平台,制作 30 项非正常应急处置提示卡,在确保现场作业实时化监控的同时,对突发状况实现远程化协助。年内利用视频监控设备发现安全问题 3126 件,远程协助办理非正常行车20余次。年内全段共发生设备故障等突发问题210起,干部职工应对有序,实战能力显著增强。

【职工生活】 重抓全年“十件实事”推进落实。职工生产生活设施方面，对口泉三场信号楼岗位进行修整，为二场运转室外墙加装保温层，对柴沟堡站候车室、阳高站货场进行修整改造，修建了罗文皂站简易候车厅；投入53余万元建成口泉站文体活动中心、段女工活动室；为9个车站、车间配备了电磁灶、蒸箱、消毒柜、厨具、餐具、热水器等物品，安排专项资金对小菜园、小浴池、伙食团进行修整升级，最大限度改善职工生产生活条件。扶贫帮困方面，全年为8名重困职工发放定期补助及节日补助22200元；助学4人次13500元；助医118人次274785元；一般困难救助175人次57300元，解除了职工的后顾之忧。在提高职工福利方面，全年共投入100余万元用于组织开展“冬送温暖、夏送清凉，常送关怀”慰问活动。更加关注职工身体健康，组织1898名职工进行健康体检、376名职工进行健康休养，全员兑现年休假，让职工更加愉悦地享受生活。在考核激励方面，持续推行安全考核正激励、返还政策。年内，向次月杜绝违章违纪的职工返还考核奖励1976人次，71170元。

【干部培训】 通过组织选拔有20名优秀班组长走上了管理岗位。落实公开招聘程序，对机关8个部门12个岗位进行缺岗竞聘，人才选拔渠道得到进一步拓宽。加大干部培养交流，年内对59名干部进行了调整优化，其中提级30名、调整使用29名；选拔聘用业务主管17名，其中正科级3名，副科级3名；聘任专业技术职务29人，干部年轻化、专业化占比得到了进一步提高。坚持多办班、办好班，灵活采用选派送培、聘请专家讲学等多种方式，组织、送培干部参加各类培训班83个班次931人次。特别是顺应现代物流转型发展需要，在西南交通大学举办了“现代物流管理知识培训班”，进一步拓展物流从业人员知识面，3名干部考取了物流师资格证书。

【职工教育】 加大职教工作投入力度,依托网络进班组的有利契机,利用网络教学、微型投影设备,定期开展适应性及网络培训。年内举办各类适应性培训班215期,培训6744人次。强化非正常应急处置能力提升,设置相应场景,进行补强演练。分工种开展职业技能竞赛,对25名取得段技能竞赛个人全能前三名,21名背规字数超过4400字的职工进行了命名表彰,奖励7.26万元;选派精兵强将参加路局级技能竞赛,1名助理值班员获得个人全能第三名。

【资产经营】 大力压缩办公成本支出,核减纸质表格台账数量,开发移动办公平台,研发备品、低值易耗品管理系统,源头遏制资源浪费,全年压缩办公费用支出13万元。强化人力资源调配,对劳动力不饱和岗位进行兼职并岗,累计合并岗位22个,减少用工56人;调剂32名职工参加路局列车乘务员储备,劳动用工得到进一步优化。推进多经企业转型创业,依托于运输核心业务,在铁路货物装卸设备、防冻生产设备等经营性资产盘活开发上做文章,实现了资产的保值增值。全年段多元经营累计完成营业收入6306.5万元,实现利润162.74万元。

【党群工作】 坚持抓党建展作为、抓民生促和谐，依托“两学一做”学习教育、“转观念、闯市场、增效益”主题实践活动，把学习教育中焕发出的政治热情转化为岗位落标、防控“两违”、客货营销、经营创效的争先内动力。工会组织持续深化“八小工程”建设，冬送温暖，夏送清凉，解决职工的后顾之忧。纪检监察部门主动监督经营管理，为全段依法依规经营保驾护航。共青团组织广泛开展青年技能竞赛、青工岗位立功活动。此外，武装保卫、计划生育、爱国卫生、离退休、信访、关工委等部门在各个层面做了大量卓有成效的工作，正是党政工团齐抓共管，目标一致，为全年目标的顺利实现营造了和谐稳定、管理规范的良好氛围。

【大事记】 1.7月20日大同车务段首家展览馆—口泉站”印记“百年口泉站展览馆开馆；

2.11月18日大同车务段组织各站、货主召开中鼎物流园区及智慧物流云平台推介会；

3.12月31日，该段胜利夺取第七个安全年。

（白存荣）

大秦车务段

【领导成员】

段　　长　魏向东（2016年5月11日免）
副 段 长　闫德龙（2016年5月11日调入）（主持行政工作）
苏凤军
岳恩山
张　涛
彭玉国
李振纲
党委书记　晁克峰
党委副书记、纪委书记　栾泽环
工会主席　穆启厚

【概况】 大秦车务段管辖大秦线、迁曹线2条主要干线，贯穿河北、北京、天津等“一省两市”，运营里程817.89正线km。管辖大秦线21个车站共587.079正线公里，其中：一等站2个、二等站3个、三等站4个、四等站11个、线路所1个；管辖迁曹线11个车站共230.811正线公里，其中：一等站4个、二等站2个、三等站3个、四等站2个。按联锁设备分为：TDCS车站11个、CTC区段车务有人集控站7个（大秦5个、迁曹2个）、无人集控站15个（大秦13个、迁曹2个）。

机构设办公室、劳动人事科、财务科、运输科、安全科、货运营销中心、职工教育培训中心、信息统计科、收入科、保卫科；设党群工作办公室，履行党委、纪委、工会、团委的工作职能。

2016年末，全段有干部职工1887人，其中干部262人，工人1625人；党员728人，团员149人。

段主要领导带队与企业对接研究矿粉增量运输组织方案　（康志国　供）

【主要运输生产指标完成情况】 依托“路港联创”平台，实施“四港联动”、各电厂站配合的全方位均衡卸车组织模式，特别是针对2016年11月份以来大秦线运输上量，主动协调港口各公司、相关设备单位，研究制定细化运输组织措施，重点加强接卸不畅、防冻清偏的协调组织，确保运输畅通有序。积极推进曹妃甸地区复线开通，秦皇岛东站电码化改造等“短平快”工程建设，有效提升运输能力。投入358万元用于装卸车专项奖励，以及采取科技攻关、计件考核等方式，有效调动职工工作积极性，提高作业效率。2016年，在全局运输生产形势极其困难的环境下，全段完成日均卸12396车；货物发送量3184.5万t；日均装13196车，仍保持在一个较高的运输水平。

【经营管理】 面对2016年上半年煤炭市场低迷的严峻形势，段、站两级积极走访营销，稳定剥岩土、煤炭、化肥等既有货物发运量，实现阳原站煤炭发运同比增长66.89万t。将迁曹线矿粉运输作为增运增收的突破口，积极推进矿粉“竞争性一口价”项目，强化考核激励，实现全年矿粉发运609.47万t，同比增长421.22万t。积极拓展经营渠道，建议开行大秦线集装箱列车，开办涿鹿站11道石碴装车业务。积极推进非运输业务经营，加强煤炭经销工作，使煤炭经营收入稳中有升。收入部门取得堵漏保收955万元的成果。2016年，全段共完成运输总收入37669.89万元、非运输业收入5025.65万元，均超额完成任务指标。同时不断优化人力资源配置，实行兼职并岗，有效缓解曹妃甸西等站严重缺员的问题，实现内部挖潜。

【安全生产】 以"强三基、创三优"主题实践活动为载体，51项基础管理办法，修订247项岗位职责、工作标准、流程及12个工种岗位作业指导书并编印成册，建立网页版实行动态管理，制定25项非正常应急处置流程等。规范20项施工安全风险控制措施、16项组织流程，并统一编制"施工安全管理指导书"，实行施工模块化管理。针对安全薄弱环节，建立关键时间、关键岗位、关键作业检查写实制度，成立段安全监察组，优化机关、迁曹、茶坞三地"重查"制度，并运用"视频查""回放查"等方式，加强安全关键的防控。针对保留车增多、京唐港站矿粉装车剧增、集中修施工、防洪防汛、防冻清偏等季节性、阶段性安全风险点，先后18次安全预警、29次专项检查，严控现场安全风险。特别是采取干部"一对一"包保帮教、行车室增设道口监控设备等措施，确保人身和道口两大风险点的绝对安全。先后两次召开迁曹、茶坞及秦皇岛片区安全运输座谈会，动态掌握车站安全生产情况，及时堵塞管理漏洞。结合全路、全局典型事故，以开展安全大检查、全覆盖包保检查等方式，及时消除281件较大安全隐患。自7月份以来投入8万元对重点车站实施生产一线安全专项考核奖励，有效提升车站安全自控能力。同时对安全问题实行日分析、周点评、月通报，特别是对安全重点问题进行深度分析、严肃考核、追踪整治，有力推进安全闭环管理，从而胜利夺取第十一个安全年。

【职工生活】 在全局经营形势非常困难的情况下，通过拓展经营项目，加强增运增收组织，实现职工人均收入4.09%的增长，其中主要工种增长率均超过全段平均水平。路局、段共投资431.1万元大力推进"八小工程"建设，新建迁安北站职工活动室，整治大石庄站进站道路，修缮秦皇岛东站浴池、改造东区暖气，更换柳村南站二场间休楼钢木门，对迁安北、蓟县西及平谷、化稍营等8个无人站生产生活设备设施进行全面整治，更新迁西、遵化北等7站9处太阳能设施，更换后营、阳原等14个车站的行车室操作台。行政、工会共投资278.95万元新增或更新车站空调、冰箱、彩电、电动车、桌椅、床上用品及小型健身器材等。高标兑现上届职代会确定的8件实事，有效改善职工生产生活环境。

矿粉装车组织有序　　（康志国　供）

【干部培训】 2016年全段参加路局培训班148人次，自行举办重载运输、防汛、人身安全、防寒过冬等培训班9期1185人次，有效提高干部业务素质和应急处理能力。将8项干部管理基本制度全部纳入"干部细则"，重新修订干部作风督查和重点工作督办两项机制，严格干部"红线"管理，狠抓不落实的事、不落责的人。通过开展"整容肃纪转作风"活动，对干部月度量化完成等情况上屏晾晒等形式，积极推进机关干部"讲规矩、勇担责，严抓落实"，车站干部"强管理、盯关键，注重效果"。同时，注重对优秀干部的选拔和使用。2016年共调整干部43人次，其中提拔优秀干部14人次,特别是将4名日常表现突出、敢抓敢管的干部任用到车站站长岗位,发挥良好的用人导向作用,有效促进干部作风转变和重点工作落实。

【职工教育】 采用视频培、网络考等多种方式，突出强化岗位适应性培训。全年共组织各类培训25期6253人次。研发编制11个无人站微机联锁模拟操作软件，有效改善无人站日常学习条件。对121名“三新”人员实行一对一帮教、集中培训及岗位实作测评，保证培训效果。对32名新职大专生通过现场学习跟踪督导、开展背规竞赛等方式，快速提升业务素质。以岗位技能达标、技能竞赛活动为载体，注重职工日常业务学、练、考，层层开展技能竞赛，突出竞赛效果，促进职工业务素质的提高。同时，投入30多万元用于职工“一体化”考核奖励，将车站3名优秀人员选拔到专业技术岗位，有效激发职工学技练功的积极性。在2016年路局技能竞赛中，该段取得一个团体第三、两个全能第一、一个全能第二等较好成绩。

【党群工作】 党组织充分发挥思想教育引导和组织保障作用，扎实推进党支部三年基础工程建设，引深“路港联创”和“美丽车站”特色品牌创建，深入推进“党代表任期责任制”。通过组织“转观念、闯市场、增效益”主题教育、争做“诚信职工”、“美丽家园梦千里大秦行”宣传采风等多种形式的活动，以及以“珍爱大秦、奉献大秦、为大秦好”为主题的深入宣讲，典型工作做法、闪光点的广泛宣传，大力弘扬正能量。工会组织积极深化段务公开和民主管理，推进星级职代会、劳模先进创新工作室创建和“双百”争创、主人翁保安全、“五小”竞赛等活动；持续开展“双进双千”送温暖活动，在重大节日、暑期和集中修施工期间，为各站投入47.2万元采购猪肉、大米、食用油等慰问品；认真落实“三助”帮扶救助机制，发放“三助”671人次、52.86万元，为困难职工提供力所能及的帮助。共青团组织大力开展青年文明号创建和“双创”立功竞赛，发挥典型示范引领作用。同时深入开展站区“百千万”、营销宣传徒步大会、三八女工活动、七一歌咏汇、书画摄影展等文体活动，有效丰富职工文化生活，大力营造和谐发展的良好氛围。

【大事记】 1.1月1日,唐张线接入曹妃甸北站设备开通;1月27日曹妃甸北站接入唐张线首列煤炭列车。

2.5月28、29、30日,管内京唐港连续三次刷新车站装车历史纪录,其中30日达到12列632车。

3.6月23日,该段京唐港、曹妃甸南站共计装矿粉692车,创造全段历史日装矿粉新高。

4.9月18日,涿鹿站首次办理路料装车任务。

5.10月9日,秦皇岛东站始发途经大秦线首次办理集装箱到发业务。

6.10月20日,段实现连续安全生产4000天。

7.12月31日,该段胜利夺取第十一个安全年。

（康志国）

太原客运段

【领导成员】

段　　长　　王晓峰
副 段 长　　郝太林
　　　　　　闫熙哲
　　　　　　李国斌
　　　　　　温学杰
　　　　　　尹学仁
　　　　　　马丽霞(2016年5月25日任)
　　　　　　徐超林(2016年5月25日免)
党委书记　　郝东红
党委副书记、纪委书记　　李建文

党委副书记　智　美(2016 年 6 月 29 日任)
工会主席　　杨　雯

【概况】　太原客运段位于太原市建设南路30 号。全段共担当 96.5 对旅客列车的乘务工作,其中普速旅客列车 58.5 对,动车组 38对。普速车按等级划分为:直达 1 对,快速31 对,旅游 1 对,普通 25.5 对;按车型划分为:空调车 46.5 对,非空调车 12 对。运用车底 104 组,运用车辆 1587 辆。担当着山西省会太原及大同、临汾、运城等省内中等城市开往全国 22 个省(区)、直辖市的列车乘务工作。日均服务旅客 20 余万人。

机构设 10 个科室(乘务科、安全科、服务质量监督管理科、职工教育培训中心、劳动人事科、财务科、收入科、保卫科、办公室、党群办),19 个车队(太原片区 10 个:动车、上海、杭州、京津、深圳、青岛、宜昌、连云港、厦门、成都;大同片区 5 个:广州、同京、京唐、汉口、同杭;临汾片区 4 个:运京、韩京、苏州、运唐),中心;现有 266 个班组,其中 229 个乘务班组(128 个餐车班组,52 个餐吧班组),37个地勤班组。段党委下设 23 个党总支、184个党支部。全段有干部职工 7088 人,其中干部 614 人,工人 6474 人;男职工 3511 人,女职工 3577 人;党员 2865 名,一线党员 2027名。

【制度建设】　围绕现场一线,创新推出的五项安全卡控制度和天气预警处置制度获全路推广。一是总公司安监局下发专题通报,以《太原铁路局太原客运段创新安全卡控制度防范客车安全风险》为题,对车门“已检牌”、列车长视频手电、添乘干部视频记录仪、“5311”作业法、“三严禁、六必须”五项安全卡控制度通报表扬并全路推广。二是总公司运输局以《太原局太原客运段推行天气预警处置制度》为题,对段超前掌握天气变化,超前利用手机报、天气展板预警,超前细化汛情应对措施的天气预警处置制度进行全路推广。

【安全生产】　创新管理方式，推广落实 5 项安全卡控制度，实现安全生产持续平稳。围绕“通过现场抓苗头，通过隐患抓防范，通过数据抓管理，通过整改抓长效”管理思路，紧盯高铁和旅客安全，制定完善风险卡控、现场追踪等 13 项制度办法；获全路推广的五项安全卡控制度以及天气预警处置制度，在乘务一线广泛推广应用。春运全路 4 次拉网，受检 282 次，96 个班组全部零问题；全年防止了 17 起车门隐患；段于 2016 年 10 月 30 日，实现安全生产 1500 天；年底实现了第四个安全年。

【旅客运输】　有序组织,细化流程,实现运输任务圆满完成。细化列车调整图、晚点处置流程,圆满完成 4 次运行图调整,624 趟水害晚点列车平稳有序,路局 18 次表扬处置得当;战胜了列车增开、严重超员、套跑延长等运输组织困难,确保了两会、春暑运、节假日、G20 峰会等重点阶段运输,增开列车、旅游、军运 188 趟,专、特运 105 次;全年运送旅客7951 万人,同比增加 3.8%。运输收入完成1 亿零 392.5 万元,增收 892.5 万元,提前 54天完成全年收入任务。

【优质服务】　强基达标,创建品牌,实现温馨服务逐步提升。树立温馨服务就是标准加特色理念,动态优化岗位作业指导书,完善列车 22 个岗位作业流程;创建 9 个段级优质品牌、7 个工作室,开行“运城号”“云冈号”“汾酒号”“朔州号”“五台山号”冠名列车。总公司服务质量年验收成绩优异;“晋之星”品牌代表铁路行业在央视春晚向全国人民拜年;“诚之约”品牌列车急救新模式受总公司通报表扬;路局级客运服务品牌“三比三带”竞赛活动中,“晋之星”“诚之约”分别取得第一名、第二名;路局局长赵春雷、党委书记江涛、副局长刘枫,分别在旅客感谢信上亲笔批示;路局 12306 收到投诉同比下降 53%;表扬同比上升 31%;上海、成都、同京、韩京、汉口 5个车队全年零投诉,同比上升 150%。

【经营管理】　优化列车营销、成本管理、多元经营、劳动用工等经营机制,实现经营效益不断提高。在大同—太原“云冈号”旅游列车上加挂多功能休闲餐吧，开通微商、扫码购物；加强成本管理，降低日常消耗、卧具分检洗涤、商品招标采购、压缩实物库存，有效节支降耗；配餐洗涤中心改进、新增生产线，打造“中国铁路餐饮”+“佳佳吃”双品牌，研发46个品种的冷链盒饭；增开旅游列车，挖潜抽调1392人次，提高了劳动生产率，节约了人力。在全局资产经营开发十大品牌创建展示及网络投票中，“云冈号”获两个第一，“佳佳吃”分获第三和第八，两个品牌均跻身“全局资产经营开发十大品牌”。

【干部管理】　加强专业管理、绩效挂钩、现场卡控，有效发挥干部的现场帮教作用。认真落实“机关服务、基层自立、各司其职、各负其责”工作理念，实施班子成员、职能科室、车队（中心）、专业检查组四级专业管理，加大车队奖励、考核、调班、替岗自主权；对干部实施绩效挂钩，每日交班会分析、点评干部履职情况，每周过程推演帮教效果，每月积分排序、展板晾晒；假日为大客流班组补岗40人次，抽调24名科室干部成立“补票小分队”，服务现场一线；完成了岗位管理整体进入工作，为48名人员转换管理岗位身份，路局检查问题同比下降39.5%。

【管理创新】　通过“七个注重”，着力创新管理模式，推动段各项工作创新发展。一是注重思路引领，不断改进管理方式。理清工作思路，以符合段实际的措施和方法开展工作。岁末年初时，研讨全年工作思路；春暑运、小长假、恶劣天气等关键时期，提前筹划、明确项点。二是注重正向激励，一事一奖激发动力。持续实施十项激励机制，即：阶段排名、安全套餐、晚点超时、上级表扬、委屈受奖、应急处置、有奖月考、“双乘”倾斜、超员安全等奖励。同时，通过手机报、公众微信、今日太客、宣传栏等载体，弘扬先进典型和好的做法。三是注重反面警示，一事一案例促落标。及时梳理一线发现的问题、安全隐患等形成一事一案例，班前会考试、出乘时抽问、交班会提问，通过反复抽考抽问，人人做到“三讲”：讲原因、讲考核、讲标准。四是注重科技手段，倒逼安全责任落实。利用视频监控、视频手电、视频记录仪、对讲机等科技设备，远程监控，卡控关键，倒逼安全责任落实。五是注重梳理流程，形成模板有序推进。对段生产交班会、重点工作梳理流程，形成模板。推行调图“7、3、3、10、5”流程；对因水害、超员造成的列车晚点等突发情况，规范处置流程，形成模板指导工作。六是注重过程总结，循序提升工作质量。及时总结突发情况的处置方法，固化成制度。针对2016年暑期前所未有的汛情，分层总结，挖掘做法，形成案例，分专业制作《汛期应急处置案例一点通》等图册，形成今后应对水害晚点的鲜活教材。七是注重紧盯问题，反复追踪强化管理。按照“就事论事抓整改，举一反三抓管理”的思路，对局管外脱标减项等问题，找管理原因，盯整改落实。

【职工教育】　按照“围绕一线抓培训，对照问题出考题”的思路，改进培训模式，实现队伍素质循序提升。规范趟车出乘学习五个模块：案例学习、文电传达、业务学习、抽考抽问、趟车重点。每日交班会点评晾晒，每月奖优罚劣；持续抓班前、案例、短信（微信）、简报等思想教育；组织4期1759人次列车长季度岗位轮训；组建后备选手培训班，备战全路职业技能竞赛。QC成果获全国铁道行业优秀奖；职教科QC小组获铁道行业优秀质量管理小组；省级优秀QC小组2个；路局级优秀QC成果4个；两部教学片获路局优秀多媒体课件成果二等奖；6人获“路局专业技能拔尖人才”，9人获“路局职业技能竞赛优秀选手”，3人获“路局技术能手”；1人获“太铁青年领航之星”。

【职工生活】　关心关爱职工生活，真正让职工有归属感、获得感。关心职工节日生活，保证传统节日吃上饺子、粽子、月饼等；提高帮扶救助标准，扩大困难职工帮扶范围，大病救助568人次88.6万元；投入35.26万元为全段 7052 名职工缴纳大病医疗保障基金；组织 6718 名职工进行健康体检；组织 30 批 1042 名职工健康休养；为乘务职工配备专用卧具和专用餐具；为段单身宿舍安装无线网络；为 216 名退休职工在最后一班岗送去鲜花、相册和慰问信；路局拔河赛中男队获得全局一等奖，游泳赛中团体成绩全局第一，展示了该段的团队精神。职工平均工资同比增幅 5.67% 。

【党群工作】 以宣传思想为引领，统一认识、明标落责。抓实宣传教育，充分运用"五个一"机制、"五讲"教育等载体，为段创新发展提供思想基础保证；以组织作用为重点，示范带头、落实重点。以"两学一做"为主线，深入开展党员"三无"竞赛，党员带头勇当先锋、争作表率；以服务职工为根本，鼓舞士气、凝心聚力。通过开展"真情送重点，鼓劲贴人心"、"健康送一线，亲情暖人心"等活动，将各级组织的关心关爱及时传递给干部职工；以展示形象为目标，挖掘典型、正面宣传。紧扣安全主题、紧贴主题活动、聚焦一线职工，中央传统媒体刊稿 19 篇，人民铁道刊稿 89 篇，太原铁道报及太铁台刊稿 346 篇，正面弘扬先进典型的正能量。

【大事记】 1. 2 月 8 日，"晋之星"品牌代表铁路行业在央视春晚向全国人民拜年。

2. 2 月 14 日，总公司安监局第 10 期《安全工作情况通报》，以《太原铁路局太原客运段创新安全卡控制度防范客车安全风险》为题，对太原客运段五项安全卡控制度通报表扬并全路推广。

3. 4 月 29 日，路局和运城市共同举办的"运城号"冠名仪式在运城站举行，"运城号"为大同—运城 K7807/8 次列车，是路局首趟冠名的列车。

4. 4 月，上海车队荣获全路火车头奖杯。

5. 5 月 27 日，路局与大同市政府共同举办的大同—太原 Y665/6 次"云冈号"旅游列车首发仪式在大同站举行。这是路局首趟"Y"字头城际旅游列车。大同—太原间缩短到 3 小时以内。

6. 6 月 27 日，在全国铁道行业质量管理小组活动成果发布邀请赛上，太原客运段《提升动车组乘务员岗位技能达标率》QC 成果获得优秀奖。

7. 7 月 26 日，总公司运输局《网络客运监察动态》（第 6 期），以《太原局太原客运段推行天气预警处置制度》为题，对太原客运段天气预警处置制度进行全路推广。

8. 11 月 30 日，《中国铁路总公司关于公布 2015 年度进京进沪进穗直通旅客快车和较大车站客运工作竞赛评比结果的通知》（铁总运函〔2016〕927 号）中，公布太原客运段担当的太原南（临汾西、永济北、运城北）—北京西 G606/611 次、G92/613 次、G620/625 次、G618/623 次、G604/621 次、G616/609 次、D2002/2005 次、D2004/2003 次等 8 对动车组，太原—北京 K602/1 次，运城—北京 K604/3 次，太原—上海 K374/3、Z198/7 次，大同—北京 K616/5 次，韩城—北京 K610/09 次、太原—深圳西 K237/8 次（经由广州东）、大同—广州东 K731/2 次、朔州—秦皇岛（经由北京）2604/3 次等 17 对旅客列车，荣获 2015 年度总公司"红旗列车"称号，同比增加 3 对，创历史新高。

9. 12 月 31 日，中国铁道企业管理协会发文《关于发布推广第二十三届全国铁道企业管理现代化创新成果的通知》（企协〔2016〕25 号），太原客运段的《运用远程防控的科技手段确保旅客列车安全》荣获三等奖，路局仅 5 个单位得奖。

（李雪梅）

太原机务段

【领导成员】

段　　长　张建平
（2016 年 3 月 3 日任，12 月 7 日免）
鲍存众（2016 年 12 月 7 日任）

副 段 长　张勐轶（2016 年 1 月 27 日免）

张泽平(2016 年 12 月 7 日免)
刘建彪(2016 年 5 月 11 日免)
申保红(2016 年 12 月 26 日任)
曹记胜
孟金泉
陈香明
戴要寿
贾泽平

总工程师　张临学

总会计师　齐占文(2016 年 12 月 26 日免)
申荣瑞(2016 年 12 月 26 日任)

党委书记　张建平(2016 年 3 月 3 日免)
刘冀晋(2016 年 5 月 25 日任)

党委副书记　刘　斌(2016 年 5 月 25 日任)

纪委书记　张文平

工会主席　闫有恒

【概况】 太原机务段客运主要担当南北同蒲、太焦、石太、侯阎、太中银、京原、韩原、京广、京广高铁、石太客专、大西高铁 12 条干线,太兴、忻河、宁岢、介西 4 条支线,担当 59.5 对旅客列车牵引任务,图定 55 对高铁、动车组值乘任务(其中石太客专、京广高铁 26 对、大西高铁动车组 29 对)。货运主要担当北同蒲、韩原、京原、石太、太焦、太中银 6 条干线和西山、忻河、太兴 3 条支线 246 对货车牵引任务,以及太原、原平、忻州、轩岗、榆次、榆社、寿阳、太北等 18 个站区 32 台调车任务。段配属 10 种机型 315 台,其中,内燃机车 98 台(DF4BK:22 台,DF4 型 25 台,DF4DK:4 台,DF4BD:15 台,DF7:22 台,DF8B:10 台),电力机车 217 台(SS1:1 台,SS4:171 台,HXD1:20 台,HXD3C:25 台);可支配 9 种机型 342 台,其中,内燃机车 97 台,电力支配 245 台。段拥有 6 个内燃、电力大中修台位,8 个辅修台位。

2016 年末,有干部职工 6028 人,其中干部 565 人,机车乘务人员 3119 人(电力机车司机 905 人,内燃机车司机 915 人,动车组司机 189 人)。下设 19 个车间、14 个科室、1 个辅助生产机构(计量室)、248 个班组。

【生产指标】 2016 年全年完成总走行 74805.268 千机公里、牵引总重吨公里 82620.681 百万 t·km、日车公里 456km/台日、平牵 3123t/列、日产量 100.3 万 t·km/台日,技术速度 46.7km/h;分别完成计划的 106.26%、102.25%、100.22%、99.78%、99.31%、108.60%;电力机车单耗 107.58 度/万(t·km),内燃机车单耗 35.77kg/万(t·km)。

【安全生产】 围绕“强三基、创三优”工作主题,组织 19 个机关科室修订完善 157 条岗位职责、142 条工作标准、234 项重点工作流程、628 项管理制度,编制运用类 81 项、检修类 474 项、救援类 5 项、设备类 75 项、整备类 104 项共 742 项作业指导书,科室服务意识逐步提升;坚持“安全第一、客车为天”的思想不动摇,夯实基础,完善制度,重新修订《太原机务段安全检查监督管理细则》,细化 6 大类 1179 条安全考核标准;针对 17 类行车事故重新修订《段行车事故应急预案》,安全基础持续稳定;严格落实七项机制,提前预警、过程卡控、闭环管理,通过早交班会追踪分析 47 件事故、157 件质量故障、122 件重要信息共 401 件安全信息,开展周安全分析 42 期,深度分析问题 82 件,形成段深度分析报告 30 篇,全年防止各类事故 219 件;以“一日一总结、一日一方案、一趟一明示”的原则,规范大西高速试验工作,全年累计安全开行试验动车组 337 趟;紧盯变化点,严格一变化一研判,全年围绕“1·10”“5·15”“7·1”“9·10”共 4 次运行图调整,石太线、北同蒲集中修施工以及京原线、北同蒲、南同蒲综合维修总计 8 次重要施工,21 次共 2871 台次机车 LKJ 数据换装、106 趟军运、专特运任务开行、南区整备场施工改造等变化,坚持开展安全风险研判,周密制定安全措施,下发《安全预警通知书》34 张,确保各项重点工作平稳过渡。重点开展“四大顽症”、“执标落标”、“百日调车”“瞭望”等 6 项安全专项整治活动,进一步强化了安全导向。截至 12 月 31 日,段实现安全生产 339 天。

【机车质量】 根据季节性变化对设备的影响,主动、适时开展设备整治,严格落实"三检制",狠抓机车检修范围和工艺标准执行,整治各类设备5887台次,消除设备质量隐患16524起。坚持中、小辅修机车早复检、"零公里"检查由检修副段长、技术科长(副科长)带领检查组台台检查,对发现的问题全部分析、通报、考核;全年围绕春暑运、节假日、调图、两会等关键节点,组织质量系统干部职工,开展客、货、调车机车平推检查整治13次,内容涉及春季防雷、汛前防洪、秋冬季防雾霾整治等19个方面。强化整备作业管理,全年累计检查整备机车15682台次,提票处理活项71346件,发现重大质量隐患33件,扣修机车59台次,从源头上保障了机车整备作业的质量。实施自主攻关,先后升级30台和谐车软件系统,并根据需要对和谐机车进行镟轮处理,重点解决SS4型机车电子插件故障多发问题;全年先后实施54台SS4型机车功补柜阻容保护装置电阻、56台DK-1制动机小闸接线板、板钮箱琴键开关以及HXD3C、HXD1型机车重联插座防漏水等改造17项,消除了一大批机车难点故障。全年完成机车大修19台,中修33台,小辅修903台。各项检修指标均控制在局标以内,有效促进机车检修管理水平。

太原机务段承担SS4机车大修任务(冀鹏飞 供)

【经营管理】 坚持把财务预算管理作为经营管理的核心内容,全面调研、综合分析,合理下达2016年财务预算指标。赴南昌机务段开展大修及成本管理调研,对SS4-7167机车大修全过程写实,强化大修预算管理,针对和谐机车修程修制的变化,增加HXD1、HXD3型机车整备预算。严控成本支出,完善《机车运行用油脂考核管理办法》《检修成本预算考核管理办法》,制定《SS4机车配件修管理办法》,每月召开经济活动分析会,对油脂、检修成本节超、成本费用支出情况进行分析,制定相应对策,进一步强化了成本管理;制定并严格落实《太原机务段2016年节支降耗细化措施》,定期开展机车保洁台数现场写实和机车运行用油脂费、机车维修费用分析,积极倡导开展修旧利废活动,利用科技手段实现成本支出的双向控制和精细化管理。围绕"转闯增"活动要求,积极挖掘内部潜力,全年承揽监管区域日常机车维修74台,主动承揽地方企业机车中修7台,创收795万元;加大"铁利通"牌清洗剂营销力度,并在局内机务、车辆部门推广使用,实现收入300万,利润36万元;为缓解石太线日用车数量大,人员紧的现状,积极按"加补二趟"组织,月均组织143班次,每日减少使用机车4.7台。主动协调,封存长备DF4机车8台,向总公司申报报废机车28台。解除了呼和局入住该段的4台DF4DK型内燃机车,每月减少租赁费93.6万元。2016年4季度,获得全局经营业绩考核优秀的成绩。

【干部作风】 始终以"履职尽责、真抓实干"的作风严抓干部,通过警示问责转变工作作风。在春暑运、两会、节假日等重点时期,安排11名班子成员对18个车间、16条线路、36个外点全面包保,组织177名专业管理干部对193个生产班组覆盖包保,全面确保重点时期的运输安全工作。针对干部执行不力、推诿扯皮,有令不行、有禁不止,精力旁顾、虚安懈怠等突出问题,加大干部作风督查力度,在段办公网开辟"督查督办"专栏,围绕213项总公司、路局、段全年重点任务,581项月度重点工作,198项路局重点文件,强力开展督查督办，共计下发《干部作风通报》18期，按规定进行考核，树立了正确的管理导向。定期组织干部综合评定，将干部安全、质量、经营业绩与个人收入相挂钩，奖优罚劣，激发干部积极性，追踪干部履责质量，形成闭环管理。

【职工教育】 针对郑徐开通动车组换型，采取多种培训方式，完成195人次的CRH380BG牵引试验、制动试验现场教学培训；组织26名动车组司机新学员开展资格性理论和适应性培训，充实动车组司机队伍。先后组织春运、行车规章、防洪、管内部分线路调图等大型专题培训10余次，36639人次参加；开展非正常行车培训和救援实作演练6次；通过强化培训和“师徒培带”，全年完成96人定职机车副司机资格培训考试，97名同志获得机车司机资格。全年安排干部参加各项培训317人次，自主举办机务生产经营统计辅助决策系统培训班、高铁人员培训班等3期培训班125人次。根据生产需要，组织干部开展调图、新版LKJ软件升级、防寒等培训2738人次。积极开展专业技术职务评聘，全年成功申报、评聘政工及工程系列技术职称16人，其中高级3人，中级13人。重新修订《段科技奖励实施办法》，鼓励在生产实际中用创新思维解决问题，调动干部职工科技创新的积极性。始终以提高检修质量、保障行车安全为立足点，全年共立项“机车安全辅助报警装置”“8G机车螺杆式空压机在SS4机车上的改造应用”等科研项目16项，承担路局级科研项目2项。全年荣获路局科技进步二等奖1项、三等奖1项，《JCSS型机车撒砂控制器》成果达到局内领先水平。荣获路局级合理化建议与技术改进成果奖9项，其中三等奖4项，四等奖3项。

【职工生活】 持续开展“火车头暖心行动”，为一线职工送关爱、送温暖、送慰问。积极改善异地外点职工就餐条件，为轩岗调车点添置冰箱、油烟机、压面机等厨具15件；为太原运用、太原救援伙食团以及灵丘职工食堂配备压面机、蒸饭箱、冷藏柜等9件。为太西、古交、忻州、西安、大新等26个外点增配洗衣机、电磁灶等生活设备78件，方便乘务员日常起居。对榆北、榆西、原平、玉门沟的4个小菜园进行综合整治，购买种子、肥料、蔬菜大棚等农作物用具，精心耕耘培育，将应季的无公害黄瓜、西红柿送到各伙食团、职工食堂的餐桌。为女职工较为集中的太原检修车间、计统科搭建“铁路爱心屋”，配备乒乓球桌、动感单车等文体用品13套。

【党群工作】 一是构筑党委政治核心，重抓班子引领作用。规范党委中心组学习机制，全年组织集中学习37次，班子成员的理论学习质量逐步提升；坚持学用结合，班子成员全年深入联系点390次，发现解决问题551件，破解难题28个，领导班子的决策力得到提升。严格落实双重组织生活会制度，坚持锤炼班子成员的政治纪律、政治规矩，树牢“四个意识”。坚持党管干部、党管人才，完善干部育、选、用、考机制，今年先后有26名生产骨干走上管理岗位，23人取得中、高级技术职称。组织、协调、推进全段“两学一做”学习教育，通过开展专项督导、建立激励机制，确保学习教育见成效。二是建设“功能型”党支部，发挥战斗堡垒作用。及时优化党支部设置，按照三个有利于原则，整合5个班组党支部；优化配备党支部书记，先后调整配备20名车间党总支、科室和车队党支部书记，促进支部书记履职尽责；切实加强党员“两违”控制，全段党员“两违率”降幅达66.8%；从严把控党支部立项攻关活动，全年60个立项攻关成果按期保质完成。三是培养“学习型”党员队伍，发挥先锋模范作用。严格流程控制，提升党员发展质量，把发展党员工作列入党委重要议事日程，全年共发展党员16名，拟发展党员12名；组织关系集中排查，对全段2378名在册党员档案进行平推检查，维护组织人事管理信息2683条；修订《转入党员组织关系管理制度》、《党员组织关系异动月报告制度》等7项制度；增强党员意识，全段1552名在职党员全部补缴了党费。四是宣传文化工作落地生根，发挥思想保证作用。结合段高铁客货并行、大线调车并举等工作任务，提纯百年老段文化血脉，确立“安全正点，当好先行”的核心安全理念。更新段南区劳模、质量、廉政3条文化街区展示内容，充实动车运用、太北检修、北区乘务员公寓、灵丘单身公寓等4条文化长廊。利用H5网页、微视频等可视化手段，精细解读“转闯增”活动、克服“八个疲劳意识”等内容。将“红线”管理、狠刹“四种顽症”等制作成宣传卡发放，时刻提醒职工心中有敬畏、行为有准则。五是加强党风廉政工作，改进工作作风。从廉政教育、廉洁自律、改进作风、逐级管廉、定期排查风险等5个方面，分解细化13名班子成员在党风廉政建设责任方面的102个责任项点，形成班子成员人人都有管廉责任的格局。对15名提职的副科级以上干部，从7个方面进行廉政谈话。对职工防暑降温用品发放、春节福利品发放、工会职工小药包药品补充、废旧物资处置、小型工程监督等事项进行监督，取得零投诉、零反映的效果。对2名班子成员、7名中层以上干部的操办情况进行事前提醒，事中监督，对58名干部进行纪律提醒。下发干部作风督查通报18期，对27人次进行处理、考核，11名干部由主管段领导进行约谈，4名干部向段写出书面检查，1名中层干部免职。开展“守纪律、讲规矩，从我做起”及“两个责任”大讨论活动，先后收到图片、文字信息5篇，体会文章37篇。六是关心职工生产生活环境，维护职工合法权益。为全段296个班组的小药箱配备医疗器械，春秋两季更新常备药品；组织开展“五小”“双争”劳动竞赛，践行新理念，建功“十三五”；围绕石太线集中修、北同蒲施工、中鼎物流园开通等重点工作，“火车头暖心行动”将2485份食品套餐送到受列车站停、晚点等影响的机车乘务员手中。打造南、北区文体活动场所，形式多样，激发才艺展示热情。2016年段工会荣获中华全国铁路总工会授予的“全国铁路体育先进集体”光荣称号。七是激发团员青年工作热情，发挥生力军作用。围绕提升青年业务水平和安全风险意识，创新开展“青年小班制”竞赛17场，吸引300余名青工参与，13名优秀青工在路局、段举办的各类技能竞赛中脱颖而出，获得“全局青年岗位能手”荣誉称号。“青年突击队”在春运、暑期、汛期、调图等劳动竞赛中展示作为，清洁整备场、检修库、司机室、段区环境卫生32次、检查保养清洁机车83台次、抢修机车103台次、发现和处理各类机车故障隐患62件。

（冀鹏飞）

侯马北机务段

【领导成员】

段　　长　鲍存众(2016年12月7日免)
副 段 长　张泽平(2016年12月7日任)
　　　　　(主持工作)
　　　　　马普仲
　　　　　梁全德
　　　　　申保红(2016年12月26日免)
　　　　　韩新平
总工程师　王惠庆
总会计师　刘文晋
党委书记　程赤军
党委副书记　贺　锐
党委副书记、纪委书记　杜建华
工会主席　张来景

【概况】 侯马北机务段担当着侯马北(曲沃)至介休(孝西、东槽)、太原北(榆次)、华山(运城)、韩城(清涧、禹门口)，介休至太原北(榆次)、阳泉曲,瓦塘至日照的货运任务,侯马北(曲沃)—上交间补机、侯马北—嘉峰摘挂列车,临汾至端氏、风陵渡的路用列车以及23个调车点29台专调机车作业任务,总运营里程2281.6km。配属机车223台(DF4型35台、DF7型25台、DF8B型35台、8G型2台、SS4型96台、HXD2型30台),入助机车45台(SS4型4台、HXD2C型40台),共支配机车256台。设有2个中修台位和5个小辅修台位,具备DF4B、DF7C、DF7G、DF8B型机车中修能力和所配属机车的小辅修能力、HXD2C型机车的C1－C3修程的检修能力,以及轨道车年修能力,年中修机车能力达40台、小辅修机车能力达1200台、年修轨道车能力达260台。拥有各类设备552台,其中A类77台、B类250台、C类225台。机构设:13个行政科室、12个生产车间(5个异地车间)、1个辅助生产机构、1个党群办办公室。2016年末,全段有职工4024人,其中干部398名,职工3626名。其中女职工168人,党员1449人。

10月19日,侯马北机务段担当直通日照货物列车牵引试验任务(罗维鹏　供)

【安全管理】　始终把安全工作摆在各项工作的首位，突出行车和人身安全，深化专项整治，精细应急处置，安全关键得到有效控制。狠抓安全生产责任制落实，动态修订安全管理职责337项、工作标准337项、重点工作流程132项，安全管理体系更加清晰。强化基础管理，完善安全装备、应急处置、安全奖惩等50余项措施和办法，修建补废技术规章44项，安全管理日趋科学实用。严格执行周分析通报，落实深度分析制度，追踪848个安全关键问题，安全管理过程更加严谨细致。扎实开展安全专项整治、岗位“八假”自查，发现解决各类问题153件。坚持重点问题领导干部挂牌督办，防坡停操纵、HXD2型机车运用、饮酒触碰“红线”、委外增压器惯性故障、电力机车防污闪等22项安全突出问题得到有效解决。强化过程卡控，严格责任落实，保证了南同蒲、侯月、侯西、石太线综合施工，以及3次调图期间运行安全。全年杜绝一般C类及以上事故，顺利实现了第五个安全年。截至2016年底，实现安全生产2060天。

【机车设备质量】　修订完善客车保证措施、6A管理、特运机车整修、走行部防脱、3C及自动降弓等5项管理办法，全面加强机车设备质量管控。组织通过轨道车ISO9001质量体系认证，修订GC－270、220轨道车年修工艺和TY5、DA12接触网作业车大修工艺，提升了轨道车检修能力。完成日常工艺写实96份，专项工艺写实74份，发现解决工艺执行问题372件，规范了作业行为。紧盯质量关键，加大资金投入，完成SS4机车小闸接线排、HXD2C型机车小闸手柄圆盘与转轴定位螺栓等12项技术改造。强化质量关键控制，围绕机车走行部、制动系统、车顶和防火部件，持续开展质量关键部位专项整治和“点式平推、循环整治”50次。全年内燃机车中修21台、小辅修355台；电力机车小辅修473台；外委机车中修2台、小辅修40台；发生机破61件，机破率0.19件/十万公里。

【经营管理】　落实全面预算管理，强化成本支出管控，实施节支降耗措施35项，全年节约生产性支出165.01万元，超计划完成路局指标。利用既有工装设备，加大自主修复力度，减少配件委外修12项共计196件，节支50万元。大力压缩材料配件实物库存，有效减少资金占用2000余万元，提高了资金使用效率。解决工装设备、配件供应问题，承接全局轨道车检修任务，全年完成轨道车小修254台次、年修76台次、大修3台次，完成收入468.6万元。想方设法拓展业务、齐心协力扭亏增盈，全年共完成报废机车精细拆解49台，多元化经营全年收入5606.7万元，实现利润79.54万元。充分发挥技术及质检人员主观能动性，大力开展修旧利废活动，全年累计完成修旧利废300万元。倒逼推进债权债务清理，累计清债82笔1860.7万元。经营业绩保持优良。

【主要指标完成情况】

表21　2016年运输任务和效率指标完成情况

项　目	单　位	计划	实际	完成计划%
总走行km	千机km	27900	32231	115.5
总重t·km	百万t·km	47000	51747	110.1
日车km	km/台日	440	416	945
技术速度	km/h	43	45	104.7
日产量	万t·km/台日	114	109.1	95.7
平均总重	t	3120	3089	99

【综合管理】　大力倡导“机关服务、基层自立、各司其职、各负其责”理念，着力推动各级干部作风转变，受到一线职工好评。强化政务工作督查督办，全年开展工作督办42项，专项督查4次、异地督查16次，发布督查通报12期，督促整改问题182件，提升了落实质量。充分发挥“经济杠杆”作用，全面推行计件工资分配机制，形成“付出就有回报，不让老实人吃亏”的良好导向。坚持“请进来”与“走出去”相结合，加大干部培训力度，举办QC知识等专题培训5期，培训干部1089人次；邀请机车车辆设备公司技术人员现场授课，培训专业管理人员32人。探索实行安全管理业绩考评制度，建立以“领导负责、岗位负责”为重点的动态考核评价体系，通过手机GPS定位、踪迹记录功能，对干部添乘、下线、包保及驻点等工作情况进行即时定位、随时查验。严格干部履责考评，落实安全问责制度，诫勉干部2人，行政处分干部3人；提职提级干部16人次，从工人中选拔任用管理人员28人；选拔使用指导司机4人，聘任10名生产岗位大学生充实一线及科室干部队伍。组织高层次人才推荐工作，1人获得专业技术带头人称号、1人获得首席工程师称号，1人获得青年科技拔尖人才称号。

【科技职教】　密贴瓦日线运输上量，重点加强机车乘务员HXD2型机车操纵、GSM－R电台使用、关键分相操纵要点、防空转坡停操纵方法的指导帮教，保证了HXD2型机车的顺利使用。针对各车站《站细》变化，组织调车机乘务员进行学习、答题活动1386人次；组织专调机车乘务员默画站场图4次，保证调车作业安全。全年开展资格性培训372人，适应性培训23931人次；举办脱产培训班82期，培训2093人；案例教育6472人次，委外培训67人次，印制各类培训教材19000余册。组织2681名职工开展岗位技能达标活动，3673人参加“全员学技练功、全段技能竞赛”活动，18个工种209名选手进行段级职业技能竞赛，并选送优秀选手参加路局级、总公司级技能竞赛，均取得优异成绩。广泛征集合理化建议，加大科技攻关力度，“便携式SS4机车防空转系统检测仪”等8项科研项目，获得路局科学进步奖二等奖1项，三等奖1项。推荐优秀质量成果16个，获省优5个、铁道行业优秀1个、铁道行业信得过班组1个，获路局一等奖3个、二等奖2个。

【职工生活】　始终把职工利益放在首位，不遗余力改善生产生活设施，设身处地为职工办实事好事。职代会确定的10件好事实事，完成8件，未完成2件，整备场配套绿化工作待整备场改造完工后实施；临时食堂改造篮球场工作待设计方案确定后实施。一年来，我们一是深落“三助”政策。全年助困助学助医共计716人次82.33万元。二是开展专项慰问。在冬春运、暑运、集中修施工等关键节点，筹措资金90余万元，开展专项慰问8次。三是重抓“八小”建设。投资10.42万元，为部分调车点更新电器、卧具、厨具等生活设施及备品共计655套；筹集4万余元为每名机车乘务员配备5类防暑急救药品。四是整治段区环境。种植银杏、海棠、白皮松、白玉兰等树木244棵；扩大绿地面积6457m²；更换介休段区马路照明灯40套、灯臂26套；硬化段大门外马路5200m²。五是改善生活条件。投资6.5万元，安装净水器5台；投入资金补贴5个食堂，实现饭菜味美价廉。六是开展文体活动。持续开展春、秋季职工运动会、纪念建党95周年歌咏比赛、“百千万”、趣味竞赛等群众性文体活动，广大职工业余文化生活更丰富，工作更愉悦，生活更幸福！2016年职工人均工资收入104381元，较上年增长4.12%。

【党群工作】 党组织召开党委会20次，党政联席会16次，对55个“三重一大”事项进行集体决策。坚持“德才兼备、以德为先”原则，运用组织选拔、竞争上岗等方式，全面推进缺岗竞聘工作。围绕建党95周年，开展主题党日、专题党课、歌咏大会等革命传统教育，不断扩大学习教育的辐射效应。学习教育以来，路局刊发该段专题信息10期、成果展示1篇，《围绕第二专题开展“三个一”主题实践活动》做法被总公司刊发推广。严密组织程序，强化现场指导，全段149个党（总）支部完成换届选举工作；稳妥开展党费收缴工作专项检查，严把部署、动员、培训、收缴等关键环节，确保党费收缴工作扎实推进、成效明显；紧盯机关和科室学习教育“灯下黑”专项整治，督促问题整改，促进机关科室党员教育管理严起来。年内，党员“两违”由30%下降到10%左右，36个党员“三队”发挥攻坚作用，72趟应急值乘体现先锋作为，1个项目荣获2016年路局党支部立项攻关优秀成果奖，侯北一运用车间二队党总支被评为全路先进党支部。

工会组织救助重困职工135人次10.65万元，救助一般困难职工141人次7.05万元，助医救助439人次74.008万元，困难职工子女助学9人3.95万元。临时救助7人次、看望住院职工及对职工家属去世慰问共计312人次8.63万元，发放职工直系亲属去世一次性救助118人次11.8万元，为20名职工办理互助金借款9.7万元，形成了一般困难定期研究、突发困难随时救助，职工心平气顺建家共享的合力。全年表彰奖励一星示范岗2580人次，二星示范岗921人次，三星示范岗452人次，四星示范岗323人次，星级模范岗30人，对发生人身轻伤的两个车间取消了三季度的竞赛奖励，做到奖罚分明，在全段引起震动，形成了劳动竞赛逐月推进、奖励逐级加码、职工人人参与积极向上的可喜局面。段工会自筹资金为每一名乘务员配发了小药包，为全段200个小药箱配发了应急药品，增加补充藿香正气滴丸910盒。为检修、整备等户外作业人员发放凉巾2125条，发放西瓜4200斤、矿泉水2254瓶。建立23个绿豆汤供应点，实行全天候不间断供应。中秋国庆期间，筹资12万余元，购买米面油肉蛋奶及水果补充到食堂，进一步丰富了职工的节日食谱。针对近期雾霾天气，筹资2万余元，为各运用、整备等室外作业人员配备防雾霾口罩2054个。结合汛期防洪、冬季防寒、新线开通、机车换型等中心工作和季节性特点，组织专项慰问17次43万余元，第一时间将路局、段各级组织的关怀送到现场、送到岗位，进一步鼓足干劲、激发合力。

共青团组织开展技能竞赛活动，加速团员青年成长成才。分岗位开展青年小班制竞赛，让青年的技术业务能力得以全面展示和发挥。以2016年春、秋季提职司机考试大纲为指导，整理编制竞赛题库，举办提职司机“一站到底”擂台赛。持续开展“微信答题”活动，促使青工由厌学转化为乐学、由弃学转化为好学、善学，极大地提升了青工学习积极性。推动新媒体建设，强化团员青年思想引导。依托“侯机青工之家”微信公众平台和QQ群，传递路局、段的形势政策，交流团的特色工作，传播主流岗位价值观。利用“青创杯”激发青年创效热情，侯北二运用车间青工张磊制作的“铁路出行助手”APP软件被局团委评为金奖，被全国铁道团委评为铜奖，同时受邀参加“青创杯”创新创效创业全局路演。以团组织基础较好的侯北检修车间、侯北二运用车间、侯北一运用车间团支部为重点，按照“三有一化”建设要求，强化基础台帐和团组织阵地建设。

【大事记】

1.7月22日，该段接回首台配属HXD2型电力机车。

2.10月19日，该段担当直通日照货物列车牵引试验任务，取得成功。

3.11月30日18:00时起，该段瓦日线机车(HXD2型)实行跨局(郑州铁路局、济南铁路局)轮乘。

(罗维鹏)

湖东电力机务段

【领导成员】

段　　长　李　岩
副 段 长　姚宏伟
　　　　　米世平
　　　　　郭茂年
　　　　　屈彦平
　　　　　韩志忠
　　　　　高　瑛
　　　　　王宏江
　　　　　刘志刚(2016年4月1日免)
　　　　　杨　震(2016年5月25日任)
总工程师　王　刚(2015年3月25日任)
总会计师　刘　军
党委书记　李　仁
党委副书记、纪委书记　沈小光
党委副书记　赵　强(2016年6月29日任)
工会主席　王桂兰(2016年8月1日免)
　　　　　张少斌(2016年9月11日任)

【概况】 湖东电力机务段生产作业区域以湖东为中心，沿线辐射至大同、朔宁岢、秦皇岛和京唐港等地区。截至2016年末，全段职工总数8555人，其中：干部703人，职工7852人；机车乘务员4359，占全段职工总数的50.9%；机车维修和整备人员2592人，占全段职工总数的30.3%。全段设有生产车间21个(8个运用车间、3个检修车间、1个和谐机车高级修项目管理部、5个整备车间、1个设备车间、2个折返车间、1个救援车间)，科室15个(行政科室13个、辅助生产机构1个、党委办公室1个)，多集经部门2个(营销中心、艾普科贸公司)，班组333个。配属机车645台(HXD1型250台、HXD2型150台、SS4型120台、8K型40台、内燃机车85台)，主要担负大秦、北同蒲、迁曹3条干线、9条支线(云支、口支、湖大、宁岢、岢瓦、平朔、神朔、茶蓟、东港)的货运牵引任务和5对客车、1对通勤路用列车的牵引任务，以及215条专用线及多个枢纽、关键站场的调车任务，总运营里程1645km。

【安全生产】 坚持安全发展的理念，紧守安全底线，卡死两违“红线”，“人控”+“技控”综合施策，安全关键得到有效控制。以“抓基础、控过程、强管理”为主线，动态完善了责、标、流程及作业指导书，固化了安全信息分析、领导挂牌督办、“砸锅惹祸”隐患专项整治等有效手段，强化了现场盯控、专业督查、包保检查、交叉互查等常态化机制。以“按图行车”为主导，动态优化了2.1万t列车模块化、精准化操纵法，大力攻关“渡板变形”“紧急制动”“制动阀切除”等安全隐患，重载牵引技术取得了新突破。全年，消灭了责任作业事故，实现了安全年。截至2016年12月31日，段实现安全生产996天。

表 22　　**2016 年运输任务和效率指标完成情况**

项　　目	单　位	计划	实际	完成计划%
总走行 km	千机 km	90600	86572	95.6%
总重 t · km	百万 t · km	408000	373946.21	91.7%
平均牵引	t	8500	8232	96.8%
技术速度	km/h	47.0	49.9	106.2%
日产量	万 t · km	368.0	354.1	96.2%
日车公里	km	685	683	99.7%
本段大修	台	——	10	
本段中修	台	——	139	
本段小修	台	——	561	
本段辅修	台	——	926	
成本总支出	万元	——	309761	
运输业生产率	万总重(t · km)/人年	——	6253.74	

【基础建设】　先后实施京唐港内转电、北同蒲线 8K 型机车下线、客车机换型 HXD3C 的布局调整，规避了内燃机车回送及老旧机车故障引发的安全隐患。在东港、曹西站增设内燃调车机，提高了运输效率、降低了机车乘务员作业辅时。以取得 HXD1、HXD2 型机车 C4、C5 修资质，SS4 型机车大修资质通过审查为标志，机车检修能力迈上新台阶，全年完成 HXD 型机车 C4 修 99 台、C5 修 29 台，完成 SS4 型机车大修 10 台。紧跟机车整备流程化、数据化发展趋势，实施了湖东整备场标准化改造工程，完成股道改造 95%、整备棚及三层作业平台建设 50%。启动了双模列尾和第二批 6A 系统的加装工作，累计加装 6A 系统 289 台、双模列尾 266 台，机车安全装备水平明显提升。

【企业改革】　按照“消化冗编、补齐空编、党政交流、竞聘上岗”的原则，工人聘干 32 名，交流调剂干部 25 名，提拔任用干部 57 名，进一步优化了干部队伍结构。成立了质检科，划清了机车质量控制的责任界面和管理分工，构建了质量监督管理体系，提升了质检专业管理能力。推行“大运用科”管理模式，成立机车调度指挥中心，对全段机车运用、调度命令等进行集中统一管理，提高了管理效能。充分发挥“经济杠杆”作用，坚持收入向生产一线、苦脏累及关键岗位倾斜，分系统、分阶段开展了劳动竞赛，鼓舞了干部职工士气。

【经营管理】　规范机车大修、备用金、修旧利废、低值易耗品等经营管理，确保了全段整体经营活动有序可控，各项经营目标顺利完成。全面加强预算管理，深入推进“创新创效创业”，围绕机车检修、机车运用、成本预算、物资管理、劳动用工、经营开发“六大板块”，细化 29 项具体措施，实现节支 4807 万元，100% 兑现计划。段多元经营依托主业优势，内强基础，外拓市场，收入首年突破 2 亿元，在全局站段非运输企业创收中名列前茅。

【科技创新】　坚持以创新发展为主线，全段 98 个攻关组瞄准安全生产难题，262 项攻关成果通过段评审实施。科技成果喜获丰收，获山西省优秀 QC 质量创新奖 6 项，获路局合理化建议和技术改进成果奖13项,科学技术进步奖9项。以“视频到车间、网络进班组”为契机,为全段134个班组接通了网络,初步搭建了网络远程教学平台。推广应用了电子公文系统,持续强化视频、录音笔、STP等安全装备的用管修,科技促进生产、科技提升效率的作用更加明显。

湖东整备场标准化改造工程　(孟越　供)

【职工队伍】　大力推进段实训基地建设,5个实训教室建成投用。因势利导、因需施教,创新了多媒体教学、脱产轮训、名师带徒等培训方式,提高了培训质量。巩固“干部学业务、职工练技术、全员学规章、全段大比武”活动成果,开展了班组、车间、段三级45个主要工种技能竞赛,充分调动了广大职工学技术、练硬功、保安全的积极性,推动了现场作业标准化的执行,9个工种在路局级技能竞赛中获得第一名。新考取技师82人、高级技师15人,1466名重载司机比照享受技师、高级技师待遇,推出了“高兴技能大师工作室”省级品牌,重载司机标兵景升启荣获“山西省享受政府津贴高级技师”称号,全段高技能人才队伍稳步壮大。

【信息化建设】　推广应用了安全、质量、绩效三大信息管理系统,升级改造了“运用安全管理信息系统”,全段“大数据”平台初具规模,形成了“用数据管人、管事、管安全”的新模式。启用了段数据管理中心楼,设立了风险研判、应急处置、LKJ分析、视频分析、6A数据分析、机车调度指挥等数据管理中心,整合全段信息资源,为数据的深度共享应用和“智慧湖机”建设奠定了基础。

【职工生活】　坚持冬送温暖、夏送清凉、节日用餐补助等服务举措,集中修施工期间为机车乘务员发放超劳食品。为全段153个“小药箱”更换药品两次,配备了电子血压仪、温度计等小型医疗器械,发放“小药包”8666个。办理助医、助困、助学157.4万元,组织职工休养30批1275人次,体检7314人,女职工妇科防癌普查301人。投资44.3万元,对司家营车队楼,秦东、柳村、口泉、岢岚等异地车间的小浴池、小伙食团基础设施进行了整修。对湖东、大西、大同区320组照明设施进行了维修和更新,为沿线专调机车乘务员候班房屋更换卧具481套,进一步改善了职工生产生活条件。

雾霾天擦拭机车车顶瓷瓶(孟越　供)

【党群工作】　深入开展“两学一做”学习教育,激活了党员不忘初心、创先争优的动力。编印“三会一课”流程卡,每月利用“党支部一网通”对标验收支部。每周推送一期微党课,开展“我是党课主讲人”活动,讲党课146场。围绕“转闯增”主题开展党内竞赛,44项成果取得实效。引深党员“三无”竞赛,完成立项攻关262项,培育了6个党内优质品牌。开展“六个面对面”教育,被总公司评为“百大思想工作案例”。实施“453”众星工程,打造了220名湖机工匠群。8月28日《人民日报》“大国工匠”栏目对韩喜青创新创效事迹进行了深度报道。党员景生启被推选为山西省第十一次党代表大会代表。

【大事记】　1.1月17日,段配属的SS4型

880、995、6137、7106、7108、7132 号机车改配太原机务段。

2.2 月 29 日起，担当北同蒲、口支、云支线的 8K 型机车陆续下线封存，由 HXD2 型机车替换完毕。

3.5 月 5 日，湖东整备场标准化改造工程开工，搭建了 BC 轴间整备棚、J13－J14 及 J15－J16 道间三层作业平台，完成 J8－J16 道整备检查坑改造、BC 轴间整备棚内外地面硬化及洗车库改建，铺设穿越整备场的电缆通道。

4.5 月 30 日，段数据分析中心楼正式启用。

5.2016 年 7 月 4 日起，段配属的 HXD2 型 129、149、172、173、99、145、155、152、143、64、119、127、130、132、142、146、148、150、153、165 号机车陆续改配侯马北机务段。

6.7 月 16 日，段配属的 DF4B 型 2324、2445、7091、7082、3928、9128、7548、6043 号机车，DF7 型 57、71、161 号机车，8K 型 4、2、87、70、63、82、5、66、23、3、91 号机车取消配属，进行报废处理。

7.11 月 26 日，魏家滩—五寨间成功试验开行 HXD1＋HXD2＋2 台内燃机车（DF4 型、DF8 型）单元万吨组合列车。

（曾煦卿）

太原供电段

【领导成员】

段　　长　　白生龙

副 段 长　　张根义
　　　　　　杜爱斌
　　　　　　高鸿阁
　　　　　　张利明
　　　　　　陈利红
　　　　　　白成瑜
　　　　　　张辰光

党委书记　　扈宝安（2016 年 6 月免）
　　　　　　刘建波（2016 年 6 月任）

党委副书记、纪委书记
　　　　　　刘　斌（2016 年 6 月免）
　　　　　　马天龙（2016 年 6 月任）

工会主席　　王天亮

【概况】 太原供电段主要担负着石太客运专线、太中银线、石太线、南同蒲线、北同蒲线、京原线、太焦线、太古岚线、西山支线、忻河支线、韩原线、大西高铁、瓦日线、太兴线等 14 条线路的牵引供电和水电设备的运营检修任务，以及为 4 万多个用户提供供电供水服务。接触网正线 2129.645km，折合 9538.49 条 km（其中高铁接触网正线 90.54km，305.089 条 km）；牵引变电所 34 座（其中高铁牵引变电所 2 座），分区所 27 座（其中高铁分区所 2 座），开闭所 6 座；电力 35kV 线路 21.5km，10kV 线路 3927.24km（高铁电力路 593km），变配电所 49 座；给水管路网 437.452km。

机构设：办公室、劳人科、计财科、教育科、电力技术科、供电技术科、安全科、设备科、材料科、高铁技术科、保卫科；3 个辅助科室：化验室、供电调度室、计量室。党群机构设：党委、纪委、工会、团委，党委下设党委办公室。车间、班组设置：（1）车间—23 个生产车间（包括榆次供电车间、太原供电车间、太原东供电车间、太原南供电车间、太原北供电车间、太原检修车间、太原供电维修车间、太原供电检测车间、太原动力设备车间、忻州供电车间、原平供电车间、五台供电车间、忻州西高铁供电车间、文水供电车间、吕梁供电车间、太谷供电车间、寿阳供电车间、榆社供电车间、晋中高铁供电车间、石楼供电车间、娄烦供电车间、吕梁动力设备车间、吕梁检修车间）。（2）班组—106 个班组（包括网电工区 15 个，接触网工区 12 个，牵引变电所 12 个，轨道车工区 11 个，电力综合工区 19 个，供水工区 16 个，电力工区 6 个，配电中心 2 个，汽车班 1 个，其他班组 12 个）。（3）太原多经、集经网点。2016 年末，全段职工总数 2360 人，其中干部 396 名，占 16.7%；工人 1964

名,占83.3%;现有段领导11名。

【主要运输生产指标完成情况】

1. 供水供电任务及损失率

表23　2016年供水供电任务及损失率

内　容	年供电(水)量	损失率
牵引供电	45354.21万kWh	6.5%
企业供电	15943.54万kWh	9.9%
供水	613.9万t	13.59%

2. 财务费用及大修、更新改造指标

全年可控成本:3767万元。其中:直接费:1456万元,间管费:2311万元。

大修、更新改造费用:3803.2万元。其中:大修项目:408万元,更新改造项目:3395.2万元。

【安全管理】　以落实安全管理七项制度为主线,强化"制度、管理、素质"三项基础,争创"服务、作风、业绩"三优效果的总体要求,重新编制安全管理职责297项、工作标准260项、工作流程238项。采取职工代表综合检查、包保干部过程检查、领导干部跟班检查等方式,强化现场控制,有效确保了人身安全。延展"各司其职、各负其责"的问题导向,动态研判安全风险,及时发布安全预警,发放安全预警通知书46张、研判风险点78项、制定实施措施312项。抓苗头倾向,适时整改,召开专题安全分析会7次,交班会28次,专题对话会22次。

【设备质量】　参加全局性的集中修5次、组织段级集中修3次,平推检查接触悬挂295.64条公里,接触网每条公里设备缺陷数较上年同期减少0.61处,下降27%。对太中银、南同蒲线开展为期四个月的安全标准线建设,处理设备缺陷161处,每条公里设备缺陷数较整治前降低33%。开展设备专项整治15次,对"改造后的设备、盲区隐蔽设备、关键设备、超大修期淘汰需技改设备、外部环境"等加强监控,设备保安全的能力持续提高。

【科技成果】　25座变电所、21座配电室具备了远动控制功能,22个变电所实现了备自投功能,158台网隔实现了远动操作。购置2架无人机对山区电力设备进行巡视检查,巡视效率提升10倍以上。借助"互联网+"技术,完善了接触网信息管理系统、重点设备数据分析系统、影音文件综合管理系统等"大数据"系统,功能日趋完善,效果日趋彰显。收集设备信息71032条,追踪处理设备缺陷3749处。收集合理化建议1320条、提报科研项目21项,其中《给水集中监控调度管理系统》荣获2016年路局科技进步三等奖。

【应急管理】　编制修订《大西高铁变电所故障应急预案》《太北变电所越区供电预案》等14个应急预案,应急指挥组织得到有效加强;明确105个事故演练项目,采取月度应急演练与节日期间专题演练相结合的方式,组织段级应急演练35次、车间级应急演练160次,参加路局级应急演练5次,有效提升了干部职工实战能力。应用远动控制、分场供电、备自投等新技术手段,增强了供电的可靠性和灵活性,有效降低了设备故障对运输的影响。

【全员提素】　干部参加路局培训班109期,培训224人次,举办段培训班2期,培训89人次。对723名电力工、接触网工进行了兼职并岗专项培训,组织60人次到外局参加高铁技术培训,891人次参加了实战演练培训。完善忻州、原平、榆次及段培训基地设施,增配专业图书1000余册、配置投影仪40台、优化培训机位88台。1712人次参加了段、车间、班组三级职业技能竞赛,46名优胜职工获得了奖励。在路局供电系统技能竞赛中,该段参赛选手获得了电力线路工第一名,接触网工、配电值班员、给水管道工第二名的好成绩。在总公司接触网工技能大赛中,陈斌勇夺第一,成为太原局建局以来首位在总公司技能竞赛中取得第一名的选手。

【经营管理】 以“八个一”活动为载体，开展“转、闯、增”主题教育，分片区召开现场推进会，选树“保安全、创效益”先进典型18个，征集金点子726条，26项节支措施得到肯定和推广。强化财务预算管理，完成节支指标844万元；7个变电所实行需量法计费，节约电费支出1973万元；11个变电所实行电厂直购电，电价降幅达0.1元，减少电费支出1018万元；实行全段材料统筹调配，降低库存260万元；为太原地区煤场宿舍、太东三角线宿舍及沁县铁路宿舍1267个住户更换磁卡预付式水表，降低水损20%；废旧物资回收完成177万元。

【职工生活】 以解决职代会确定的10件实事为标志，职工生产生活条件明显改善。为褚家沟、娄烦网电工区等6个班组安装净水设备；助困201人次、助学3人次、助医337人次，发放救助资金71.59万元；举办3次健康知识讲座，组织1709名职工进行了健康体检，组织367名职工进行了健康疗养；为沿线车间、班组更新和补充了8.5万元的小药箱药品；为12名异地工作职工进行了择优调剂；对北同蒲4个变电所及轩岗、岚县等4个班组伙食团生活设施进行了改造；继续发挥东山蔬菜基地作用，为职工提供绿色蔬菜2.1万斤；调整职工劳动保护用品种类，将防寒皮鞋全部改为迷彩防寒棉鞋；为东山水源地增设二电源，保证了太原地区的不间断供水；推进落实了涉及该段的5件路局办实事项目。

【党群工作】 1.扎实推进“两学一做”学习教育。一是制定段“两学一做”学习教育“8+2+1”方案，举办58人骨干培训班。开通“两学一做”学习教育网，成立3个协调督导组，下发通报12期，帮助发现问题338件。分层调阅党员学习笔记528本。二是深入开展“三无两创一提素，我是党员我先行”主题实践活动，党员“两违”连续10个月保持为零，分层解决党员职工中的实际问题125个，对全段883本档案进行逐一排查，对缺少《入党志愿书》、政审材料遗失等16名党员的档案问题进行整改。三是扎实推进党费收缴工作专项检查，强化党性教育。制定段《党费收缴工作专项检查推进流程》，组织37名专兼职党支部书记进行专题培训。

2.深入推进党支部建设创新。一是制定段党支部建设创新年推进方案，细化11项重点任务，党办每季对19个车间党（总）支部、每年对65个班组党支部工作进行全覆盖检查。二是撤销班组党支部2个，新增班组党支部3个。拍摄制作《党支部建设专题片》。三是签发表扬书21张，约谈19人次。胜斌攻关工作室被总公司党组命名为党内优质品牌，2个车间党总支、5名共产党员被评为局级先进，在段“七一”表彰会上表彰了108名先进党员。四是持续引深“365党支部立项攻关法”，攻克《制作高铁作业车空气滤清器清扫工具》等29项现场安全难题。

3.扎实开展“转、闯、增”主题教育。一是组织“五讲”形势任务教育宣讲40余场次。二是20个车间举办235名职工家属访岗日活动，开展“我的岗位我负责”、“我爱我家”主题演讲比赛，47名干部职工参加预赛，15名干部职工参加了决赛，印制光盘300余套；征集优秀征文322篇进行汇编，制作征文集（上、下册）500册；制作编印了《我爱我家、共筑家魂》300册视频光盘及宣传手册，制作发行《暴雨的洗礼》300张视频光盘，在太铁电视台和职工微信群内宣传。三是开展“八个一”主题实践活动，制作“我的家底我清楚”宣传册、开展全方位的宣讲、全员性的问题查找大讨论、金点子征集、选树先进典型、评选立项攻关成果、开展活动成果展，预计节支降耗7500万元。

4.建宣传队伍，扬供电好声音。一是开辟“说说家里事”视频快报，坚持每周一期，已编发10期，制作H5网页20期，制作微视频10期,制作MV专题片4部,编发"太供之窗"12期。二是积极完成《人民铁道》报、《太原铁道》报、太铁电视台的供稿工作,《吕梁山中与鸟共舞》《在风雨中守护供电"心脏"》被刊登在人铁报版面头条,太原铁道报发表《执着匠心三十载》等纪实类报道30余篇。

5. 开展主人翁保安全"创三优"劳动竞赛。全年选树175名"主人翁保安全劳动竞赛优胜个人"。紧贴人身安全,组织职工代表在6月、10月对19个车间67个班组进行人身安全劳动保护巡视检查。紧贴"八小"工程,对生产一线车间、班组伙食团实施硬件整治,改善生活条件。紧贴文体活动,建立职工电子书屋,组织开展段职工运动会,积极参加路局职工运动会,在路局乒乓球比赛中获得团体第三名、拔河比赛、游泳比赛中获得优秀组织奖等荣誉。2016年,段工会被评为路局模范职工之家、劳动保护先进单位、先进女职工委员会。

6. 持续深化"学技对标双创立功"。一是完成平台对全段817名青年的全覆盖,通过掌握青年思想动态,开辟"太供青年聊吧"关怀助推青年成长。二是深入开展"激扬青春双创立功"竞赛和"青创杯"创新创效活动。通过"青年小班制竞赛",强化青工岗位提素,引导青年争做确保安全和改革发展的拥护者、践行者与推动者。

7. 严格落实路局党风廉政建设工作部署。力推精准监督,对涉及职工生活的住宅区供电工程从工程发包、施工验收、问题整改等环节上逐项逐条进行监察监督,形成《监查报告》7份,下发监察整改通知书1期;加强对重点的资金流向、重点工程建设、物资采购主动上手监督检查,参与招投标监督77次;全段积极营造了守纪律、讲规矩的浓厚氛围,对205名党员干部进行了廉政考试,发布"家之廉—微廉清风"9期;严格线索处置,加大纪律审查力度,核实线索4起,立案1起,用身边的事教育广大干部职工,做到"处理一案,教育一片"的效果。

(丁月娜)

侯马北供电段

【领导成员】

段　　长　　王　波

副 段 长　　王　蔚

　　　　　　李震文

　　　　　　李卫民

　　　　　　张纪明

　　　　　　贾永胜

　　　　　　马铁军

党委书记　　刘俊生

党委副书记、纪委书记　　樊晓军

【概况】 侯马北供电段主要担负着侯月线、侯西线、南同蒲线(平遥以南)、介西线、礼垣支线、瓦日线及大西高铁等7条线路的牵引供电、企业供电、供水设备的运行、维护、管理工作。2016年末,全段有职工1934人。其中,干部274人。机构设14个职能科室,管辖8个供电车间、1个检修车间、1个抢修车间、1个动力设备车间、1个临汾水电分公司、2个供电车间筹备组和76个班组。

【主要运输生产指标完成情况】

表24　　2016年牵引供电生产情况

供电能力	发受电量	自用及损失	自损率	供电量	力率	负荷率	利用率
MkVA	万kWh	万kWh	%	万kWh	%	%	%
0.9965	77500	5218.5	6.7	72309.6	96.77	47	16.5

表 25　　**2016 年电力生产情况**

供电能力	用电设备容量	发受电量	自用及损失	自损率	供电量	力率	负荷率	变压器		节电量
								受电量	利用率	
kVA	kW	kWh	kWh	%	kWh	%	%	kWh	%	kWh
81517	91749	10267.97	1089.18	10.6	9248.73	96.3	65.0	1026.97	24.4	248.43

表 26　　**2016 年给水生产情况**

供水量			总购水量	用水量		供水损失		扬水耗电
合计	直接扬水	直接购水		总计	客车用水	损失水量	损失率	单耗
万 m^3	万 m^3	万 m^3	万 m^3	万 m^3	万 m^3	万 m^3	%	kWh/ktm
414.8892	394.8175	20.0717	145.5491	357.3762	15.45	57.075	13.8	5.8

【经营管理】 2016 年取得其他业务收入 2246.03 万元,完成全年预算 2090 万元的 107.47%。其他业务利润 14.24 万元,完成全年预算 14 万元的 101.71%。临汾水电分公司全年完成收入 2300.77 万元,比全年计划收入 2300 万元多完成 0.77 万元,超额完成年初路局下达的预算计划。全年实现利润 80.57 万元,比全年预算利润 80 万元多完成 0.57 万元。与上年同期利润 70.67 万元相比多完成利润 9.9 万元,超额完成年初路局下达的预算计划。

【基础管理】 以“强三基、创三优”主题实践活动为契机,修订完善岗位职责 365 个、岗位标准 365 个、细化工作流程 226 个。同步开发《侯马北供电段安全信息平台及问题库管理系统》,对照每名干部的“一岗一月一表”和“月度工作写实”情况实施动态考核,形成了“界面清晰、职责分明、运行有序、考核有效”的管理体系。按照“管理者麻烦、执行者简单”的原则,对建段以来发布的 319 项管理制度和技术规章进行全面审核,重新印发管理制度 108 项,发布技术规章 40 项。以“一日工作标准、一次作业标准和岗位作业指导书”为主线,在全段 23 个网电工区推行了“军营化”管理。

侯北枢纽大修施工配合　　（王帆州　供）

【安全生产】 按照“管理问题是最大风险源”的工作思路,坚持每天召开安全日分析会,通过集中剖析、现场对话等方式,深挖问题发生的根源,针对性的制定整改措施,有效遏制了同类问题的重复发生。对人身、行车、设备等容易砸锅惹祸的安全风险进行细致排查,分类梳理风险项点 37 个、卡控措施 220 条,编制《侯马北供电段安全风险控制措施》单行本,人手一册,作为现场监督检查依据，全面卡控正常、潜在和非正常情况下的安全风险，此项工作得到了铁路总公司专项检查组的认可。从年初开始，段安全分析例会和工区安全预想会全面实行可视化安全预想。利用 PPT 的方式，将全段当月安全情况、典型问题、次月风险重点进行现场演示，尽可能的还原问题现场，方便职工吸取教训和学习领会。提前将作业现场以直观、形象、准确的形式，在工区安全预想会上实现情景预现，让每一名作业人员都能直观掌握作业流程、停电范围、安全措施以及安全注意事项，有效提高了现场作业的人身安全卡控能力。

【职工生活】 在实施网电工区“军营化”管理中,为各网电工区配置了单人床 60 张、更衣柜 107 套、会议桌 46 张、办公椅 165 把;统筹资金为全段干部职工更新棕垫棉被、棉褥、床上“四件套”800 余套,为一线班组安装空调 100 余台。争取路局支持完成了灵石、霍州、沁水网电及沁水车间的生产生活设施改造;自筹资金完成了白壁关网电、临汾电力工区和翼城供电车间房屋、院落整治工程;解决了桥上网电长期以来困扰职工的入厕和院落排水问题。为侯马西、介休东、霍州东首届高铁职工种植经济“纪念林”。为机关停车场加盖了车棚,整修了机关职工浴室和机关文体活动中心。使职工生产生活设施得到明显改善。

【干部培训】 按照每周一堂课、每课一主题、每题一主讲的“三个一”学习模式,现已将机关“干部夜校”拓展至车间层面,基本形成了自觉学习、全员学习的良好氛围。全年累计举办“干部夜校”301 期,参培 3645 人次。通过开办“夜校”,让每一名干部做到了懂规章,讲规矩,干部管理能力和业务水平有了明显提高。

【职工教育】 按照“实际、实用、实效”的原则,先后组织了各类脱产培训班 39 期,培训 1684 人次。结合阶段重点,分别编制了《应对冰雪灾害怎么办》《接触网承力索断线“2 +3”应急处置指南》等培训资料;以接触网“2 +3”应急处置为重点,对全段 300 余名接触网工进行了分批轮训,并由主管段领导进行现场考试验收。

【创新管理】 围绕路局“创新、创效、创业”要求，及时研究制定了 20 条节支降耗细化措施。通过优化设备运行方式、加强计量线路整治、改变供水供电主体，调整供水结构，全力压缩成本支出。2016 年，白壁关变电所、介休变电所、霍州变电所、临北变电所、翼城变电所、侯北变电所的计费方式由容量法改变为需量法，每月节约购电支出 238. 2 万元。申请直接交易电量 1 亿千瓦时，全年节约购电成本 1000 万元。自主筹资 100 余万元，新建接触网演练场 5 处；全年投入处理侵限树木 110 余万元；向路局上缴废旧物资回收金额 64 万元，超过年度上缴计划 51 万元。较好地完成了路局节支降耗任务指标。

水清洗作业 （王帆州 供）

【大事记】 12 月 15 日,对端氏 AT 所、沁水变电所、桥上变电所、翼城变电所、介休变电所、白璧关变电所、临北变电所、霍州变电所、临汾中心配电室、侯北变电所、百底变电所、新绛变电所、侯北中心配电室等 13 个班组进行了整合,成立了沁水变配电综合工区、翼城变配电综合工区、介休变配电综合工区、临汾变配电综合工区、侯马变配电综合工区、运城变配电综合工区等 6 个工区。

（王帆洲）

大同西供电段

【领导成员】

段　　长	吕玉恒
副 段 长	陈廷柱
	赵建军
	柴　峰
	王　挺
	高继顺
	赵佃举
	李立峰
党委书记	刘文勇
党委副书记、纪委书记	胡向东
党委副书记	赵旭东
工会主席	张石庆

【概况】 大同西供电段是路局的主要行车设备单位,主要担负着大秦线、北同蒲线北段、京包线、宁岢线、迁曹线、韩原线、瓦日线、平朔支线等牵引供电、企业供电、给水设备。管辖正线1647.7km,牵引供电设备5949.62条公里;企业供电设备6530.915 亘长公里。给水管道367.76km。

2016年末,全段有牵引供电和10kV配电所(亭)178个。其中,牵引供电所亭116个,分别为变电所39个、分区所33个、开闭所11个、AT所33个。10kV配电所(亭)62个,分别为配电所49个、企开所13个。轨道车44台,其中带动力的38台,平板车6台。汽车104台。机构设:办公室、劳人科、计财科、职工教育培训中心、供电技术科、高铁技术科、电力技术科、化验室、安全科、设备科、材料科、计量室、行政监察、供电调度室、保卫科。党群设:党群办公室。设有28个车间,178个班组。全段有干部职工4168人。职工3537名、干部631名,专业技术人员358名。

【主要运输生产指标完成情况】 以"增收创效、优质服务"为宗旨,牢固树立过紧日子的思想,努力节支降耗,严把支出关口,从规范自用水电管理入手,重新测算修订了全段自用水电控制指标,对各车间班组每月对标考核,进一步降低了全段自用水电消耗。2016年全段自用电指标同比降低79.4837万度约8.9%,自用水指标同比降低5869t约6.97%,节支54.3万元。积极与地方供电公司联系,不断推进变电所需量计费进度,全年新增5个变电所,共11个变电所采取了需量法计费方式,全年节约基本电费3173.37万元。协调核定了家属购电量和购电单价结构,申请增加居民用电量10万KW/h,全年节支25万元。

【经营管理】 突出风险防控,安全基础有效夯实。进一步完善《大同西供电段安全监督检查管理办法》《大同西供电段安全管理七项工作制度》《大同西供电段安全风险控制"红线"管理办法(试行)》等风险管控办法,修订了《大同西供电段安全风险管控表》,细化形成了10类37个具体风险项点、212个管控环节、250条管控措施,从制度上保证了风险管控的要求落到实处。对上级检查、段自查发现的苗头性、倾向性、典型性安全问题,采取日分析、周对话、深度分析、即时预警等办法有效防控安全风险,对14项安全突出问题实行段领导挂牌督办,全年共下发安全情况通报48期,针对集中修施工、典型故障、事故及时下发预警12期。同时,全年常态化开展人身、行车、施工等安全专项检查,突出安全薄弱环节整治,查整了243个安全管理和现场作业中存在的弄虚作假行为,针对作业中违章翻越护网等问题定性了4起事故苗子,对相关责任人进行了严肃考核。

【设备质量】 坚持精细检修、全面检查和专项整治相结合的设备管理模式,全年重点开展了接触网主导电回路、承力索交叉互磨、10kV电力隔开等16项设备专项检查整治,并有效利用两个阶段集中修围剿隐蔽性缺陷660处,有力提升了设备运行质量。同时,不断强化外部隐患治理,主动与地方政府、企事业单位沟通协调,联合整治了一批突出影响供电安全的非路产危树；在上跨线管理方面，积极配合上跨电力线路拆改、检修，配合拆除废弃上跨线35处，检修加固12处，上跨线改下穿8处；针对线路周边复杂的运营环境，利用2C视频回放、地图街景查看等手段强化侵害源排查，设备周边环境得到全面治理。

集中修施工现场　　　（宋慧文　供）

【**干部管理**】　大力开展科室、车间岗位双向交流、实践活动，2016年，段班子成员共有29人次进行了车间主任、总支书记岗位体验，车间班子成员共有352人次进行了工长岗位体验，28个车间安全主管分批到段安全科进行了为期一周的交流学习，进一步提升了关键岗位管理人员的业务技能和管理水平。同时，创新干部职工培训方式，大力开展《同供薪火学堂》主题培训活动，通过视频会议系统，利用周对话会等时机，由科室专业干部、外聘专业人员为讲师，对路局、段各项规章制度以及基本业务知识进行全面培训。

【**生产效能**】　率先在柳村和山阴供电车间进行试点，打破传统的“运检合一”管理模式，成立专门的检测工区和检修工区，检测工区巡视平均发现缺陷数量比传统步行巡视提高2.25倍，且隐蔽性缺陷比例明显提高。2016年集中修期间，在保证安全的前提下，进一步明确配合工务项目，优化配合工务人员，配合工务施工项数由去年的1296项减少到984项，同比减少了24.07%；配合人员由8265人次减少为6368人次，减少了22.95%；接触网设备平推数量提高了19.6%，处理缺陷数量提高了24%。在第二阶段集中修期间，对梯车推扶人员进行了优化，共缩减辅助人员2986人次，有效释放了供电劳动力，提高了检修效率。

【**奖惩分明**】　修订完善计件工资分配办法，在对车间日常工作进行工资清算的基础上，段每月拿出2%作为专项奖励资金，对组织单级隔离开关更换、电力拉线改造、废弃上跨线拆除、绝缘导线更换、非路产危树整治等专项工作有亮点、有创新，成绩突出的科室、车间给予分配倾斜，在全段形成以任务定收入的鲜明的分配激励导向。2016年，对车间286个次、科室22个次及工区9个次共计奖励303.6593万元，平均每月约30万元，职工主动要求参加作业的积极性有了明显提高，车间班组主动消除设备顽疾、积极推进难点工作的能动性有了显著提升。

【**职工生活**】　组织督促职工进行健康体检工作，并积极掌握职工健康综合数据，将高血压、心血管疾病、体检指标解读、心肺复苏等知识列为健康宣传项目，精心制作了8期《职工健康体检常见病例分析及日常预防》系列宣传册，向各车间班组发放200余册。聘请医院专家进行“体检报告解读”和“心脑血管”等方面的健康讲座。持续推进生产生活设施建设，段投资320.62万元对延庆检修队、山阴检修队、湖东轨道工区等15处生产生活设施硬件基础较差的车间班组进行了整治，为一线职工切实解决了屋面漏雨、电线路老化、墙地面瓷砖及门窗破损等问题，进一步改善了职工的工作环境。共为全段职工、一线伙食团发放了346.1万元的米、面、油、肉和矿泉水等生活福利品，为安全生产提供了有力的后勤保障。

（宋慧文）

太原车辆段

【领导成员】

段　　长　郭文兰

副 段 长　卫敏波

　　　　　姚中贵

　　　　　黄福龙

　　　　　高建武(2016 年 7 月 8 日任)

　　　　　杨　彪(2016 年 9 月 13 日任)

　　　　　王喜来(2016 年 7 月 1 日免)

　　　　　张　斗(2016 年 8 月 1 日免)

总会计师　申荣瑞(2017 年 1 月 1 日免)

党委书记　郭建斌

党委副书记、纪委书记　王　熹

工会主席　王文斌

【概况】　太原车辆段是全局唯一的动客车车辆段,现为一段六地,即太原、大同、临汾客技站、太原动车所、运城北动车组停放点和忻州西动车组检修点。主要承担配属客车的段修、辅修、临修、运用以及配属动车组的一级修、二级修、运用工作。配属客车 1979 辆,其中空调客车 1703 辆(DC600V 客车 560 辆,AC380V 客车 1143 辆),占客车总数的 86%,非空调客车 275 辆,占 14%。双管供风客车 865 辆,装有集便器客车 758 辆。另外有代管邮政车 10 辆,共计 1989 辆。车型有 25G、25T、25B、25A 等 8 种。现配属动车组 39 个标准组,其中 CRH2A 统型 10 组、CRH5A 型 6 组、CRH380A 统型 23 组。机构设:15 个科室,10 个车间(其中运用系统 5 个:太原运用车间、太原库检车间、太原站检车间、临汾运用车间、大同运用车间,定检系统 4 个:太原检修车间、太原设备车间、太原车电车间、太原轮轴车间,动车系统 1 个:太原动车组运用所)。2016 年,全段有职工 2707 人,其中干部 303 人,工人 2404 人。

【安全管理】　1. 全段动客车安全总体可控。一是 2016 年春运安全成绩突出。2016 年春运,成功经受住了动客车运用率高的考验(动车全路第三、客车全路第五),没有发生安全突出问题,实现了段定春运目标,特别是九组援外临客实现了安全零信息。二是管内旅客列车问题渐次消灭。通过强化设备质量、落实作业标准、突出重点环节,确保了担当的 21 组 240 辆管内列车全年未发生重点安全问题。三是新开行交路风险研判精准。2016 年,相继开通沈阳、秦皇岛和上海虹桥的跨局长大交路动车组,通过主动对接、风险研判、现车核实,制定了 16 条控制措施,实现了开行零问题发生。四是源头质量问题有效控制。解决车间反馈的源头质量问题 701 件,处理反馈问题达到 99%;对厂修客车质保期内发生问题配件进行索赔,全年共计索赔 243 万余元,保证了客车运用质量。五是原太试验段及 CJ1 城际列车运用考核高标完成。忻州西检修点完成 CRH－0207 等 8 组动车组试验,共收集设计问题 87 项;CJ1－0302 动车组载客运用考核安全走行 562247km,顺利完成了全年试验任务。六是韩原线客车安全动态追踪。针对韩原线运行的 12 组旅客列车,尤其是 K7805/6、K7803/4 等贴限运行车次,摸索故障发生规律,积极主动制定防范措施,有效提升车辆运行品质。

2. 车间安全管理自立能力着实提高。一是组织安全管理人员交流学习。组织 10 个车间主管安全副主任、技术员共 20 人到安全科分批进行为期一周的交流学习,有效提高车间安全自主管理能力。二是车间自主安全分析能力提升。2016 年段自主定性定责问题 601 件,车间自主定性问题 746 件,车间自主定性问题比段多 24.1%,有效的遏制了安全问题升级、隐患问题突出的势头。三是车间自主推行技防措施。2016 年各车间积极加强安全管控,动车所 23 项技防措施在现场进行推广,确保了行车安全。

3. 全面整治安全典型问题。该段发生局定辆故 14 件,“3 · 30”一般 D10 事故 1 件,“8 · 20”一般 C15 同等主要责任事故 1 件,全段 1087 天的安全成绩中断等问题,段及时采取有效措施,确保了安全整体可控。一是优化生产组织。推行辆客一体化管理,在太原库检率先将加油、吸污等库内整备作业纳入日计划,从作业流程上消除作业结合部和作业盲点,有效保障现场作业组织。二是实行站检人员集中待检。在站检车间推行夜间集中待检,实行值班干部点名制度,加强后半夜关键时段检查等,消除了人员分散带来的管理隐患,推进动客车安全管理不断深化。三是开展加挂车写实工作。对旅客列车加挂车开展写实,跟班写实加挂车105辆,发现八个层面27件问题,明确"库、站、乘"作业标准和流程,强化非常态化作业管理水平。四是着力于车门翻板惯性问题专项整治。与客运部门及时沟通、落实专项修标准、开展集中整治,对全段62辆博得式手动塞拉门下摆臂3个尼龙滑轮全部更换。

客车检修大库　　（侯汇海　供）

4.坚持了正向的奖励考核方式。全年路局奖励故障37件41人次14.2万元,段奖励故障1557件1785人次41.28万元,合计奖励故障1594件1826人次55.48万元。与2015年相比,受奖励故障总数、人次、金额分别增加了67.3%、29.5%、18.5%,返还考核504人次13.18万元。

【经营管理】 一是超额完成全年段修计划。年内,提前完成693辆段修任务,同时完成增调的100辆任务,全年总计完成包括邮政车、工程车等845辆车的段修,高效保证了用车不过期。二是旅游、军运任务顺利实现。2016年开行旅游列车71列998辆,较2015年36组464辆任务增加115.1%;军运列车开行36组127辆,圆满完成了旅游、军运列车开行任务。三是高效利用热备检备动车组。组织使用热备动车组,增开高峰临客交路D9221/2次,共计开行24次,启动热备动车组13次;组织检备动车组上线132组,走行175个车次,增收139万元。

【质量管理】 一是构建质量综合评价体系。全面开展质量管理综合评价,运用系统从车统-181故障管理等7个方面,定检系统从一次交检合格率等6个方面进行评价,使客车质量始终保持在较高水平。二是有效整治质量突出问题。对车间发生的突出问题进行督促整治,取得了明显效果;将源头质量项目分为4类,按月形成整治进度通报,有效卡控了客车源头质量。三是摸索质量综合管理方法。建立质量报告制度,科学统计分析定检、运用倾向性问题,评价提示车间下一步质量工作;建立车统-181"三率"指标分析制度,提升181故障管控能力。

【技术管理】 一是高标组织深化安全风险管理现场会。抓住最小单元划分核心,对1178份作业指导书逐份编修,建立完善作业指导书体系目录,确保了现场会高标保质召开,与13个动车客车段进行了技术交流,扩大该段正面影响。二是强力完成设备更改大修任务。2016年,顺利完成段设备更新改造共计19项1122.2万元;完成段大修项目共12项212.5万元,截止年底设备大修工作全部高质量完成。三是稳步落实14项常见故障专项整治。对14项常见故障编制下发了作业指导书,先后开展了12次整治首件鉴定,同时将14项常见故障专项整治情况纳入技术管理日报表,实现信息共享。四是5T使用管理走在全路前列。配合铁科院完成全路TVDS作业平台研发;率先实施"人机分工",创新实施"动态本属检、库内全面修""关键补强检、库内重点修""全面加强检、库内预报修"作业方案,进一步释放了生产力。

【材料管理】 一是制定配件管理各项制度。

制定《太原车辆段物资管理办法》《太原车辆段车辆配件管理实施细则》《太原车辆段车辆委外检修实施细则》等，形成物资管理有规可依的制度体系。二是科学地划分材料管理职能。将计划员及相应的职责划归材料科，异地库房、管库员及相应的职责分别划归大同、临汾运用车间及动车所，理顺了管理职能，优化了人员结构。三是开展了材料管理劳动竞赛活动。分库管、计划两个小组，明确四项综合评价指标，对材料计划员、管库员月度履职情况进行评价，奖优罚劣，促进了材料管理队伍的规范化管理。

【经营管理】 一是全方位开展推进“三创”工作。以“创新三项管理、优化三项工作、开创四个新局面”为主线，精心制定10个方面35大项76小项具体任务，实现段全员“三创”工作稳步推进。二是高质量完成全年节支降耗任务。面对2016年经营形势及政策变化，全段开展强化材料基础、委外修理等8项难点破解，多方筹划、攻坚克难，顺利完成2955万元的节支降耗任务。三是多集经经营管理取得新突破。2016年，拓展了动车组集便箱清洗等生产经营项目，新增“云冈号”广告承揽业务，完成314辆车WiFi加装改造，开发配件清洗、场地租赁等新业务，全年创造利润突破150万元。

【职工培训】 一是注重于开展全员岗位技能达标。开展岗位作业指导书、应急处置预案特色培训，全年组织1595人参与岗位技能达标活动，完成培训361项，6千余人次，职工作业技能得到普遍提升。二是倾力于组织职工专业技能竞赛。组织159名选手参加路局、段技能竞赛，31人取得路局竞赛前三名成绩；全力组训28名竞赛选手，参加总公司动客车技能竞赛，成绩获得历史性突破。三是建设了新媒体视频“主播室”。利用路局“视频进车间、网络进班组”有利契机，筹建了远程教育主播室，实现段内主播室对车间实时远程授课和课件播放功能，不断丰富教学手段。

【职工生活】 一是进一步改善工作环境。大同客技库集中供热面积达到5万m^2，临修库、检查库大门加装了热风幕；临汾客技库股道地面整治13000m^2；太原客技库检修库加装暖气，供暖面积达到6318m^2，三机库供暖面积达到1638m^2。二是进一步满足生活需求。太原客技库建成投用了有443个车位的立体停车库；改建了临汾U型楼，设立了8间40个床位住宿房间；解决了临汾客技站公共区域卫生间问题；在大同、临汾运用车间为职工分别建设了60m^2、80m^2的洗衣房。三是进一步提供民生福利。扩建动车所蔬菜种植，为职工提供绿色蔬菜；继续推行职工吃饭“一元餐”，食堂补贴314.4万元；完成2145名职工健康体检，417名职工健康疗养。

动车组互相救援演练　　（侯汇海　供）

【党群工作】 1.抓认识提升，强化理论武装。细化制定年度学习计划，坚持以讲促学、以考促学、以思促学、以行促学。运用周二全段集中学习日、“17点”大课堂、政治理论学习日等载体，分层组织学习，领会习总书记系列重要讲话精神、路局党代会精神和上级重要决策部署，形成“党建责任履职考评”、“党建绩效四级考核”等15项机制性成果，增强发展信心，推动了学以致用。

2.抓支部建设，夯实基层基础工作。段党委以“六个三”为载体，推进“两学一做”学习教育。对77名思想薄弱、业务薄弱、“两违”重点党员实行建库整顿，全段党员局发通知书“两违”率实现了零“两违”。编制各级党组织工作职能,明确党支部建档标准,建成了8个标准化党员活动室。配齐配强39名班组党支部书记,13名青年大学生担任党支部书记,规范党员组织关系变动手续,完成党费补交工作。运用组织作用等级考评等四级考评,开展支部书记1+1专项述职和支委成员抓基层党建述职评议,17个党支部评为先进,整顿转化3个薄弱党支部。培育了党员大学生创新工作室、董宁先锋岗等5个党内优质品牌,董宁荣获全局优秀党员标兵,赵俊文荣获全路优秀党员称号。

3.抓企业文化,引领职工队伍建设。以"行进原辆"为主线,讲述原辆好故事,弘扬原辆好典型,展示原辆好形象。围绕"转、闯、增"主题教育活动等重点工作,选树32名示范党员,召开了全段群众性创新创效创业表彰会,涌现出技改"达人"闫春友、青年创客赵俊奇等一批先进典型。推行支委民情日记,开辟"行进原辆"公众号,实施思想问题多元化解决机制,理顺职工情绪。打造"原辆形象·原辆表达"文化墙,编印《行进原辆·榜样的力量》,提炼14个主要岗位形象标准。

4.抓问题整改,从严落实廉政责任。建立"两个清单"、"三卡两书"、"三个纳入"监督管理制度,梳理权力清单166项。制定了《因公外出人员监督管理办法》等制度,段领导班子、车间、科室重大事项、重要问题全部实现定期研究、集体议事,2016年段集体决策"三重一大"96项,完成109项公开招标工作。

5.抓群团工作,强化共建共享。围绕安全生产,积极开展"主人翁保安全"劳动竞赛、"百千万"劳动竞赛,评选出14个先进集体645人。完善"八小工程",全面实施在岗职工健康保障工程。先后对222名困难职工发放慰问救助金15.48万元。组织青年大学生开展"攻难关、促成长"主题活动,对92项课题进行攻关,"客车车体倾斜度测量仪"跻身路局"青创杯"创新创效大赛金奖,青工扆志强荣获十大"太铁青年领航之星",凝聚了人心,促进了和谐。

【大事记】 1.2016年,总公司组织的全路动客车技术比武,该段动车参赛选手荣获团体二等奖,杨申荣获个人全能第七名,CRH5A型动车组单车检查第三名,获得全路技术能手称号;张雁龙荣获CRH2A型动车组单车检查第一名、赵效胜荣获CRH380A型动车组单车检查第一名。客车技能竞赛,郝勇鹏荣获发电车组综合第一名,荣获全路技术能手称号;王乃臣荣获制动钳工组个人第四名。

2.2016年,该段职工董宁,荣获中国标准化动车组创新标兵,获火车头奖章一枚。职工赵俊文,荣获全路安全标兵,获火车头奖章一枚。

3.2016年10月13—14日,总公司运输局在太原组织召开的"全面深化车辆安全风险管理现场会",全路车辆系统参会人员在该段现场观摩。

4.2016年,该段太原动车组运用所荣获中华全国总工会"工人先锋号"荣誉称号。

(侯汇海)

太原北车辆段

【领导成员】

段　　长　　冯新平
副 段 长　　邓　文
　　　　　　狄永革
　　　　　　安彦照
　　　　　　田子兴
　　　　　　廉新尧
总会计师　　康　健(2016年12月26日任)
　　　　　　史宝樑(2016年12月7日免)
党委书记　　袁　军
党委副书记、纪委书记　　马振平
工会主席　　张秀丽

【概况】 太原北车辆段是路局三个货车检

修段之一,主要承担着客、货车辆轮对检修组装任务,以及侯月、大秦运煤重载通道的货车运用维修任务。日均技检车辆 150 列 7630 余辆,管辖区段东至石太线赛鱼,南至南同蒲线修文和太焦线大平,西至太中银线吴堡,北至北同蒲线凤凰村和京原线灵丘,管内运营里程 1365km,运用保证里程 8455km。截至 2016 年 12 月 31 日 18 点,实现安全生产 1523 天。

机构设 12 个职能科室,2 个辅助生产机构(计量室、化验室)以及 10 个生产车间(运用 4 个、检修 3 个、动态 1 个、设备 1 个、轮轴 1 个),98 个生产班组(检修系统 39 个;运用系统 59 个,包含动态监测班组)。2016 年末,全段有职工 2148 人,其中运用区 1129 人,检修区 830 人;干部 351 人,其中段班子成员 10 人,中层正职 49 人,中层副职 62 人,一般干部(包含二线、见习生)230 人。该段共有专业技术人员 218 人,分别是高级职称 6 人,中级职称 60 人,初级专业技术 155 人(含政工系列)。工人技师 180 人,其中技师 156 人,高级技师 24 人(含路局聘用首席技师 2 人)。全段共有货车检车员、车辆钳工、制动钳工、探伤工等 33 个生产工种,其中主要行车工种 1 个,为货车检车员。

全段设置生产检修台位 51 个,其中厂修台位 6 个、段修台位 28 个、辅(临)修台位 10 个,预检预修 7 个;年检修厂、段修 15000 辆、临辅修 10000 余辆、生产轮对 1 万 5 千余对,现已形成 70T、80T 级货车厂段修的检修生产基地,成为全路三个重载检修段之一。2016 年末,全段有各类设备 2046 台,其中检修区 1036 台,全部为机械动力设备;运用区 238 台,分别是机械动力设备 64 台,5T 及 AEI 设备 174 台(THDS 设备 114 台,TFDS 设备 8 台,AEI 设备 52 台),视频监控装置 320 台,移动作业检查仪 452 台,固定资产总值 2.73 亿元。

【管理筑基】 深入贯彻路局“强三基、创三优”主题教育活动,坚持“建框架、强标准、重基层”,不断健全完善顶层体系,构建“结构清晰、重点突出、权责分明、运行有序”的企业管理体系。一是构建安全管理体系。围绕“机关服务、基层自立、各司其职、各负其责”四大制度框架,清理整合 139 项基础管理制度,先后补充制度 9 项,修订 22 项,废止 7 项,整合优化 19 项,形成涵盖 20 类 127 项制度的基础管理网络体系图,构建出制度引领、严标明责的管理基础体系。二是建立岗位履职体系。瞄准基础、素质、作风目标,编印完成机关 14 个科室 147 项岗位职责、216 项工作流程和 187 项管理制度的岗位履职《工作手册》,确保每项工作、每个环节有据可依、有章可循,不断强化干部岗位履职。三是强化风险管控体系。本着“抓住变化就是掌控风险”的思路,分系统动态确定 37 类风险源、127 个风险工序和 247 条风险点,集中排查车辆改造期配件错支错装等 36 个冷门风险;重新清理明确行车、人身、施工等 3 类 35 条安全“红线”,补强完善《安全问题自立管理责任追究办法》《群死群伤人身安全防控措施》等 13 项安全规章制度,明确事故苗子、设备故障和严重漏检漏修 3 类 123 项安全问题追责范围,构成集安全生产风险研判、定性定责、自主管理等多内容于一体的安全管理责任追究体系。四是完善现场作业体系。坚持作业指导书引领职工“保安全、落标准”的主体地位,持续完善 405 个厂修、581 个段修、84 个站修以及 104 个运用等 1234 个作业指导书,完成向“最小单元”的演变,10 月 15 日、16 日,全路深化车辆安全风险管理现场会在该段顺利召开。全面开展“土规章、土政策”清理,梳理规章目录 388 项,删减清理无用、重复、相互交叉的技术文件 132 项,把“不接地气、落实不力”的文件、文电集中废止,规范作业指导标准。五是规划经营战略体系。依托配件自主加修 1 项主营业务,研究确立“1 + 4 + 1000 + N”同步发展的经营发展策略，做大做强轴承一般检修、金属橡胶复合件、缓冲器大修、闸调器大修4大主打产品，实现4项业务年收入突破1000万的目标。

【安全生产】 一是关口前移，风险预警。以控制变化风险为导向，运用“日点评分析、周通报警示、旬对话评价”三级载体，结合当前安全突出薄弱项点，深度分析现场风险，预测安全动向，强化现场安全控制力。累计针对问题批次钩舌错支、钩尾销假探伤等行车风险，先后追踪安全信息1026条，下发《安全预警通知书》48张，太北TF集中检测无检车记录、漏检车辆故障等16项重大风险以及GQ70二次测爆、明火试验等36个易被忽视的“冷门”风险得到有效防控。二是解决难点，挂牌督办。实施段、车间两级班子挂牌督办常态化检查整治，在2015年完成10项安全攻关项目的基础上，2016年班子成员围绕调车作业、轴承一般修上量、TFDS闭环管控等10项管理“顽症”和“瓶颈”问题挂牌督办，各车间主任“领衔”本车间1～2个突出问题重点整治、专题攻关，调车作业、TFDS闭环管控等33项挂牌督办的安全突出问题已全部办结销号。三是紧盯闭环，“双销号”整改。始终把整改问题、规范管理作为安全管理的根本目的，按照“发现人100%亲自盯控整改，专业科室和综合部门按10%的比例分工抽查”的两级复查模式，对312件安全问题进行“双销号”现场复核，先后解决磁悬液表面结冰等影响检修质量方面等22件突出问题，并对8件“假整改”问题通报落责。四是强化底线，倒逼追责。深推岗位标准化管理，严格规范“一月一岗一表”，将干部履职与安全风险管控效果挂钩，强化干部履责底线意识。明确对依规履职后发生的问题，按低限考核处理；对未依规履职发生的问题，按高限考核处理。

【关键管控】 一是杜绝调车安全隐患，克服段管线短、作业量大、时间长等7方面不利因素，废止了土规定，重新修订调车、防溜办法，优化作业组织，使日调车钩数由130钩下降至80钩，调车作业时间平均压缩4小时，确保了作业安全。二是紧盯轨边上线施工，按照“少上线、精上线、安全上线”的指导思想，深刻吸取“12·10”郑州局施工人身安全事故教训，引导职工树立“设备质量就是生命”，重新梳理完善了轨边设备维修、管理、使用48条管控措施。在保证设备质量的前提下，优化5T设备检修周期；对太焦、京原等26处探测站进行源头质量改造；将脱轨器、试风装置等设备运行状态通过路网实施远程监控，提前精准判断故障；明确施工现场必须进行互控的10个节点和12条标准用语，固定专人从事防护、驻站管理，严厉惩处施工防护不到位隐患，月均上线次数下降37.6%，动态施工实现根本性质变。三是压缩TFDS故障现场鉴定，利用路局数据网，将薛孤、轩岗、灵丘5台TFDS服务器集中引入太北检测中心，提高服务器维护质量；进一步优化TFDS故障分级预报，对到达列车的15类车辆故障取消人工鉴定，精减8项TFDS机检标识故障，降低了职工劳动强度，消除了临时上线导致的人身安全隐患。四是减少脱轨器使用维修，理性分析全路各类脱轨器事故教训，深究背后使用管理漏洞，将脱轨器纳入行车设备范围，把“脱轨器不能发生故障”作为“用管修”原则底线，明确“发生一起、定责一起、考核一起”。制定上线检修执行双头要电制度，防止单头上下脱造成的误操作；作业中脱轨器上下脱必须两头确认、现场互控，坚决杜绝人为操作带来的安全隐患。

【车间自立】 一是权限分级下移，让现场自管。按照“段上抓重点，车间控标准”的思路，将事故苗子以下隐患问题的定责权限下放给车间，以自立“百日”奖励为促进载体，放大车间管理层级的奖惩自主权，职工“两违”同比下降33.3%。二是强化专业指导，帮现场自立。提供专业精准的现场服务,拓展技术直通班组优势,及时对6个管理薄弱的车间、科室给予技术支持,政策服务,车间管理驾驭能力得到有效提升。三是优化作业组织,为现场减负。进一步改革劳动生产班制,对榆西、寿阳、玉门沟、太五等4个作业场实行"三班制"调整,降低了职工劳动强度,消除了临时上线导致的人身安全隐患。四是增进激励驱动,促现场自强。持续实施"三个百万"专项奖励和小额快奖、落标返奖等12类奖励,在向外制动钳工等7个苦脏累险岗位奖励的基础上,再次增加内制动班组3个岗位600元的技能津贴,调车员风险补贴由300元提高至600元;设立车间安全自立和一职多岗多证津贴,全年发放奖励1387.78万元,较2015年增加140.08万元,增幅11.2%;职工发现各类故障4651件,防止处理96件严重安全隐患,被段重奖117.5万余元,其中3人荣获万元重奖。通过重激励、扬正气、落责任、保安全,推动了"我的安全我做主"。

【干部管理】 一是规矩纪律强身,树牢干部底线。严格落实安全问题岗位履职对标分析,针对现场发生的段定设备故障及以上问题,逐项分析倒逼追溯管理责任、干部责任。尤其是对不忠诚企业、不敢担当甚至敷衍对付当"老好人"的干部坚决给予撤换调整。先后下发"遵规守纪"正反典型案例通报5期,追责处理不守纪律、不讲规矩、不忠诚组织干部15人次,警促各级干部心存敬畏规矩,守住行为底线、把住工作原则。二是活用履责"字典",推动干部作为。建立涵盖所有机关岗位的《干部服务履职任务书》,明确19项服务要点,将量化指标、工作目标、质量标准等内容纳入轨迹管理,完善工作状态、解决问题、驾驭能力等六个环节的能力建设考评,优化半年度干部绩效排行榜,奖励发现解决高质量问题130件23.1万元,树立了"重实效、凭实绩、比作为"的鲜明导向。三是岗位互换体验,带动干部服务。扎实开展"班子成员当一天车间主任、车间主任(书记)当一天工长"实践活动,用干部的带头示范,推动各级管理人员"转换角度查管理,亲身体验解难题";组织各车间主任到主要科室交流学习,率先在内制动班组实施管理人员现场"顶号",通过角色互换,岗位互动,提升思想站位,消除管理"盲点"。四是正反双促双行,驱动干部履责。坚持用"老实干活有发展,辛苦付出得实惠"的正激励引导干部,对主动发现安全隐患、解决现场生产难题的30名同志给予千元奖励,择优选拔13名异地边远地区、一线苦脏累险岗位的业务骨干到管理岗位,让"有为者有位";注重过程提醒与结果问责并重,时刻鞭策干部"在岗必承责、失责必追究"。全年各级干部发现解决问题频次同比上升6.9%。

【职工提素】 一是搭建平台。调拨教育专项培训资金277万元,推进职工教育实训平台和基地建设,先后投入运用THDS、TFDS、电动脱轨器、车辆运行安全监控系统等6个实训系统,编制256个实作标准和8个标准化作业教学课件,创新实施仿真模拟教学、真实还原故障现场,提升了职工判断处置故障能力,使培训、培养实效得到有效增强,2016年全路货车检修获得7个项目第一,综合、实作项目分列团体第6。二是网络送教。率先建成全局首家职工网络教育信息平台,配齐视频会议、多媒体讲堂、实物展示仪等网络授课设备设施,以路局"网络直通班组"教育示范基地的得天优势,打通了教育培训与班组岗位的壁垒,先后在太北、榆次、古交、原平、轮轴5个车间建成远程培训教师,组织7期617人次视频教学。三是学技练功。严格落实路局"全员学技练功、全局技能竞赛"要求,着重开展岗位背规活动,充分考虑各系统、各车间、各岗位的作业需求和知识要求,为每位职工量身定制学习计划,通过"同台竞技、竞相角逐",持续引深背规活动。全年依托背规共设置12个工种49个竞赛项目，组织53期553人次，营造了比、学、赶、超的学技练功氛围。四是典型引领。充分发挥职工中先进标杆的引领示范作用，连续3年召开高技能人才表彰会，公推直选北辆人才之星80名，命名嘉奖设备车间技改、太北轮对车间老万小石、榆次运用车间“围剿制动抱闸”、动态监测车间5T设备小改小革等10个创新工作室，表彰183名“高技能人才”、10名“优秀大学生”，并给予每人每月200至1000元不同额度技能专项津贴，鼓励全段干部职工向典型看齐、向典型学习，把先进典型的榜样力量转化为职工群众比学赶超，推进全段持续发展的生动实践。

【经营管理】 1. 主动出击“闯市场、找客户”。一是开发轴承一般修市场。凭借“全局唯一”优势，稳固局内湖东、侯北段1.8万套检修任务；主动“走向市场”，开展局外营销，承揽呼和局集宁段、郑州局焦作段1800套局外份额，创收80.7万元；同步强化轴承一般修基础能力改造，使工装能力同时兼备352226X2－2RZ型、SKF197726和353130B等三种轴承检修能力，劳动生产效能提升近480%。二是提高配件自主加修能力。加大配件加修工装设备投入，原委外制作、外购的224种配件逐步变为自主加修，段加修配件品种达到387种，增幅45.1%。积极调研路外市场，走访需求客户，用产品质量和诚信服务赢得货源，成功将5种配件打入神木车辆。三是巩固闸调器和缓冲器大修货源。利用“总公司指定大修单位”的资质优势，继续与湖东、侯北车辆段签订13000套缓冲器、15000根闸调器的供销订单。累计完成12830套缓冲器、16410根闸调器销售任务。四是拓宽检修资源品种。相继通过C80E、GF70型3种段修和C70、C70H两种厂修车型的CRCC资质认证，车辆检修生产资质由原来的115种增加到215种，承揽集通公司834辆段修车任务，全年检修任务提前37天全面完成，创历年最好水平。

2. 优化现场“促兼职、提效率”。一是鼓励职工一职多能。充分挖掘培养职工的技术业务潜质，大力推进一岗多能，全段7个车间143个岗位392名职工实施兼职并岗，职工队伍中一职两岗实现100%，一职三岗人数突破60.6%，266人同工种兼职、118人跨工种兼职，为全段积蓄了强大的发展后劲。二是自主保洁检修生产现场。精准写实检修各车间劳动产量定额，辞退检修生产区原有的保洁劳务用工，70名岗位富余人员分别被充实到轴承一般修、轮对退卸等4个岗位，在轮轴加修区、转向架流水线、轴承压装等区域实现自主保洁，缓解了结构性冗员和缺员矛盾，节支308.14万元。

3. 开拓领域“讲创新、齐创业”。一是推进橡胶件产品新制造。大力开发货车车辆弹性旁承体、轴箱橡胶垫和轴向橡胶垫无损剥离产品市场，连续两年生产脱胶产品3.69余万件，创收1636.21万元。目前，已取得轴箱橡胶垫等三种产品的全权生产与经营管理资质，二期工程建设基本完成。二是延伸配件供需服务产业链。先后开发货车涂装检修、自备车过轨检修、车轮探伤材料检测零售及轴承清洗、报废等17项配套服务，依托车辆检修主业，全力推动车辆配套服务升级和产业升级，预计全年实现营业收入2000万元。三是发挥工匠大师技改创效作用。全段11个“创新工作室”和17个“技改革新创效组”等带头发扬工匠精神，完成技改革新项目21个，提报合理化建议和小改小革成果213项。其中“降低5T设备电力通信故障减少人员上线”等15项合理化建议获得路局一等奖，铁路货车轮对自动化生产线荣获山西省科学技术进步三等奖，全自动双轴除锈机等5个项目通过局级科技成果评审，用“众智众创”的“好点子”“好思路”，极大激发了职工敢想、敢干、敢为的创新热情。

4. 精打细算“控成本、堵浪费”。一是加大修旧利废管理力度。大力推行“回收配件现场鉴定，大型配件专家鉴定，报废配件跟踪鉴定”的三级配件鉴定利旧方式，修旧利废项目由105项扩充至146项，累计修旧利废50余万件，节支850万元，全段配件消耗同比降低10.8%。按照3%的比例，奖励车间职工14.4万元，实现成本节支与职工收入双赢。二是提高配件互换利用率。在确保车辆检修质量的前提下，按照车辆检修周期上限掌握，明确配件互换利用标准35项，配件互换使用减少报废率17%。三是强化设备自主维修。实施设备管理“包片”、维修“包机”管理，将空压机、太阳能、空气能等46台委外修设备全部收回段自主检修，减少支出12万元；实施设备修程修制改革，取消段轮轴专用磁探、超探强制中修设备修程，年节约设备维修费约47.1万元。四是推行智能化库存管理。研发物资库存信息管理系统，对库存物资低储、正常、高储数量实施黄、绿、红不同颜色预警和质保期物资动态监控管理，减少库存物资占用率。

【职工生活】 一是高标兑现实事承诺，让职工“安心”。连续4年顶住经营压力增长职工工资，涨幅达4.97%；玉门沟作业场整修、检修区改建公共卫生间等实事好事高标推进，职工幸福指数逐年攀升。二是企业环境宜业宜居，让职工“舒心”。全年投入175.75万元持续推进民生“八小”工程，对轩岗、原平、古交、太五、寿阳等5个作业场实施硬件改造，配套硬化榆次四场道路，改造太五试风设施等51项实实在在的民生服务，为现场职工打造了温馨舒适、整洁有序、心情舒畅、精品一流的“像家更胜家”的生产生活环境。三是帮扶关爱持续发力，让职工“顺心”。坚持生活关爱与实际问题同步发力，全年发放“三不让”救助资金84.93万元，救助908人次，解决了职工实际困难；精心打造“一人一事一谈心、家属访岗慰问、一站式服务”三大为民平台，804人次1104件实际困难逐项落实；投入617万元持续改善职工就餐质量，给1984名职工进行了健康体检，418名一线苦脏累险岗位及安全立功人员外出休养。干部职工的思想疑虑越来越少，相互理解越来越多，“为太原局好”“为北辆好”已成为全段发展的动力源泉。

【党群工作】 一是扎实开展“两学一做”专题学习教育，将党内教育从“关键少数”向广大党员拓展、从集中性教育向经常性教育延伸的。利用每周二班子学习会，着重强化党员领导干部“四种意识”，进一步加深班子成员的政治定力和政治觉悟，拧紧了思想上的总开关。加强广大党员理论教育、党性党纪教育、道德法治教育，以“两学一做”为先导，先后组织召开4个专题党课，各党总支围绕每一专题深入探讨、互相指正，通过直面问题、自我警醒，引导党员坚定理想信念，增强党的意识。同时坚决以学促性、学做结合，广大党员开展背党章、学习交流分享会、主题党日等活动30场次，党员义务奉献1880人次，促进了学习教育成果转化。二是支部建设在基层实践上更加鲜明。持续巩固党支部建设三年基础工程成果，创新党建思路，激发党建活力，充分调动党支部安全生产、经营创效中的堡垒作用。组织修订《党建质效积分考评办法》，加大了党支部基础工作评价权重，累计组织两次分类定级，确定了2个薄弱支部，分别由所联系班子成员进行一对一帮教整改。创建12个“党员工作室”和1个党员教育示范基地，打造“石勇创新工作室”、“技改书记郝琦”、“太兴线车辆110”等12个党内优质品牌，选树马永春等158名先进典型，用“优得成绩、实得成果”检验了党支部先进先行的发展基调。太北修配车间党总支研制的制动管气密性试验台等106项攻关成果在现场得到了有效推广，累积创效500余万元，使得党员“三学”更接地气、更有效果。三是宣传引导在企业文化上更加广泛。紧密围绕春运、暑运、施工、“两会”等阶段性重点任务，深入挖掘职工身边的好人好事，激发工作“正能量”，传递和谐“心文化”。先后叫响太北轮对车间丁春虎、太北修配车间牛孝平等35个岗位创效故事，中央主要传统媒体刊登

《用工匠精神"焊牢"火车》等20篇稿件,"两铁报"刊登《"小菜鸟"变班组神探》等148篇稿件,广泛传播"北辆好声音"。逐步加强对内政策宣讲和思想引导,班子成员带头开展"转、闯、增"主题教育、计件工资分配等10次宣讲、科室干部包保必到必讲、车间班组班前宣讲上百场次,鼓舞了干部职工"用心工作、爱岗敬业"的士气。四是底线约束在廉政管控上更加有力。严格"两个责任"落实,加大廉洁自律教育和廉政体系建设。明确66项党风廉政建设重点任务,列出103项责任清单,制定《段党风廉政建设工作检查考核办法》,规范了31条参考标准和12个考评流程,防止制度漏洞。定期组织班子成员、六管人员观看廉政电子展厅,对842名在职党员进行党纪条规考试,特别是将国家重大反腐败案例制作成册、编印成书,警示党员牢守自身底线,坚持正己正身。强化权力制约与监督,主动预防廉政薄弱项点。针对偷盗车辆配件问题及铁路物资专项检查,对照开展委外项目检修、合同审查等7方面检查,修订完善《委外修价格管理办法》等9个文件。加强对"三重一大"集体决策制度落实,程序监督42件事项8次、记录检查2次;组织提级提职以及"工聘干"16人进行任前廉政考试和廉政谈话;监督检查27笔3935万元大额资金支付项目。加大监督执纪力度,累计运用函询2次,约谈17人次,下发《监察建议书》6份,召开专题组织生活会1次、组织调整1人次,及时纠正个别党员"露头伸手"行为。

【大事记】 1.6月14日,取得C80E(H)、GF703种段修车CRCC资质认证。

2.10月15日,举办全路车辆安全风险管理现场会。

3.10月26日,取得C70、C70H两种车型厂修CRCC资质认证。

4.11月17日,建成全局首家职工网络教育信息平台。

(许廷伟)

侯马北车辆段

【领导成员】

段　　长　　张　思
副 段 长　　崔伟东
　　　　　　李　俊
　　　　　　唐满意
总会计师　　康　健(2016年12月26日免)
党委书记　　陈建轩
党委副书记、纪委书记、工会主席　史宝栋

【概况】 侯马北车辆段是路局三个货车检修段之一,主要担负着敞车、棚车、集装箱车、平车、平车集装箱共用车、毒品车、矿石车和小汽车运输车等型路用货车的段修、临修任务,以及部分企业自备货车的厂修、段修任务,并承担着侯月、侯阎、同蒲、瓦日、石太、京原、太焦、太中银线的运用列车通过修任务。全段管辖区段里程1257.9km(东起侯月线端氏、嘉峰间147.3km处,西至侯阎线禹门口、下峪口间76.1km处,南起南同蒲线风陵渡、港口间849.5km处,北至南同蒲线太谷、修文间387.0km处;瓦日线东至安泽、长子南间501.4km处,北至留誉、孟门间165.0km处),其中支线运营里程235.6km,安全保证区段共计13457.0km。

2016年末,全段固定资产总值17325.18万元,较2015年末增加829.55万元。全段机械动力设备共计573台,其中A类设备196台、B类设备201台、C类设备176台;轨边设备共计264台,其中车辆轴温智能探测设备(THDS)83台、货车故障轨边图像检测设备(TFDS)6台、车辆运行品质轨边动态监测设备(TPDS)2台、车辆滚动轴承故障轨边声学诊断设备(TADS)1台、铁路车号自动识别设备(AEI)41台,车辆轮温探测装置3台,微控列车制动试验系统21台,列车车辆制动试验检测装置9台,脱轨器98台。

机构设:办公室、安全科、调度科、技术科、劳动人事科、财务科、材料科、计划统计科、质量检查科、保卫科、职工教育培训中心、化验室、计量室 13 个科室；党群机构设党委办公室。2016 年末，职工总数 1620 人，其中女职工 49 人；干部 230 人。

大型配件存储库　　　　（韩雪晶　供）

【生产任务】　突出信息管理创新，完善调度指挥中心生产指挥、调车控制、网络化修车等信息管理系统，运用云计算、大数据分析等信息化手段，全面掌控、指导现场生产，实现安全、质量、效率同步提升。突出检修能力拓展，以市场需求为导向，持续完善检修工装设施，申请并通过 C80E(H)、GF2K 型货车段修资质 CRCC 认证，9 月 14 日，首辆 C80E 型敞车入段施修并通过鉴定，实现该段重载车辆检修能力的跨越。突出激励机制创新，针对不同作业性质、不同岗位特点，构建以辆(量)计奖的计件工资分配模式，形成多劳多得和奖优罚劣的激励导向，激发全段干部职工精检细修、提质增效的积极性和主动性。2016 年，段修生产日均出车达到了 38 辆，台位利用率突破 2.1，居全路领先行列；全年完成厂修 18 辆、段修 8956 辆、临修 2023 辆；完成 13B 型锻造钩尾框改造 157 辆、手制动拉杆整治 8014 辆、脱轨自动制动装置改造 1278 辆、货车缓解阀拉杆座改造 2064 辆、换装转 K2 型转向架 20 辆；解体报废货车 677 辆；完成运用通过修 182368 列 9246373 辆，各项生产任务指标圆满完成。

【安全管理】　规范安全管理机制。一是完善安全风险管控制度，细化分解总公司、路局重点任务 58 项，段重点工作 101 项，逐项督办落实。对照段《安全风险管控表》，建立各级管理人员的月度预考核表，将岗位安全管理职责、工作标准细化分解到全年 12 个月中，形成干部履职尽责的“路线图”，强化安全风险管控。二是完善技术规章管理制度，通过主管领导牵头组织职能科室集中评审、主要领导审核签发等措施，实现技术规章归口管理、全过程控制。全面梳理、修订建段以来的规章制度 58 份，有效解决了建段初期规章制度照抄照搬、与现场实际不符的问题。三是完善安全管理“七项”制度，构建以“日分析”为基础的立体化安全分析格局，每日梳理总公司及路局通报的事故案例、路局 17 时生产交班会领导点评的重要信息、现场检查发现的高质量问题，实施安全预警 87 期，下发预警落实专题情况通报 11 期，考核 13300 元、奖励 4100 元，确保安全关口前移。四是完善岗位作业标准体系，规范作业指导书统一编制、学习培训、现场落实、考核评价等关键控制。按照“把麻烦留给管理层，把简单留给作业层”的思路，采取编制人员主动查、质检人员重点查、验收人员协助查，作业岗位、车间管理、职能科室等全员参与验证的“三查三验”方式，动态修订全段 647 个岗位的作业指导书，科学设置岗位、规范作业流程、合理界定作业范围，确保工作者“零风险”。

强化岗位安全履责。一是全面落实“机关服务、基层自立、各司其职、各负其责”的工作理念，段党政正职组织中层以上干部进行学习、研讨，以文件的形式下发“强三基、创三优”主题实践活动方案，分 4 个阶段贯穿全年推进实施。二是建立“界面清晰、职责分明、运行有序、考核有效”的管理体系，以局办《工作手册》为蓝本，动态完善岗位职责 170 项、管理标准 149 项、重点工作流程 154 项。三是班子成员亲自备课、授课，组织各级管理干部开展综合管理能力培训、集中研讨等 3 期 102 人次，通过学习宣讲总公司、路局领导讲话精神以及现代铁路管理、物流建设等知识，促进各级干部岗位提素、主动作为。四是开展“领导班子成员当一天主任、车间正职当一天工长、技术干部顶岗作业一天”一日工作体验，各级干部转变角色、换位体验 206 人次，发现并整治各类难点问题 338 件，一级带着一级干、一级做给一级看，有效促进了基层自主管理水平提升。五是修订段《管理和专业技术人员安全管理绩效积分考核办法》，形成动态反映勤、责、质、效的安全管理考评体系和“能者上、平者让、劣者汰”的良好选人用人环境。下发干部作风通报 23 期，追责各级管理干部 148 人次、考核 62780 元；动态调整科室、车间管理干部 38 人次，倒逼管理责任落实。六是树立“解决问题”的导向，建立直接呈报段长的解决问题“直通车”，收集车间和职工的生产生活难题 171 件问题，5T 设备探测站 UPS 电源更新、检修库天车轮缘啃道等问题得到有效解决。

围剿安全意识疲劳。一是在全段范围内开展“安全意识疲劳”大讨论活动，对照安全意识疲劳的 8 种具体表现，查摆、整治突出问题2285 件。围绕安全关键时期“三项重点工作”，加大现场监督检查力度，发现、整治假落实、假整改等问题 196 件。同时，引深管理“打假”，安全问题整改措施必须由责任科室或车间主任手工撰写，并盯控落实；安全问题分析会和问题整改效果必须现场拍照，切实解决不把问题当问题的顽症。二是把事故教训当财富，针对 2014 年段修车配件脱落引发的“3. 15”事故，研判非重要配件脱落风险项点 58 项，细化卡控重点 111 项，完善作业指导书 49 份，优化 12 个岗位“工长交车”专职人员 23 人，采取“请进来、走出去”的方式组织熔接工培训 76 人次，切实补强安全短板。三是对安全突出问题实行挂牌督办，明确挂牌督办事项集中研讨、事项公示、效果评估等“七项流程”，班子带头、挂牌督办解决了报废车轮轴管理不规范、定检区手机管理薄弱等 7 项影响安全生产的突出问题。四是打造安全示范品牌，开展明星检车员、TFDS 检车员星级评比等岗位达标竞赛，巩固总公司优秀标准化列检作业场——侯北下行的标准化创建成果，组织标准化建设观摩交流现场会，形成典型引路、以点带面、全面引深“三化”建设的格局，提高设备基础保障能力和车辆专业化、标准化管理水平，实现由“治病”到“强身”的转变。

轴承码放机器人　　（韩雪晶　供）

【检修质量】 推行“零故障”交检，实施源头质量“前移化”控制，质检科定期梳理、研判检修源头质量风险项点，并制定相应卡控措施，进而明确定检“零故障”交检项目，分阶段推进实施，将检修质量隐患卡控由“交验”前移至“交检”；实施检修过程“可视化”管理，运用生产视频监控系统，对入线摆台、设备点检、配件检修、制动试验进行全过程动态监控；实施安全风险“标识化”卡控，按照合格、待检修、报废分别标识颜色，进行区域划分、功能划分；每周组织召开质量分析会，将质检与验收、上周与本周、上月与本月发现的质量问题进行比对分析，实行质量问题“比对化”考核，每日验收发现质量问题追责考核质检员，上周质量问题车间不整改同责考核质检员，上月质量问题不重复发生奖励质检员和车间，检修源头质量得到明显提升，轴承压装、制动阀检修、转向架落成等工序，交检一次合格率由 91% 上升至 97% 。推行“零故障”开行，以“零关门”开行列车为起点，明确阶段目标，通过提升技术工装、集中攻坚难题，建立并固化“零故障”开行列车长效机制；开展劳动竞赛，对首个实现“零故障”开行列车的列检作业场予以重奖；针对性开展制动、轮对、钩缓等3项车辆惯性故障攻关，防范车辆“砸锅惹祸”故障，逐步实现“零故障”开行列车目标，把确保列车安全运行落在实处。年内，发现处理各类典型故障奖励467件、奖励14.51万元，颁发嘉奖令2次，嘉奖3人15000元，极大鼓舞了广大职工精检细修、确保安全的积极性。

【经营管理】　牢固树立“转观念、闯市场、增效益”理念，段主要领导挂牌督办，研究制定全段“三创”工作细化措施26项、增收节支具体措施34项，切实把开源节流、上量增收等各项措施体现在增加检修收入、提高业务利润、核减成本支出等各个环节，拓展创新创效创业新局面。一是本着“大项必抓，小项严控”的经营管理理念，积极探索节支降耗新模式、新途径、新方法，通过优化报废车轮对收入、鉴定、存放、运输、周转等环节，最大限度利用报废车轮对2145条，节约轮对及轴承修理支出等大项支出费用2145万元。二是开展全员修旧利废活动，强化材料配件交旧领新源头控制，新增拉铆销破拆利旧项目；自主加修120阀主阀组成、高摩合成闸瓦等配件项目33项，修旧利废节支512万元。三是创新物资管理模式，建立办公用品、厨卫设施等物资品类47种，分类清查物资11533件，运用条形码和无线传输技术，实现物资规格型号、价格、配属及使用年限等信息化、精细化管理，避免库存闲置、重复购置等资源浪费。四是强化债权清理工作，明确债权责任，细化清欠措施，定期下发专题通报，通过离岗清欠、上门清欠、诉之法律等多种方式清理债权41笔1498万元，有效防范资金风险、提高资金使用效率。五是主动延伸服务链条，与中国铝业山西分公司办理GF2K车型检修合同，最大限度地增加经营效益。拓宽多、集经公司收入渠道，盘活闲置可利用资产，申请增加手制动机改造、转向架改造等配件加工修理资质40项，段制品资质增加至204种，全年实现收入3296万元。六是发掘专业增收创效潜能，组织专业人才、技师小组开展科技攻关和“小改小革”，解决生产难点，促进成果转化，实现生产效率最大化，列检作业信息一体化建设及整合等17个项目荣获路局合理化建议和技术改进成果奖；财务预算精细化管理等3项成果荣获省级优秀QC成果奖。七是依靠挖潜增收创效，合理调整生产布局，撤销运城爱车班、临汾临钢爱车班等5个班组，同时增设王家岭爱车班、侯北动态维修一班、侯北动态维修二班等6个班组；强化劳动用工管理，开展“两非”人员专项整治，督促返岗复工12人，调整岗职不符10人，面向全段公开招聘运搬工5人，动态整合富余岗位人员，为运输增量提供可靠保障。八是广泛发动职工献计献策，征集滑阀座研磨油石自主校对、电磨头联轴套制作、制动梁端轴喷丸除锈机分沙器改造等增收节支“金点子”25项，依靠全员增收创效。年度增收节支目标全面兑现，各项经营工作指标圆满完成。

【科技创新】　一是以轮对智能存储库项目建设为重点，创新轮轴检修工艺，依托条形码识别系统，实现了信息传输“无纸化”；依托高智能设备系统，实现了数据接入“自动化”；依托大数据管理系统，实现轮轴选配“智能化”；依托全岗位互控系统，实现了质量控制“精准化”；依托机械手操作系统，实现了轮轴取送“高效化”，有效破解了轮轴检修能力瓶颈。二是新建材料智能仓储库投入使用，推行生产物料菜单化、处方式管理，撤销定检区材料分库5处，实现了所有物资集中管理、分区存放、分类标识的精细化6S管理；成立物资配送小组，根据每日工作量及车型生成用料清单，实现了材料配件的定量管理，有效防范配件错装、漏装风险。三是以南同蒲线安全标准线创建工作为载体，全覆盖检查整治，创建标准化5T探测站27个；完成39套AEI、45套THDS、2套TPDS、1套TADS

及6套TFDS设备客货双探升级改造;对介休上行作业场脱轨器及列车试风装置实施升级改造,安全保障能力大幅提升。四是加大科技投入,积极组织设备大修及更新改造工作,致力解决设备老化、检修工艺流程不畅等制约安全生产的瓶颈。年内完成双梁桥式起重机、3000型探伤机、微机控制超声波探伤机等设备更新改造20项,完成螺杆式空气压缩机、钩缓拆装机、轨道车等设备大修8项,进一步夯实了设备基础,提升了科技保安全的实力。

【职工教育】 加强培训能力建设,充分利用视频到车间、网络进班组的平台,全面启动段远程教育主播室和检修区、侯北运用、介休运用、动态监测车间网络教室建设;在侯北到达场建成动态监测设备维修、营业线施工等实训基地;研发车辆热轴、制动、5T设备故障等"三维"教学及仿真模拟培训系统,开展实物化、实景式、实作性的职工培训,不断提高干部职工业务素质。深化岗位技能达标,采取贴近实际、以赛促学的方式,以岗位作业指导书、实作技能和应急处置为主要内容,干部带头学、职工全员练,促进职工队伍整体素质提高。2016年,共印制检修区311个单元的岗位作业指导"口袋书"2700册;举办工班长、检车员、"三新"人员培训班48期842人次;开展调车作业、应急处置等岗位适应性培训103期4060人次;开展劳动安全、法律法规和过冬防寒培训12期9042人次;分层举办职工岗位技能竞赛526场,涉及22个比赛项目6160人次。

【人才建设】 一是完善"选人用人"和"人才兴段"激励机制,以一岗多能、一职一备为原则,建立干部、班组长等后备人才储备库;实施缺岗竞聘、班组长"直通车"推荐选拔干部、车间与科室之间干部不定期交流等后备人才培养、储备模式。年内选拔中层管理岗位13人,提级11人,试用期满考察51人,从技能岗位首聘管理或专业技术岗位17人,为想干事、能干事的干部职工搭建干成事的平台。二是制定新入路大学生、高职生三年培养实施规划,新入路大学生、高职生按规定充实到一线班组,在主要行车工种、关键作业岗位上进行锻炼,因人施教,定向培养。目前,2013年大学生14人全部定职定级到专业技术岗位,2014年及以前大学生33人全部取得高级工职业资格;2015年大学生在初期考核期内取得高级工职业资格32人;选送青年人才白天宇参加路局工程硕士培养,被中国铁道科学研究院录取。三是建立健全人才评价、激励、交流机制,建成"郭景川劳模创新工作室"、赵文正轮轴装修工技师小组等8个科技创新团队,推进技术攻关、送教现场,发挥骨干力量示范引领作用,助推全员提素、梯队培养;隆重表彰优秀高技能人才、专业技术人才29人;重奖在安全生产、技能竞赛、技术创新、节支创效等四个领域的"十大模范标兵"40人,营造出"崇尚科技、尊重人才"的浓厚氛围。

【职工生活】 一是实施全段集中供暖及雨排水设施改造,功在当下、利在百年;完善检修区职工间休室,对检修车间轮旋间实施除尘设施改造,切实保障职工身心健康,在全局车辆系统率先取得OHSAS18000职业健康安全管理体系认证。二是组织职工健康休养12批次249人,划地区、分区域组织职工分健康体检1131人;春节、中秋、国庆等节日,筹资15.1万元,走访慰问各类困难职工、劳模和病伤职工48人。三是筹集资金5.1万元,开展"金秋助学"活动,资助考入大中专院校的职工子女62人次。四是积极开展"健康侯辆"、"百千万"系列文化活动,丰富职工文化生活;完善段生态园、招待所及37间职工单身宿舍设施,民生品质得到大幅提升。

【党群工作】 一是扎实开展"两学一做"学习教育,以"转闯增"主题教育、党支部建设三年基础工程为切入点,引深党员"创四岗"、党员立项攻关、"梁瑞斌维修尖兵队"等党内品牌创建,创新路、墙、栏"三种文化"和党员承诺墙、风采展示窗、服务明星角“三个阵地”,在保安全、保经营、保稳定等重点工作中彰显组织作用,营造出良好的政治生态和发展环境。二是大力弘扬“安全优质、兴路强国”新时期铁路精神,以“守纪律、讲规矩”为核心,深推从严务实的“10个方面”理念,规范全员行为养成。突出廉政风险研判,加大监督、执纪力度,严防利用职务犯罪和岗位失管犯罪,让制度以公开、民主的方式“阳光”运作。三是积极加强劳动安全监督检查,大力推进“八小工程”建设、落实“三不让”帮扶救助机制,深入开展“争当岗位标兵、争创一流业绩”劳动竞赛、“青创众帮聚力启航”等活动,不断激发干部职工干事创业的工作热情和干劲,凝聚起“为太原局好”“为侯辆好”的力量。

【大事记】 1. 9月14日,该段完成C80E段修设施改造,首辆C80E型敞车入段施修并通过鉴定,实现了该段重载车辆检修能力的跨越。

2. 12月,该段“郭景川创新工作室”被山西省总工会直属基层工会工作委员会授予“劳模创新工作室”荣誉称号。

3. 12月,该段侯北检修车间轴承班轮轴装修工马建忠荣获全路2016年火车头奖章。

（韩雪晶）

湖东车辆段

【领导成员】

段　　长　　王保平
副 段 长　　费宗仁
　　　　　　宋世伟
　　　　　　刘宝宽
　　　　　　刘书银
总会计师　　刘卫明
总工程师　　赵迎军
党委书记　　栗维佳
党委副书记、纪委书记　　张雨天
党委副书记　　张　和(2016年7月任)
工会主席　　张少斌(2016年9月免)

【概况】 湖东车辆段管辖范围西起黄河边,东到渤海湾,横跨京、津、晋、冀“两省两市”,主要承担着大秦、京包、北同蒲、韩原线4大干线和口泉、云冈、平朔、迁曹线等6条支线及部分专用铁路线运用车辆的维修任务,以及大秦线配属C80重载货车的检修任务,是全路唯一集厂修、段修、运用修、临修、集中整备、轮轴厂修（新组装）为一体的重载货车检修基地。

机构设:12个职能科室、2个辅助生产机构、17个生产车间（其中:运用8个、定检6个、动态2个、设备1个）、34个列检作业场、2个5T集中检测中心,拥有检修台位90个、设备2095台/套,配属车辆总计33768辆（其中:C80系列33348辆,C76等系列420辆）,C80E运用考验车5000辆。货车年厂修能力达到5000辆、段修18000辆、轮轴厂修（新组装）20500条。

【更新改造】 随着大秦线配属车数量逐年增加、检修任务也随之逐年增大,先后进行了厂、段修扩能改造,新建轮轴检修、配件检修基地。2016年,在原有厂、段修扩能改造的基础上,完成厂修转向架自动化分解线、直通式水射流除锈设备改造以及轮轴地下输送线建设等重点工程,完善新型C80E车辆检修工装,满足大秦线33768辆配属车辆的检修需求。特别是发挥科技保安全、提效率作用,完成轮轴检修流水线数字化改造,通过图像自动识别、数据无线传输,实现轮轴检修数字化和全过程智能控制,推动重载货车检修由传统向高科技转型发展。

【生产任务】 始终秉承“安全第一、质量为上、统筹效率”的管理理念,充分发挥调度集中统一指挥作用,优化检修生产组织,合理分劈任务指标,每日紧盯网络化修车和点计划落实。2016年,完成厂修5400辆、段修17860辆、轮轴厂修（含新组装）20980条、临修11458辆。特别是轮轴车间实现自2011年投产以来精检细修轮轴80000条大关，成为段发展史上检修生产的又一个“里程碑”。

【安全管理】 突出继承与创新相结合，在已有管理体系的基础上，编制了段、科室、车间、班组《管理细则》《工作手册》67册，以及《岗位作业指导书》1011项，为干部履职、职工落标提供“作业指导书”。出台了结合部管理办法，划清14个科室60项管理职责清单，段三级管理体系更加清晰，确保了段自立、车间自管、班组自控有标可依、有据可查，为将完善的管理制度转化为有效的管理能力提供可操作的标准依据。

【专项整治】 践行“超前防范”理念，在安全管理上坚持抓小防大，动态开展安全风险研判，修订完善段4大类283条安全风险管控措施。总结摸索车辆故障规律，持续开展惯性故障、惯性问题、管理弱项“3+3+3”专项整治。2016年，更换故障轮对6758条、裂纹钩缓1530套、支撑杆8853条，处置关门车285辆，动态实现大秦线配属C80车辆定检“零过期”、轮对“零过限”、制动“零关门”“三零”目标，保证车辆运行安全，实现第九个安全年。

【干部提素】 以干部为龙头示范带动全员素质提升，强化干部政策解读能力、实际操作能力、解决问题能力、工作落实能力等“四种能力”建设，分检修、运用、设备、5T四个系统明确干部必备的10项实作技能，持续开展干部焊接、车钩检修、调车作业等实作技能演练竞赛，干部逐步由“懂标准”向“会实作、强管理”转变，管理能力不断提升，有效破解自然减员、青工全员出勤等难题。

【职工教育】 将作业指导书贯穿于职工培训教育的始终，投入专项教育培训运作资金，开展全员学技练功、全工种技能竞赛，小工种月月赛、大工种每季赛，职工与职工比、干部与职工比。鼓励车间、班组自主制作实作演练机具、自主开展“打擂比武”，促进职工由“被动学”向“主动学”转变。实行典型故障重奖快奖，全年奖励典型故障6189件70.86万元，16名职工在全路、全局比武中取得优异成绩，职工队伍素质基础不断夯实。

【人才培养】 落实重载人才队伍建设大纲，持续推进人才培养工程，路局级及其以上专业拔尖人才、技术能手达到75人，高级工程师31人、工程师42人，高级技师43人、技师435人，为持续发展奠定人才基础。充分发挥高层次、高技能人才带头示范作用，为人才搭建“科技工作室”“技师工作室”“创新工作室”等发展平台，工人技师刘书学先后获得太铁“最美职工”“火车头”奖章以及山西省“五一劳动奖章”，以其命名的“书学工作室”在获得“山西省劳模优秀创新工作室”后，又被路局命名为“刘书学技能大师工作室”。2016年完成科技创新及技改成果60项，5项成果获中国铁道学会科学技术奖、路局重大科技成果奖、科技进步奖。

【经营管理】 面对全路、全局严峻经营形势，立足内部挖潜提效，在传统修旧利废、节支降耗的基础上，从“政策性、专业性、全员性”三个层面，向管理创新、向配件检修、向人员挖潜、向设备维修要效益，结合大秦线货运量下降、配属车周转率降低等实际，创新延长轴承退卸周期，增加轴承一般检修，大修轴承实行100%返还，高级修程下车配件供低级修程使用，发动全员积极参与修旧利废、技术攻关，实现岗位节支540万元，完成路局下达的3124万元的节支创效目标。在经营极为困难的情况下，职工收入稳步增长，取得成本节约与职工收入增长的双赢效果。

【文化建设】 始终坚持用安全文化助推持续发展，常态化开展6S检查整治，规范职工良好行为习惯，提升职工素养。发挥典型引领作用，选树“湖辆之星”81名、安全功臣10名、安全标兵15名，“星光大道”集中展示先进典型、标兵功臣事迹照片，崇尚先进、爱岗敬业的良好氛围逐步形成。在获得局级、省级荣誉的基础上,又获得“全国安全文化建设示范企业”、铁总“企业文化建设优秀成果”等荣誉称号。

【职工生活】 深入践行以人为本理念,真心实意为职工群众谋福利、解难题,段六届五次职代会确定的“八件实事”高标兑现,满意度达到100% 。积极筹措资金,投入95万元用于八小民生工程建设,投入220多万元开展送温暖、送清凉等慰问活动,助学、助医、助困139万元,惠及职工群众1161人次。同时,建成综合性的“职工文体活动中心”,推进了定检区尘毒治理,职工生产生活条件得到持续改善,职工企业归属感、认同感得到提升。

【大事记】 1. 该段荣获“2015年全国安全文化建设示范企业”称号,在表彰的88家企业中,湖东车辆段是铁路总公司仅有的2家获奖单位之一。

2. 该段荣获由中国铁道企业管理协会、中国铁路总公司宣传部、中华全国铁道总工会、全国铁道团委联合颁发“2015年度铁道行业企业文化优秀成果奖”。

3. 该段荣获“2015年全路货车清查工作优秀单位”荣誉称号。

（李鹏飞）

太原工务段

【领导成员】

段　　长　侯兴生
副 段 长　陈万春(2016年8月1日免)
　　　　　吴腾宇
　　　　　张全贵
　　　　　田　青
　　　　　安锦涛
总会计师　马广义
党委书记　亢国伟
党委副书记、纪委书记　武惠生
工会主席　马　卫(2016年8月1日免)
　　　　　李原平(2016年12月7日任)

【概况】 太原工务段主要担负石太、大西、南北同蒲、太焦、太岚、瓦日、太兴、西山、兰村、介西等干支线及石太客专线桥设备维修养护任务。设备管界:北同蒲上行南塔底—皇后园间K331 +000与原平工务段交界至K334 +579皇后园进站信号机终;北同蒲下行阳曲—皇后园间K331 +000与原平工务段交界至K334 +585皇后园进站信号机终。南同蒲上下行与太原南工务段分界至K379 +000,与侯北工务段分界至K538 +000。石太线下行自太原东站出站信号机K232 +135,与北同蒲上行相接至K240 +863皇后园进站信号机终;石太线上行自太原东站进站信号机K228 +552,与北同蒲下行相接至K237 +016皇后园进站信号机终。太焦线从修文3道站中心K0 +000至大平—夏店间的K190 +700与郑州局相接。太岚线从太原北104号岔尖K0 +095至太北六场48号岔尖K3 +701。瓦日线上下行从白文—临县北间K68 +000至石楼—隰县间K238 +000。太兴线下行从太北六场48号岔尖K4 +297至白文东(白文北)103号岔尖K167 +675;太兴线上行从太北六场2号岔尖K4 +297至静游站K91 +555。石太客专上下行自K222 +400(东凌井—太原东)至长风街线路所K232 +900。大西上下行自太原东站K263 +899至长风街线路所K272 +500。西山线从太原北404号岔尖 -(K0 +011)至K26 +916白家庄4号岔前接头终。兰村线从太北六场52号岔尖K0 +075至K12 +427上兰村495分界。介西线从介休站208号岔尖K0 +237至K44 +947阳泉曲站8号岔接头终。义万联络线从义棠9号岔尖K0 +000至K5 +294万安站中心;义万疏解线从介西线四公里线路所1号岔心至K1 +824义棠站25号岔心终;介休洗选从义棠29号岔尖K0 +000至K6 +236介休站8号岔尖终,洗选介西从介休工业站6号岔尖 -(K0 +005)至K1 +544介西线K3 +327终,汾皇联络线从汾河7 -13#复交岔心K0 +

000至K2+929皇后园站4A-6B岔心终；皇太联络线从皇后园6号岔尖K0+000至K5+767太原北站415号岔尖终；汾太联络线从太原北站504号岔尖K0+000至K1+362汾河3号岔尖终；白文疏解线从白文东11号岔尖K0+000至K4+143白文站3号岔尖终；白文北疏解线从白文东1号岔尖K0+000至K4+189白文北101号岔尖终；吕临线从后陡泉桥尾K36+871至三交南右线路所X-7#尖K38+205；北东联络线从陡泉右线路所X-9#尖K0+002至三交左线路所X-5#尖K1+323；东北联络线从后陡泉左线桥尾K3+781至三交右线路所X-3#尖K5+699；东南联络线从陡泉左线路所X-6#尖K0+004至三交南左线路所X-8#尖K1+138。线路设备总延展长1910.602km；道岔2115组(客车通道道岔676组)；桥梁564座/45359m；隧道128座/119216m；涵渠1288座/40676m。固定资产净值20.13亿元。

2016年末，全段职工总数2562人，其中，男2352人，女210人；干部429人

机构设：线路科、桥隧科、安全科、材料科、生产调度指挥中心、职工教育培训中心、劳动人事科、财务科、保卫科、办公室、党委办公室。设质量监控分析中心、道岔整修队2个辅助生产机构。下设车间28个，班组124个。

【安全生产】 紧紧抓住管理这个风险源头，动态细化管理职责358项，明确工作流程134项，全段安全职责体系更加清晰。突出客车(含高铁动车径路)、人身安全、点外作业等重点，动态研判，超前防范，采取了23项82条管控措施。不断完善安全检查和问题销号管理制度，开展了10项重点问题挂牌督办、5项安全专项整治和8项安全专项检查，安全风险关键得到有效控制。充分发挥“大数据”分析优势，针对410个安全典型问题和39个突出隐患进行追踪分析和深度分析，提升风险防控能力。持续加强路外安全专项治理，全段安全发展环境保持稳定。全年注重引导激励，对防止事故及时奖励，共计奖励60.5万元。发生铁路交通事故较2015年同期减少40%(减少4件)；责任设备故障较2015年同期减少46%(减少9.5件)。截至12月31日18点，顺利实现安全生产465天。先后历时98天，组织6次集中修及综合维修施工，完成更换道岔30组、道岔大轨件更换51组、大机清筛100.744km、大机线路捣固359.806km、道岔捣固401.5组、钢轨打磨92.5km、道岔换砟62.5组、岔间线路换砟2.903km、人工破底清筛线路1.887km、桥梁换砟3.908km及8项桥梁、路基大修等工作量。首次在全局完成石太客专结合部大机清筛、捣固及南同蒲边坡、站台清筛等重点施工，实现大机清筛整区间贯通。针对钢轨超期服役，加快实施太焦、南同蒲等线，太北、介休等站场及C80径路设备重型化改造，完成更换再用钢轨82.033km、新钢轨9.8km。同时，狠抓客车通道、站场设备隐患整治，扎实推进南同蒲安全标准线建线达标工作，大力开展路基专项整修和工务作业通道改造。通过设备检修全覆盖、重点地段大中修，分轻重缓急逐步解决设备质量问题，全段设备整体框架结构明显增强。

【经营管理】 始终坚持依法治企，以全面预算为抓手，将精细化经营管理理念贯穿始终，在经营压力巨大的情况下，圆满完成大修3365.3万元、更新改造1802.8万元的预算任务。围绕全年节支目标，积极拓宽渠道，大力开展“转闯增”活动，充分发动全员创新创效创业，通过采取30项增收节支实施办法和21条具体节支创效措施，推进全方位挖潜提效，圆满完成路局下达210万的节支目标。全年，强推债权债务清理，累计清欠34笔/390.22万元；规范物资采购管理，公开招标采购18次；签订各类合同407份，标的额20856.89万元，未发生任何合同纠纷；持续开展“小金库”专项治理，不断规范经营网点管理，资金管理更加规范。同时，动态加强对经营网点市场预期和经营环境变化的研判和

分析,积极实施“靠上去、闯出来、走出去”经营发展战略,固旧拓新,千方百计开发工程项目,创收7884万元、创利60万元;并加快对工务自主产品的不断研发和推广,完成产值332万元,实现了维修成本降低和多元经营创收“双赢”。

在南同蒲下行线综合施工中首次组织大机清筛边坡施工　（张卫洲　供）

【科技教育】　坚持以科技创新发展为主线,主动承担“自轮运转特种设备运用安全管理系统”、“NBLX型护罩式垫片和预应力防松脱螺母新型螺纹紧固套件”、“SY－5型便携式线路检查仪系统”等6项科研攻关,促进安全问题在实践中有效化解。加速推进科技成果转化,“钢轨无损加固装置”、“半自动闭塞区段断轨监测系统”、“FDGX(B)型反射式电子发光信号(标志)牌”等一批科研成果快速在工务系统8个工务段现场得以运用。“利用工务信息平台,实现检测数据综合利用”、“FHT1－15－F－C高延展性复合凝胶材料整治边坡冲刷”、“吊式钢轨移动进出轨器”等10项合理化建议分获路局合理化建议二、三、四等奖。同时,持续补强完善调度指挥中心功能,以《工务安全生产管理信息系统》为支撑,全面搭建工务大数据管理平台;强力推进“视频到车间、网络进班组”建设,全力推行电子公文系统,科技促进生产、科技提升效率的作用更加明显。全年以“学规章、学标准、保安全、保质量”为主线,积极采用“以练促学”“以考促学”等模式,督促职工带着问题、任务和目标学技能,通过奖优罚劣,激励职工自觉学业务,扎实推进职工岗位技能达标。以技术精、业务强为引领,深入贯彻落实安全和教育并重,理论和实践并举,大力开展专业技术标兵、岗位技能骨干等评选,大力营造“比学赶超”的浓厚氛围,取得全局工务系统竞赛综合第一的好成绩,职工队伍整体素质得到大幅提升。先后向总公司、路局输送技术能手、青年科技、专业技能拔尖人才、首席工程师、优秀大学生等各类人才14名,全段尊重知识、尊重劳动、尊重人才的氛围更加浓厚。

【职工生活】　通过多种途径,大力实施计件工资管理,2016年职工人均收入92671.44元,同比提高4.6%,实现了稳步增长。深入推进民生工程三年攻坚计划,榆社桥隧车间等3处生产生活设施得到明显改善;积极筹措466.14万元,沿线工区、班组生产生活条件得以增强。以4个牵头站区“百千万”文体活动为辐射,分地区举办全段职工运动会;抓实“双进双千”常态化,精心组织服务职工送凉爽、工会会员慰问、集中修施工慰问等活动。全年安排职工健康休养402人次、体检2395人次;发放独生子女费41.76万元,为独生子女父母退休时一次性补贴110.145万元/73人;精准实施帮扶救助,发放救助金57.9万元,服务职工1300余人次;解决困难职工住房20余套。通过一年来全段上下的共同努力,段十届三次职代会所确定的10件实事全部高标兑现。2016计生工作荣获杏花岭区“流动人口健康促进示范企业”称号。

【党群工作】　党组织坚持不懈抓基层、打基础,持续深化一线党支部建设“三年基础工程”,深入推进安全、服务、经营文化建设,扎实推进“两学一做”学习教育,为推动全段安全生产和改革发展提供了坚强有力的政治保证。纪检监察组织积极落实“三转”要求,持续推进惩治和预防腐败体系建设,严格“三公”经费管理和“小金库”专项整治,重点监督6项大额资金项目运作,驻守廉政风险防线,提升廉政风险防控能力；同时加强信访举报核查，全年初核线索7件，初核查否4件，立案查处2件，正在核查1件。工会组织围绕中心，持续发力，深推17项职工“五小”技术创新取得实效，10名“太工工匠”岗位示范，创新引领；抓实劳动保护监督，涌现出11名“优秀劳动保护监督员”和7个人身安全问题“零记录”优胜车间。共青团组织扎实开展青年小班制竞赛、单身青年联谊、“后进”青年帮教，在推动中心任务中发挥了生力军和突击队作用。2016年，全段涌现出路局级先进车间3个，先进班组4个，先进个人16名。

（张卫洲）

太原南工务段

【领导成员】

段　　长　　周　晶（2016年8月1日免）
　　　　　　刘全仁（2016年8月1日任）
副 段 长　　周旭江
　　　　　　王志刚
　　　　　　赵笠君
　　　　　　曹青旺
　　　　　　王亚洲
　　　　　　朱增辉（2016年8月1日任）
党委书记　　高新生
党委副书记、纪委书记　　刘晋生
工会主席　　毕建军
段长助理　　何海宏（2016年8月1日免）

【概况】 太原南工务段主要担负太中银线（新鸣李—吴堡）、石太线及南同蒲、石太客专部分区段和太原南站、榆次编组枢纽（含榆次联络线、榆次联1线、榆次联2线）、吕临支线线桥设备维修养护任务。管内普速线路设备正线长度734.175km（其中石太198.955km、南同蒲16.498km、榆联0.848km、榆联一1.237km、榆联二3.245km、太中437.289km、货联21.646km、吕临支线47.794km、中鼎联络6.663km），普速道岔834组（其中：石太437组、南同蒲99组、榆联线3组、榆次联1线1组、榆次联2线4组、太中231组、货联20组、中鼎联络4组、吕临支线35组）、桥梁416座、隧道105座、涵渠629座，固定资产8.63亿元。设备跨越太原市、晋中市、汾阳市、吕梁市、阳泉市、寿阳县、清徐县、交城县、文水县、柳林县、方山县、临县、小店区、榆次区、离石区等5市7县3区。

机构设：线路科、桥隧科、安全科、劳动人事科、财务科、材料科、办公室、保卫科、生产调度指挥中心、职工教育中心，2个附属机构（质量监控分析中心、道岔整修队）和1个经营网点（龙腾公司），下设16个生产车间和72个班组；党群系统设党群办公室、17个车间党支部（总支）及43个班组党支部。2016年末，全段在岗人数1307人。

【安全生产】 一是狠抓防洪工作，坚持汛前细致排查，全面调查沿线13座水库蓄水量、坝体、泄洪口等关键部位状态，针对汛期管内6次强降雨过程，严格落实“局长一号令”，汛期管内降雨达到出巡警戒162次、限速警戒39次、封锁警戒1次，共开行轨道车检查区间5次、干部添乘机车检查126人/197趟次，出动1600余人次进行设备检查，发现整修水害处所21处，确保了汛期运输安全。二是落实防断责任，认真贯彻全年防断、全员防断的有关要求，充分发挥“六道防线”作用，狠抓防断检查、问题分析和隐患整治，确保了全年无责任断轨问题发生。三是强化人身作业问题整治，坚持全年开展人身作业安全专项整治工作，将作业人身安全问题纳入各级人员下现场量化指标，通过狠抓惯性违章、职工“两纪”，不断促进现场管理规范。同时坚持适时发布动态预警、每周对典型问题、每月对量化指标完成情况考核通报，确保人身作业常抓不懈、长管长严。四是着力推进大数据管理，将动静态大数据纳入信息系统数据库，依据病害入库标准建立病害库，按照评分标准逐项进行评价，有计划地指导设备整修；依托轨检车数据分析指导线路整修，每月由线路科对石太线、太中银轨检车资料进行梳理，通过与上月轨检车数据资料进行比对，查找线路整修存在的质量问题，为线路维修保养提供指导意见；依据动静态数据及时处置设备病害，每月按照段月度添乘、徒步和轨检仪检查安排进行数据收集，并及时将各类数据在段网公布，指导车间合理编制整修计划。五是注重发挥导向激励，根据急难险重任务和安全生产保障需求，进一步规范发牌分值管理、重要信息评选、问题追踪分析、安全奖惩导向机制，着力提升广大干部职工守责意识和履职自觉，使各项基础工作进一步得到夯实，全年累计发放各种奖励 42.52 万元,实施考核 56.39 万元。

【经营管理】 全年完成运输总支出 18201 万元,完成固定资产大修预算 2366.50 万元,完成更新改造项目 2252.70 万元,完成其他业务收入 935 万元,完成利润指标 16 万元。同时积极做好债权清欠工作,共清回债权 721.17 万元,占全部债权的 50.51% 。龙腾公司积极创效创收,全年完成经营收入 2500 万元、经营开发收入完成 1 万元,实现利润 50 万元。全年人均收入 93367 元,较 2015 年递增 6.3% 。

【设备基础】 一是倾力集中修强设备。在石太线和榆次枢纽两次集中修中,坚持提前调查分析、提前技术测量、提前细化措施、提前制定方案,努力克服种种困难,攻克了枢纽大机清筛、隧道更换矮型枕、线梁偏心超限、道床抛砟换填、整组更换道岔轨件等施工难关,解决困扰设备质量的薄弱环节,圆满完成既定的各项任务。两次集中修共完成大机清筛道床 95.73km,成段更换钢轨 36.13km,成段更换隧道矮型轨枕 2018 根/2 座,大机捣固线路 76.62km,大机捣固道岔 74 组,大机打磨钢轨 20.86km,道岔换砟 17 组,桥梁换砟 2.29km,成组更换道岔轨件 30 组,站台线路清筛 1.56km,道岔达标整治 157 组,卸补石砟 44172m。二是依托重点修提质量。无论严寒酷暑,坚持精细铺排天窗,强化设备改造整治,全年累计更换石太下行无缝线路 31km,实现了石太线上下行无缝线路贯通;为榆次二场、榆次客站、榆次西站、马首站、东赵站 60 组道岔更换了轨件,对榆次枢纽道岔进行了无缝化改造,共更换尖轨 60 根、基本轨 60 根、叉心 30 个、护轨 30 根,岔前岔后配轨 120 根;将“U”型老旧弹条垫板全部更换为分开式扣板,使客车通道道岔框架强度得到了进一步提升。进行站场小半径曲线专项整治,共整修站场小半径曲线 42 条/3.59km。将 13 处到发线异型接头全部更换为异型轨,消除了异型接头连接夹板频繁断裂的问题。针对石太线 π 型梁人行道钢支架 U 型螺栓、角钢严重锈蚀,自 8 月底开始重点整治,共整修设备 23 座 95 孔。

年内,管内设备质量得到大幅跃升。12 月份石太线轨检车检查评定质量实现了历史性突破,全线优良率达到了 91.87% ,较年初优良率 47.37% 提高 44.5% ;公里均分突破 25 分,达到了 24.22 分,较年初 81.56 分减少 57.34 分(减幅 70.3%);TQI 指数 12.67 较年初 15.11 减少 2.44(升幅 16.1%)。同时局内普速铁路速度等级最高的太中线轨检车公里均分突破 5 分,达到 4.73 分,较年初减少 4.91 分(降幅 50.9%)。12 月 28 日赵春雷局长代表路局签发表扬令,予以鞭策与激励。

【科教工作】 全年组织开展各类培训班 16 期、培训 10169 人次,年度计划推进率 100% 。组织开展了全员人身、作业、电气化劳动安全培训和防洪防胀、防寒过冬、春暑运、调图专项培训。针对中鼎物流园开通,组织相关车间、工区岗位技能人员进行专项培训。深入开展“全员学技练功、全段技能竞赛”活动,选拔优秀选手参加路局技能竞赛。

【干部管理】 为进一步加强人才队伍建设,提高管理和专业技术人员综合业务能力,根据路局培训要求，全年选送32人次参加了总公司各类培训，选送141人次参加了局级各类培训，并严格执行段自主培训计划，举办自主培训9期培训1268人次。借助路局远程教育培训平台，组织了第一期领导人员远程网络培训班、工务新技术远程网络培训班、消防安全管理负责人网络培训班等4期网络培训班。同时进一步抓好干部作风督查工作，不断增强干部队伍的纪律规矩意识，有力促进干部作用发挥，全年制定下发了《太原南工务段干部职工参会、值班、请销假及外出报告四项制度》（太南工劳〔2016〕96号）、《太原南工务段铁路交通事故和生产安全事故责任追究办法》（太南工劳〔2016〕108号）。为全面落实路局干部人事档案专审工作，通过核查摸底、信息收集、审查登记、逐个审核和分类汇总，对全部255本干部档案进行了核查，将档案中学历学位、家庭成员和重要社会关系、个人奖惩等材料进行了审查补充，确保档案审核工作的严谨准确。

【职工生活】 全年投入405.16万元，对吴城站区进站道路及附属设施、榆编线路车间一、二、三、四工区、寿阳重点维修车间寿阳分队、寿阳探伤工区、寿阳桥梁工区、芦家庄桥梁工区生产生活设施进行改造整治，打通了吴城工区出行道路，改善了一线的生产生活环境。针对部分车间冬季供热不足，提前组织对全段23台锅炉、30处采暖设施进行检查维修，提早联系为寿阳综合机修办公楼、轨道车库、寿阳桥梁工区、榆编线路车间、榆次桥梁车间、战备库进行集中供热改造，特别对自轮运转车间年年过冷冬问题，专门投入19万元购置安装了取暖锅炉。结合路局综合信息网进班组整体进度，对全段93个联网终端进行了网络布线和终端调试，实现了路局、段、车间、班组层级间综合信息共享互通。为车间工区新配彩电98台，为全段伙食团配发绞肉机49台。全年累计发放助医救助金20.69万元/89人次，助学资助金1.12万元/35人次，一般困难职工救助金5.60万元/160人次。安排职工健康体检1338人次，组织11期226名一线干部职工赴海南、琼海等地疗养。

大型机械对中鼎物流园新铺股道进行捣固、夯拍作业　　（任会晓　供）

【党群工作】 段党委以“两学一做”学习教育为主线，着力强化党风党纪教育和领导班子思想建设，坚持思想政治建设引领和集体科学民主决策，积极发挥示范表率带头作用，严格落实“两个责任”要求，时时将纪律规矩挺在前面，夯实基础根基，强化作风转变，积极为全段的安全经营发展尽心尽力。先后开展了“发挥组织作用，助推春运安全”、集中修“四带头四争当”岗位立功竞赛、“奋战集中修，为党代会添光彩”等主题实践活动，组织广大党员积极投身春运保安全、石太线集中修等重点施工，唱响了“我是共产党员跟我上”的最强音。段纪检组织广泛开展“送廉、学廉、诺廉、述廉、倡廉”活动，采取专题学习、专项教育、主题参观、发送廉政短信等多种手段强化对领导干部、中层干部和“六管”人员的廉洁自律教育，完善机关科室廉政风险内控机制13项。积极运用监督执纪“四种形态”对上报天窗作业人数与实际不符、轨料验收入库不合规、个别招标程序不规范等问题进行谈话函询，推动了全段党风廉政建设的健康发展。段工会组织扎实推进三级民主管理，主动发挥保障职能，积极开展生活线建设和主题活动，使职工关心企业、企业爱护职工的局面更加和谐。共青团组织发挥自身优势，组织广大团员青年在安全生产中勇挑重担，努力发挥突击队和生力军作用。

（任会晓）

太原高铁工务段

【领导成员】

段　　长　周　晶（2016年8月1日任）

副 段 长　王永红（2016年11月11日任）

王光建（2016年11月11日任）

党委书记　张建军（2016年8月1日任）

党委副书记、纪委书记

栗国文（2016年11月1日任）

工会主席　马新源（2016年8月1日任）

【概况】　根据《太原铁路局关于设立太原高铁工务段的通知》（太铁劳卫〔2016〕392号）文件要求，该段于2016年8月4日正式成立。管辖大西高铁长度1000.036km（上下行K164+800～K251+466、上行K272+683～K686+048、下行K272+685～K686+048），太南、大西、石太、运城北动车走行线18.776延长公里，站线123.146延长公里，石太客专、石太线及大西线上、下行正线共计19.085km，石太场到发线共计9.798km。大西高铁道岔401组，其中正线道岔202组，到发线道岔56组，其他站线道岔143组；试验段设单向钢轨伸缩调节器4组。太原南大西场共计道岔34组，其中33组P60－1/18#单开有砟道岔，1组联络线P60－1/12#单开有砟道岔。太原动车组运用所共计道岔123组，其中单开有砟道岔共116组，其中P60－1/12#单开有砟道岔9组，P50－1/12#单开有砟道岔53组，P50－1/9#单开有砟道岔54组；菱形道岔7组。大西高铁正线曲线87对/174条，延展长407.051km，占全长40.7%，最小曲线半径1200m，最大曲线半径12005m。线路最大纵坡30‰，竖曲线228处/47.823km，最小竖曲线半径25000m、最大竖曲线半径30000m。普速铁路道岔共计61组，其中太原南石太场58组，长风街线路所3组。正线道岔共计41组，到发线道岔20组。管辖桥梁193座/364991m，隧道34座/56047m，涵渠155座，/6251m，路基长度103.819km，上跨桥5座，旅客地道23座，限高架441座，声屏障193段/83.123km，防护栅栏长度442.091km，通道门188个，其中路基段栅栏门95个、桥梁疏散通道88个、隧道救援通道5个，防灾监测点117处，其中风监测点51处、雨监测点22处、地震监测点40处、异物侵限监测点4处。

2016年末，全段在册职工446人，男职工434人，女职工12人；在岗446人，定员345人；共有行管人员42名，党群干部9名，生产技术人员33名。高级职称7人，中级职称21人，初级职称44人，高级技师1人，工人技师21人。

机构设办公室、安全科、线路技术科、路桥技术科、财务科、劳动人事科、生产调度指挥中心；生产机构6个，其中线路车间1个、综合车间4个、综合机修车间1个。

【安全管理】　全段干部职工深入贯彻“安全第一，预防为主，综合治理”的方针，坚持“三点共识”“三个重中之重”，以“安全管理规范化、现场作业标准化、检查整治常态化”为重点，实事求是，科学管理，不断夯实安全管理基础，全面提升段安全管理水平，确保动客车运行安全。截至12月31日18:00点顺利实现安全生产148天。一是推进安全管理规范化，确保安全风险可控。始终坚持从作业组织、设备质量、应急处置等方面查找安全隐患，研判作业过程、设备状态存在的安全风险，积极采取有效防范措施，突出过程管控，建立健全安全管理职责、工作标准和工作流程、完善安全责任体系，将工作模块化；梳理并公布了突出的十项风险，针对高铁安全风险点制定风险控制表，梳理23项风险控制措施及应急处置办法，确保安全风险可控。二是加快整章建制，完善基础管理。结合高铁安全管理实际，共编制完成技术规章20个、管理文件45个，编制高铁应急预案17个；制定完成并印发段安全管理职责88个，工作标准76个，重点工作流程116个。三是认真汲取问题教训，梳理重点病害问题。严格贯彻“高铁无小事”、“高铁不能有事”的设备管理理念，坚持高铁、动客车径路不能存在超临时补修病害的原则不动摇，通过加强作业质量、优化施工组织、提高作业效率等方面提升设备质量，将防止超临时补修病害的发生作为今后设备维修目标，把设备维修管理模式从原来的“治病强身”转变为“防病强身”。将管内20处路基段不均匀沉降、6处无砟轨道上拱、6处区间铝热焊、1处高铁伤损加固处所、3处道岔预埋套管失效、50处2015年冻害处所等突出病害全部纳入重点问题库管理。制定具体的检查方式及检查周期，确保设备安全稳定可控。四是在全段范围内开展“责任与标准”大讨论活动。组织在全段范围内开展“责任与标准”大讨论，以“三个搞好”、“五个结合”为载体，从思想认识、工作作风、业务素质等方面进行对照反思，切实增强干部职工“四种意识”和“一个观念”。五是开展安全关键时期三项重点工作。结合段工作实际，积极布置并开展安全隐患排查整治、安全重点监督检查、围剿弄虚作假行为等工作，梳理并公布了突出的调整过渡期存在的安全隐患、防洪安全、周边环境安全、防联电安全、防胀安全、重点薄弱地点、应急处置、施工作业安全、职工两纪、交通安全风险十项风险，制定了隐患排查整治重点及围剿弄虚作假检查项点，确保了安全平稳过渡。

【基础设备】 细化落实高铁设备“严检慎修”的维修理念，坚持以设备质量全面改善、均衡提高为目标，完成各项施工任务。一是在太原南动车所组织4个曲线拨道组、4个设备整修组，按照责任到人、倒排进度的原则，全面开展曲线拨正以及拨正后高低、水平、连接零件、曲线标识的整治工作。对动车所115条曲线全部进行综合整治，累计用工1543个，消除曲线超保养病害347处（无网区106处，有网区241处），道岔整修84处，股道超临修病害整修30处，切实提升了动车所设备质量。同时按照曲线正矢测量排点的统一标准对动车所111条曲线进行重新排点，刷新曲线标识42条，为今后维修工作的安排提供科学可靠的依据。二是完成路局大西高铁首次大机打磨施工，秉着“严检慎修”的高铁维修理念，准抓精心准备、科学分析、卡控风险、严格验收“四个环节”，利用68个天窗点圆满完成管内正线钢轨打磨4573.67遍·公里以及14个站场122组正线道岔的打磨施工任务。期间通过该段与路局的沟通协调，攻克施工任务中关键性的“三大难点”，一是开创性地采用“5站4区间”的施工作业模式解决了打磨列车频繁转线而造成实际作业时间浪费的问题；二是采用机车牵引的方式解决道岔打磨车大坡道区段动力不足的难题。三是通过加强与多方设备单位沟通协调，解决施工、维修天窗同步进行，施工组织协调困难的问题。

【科教工作】 一是围绕安全生产中心任务，坚持服务现场、服务职工的培训理念，坚持从实际出发、力求实效的培训原则，坚持技能培训和安全教育并重的培训方针，以路局“职工教育培训考试（ETES）系统”为载体，扎实开展各项培训考试工作。全年共举办高铁线路工、桥隧工强化培训8期/222人，高铁道岔打磨、规章培训等适应性培训班5期/353人；举办新职人员培训班1期/30人；举办技能等级培训班2期/25人；举办轨道加司机季度达标、车机联控、GYK培训班4期/88人；举办锅炉焚烧人员培训班1期/4人；组织全员“面对面一事一教”专题培训4期；组织防寒、调图等全员性培训考试2次/880余人；组织汽车驾驶员上岗证审验培训考试1期/15人；组织高铁线路工6人（其中：学员4人、教练2人）参加总公司技能竞赛集中训练，为期3个月，最终获得高铁线路工技能竞赛第十五名的优异成绩。另外全段6名同志分别获得路局级技能竞赛第一、二、三名，受到路局表彰。

二是组织编印《职工日常业务学习记录本》以及《防寒培训资料》《高铁工务系统技能竞赛集锦 –18 #道岔检查》《高速铁路桥隧概况及存在问题》等各类学习资料200余册。

【干部管理】 自8月份建段以来,共选送管理和专业技术人员50人次参加各级各类培训班;段自行举办“高铁道岔打磨技术培训班,由15名业务科室和车间专业技术人员参加;同时,紧密结合高铁工务专业特点,每月组织高铁规章学习和抽考抽问工作,组织“防寒”“调图”等培训考试,每次培训考试干部均在80人次以上。

【职工生活】 段工会筹备组精准服务,凝聚新段合力,一是针对大西高铁点多线长、人员分散、夜间作业多、室外作业长的实际,开展“送凉爽”、冬季送温暖、中秋国庆、元旦春节“双进双千”送温暖等一系列慰问活动,共计发放洗漱包50个、水杯413个、保温水壶446个、床上三件套410套、四件套416套。二是路局、段、段工会共筹集资金21万元,为一线伙食团(热饭点)发放大米、面粉、食用油、羊肉、鸡蛋、蔬菜、水果等慰问品,将组织关怀送达现场,实现慰问全覆盖。三是对管内18个班组的小单身、小淋浴、小伙食团、小庭院、小药箱进行检查,补充相关物品、药品,为一线车间班组配备净水机4台、冰箱4台、健身器材2套,并建成段职工文体活动室,改善了职工生产生活环境。

【党群工作】 一是扎实开展“两学一做”学习教育,联系点领导严肃对待党内政治生活,自觉参加所在支部的组织生活会,讲认识、做宣讲、谈体会、授党课、带头搞调研、实在摆问题,树立起领导班子的党员标准。坚持发挥两级中心组学习示范作用,严格规范和完善学习管理制度,严格每月两次集中学、两次个人自学要求,借集中学习契机,全段各级组织围绕重点学习内容开展主题研讨,深入学习领会党的十八届五中、六中全会精神,全国国有企业党建工作会议精神,习近平总书记系列重要讲话精神和党的创新理论成果,七个月内组织集中学习107人/次,观看视频资料1256人/次,形成专题报告4篇。注重加强党员干部教育培训,发挥党员生力军的作用,去年后半年先后举办2期党员骨干培训班,通过带头讲、带头学,培训班取得较好的成果,极大地提升了部分党员在扩展思路、提升政治和理论素养的能力。

二是进一步夯实和规范支部党建工作,制订《党建任务分解书》,细化6类85项具体任务,确保党建工作重点任务落地生根。规范“三会一课”、发展党员等基本组织生活。抓严抓实党员组织关系集中排查、党费收缴专项检查等五项重点工作任务推进,对转入的170名党员逐一进行梳理,健全完善党员档案,达到摸清底数,理顺关系的目标。精心组织党费收缴专项检查工作,全体党员均完成了补缴,没有产生负面影响。开展“责任与标准”大讨论活动,刊发大讨论专报4期,对优秀事迹进行表彰,对管理盲区进行曝光。加大全日制大学生和一线工班长培养力度,积极搭建人才成长平台,培养“双师双证”人员3名,专业技术干部主持参与局级重点课题13项,3名职工参加局级以上技术比武取得佳绩。

三是党政正职坚持做到“四个亲自”“两个管好”“两个示范”,班子副职认真落实“一岗双责”,做到“四个一”。以“两学一做”为契机,加大全段上下党规党纪学习力度,通过段网开设党风廉政专栏、微信公众号专题推送、举办反腐倡廉专题讲座等形式,扩大廉政教育受众面。

四是结合中秋节、春节等传统节日,不失时机开展节前告诫教育,防止了不良问题的发生。严格“三重一大”事项决策程序,全过程参与了段机关8名干部招聘和太南动走线增设水沟等工程项目招投标。

五是扎实开展“双进双千”送温暖活动,为职工送去价值14万元的慰问品。去年以来累计帮扶助困5人次,助医5人次。组织开展首届聚力杯拔河比赛、“谁是球王”乒乓球台球比赛、“快乐健身迎新春”大众体育竞赛等一系列活动，总计参与各种文体活动达152人次。举办“高铁高素、技能助推”背规大赛等活动，提升了职工学规背规热情。开展路外宣传活动，有效提高学生、村民的知路爱路护路意识。

（贾建飞）

侯马北工务段

【领导成员】

段　　长　　张贵生
副 段 长　　裴苏武
　　　　　　景泽红
　　　　　　祁革强
　　　　　　杨小虎
　　　　　　柴文礼
　　　　　　李永坚（2016年8月1日任）
总会计师　　陈景东
党委书记　　王金虎（2016年3月29日任）
党委副书记、纪委书记　　任海平
党委副书记　黄言昶（2016年6月29日任）
工会主席　　王铁丁

【概况】 侯马北工务段管内有“黄金”重载运输大动脉之称的侯月线，全路第一条“晋煤外运”高速重载通道瓦日线，还有连接秦晋两省客运大通道的南同蒲线和侯西线。管辖站场58个，其中南同蒲33个，侯月9个，侯西7个，礼垣2个，二峰山1个，瓦日线6个。管辖桥梁580座/7930.68m，隧道110座/223844.34m，涵渠1799座/52169.39m，人行地道18座，天桥3座，跨线桥6座，防护架529座，防护网531.340km，防护栏39.128km，路基本体1468.983km。其中特大桥33座（最长桥梁是瓦日线师村特大桥，全长为65670m），特长隧道6座（最长为瓦日线上行南吕梁山隧道，全长23473.5m）；正线道口14处（南同蒲7处，二峰山1处，礼垣6处），其中工务看守2处。

机构设：线路科、桥隧科、安全科、材料科、财务科、劳动人事科、保卫科，办公室，质量监控分析中心、生产调度指挥中心、职工教育培训中心。下设生产车间26个，非生产车间4个。2016年末，全段有职工2849人，其中男职工2662人、女职工187人；干部420人；专业技术人员228人，其中高级职称7人，中级职称80人、初级职称141人；工人高级技师21人，技师120人。党群机构设：党群办公室、纪委、工会、团委。

一日作业标准化、程序化之“班前宣誓”　（严斌　供）

【安全生产】 一是深化一日作业标准化、程序化，确保安全有序可控。以班组“一日作业标准化、程序化”为现场安全控制的关键，班组每天的作业都明确程序和标准，把“班前宣誓、班中盯控、班后考核”等工作标准程序化，成为每一次作业的规定动作。通过日日做，反复做，让作业标准和程序贯穿安全生产始终，作业标准化、程序化已逐步深入人心，基本上实现了现场安全有序可控。

二是实施三个举全段之力，牢牢守住安全底线。围绕年初确定的“人身、站专线、自轮运转及交通安全”这三个关键，举全段之力抓安全防护，抓检查整治，抓闭环管理，强化安全基础建设，落实安全过程控制，筑牢安全屏障，守住安全底线。

三是加强制度源头建设，创建安全管理新格局。扎实开展“强三基、创三优”活动，全面推进标准明晰、职责明晰、流程明晰的管理制度源头建设，动态细化完善了岗位职责

443 个/6936 条、工作标准 394 个/8929 条、重点工作流程 118 个/1418 条。建立健全了日常督查、月末验收、季度平推、年底总评的相关制度，保证了全段各项工作有序推进，创建了"用制度保安全、用标准强质量、用督查抓考核、用考核抓落实、用激励振精神"的安全管理新格局。

四是全面实行精细化管理，专业管理作用明显。落实"机关服务，基层自立"，我们先从段机关抓起，从专业化管理、数字化管理做起，以绝缘接头"8732"精细管理为起点，将任务实行数字化清单管理，用数字将管理过程和效果反映在每天的计划、任务、质量、考核《日报表》中，初步实现了管理"由松变严、由粗变细"的两个转变，专业管理作用日渐凸显。同时，按照"车间自强、班组自控"要求，采取"安全直通车"到班组，"督察督办"到现场等措施，抓实"想在前、做在前、防在前"管理环节，强化事前分析，实现超前防范。

五是集中修施工组织有序，设备基础不断增强。该段从 3 月份全局第一次综合维修施工开始，至 11 月份全局最后一次"综合维修"圆满收尾。在全年 3 次/70 个天窗点大规模的施工中，坚持"安全、质量为先"的施工理念，按照"道岔全面捣固，人机清筛贯通"的施工要求，狠抓现场过程控制，解决了困难地段施工"跳段"的难题，组织进行按钢轨廓形打磨修理的探索实践，安全优质高效完成了既定的施工任务。全年累计完成大机清筛 111.37km、更换钢轨 81.9km、整组更换道岔 10 组、更换轨枕 2 万根、更换桥枕 1.3 万根、大机捣固线路 370km、道岔 384.5 组、打磨钢轨 286km、桥面换砟 10.6km、道岔换砟 58 组、无缝线路应力放散 56.7km、道岔达标整治 492 组、工电联整道岔 573 组、铝热焊联 1634 头、更换伤损尖轨 63 根、更换伤损辙叉 117 个、更换伤损基本轨 49 根、整治零配件 1130km、补充石砟 7.08 万 m^3、更换异型轨 202 根、修复切槽轨枕 845 根、整组更换道岔大部件 93 组，股道封闭修 192 条，站线小半径曲线综合整治 479 条，更换桥梁人行道板 401.5m^2，胶补裂损露筋 633 处，栏杆除锈油漆 2270.4m，整修托架除锈油漆 551 个等施工任务。

六是实施设备计划修理，均衡提高设备质量。严格落实计划修理，抓实"设备检查全覆盖、病害整治全覆盖"两个关键环节，以强化设备基础入手，采取轨检车资料精细化比对分析整治的方法，提高作业效率和作业质量；全面实施"集中修""专业修""记名修""精细修"，保证设备维修"干一处，放心一处，安全一处"。7 月份侯月线轨检车不良扣分 11.75 分，在全局率先实现主要干线轨检车不良扣分减半的目标，并持续保持轨检车平均不良扣分 12 分左右，创建段以来历史最好成绩。

【防洪工作】 坚持"雨情就是命令"的防洪思想，超前组织、超前准备、超前防范；汛期严格落实"局长 1 号令"和防洪工作标准，严格"雨中、雨后"检查制度，经历了 5 次较大降雨的考验，累计出巡检查 3568 人次，检查发现水害 62 起，保证了管内汛期线桥设备的安全畅通，实现了防洪安全年。

【设备改造】 客车通道设备改造完成更换道岔 107 组、更换钢轨 18.375km、铝热焊联 1114 头、更换伤损尖轨 71 根、更换伤损辙叉 145 个、更换伤损基本轨 58 根、更换伤损护轨 22 根、更换失效轨枕 16797 根、更换 70 型扣板式扣件 2.931km、打磨钢轨 286.65km、道岔换碴 58 组、曲线整治 327 条、整治零配件 2010.35km、安装轨撑 800 对，极大地提高了客车通道设备质量。更换 1 个站线股道的 43kg/m 钢轨为 50kg/m 钢轨 0.155km，增强了站场到发线线路设备的框架强度。

【养路机械】 小型液压捣固机 102 组，液压道岔捣固机 21 组，冲击式内燃捣固镐 573 台，振动式内燃捣固镐 209 台，内燃高频软轴捣固机 120 台，内燃锯轨机 149 台，内燃钻孔机 182 台，钢轨打磨机 56 台，内燃道岔打磨机54台,液压钢轨拉伸机33台,内燃螺栓扳手(单头)182台,内燃螺栓扳手(双头)134台,立式双锂电扭矩扳手60把,内燃砼枕螺栓钻取机20台,内燃砼岔枕螺栓钻取机20台,液压起拨道机33台,内燃道岔起拨道(换铺)机5组,铝热焊设备10套,10kW发电机6台,2.5kW发电机50台,钢轨焊补设备9套,轨道检查仪18台,道岔铣磨设备1套,螺帽破切器4台。

3月份南同蒲线集中修岔区捣固作业(严斌 供)

【体制改革】 太原高铁工务段成立后,该段原管辖的大西高铁上下行K432+000—K686+048正线线路514.09km、8个站场及站专线28.135km、道岔122组、桥梁52座、隧道大西10座、涵渠111座,8个站场设备;临汾西、运城北综合维修车间和高铁技术科整建制划归太原高铁工务段。

【班组改革】 按照人力资源配置合理、劳动组织优化高效的要求,全面推进生产资源整合,先后对管内4个中途工区进行了撤并整合,优化了劳动组织。按照"实用、简洁"的原则,重点针对瓦日线介入筹备管理的实际,按照"班组一日作业标准化、程序化"管理标准和要求,规范了线路筹备组4卷14类39项、桥隧4卷14类25项管理内容。

【职工生活】 年初确定的十件实事基本兑现,逐步改善了职工生产生活条件。先后投入138.5万元,为瓦日线7个协调组配备了生产生活设施和标准化餐厅厨具;投入29万元,安装日产水量9t净水机1套,解决了沿线7个车间、工区饮用水不达标问题;投入21万元对7个车间、工区燃煤锅炉进行了清洁能源改造;投入26万元对18个车间、班组的洗澡间、伙食团进行了改造;协调房建段投资17万元对沿线房屋进行修理;为沿线137个生产班组分别补充了电视57台、冰箱(柜)73台、洗衣机42台、空调68台、饮水(壶)机145台、电磁炉11台、电饭锅8台;投入3万元专项资金,强化沿线"小菜园"管理,美化工区环境,丰富了伙食团"绿色"菜篮子。2016年职工人均收入93022元,较上年同期增加6771元,增涨7.9%,为历年来增幅最大的一年,干部职工得到了实惠。

【经营管理】 深入开展"转观念、闯市场、增效益"主题教育活动,积极引导干部职工牢固树立"能挣、会要、省着花"的理念,立足内部挖潜,加大修旧利废,深入推进"再用60kg/m大胶垫加工成50、43kg/m大胶垫""将轨下铁垫板更换成再用分离式扣件"等小改小革项目,把一批实实在在的成果转化为经营效益。

【科技攻关】 紧紧围绕安全生产,以解决安全生产实际问题为中心,坚持"以科技为先导,用科技保安全,向科技要效益,靠科技强管理"的方针,加强科研和技术攻关,为线桥设备质量提升提供技术支持。太阳能钢轨涂油器应用技术研究、无砟轨道裂缝处置技术研究与应用、移动增频器、道岔轨枕折断螺栓内焊修复法、铁路路基翻浆冒泥病害防治新工艺等25个科技攻关、成果示范性推广项目,获太原铁路局科技进步奖2项,获局级合理化建议奖10项,获省奖5项,市局优胜奖8项;专业技术论文在国家级、省部级期刊发表14篇。2016年被评为"山西省质量QC小组先进企业"。

【职工教育】 立足现场,突出实用,组织编制《道岔整治标准化作业》《故障及自然灾害应急防护办法》等培训课件和"一事一教"培训教案。利用职工实训基地和电教设备,先后组织脱产培训班58期1821人次,开展各种培训演练36期3612人次,三新人员、关键岗位人员培训等 8780 人次。

【党群工作】 细化分解全年政治工作重点任务 69 项,分解下半年全段党建工作重点任务 74 项,建立决策“三重一大”事项议案报告制度,杜绝临时动议,避免一事一会频繁召开。细化实施《规范党员管理七项制度》,努力把每名党员始终纳入党组织有效教育管理之中。印发《党员手册》,实施党员交纳党费每月公示、每月谈心、每半年汇报、每半年进行一次集中教育”的“五个一”工作制度,进一步强化了党员意识。努力为职工群众排忧解难,全年慰问特、重困职工 80 人次 10.7 万元,救助一般困难职工 39 人次 1.22 万元;发放大病医疗救助金 199 人次 41.2188 万元;为 26 名职工办理了生育补助 1.3 万元;为 21 名职工办理职工互助金借款 21 万元;金秋助学 7 人 2.75 万元,为参加高考被录取的职工子女发放拉杆箱 121 个。

成立节日送温暖小分队,上侯月、穿同蒲、进瓦日、走大西,为 145 个伙食团购置了猪肉、鸡蛋、蔬菜、米、面、油等生活慰问用品,并组织车间、班组开展节日生活改善友谊赛,职工们通过微信群适时发布烹制美食、组织活动、班组聚餐图片,营造浓厚的节日氛围。为 321 名探伤工配发了保温水壶,解决了慰问品存放难和探伤工野外作业饮水困难的问题。在集中修施工期间,对车间、工区伙食团送面粉 5000 斤、食用油 180 桶、矿泉水 300 箱,为每名参加施工的职工发放一个洗漱包,对自轮运转车间、侯北综合机修车间参加集中修施工的人员人均 50 元的伙食补贴,覆盖干部职工 2000 余名,把组织的真情关爱传递到施工一线。投资 7.88 万元补充 196 个医药保健箱;投资 5 万元专项购置发放了绿豆和藿香正气口服液,送到每个工区伙食团和补充到小药箱。为一线车间班组更换补充配备电视 56 台、38 台冰柜、7 台冰箱、洗衣机 35 台、安装卫星接收天线 8 套;配备更衣柜 47 个;为全段车间、班组发放药品 196 份;为车间配备了 31 个移动拉杆音响,为文化活动室配备了 35 台电视,增建了董村工区篮球场,整修了侯马线路车间篮球、羽毛球活动场地,为职工日常活动提供了更多条件。

开展“安全生产,青年先行”主题安全教育活动,通过安全巡回讲座、专题安全讨论、岗位安全承诺、谏言安全管理、组织青年突击队参与重点任务攻关等形式,进一步激发全段青年“我的安全我做主”,充分发挥青年先锋带头作用。开展“青年小班制”竞赛,通过网络知识答题、应急处置比武、青年背规等活动,营造比学赶超的良好氛围,激发广大青年“学业务、比技能、练硬功”的热情。

(严　斌)

原平工务段

【领导成员】

段　　长　程永威
副 段 长　周春元
　　　　　王雪峰
　　　　　白志平
　　　　　任永斌
　　　　　郭志海
总会计师　高济泉(2016 年 3 月 29 日免)
　　　　　曹亦云(2016 年 6 月 29 日任)
党委书记　杨振奇
党委副书记、纪委书记
　　　　　韩志强(2016 年 5 月 11 日免)
　　　　　樊培春(2016 年 5 月 11 日任)
工会主席　李原平(2016 年 12 月 7 日免)

【概况】 原平工务段管辖韩原线 K120 +000 ~ K175 +953;京原线 K234 +000 ~ K409 +675;北同蒲线 K169 +400 ~ K331 +000(其中原平—皇后园 K227 +258 ~ K331 +000、凤凰村—长畛间 K170 +462 ~ K179 +905);忻河支线 K-1 +281 ~ K49 +388;薛梅联络线 K0 +301 ~ K9 +83;白彪疏解线 K0 +000 ~ K8 +29。管辖线路总长度为 844.655km(其中正线 629.846km,到发线、站线、段管线、岔线、特别运输线 214.809km),道岔 777 组,专用线 42 条/

62.2km,桥梁438座/28412m,隧道31座/22530m,涵渠1000座/24358m,道口20处,其中有人看守3处(工务看守2处,车务看守1处)。

2016年末,全段有干部职工1535人。其中工人1327人,干部208人。技术结构:高级工程师2人,工程师23人,助理工程师45人,技术员16人,经济师5人,助理经济师1人,会计师2人,助理会计师3人,高级政工师3人、政工师2人、助理政工师5人、政工员3人。

机构设:办公室、安全科、线路科、桥隧科、财务科、劳人科、材料科、职教科、保卫科、生产调度指挥中心;生产机构16个,其中线路车间10个、桥隧车间2个、探伤车间1个、自轮运转车间1个、综合机修车间1个、重点维修车间1个;辅助生产机构2个,分别是道岔整修队和质量监控分析中心。

【安全管理】 全段干部职工以强化客车通道设备质量为抓手,着力从源头上消除安全隐患、从实践中细化制度、从成效上严卡管理,安全管理水平得到了大幅提升,全年未发生一起从业人员重伤及以上责任事故、未发生一起路外责任安全事故。一是全段干部职工以“七项制度”为基础,以“三化建设”为龙头,以“精细管理”为导向,通过加大源头把控力度、提高安全风险研判、强化重点环节卡控,确保了安全管理水平有效提升。二是通过采取警示教育、现身说法、晾晒典型等方式,让违章者脸红、让旁观者清醒,狠狠扼杀了违章违纪作业,确保了各级干部职工标准化作业的自觉性。三是将“红线”及“21条禁令”作为确保作业现场安全、控制故障发生、提高自保意识的有效手段,确保了人身作业安全,强化了干部职工的纪律和规矩意识。四是通过紧盯防护安全、点前准备、慢行牌设置、施工质量及验收开通等关键环节,狠抓作业规范化、标准化落实,确保了三次大型施工作业平稳落地。五是通过积极争取,为管内39个车站、2个中途工区安装了有录音功能的对讲机基地台,基本消除了联络盲区,确保预警信息传递到位,对话内容记录完善,强化防护作业的标准化过程控制,为保障人身安全奠定了坚实的基础。六是进一步加强考核管理,全年各级干部共签发安全问题通知书1282张、给予各级干部行政处分7人次、给予职工行政处分6人次、待岗3人次、累计进行安全信息日分析299次、撰写安全问题深度分析24篇。七是通过开展消防培训、反恐防暴培训以及卫生安全知识培训,进一步加强了职工生产生活安全意识,为职工创造了一个安全平稳、干净整洁的宜居家园。

5月22日,桥隧科组织开展防洪应急演练 (李振浩 供)

【体制改革】 持续加大维修体制改革力度,年内,在各线路车间成立检查工区的基础上,围绕设备检查、数据分析、计划编制、作业质量等环节开展了大量工作。一是由检查工区负责日常病害检查、工作量调查、数据分析、波形图比对等工作,为车间编制周、月计划提供详实依据,有效提升了检查工区职能发挥。二是形成了车间自主分析、质量监控分析中心综合分析、线路科宏观控制的设备质量分析模式,极大提升了病害处理效率,有效改善了设备质量。三是通过开展车间交叉互验,促进了一线干部的交流、沟通,进一步完善了“自控、互控”体系,车间干部发现问题、解决问题的能力明显提升。四是在线路车间成立了维修工队,与既有的检查工区、线路工区形成“检、养、修”分开的维修组织模式,养修作业进一步专业化、精细化、合理化。

【设备基础】 一是由质量监控分析中心负责对轨检车、车载、便携式报警、人工晃车、静态检查等数据进行综合分析，并下达指令性周计划，由业务科室对车间上报周天窗计划进行审核，以月为周期进行质量验收，通过依托“工务安全生产管理信息系统”进行“大数据”管理，进一步落实“机关服务、车间自立”的管理思路，提升了车间自主处理设备病害的能力，确保动态设备质量稳步提升。全年轨检车共检测线路6351km，其中优良6285km，优良率达98.96%，较2015年上升1.95%；全年不良均分10.20分，较2015年下降2.04分；平均TQI值9.48，较2015年提升1.23。二是通过细致调查、严格审核、精细整修，连续10天高强度作业确保了5月底太原—大同城际列车平稳开行。三是8月份、9月份在京原线、北同蒲线开展了为期20天的设备病害综合整治施工，有效解决了道床板结、翻浆冒泥等影响较大的重点问题。全年共计完成大机清筛35.867km、大机边坡清筛8.26km、手工破底清筛0.633km、道岔换砟13组、岔间线路换砟0.323km、桥面换砟0.37km/5座、更换桥枕339根/2座、大机捣固线路322.93km、大机捣固道岔130组、大机打磨钢轨137.05km、道岔达标整治87组、曲线平面改造1.3km/8条、曲线调整超高45条、成段更换钢轨27.521km、成组更换道岔大部件70组。

【干部管理】 一是实行定期调研制度，每月抽取一至两个车间进行专题调研，从安全绩效、民主测评、业务能力以及车间、班组的安全情况、设备状况等多方面进行综合评定，从而选拔出一批综合能力突出的优秀干部。二是对现有岗位说明书进行了细化，将各岗位的工作职责、权力权限、任职条件、日常工作、重点工作等五个方面内容重新进行了明确，保证了工作的接续性、完整性和科学性。三是通过改革干部安全绩效考核办法，实现了从“量化”考核到“质量”考核的转变，减少了干部下现场假检查、假落实、假整改等现象的发生。

【经营管理】 一是通过对大修、中修、维修、防洪、集中修、更新改造等项目进行跟踪检查和竣工核查，杜绝了工程虚假验工计价、超预算施工等行为的发生，确保了费用支出的真实、有效，全年实现成本节支51万元。二是按照“修旧利废、重复利用”的原则，将往年大修施工中更换下的废旧钢轨进行回收，组织专业人员进行检查分析，对伤损程度较低、可再次使用的钢轨进行打磨、切割、整修，作为备用轨重新投入使用，全年节约购置费用402万元。三是组织专人对管内非路产专用线设备进行了全面摸排，与21家非路产设备使用单位签署了共计153.738万元的代维修费用协议，加强了与局外单位的合作，保证了代维修设备的日常保养维修。四是安排专人与原平市劳动局失业保险所进行联系，收回稳岗资金147.2453万元，并将其中80%资金用于上缴企业保险金，20%资金用于职工在岗培训工作，进一步保障了职工合法利益。全年完成固定资产大修支出1119.84万元；完成更新改造2006.6万元；全年物资供应兑现率达到了100%。

东庄道岔换轨件施工现场 （李振浩 供）

【科教工作】 一是通过现场实践和科学技术的有机结合，研制开发出生态护坡体系，实现了安全防护和环境保护的和谐统一，翻开了该段绿色生态防护体系建设的新篇章。二是筹建了大牛店混凝土构件预制工厂，成功实现了混凝土构件从作坊式制作向工厂化制作的转变,有效地保证了产品质量,为以后该段的生产经营奠定了坚实基础。三是在全局工务系统中率先使用无人机航拍,重点对无法近距离观察、危险程度较高的山体进行了观测,并更新了高大山体、高大挡护设施台账及问题库,受到有关领导的一致好评。四是在原平以北半自闭区段安设了28台断轨监测装置,降低了职工巡视检查的劳动强度,提升了轨道检测能力。

【职工生活】 一是职工收入平稳增长。2016年职工人均收入9.44万元,较2015年增长4%。二是各大节日期间,段工会先后筹集资金17万元,购买干果、水果、蔬菜、干菜等慰问品,对全段54个伙食团、10个作业点、2处有人看守道口、2处巡守点、1处料库值守点进行了慰问。三是通过建立快速反应救助机制,保证职工遇到困难时第一时间得到救助。全年共计救助重困职工25人次,救助金额2.68万元,救助一般困难职工226人次,救助金额11.51万元,疾病救助78人,救助金额23.15万元,支付生育补助金14人0.7万元,探望生病住院职工21人,走访慰问困难职工家庭7个。四是对下官院车间、综合机修车间、道岔整修队3处伙食团进行了甲醇燃气灶具改造,为一线班组伙食团配备压力锅60个、四门冰箱、冰柜8台、热水器3台,对51个小菜园进行了蔬菜种子、秧苗补贴共计2万余元。五是为京原线及原平地区小单身配发棉被550套,为全段所有小单身发放枕巾1200对、吸蚊器600个、补充洗衣机8台、液晶电视14台、电热水壶240把,分两次为全段110个小药箱补充药品22种。六是筹集资金170余万元,为一线职工发放猪肉、牛肉42525kg,月饼17138块、蔬菜39793kg、大米2891kg、面粉14591kg、调和油422桶,进一步丰富了食物种类,提升了职工的饮食水平。

【党群工作】 一是深入开展"转观念、闯市场、增效益"主题实践活动,破除了"等、靠、要"的消极懈怠思想,促进了职工创新、创效的积极性,牢固树立"为太原局好、为工务段好"的集体意识。二是广泛开展"两学一做"学习教育,深入学习习近平总书记系列重要讲话,提升了为实现"中华民族伟大复兴的中国梦"而奋斗的意识。三是深化党字号品牌创建,打造了"5+3防溜设置法"优秀品牌,积极开展《研发探伤多功能组合充电柜》《自行改进钢轨焊缝探伤仪探头连接线》等立项攻关活动,为该段创新发展、节支创效等工作做出了巨大贡献。四是在退管、保密、人武战备、信息档案、计划生育、信访接待、综合治理、防火防爆等方面都做出了大量的、卓有成效的工作,取得了较好的成绩,得到了上级的肯定和表扬。

(李振浩)

朔州工务段

【领导成员】

段　长　杨江春(2016年8月2日免)
　　　　陈万春(2016年8月2日任)
副段长　朱增辉(2016年8月2日免)
　　　　苏润峰(2016年8月2日任)
　　　　王喜宏
　　　　苏文丽
　　　　孙高伟
总会计师　武　剑
党委书记　吕建军
党委副书记、纪委书记
　　　　李煜喆(2016年4月2日免)
　　　　韩志强(2016年5月19日任)
工会主席　马青田

【概况】 朔州工务段担负着北同蒲线、宁岢线、韩原线、岢瓦线、平朔线、瓦日线等线路桥涵设备的维修养护任务。管辖线路总长1756.418km。其中正线739.173km;站专线352.998km;瓦日线154.231km;非路产597.568km;正线道岔403组,站线道岔601组,专用线道岔571组,共计1575组;桥542座,涵1551座,共计2093座;隧道50座。

2016年末，全段有干部职工1488人，其中干部203人，工人1285。机构设：办公室、劳人科、财务科、线路科、桥隧科、材料科、安全科、党委办公室、质量监控分析中心、职教科、保卫科、生产调度指挥中心。下设14个车间（含兴县北线路车间筹备组），70个生产班组。

【安全生产】 坚持"设备质量是工务保安全的命根子"的理念，严格落实"全局工务系统安全风险管理现场会"精神，大力推进"安全风险管理"和"三化"建设，以安全管理"七项"制度为基准，扎实推进安全风险管理；细化安全风险"红线"办法，加强安全风险防控；规范安全基础管理，动态修订安全管理职责和工作标准；以专项整治为契机，不断夯实安全风险管理基础工作；狠抓安全关键时期三项重点工作推进落实，严密卡控安全风险关键，狠抓关键岗位安全工作。提前做好防洪隐患排查整治，严防死守，确保了汛期安全稳定；积极应对，全面加强防胀、防联安全管理，采取措施，不断巩固防断安全防线，有效确保了季节性安全。使"安全管理规范化、现场作业标准化、检查整治常态化"进一步得到落实。紧紧抓住客车和重载通道，充分发挥"检修分开"优势，严格专业检查，加密添乘检查，规范包保检查，用足小数据、用好大数据，抓紧天窗修、抓实封闭修、抓好点外修，大力消灭超限病害，全力加强设备维修，使设备质量实现并且超过了路局设定目标。

坚持高标准定位，在均衡提高设备质量上下功夫。认真谋划、精心组织集中修施工，成立专业测量队伍，对所有机筛、机捣线路进行精细测量，恢复了线路设计纵断面。充分发挥车间主体作用，部分重点施工由车间组织实施，锻炼了职工队伍、促进了车间自立，为做大做强车间取得了经验。年内，组织中机清筛2.775km，大机捣固72km。两次集中修，历时45天，完成道岔轨件更换65组，大机清筛36.77km，大机捣固432.56km，道岔捣固98组，道岔换砟56组，岔间线路换砟1.969km，桥梁换砟1.203km及更换钢轨20.539km，更换股道钢轨3.979km，小半径曲线整治221条，更换异型轨61根，使设备质量明显提高。认真开展人身安全专项整治。深入排查安全隐患，扎实推进安全大检查活动。以路局和总公司安全评估为契机，填平补齐，健全完善各级安全管理，不断夯实安全管理基础，一步一个脚印，使该段安全形势逐步趋于稳定，逐步走向平稳有序。到2016年底实现安全生产305天。

【经营业绩】 紧紧围绕年度经营责任考核目标，严格预算管理，能源消耗管理，从严收入管理，强化成本控制，在确保年度盈亏总额考核指标顺利完成的基础上，以路局资产经营开发和"转、闯、增"决策部署，结合实际，积极转变经营理念，加强经营管理，着力扩大创效空间。广泛开展节支降耗、修旧利废活动。科学计划，开源节流，分解节支指标，坚持精打细算，确保全年成本不超支。充分发挥专业特点，抢抓市场机遇，抢抓工程建设机遇，采取走出去战略，提前主动介入，努力扩大市场份额。承揽秦家庄二号军专线大修业务，兴保线25.56km的线路整修业务，通过三晋铁建集团公司，承揽李家坪昌茂石油销售有限公司新建专用线工程。加大债权债务清理力度，进一步盘活闲置资产，通过出租和进一步开发利用，想方设法提升资产价值，提高经营效益。在市场持续疲软的大背景下，全段资产经营开发完成营业收入6170.95万元，主业4436万元，多经公司1718万元，劳服公司16.95万元，较好地完成路局下达的经营指标。持续抓实"小金库"专项治理，扎实开展"小金库"专项治理工作；定期召开经济活动分析会，分析纠正经营管理存在问题，认真落实科目负责和支出费用联签联审制度，构建依法经营管理的体制机制，推动经营管理在法治化轨道上健康发展，经营质量有明显提高。

【职工生活】 认真践行路局、路局党委的执政理念，坚持以人为本，坚定不移地把职工生活作为“两件天大的事”之一，紧紧抓住职工群众最关心、最直接、最现实的问题，结合“八小工程”建设，积极推进落实职代会确定的十件实事，对全段各车间班组进行专项调研，加大生产生活设施补充整修和更新改造力度，分批为职工进行健康体检；在暑期积极开展送清凉活动，及时发放防暑降温用品，日常和传统节日为车间班组伙食团发放米面油、肉蛋菜和月饼等食品，努力降低单身职工就餐生活费用，丰富了节日生活，努力使职工得到较多实惠。在集中修期间，为施工队及班组伙食团发放了猪肉、鸡蛋等慰问品，不断改善职工的生产生活条件，致力于解决职工生产生活中存在的实际困难，使职工充分感受到组织的关怀，不断增强队伍的凝聚力、战斗力，调动全员生产积极性。段在确保安全生产的前提下，广泛开源节流，想方设法为职工增加收入，2016 年职工平均收入 91558 元，较 2015 年的 87096 元，人均增长 4462 元，涨幅 5.1%。

10 月 9 日，北同蒲第二阶段集中修施工袁树林站道岔换砟 （刘荣 供）

【干部作风】 认真落实路局依法治企、从严管理要求，通过“两学一做”学习教育，领导班子带头严格自律，扑下身子深入现场，起到很好的示范作用；各级干部积极沉到一线，对重点问题亲自上手、亲力亲为，与职工同吃同住同劳动，帮助车间班组解决设备疑难问题，为一线干部职工解决大量生产生活上的实际困难；以“机制管事、制度管人”为主线，从班子成员和科室干部抓起，强化逐级负责、专业负责、分工负责和岗位负责，坚持问题导向，挺规矩纪律，抓督查督办，严考评考核，着力强化履职落责，着力提升服务意识，着力转变干部作风；深入落实“机关服务、基层自立、各司其职、各负其责”要求，强化对机关科室执行工作纪律、干部下现场工作质量和就餐签字等廉政纪律情况的监督检查，对干部在岗不作为、乱作为、假作为、慢作为等问题依据段相关考核办法严肃追责，形成严班子、紧干部的良好氛围，全段干部职工上下同心、众志成城，促进工作落实和干部作风的转变。

【职工教育】 以安全生产为中心，紧贴现场，注重实效，本着“严标履责、强基提素”的原则，以“干部学业务、职工练技术”竞赛教育活动为主线，以“岗位应知应会”和“提高应急处置能力”为重点，坚持安全和技能教育并重，建立和完善激励考核机制，强化职工日常业务学习、技术素质培训考核，扎实推进职工教育工作。一是抓重点、卡关键，强化培训项目管理。把岗位职业道德、职业操守和安全法纪教育纳入各类培训班必讲内容，强化职工职业道德培养。严格落实职工教育培训计划，强化新职人员、关键岗位和班组长培训。抓实全员季节性和安全知识、“四新”知识培训。按照岗位技能达标三年实施方案，抓好各工种第二周期岗位技能达标活动，确保人人受培，人人达标。强化职工学历教育，抓好文化程度未达到岗位要求的学历层次教育和专业不对口的高职生学历层次教育。并严格学分制学历教育管理，规范各类现场培训学分转换资料，提升专业学历教育的实际效果。二是抓技能、重演练，推动职工学技练功。建立段技术能手人员库，发现、选拔和培养一批优秀职工，让更多业务突出、技术拔尖的职工脱颖而出。运用办公网、微信平台等载体积极宣传学技练功先进典型，引导广大干部职工向竞赛成绩优秀的集体和个人学习，激发职工学技练功的积极性和主动性。每半年深入分析一次本车间各工种的技能短板，结合岗位技能达标活动，逐人、逐项组织补强培训，扎实做好岗位练兵活动。全面提升职工业务技能。三是抓车间、强班组，发挥车间班组培训能力。完善三级管理培训职责，明确车间班组培训、考试任务、责任，重点突出作业流程、专项技能，充分发挥车间班组培训作用。分层建立微信教学、手机教学平台，鼓励利用微信进行文电传达、规章学习、一事一教等工作和开展各类业务学习。从培训组织、过程把控、资料管理等方面指导车间班组开展培训工作，切实强化车间班组的培训组织和管理工作。四是抓基础、建制度，促进职教工作整体提升。根据技术规章、作业变化等情况，结合新技术、新设备的投入使用，及时编写实效、实用的培训教材，保证现场人员对新技术、新设备能使会用。以业务基础知识、案例教育和人身、作业安全为主，重载运输涉及的新规章、新技术、新设备、新工艺为重点，侧重于实用性，征订各岗位学习教材。以考促学全面强化职工日常学习，开展段、车间、班组三级培训考试效果检验制度，检查职工日常学习效果，形成“真学、真培、真考”机制。通过建机制，搭平台，引领人才培养，促进了职教管理、职工业务水平的整体提升。

【党群工作】 各级党组织紧密围绕“两学一做”学习和“转闯增”主题教育，结合段安全生产形势任务、经营管理实际，充分发挥组织作用，特别是在两次集中修施工中分别开展“组织作用在现场发挥、思想工作在点前保证、党员形象在岗位塑造、干部作为在施工见效”和“转思想、转作风、干部做表率、党员做示范”主题实践活动，从严落实党内安全分析制度，深推党支部建设三年基础工程，深化党支部标准化建设，扎实推进立项攻关，加强职工思想动态分析掌控，建立落实定期谈心制度，为安全生产提供强有力的组织保障和思想保证。全体党员“学思践悟”，践行党章、履行入党誓言，在安全生产第一线创先争优、做合格党员。纪检部门围绕安全生产重点任务，加强“六管人员”日常教育管理，监督资金经费运作流程，深化专项检查，为安全生产提供有力的纪律保证。工会组织积极开展“双争”劳动竞赛和“五小”竞赛活动，坚持开展“主人翁”标准岗、示范岗、模范岗竞赛，以建设路局职工服务中心为平台，推动共享发展，以“双百”争创活动为抓手，加强民主管理，以路局职工运动会为契机，深化“百千万”职工文体活动，丰富职工精神文化生活，助推“人文朔工”，加强劳动保护检查，大力开展技术革新，践行新理念、建功“十三五”，着力构筑安全生产保障线。共青团组织开展形式多样的青年思想教育活动，扎实开展“双心双实”活动，创建青年安全生产示范岗和安全生产先进团支部，充分发挥团组织和团员青年在安全生产中的生力军和突击队作用。

在全段党政工团各级组织共同努力、大力推进党内品牌创建、深化“学技对标、双创立功”活动、“八小工程”建设、“主人翁”保安全竞赛等主题活动中，围绕设备整修、重载安全、施工会战、重点病害等技术难关进行立项攻关，解决大量安全隐患，为段安全平稳、健康发展提供了坚强组织保证，发挥了重要作用。

（刘　容）

大同工务段

【领导成员】

段　　长　　苑万森

副 段 长　　贾志明

张永忠

杨长勇

郝世亮

王晓奎（2016 年 5 月 25 日任）

总会计师　　周桂续

党委书记　　宋　浩

党委副书记、纪委书记

马　卫（2016 年 8 月 1 日任）

工会主席　　张彦云

【概况】 大同工务段担负着大秦、京包、北同蒲、口支线等共计1595.304km线路、1976组道岔的维修养护任务,其中正线842.124km、到发线306.625km、站段岔特线326.613km、非专线119.942km,正线道岔454组、到发线道岔639组、站段岔特线道岔686组、非专线道岔197组;桥梁620座、涵渠981座、隧道11座;道口15处,其中有人看守道口12处,该段负责看守3处(口支上、下行2K,口支3K道口)。

机构设:线路科、桥隧科、安全科、材料科、财务科、劳动人事科、质量监控分析中心、职工教育培训中心、生产调度指挥中心、保卫科、办公室和党群工作办公室。24个车间127个班组。2016年末,全段有职工2137人,其中男职工2014人,女职工123人;高级职称6人,中级职称60人,初级职称137人,高级技师13人,工人技师145人。

【主要运输生产指标完成情况】

表27 2016年主要运输生产指标完成情况

顺号	项目	计量单位	计划	完成
1	线路保养质量评定合格率	%	100	100
2	道岔保养质量评定合格率	%	100	100
3	线路设备状态评定合格率	%	70	69.5
4	轨检车检测质量合格率	%	100	100
5	路基状态评定合格率	%	100	100
6	隧道状态评定合格率	%	100	100
7	涵渠状态评定合格率	%	100	100
8	桥隧涵保养质量评定合格率	%	100	100

【企业改革】 (一)全面推进维修体制改革。根据路局维修体制改革的要求,按照人力资源配置合理、劳动组织优化高效的要求,将具备集中生产、生活条件的16个线路车间管辖的60个线路工区、4个维修工队、7个检查工区优化整合为54个线路工区、16个检查工区、15个维修工队。并按照要求划分各工区的职能,明确维修工区、检查工区、维修工队的分工,制定相应的管理办法及岗位职责,使维修工区、检查工区、维修工队既共同协作、又相互监督。(二)深化生产调度指挥中心作用发挥。不断细化和完善施工安全管理的各个环节,初步实现施工安全、管理有序的目标。一是施工维修计划管理方面。结合实际下发《各类计划上报及审批工作制度》,进一步规范各类计划的提报、审批程序,提高各类作业计划的兑现率、减少错误计划的提报。二是施工作业过程卡控方面。强化施工作业安全管理,细化和加强了维修的组织领导工作,全年共组织召开计划审批会议30次,提报施工日计划1208项、维修天窗计划5458项、发现各类计划问题118个,取消冲突计划195项,修改各类计划154项。(三)全面推进安全文化建设。段党委用"为太原局好"这个最大公约数汇集共识、凝聚合力,聚焦"四强"目标、筑牢战斗堡垒,以安全文化助力创新发展。一是围绕路局和该段任务目标,大力开展"转观念、闯市场、增效益"主题教育活动,班子成员、党员干部宣讲形势任务2520人次,征集经营创效金点子、合理化建议452条,涌现出修旧利废、节支降耗典型事例29个。二是加强对内、对外宣传,围绕形势任务,编发各级各类会议精神、领导讲话、规章制度、案例教育等宣传内容50次,特别在集中修期间,积极开展"亮、保、创、比、争"、"践行党员标准、争当施工先锋"等一系列活动,选树了20多名先进典型,段连续四年被路局评为宣传思想文化工作先进单位。大南线路工区被评为全局青年安全生产示范岗,王家湾线路车间团支部获得全局安全生产先进团支部、全路五四红旗团支部等荣誉称号,吉克被评为太铁十大青年领航之星。(四)推进"三化"建设。修订完善了《安全风险管理推进工作方案》,明确了安全风险所涉及的管理和专业技术岗位、管控措施、检查标准和要求以及规章制度和管理办法等内容,制定了领导、科室及车间等岗位安全管理职责347个、岗位工作标准310个、工作流程

152 个,编制了《安全风险管控表》,确保实用可行。

【经营管理】　在“转闯增”活动中,段采取深挖潜力,压缩库存、盘活物质、焊补辙叉、节支降耗等方法,取得了创新发展的成效,全年节支 357.54 万元,完成路局下达节支目标。同时,段劳服公司开发的列车外皮清洗剂,完成供应 5069 桶/304t,实现销售收入 155 万元。工务维修体制改革撤并工区后,对外出租闲置房屋 4 处,共计收入 17 万元。通过严把经营管理,路局经营业绩考核指标全部完成。

【安全生产】　一是加强春融设备检查与整修。春融期间共整治冻害处所 138 处/1.331km、整治几何尺寸超限 2677 处、撤除超层超厚垫板 3802 头、处理问题绝缘 69 处、处理动检病害 475 处、插入短轨 12 根、无缝线路应力放散 6 段/3.354km、翻修道口 1 处。二是严抓防胀工作,全年无缝线路应力放散调整共计 19 段/18.002km。三是细化防断工作安全措施。探伤共完成线路 19335.26k、道岔 22033 组,检测焊缝 61175 对,发现各类伤损轨件 170 根,其中,加固处理 55 根,更换 115 根。母材 92 根占伤损总数的 54%,焊缝 78 根(铝焊 48 根、气焊 13 根、厂焊 17 根)占伤损总数的 46%。钢支架人行道安全专项整治 2 座,π 型梁托架改造 8 座,道口安全专项整治(北同蒲线 K8+850)1 处。四是防洪工作井然有序。汛前对管内排水设施进行彻底清理,利用天窗计划对京包线 K239~K259 山体的危树、浮石、危石进行了清理,共清理浮石、危石 30.3 方/10 处,危树 22359 棵,清理桥梁淤积 30 方/5 座,涵洞淤积 460 方/43 座,清理侧沟 55.0km,天沟 0.3km。汛期,段防洪办及时转发路局、气象台公布的气象灾害预警 12 次。管内 26 台雨量计累计达到出巡警戒值 134 次,线、桥车间累计出巡检查 1627 人次,业务科室累计添乘检查 43 趟次。通过开展雨中、雨后设备检查,及时发现水害,果断采取应急处置,确保了列车行车绝对安全。为调动职工积极性,段对及时发现水害、水害抢险的人员进行奖励,累计奖励 6.435 万元。严格“红线”管理和销号管理。组织“红线”管控的专项检查,累计检查发现 76 个问题,签发通知书 28 张,纳入日重点追踪分析 21 个,考核责任人员 24 名。制定了《大同关于通知书发放实行“双销号”制度的通知》,机关追踪复查完成各类通知书 1087 张,62 张问题通知书未完成销号复查工作,对于超期未整改的 7 个车间进行问责考核。截至 12 月 31 日,实现安全生产 3239 天。

【生产任务】　(一)全面完成维修生产任务。结合全年维修工作计划,重点对客车、重载通道岔区及小半径曲线等薄弱设备进行综合整修,共计完成线路综合维修 491.47km、更换异型接头 176 处,道岔打磨 1672 组、曲线补充轨撑 1203 个、更换补充加强型弹条 13317 个、清挖翻浆冒泥 3936 孔,焊联 920 头,胶粘绝缘 142 头,累计取消钢轨(焊缝)加固 552 处,无缝线路应力放散调整共计 19 段/18.002km。同时,在维修天窗方面全段共上报天窗计划 5112 项,实际完成 5112 项,天窗利用率 100%,基本杜绝了无故停用天窗的现象。(二)集中消灭设备病害。一年来,全段干部职工以“保安全为天职、保质量为已任”,紧密围绕重载和客车安全,以提高设备质量为重点,认真组织“天窗修”、“集中修”、“封闭修”、“专业修”,对设备病害进行了综合整治,其中,整治超临修病害 14568 处,极大的改善了设备状态,消除安全隐患,使超临修病害随时发现随时处理;利用再用轨件、再用道岔对湖东电力机务段、大西二场等道岔设备进行改造,全段设备质量得到明显提升,全年轨检车优良率达到 100%。(三)施工任务圆满完成。全年在路局、路局党委的高度重视、主管局领导的亲自组织、有关处室的支持服务、兄弟站段的协调配合下,圆满完成了大秦线集中修和大张线、北同蒲线综合整治施工、京包线 180A 号桥高压旋喷桩加固、大秦线2处高边坡路堤及路肩挡墙大修任务，无论安全、质量还是进度均创历年来最好水平，基本做到安全好、质量高、任务超、无干扰。共完大机清筛50.12km、完成更换钢轨29km、道岔换砟108组、隧道清污7座/36400m、隧道排水沟清淤3座/16000m、隧道漏水整治5座/375m、人行道栏杆油漆7座/5404m、更换隧道排水沟盖板3座/2400m、更换步行板6座/1960m^2。（四）积极组织召开现场会。利用天镇道岔精整现场会、古店小半径曲线整治现场会、西站安全风险管理现场会暨安全文化建设现场会、湖东冬季维修现场会，以点带面，在全段深入推进安全风险管理，全面落实安全管理“七项制度”，培育标准化作业习惯，大力开展以精神文化、管理文化、典型文化、环境文化为核心的安全文化建设，并以赵春雷局长《致全局工务安全风险管理暨安全文化建设现场会上的一封信》和郭善宏副局长、王全献副局长的指示精神为指导，不断提高安全风险管控能力、夯实安全基础、稳步提高线桥设备质量，全力实现安全风险管理由“治病”向“强身”转变，由“量变”向“质变”进军。

大秦线第一阶段集中修大机列更换桥枕施工现场　　（曹海滨　供）

【职工生活】 （一）改善生活设施。新建、改造房屋设施，在口泉线路车间新建材料库8件，239m^2；平旺线路车间两公里道口工区浴室改造；房屋漏雨整治12处，2878m^2；王家湾桑干河工区房屋内外墙粉刷；西站线路车间进行内外墙粉刷、更换窗户、路面硬化；为车间班组配备电脑371台，满足职工学习培训需求，推进班组管理向数字化方向迈进；配备了健身路径、乒乓球、台球等体育用品1000多套，不仅丰富了职工业务生活，而且为职工营造了环境舒心、工作安心、生活顺心的生产生活环境，增强了职工的归属感、自豪感。（二）关心职工生活。全年定期发放生活物资，为车间、班组伙食团按季发放米1221袋、面2108袋、油1120桶、饺子粉132袋；节日、集中修期间，为职工发放猪肉12500斤、羊肉900kg、鸡蛋4800kg、水果600余箱、干果1300多公斤、糖果250多公斤，发放洗漱用品3000多套，两次为全段150个小药箱更新补充了药品；关心职工健康，组织职工体检2086人次；落实国家独生子女补贴政策，全年发放独生子女费36万元，为43名退休职工办理一次性退补65万元。（三）丰富职工业余生活。深入推进主人翁劳动竞赛和“双百争创”活动，充分调动职工创新创效创业热情，武永洪劳模工作室被命名为路局级劳模创新工作室。

【干部培训】 一是做好总公司、路局培训班人员的选送工作，全年共计有151人参加路局工务、青年骨干、计算机、会计、高铁、办公写作等涵盖13个主题的专业培训课程。二是按时兑现自主培训计划。全年完成段自主培训计划5期，共计培训干部272人次。三是大力推行网络培训平台。段组织10名专业技术人员参加了《工务新技术远程网络教育培训班》，不仅规避了工学矛盾，还丰富了培训内容。通过多种手段创造适应不同人群的再教育、再学习机会，实现了段2016年专业技术干部培训人员全覆盖。

【科技创新】 完成《工务安全监控管理系统》和《75kg/m钢轨18号道岔固定型辙叉的研究》、《75－60kg/m异型钢轨的研究》、《贝氏体钢AT尖轨的研究》、《大秦线75kg/m钢轨18号道岔性能优化改进技术研究》《重载铁路隧道道床粉尘污染防治研究》六项局级科研项目的鉴定及上道试验及试验准备工作，在全段的安全运输生产、经营管理工作中发挥了明显的作用。

【职工教育】 以适应性培训为主体，以深化岗位技能达标活动为重点，坚持技能培训和安全教育并重的培训方针，认真开展了各项培训考试工作。全年共举办主要行车工种“岗位达标活动”培训班 25 期/1322 人；举办大学生跨专业集中锻炼培训班 2 期/37 人；举办“三新”人员培训班 9 期/29 人；举办防护员、驻站员培训班 2 期 42 个班/782 人；举办技能等级培训班 3 期/19 人；举办轨道车司机、道口工车机联控培训班 3 期/52 人；举办兼职教师培训班 1 期/54 人；举办春运道口工培训班 2 期/34 人；举办司炉工培训班 1 期/84 人；举办新《轨道车管理规则》培训班 1 期/48 人；举办特种（设备）作业人员安全培训班 1 期 3 个班/105 人；举办 2015 年以来“三新”人员进行了强化培训班 1 期/19 人；组织“面对面一事一教”专题培训 29 期；组织 6 个工种 9 个项目的职业技能竞赛，选树 86 名段级技术能手，奖励 29000 元。选出 27 名选手积极参加路局工务系统组织的 6 个工种 9 个项目的职业技能竞赛活动。

全局工务系统安全风险管理暨安全文化建设现场会现场　　（曹海滨　供）

【党群工作】 在全段 900 多名党员中深入开展“两学一做”学习教育，认真学习党章党规党纪、学习习近平总书记系列讲话精神，组织党员开展“四个专题”学习研讨，开展重温入党誓词、观摩平型关大捷纪念馆、举办党纪党规知识竞赛等主题党日活动，引导党员对照“四讲四有”标准规范言行，坚定理想信念，提高党性觉悟，严守政治纪律政治规矩，在生产、工作、学习和生活中起到先锋模范作用。段党委荣获“中国铁路总公司先进基层党组织”、全局“学习型领导班子标杆”荣誉称号、王家湾党总支被总公司党组授予全路党员教育示范基地；段纪委抓好党风廉政建设责任制的落实，建立廉政风险内控机制，为全段安全工作提供了纪律保证；段工会主动融入中心，服务大局，为职工申请办理助困、助医、助学、慰问等累计 627 人次，发放帮扶救助金 60.848 万元；完成职工大病医疗保障互助会入会 2115 人，入会率 100%；职工大互助周转 144 人次，周转金 96 万元，解决职工后顾之忧；段团委在大秦、北同蒲集中修施工期间，先后开展了“五比五看”青年立功竞赛和争创青年标准示范岗活动，组织生产突击 35 次，整修道岔 30 余组，解决重点难点问题 27 个。

（曹海滨）

茶坞工务段

【领导成员】

段　　长　　刘全仁（2016 年 8 月 1 日免）
副 段 长　　郭　涛（主持行政工作）
　　　　　　孙文科
　　　　　　孔祥启
　　　　　　高　潮
　　　　　　贾　林
　　　　　　田　英
　　　　　　刘莺春
党委书记　　闫　炜（2016 年 8 月 1 日任）
党委副书记、纪委书记
　　　　　　张建军（2016 年 8 月 1 日免）
工会负责人　师玉良（2016 年 8 月 1 日撤职）

【概况】 茶坞工务段承担着大秦铁路（K164 + 000 ~ K536 + 000）上下行 770.170km 正线、455 组道岔、177.285km 站线、37.668km 专用线、315 座桥梁、39 座隧道、1341 座涵渠及

茶坞—高各庄、大石庄—段家岭 26.037km 联络线的维修养护任务。机构设:线路科、桥隧科、安全科、材料科、劳动人事科、财务科、保卫科、职工教育培训中心、生产调度指挥中心、办公室,另设质量监控分析中心和道岔整修队 2 个辅助生产机构。下设 19 个车间、98 个班组,其中,线路车间 11 个、桥隧车间 3 个、探伤车间 2 个及重点维修、综合机修、自轮运转车间各 1 个。班组设置的分布是:线路班组 62 个、桥隧班组 12 个、探伤班组 14 个、综合机修班组 6 个及重点维修、自轮运转班组各 2 个。党群机构设:党委办公室、工会、团委,19 个车间设党总支,2016 年末,全段职工总数 1568 人,其中,干部 247 人、工人 1321 人。

现场标准化防护　　（杨文达　供）

【完成生产指标】　设备大修。完成大修换轨 151.462km,大修列换枕 15479 根,大机清筛 84.73km,道岔轨件大修 80 组;更换桥梁步行板、线间盖板 19 座 11769m²,加固盖板涵 5 座,路基大修 4 处,大修整治九山隧道基底、排水沟破损 225m,全面完成年度大修任务,设备基础明显改善。

设备维修。发挥大机作业优势,大机捣固线路 547.415km、道岔 103 组,打磨钢轨 869.17km,整治达标道岔 215 组,特别是第二次集中修,改变以往重车线“通捣”的做法,依据设计方案,大机整治重点设备,减少了对道床基础的扰动;组织道岔专项整修和隧道线路的垫砟整治,重点设备状态明显改善,特别是隧道线路 TQI 值偏高的问题得到控制,全年,轨检车检查优良率始终保持 100%,设备整体质量稳步提升。

【创新与改革】　维修改革。在各线路车间成立专业检查工区，确定地处隧道群的下庄、铁炉线路车间实行“检修分开”，其他线路车间实行“检养修分开”的生产组织模式，启动了新修程修制的实施。召开线路维修设计现场会，示范了依据设计方案、利用大机作业、综合整治重点设备的组织方式及效果。

信息系统建设。在视频进车间的基础上,加快推进网络进班组工作,完善安全生产管理信息系统功能,强化调度指挥中心的中枢作用,形成辐射安全生产组织、物资储备运用、作业过程监控、质量效果评价等动态管理系统,奠定了规范管理的基础。

【安全生产】　季节性安全。防断轨方面：实施重点区段、焊缝处所的全断面探伤和隧道钢轨母材、焊缝的天窗探伤，以及疑似伤损复核的闭环管理，质量监控中心的回放覆盖程度达到 75%，防断轨工作得到加强。防胀轨方面：加强重点区段的钢轨巡热，组织备用长轨条加固和站场绝缘轨缝的专项整治，利用集中修放散无缝线路 10.32km，石砟卸车 114 列/94392 方，线路技术质量状态得到加强，杜绝胀轨事故。汛期防洪方面：提前挂网整治山体危岩 35 处，完成 3 处预抢工程，管内雨量监测工区由 17 个增加到 41 个，将无人机航拍运用于复杂地形路基、山体的防洪检查，落实强降雨天气的干部包保，防洪检查的准确性和水害抢修的时效性明显提高。处置水害险情 14 处，杜绝责任水害断道。

施工作业安全。加强专业、专职安全检查,采取视频监控、手持终端传输、录音对讲设备回放,强化对现场作业的过程控制;将隧道线路探伤和隧道群线路轨检仪检查纳入维修天窗,规避了山区线路瞭望、避车条件不良安全风险;修订了现场作业“关门”防护办法,制作防护员作业安全提示卡,坚持对违章作业实时通报考核，对触犯“红线”违章作业采取巡回现身说法和从严考核管理责任等措施，教育警示的效果明显。

安全标准化建设。修订完善安全管理职责302个、岗位工作标准268个和120项重点工作流程，明确管理人员和主要工种职工的规矩。成立主要领导负责的督导组，分类梳理线路、桥隧、探伤、自轮运转、综合机修、重点维修车间的“打假”项点，整改“作假”问题228个，逐月追踪各岗位人员的履职情况，针对关键问题、惯性问题，追溯管理源头，严查深究分管领导、科室负责人、主管人员责任，管理规范化水平得到提升。

同时，加强自轮运转、特种设备、道路交通、道口安全的专业盯控、专项整治，为实现2016安全年，奠定了良好的基础。

【科技教育】 与铁科院、成都胜源科技有限公司等单位合作，针对大秦线重载线路设备病害整治和新技术、新设备运用等方面开展了科技研究，承担的《轨枕线上快速修复技术研究》科研项目，获得2016年度太原铁路局科技进步一等奖；承担的《电热式螺栓改锚机的研制》和《大秦线75kg/m钢轨焊缝研究》项目，获得路局科技进步三等奖。

道岔捣固　　（杨文达　供）

【职工生活】 帮扶困难职工情况。为21名患病职工发放大病保障救助金16.95万元，为139名困难职工发放慰问金7.16万元，其中，为5名重困职工发放慰问金3.26万元、动用互助会周转资金25万元，解决了28人次的一时急需，对困难职工帮扶全覆盖。

“送温暖”活动情况。突出集中修、节假日，开展了“双进双千”的“送温暖”活动，先后筹资116.87万元，为一线职工购置了主副食品、水果、矿泉水，为施工人员配发了洗漱包、保温杯等日用品，为科室、车间、班组的128个小药箱补充了36种新药，为缓解职工“头痛脑热”病症，提供了便捷服务，丰富了一线职工的生活。

“八小”建设情况。力抓完善配套，为15个新建的车间、班组配置了灶具、冰柜、冰箱、热水壶等电器，更新了床品四件套。创建了遵化北探伤车间、铁炉线路车间、沙城东探伤工区“星”级文体活动室，改善了职工的文化生活条件。

【干部培训】 选派专业技术人员87人次参加了路局培训，3人参加了总公司的培训。先后举办大学生干部、车间主任、工班长培训班4期，培训337人次，30名大学生干部与领导班子成员签订师徒合同，通过传帮带作用，增厚了年青干部的能力储备。聘任了通过路局评审的18名专业技术干部，其中，工程师6人，初级专业技术干部12人。培养和选树尖子人才，平谷线路车间主任王青波获路局“首席工程师”称号，涿鹿线路车间技术员马少青获路局“青年科技拔尖人才”称号。

【职工教育】 职工培训。全年完成职工脱产培训35期1033人，适应性培训923人，组织全员季节性安全培训考试6项7965人次，脱产培训新职人员37人。突出实作技能，依据工务系统岗位作业指导书，制作针对常规作业项目的标准化视频课件，组织职工在岗培训。针对录音对讲设备的使用管理，对622名驻站联络员、防护员进行了专题培训。制作典型事故、故障案例的微视频课件，在微信平台上发布，利用业务学习和业余时间，强化职工全员的安全培训教育。

技能竞赛。983名职工参加了班组竞赛，占到总数的84%；388名职工参加了车间竞赛，参加段级竞赛的73名职工中，青年职工达到50名，职工队伍整体素质，特别是青年职工的技能水平得到实质性提升。

（杨文达）

秦皇岛西工务段

【领导成员】

段　　长　　任佐海
副 段 长　　贺生忠
　　　　　　宋学兵
　　　　　　梁志荣
　　　　　　赵国震
　　　　　　周培椿
党委书记　　何润喜
党委副书记、纪委书记　　徐超林
工会主席　　李宏文

【概况】 秦皇岛西工务段担负着正线737.974km、站岔线505.869km、道岔1271组、专用线139.537km、专用线道岔159组，桥梁270座计5952.5m、隧道4座计4167.6m、涵渠978座计26080m、灰坑41个计1847m、地道3座计360.4m及防撞架等工务设备的养护、维修、管理工作。

行政机构设9科1室2个辅助生产机构（线路科、桥隧科、安全科、材料科、劳动人事科、职工教育培训中心、财务科、保卫科、调度指挥中心，办公室，辅助生产机构质量监控分析中心和道岔整修队），17个车间（线路车间10个，其中大秦线6个，迁曹线4个；桥隧车间2个，其中大秦线1个，迁曹线1个；探伤车间2个，其中大秦线1个，迁曹线1个；重点维修车间1个；综合机修车间1个；自轮运转车间1个），79个班组。党群系统设党群工作办公室、工会，17个党总支及27个班组党支部。

截至2016末，全段职工总数为1045人，其中干部214人，工人831人；女职工89人，男职工956人。

【运输指标完成】 落实维修体制改革。2016年，为适应运输安全形势，结合管内实际，本着配置合理、组织有力、运作高效的原则，对车间班组维修模式体制进行改革，明确车间、班组的管理职责，对优化劳动组织起到了推动作用。

优化施工组织模式。充分利用临时要点修、股道封闭修、站专线整修与天窗修相结合的方式，彻底解决以往维修作业的随意性。在实际操作中，突出工作量调查、施工组织方案、作业流程、单项修理、质量回检五个环节的有效落实，卡控了施工安全关键。2016年段累计完成临时要点修686次，天窗点内完成施工计划1430项，维修计划3905项，各项施工作业管理得到有效控制。

集中修施工任务高标兑现。累计完成道床清筛40.07km、大修列车成段更换桥枕11530根、人工成段更换Ⅲ型混凝土轨枕13360根、成组更换道岔14组、道岔换砟72组、桥梁换砟0.9km、成段更换75kg/m钢轨74.935km、更换道岔轨件44组等大、维修任务。

关键设备整治效果显著提升。一是迁安北、卢龙北、后营、柳村四个站场44组道岔进行成组更换大轨件，并对岔区的部分接头进行焊联、胶结，岔区整体设备质量大幅提高。二是对秦东19条小半径曲线进行了综合整修，木枕更换砼枕2743根、P43钢轨更换P50钢轨1.6km，轨道框架强度得到极大提高。三是主管科室、相关车间持续落实段定6处关键重点设备的检查整治要求，形成良好的修养周期，确保了关键设备状态稳定可控。

设备质量均衡提高。2016年路局轨检车共计检测该段设备5861km，共计扣分4638分，平均扣分0.79，优良率达到了100%，一直名列工务系统前茅。其中在2016年8月轨检车数据突出，取得了平均扣分0.4，TQI7.5，439km 0分的好成绩。

【安全管理】 深化安全风险管理机制落实。一是安全分析研判会制度常态化落实。段、车间两级定期、分层组织动态研判分析会，充分体现了流程规范、重点明确、研判实际、措施得力、落实有效的安全风险管理机制。二是持续规范突发事件应急管理。动态修订下发《秦皇岛西工务段突发事件应急预案管理办法》（秦西工安〔2016〕138 号），全面规范了应急处置的管理工作。三是安全隐患问题专题分析效果显著。把自查剖析贯穿整改督办全过程，切实发现“顽症”、找准“病根”、下对“良药”，对遏制惯性问题起到了震慑作用。四是安全问题通报考核警示作用明显。全年下发安全通报 18 期，签发安全指令书 2 张、黄色警告牌 2 张、预警通知书 4 张。五是正能量激励引导作用发挥得力。全年签发安全监督检查表扬通知书 4 张，充分激发了全员管安全、保安全的正能量。

深化监督检查机制作用发挥。一是专项检查整治工作落实有力。全年累计开展专项检查、专项整治工作 33 次，覆盖了作业人身、施工管控、设备质量、特种设备、应急管理等重点工作，有效管控了各项安全风险薄弱环节。二是扎实开展安全评估管理工作，制定并下发了《秦皇岛西工务段安全管理评估办法》（秦西工安〔2016〕12 号），通过深入开展安全评估工作，有效确保了各项安全管理工作的常态化落实。

领导挂牌督办效果显著。为督促典型安全隐患问题能够得到及时有效的解决，确保人员、设备安全稳定，在年初分别针对规范应急处置、干部职工思想引领、超期服役钢轨更换、隧道拱顶空洞、岔区病害综合整治、轨料利废节支六项安全和生产典型问题明确了领导挂牌督办，有效缩短了推进时间，全面确保了整治效果，为安全生产工作提供了有效保障。

人身安全卡控到位。围绕人的安全是最大的安全管控原则，重新修订下发了“红线”管理办法，大力开展人身安全专项整治，有效结合添乘检查、现场抽查、视频回放等手段，强化日常监督检查，严格考核制度落实，有效卡控人身安全风险。

道口安全卡控到位。一是全面落实道口包保制度，针对春节、国庆、清明、调图等关键时段及恶劣天气对繁忙道口实行重点包保，确保道口安全有序。二是加大培训教育，安全科、职教科组织对道口工进行了强化培训，重点突出应急处置，严格落实“先防护、后处理”原则，并增加日常演练次数，提高道口工的应急处置能力。三是落实常态化监督检查机制，段各级检查人员全年累计检查道口 2680 人次，覆盖管内 15 处道口（含监护道口 9 处、路外看守道口 4 处），有效确保了道口工作业标准化落实和道口安全的卡控。

防洪安全管控到位。一是详细调查并动态修订了该段 2016 年防洪重点地点 49 处（其中Ⅲ级 48 处，Ⅱ级 1 处），全面下发车间班组，卡控安全关键。二是防洪设施清理整治到位，有效保障防洪安全，全年累计清理排水设施 168.86km，涵渠清淤 148 座/4130m^3。三是全段全员以雨为令，严格落实警戒制度，汛期安全得到有效保障，23 处雨量计年平均累计降雨量 624.7mm，较同期降雨量增大 290.7mm，全部得到妥善处理。四是采取加强措施，对汛期影响营业线路基的施工地点，安装了备用雨量计 5 台，与段调度联网，随时监控施工地点的降雨情况。

防胀安全管控到位。一是做好高温预警工作，发挥生产调度指挥中心管理核心作用，每日全面动态掌握气温和现场轨温情况，及时向全段下发高温预警。二是落实高温季节的巡热检查制度，全段各级干部职工根据气温情况落实添乘、徒步、巡视检查制度，发现问题及时处理，确保线路状态稳定。三是及时对线路缺碴地段进行补充，累计补充石碴 63 列，提高了设备的稳定性。四是强化应急处置，组织 6 次防胀应急抢险演练，各车间累计 400 余人次参加，全面提高应急处置能力，防胀安全得到有效保障。

防断安全有序可控。一是以作业指导书为标准，深入开展探伤作业标准化工作。全年探伤平均作业问题数量从年初的 0. 88 个下降到年底的 0. 55 个。二是加强干部跟班检查，各级干部共计跟班检查 2047 人次，发现各类问题 579 件，对所发现的问题均按规定进行了考核整改，现场作业质量有了较为明显的提高。三是明确处置标准，及时修订、下发防断应急处置流程、登销记模板，确保应急处置及时有效，操作性强。

自轮运转设备管理持续规范。一是采取多种方式，强化自轮运转设备从业人员素质提升，全年轨道车专业培训累计 324 人次 4169 课时。二是发挥干部重点盯控作用，严格落实干部跟班制度，轨道车安全得到有效保证。三是及时更新技术规章，并由主管人员盯控车间及时进行了修、建、废、补工作，提供了轨道车的行驶的技术支撑。

外单位施工安全卡控到位。严格施工计划的审批，落实会签制度，把住了计划的第一道关。落实站改施工“提前介入”的要求，组织线路、桥隧、安全科、办公室和施工协调办召开专题验收工作会议，认真组织了曹妃甸西站、曹妃甸南站、京唐港液体化工码头等施工新线的验收工作。确保了过渡期和交接后设备的安全稳定。

【综合管理】 一是完成 2082 万元的物资供应支出，计划收入物资 2136 万元。对库存 532t 的物资进行重新堆码放置。对 1235t 换下的钢轨进行鉴定，集中整理废钢轨 642t。回收各类废旧物资 135t，为 8 个防洪、防断物资储备点补充 321000 元的各类应急物资。二是在年初财务预算的基础上实现成本节支 473 万元，累计完成旧轨料回收冲减 10859. 4t 计 2559. 05 万元，完成运输其他业务收入 2561. 44 万元、实现利润 118 万元，利润指标超额完成路局考核指标。三是完成 74 个联网点（253 台终端）自供电视频网切换至路局办公综合网，全覆盖部署统一病毒防护软件，完成段机房的综合布线梳理。轨检车共计检测病害 1853 处，确定重点地段共计 202 处。共编制质量分析报告 41 份，实现了对薄弱设备地段的全面监控，回放分析探伤数据 2380 套，发现疑似伤损 32 处。四是全年检查设备 30660 次，配发车间手持终端设备 272 台。统计动态病害 2200 处，销号率达到 90. 5%，静态病害共 17900 处，计划完成总数 30054 条，其中点内计划 5564 条，点外 24490 条。专题管理中现存伤损钢轨 529 处。安全管理发现问题共计 118 条。五是以岗位为单元，以作业指导书为标准，以实作技能为重点，逐人培训，逐人考核，逐人达标，整体提高岗位标准化作业能力和综合素质。

【科技教育】 全年完成全员人身作业电气化、防洪、防寒过冬等各类安全培训 145 期 5952 人次。强化“三新”人员培训。累计完成新职人员入路安全教育培训 3 期 80 课时 46 人，组织 2015 年以来“三新”人员进行强化培训 7 期 16 课时 35 人，在路局组织的抽考中，取得了全局第一的好成绩。全年累计培训《太原铁路局铁路营业线施工安全管理实施细则》《太原铁路局普速铁路工务防护管理办法》轨道车司机专项培训、汽车驾驶员上岗证审验、机具手、常压锅炉工、技能鉴定、调图等培训计 235 期 4416 人次。职教工作在 37 个主要运输生产站段年度评估中取得了第一的好成绩。

推进多媒体课件制作。制作《单开道岔检查作业》视频教学片，并将总公司岗位作业指导书中 11 项单项标准化作业程序多媒体课件制作成教学光盘，下发到车间、班组。多方位利用手机学习平台。申请“秦西学苑”微信服务号，开发手机学习软件，新建大、小两个专用教室全部投入使用。建设车间级微机教室。已经建成全部车间微机教室 17 个，安装电脑 179 台、电脑桌椅 179 套，电脑全部按路局 ETES 系统运行进行配置。并投入使用。为 17 个车间微机教室安装视频监控设备，实现了考试全程监控。

【党群工作】 1. 发挥组织保障作用，党组织、党员作用凸显。建立党建工作“段级基地”“车间阵地”“班组园地”，细化6类24项重点任务，确保党建工作重点任务落地生根。

2. 深化安全文化建设，创新宣传工作载体。组织干部职工观看视频片、座谈交流、专题学习等30余场次。定期推送最新时事政治、政策解读等学习资料40余篇、理论文章30余篇。打造了3个安全文化建设示范点。领导班子成员带头与职工面对面宣讲50多次，形成宣讲报告60余篇。制作《精彩十分》视频片8期、宣传提纲20余期系统解读全局重点工作。紧扣工务系统季节性生产任务、先进典型人物等新闻热点亮点，在《工人日报》《人民铁道报》刊稿43篇。

3. 严格落实“三助”工作机制，扎实开展“双进双千”送温暖活动。年内，累计帮扶助困128人次，助医50余人次，助学28人次。组织2个站区500余名干部职工开展“百千万”文体活动，“五小”竞赛100多个项目创效25.7万元。细化安排“双创立功”活动，全年以提升职工生产生活水平为目标，完成职代会确定的为一线班组安装空调、为在岗职工分批体检、补充小药箱、补充体育器材等9件好事。认真开展“三不让”，慰问生病职工195人次、发放生育补助职工22人次、金秋助学困难职工1人次，全年共计发放专项资金13.1895万元，为10个家庭困难职工借出互助金45000元，有效解决了职工生活中的困难，解除了职工的后顾之忧。同时，机关菜园6亩，年产各种蔬菜4万余斤，丰富了机关和附近车间食堂的饮食条件。

4. 为单身青年举办青年联谊活动,6对牵手成功;20余场“小班制”竞赛活动在团员青年中受到广泛好评,吸引青年自觉学技练功;全年深入沿线小学、社区、道口开展路外宣传15次,有效提高学生、村民的知路爱路护路意识。

（曹建祥）

太原工务机械段

【领导成员】

段　　长　赵洪雁(2016年3月3日免)
　　　　　张贵生(2016年3月3日任)
副 段 长　侯　畅(2016年3月29日免)
　　　　　周文卿
　　　　　孙尚喜
　　　　　李春华
　　　　　邓亚军
　　　　　徐　礼
　　　　　刘建彪(2016年5月11日任)
　　　　　黄玉坤(2016年6月29日任)
总工程师　郭　涛
总会计师　张学才(2016年12月26日免)
　　　　　齐占文(2016年12月26日任)
党委书记　张贵生(2016年3月3日免)
　　　　　王　军(2016年3月3日任)
党委副书记、纪委书记　张纛锋
工会主席　李长明(2016年3月29日免)
　　　　　侯　畅(2016年3月29日任)

【概况】 太原工务机械段主要担负全局大机清筛、大机捣固、钢轨打磨、边坡清筛、风动卸砟、换轨大修、换枕大修、桥隧大修和长钢轨焊接、线路探伤等工务大、维修工作。2016年末,全段总人数2014名,男职工1891名,女职工123名,其中干部278名,职工1736名,党员747名,团员108名。

机构设:办公室、线桥科、施工科、机械设备科、安全质检科、劳动人事科、财务科、材料科、职工教育培训中心、生产调度指挥中心、保卫科。党群机构设:党委办公室、纪委(行政监察)、团委、工会。生产车间16个,班组93个。

【生产任务】 一是精细调查重点处所。施工前,针对清筛车无法到达岔尾、桥头的情况,按照大修计划,与工务段提前调查,精准对接,并用红油漆进行准确标注,将大机清筛的实际作业地段精确到每根枕木,确保施工地段实现机械清筛与人工清筛的全部贯通;针对大机清筛后,道床边坡排水不畅的情况,在大机筛施工地段,进行人工清筛道床、边坡达到了排水畅通,设备单位给予了好评,路局领导多次表扬,全段完成人工清筛边坡311.484km。

二是彻底整治线路病害。对于线路板结、翻浆冒泥严重的地段,主动与工务段协商进行抛砟作业,全年完成抛砟作业0.45km,彻底解决了施工地段道床病害。

三是严把线路开通关。针对高铁作业,随时观察是否有坠落物,发现后,立即停止作业,及时回收坠落物,坚决杜绝坠落物影响行车安全的情况发生。大机清筛施工过程中,将所有清筛地段严格按照两捣一稳或三捣两稳进行作业,同时,在换轨作业线路开通前,施工负责人严格按照要求进行全面质量回检,确保线上材料、工具无遗漏,把牢线路质量开通关。

四是桥隧任务有所保障。针对石太线老旧桥梁托架螺栓锈蚀严重,承载能力降低的问题,主动联系工务处、工务段和设计部门,提前调查介入,提出加固措施和改造方案,抽调桥隧、换枕两个车间的技术骨干和车间干部,重点盯控高空作业人身安全,利用85天时间完成23座桥梁2598个托架的改造。

2016年,经过全段上下的共同努力,共完成大机清筛615.225km,同比增长57.6%、大机线路捣固4997.99遍·km、道岔捣固6136遍·组、钢轨打磨5189.61遍·km、钢轨探伤16312km、更换钢轨196.341km、更换轨枕16797根、钢轨焊接293.21km、风动卸砟555076方。

【安全管理】 一是机制介入,显现安全管理的程式化。每日16时由段安全科组织召开日安全分析会,对路局重要信息、局领导点评的安全问题以及该段自身查找发现的安全险情隐患,由段值班领导组织深度分析;对施工点发生的人身、行车等方面重点安全问题,由现场盯控领导组织追踪分析,分析结束向各施工点进行传达,起到了良好的警示作用;同时,阶段召开视频系统对话会,由段主要领导亲自组织各施工负责人及有关人员进行安全对话,对施工中存在的问题逐一进行通报、分析、点评借鉴和学习。

二是夯实基础,凸显安全管理的稳固化。强化应急管理,组织25支队伍,开展应急起复演练,主要针对各种机型脱轨后进行起复,同时,每月对起复设备进行检查、试验,上报视频图片,确保状态良好,全面提高了应急处置能力,为应急救援打下坚实的基础。强化案例教育,将2008年以来全路及该段发生的57件施工机械事故和问题,典型人身安全事故和隐患,印制成宣传册,制成事故案例,组织干部职工认真学习,通过对案例的学习,深刻吸取教训,提高了职工的安全意识。

三是超前研判,凸显安全风险的预警性。每次集中修、综合修之前,由段党政正职亲自组织段领导班子成员、各科室科长、车间施工负责人召开安全风险研讨会和施工生产动员会,重点结合现场调查情况以及多年来掌握的各条线路状况,对施工中可能存在的安全隐患进行分析和研讨,提出针对性卡控措施。

四是提升等级,转变职工队伍的意识层。无论是垂直天窗还是V型天窗,在施工中均比照V型天窗作业,在两线间布设隔离警戒绳,作业人员一律不准穿越邻线,施工机具不准放置在两线间,隔离绳起到了“禁区”管理的警示作用,消除行车和人身安全隐患。在南同蒲线施工中,首次发现低温轨清筛作业后出现线路横移的问题,南同蒲线施工期间最大位移量达到75mm,发现问题后,及时向路局主要领导及业务处室进行汇报,并针对这一现象,安排专人进行筛前、筛后测量,并组织捣固车进行拨线恢复,如得不到及时处理将发生上下行行车重大安全隐患。

3 月 4 日,介西线白壁关—兑镇间首次进行大机边坡清筛施工　　（陈禄　供）

【施工组织】　一是车间设置创新。将原大机车间进行重组,充分挖掘内部人力资源,新增设五个大机车间,既有利于安全管理,更有利于施工组织。二是机力编组创新。总结多年现场施工作业经验,通过创新机力编组,将清筛机力由原 2Q3D2P1W 配置改编为 2Q4D2P2W,实施单元作业模式,充分发挥了作业车的效能,单组最大日进度达到 2. 23km,创历史最好水平。三是封锁模式创新。清筛作业采取一站一区间的封锁模式,节约作业车连挂、返回时间,增加纯作业时间,提高了天窗利用率;在较大站场进行道岔捣固,采取同时封闭进出站岔区的模式,两台作业车同时作业,提升了作业效率。四是施工方法创新。在换轨大修施工中,从细化作业流程上卡控施工质量,研究制定出换轨作业"四步工作法",即:1. 螺丝机"隔六紧一"卡轨距;2. 撤除滚杠整细前后胶垫;3. 紧固扣件全面覆盖;4. 电动扳手加套丝处理小病害。更换钢轨实现了流水线作业,使轨距提高到" ±2"标准,杜绝了零配件缺失的问题,验收合格率达到 100% 。

【改革创新】　按照"技术革新保安全、保质量"的新思路,紧扣"保安全、降成本、提效率"的目标,紧密结合现场实际,充分调动一线干部职工保安全的意识,开动脑筋,先后研制出 50 余项革新成果,破解一大批影响施工作业安全、效率的难题,有效提高了安全问题的防范能力和施工作业的进度效率。一是为清筛车加装了喷淋装置,既减小了对职工身心健康的不利影响,又方便了对作业车装置的安全盯控;二是对所有作业车加装了无火回送防触碰装置;三是换轨作业将以往使用的轨底滚杠加长,并在一侧钻孔、系标志绳,杜绝滚杠遗留在轨底造成的晃车等行车安全隐患;四是研发便携式单缸起道机,有效降低了人工起道作业强度,缩短线路恢复时间,解决清筛后因水平不良,大机无法进入的难题;五是改良稳定车上的小发电机的柴油油路,既节省了人力,又提高了设备安全;六是通过总结现场收轨经验,研制出收轨梭头,有效提高了收轨效率;七是研制出移动式自动加油机,大幅度提高加油效率和油量精准度,每台大机每年节约 8. 4 万元;八是湖东焊轨基地为提升焊接质量,研发轨端防撞保护罩,为保证人身安全,在焊轨 2 道增加了装卸轨平台,为保证钢轨焊接温度,在备轨整修间增设了地暖装置;九是为打磨车新增配 10 个风力式灭火器,每 50m 安排一人,配备一台灭火器配合防火工作,确保打磨车作业后无火灾的发生;十是研发边坡清筛车防误碰机构,解决车辆检修时可能出现的安全隐患;十一是购置送水车,为施工车间送水 60 多次;十二是为职工定做特殊安全帽,既携带轻松,又保证安全。

【经营管理】　充分发挥技术、设备、人力等优势,大力拓展外委施工市场,先后承揽完成沪昆线、渝万线高铁及朔黄线钢轨打磨项目 2008. 99 遍 · km,创效 1783. 425 万元,不仅创造了可观的经济价值,而且赢得了良好的社会声誉,《人民铁道报》、《太原铁道报》分别以《钢轨延绵勇担当》、《有这样一个班组》为题进行了专题报道;承揽完成唐港公司大机清筛 23. 26km,线路捣固 552. 578 遍 · km,道岔捣固 403 遍 · 组,钢轨打磨 386. 1 遍 · km,总计收入 626. 35 万元;承揽完成中鼎物流园线路捣固 89. 1 遍 · km,总计收入 118. 35 万元;湖东焊轨基地以"提能力、强质量、保安全、增效益”为目标，累计焊接新轨293.221km，整修旧轨68.73km，节支创效4075.87万元，极大满足了全局大维修用轨需求，提高了线路质量，确保了行车安全。段依托服装城区域优势，大力推进段机关后院改设停车场，探索企业资产经营开发增收新途径；“刘星星机修钳工技术小组”利用工余时间修复各类电路版、传感器、轴温报警主机等，累计节支降耗705.6万元；段组织各职能科室深入调研，专题破解，分别出台办公节能、油脂降耗、配件修旧、间管费压缩、优化用工等7项管理办法，引导干部职工从点滴做起，从自身做起，使职工从“要我节支”转变为“我要节支”，节支降耗，修旧利废，减低成本，将“过紧日子”的思想落到了实处。

【职工生活】 组织段机关科室人员深入施工一线宿营车、伙食团，和职工一起包饺子，营造出家的温馨氛围，并想法设法解决押车转场运行超劳、无法保证正点就餐等诸多问题，增强团队的凝聚力和向心力。2016年，争取旧房房源23套，进一步满足无房职工的住宿需求；多方筹集资金购买米、面、油、肉、蛋、菜等食品进行集中修慰问，集中修期间主食免费供给；鸣李基地自产的1400kg孢菇和12000kg蔬菜，丰富职工的“菜篮子”。全年累计发放各类困难补助、助医、助学救助金21.26万余元，累计救助职工251人次。

【干部培训】 年内，输送各级干部参加路局干部培训班65期，培训219人次，累计7863学时；参加局外培训班10期，培训18人次，累计736学时；参加网络培训24人次，累计744学时；另外送培2人参加中鼎物流学习锻炼。按照2016年年初下发的《太原工务机械段2016年干部培训工作计划》，审核并提报8期自主培训班，培训361人次，累计5424学时。额外举办一期《青年骨干人才培训班》，参加培训43人，该培训以理论教育、领导面对面座谈、历奇式拓展训练、优秀骨干分享会的方式进行，参培学员反应较好。2016年以来，劳动人事科组织全员干部开展了2016年开工前劳动安全(人身安全、电气化)培训、《太原铁路局营业线施工安全管理实施细则》培训、《太原铁路局安全风险控制“红线”管理办法(试行)》培训、新版《轨道车管理规则》培训、防洪培训、防胀培训、基本列车运行图培训、防寒培训共计参加1778人次，通过率100%。

【职工教育】 一是有序完成各项培训考试工作。认真制定全年职工教育培训计划，依次开办开工上道前的劳动安全培训班；营业线施工人员安全知识培训班；高铁知识培训班；驻站员专项培训班；“红线”安全风险管理培训班；新版《轨道车管理规则》培训班；2016年基本列车运行图培训班；汽车驾驶员培训班；防洪、防胀、消防安全知识培训班等各类培训班28个，全段参培人员达14699人次。

二是顺利完成各类资格性考试取证工作。2016年，经各类资格性培训考试，全段598名职工取得了防护员(驻站联络员)上岗证；648名大机操作手取得了《大型养路机械操作证》的年鉴培训考试资格；2010年至2016年103名职工取得了总公司颁发的大型养路机械司机驾驶证；51名特种作业人员陆续完成了特种设备证的复审工作，各类资格性考试、取证工作的顺利完成。

三是积极开展技能竞赛活动。7月11日至13日，在介休职工教育培训基地成功举办了太原工务机械段第六届职业技能竞赛活动。此次竞赛项目涵盖了大型线路机械司机、大型线路机械操作手(线路工)两个主要行车工种，总计参赛选手45人。此次竞赛同时邀请了郑州工务机械段和西安工务机械段的优秀操作手前来参加技术交流。

四是有序开展岗位技能达标活动。为确保全段岗位作业技能达标活动扎实有序地开展，该段从接到路局通知起就将涉及各车间在岗的线路工、大型线路机械司机、桥梁工、轨道车司机等主要行车工种及内燃机钳工、汽车驾驶员工等其他关键工种均纳入了此次活动范围。分四个阶段推进并组织实施，经过车间上报、段审核，目前1581名职工正在按照各自所从事的工种有序展开评价考核。

五是联合拍摄标准化作业视频。与相关业务科室及大机车间技术人员一道联手，拍摄了"单开道岔检查标准化作业视频""和"GMC－96B 型钢轨打磨车标准化作业视频"，其中"GMC－96B 型钢轨打磨车标准化作业视频"荣获路局标准化作业视频一等奖的称号，同时将其制作成光盘，下发到相关车间班组进行学习。

【党群工作】 一是紧扣"两学一做"学习教育要求，紧密联系广大党员思想、工作、生活和作风实际，段班子成员和党（总）支部书记讲党课26场，讲清开展"两学一做"的重要意义，讲清党员队伍中存在的突出问题和严重危害，引起了党员干部情感共鸣和深入思考；修订完善《领导班子集体决策"三重一大"问题实施细则》及5个配套制度，明确党政联席会和党委会决策范围，规范议事流程，召开党政联席会、党委会24次，集体决策"三重一大"事项127件，任免重要干部38人；班子成员带头深入施工现场累计2814天，解决清筛抑尘、非常停车、水电保障等难题26项，理顺了职工情绪，凝聚了攻坚合力。

二是对全段党员组织关系进行集中排查，将17名党员组织关系介绍信回执全部落实，对19名缺少入党志愿书的党员进行组织审查，追回和补齐各种党员资料17份；扎实开展"两学一做"学习教育，逐层召开动员会30场，动员率达到100%；深入开展承诺践诺验诺活动，先后涌现出"全路优秀共产党员"叶云龙、段"两学一做"标兵闫卫东、全局10大党内优质品牌"大机清筛04517党员先锋号"等一批先进典型，党支部的战斗堡垒和党员的先锋模范作用得到充分彰显。

三是拍摄《大爱齐家——"家"文化筑牢大机施工安全防线》专题片，凝聚起"为太原局好、为大机段好"强大正能量；临汾清一班组被命名为全局工务系统安全文化建设示范班组；深入开展"转闯增"主题教育活动，段班子成员、科室骨干、典型代表深入各施工点宣讲6场，把形势讲清、改革举措讲明、发展前景讲好，传递压力，激发动力。

四是落实"两个责任"，建立党风廉政建设重点任务责任清单和任务清单，签订党风廉政建设责任状，车间、科室正副职签订廉政承诺书，制定实施《党风廉政建设责任考核办法》，考核党支部4个，责任人13名；加强段领导班子"三重一大"集体决策的监督，新增车间选人用人、更新改造和大修计划、大额资金支付等事项的监督，对30余名新任职人员出具廉政鉴定意见，防止了违规操作、带病提拔；认真把握运用监督执纪"四种形态"，及时扯袖咬耳、红脸出汗。提醒教育49人次，给予党内警告处分1人，开除党籍2人，行政警告1人。

【大事记】 1. 12月20日，湖东钢轨焊接基地的焊轨业务经过层层筛选，在19个单位的28个品牌中脱颖而出，被命名为全局资产经营开发"十大品牌"。

2. 2016年，该段新增边坡清筛和线路探伤两种业务。

（陈　禄）

太原电务段

【领导成员】

段　　长	葛学武
副 段 长	王三兔
	杜海兰
	王　日
	张飞飞
	闫昌贵
	焦大智
党委书记	邢勇峰
党委副书记、纪委书记	康春辉
工会主席	刘廷羽

【概况】 太原电务段主要担负大西高铁高

速干线1条,南同蒲、北同蒲、石太、太焦、京原、太兴、瓦日、太中银普速干线8条,石太客专引入太原区段,吕临、西山、忻河、上兰村、介西、韩原线等6条支线和15条联络线、157个站(场)和4个驼峰的信号设备,以及37组动车组、367台机车、72台轨道车车载设备的维修养护任务。管辖营业里程1919.117km,其中高速铁路261.858km,普速铁路1657.259km(含自闭区段960.766km)。联锁道岔3891组,其中高速铁路239组、普速铁路3652组;轨道电路区段7577个,其中高速铁路964个、普速铁路6613个;信号机6969架,其中高速铁路551架、普速铁路6418架;道口信号19处。全段维护设备换算道岔组数62311.666组,其中高速铁路7057.906组、普速铁路55253.76组。

机构设14个科室,其中行政管理科室(中心)12个,党群办公室1个,生产辅助科室1个(信号试验室);下设维修车间19个(其中瓦日线设石娄、临县2个筹备车间),专业车间3个(电子、中修、榆次检修车间),车载设备车间3个;多经、集经公司各1个;全段现有生产班组147个。

2016年末,全段职工人数2022人,其中工人1607人(女职工143人),干部415人(女干部82人)。其中,干部结构为:行管干部121人,党群干部32人,专业技术干部129人,其他干部133人。

【安全生产】 一是主动适应发展变化,切实转变思想观念,工作理念进一步清晰。强力推进全段安全风险管理、管理方式改革、先进技术运用、依法依规治企等重点任务,在全段形成创新发展的良好工作氛围。二是持续深化安全风险管理,不断强化安全分析预警,风险防控能力进一步提升。坚持实事求是抓安全、依法依规抓安全、科学管理抓安全,安全风险管理在车间、班组和现场作业中见到明显成效。始终把人身、联锁、数据、设备限界、路材路料和回流安全作为风险控制的关键项点,细化94项安全风险点、341条风险控制措施,在每日作业、每项作业和每次作业中严格管控,杜绝砸锅惹祸问题的发生。严抓安全管理七项工作制度的落实,针对每日设备故障、安全信息和问题通知书,自上而下逐级强化安全分析和风险预警,全年追踪落实各类安全信息868件,形成以日保周、以周保月、以月保年的良好安全态势,进一步提升全段安全风险管控能力。三是始终把高铁安全摆在首位,集中开展设备安全整治,高铁安全管理水平进一步提升。牢牢把握"高铁安全无小事"的工作要求。从夯实高铁安全基础入手,先后多次组织对大西高铁设备进行集中地、专项地、全覆盖地隐患排查整治,完成太原南站大西场至灵石东站区间增加逻辑检查功能施工,对64组无源应答器进行增加站台信息报文修改整治。积极开展技术攻关,通过修改太原南站大西场应答器报文、发码电路,彻底解决动车组股道控停的严重隐患。认真落实大西高铁试验段工作安排,精心检修高铁信号设备,严格落实技术标准规范,配合顺利完成试验段自主化RBC信号设备、ATP车载设备等试验任务,确保大西高铁试验段整体工作推进有序。四是持续引深"三化"建设,强力推进安全标准线创建,安全管理基础进一步巩固。按照"三化"建设整体方案,多措并举抓推进,不断巩固安全基础。围绕基础设备达标、安全管理达标、班组管理达标、检修作业达标、环境整治达标、应急处置规范和政治工作达标等7个方面、62项具体内容,集中组织在太中银、南同蒲两线的6个车间30个工区26个站场开展安全标准线建设。经过创建,两线安全管理水平明显提升。下半年以来两线发生责任设备故障19件,相比上半年减少17件,故障压缩47%;发生故障延时576min,相比上半年减少705min,故障延时压缩55%,达到安全标准线建设的预期目标。

【设备质量】 扎实开展道岔转辙设备、轨道电路、ZPW2000、光电缆线路等设备的专项整治。结合季节特点,积极组织开展春检春鉴、防洪防汛、秋检秋鉴、防寒过冬工作，结合设备维护管理的变化要求，积极推进设备“计划修”向“状态修”的转变。加大微机监测力度，及时掌握设备运用状态，扎实开展设备“状态修”。针对暴露出的设备病害，通过开展专项整治、技术攻关，消除大量设备隐患。认真落实“提升道岔转换设备维护质量”的技术补强措施，完成段管内 ZY(J)4 型转辙机加装平衡阀 1253 个、更换尖端铁 1120 组以及 ZY(J)6 型转辙机更换调整架 544 个等工作。借助车工电联合检查的有利契机，整治消除病害道岔 319 组。组织对太原站 32 组外锁道岔的杆件进行更换，有效解决了外锁闭道岔磨卡等突出问题。通过积极开展设备“状态修”，有效提升设备维护能力和检修质量。

【生产任务】 始终坚持科学严密组织，持续攻坚重点施工，设备基础进一步改善。针对每次重点施工，坚持专题研究、科学组织，积极发扬不怕困难、连续作战的优良作风，特别是充分发挥专业技术人员和各级干部的盯控作用，全面卡控施工安全风险，圆满完成各项重点施工任务。全年累计完成主体施工 198 项，先后改造开通了中鼎物流园、榆次二场、榆次三场、榆次四场、北六堡、文水站、太北驼峰等站场，配合完成南同蒲、北同蒲、京原线、石太线、太兴线和太原、榆次枢纽等综合修施工任务 9 次、用时 128 天，配合成组更换道岔 28 组等。经过大修改造和综合修整治，管内运用设备基础得到进一步改善。

【职工教育】 围绕段年度职工教育工作的总体目标，根据年度职工教育培训计划，紧密围绕安全风险管理，结合设备维修实际，以单项设备基本技能演练等标准化作业为主线，以新线设备培训、高铁新技术培训、全员岗位技能竞赛为着眼点，以加强培训过程考核为抓手，确保三新人员全部培训合格上岗，确保主要行车工种人员业务技能水平提升。全年组织培训班 35 期，共培训职工 1915 人。一是抓好岗位技能达标活动与适应性培训。先后组织 25HZ 轨道电路、道岔检修作业标准、STP、Ⅱ、Ⅲ级联锁管理培训。二是抓好《人身防护安全》和《电化安全》培训考试。为切实抓好培训工作，杜绝培训过程中出现假培训、假考试现象，主管领导组织职培中心全体成员讨论制定人身安全、电化安全培训考试的具体方案和详细推进计划，人身防护安全应考 1810 人，实考 1810 人。电化知识应考 1599 人，实考 1599 人，且全部合格。三是抓好 2016 年度技能竞赛活动。根据路局技能大赛的整体要求，精心组织，通过段组织集中培训，选拔参加路局比武，该段选手在 8 个项目的竞赛中，获得四项第一，四项第二、两项第三的好成绩。

【干部管理】 全段各级干部在段、段党委的正确领导下，以“两学一做”学习实践为思想指引。紧密围绕总公司及路局各项工作总体部署扎实开展各项工作。各级干部克服人员紧张、任务繁重的客观困难大力发扬吃苦奉献精神，干部带头主动加班加点，舍小家、顾大家，组织和带领大家以大局为重，比成绩、讲奉献。干部日常考核管理方面深入推进安全管理规范化责任体系建设，促进各级干部安全岗位职责、工作标准、工作流程、责任分工的有效落实。以建章立制为重点，推行干部分级负责制，不断完善干部管理工作。为确保该段 2016 年全年各项安全生产任务的顺利完成发挥积极作用。

【职工生活】 围绕职工“衣食住行”等大家最直接、最关心的问题，深推“八小工程”建设。全年对 136 个小伙食团、143 间小单身宿舍、112 个小浴室进行补强式整治。新建塑胶篮球场 3 个、羽毛球场 3 个、中鼎物流园文体活动中心 1 处，女职工爱心屋 1 间，为沿线车间班组小单身宿舍配发床品三件套 500 套，对小文化室、小书屋、小活动场、小菜园活动器材和小药箱药品进行补充更新，配置液晶电视、空调、洗衣机、电磁灶等 110 余台，文化书籍 1000 余册，全段车间、工区的旧式彩电全部更新为液晶彩电，职工生产生活条件得到进一步改善。

【党群工作】 一是聚焦党建责任，把握全面从严治党新方位。领导班子通过“一日体验”等方式，先后破解“关于构建‘六个精细化’安全文化的实践与思考”等20项发展难题。自己结合段在互联网与党建深入融合方面的实践探索，做好党建课题研究，题为《积极探索“互联网+党建”工作新模式》的调研文章先后在路局《政工调研》和《太铁政工》刊发。修订完善《太原电务段领导班子决策“三重一大”事项规定及配套制度》，系统规范党委会、党政联席会议事决策程序，班子成员“把握形势、突出重点、掌控局面”的能力有了明显提升。全年召开党委会16次，党政联席会16次，研究解决重点问题。建立党建责任督导体系，形成年初责任分解、季度联检验收、每月积分考核、每周点评对话、年终对标检验的闭环管理工作模式，促进党建责任得到有效落实。

二是强化主体作用，拓展“两学一做”学习教育新载体。紧扣“学”这个基础，创新学习教育载体。组织54名路局级、段级优秀党员前往“八路军太行纪念馆”开展主题党日活动，回顾党的发展历程，坚定了“不忘初心、继续前进”的使命责任。启动“好读书、读好书”党员读书活动，每季向全段每名党员选送1本精品图书，陶冶党员情操，提高党员素质，强化党员的归属感。在建党95周年前夕，组织全段22个代表队参加“颂歌献给党”“七一”群众歌咏大会，增进全段上下心向党、跟党走的坚定信念。紧扣“做”这个关键，围绕“政治素质优、岗位技能优、工作业绩优、群众评价优”，开展以“禁违章、控风险、提质量、减故障”为目标的“我是党员，向我看齐”主题实践活动，累计打造“内实外美、特性优良、安全稳定”的“党员示范道岔”280组、“党员示范动车（机车）”22台、“党员示范信息设备”7组，实现对全段123个党员站区的全覆盖，使“四讲四有”合格党员标准在安全生产一线落地生根。通过主题实践活动的开展，在全段掀起了一股“党员带头示范干、职工落标学示范”的精检细修热潮。

三是统筹重点任务，确保组织生活规范成为新常态。在组织关系集中排查中，对全段党员入党信息和组织管理情况进行整体摸排，查找发现2名因历史遗留问题导致失联的党员。后经程序处理，2名失联党员纳入原所在党组织正常管理。在党代会代表和党员违纪违法未给予相应处理情况排查清理中，对该段任期内的99名党代表和广大党员进行排查，未发现受到过刑事责任追究或因涉及“黄赌毒”等案件受到过行政处罚的党员。在基层党组织按期换届专项检查中，针对基层党支部（总支）支委会届满到期的情况，组织和指导原平车间等11个党支部（总支）进行换届，选举产生新一届的支委委员。在党费收缴工作专项检查中，注重骨干培训和政策宣讲，引导教育广大党员履行好自身义务，在严肃的组织生活锤炼中牢固党的观念。截止目前，党费补缴工作已稳妥完成。

四是贯彻《纲要》精神，推动三年基础工程取得新成绩。以“党支部标准化建设”为核心，以“八个一”为载体，扎实推进“车间政治工作标准化建设”，即“建一套车间政治工作一体化信息系统、建一个车间标准化党员活动室、建一面党纪工团为一体的车间政治工作展示墙、建一个车间荣誉台、建一条车间先进模范宣传长廊、建一组‘奋进中的太原电务段’展示板、建一处职工才艺展示角、建一个多媒体教育平台”。在2016年底，所有“车间政治工作标准化建设”顺利完成。通过标准化建设，各车间的党支部管理规范了，车间工作环境优美了，车间政治工作氛围浓厚了，车间班子的凝聚力增强了，车间干部的精气神亮了，车间全面呈现出一种积极向上的良好精神状态。

（秦海洲）

侯马电务段

【领导成员】

段　　长　　李新安
副 段 长　　张继奎
　　　　　　雷时裕
　　　　　　靳　琛
　　　　　　杨晓鹏
　　　　　　麻小兵
党委书记　　杜建中
党委副书记　张　军
工会主席　　雷晋平

【概况】 侯马电务段主要担负南同蒲（两渡以南）、侯月线、侯西线、大西客运专线、瓦日线5条干线，二峰山、礼垣2条支线和1条高曲联络线共计1124.666km线路、74个站场、2个驼峰场信号设备以及269台机车车载设备（另有67台企业机车、110台轨道车车载设备）的维修养护任务。主要维护设备换算道岔组数为36710.892组，其中：信号联锁道岔2071组，信号机3959架，轨道电路区段4752个，道口信号6处。机构设办公室、信号技术科、安全科、调度指挥中心、车载技术科、材料科、计划财务科、劳动人事科、职工教育培训中心、高铁技术科10个行政科室（中心）以及党群工作办公室，还有1个辅助机构：信号试验室。下设霍州、临汾、侯马、侯北、翼城、沁水、运城、临汾西、运城北9个维修车间，侯马1个检修车间，以及电子设备、信号中修、侯北车载设备3个专业车间。瓦日线成立洪洞车间和安泽车间2个筹备组。

2016年末，在册人数1226人，其中干部224人，工人1002人。

【干部管理】 示范带动，发挥组织作用。坚持党政工团齐抓共干保安全。先后组织党员开展党章党规知识竞赛、赴红色基地现场学习等活动达15场次；在一线党员中通过“典型案例分析、组织技术党课、警示违章党员”方式开展“三无”竞赛，围剿惯性“两违”，2016年消灭局级党员“两违”红黄牌。发挥品牌示范带动作用，在全段开展“转闯增”主题活动，节支降耗140余万元。大力学习和宣传“今天我来当工长”、全路技术能手柳晋洁、全路火车头奖章获得者丁长喜、“郝云涛高铁创新工作室”等先进人物和段级党内品牌典型事迹，在全段营造学比赶超的浓厚氛围。

从严监督，加强廉政建设。段党委、纪委对照岗位工作职责，以开列清单的形式，对全段党政纪组织和领导班子成员、各科室、车间负责人和专兼职纪检干部量身定制了落实党风廉政建设“两个责任”任务清单。明确领导班子成员、机关科室负责人及车间党政负责人29项主体责任内容；定制了纪检监察组织及成员共26项监督责任内容，使党风廉政建设“两个责任”更具体、更可行、更有针对性，尝试构建了全段党政纪组织履行党风廉政建设两个责任“硬着陆”落实体系。

突出实效，推进作风转变。不断强化干部服务意识，在机关干部中开展“三亮三创、真诚服务”主题活动，月度对科室解决问题进行汇总公示，季度由车间对解决问题情况进行测评，接受职工群众的监督；在领导干部中推行挂牌督办重点问题，半年度难题破解工作；在管理干部中推行专业全覆盖检查，树立“马上就办，办就办好”的干部作风。始终坚持“问题在现场、原因在管理、根子在干部”理念，一年来，共下发各项问题考核通报14期，其中涉及干部履职问题通报9期，考核干部90人次，其中警告处分1人，训诫谈话2人。

【干部培训】 加强专业培训，提高领导管理能力。组织139人次参加66期各类总公司和局级培训，其中：领导人员4期4人次参加总公司培训；中层及各类专业技术人员62期135人次参加涵盖高铁、车载、电务、财务、劳资、卫生、物资等多个岗位的知识和专业技术水平的培训。

强化自主培训，提升干部综合素养。2016年干部自主培训计划的制定在认真调研全段管理和专业技术人员岗位特点与知识需求的基础上，确保重点岗位培训，重要岗位全部普及，信号技术科、高铁技术科、车载技术科、安全科等生产科室针对本部门新设备、新技术、新知识、新工艺推广使用，精心拟定培训计划，完成年初制定的六个项目的培训，涵盖了LKJ、STP、GYK车载系统培训，占用丢失应急处置培训，安全管理知识培训，STP/TDCS设备维护管理、微机监测分析培训等。本年度自主培训人数达到147人次。大大强化了各类各级管理和专业技术人员的全面素质的提升，达到了干部培训的整体目标。

【安全管理】　严把关键，夯实安全基础。充分利用视频监控、微机监测、TDCS等设施设备，全面卡控"天窗"维修、干部动态、点外作业、应急处置等现场关键环节，全面提高抗风险能力。坚持从管理、标准、落实、人员等方面找出各种问题的根源，有针对性地进行补强和完善，挂牌督办各类问题28件。先后完成驼峰缓行器大修改造、大西高铁"三点检查"、侯马北机务段整备场大修改造，侯月线、南同蒲综合维修施工、侯西线电气化改造施工任务。全年共开通12个站场，完成设备验收24次，电务主体施工275项、配合施工831项，车载数据换装1110台次，实现了人身、设备"双安全"目标。

一是动态修订完善管理职责、标准和流程。对全段253个安全管理职责，228项工作标准进行动态修订完善，编制一级工作流程59个，二级流程34个，进一步明确了每个科室、车间、岗位职责、标准和量化要求，确保各级管理岗位安全管理职责内容明确，工作标准量化具体，实现了各级管理岗位逐级承责、落责有标。

二是健全完善作业指导书。对《岗位作业指导书》中编制的38项设备作业流程、检测方法等进行动态修订和完善，同时根据现场实际制定配合施工作业流程30项，编制了《信号设备电气特性测试方法和标准》，使每名职工对标准、流程一目了然。

三是规范应急处置流程。通过将各类应急预案进行分解，制作应急预案流程图，其中包括各项应急预案、"110"专家联系电话、应急交通示意图、各车间及工区联系电话等内容，以菜单式、流程化的形式在调度指挥中心电子屏幕显示，规范了应急管理，为调度快速、准确应急指挥提供了便利条件。

针对汛期电缆中断、信号设备倾斜、轨道电路红光带等险情开展防洪应急演练（赵永华　供）

【安全生产】　围绕隐患排查，多措并举推进各项工作。一是重点针对汛期电缆中断、信号设备倾斜、轨道电路红光带等险情开展应急演练工作，分别在水头、临汾北站组织2次段级防洪应急演练，10个现场车间分别在南同蒲线、侯月线、侯阎线、瓦日线各站组织车间级防洪演练23次，参加演练人数378人次；二是扎实推进秋检秋鉴工作，共计鉴定联锁道岔1461组，信号机1233架，轨道电路2765个区段，室内电源屏76面，限界测量44站，主干电缆设备2275条，组合架831架，信息设备131台。三是认真落实"三项重点工作"。各级干部下现场检查1724人次，发现、解决各类问题879件。四是积极开展安全薄弱环节专项检查整治工作，活动期间，各级干部下现场检查180人次，发现和整治设备质量、安全管理、施工管理等问题251件。五是开展安全标准线创建活动以来，南同蒲安全标准线创建站相关工区室内揭挂已全部更换完成，整治达标轨道电路628个区段，道岔437组，信号机292架。六是为确保冬季各种信号设备、机械动力设备、交通工具及其他生产生活设施的正常运用和冬季人身安全，制定《侯马电务段2016年防寒过冬工作安排》，全员进行防寒培训，开展段级除雪应急演练3次，组织对大西高铁111组融雪设备专项检查2次，发现、解决融雪装置问题11件。

压实重点基础，圆满完成各项施工任务。一是南同蒲线集中修施工更换道岔表示杆偏心式自锁螺母33组，道岔检修70组，更换道岔转辙机不良动静接点组为恒压动静接点26组，更换ZPW－2000A区间轨道电路双头补偿电容110个等。二是配合侯北机务段整备场施工。完成电缆沟开挖10km、电缆敷设35.7km、开挖过道72处，轨道电路钢轨打眼65个区段、绝缘安装160组、转辙机安装4组、信号设备安装240台，信号设备配线80台等。三是组织配合侯阎线成段更换钢轨31km。四是侯南电气化改造施工已完成史店、韩阳镇、首阳等9个站的信号电缆、室内外配线倒接，高柱信号机安装等工作。大西高铁各项任务全面完成：完成管内8站大西高铁增加站台提示信息功能施工；完成管内9站7中继增加区间占用逻辑检查施工，并于12月28日开通；完成配合高铁工务段对管内8站大机打磨道岔及大机打磨线路施工；完成管内硬面化破损情况进行重点排查整治，整治硬面化不良230m^2；开展了融雪设备的检查整治，共计整治9站融雪设备、更换不良融雪条8根、更换不良卡具3处、处理其他融雪问题3个。

【职工教育】 注重培养，提升职工素质。年内，举办各类培训班44期，对各工种、各岗位职工培训2774人次。开展“精准培养，快速成长”活动，80名导师与193名青年职工签订了“导师联系青年协议书”，通过“加强成长指导、周期座谈帮教、记好成长笔记、定期进行考察”方式促使其快速成才。

8月13日，侯马北驼峰减速器大修施工全面展开　　（赵永华　供）

【科技成果】 重抓规章管理，获多项科技成果。继续推进成果转化，实现科研成果的全面推广。全年继续重点推广LKJ故障诊断装置、信号机透镜电动擦拭器、天窗修信息化管理系统、便携式光电传感器检测仪、TDCS模拟试验台系统等科技成果。同时，对段管内的各项规章进行了梳理和规范，制定、修订规章13个，废止18个。积极开展科研攻关，提升创新能力，科技成果亮点频现。全年科研成果局立项3项，分别是《轨道电路断线、断轨监测报警系统》、《道岔缺口手持检测装置》、《便携式信号同步发码装置》。2016年该段定期组织开展合理化建议、小改小革项目收集、奖励，调动科技人员创新积极性，合理化建议、质量管理、小改小革项目提报质量较以往有着明显提高，其中2016年全年合理化建议和技术改进成果荣获路局一等奖1项，二等奖2项，三等奖5项，四等奖5项；2016年质量管理荣获路局一等奖2项，二等奖1项，为提高该段运输效率和经济效益作出了积极贡献。

【职工生活】 关心关爱，服务一线职工。持续引深“双进双千”送温暖文体活动，长效落实“春有慰问、夏送清凉、秋有助学、冬送温暖”机制。定期开展重点节日、集中修施工慰问活动，让职工充分感受到组织的关怀。一是做实做细一线施工慰问。围绕集中修以及侯北驼峰、侯南电气化改造等大型施工，及时购买肉、蛋、菜、西瓜、矿泉水等慰问品，保障后勤服务。发放喝水杯1000余个、洗漱包1000余套、风油精等户外三件套1200余个。配发粗布凉席537床，电子驱蚊水400个，发放绿豆4600斤、冰糖1180袋。二是积极落实帮扶救助机制。支出帮扶救助资金26万元，为考上大学的职工子女发放拉杆箱50个。三是扎实开展“双进双千”送温暖活动。为改善职工用餐环境，改建了机关职工食堂。为沿线各车间、工区发放了实物补贴，在国庆中秋、元旦春节期间，为86个伙食点购置了蔬菜、小米、杂粮、水果等副食，为全体会员发放米面油等慰问品1214份，提高现场职工伙食质量。全面落实了职工年休假制度，维护了职工休假的权利。组织1090名职工参加体检，1117名职工完成了带薪休假，四是逐步完善“八小”建设。建造了洪洞北、中修、侯北、机关等职工文化活动室5处，为每个班组伙食点补充发放了电饼铛、电饭锅、热水宝等厨具500余件，集中开展文体活动15场次，使职工群众充分享受到企业改革发展的成果。

【经营管理】 出台《侯马电务段差旅费管理办法》(侯电计财〔2016〕22号)文件,并及时下发有关差旅费报销问题解答业务通知,规范了差旅费报销财务行为,切实维护职工的切身利益。根据路局有关文件精神,制定出台《侯马电务段合同管理办法》(侯电计财〔2016〕128号)、《侯马电务段备用金管理办法》(侯电计财〔2016〕169号)、《侯马电务段低值易耗品管理实施细则》(侯电计财〔2016〕227号)、《侯马电务段食堂(伙食团)财务管理实施细则(试行)》(侯电计财〔2016〕302号)、《侯马电务段关于规范废旧物资处置财务管理的通知》(侯电财〔2016〕182号)等文件,从段工作实际出发,统筹兼顾,整体推进,标本兼治,形成“堵、防、查、处”于一体的综合治理措施,推进依法治企、规范企业经营管理,构建和完善防治“小金库”长效机制。

2016年完成运输业务结算收入16508万元,运输总支出为16508万元,其中:工资支出10185万元;折旧3371万元;直接费2208万元(含大西高铁委管支出251万元、瓦日线委管支出167万元、侯禹公司委管支出113万元);间管费713万元(含大西高铁间管支出54万元,瓦日线委管支出9万元);安全费用支出(936)万元、大修49.6万元、营业外支出(个人所得税罚款)9.1万元。运输总支出较预算节支0.6万元。增值税进项税累计上转路局548万元，其中固定资产进项税429万元，非固定资产进项税119万元。完成更新改造项目17项，累计完成金额1276万元；其他业务收入完成376万元，实现利润9.6万元，圆满完成路局下达的考核指标。

（赵永华）

大同电务段

【领导成员】

段　长	葛学仁
副段长	刘彦堂
	李世忠
	常福祥
	王保松
	杜立兵
党委书记	杨建国
党委副书记、纪委书记	孙学文
工会主席	白玉贤

【概况】 大同电务段管辖范围横跨京、津、晋、冀“两省两市”。主要承担着大秦、北同蒲、瓦日、京包、韩原线等五条干线及迁曹、宁岢、口支线等二十余条支线共计108个站/场、25个中继站的信号设备和685台机车LKJ、118台轨道车运行监控装置(GYK)设备

的管理维护工作,总计 1633.983km,折合换算道岔组数 71970.454 组。2016 年末,全段职工总数 2150 人,其中段领导班子 9 名,干部 481 人,工人 1669 人。机构设:12 个科室(其中党委办公室 1 个);设有生产车间 26 个(包括 2 个基地检修车间、2 个车载设备车间、1 个信号试验室、1 个电子设备车间和 20 个现场信号维修车间);班组 157 个。

【经营管理】 全年运输成本控制在有权支出范围内,实现了局定该段运输经营目标。统筹全段业务、资产及人力等全部可用资源,通过发挥各项资源在生产经营中的个体优势和资源间的协同效应,实现全段安全生产、职工利益和经济效益的同步最大化。2016 年全段运输成本支出完成情况:全年完成运输总支出 46273.5 万元,其中:工资支出 19152.96 万元,工资附加费支出 1931.5 万元,职工福利费支出 468.2 万元,折旧费支出 18663.7 万元,大修支出 215.1 万元,直接费支出 4406.1 万元,间管费支出 1170.9 万元。完成其他业务收入 1604 万元,完成其他业务利润 50 万元,全部完成路局下达的预算指标任务。

【科技教育】 坚持科教兴段、人才强段战略,围绕安全保障、检测维护、应急抢险、新技术新装备等,完成技术成果 2 项,科研开发项目 4 项,科研推广项目 1 项,提报合理化建议 217 项,完成 37 个站 TDCS/CTC 软件升级,36 个站信号集中监测升级改造;发布技术规章有效和废止目录 4 次,废止更新规章 17 个;组织实施车间、班组连接路局综合网工程,指导 19 个现场车间安装电子登消记系统,信息化管理水平明显提升。加大经营管理、专业技术和岗位技能人才培训工作力度,举办技术精英和后备工班长培训,储备现场实用技能人才,全年参加总公司、路局培训班 107 期 371 人次,自办脱产实作培训班 32 期 894 人次,编制标准化教学视频 2 个、故障实例教材 16 篇。选拔 31 名技术能手参加路局技能竞赛,取得 1 个第一、1 个第二、4 个第三的好成绩。

【安全生产】 1. 信号设备方面:坚持把设备运用质量达标作为安全工作的最基本单元,多措并举促进提升。全年组织两次"集中修"和 70 次"天窗修"施工,完成自身施工 70 项,配合施工 21 项;对 8794 组道岔,9681 架信号机,16170 个轨道区段进行周期维修和 218 个机械室细密检查。梳理汇总作业标准 7 种 13 类 122 项 947 条,制作对照卡 4 类 13 张,提高了职工标准化作业水平。围绕客车、人身、施工、占用丢失等安全关键深化专项整治,特别是牵头组织完成 1031 组车工电联合道岔整治,全面夯实设备基础。强化段、车间、工区三级微机监测网络作用发挥,分层分类对电气特性曲线及报警信息调阅分析,发现各类安全隐患 2881 件,实时掌握设备动态变化,防患于未然。

2. LKJ 车载设备方面:严格落实数据换装各项卡控制度,全年完成 LKJ 数据芯片换装 10 次,100% 进行数据版本信息核对,有效地防止 LKJ 数据错换、漏换的发生。全年检测机车 60260 台次(湖东入库:49700 台次,大西入库检测机车 10560 台次),检测良好 60132 台次,检测良好率 99.79%;应生成文件 480121 个,实生成 480121 个,转储成功率为 100%。严格执行检修工艺要求,全年完成 III 级修 38 套,II 级修 307 套,共 345 套,大大提高车载设备的运用质量。完成安装 STP 车载设备 1 台,DF8B－5074,累计安装 42 台。2016 年完成 GYK 设备 Ⅰ 级修 405 台次,Ⅱ 级修 96 台次,Ⅲ 级修 8 台。配合完成 2 次集中修施工,检测更新 GYK 数据 36 台外局轨道车 GYK 设备。全年完成 2 次 GYK 数据换装工作,换装轨道车 GYK 设备 59 台(套)。

【职工教育】 2016 年全面完成职工教育培训工作,其中组织参加总公司优秀工班长、路局 TDCS3.0、电务车载设备强化等培训班 23 期 139 人次;段级举办微机监测数据分析、智能电源屏应急处置、计轴自动站间闭塞等各类培训班25期,培训1807人次。组织完成劳动安全、人身安全、电化安全、防洪安全及调图培训、新《太原铁路局铁路营业线施工安全管理实施细则》、《大同电务段安全风险控制"红线"实施细则(试行)》、春运考试等各类考试工作,完成考试13595人次。以大同职工培训基地为中心,突出做好青年骨干培训和新职人员培训。组织各类培训班25期,培训人数1807人次,其中骨干培训班4期,培训91人次。建成17个车间级培训基地,扎实组织开展岗位技能达标和标准化作业培训,共计完成81期,培训4983人次。编制"解家庄站2-4#道岔反位无表示故障案例教育"、"成昆线道岔反位无表示铁路交通一般D10类事故案例教育"、"遵化北—玉田北区间方向电路故障案例教育"、"大同县至阳原站间568G、595G红光带故障案例教育"、"北辛堡站微机联锁系统UPS电源故障案例教育"、"李家坪站1-7DG闪红光带故障案例教育"等6个PPT案例课件。制作人身案例、作业案例、交通案例三个模块13个典型案例教育,真正起到"一事一教"、防患于未然的培训效果。

【干部管理】 认真践行路局"机关服务、基层自立、各司其职、各负其责"工作理念,立规守纪、转变作风,不断提高干部履职尽责、精准服务的能力和水平。一是立标明责定规矩。学习借鉴局办"工作手册"经验做法,对段10个科室87大类工作制定344个岗位职责、409条工作标准和210条工作流程,形成符合各岗位实际的履职"路线图",打造规范管理的"运用字典"。二是主动帮教重服务。大力倡导"干部就是要服务"理念,组织开展科室对标检查、帮教指导工作,引导干部由重检查发现问题向帮教指导解决问题转变,进一步强化各级干部的管理意识和服务意识。一年来累计帮助现场车间班组解决各类问题2013个,促进基层管理的规范有序。三是强化落责提效率。把督查督办作为维护政令畅通、推动工作落实的有力抓手,2016年下发《大电督办》64期,《干部作风督查简报》12期,督办问题496个,考核804人次,提高各级干部履职尽责、精准服务的能力和水平,推动全段安全、经营、民生、稳定等各方面工作落实。

【科研开发】 组织完成科学技术成果评审2项:GYK轨道车远程管理系统、铁路信号电缆应急接续装置。完成4项科研项目:铁路信号设备移动监测装置、微机监测智能分析与故障诊断系统、电务物资电子化管理系统、液压转辙机智能数字压力装置。对"电缆应急接续装置"科技成果在全段17个现场信号车间进行示范推广。科研成果"电缆定位与安全防护方案研究及应用"获2016年路局科学技术进步奖三等奖。2016上半年收集合理化建议115项,评选出21项申报路局,有12项合理化建议在路局获奖。其中一等奖1项:加装高阻电抗器,解决25Hz轨道电路"第三轨干扰"问题。二等奖2项:关于测试智能电源屏交流模块输出电源直流成份的建议、关于优化信号集中监测与灯丝报警总机CAN通信接口的建议。三等奖6项:关于进站信号机"黄闪黄"点灯电路修改的建议、关于大秦线电源屏CTC电源与方向电源分置的建议、关于优化整治大秦线18个无人中继站环境监控系统的建议、关于解决STP设备车载主机烧损问题的建议、关于对HX1型机车速度传感器进行改造的建议、关于制作驼峰减速器快排阀及风缸测试装置的建议。四等奖3项:关于设置TDCS/CTC和监测数据储存服务器的建议、关于优化现场ZPW.CC采集处理器故障返厂修的建议、关于完善解家庄站信号集中监测系统功能的建议。2016下半年收集合理化建议102项,评选出24项申报路局。质量管理方面共有6个QC小组获2016年路局级优秀QC小组。其中一等奖3项:大西车载设备车间LKJ车载设备QC小组"减少LKJ-2000型监控装置主机"单机"故障件数"、劳动人事科QC小组"提升电务段高技能人才效能"和"践行

'机关服务、基层自立、各司其职、各负其责'工作理念,推进各项工作规范健康协调发展"。二等奖3项:驼峰车间QC小组"解决测长轨道电路数据变化影响使用的问题"、大同车间QC小组"加强大同站施工盯控,提高设备质量"、茶坞检修车间QC小组"消灭二元标签脱落,杜绝机械卡阻隐患"。段劳动人事科QC小组"提升电务段高技能人才效能"还被评为2016年铁道行业优秀质量管理小组。

【党群工作】 以扎实推进"两学一做"学习教育为契机,严格落实"每次一人中心发言、每季一次集中研讨、半年一次笔记晾晒、每年两篇学习成果"学习制度,完善学习考试和成果推优机制,全力提升班子成员"四个意识"。推行班子成员联系包保、跟班"三同""一日体验"、破解难题等"六项"工作机制,破解安全管理、经营创效、设备质量难题20个。出台党建创新年方案,印发工作规划、召开党群工作例会、对话会,进行质效积分考评、支部书记党建述职等,确保重点任务有效落实。全年围绕春运、防洪、集中修施工逐级开展党员"三无""落五责,创五岗""守纪落标,示范奉献"主题活动5次,开展纪念建党95周年"十个一"系列活动;确立局级重点攻关课题4项,段级党字号品牌10个,签发《表扬信》8封;运用"互联网+思想政治工作"形式,组建新媒体工作室,统筹运用页、报、网、手机微信等,宣教形式更接地气。认真抓好中央八项规定和路局45条实施细则的学习落实,进一步强化各级干部规矩意识。2016年段党委被评为全路先进基层党组织。

工会组织紧紧围绕安全生产,积极开展"主人翁保安全""劳动保护监督检查""职工代表主题巡视"等竞赛活动,积极改善职工生产生活状况,为"八小"示范点和车间班组配备电视15台、洗衣机8台、空调3台、冰柜11台、冰箱5台、电磁炉7台、电风扇25个、健身路径33组、个人文体运动包2158个。持续引深"双进双千"活动,长效落实"春有慰问、夏送清凉、秋有助学、冬送温暖"机制,定期开展重点节日、集中修施工慰问活动,让职工充分感受到组织关怀。2016年元旦春节、中秋国庆期间筹集资金28.93万元,为沿线100多个小伙食团(点)送去米、面、油、猪肉、苹果、牛奶、鸡蛋等生活必需品。4月、10月份两次集中修期间,向车间下发17.13万元慰问金,同时为伙食团配发保温饭盒400个、快餐杯2000多个,有效的改善伙食团卫生环境,提高职工用餐质量;暑期购买西瓜、矿泉水、绿豆、藿香正气胶囊等防暑用品分别对全段25个车间、158个班组、300个作业岗位、2000多名职工进行了慰问。为30岁以上的职工补充发放"速效救心丸小药包"1600余份,为机关科室、车间、班组配备了小药箱药品400余份,共计8.9万元。扩大"百千万"职工站区文体活动覆盖面,打造站区、工区、社区特色文化,丰富职工文化生活。开展小改小革、节支降耗、开源节流、合理化建议以及"微建议""金点子"征集等活动,收集合理化建议19件、申报路局"五小"竞赛项目6个。加大帮扶救助力度,组织开展助医、助困、助学等惠民举措,架设服务职工爱心桥梁。2016年建立7名重困职工助困档案及4名重困职工子女的助学档案,全年一般困补277名12万余元;为144人次患病职工发放医疗救助保障金24.7万元;段互助储金为14名职工办理大互助借款,共计13.2万元;为84名高考职工子女发放助考补助1.7万元;为14名职工申请生育补助7000元。

共青团组织按照太铁青年"青创众帮聚力启航"十百千万成长成才计划,选树了段优秀青年大学生王荔为"太铁青年领航之星"、樊龙、薛振涛为"青年岗位能手"、推荐青年班组湖东西二信号工区为"青年安全生产示范岗",切实把青年典型树起来。结合"青年小班制竞赛"要求,相继开展了贯穿全年的"青年安全背规竞赛""我所经历的险情""青年技术骨干"等一系列竞赛活动11场,夯实了青年成长成才基础。优选7名专兼职团干部、优秀青年工班长以及急需培训的青年骨干人才分批次到路局党校参加了“青”字号骨干人才示范培训班及青年大学生党员培训班。运用“互联网＋共青团”的思维，开辟了大电青年微信公众号平台及段团委网站，实现全段青年工作、学习、生活的智慧互联。在微信公众号中开辟“青年学苑·大电团”和“青年之声·大电团”模块，定期推送了站内电码化25HZ轨道电路故障应急、高压脉冲轨道电路、我的太铁梦—奋斗的青春最美丽等技术微团课26期、微团讯11期，切实提升了青年学技练功的热情，强化了青年思想政治引领，为段安全生产做出了积极贡献。

【大事记】 1.11月9日，该段组织开展安全大检查活动，结合路局要求和段实际，细化制定33项73条重点检查内容，全面确保岁末年初安全稳定。

2.2016年12月31日，段实现安全生产10837天，胜利夺取了第30个安全年，创建段以来最好成绩。

（乔石云）

太原通信段

【领导成员】

段　　长	王海荣
副 段 长	吴　强
	焦来发
	刘俊生
	张雨冬
	张福斌
总工程师	杨继武
党委书记	仝　康
党委副书记、纪委书记	陆魁林
工会主席	吴孟龙

【概况】 太原通信段担负着大秦线、同蒲线、京原线、京包线、侯月线、侯西线、宁岢线、太焦线、石太线、迁曹线、太中银线、石太客专线、大西高铁线、大西综合试验段、韩原线、瓦日线、太兴线等太原局管内所有客货运输干、支线及部分专用线的通信设备维修养护任务。全段管辖营业里程4985km，设备线路共计374356.60皮长公里。承载着全局行车调度通信、行车综合信息、车辆5T、综合视频监控、应急通信、电视电话会议、客票、办公网等铁路运输生产重要业务通信网络系统，为铁路运输生产提供必要的通信服务保障。

2016年末，全段在岗职工1837人，其中男职工1458人，女职工379人；干部383人，其中专业技术职称人员369人；工人高级技师5人，技师81人。

机构设：10个科室，2个辅助生产机构（中心）；22个维修车间；128个生产班组。党群机构设党委办公室、纪委、团委、工会。

【经营管理】 认真落实路局“机关服务、基层自立、各司其职、各负其责”工作理念，初步形成“界面清晰、职责分明、运行有序、考核有效”的管理体系。一是借鉴路局“强三基、创三优”实践活动成果，梳理完成段机关11个科室及干部岗位职责修订，建立健全142项管理制度，制作152项业务流程，汇编印发《工作手册》并参照执行，形成“人人有职责，项项有制度，事事有流程”的工作规范。二是按照“把麻烦留给管理层，把简单留给作业层”的思路，重新调研修订作业指导书共计92项，并进行了试用推广，为职工岗位作业提供了标准依据。三是将干部岗位职责完成与干部绩效挂钩，职工作业标准执行与职工计件挂钩做好考核督促。四是发布执行了《考核办法》，对各项工作临时任务完成情况进行评定考核。五是梳理完成各科室权力清单87项，厘清权力界限。在这种有序的经营管理体系下，全员坚持安全风险管理和过程管控，保障安全生产的同时，积极“转、闯、增”，开展节支降耗和资产经营开发创效，顺利实现安全生产年，完成节支任务420万，非运输业务收入创效1022万。

【企业改革】 结合生产力发展变化，及时对生产力布局进行调整。在路局信息化建设全面铺开,网络进班组工程完成后,及时调整生产力布局,撤销侯马、临汾、介休、榆次、太原站、朔州、大同电报所,大同、临汾电话所,减少了2个电话所、7个电报所的班组设置,实现电报、电话所的集中管理,节省了报话专用设备的更新改造投入,节省人力资源48人。在选人用人方面积极改革、突破。在中层管理人员的选拔上,除了使用较为传统的组织选拔方式外,还尝试采用了竞争上岗的方式,在全段范围内公开竞聘副科长、副主任,打破组织选拔区域的限制,避免了论资排辈的弊端,通过笔试、答辩、民主测评、考察谈话层层筛选,使优秀人才脱颖而出,通过竞争上岗的方式,共有4人选拔到了中层副职的岗位;在一般管理和专业技术人员的选用方面,创造性的使用了选调的方式,由主管领导和相关业务科室领导提出选调人选,通过民主测评和考察谈话的方式,将业务水平突出、群众认可度高的优秀人才选调到机关科室,进行3个月的试岗,试岗期间表现优秀的正式下达人事命令,无法胜任的调回原部门工作,提高人才的流动性,激发人才活力,8名优秀大学生选调至机关业务科室工作,都有不俗的表现。

4月5日,临汾西通信车间参加总公司应急通信设备试验演练,接通动图终端

(谢文霞　供)

【安全生产】　坚持安全风险管理和“三化”建设,以安全管理七项制度为依托强化过程管控,突出问题整治和应急处置能力提升。一是持续推进“三化”建设。重新修订《安全管理评估办法》,规范安全管理评估标准;开展作业标准化专项检查,对违反作业纪律下发通报8次;规范制定下发《安全监督检查管理办法》,明确了各级干部安全监督检查职责和量化标准,推进检查整治常态化、规范化。二是加强安全管理。严格落实安全管理七项制度,突出段、车间、班组各自重点,全年共计对331件安全障碍信息追踪分析,对121条安全重要信息组织整改落实,安全对话39次,安全专题分析16次,典型问题通报21次,安全预警9次,有效管控整治了安全风险问题。三是强化安全问题整治。有效采取重点问题领导挂牌督办,所有问题专人盯控整改,典型问题严格落责考核的方式推进整改完成;组织修订《安全问题库管理办法》,明确安全调度科对安全问题库录入问题整改牵头组织职责,对超期未销号问题,协调相关科室整治解决并存档备案;累计通报考核典型问题39件,对9名职工做出了待岗1个月的处理,33名职工受到了经济考核,5个车间在段安全对话会上作了检查。

【设备质量】　继续推进标准化机房和线路建设,重视新线建设工程介入和质量卡控,强化维修整治,全面提升设备质量。一是推进南同蒲线、太中银线标准化建设,整治完成标准化机房8处,更换尾台设备46处、天馈2处,整治车站设备20处,克服弱场区段11处。二是密切配合重点工程建设,积极配合京原、南同蒲线电气化改造和中鼎物流园引入工程,保障了工期顺利推进完成,配合太原枢纽西南环、代建大西工程、准朔铁路、曹妃甸港区扩能改造等重点工程,提前研究技术工艺标准,优化施工方案,把握设备源头质量。三是加强设备维修整治。强化设备日常维护及故障修,共计克服安全隐患182次;积极推进集中修整治,完成通信设备集中检修、环监试验69站,调度环路切换试验107条,备用光电缆测试248条,电源切换试验162

站，光缆衰耗整治割接50处；做好薄弱环节设备整治，开展了数据通信网网络安全整治，开通流量监测分析系统，增强网络安全防护能力；推进车载设备整治改造，安装双模列尾230台，完成SS4机车CIR加装76台，OCU更新改造50台；继续推进GSM－R网络优化，对大秦线柳村编组场质差问题进行了专项网优，对迁西地区进行网络测试，找到了公网干扰源，调整边缘频点54处，解决了大西高铁综合试验段部分地段出现的5级质差，原平西站重选异常，K233处多径干扰的问题。

【重点任务】 本着质量和工期并重的施工要求，精心组织推进完成各项重点工程，完成大西高铁试验段试验任务。一是完成路局三级视频会议系统建设开通。通过对路局会议系统改造，实现路局管内87个站段、公司标清会议到高清会议改造，728个生产车间具备了召开视频会议的条件。二是完成网络通道进班组工程。打通了车间、班组信息化最后一公里，共计敷设光缆594km，为39个主要生产站段、1504个车间班组提供网络通道，为路局实现信息化管理提供了强有力支持。三是补强重要地段视频监控。在全局已安装1.2万个视频摄像头的基础上，在太原枢纽加装了区间摄像头121个，在太原地区10个主要客运站的重点区域、关键场所、旅客通道加装摄像头195个，提高了设备保安全能力。四是通信基础网改造等重点工程有序推进。组织完成了OTN通信传输网改造，大秦、南同蒲、京包线通信基础网改造等10项重点工程，完成骨干网西北环相关配套工程任务。五是完成数据通信网建设。路局数据网建设已实现覆盖主要运输线路，联通运输生产各个环节，目前除太焦、瓦日、韩原线以外，已完成局管内各条线路的数据网建设，为全局信息化管理延伸，服务安全生产提供了有力保障。

【职工教育】 扎实开展各类培训，积极组织季度职能抽考和年度职业技能竞赛，开展教学示范片和典型故障案例材料制作，多举措发挥职教工作效能。一是全年组织开展营业线施工、安全“红线”等指令性培训，“三新”人员、岗位技能达标培训，春运、防洪等季节性培训，数据通信网维护、双模列尾等业务培训以及高铁岗位应急强化培训等各类培训班183期，培训人员10477人次。二是组织共计13个车间52个班组467名职工参加季度抽考，65名职工受到考核。三是组织22个车间2个中心80名选手参加年度职业技能竞赛，对5个项目15名选手进行表彰奖励，并将竞赛现场图片、获奖选手经验制作微场景发布交流学习。四是按照路局标准化作业示范教学要求，抽调专人深入现场，完成“动车组车载通信设备维修”标准化作业教学示范片拍摄。五是对管内持证人员信息进行逐项梳理，共梳理持证信息1449册，发现问题82件，全部整改解决。六是开展现场设备典型故障解析、处理经验介绍收集工作，共计收集整理11件包含故障设备名称、厂家型号、故障现象、处理流程等详细解析的典型故障案例分析材料及附图说明，供职工借鉴学习。

【职工生活】 保障好职工生活是民生工程的头等大事，通过更新改造和“八小”工程建设，陆续整治解决房屋老旧、水电线路老化、办公住宿设施陈旧现象，初步形成具备办公、住宿、就餐、洗浴、如厕功能的职工生产生活区，有条件的地方还建起了小菜园子、小文化室等，职工生产生活具备了良好条件。2016年着力解决职工生产生活用品补充更新，为伙食点更新补充蒸锅、面板等餐炊具总计670件，为车间、班组值班室及单身宿舍更新补充被褥、床品四件套516件，洗脸盆、暖水瓶等生活用品260套，笤帚、拖把等卫生清扫工具400套，有效改善现场职工住宿、就餐条件；每月安排专人专车将路局发放的猪、牛、鱼肉等肉类食品和蔬菜，段采购的米、面、油、杂粮、干货、酱菜等食材分送到各伙食点，让职工安心吃上放心食品，生活得到充分保障。

【党群工作】 扎实开展“两学一做”专题教育，下发《通报》3期，开展“回头看”4次，召开专题民主生活会和组织生活会；以纪念建党95周年为契机，组织党员参观红色教育基地；严肃开展党组织关系集中排查工作；23个车间级党支部全部完成换届工作；落实党费收缴工作专项检查工作；在大同片区召开“三年基础工程”推进会；新推出路局党内优质品牌“‘服务桥’党建工作室”；开展“党员提素质，设备提质量”活动，5名党员在全局通信系统技术比武中取得优异成绩并荣获段党委《表扬书》；段党委荣获“路局先进党委”，大同车间党总支荣获“全路先进党支部”。段纪委处置问题线索4件，查实2件；督促关键科室修订《太原通信段招投标管理办法》等制度6项；荣获“全局党风廉政建设先进单位”。段工会广泛开展以“三保一促”为主要内容的劳动竞赛和“双百”争创活动；牵头组织侯马北和秦皇岛站区“百千万”职工文体活动；荣获路局“模范职工之家”、“劳动保护先进单位”。段团委引深“青创众帮聚力启航”活动，开展“学党史感党恩跟党走”青年党员知识竞赛、“转观念、闯市场、增效益”主题“网络演讲会”等活动；新增设置9个团支部。

（谢文霞）

运输辅助单位

科学技术研究所

计量所

疾病预防控制所

路局党校(干部培训中心)

太原职工培训基地

太原公寓管理段

太原铁路房建段(太原铁路房建集团有限公司)

太原物资供应段(山西晋龙海川物资有限公司)

物资采购所

科学技术研究所

【领导成员】

所　　长　　　　危　翔

副 所 长　　　　马　林

　　　　　　　　刘志坚

　　　　　　　　柳大维

党总支书记　　　孟志刚

【概述】　科学技术研究所(以下简称科研所)是路局直属的唯一科学技术研究机构。主要负责进行运输领域内的前瞻性研究;解决铁路运输安全中的重大技术问题;承担国内外、路内外先进技术、先进工艺、先进材料和先进设备的引进、开发和消化,使其成为促进科技进步的生产力;针对运输生产中既有设备的更新改造、维护保养,进行技术培训和技术服务;承担路内和局内有关"技术标准"的制定和编写工作;承担铁路知识的科普、宣传、报道工作(科技期刊编辑、发行)。设有所长办公室、财务科、科研管理科、新技术运用科、运输机械科等 5 个科室和晋太实业(集团)有限公司救援技术分公司、晋太实业(集团)有限公司顺新分公司 2 个多元经营企业。2016 年末,全所职工 86 人,其中科技人员 62 人。

【科研项目与经费】　2016 年,承担太原铁路局科研项目 6 项。

1. 钢轨全断面磁性动态连续扫描系统。随着铁路运输车流密度的不断增加和货运量的不断加大,部分线路钢轨已严重疲劳,给行车安全带来较大的挑战,钢轨探伤工作显得越来越重要。目前工务段采用的探伤仪对轨底焊缝等地方探测不到,存在探测盲区。钢轨全断面磁性动态连续扫描系统相对于已有的探伤仪,具有伤损探测面广、探测灵敏度高、非接触式检测、高速动态检测等优点;可用于对轨头核伤、裂纹、踏面伤损、焊缝损伤、RCF(滚动接触疲劳)裂纹、轨头压溃、波浪形磨耗等多种伤损的检测。

2. 机车司机值乘状态预警提醒装置。确保列车运行安全,是机车乘务员的首要工作职责。如何使机车乘务员始终保持良好精神状态,防止出现视线偏离甚至盹睡等间断瞭望问题,传统的做法主要依靠机车乘务员的自身素质及责任心和意志力,如果机车乘务员的精神状态和主观意志力稍有松懈,就会影响行车安全。因此,创新研发和运用具有实时监测机车乘务员行车精神状态的预警提醒装置,对于保证列车运行安全就显得尤其重要。该项技术可实时监测机车司机行车精神状态,判断机车乘务员行车精神不佳、视线偏离甚至盹睡等间断瞭望问题,及时提醒司机保持专注瞭望。

3. 车载视频监控系统。目前,车辆工作状态和运行安全主要依靠司机和外勤人员目视检查,存在一定的安全隐患。通过使用车载视频监控系统,采集车辆顶部、前后、左右、司机室、发动机以及车辆的运行状态并实时显示,既能够确保作业人员的人身安全,又能够提高作业效率。车载视频监控系统可满足车辆室外环境、符合车辆结构的摄像机安装、解决司机操作视野盲区、关键操作的视频记录等需求,实现多路视频存储、司机浏览、无线传输、远程监控、车辆定位、指挥对讲、操作预警等功能。

4. 专用线脱轨器监测系统。专用线脱轨器监测系统是对局管内的专用线内的脱轨器等安全设备使用状况的实时监测，并将监测数据上传到信号楼，使调度人员及时了解设备状况，为车辆在专用线内作业提供安全保障。当专用线有车辆在线路内作业时，值班人员可及时了解专用线内安全设备的使用状态，消除安全隐患，使用大屏实时显现各专用线安全设备使用情况。当安全设备使用状态变化时，进行语音提示，经人工干预后停止；编制专用软件，综合管理所有安全设备，以不同的颜色显示标注各专用线安全设备使用状况；制作专用传感器和安装支架，在确保不影响安全设备使用的前提下准确反映设备状态；使用单片机技术设置各点传感器 ID；使用主、副两套数传电台进行专用线与信号楼，专用线与各监控点的实时数据传输。

5. 货运列车装载高度（状态）监测系统。为确保焦炭运输安全，有效提高焦炭装车静载重，要求对竹板围档高度和围档上部焦炭高度进行测量。该装置采用近景摄影测量技术，在货运车辆上安装标准测量靶标，使用摄像头在不同位置拍摄包含护栏、货物和测量靶标的多张图像（不少于三张）并保存至平板电脑。专用控制处理显示软件安装在平板电脑里，采用图像处理、图像匹配和光线束平差等算法，将输入的图像转化为测量结果并显示。该装置使用方便快捷，可有效提高工作效率。

6. 运输收入综合信息系统研究。该系统以全局各单位上报的收入数据为基础，采用多样化的图表形式展现收入综合统计信息，以便捷实用的方法对收入数据进行统计分析和预测，满足运输收入自动统计各项要求，发掘数据的潜在价值和规律，为全局的经营管理提供客观有效的决策支持。该系统设立客户、运价、预算、进款结算、查堵收入、客运收入、票据、杂费八项业务管理子系统。各子系统按不同的统计口径，对各项业务数据进行分类汇总、运用查询、图表展示、打印转储等应用。系统还提供必要的OA 办公、系统维护等功能，用于辅助办公和业务拓展维护。通过建立运输收入电子信息台账，累积历史数据、当期数据，生成趋势、预警信息，揭示市场供求、财经政策和区域经济变化，剖析客户贡献和路局经营存在问题，为调整经营目标、经营战略、信用政策，及时提供决策性信息。

【人才队伍建设】 科研所 62 名科技人员中，有提高待遇高级工程师 2 人；高级工程师 17 人；工程师 21 人；助理工程师 15 人；会计师 1 人；助理会计师 1 人；政工师 1 人；经济师 1 人；技师 3 人。

【科技成果】 1. 路局科委组织评审委员会，对科研所承担的“筒仓装车激光雷达偏重报警系统”“客车车厢视频监控装置”“高铁工务钥匙智能化管理系统”“太原铁路局职工社会保障卡医疗保险接口转换系统”项目进行技术评审；路局科委组织专家组对科研所承担的“无缝线路钢轨应力检测装置”项目进行试验评审。

2. “车站接发列车模拟演练网络培训系统”“铁路隧道煤尘清除装置”“筒仓装车激光雷达偏重报警系统”均获得路局科学技术进步二等奖，“高强度重载救援牵引套钩”获三等奖。“门诊大病限额及企业补充医疗保险系统”和“采用脱轨器监测系统加强专用线停留车防溜安全”两个项目分别获得路局合理化建议和技术改进成果奖一、二等奖。“筒仓装车激光雷达偏重报警系统”获中国铁道学会科学技术三等奖。

【科技交流与合作】 科研所承办太原铁路局科技期刊《太原铁道科技》的编辑发行工作，季刊，每期 800 本，内容选取来自铁路生产活动中优秀论文、设备应用经验总结、新技术应用与探讨、科技动态等，在进行科技交流中，对铁路现场设备进行调研，特别是高速铁路设备的原理和应用与站、段技术人员交流科研经验。检查太原铁路局范围内事故救援设备，与各事故救援队座谈，听取设备使用情况，了解设备动态，并就多种情况下的铁路事故救援方案进行交流。

【科研成果示范推广】 路局下达科研所示范推广五项。1. 车站接发列车模拟演练网络培训系统 2 套：太原、侯马车务段各 1 套。2. 铁路应急救援设备路堤边坡运输装置 5 套：太原车务段 3 套，太原北站 2 套。3. 高架铁道救援抢险设备快速吊运装置 5 套：太原车务段 3 套，侯马车务段 2 套。4. 基于 800Mhz 通信平台的安全预警系统 10 套：太原工务段、大同工务段各 5 套。5. 铁路隧道检修梯车 8 台，太原工务段 2 台，太原、大同西、侯马北供电段各 2 台。

（乔跃进）

计 量 所

【领导成员】

所　长(兼国家轨道衡计量站太原分站站长)　许宏魁

党支部书记　王　焱

【概述】 计量所是路局直属计量技术机构，并被国家质检总局授权为法定计量检定机构——国家轨道衡计量站太原分站。路局计量所建立2项社会公用计量标准,承担着山西省境内的静态轨道衡计量技术检定和服务的工作,并配合动态轨道衡和超偏载计量技术检定工作。太原铁路局计量所现建立并执行22项局级最高标准,单位设一个行政管理机构,对外独立行使两个业务职能,为路局计量所及国家轨道衡计量站太原分站(法定检定机构)。路局计量所在局管内主要承担各单位的计量标准器、铁专计量器具及通用计量器具的周期检定及局辖区内相关单位的静态轨道衡的量值传递和量值溯源工作。2016年末,计量所定员45人,干部31人,工人14人。其中:高级职称2人,工程师9人,助理工程师9人,会计师2人,助理会计师1人,助理政工师1人,工人技师2人,计量检定员12人。

【党组织建设】 按照路局确定的学习重点和四个专题的安排，以个人自学、集体学习、专题研讨和党课等多种方式深入学习，强化思想意识，组织进行专题学习研讨2次，书记、所长及组织委员共讲党课3次；共青团组织带领青年团学技术，创“四岗”做标兵，参加路局“青创杯”活动，并获得三等奖。

【安全管理】 1. 强化规矩意识，完善安全风险管理体系。一是将制定的“安全风险管理控制项点”内容落实到计量检定工作每个环节中，针对新开展轨道衡、超偏载检维修以及“列车运行监控记录装置测试设备”“轨道信号在线测试设备”2项铁专新建标项目填充安全风险管理空点。二是重新整理修订计量所岗位作业指导书，补强细化安全风险作业的各个方面，要求全体作业人员必须严格按照岗位作业指导书作业。三是利用每月安委会时机，针对工作中的关键性问题提出安全把控措施，提前做好防范工作。强化安全管理，推进了“管理规范化、作业标准化、检查整治常态化”，消除了安全隐患，夯实了安全基础。四是自11月开始，在计量所内全面开展安全生产大检查，针对安全管理、干部作风、现场作业、施工安全、设备质量、规章制度、劳动安全、消防安全、环境安全及应急处置等十个方面进行了全面检查，对检查中发现的问题组织专人负责督办整改，提出了具体的整改措施，现已全面整改完毕。12月份，吸取郑州局人身伤亡事故的教训，联系计量所安全大检查的实际情况，针对检定作业安全组织相关技术人员开展自查与自学，特别是临检人员在上线作业时要严格遵守铁路安全管理措施，严格执行点内作业，确保点外线上不留人，保证各项工作安全有序进行。

2. 加大安全培训力度,深化安全作业理念。2016年计量所共开展安全培训教育4次以及季节性安全防护活动2次,其中防洪安全培训1次、防寒过冬教育培训1次、人身安全培训1次、三新人员安全教育培训1次,特别是针对三新人员,利用各种形式进行安全文化理念教育,大力营造安全风险管理理念,各项培训学习参与率100%,考试参与率100%,及格率100%。同时还组织检定作业人员学习了《安全生产法》及路局下发的一系列安全文件,强化检定作业职工的安全意识,提高安全理念,保证了各项工作安全进行。

3. 解决突出问题，抓好检定现场作业安全。一是针对主要标准器实行重点监督检查：针对$T_7$8066801检衡车安全大检查存在的问题，组织专业力量在技改中对其进行重点解决；对T_{6F}8066011检衡车在大修过程及平时使用过程存在的问题，安排专人盯控专题解决；对新配属 $T_7$00860 检衡车的出厂问题，积极配合厂家全程解决；针对测长机零点漂移的问题，通过与生产厂家联系，联合修理并升级了两米测长机，保证了长度主标准器性能的准确与稳定。二是不断深化开展计量标准器的日常保养维护和春季、秋季自检自查活动，使计量检测设备始终处于良好的技术状态，优良率达到 100%，确保了设备与人身安全。三是认真做好短途运输车辆的技术检查工作以及随车起重吊车的加固防护、轨道衡检衡车的防溜工作和配合车务站段轨道衡、超偏载临检、巡检上道作业，营造良好的安全生产环境。

4. 安全管理落实到人，严按“四责”要求履行职责。一是严格执行安全管理责任制，按照《计量所安全风险管理办法》和岗位作业指导书，将具体安全职责落实到人，并及时组织专人签定交通安全、消防安全、综合治理、环境保护和计划生育责任书，落实各项安全防护管理措施，扎实有效地开展各项宣传教育活动和各项基础工作。二是为检定人员购买各类相关的防寒、防暑及劳动保护用品，由专人负责管理派发，保证检定职工日常作业安全。

【技术管理】 1. 加大技术培训力度，提高作业人员能力。一是组织检定作业人员参加总公司铁科院标准所举办的计量技术专业培训共 7 次，针对计量基础知识、热学、电学、不确定度等多个方面进行了全面的培训，培训人次达 53 人次。二是组织检定人员参加由铁科院标准所组织的两期铁专计量检定人员取证理论考试、一期铁专计量器具实作考试及一期由国家质量总局组织的轨道衡检定员取证考试，新取证人员 13 人，全面完成了检定人员的到期换证工作。三是组织技术室人员参加路局举办的技术标准培训班 2 次。四是 7 月份，党政正职组织深入检定现场，在介休货场针对自动衡器级装载机的现场作业流程进行了一次现场实作培训。五是 10 月份，轨道衡室检定员配合货运处面向全局各车务站段货运计量设备操作人员举办专题培训，针对设备的基础知识、设备故障案例、轨道衡和超偏载的考核标准与货运计量安全制度进行了重点补强。

2. 更新改造技术设备，加强实验室硬实力建设。一是技术室与轨道衡室合力组织专业骨干开展轨道衡最大称量 100t 试验，现场进行称量比对，达到检测轨道衡最大称量值的目的。二是组织专人计划评估，开展投招标工作，采购电子天平、立式光学计、卧式测长仪等五项设备，共计 67 万元。三是针对超偏载轨道衡临检现场问题，轨道衡室组织专业人员对现场问题进行分析研究，研制出远程重启装置和无线应急通讯装置，并申报路局 2017 年科技研究创新项目。四是 2016 年计量所加大实验室的投资建设，实验室总面积由 126m^2 增加到 220m^2，是原来面积的 1.75 倍。在新增电学独立实验室的基础上，还为长度实验室引进了较为先进的新风机系统，保证了实验室的空气流通和温场的均匀稳定。

3. 发挥青年技术创新，不断建立新的标准。一是计量所本年度共建立 3 项新的技术标准：计量所技术骨干积极与山西省质监局及相关起草部门进行沟通，并组织专业力量进行多次现场试验，率先在全路乃至全行业范围内，建立《自动衡器检定装置》计量标准；技术室与检测室合力组织专业技术人员通过材料整理及现场试验，于 9 月份顺利完成“列车运行监控记录装置测试设备”“轨道信号在线测试设备”2 项铁专标准的建标工作，该 3 项检定工作现已在我局全面顺利开展。二是检测室小组制作的对轮径量具检定视频课件，在全局优秀视频课件评选中荣获全局职教系统视频类课件第三名。三是技术室与检测室青年骨干成立技术小组，合作报送了列车运行监控记录装置测试设备检定装置及轨道型号在线测试设备检定装置两项合理化建议，分别荣获全局合理化建议评选三等奖。

4. 加大全局技术归口工作的管理和规范。一是充分发挥技术室对全局归口技术的管理作用,配合总工室对2015年总公司计量监督检查的对象太原供电段及太原车辆段进行了整改情况"回头看"的检查工作,并对6个局管内单位进行计量标准考核,对4个局管内单位进行检定员新取证实操考核,对全局工务系统进行了计量管理工作专项检查。二是配合总工室主导制定太原铁路局2016年度精密压力表标准装置计量比对方案,对局管内11个单位的16个计量室开展压力表计量比对工作。

5. 全面推行无纸化办公,提高办公效率。按照路局要求,计量所今年全面开展无纸化办公,电子公文信息系统、合同管理信息系统、汽车管理信息系统、物资管理信息系统、职工教育信息管理系统等多个信息系统全面投入使用,计量所还自行研发了计量证书管理信息系统和货运计量安全监测监控报警系统,为全面实现了无纸化办公打下了坚实的基础。

【队伍建设】 1. 选拔中层干部,做好承上启下。今年4月份,鉴于计量所技术室主任退休、管理岗位出现空缺的实际,调整1名中层正职管理人员任技术室主任;经公开推荐投票、民主测评等程序规定,组织进行了公开选拔检测室主任工作,确定了1名群众公认、业绩优秀的人选任检测室主任;严格按照程序规定办理了轨道衡室主任提级试用期满的考察和继续聘用手续,实现了管理上的有序对接。

2. 增加新生力量,解决人员老化。着眼我所人员结构老化,专业技术人员和操作技能人员缺编的实际,党政正职通过积极主动向主管局领导汇报,多次与路局人事处、劳卫处沟通协调并得到大力支持,2015年11月中旬至12月底,计量所同时启动了在全局范围内公开招聘计量检定专业技术人员和测量工(计量工)工作。通过应聘报名、资格审查、理论考试、面试答辩、组织考察、健康体检、录用公示等环节,从6个基层单位择优聘用计量检定专业技术人员3名、操作技能人员4名。9月份通过补选,再补充专业技术岗位人员1名。11月份,接收路局人事处分配2名理工科专业应届大学毕业生。

3. 注重骨干培养,激发技术创新。计量所青年骨干力量积极参加路局团委"青创杯"创新创效竞赛活动,轨道衡室小组编制的货运安全计量设备监控报警系统荣膺"青创杯"创新创效竞赛银奖;检测室小组制作的对轮径量具检定视频课件荣膺"青创杯"创新创效竞赛铜奖。

【生产任务】 1. 2016年计划完成计量检定任务1999台次,实际完成2569台次,增加570台次,检测率为128.51%,同比增加28.5%,检测室新建客车列尾安全防护装置检定台检定装置、轨检仪检定台检定装置、列车运行监控记录装置测试设备以及轨道信号测试设备4项标准,工作量得到了大幅度提升,圆满完成全年的计量检定任务,确保了计量检定工作的合法性和量值溯源工作的准确性。

2. 在轨道衡室货运计量安全检测监控设备工作情况方面,1—11月份轨道衡综合运用排名7次蝉联全路第一,超偏载综合运用1—11月份两次位列第一;轨道衡全年巡检合计152台次,超偏载巡检合计80台次,轨道衡全年临检合计159台次,超偏载临检133台次。

【经营管理】 计量所全面完成2016年度的各项经济指标及季度经营业绩考核,并开展了公务卡、营改增等多方面的工作。成本支出方面,主营业务成本为500.04万元,其他业务支出为477.75万元,轨道衡行政经费支出为144万元;收入方面,其他业务收入484.08万元。综合其他业务收入与支出,除去营业税金及附加费,2016年完成利润4.5万元,较2015年2.1万元增加利润2.4万元,增长114%。另外其他业务汇缴利税5.11万元,营业税及附加费上缴1.79万元,合计上缴利税 6.9 万元。

（陈　洁）

疾病预防控制所

【领导成员】

所　　长　　孙学礼
副 所 长　　任旭铭
　　　　　　曹煜红
党委书记、工会主席　　刘庆春
纪委书记　　曾　青

【概述】 路局疾病预防控制所(以下简称疾控所)负责全局食品、食饮具、饮用水、公共场所和工作场所的卫生监测检测,食品运输污染处理,接触职业病危害因素作业人员和食品等从业人员的健康检查,病媒生物防制,传染病防控,突发公共卫生事件应急处理,健康行动计划,环境保护和环境监测等工作。突出为全局运输安全服务和为全局职工、家属卫生健康服务两个主要职能的落实。是集疾病监测与控制、科研培训、健康教育于一体的独立疾病预防控制机构。2016 年末,全所职工 122 人,卫生技术专业人员 94 人,其中主任医(技)师 7 人,副主任医(技)师 10 人,主管医(技)师 29 人。占地面积 5296.22m^2,总建筑面积 8210m^2,拥有固定资产 1791.73 万元。机构设:业务科、财务科、综合科、体检科、检验科、消杀科、疾病预防控制科、环境监测科、卫生监测科、临汾疾病预防控制分所、大同疾病预防控制分所。党群部门设有党委、纪委、党办、工会、团支部。还承担着局环保监测工作,对外称"太原铁路局中心环境保护监测站",下设大同、临汾环境保护监测站。

业务管理二等以上车站 22 个,旅客列车车底 117 个,基层站段 44 个;餐饮经营单位 16 个,食堂 87 个;公寓 32 个、招待所 11 个、浴池 15 个;集中式水源 30 个,分散式水源 228 个,二次供水单位 35 个,列车上水站点 13 个;工业废水监测单位 6 个,工业废水排放口 7 个;锅炉监测单位 8 个,锅炉 41 台;职业病危害作业单位 31 个;放射卫生监测单位 1 个;职业危害作业人员 3624 人,食品等从业人员 14535 人;健康教育网点 52 个。

【综合管理】 全年完成炊餐具消毒效果监测 3054 件,饮用水监测 814 件,公共场所监测 465 件,食品安全监测 299 件,工业污水监测 48 份,锅炉烟气排放监测 48 台次,职业病危害因素作业点监测 179 项次,检验任务 43417 件、131255 项。完成食品、公共场所、托幼机构、给水等从业人员体检 17755 名,发放健康合格证 17749 个,完成职业健康检查 2206 名,全年共交接样品 3421 份。

【传染病防控】 1. 传染病发病情况。全年职工发生乙类传染病 5 种 117 例,发病率为 102.15/十万。传染病构成中,病毒性肝炎 72 例,占 61.5%;菌痢 29 例,占 24.79%;肺结核 11 例,占 9.4%;梅毒 4 例,占 3.4%;淋病 1 例,占 0.85%。丙类传染病共发生 1 种(肠炎)20 例,发病率为 18.06/十万。

2. 传染病监测工作。对路局部分从业人员进行乙肝抗体水平检测,共采集静脉血 200 份,HBsAb 阳性率 81.6%。其中男性阳性率 79.2%,女性阳性率 83.7%。

3. 传染病防控和红十字药箱督导。(1)车站、基层单位的传染病防控指导。对 117 单位次进行传染病防控督导检查。检查发现大部分单位能够按照要求做好应急备品、应急预案、应急流程管理工作,同时针对检查中发现的问题明确盯控人,要求单位限期整改,保证问题的闭环管理。

(2)红十字药箱管理督导。对 200 个列车班组进行红十字药箱管理督导,大部分列车班组能够按要求做到及时更新补充红十字药箱,针对检查中发现的药品过期,缺失问题,逐一明确盯控人,要求限期整改。

【卫生监测】 1. 食品安全监测:开展食品安全监测 299 件(总计 16 类,1437 项),合格 298 件,合格率为 99.67%;餐饮具消毒效果监测3054件,合格2979件,合格率97.54%。

2.水质卫生监测:开展水质卫生监测总计8160项,合格8051项,合格率98.66%。其中集中供水监测1163项,合格1129项,合格率97.08%;二次供水监测2256项,合格2249项,合格率99.69%;分散水源水质监测1303项,合格1263项,合格率96.93%;站车饮水卫生监测2128项,合格2104项,合格率98.87%;人工游泳池水质监测30项,合格28项,合格率93.33%。

3.公共场所监测:开展公共场所卫生监测465件,合格457件,合格率98.28%;采集空气沉降物样品1202件,合格1196件,合格率99.50%;采集公共用品样品680件,合格680件,合格率100%。

【环境保护监测】

1.对6个单位9个污水总排放口进行监测,共采集污水样品96份,其中处理后监测54份,主要检测pH值、悬浮物(SS)、石油类及化学需氧量(COD)4项指标,合格47份,合格率为87.04%。

2.对5个单位33台锅炉进行监测,其中烟尘和二氧化硫合格15台次,合格率45.5%(15/33)。

【职业卫生检测】 1.对31个单位179个有害作业点进行检测,合格141个,合格率78.8%。

其中粉尘作业点46个,合格率为89.1%;有毒化学物质作业点32个,合格率为84.4%;物理因素作业点101个,合格率为72.3%,其中噪声合格率70.0%(49/70),工频电场合格率42.9%(3/7),紫外线合格率16.7%(1/6),高温合格率33.3%(1/3)。

2.对62个车站102台X射线行李包检测系统进行防护性能检测,合格率为100%。

3.为增强劳保员职业卫生管理能力,提高职业危害作业人员职业病防治意识,在检测过程中,有针对性地开展噪声危害防治、X射线卫生防护、防尘防毒等职业病防治知识宣传,发放宣传材料5种1050余份,对职业病防治工作起到积极促进作用。

消杀人员对股道进行药物投放(马晓慧 供)

【消杀灭工作】 1.列车病媒生物防制。开展定期及临时性鼠蟑杀灭804车底次,灭鼠8539辆,灭蟑9631辆;全年共对456车底次进行鼠蟑密度监测各2次;完成旅游列车预防性杀灭29个车底,灭鼠434辆,灭虫434辆。2016年圆满完成旅客列车鼠虫杀灭工作任务,未发生鼠虫滋扰旅客事件。

2.基层单位、车站病媒生物控制。全年对全局22个二等以上客运车站进行鼠蟑杀灭指导4次、鼠蟑密度进行监测2次,对44个基层单位进行鼠密度监测2次、蟑密度监测1次。

3.蚊蝇孳生环境调查。完成20个客运站车单位蚊蝇孳生环境调查1次,及时对单位蚊蝇孳生环境水沟、地沟、垃圾场所进行蚊蝇杀灭指导,根据实际情况对不同车站提出杀灭指导意见,有效控制蚊蝇孳生。

4.开展爱国卫生月活动。组织专业人员从鼠蟑杀灭方案、药品使用、杀灭方法、杀灭过程等对太原站、侯马车辆段等22个基层站段进行检查指导,重点对太原站、大同站、临汾站等12个车站鼠蟑杀灭效果进行抽查监测,监测密度均在合格标准范围内。

【健康检查】 1.从业人员健康检查。共完成从业人员体检17755人,合格17749人,发放健康合格证17749人,检出抗HAV-IgM阳性4人,抗HEV-IgM阳性2人。

2.职业健康检查。共完成各类职业健康

检查 2206 人，其中有害作业人员 988 人（粉尘 215 人，毒物 43 人，噪声 574 人，高温 156 人），特种作业人员 1038 人（电工 649 人，电焊工 389 人）机车乘务员 180 人，检出职业禁忌证 15 人，均为噪声作业人员。

【健康教育】 1. 健康知识宣传。利用多种宣传形式开展职工健康宣传。2016 年向各单位下发《健康行动计划读本》2 期，各 3000 本；下发《健康行动计划折页》4 期，每期 5000 份。进行电视台宣传报道 2 期；依托疾控微信平台宣传每月 4 期；编印下发健康知识报纸 5 期各 10000 份。在路局人事处组织的 8 期干部培训班上，就慢性病和健康管理知识向 900 余名学员进行授课。

2. 车间健康管理人员和重点人员慢性病管理知识培训。开展车间健康管理员培训工作，疾控所健康培训关口前移，从利于一线职工生产工作的角度在沿线设立 19 个培训点，安排防疫专业技术人员分三组深入局管内沿线，对全局各单位 2684 名车间兼职卫生管理人员开展 35 期健康管理工作培训，培训内容有健康管理职责、健康管理基本技能、慢性病防治基础知识三个方面，目的主要是教会车间健康管理人员如何自身做好车间的健康管理工作，提高职工健康维护意识。

3. 开展主题宣传活动。开展主题为“尚德守法共治共享食品安全”及“携手抗艾，重在预防”的食品安全及防艾宣传活动，专业技术人员在车站、候车室、站前广场开展宣传，通过发放传单、播放广播的方式宣传食品安全及防治艾滋病知识，提高广大旅客、职工防治意识。

【质量管理】 按照新颁布的《检验检测机构资质认定评审准则》《食品检验资质认定管理条件》，结合本单位质量管理实际工作，对原质量管理体系文件组织进行全面换版修订，按照新要求进一步加强仪器设备、标准物质、检测样品、记录和报告的管理，定期进行结果质量控制、内部审核和管理评审等专项工作，发现问题，及时提出整改建议，并跟踪验证整改情况，确保质量体系持续有效运行，确保检测结果的准确性和可靠性。进行资质认定复评审申请资料、迎检资料的前期准备和现场迎检工作，顺利通过现场评审。

【专项工作】 1. 春运、“两会”卫生安全工作。疾控所结合工作实际，对 35 车站次、14 单位次、53 个列车班组进行传染病防控督导检查及红十字药箱管理督导检查；对 21 个单位、289 名第三类人群和 240 名第二类、第一类人群开展职工健康维护工作；开展卫生监测采集各类样品 994 件；专运水质监测 26 件；完成旅客列车鼠蟑杀灭 101 车底次，灭鼠 1440 辆次、灭蟑 1021 辆次，鼠蟑密度监测 33 个车底次 397 辆次，完成列车入库“三不带”卫生检查 68 个车底次，对 22 个车站的鼠蟑杀灭情况进行检查指导。对发现的问题一盯到底，有效保障了春运、两会卫生安全。

2.“集中修”期间卫生安全保障工作。根据路局相关文件要求，组织专业技术人员深入大同工务段大同县车间等 8 个车间和神泉堡工区等 12 个工区进行饮用水安全现场检测，全部合格；对大同工务段化稍营车间等 7 个伙食团进行炊餐具消毒效果监测，发放卫生防病宣传资料 3 种约 1190 份，为有效保障集中修卫生安全奠定基础。

3. 开展汛期突发公共卫生事件应急演练。为更好的落实局长 1 号令要求，应对强降雨引发的次生灾害，组织专业技术人员以某地由于水淹造成饮水污染引发 5 人腹泻为背景，于 7 月 25 日 14:00 开展汛期突发公共卫生事件应急演练活动。此次演练从值班人员接报程序规范性、应急人员响应准备及时性、专业人员处置措施有效性三个方面对处置突发公共卫生事件能力进行全面检验，进一步提高了该所应对突发公共卫生事件应急处置能力，为汛期突发公共卫生事件及时有效处置奠定基础。

4. 综合检测列车卫生保障工作。按照《太原铁路局关于开行综合检测列车的通知》要求，疾控所对照 9 月份检测列车运行时刻及方案，在原平站、太原站、大同客技库、临汾站、运城站开展综合检测列车上水水质监测工作及鼠蟑虫防治工作，完成列车上水水质监测26件，全部合格；进行鼠蟑臭虫预防性杀灭，共计8辆，并进行鼠蟑臭虫密度监测，全部合格。

5.侯马北蟑螂集中消杀灭工作。针对侯马车务段侯北站编组场、侯马站货场蟑螂大量繁殖而影响职工作业的事件，疾控所关口前移，主动出击，组织临汾分所和消毒科专业技术人员共计60人次，出动车辆8辆次，按照10天为一轮的杀灭周期，对侯北站编组场、上行线、下行线共计45个股道，侯马站货场，侯马北站站台、地道及周围工区的环境卫生进行检查整治，对股道及货场泛滥成灾的蟑螂进行集中投药杀灭并对杀灭效果进行监测，经过近20天共四轮的监测和集中杀灭，蟑螂杀灭效果显著，职工夜间作业不再有蟑螂的侵扰，车辆电线线路安全也得到了保障。

【大事记】 1.2016年发布TQC成果7个，其中《提高疾控人员实作技能及专业化水平》《提高突发任务时饮用水卫生督导及时率》获省级优秀成果奖。

2.“便携式铁路站车应急供水净化消毒一体机”获得国家实用新型专利。

（马晓慧）

路局党校（干部培训中心）

【领导成员】

常务副校长　闫忠信
副　校　长　刘冀晋（2016年5月24日免）
　　　　　　丁晓莉（2016年9月26日任）
　　　　　　李玉才
党委书记　温连军
工会主席　闫翠萍（2016年5月16日免）
　　　　　　曹永春（2016年12月7日任）

【概述】 太原铁路局党校（大秦铁路股份有限公司干部培训中心）以下简称（路局党校）为一个机构两块牌子，现位于太原市建设北路北河湾南巷6号，占地41.3亩，建筑面积22000m²。2016年末，职工总数184人，其中副教授4名，高级讲师13名，高级工程师15名，高级政工师4名，副研究馆员1名；讲师17名，工程师22名；会计师4名，馆员5名，政工师11名。

路局党校担负着全局各级各类干部培训和全路处科长、站段长、关键岗位干部、专业技术人员继续教育培训任务，是铁路继续教育太原运输基地和太原铁路局廉政教育培训基地，并拥有铁路危险货物运输培训资质。

【干部培训】 全年举办培训班161期，12425人次。接待会议46场5277人次。组织全国计算应用能力考试5次，1439人，2446个模块。完成87个培训班，8946人次的上机练习、培训、考试。高标办好重点班次。根据路局要求，高格准备、精心组织、周密安排，顺利开办了全局党政正职培训班、党员示范培训班、青年骨干人才培训班和青年大学生党员培训班等精品班次，增加了拓展训练、早操、辩论赛、文体活动、研讨交流、外出调研和参观党性教育基地等形式，更好的丰富学员在校期间的学习生活，提升了教学质量。扎实培训基础工程。根据党校定位，结合铁路实际加强对马克思主义理论、党史党建、管理学、经济学、法学、铁路经营管理等学科建设，将教研室重新调整为马克思主义教研室、党史党建（廉政建设）教研室、领导科学教研室、经济学法学教研室、现代物流教研室和运输管理教研室。按照全国党校、总公司党校工作会议的要求和部署，路局培训需求科学制定教学专题，着重突出主业主课的教学安排，积极组织骨干教师开展专题备课，开发了《永远跟党走——“两学一做”学习教育辅导》《如何践行守纪律讲规矩》《十八大以来中国共产党治国理政新方略》《坚持“四讲四有”，做合格党员》《学习贯彻习近平总书记系列重要讲话精神》等16个党的理论教学专题。规范创新培训管理。注重学员培训需求调研，合理安排课程设置；加强课程评估，对评估分值低的课程及时组织相关教师进行分析，必要时重新备课、试讲，严格教学水平管理。规范学员请销假手续，通过监控录像回放、张贴电子考勤、抽查点名、责令检讨等方式，严肃学员考勤管理。引入微信等新媒体，扩大与学员沟通渠道，利用信息技术完善班级、学员档案管理。引入高端培训师资。强化与地方高校、铁道党校及铁路院校的沟通联系，积极与厂家技术专家、局级优势师资、实作基地等优质资源合作，满足了学员高端培训需求，保证了授课的质量。

【科研成果】 完成调研类课题23项，在ISSN、CN刊物上发表科研论文35篇，校外局级刊物上发表论文4篇，校内刊物上发表论文35篇。《基层党员教育培训的调研》《太原铁路局现代物流发展情况》《利用微信公众平台创新发展党的建设和思想政治工作的研究》为铁道党校重点调研课题立项课题，上报铁道党校约稿4篇。参与总公司、铁道党校和路局相关征文活动，上报“铁路创新发展”理论研讨会征文5篇，获一等奖1项、二等奖2项、三等奖2项，推荐11篇文章参加“2016年度企业管理优秀论文和调研报告”征集活动。推荐2篇论文参加“2016中国国际轨道交通博览会暨高铁经济论坛征文”活动。上报铁道党校《决策参阅》内部研究报告和参阅稿4篇。上报路局QC小组成果4项。

【服务生产一线】 强化远程教育培训。完成领导人员2016年第一期领导人员远程网络培训班，有843名局管领导人员参加学习，完成学时30348个；车务新技术远程网络培训班，319人参加，完成学时8932个；工务新技术远程网络培训班，205人参加，完成学时5330个；消防安全管理负责人网络培训班，68人参加，完成学时1088个。远程学习培训平台学员注册人数21623，学习访问总次数509038，单个课件学习访问次数最高的达到8057次。承办人事处书记抓基层党建工作述职考试、新任党支部书记应知应会在线考试、关于开展“三重一大”知识自测在线考试、局管领导人员管理工作知识测试在线考试，共计1838人。承办工务新技术网络培训班在线考试，共计148人。完成职称英语考试、计算机应用能力普及培训班考试、站段领导班子成员测评等电子阅卷工作，共计590份。充实远程教育资源。为更加方便基层站段干部职工培训学习，实现“足不出户”就能选课学习，在去年课程制作的基础上，特别针对当前形势，精心挑选、引进《两学一做，学党章党规，学系列讲话，做合格党员》《认真贯彻〈中国共产党廉洁自律准则〉和〈中国共产党纪律处分条例〉》《学习习近平总书记系列重要讲话》《推进供给侧结构性改革》等中央党校精品专题课程共71门165个课时。围绕路局2016年培训工作需求，结合现场实际，自主录制了现代物流、党建、企业文化、行车组织、铁路客运和铁路工务等专题课程50门152个课时。截至目前，远程教育培训课程库共有政治理论、廉政教育、现代物流、企业文化、铁路运输等19大类共计416门课968个。以微信为载体，创建了拥有精品课程、科研信息、师资队伍等8个二级固定版块的“太原铁路局党校”微信公众平台，向基层站段和学员提供微党课、名师课程和培训动态等信息。持续做好送教上门。围绕“学习贯彻党的十八届六中全会精神”宣讲、“转观念、闯市场、增效益”巡回宣讲、“两学一做”学习教育和“迎庆‘三八’巾帼展作为”等主题活动，共选派16名骨干教师参加路局宣讲团，进行了50余场专题宣讲，共计160余课时。针对各个系统的基层站段和一线车间的实际需求，选派多名骨干教师送教到一线，全年送教上门共计306课时，有效缓解了工学矛盾。

【信息化建设】 对2016年自主开发的《全局计算机考试报名系统》和《绩效管理系统》功能进行增加、修改和完善，开发绩效管理系统基本工资、奖金查询统计功能，完善考勤管理报表生成、个人奖金查询统计等功能，工作效率得到进一步提高。优化完成远程教育在线学习平台和考试系统功能升级和测试工作,对数字知识支持平台数据进行更新,解决了平台日志查询统计功能不能计数、在线学习课件新格式在学习平台上如何播放等问题。"三个平台"(远程教育培训平台、信息化培训考试平台、数字知识支持平台)项目已顺利通过全局范围内评审。开设微信公众号、搭建微信及易信管理群,微信公众平台共推送143期572条信息。扩大了移动互联网的覆盖范围,实现了学校综合楼、信息楼WIFI覆盖。该校在路局2016年上半年信息化专业管理考核评价体系非运输系统单位中综合排名第一。此外,还承担并完成了路局人才招聘网系统、学分银行系统的压力测试工作。

【师资队伍建设】 组织教职工参加校外培训班14个,参训28人次。参加内训57个,参训81人次。青年教师队伍建设。安排2名青年教师到基层实习锻炼。组织试讲和赛讲共2次,有效提升了青年教师的授课能力。组织完成信息技术培训班和专兼职教师师资培训班,分别针对管理和专业技术人员以及专兼职教师进行现代科技信息新技术新知识及微课制作等相关方面的专业培训,有效提升了参培人员的信息技术应用、微课制作的能力和水平。微课《走进中鼎》《互联网+》等课程参加路局组织的多媒体课件评比大赛,分获一、二等奖。骨干教师教能提素。组织专兼职骨干教师到中央党校、中国人民大学参加"全国党校系统教研骨干培训班"及"党的十八届六中全会精神专题师资培训班"的学习,购买中央党校优质课程供广大专兼职教师研究学习,全方位提升学校教师队伍党的理论教育和党性教育素能。组织3位教师参加路局"物流知识培训班""物流管理人才培训班"学习,并分别随班赴郑州圃田、西安新筑物流园区等地进行实地调研学习;安排4位教师赴山西省内的三毛物流、德邦物流、迎泽物流进行调研;选派4名青年骨干教师到中鼎物流园和晋云现代物流集团公司学习锻炼。持续引申全员读书活动。为进一步培养学校教职工"爱读书、多读书、读好书、善读书"的良好习惯,通过制定研读计划、发放统一阅读书目、提供选读书目、组织"读书沙龙"活动、进行读书征文和笔记展评等形式多样的读书学习活动。全员学业务提素质。将办公室、党群办、人事科、教务科、远程教育中心、生活服务科和科研开发中心等部门的青年干部进行轮岗交流,让青年干部在不同岗位上进行锻炼成长,有效地提升了青年干部的综合业务能力和素质。为在全校范围内弘扬"工匠精神",召开第二届高技能人才聘用大会,公开聘用8名技师、高级技师;举办后勤服务业务技能大赛,提高学校后勤队伍保障能力。

【校园建设】 对综合楼楼道及教室、1号楼报告厅、后勤楼进行整修,对3号学员楼1至3层进行全面整修,改善办学条件。对学员二餐厅后厨进行全面整修并更换老化炊具,解决学员就餐紧张的问题。此外,对校园进行整体绿化美化,整修学员活动设施,校园环境得到进一步改善。

【文化建设】 坚持"建设实用化、管理规范化、使用常态化"的八小理念,绿化率30%的小庭院、6间小单身、3个小浴室、羽毛球、乒乓球、篮球、台球、健身以及重新整修的网球场等活动场地全部投入使用。同时,全力打造"文化八小",把"文化揭挂""标语启示""职工风采"通过展板、照片墙等文化形式,注入到八小活动室,竭力打造生活"文化圈",让学员、教职工充分享受到企业发展的成果。

【经营管理】 重新修订《大秦铁路股份有限公司干部培训中心差旅费实施办法》《大秦铁路股份有限公司干部培训中心食堂管理办法》《大秦铁路股份有限公司干部培训中心财务报销管理办法》《大秦铁路股份有限公司干部培训中心低值易耗品管理办法(试行)》。对各科室设备设施"一件一档"台账进行全面的账实核对，落实固定资产的“一件一档”分级管理体制，强化内部控制力，提升精细化管理水平。完成2016年固定资产清查工作，做到资产总账明晰，各科室资产台账健全，账账相符、账实相符，立体化的资产管理体系正在形成。按照路局物资处节能办要求完成路局及学校安排的节能实施与宣传工作，对校园水电等能源的使用严格把关，倡导节约资源，降低消耗。全年运输总支出控制在有权支出范围之内，杜绝超预算、无预算支出行为的发生。超额完成路局下达的其他业务收、支、利指标，其他业务收入实际完成307万元，超额完成77万元，其他业务支出294万元，实现利润13万元。

（王东平　李华英）

太原职工培训基地

【领导成员】

主　　任　周毅民(2016年12月7日免)
　　　　　张建平(2016年12月7日任)
副 主 任　郭贵明
　　　　　申国勤
　　　　　郑大立
党委书记　郭　林
党委副书记　阎煤源
工会主席　冯晋军

【概述】 太原职工培训基地成立于2005年5月，是路局唯一的集教学、实训、管理、服务为一体的综合性职工培训单位，除太原基地本部外还管辖着五个点，即忻州、侯马、太南培训站和原大同培训站及青少年活动中心。2016年末，培训基地在册人数301人，男192人，女109人。职工总数中，教师及教学管理人员111人，行政管理人员108人，工人82人。设有八个学科组。分别是铁道运输、铁道机务、铁道车辆、铁道工务、铁道供电、通信信号、企业文化、现代物流。主要承担行车主要工种人员培训、新职人员培训、班组长培训、特种作业人员培训以及高铁培训、危险货物运输安全培训、施工安全培训。承担考教分离后，各站段培训的监考，全局或全路技术比武、技能演练、技能鉴定和全路司机考试、北京交大和西南交大远程网络学历教育、哈尔滨铁路职业技术学院联合办学定向培养等工作。全基地可一次性承担1800人培训，年培训能力2万人以上，年培训职工在16万人天以上。同时，还积极参与路局题库建立和编写教材工作。

实训基地有两大类型：一是建有14个工种的实训基地。其中，太原基地建有电务（接发列车）、和谐机车、动车、平调列尾、探伤、客车、货车、通信、电工实训9个工种的实训基地；忻州培训站建有供电、工务、轨道车司机实训基地；侯马培训站建有客运、货运实训基地。二是建有安全教育基地。包括山西铁路发展室，动态、静态案例展室，LED互动式案例展示室，4D事故体验厅，集体和个人荣誉室6个部分，是集声、光、电为一体新型现代化安全教育基地。

建有两个中心。计算机中心和远程教育中心。计算机中心包括4个机房，其中两个机房用于路局ETES考试、一个接入互联网用于特种作业考试、另一个专门接入路局网用于题库审定等工作。

【培训任务】 年内，完成各类培训367期，培训职工21447人次，16万人天；完成北京和西南交大远程网络教育教学组织6143人。首次完成890名7个专业的本科生毕业论文辅导与答辩；完成哈尔滨铁道职业学院2个大专班93人的全日制教学管理任务；组织全局司机考试、技能鉴定、转岗晋级考试441场，9670人次，参与监考822人场；协助路局施工办8次施工计划审批工作；协助路局物资处每季供货商资质审核3次，1000余人；承担路局货装、客运、供电、电务、通信、高铁工务技术比武，为全面完成路局培训任务做出了贡献。

【教学工作】 坚持教学创新，做到“四化”。理论实作一体化：充分利用实训基地的条件，增加现场教学，组织各类模拟故障处置实训。项目管理扁平化：实行培训项目负责制，充分发挥教研室、项目负责人、专业教师的主观能动性，让教学管理的点更多、面更宽、管理更专业。项目团队培训计划的制定、授课内容的确定、授课教师选择做到超前筹划，形成教案日常检查、组织教师听课、教学效果评价、考试考题审定系统化管理模式，促进教学质量较大地提高。学术研究常态化：组织教师课件大赛、每周开展一次教研活动，全年教师每人至少10天的现场实践，撰写一篇技术论文，完成一篇现场调研报告，积极开展立项攻关，促进教师专业技术水平的提升。全年教师深入现场人均13天，组织送教31个单位，培训2400余人。师资培养深度化：针对教师队伍青黄不接的特点，把教师提素的重点放在青年教师身上，给他们压担子，定目标，优先组织外培，优先择课，集中组织现场调研，对青年教师实施深度培养规划，青年教师已经成长为基地的中坚力量。

积极参加成果创新、全局课件大赛、论文评比、QC成果发布、编写教材、技能鉴定、货运改革、现代物流企业建设等各项工作，其中《以企业文化为引领创建安全教育品牌》荣获第23届全国铁道企业管理现代化创新成果三等奖。全年完成制作微课192个，编制视频课件163件，2016年路局多媒体教学课件大赛获得一等奖1个，三等奖2个的好成绩。编写事故案例160个，撰写技术论文94篇，发表论文15篇，编写《现代物流培训》《铁路客运组织》等培训教材4部，其中，《试论安全教育基地的创新模式在铁路职工培训中的作用》获路局论文评审一等奖；《现代物流培训》《铁路客运组织》均由铁道出版社发行，《现代物流培训》作为全路物流培训教材被广泛使用，《铁路客运组织》获得路局2016年优秀职工教育培训教材第一名。2016年基地有8名教师取得了二级物流师资格，基地的教学实力得到提升，培训范围得到拓展。

【学员管理】 一是修订完善各类学员管理制度。新增《内部考核管理办法》，制定学员管理关键环节的控制流程，完善了班会制度和班主任管理制度，并严格按照程序办事，做到了制度规范成册，实现了环节可控，管理有序。

二是实行分项、分区、分层管理。对教室、宿舍、生活区、教学区以及路局级、站段级联合办学、校企联办长班、短班都设置了管理的重点，采取不同的管理方法，使管理职责更加明确，管理效果更加凸显。

三是加大了思想引领的力度。开展铁路精神传承教育、上好“安全第一课”，开设了铁路安全法、职业道德、企业文化讲堂，组织了《培养正确工作态度》《职业道德从业之魂》和《守纪律、讲规矩》等专题讲座，思想引领的效果更加凸显。

四是注重形势教育。通过开班动员会对每期学员进行路局形势任务的宣讲教育，使各级各类学员都能紧扣形势、紧扣发展要求，在思想、行为上和路局、路局党委保持高度一致，2016年学员管理平稳有序、一事未出。

【规范管理】 一是规范制度管理。为切实提高基地管理水平，规范基地各类管理制度，重新整理汇编了《行政管理制度》《教学及学员管理制度》《后勤服务管理制度》共计125项。

二是规范干部管理。重新补充修订《太原职工培训基地管理人员月度写实和干部绩效履职报告及检查考核制度》，制定了中层干部、机关干部绩效写实制度，明确了工作标准、工作责任，量化了指标，实行月度考核和季度排队，将工作业绩、履职考核和个人收入挂钩，极大地调动了干部工作积极性，保证了工作的落实和工作质量。

三是规范督办落实。严格落实每月督查、督办制度，完善了《太原职工培训基地政务工作督查督办管理办法》，坚持首办负责制、限时销号制、定期考评制，通过深入各培训站、各科室现场督查、书面督查、电话督查、联合督查等方式，对基地月度例会部署的重点工作全过程督办落实，提高了各项工作的执行力和落实力。

四是重抓安全管理。将安全管理的重点放在围绕"重视问题、督导评价"八个字上。实行领导班子成员安全包保负责，真抓、强抓影响基地安全突出问题的关键点，全年共查出安全问题93个，全部列入问题库。按照"四不放过"原则，对存在的问题认真梳理，督办落实整改销号，全面提高了基地安全大检查的实际效果。

五是转变干部作风。在深入基层工作的方法上有重大改变，不以单一的检查为主，而以召开座谈会，听取职工意见和建议为主。坚持各级干部每月检查工作不少于四次；坚持聚焦问题，突出整改，发现问题，注重解决。不使民生无回音，不给自己找借口，不让麻烦留基层，先后召开教职工、学员、中层干部等各类座谈会30多次，收集了职工合理化建议100余条。重大决策集体研究，重要工作群众参与，有力地促进了干部作风的转变，形成了工作守纪律，办事讲规矩的良好风气。

【教辅、后勤保障工作】　继续完善实训设施设备。紧贴培训需求，2016年新建了电工实训室和特种设备机考计算机房，全面整修了货车车辆25步检车系统和忻州轨道车，对多媒体教室课桌进行了改造，对太原、忻州计算机网络加装了防病毒系统。为基地各培训站更换了部分办公电脑、服务器、多媒体设备并配备了一定数量的笔记本电脑，为转变培训方法，增加科技含量，提高培训质量奠定了基础。同时，为方便教师查阅资料，为太原、忻州、侯马阅览室增补图书3991册。

全面加强设施环境改善。服务培训需求，紧紧围绕校园环境、工作环境、文化环境、实训环境和服务环境"五大环境"建设，做了大量富有成效的工作，为师生员工提供了优良的服务，为全面完成培训任务起到了保障作用。对太原基地供水系统进行了市水直供改造，解决了困扰我们多年的经常停水问题。还先后完成净水器滤芯更换、基地水箱更换等工作，为全基地正常运行，超额完成培训任务奠定了服务基础。

【安全文化建设】　上好"安全第一课"。充分依托局级安全教育基地，利用声、光、电、4D技术做支撑，通过直接、真实的画面和典型案例，以及现场事故模拟，使学员进入基地培训的第一课就能从感官视觉上接受强烈的安全警示教育，强烈的视觉冲击和巨大的震撼力，使安全教育入脑入心，提升了安全教育的内涵。全年组织102批3525名学员进行了"安全第一课"的教育，邀请优秀班组长谈理想、话安全。安全主题教育荣获路局优秀宣传成果奖，开辟全局安全文化教育新模式。开展专题宣讲。紧扣铁路转型发展，精心组织开办"职业道德"专题讲座，就工作态度、岗位责任、事业心、创效益、抓落实(五种意识)等进行宣讲20余场；组织"转、闯、增"主题宣讲20场。

【职工生活】　年内，先后投入92万元用于职工就餐补贴、福利补贴，对校园环境、文化营造、教学设施、基础设备进行了改造，升级更新了教师办公电脑，为每名职工配备了办公、劳保用品，同时，以基地为职工办的好事、实事为主线，积极做好职工教学生活条件的改善工作。持续开展送凉爽、送温暖活动，为职工发放绿豆、冰糖、西瓜等防暑用品，提高了职工午餐就餐的标准，做好节日期间值班人员就餐改善工作，增加花色品种，确保节日生活更加丰富，开展了为职工送生日蛋糕活动。对侯马培训站篮球场南侧荒地进行了水泥硬化改造，整修6间异地教师休息室；对忻州培训站食堂餐厅推拉门进行了整修更换，对实验楼墙面、门窗进行了粉刷整修，安装了汽车门禁系统，改造补充了防洪设备。积极落实职工健康休养计划，完成南北戴河、五台山、琼海等处的职工健康休养8期/44人，完成职工年度健康体检271人。开展了"送凉爽、送温暖"慰问及读书征文活动，发放慰问品600余件，赠书400余册，征集体会文章30余篇。通过发放健康书籍，开展形式多样的职工健身活动，不断提高职工身心健康水平,得到了教职工的一致认可,极大调动各级干部职工的工作积极性。

（任　卫）

太原公寓管理段

【领导成员】

段　　长	裴连芳
副 段 长	靳森才
	高建强
	史虎山
	刘湘梅
党委书记	魏　忠
党委副书记、纪委书记	刘永明
工会主席	刘凤保

【概述】 太原公寓管理段管辖东至秦皇岛、南至运城、西至岢岚、北至大同,跨度1430km。承担太原、北京、沈阳、呼和、郑州、西安、兰州、南昌、昆明铁路局及广铁集团公司的高铁动车、重载机车乘务员和客车“三乘”人员的服务接待和出退勤接送任务,为路局各地单身职工提供住宿、洗浴服务。2016年全段实现安全叫班45万班,接待136万人次,食堂销售额1153万元;太原动车公寓安全正点完成高铁动车热备启动叫班任务68次;接送车安全行驶245.3万公里,完成乘务员接送106万人;单身公寓日均接待全局各地单身职工1806人。2016年末,下设13个车间,有职工937人,其中:干部121人,工人816人;男职工634人,女职工303人。专业技术干部46人。机构设:办公室、劳人科、财务科、业务科、安全科、设备科、保卫科、党群工作办公室。

【安全管理】 全年开展2次安全评估，从车间一线抽调实作经验丰富的专业人员组成评估组，并在段网上公示评分具体项点，发现问题全部按期整改。重新修订《安全管理七项制度》《安全风险控制“红线”管理办法》等4项安全管理制度，“班子成员当一天车间主任、车间负责人当一天工长”活动定期开展，通过换位思考有效提升了安全管理的针对性和实效性。春、秋两季设施设备检验中，完成74台次机动车辆，16台次特种设备，581台次炊事机械、空调、太阳能等设施设备的检验保养。在各次调图、施工、春运高峰、暑运防洪、防寒过冬、G20峰会等关键时期，经受住了安全压力考验，全年，没有一名干部因安全问题受到处分，全段上下形成了“用作业标准保安全、用干部作风保安全”的全员防范氛围。将干部月度《安全职责考评表》与《检查量化指标完成情况报表》合二为一，对机关、车间管理人员现场检查情况进行排队抓尾、评比晾晒，全年“一票否决、积分清零”6人次，干部职工用辛勤汗水、主动作为确保了安全生产有序可控，胜利实现了第十一个安全年。

【公寓管理】 21所行车公寓认真落实标准化作业要求,定期对房间、楼道进行消毒,随时征求服务对象意见,改进服务质量。完善行车公寓叫班软件系统,在“1·10”“5·15”等多次旅客列车运行图调整,以及大秦、南北同蒲等线路施工和集中修期间,各公寓严格落实培训要求,完善服务设施,调剂饭菜花样,段领导深入车间一线包保,圆满地完成了各次接待任务。面对7、8月份暴雨造成的旅客列车大面积晚点,大同、太原、临汾等行车公寓所有图定计划和折返交路均被打乱,各公寓立即启动应急预案,党政正职带领管理人员轮流盯控在值班室,用高度的责任心确保了特殊时期的叫班安全。11所单身公寓定期召开单身公寓“共管联建会”,解决了迎春单身职工反映强烈的高低床问题,在单身公寓各房间设置了“住宿信息卡”2260块。针对新入路大学生集中入住单身公寓的实际,积极筹措资金,倒排进度,在新职工入住前完成迎春、大同等7所单身公寓基础设施更新改造。

【后勤保障】 投入1074万元按期完成路局职代会确定的7处行车、单身公寓整治,投入

524 万元对原平、运城等 14 所公寓基础设施进行整修,投入 91.8 万元为各食堂配置和面机、冰柜、绞肉机等炊厨机械 114 台,投入 141.7 万元为各公寓配备了床单、被褥等物品,全段接待环境大幅改善,接待能力和质量得到大幅提高。太原汽车接送站在确保高铁客车乘务员正常接送的基础上,通过内部挖潜提高大客车周转率,高质量完成路局党代会、中鼎物流开园等各类会务用车及临时用车 20 次。三个汽车接送站严格卡控高铁、客车接送安全要求,驾驶人员在开车前和到达后及时向调度员报告,落实高铁、客车乘务员上车后签认时间和人数,确保安全正点接送,有效堵塞了安全漏洞。

【职工教育】 高标兑现年度职工教育培训工作计划,举办脱产培训班 5 期 120 人次,开展岗位适应性培训 7 期 3446 人次,共有 53 名职工聘任为技师高级技师,全段工人中技师比例达到了 5.7% 。投入 21.4 万元,建成 12 个多媒体教室,大力开展实物化、声像化教学,拍摄视频教学片 2 部。组织 3 期 6 名车间班组管理人员和优秀青工到段机关轮训学习,组织高级技师送教到各公寓食堂 17 次。视频会议系统、综合信息网络系统接入 27 个,覆盖所有异地班组,由此带来了管理现代化,电子公文、物资管理、合同管理系统等路局办公软件全面应用,利用段职教机考系统进行各工种技能竞赛理论考试、月度应知应会抽考;利用信访网络系统,请路局社保处、信访办对秦皇岛地区退休职工进行网上接访;周密组织车间班组开展合理化建议征集活动,全面质量管理获得山西省优秀成果奖 1 个、路局级优秀成果一等奖 4 个、二等奖 3 个。

【综合管理】 首获“路局先进单位”殊荣,获得“路局综治工作优秀单位”“山西省平安建设先进单位”“路局信访先进单位”等荣誉,取得羽毛球团体混合赛全局第一名、男子拔河比赛进入全局 16 强,信访考核两个季度受到路局奖励,安全评估考核连续排名靠前,经营业绩考核全年优秀,政治工作一体化考核名列前茅。针对职工自然减员达 54 人,按照“减人少减工资”“划小单元,量化指标,精准到人,责任共担”原则,稳步推进兼职并岗和计件工资管理,湖东行车公寓正式职工在炊厨岗位轮流上岗,侯马北行车公寓关停锅炉后将锅炉工、化验工进行转岗培训,临汾行车公寓压缩服务员岗位人员充实公寓值班室,太原二行车公寓将叫班任务外包至长泰饭店,太北行车公寓叫班员兼职楼层服务,在岢岚行车公寓全面试行计件工资管理,迎春单身公寓取消楼内值班室、调整楼层服务变倒班制为日勤制。专业技术和中层及以下管理人员岗位管理整体进入工作稳步推进,干部管理民主、公开、动态优化,打破身份注重实绩,能上能下易岗易薪模式正在形成。全年完成节支降耗任务 237 万元,路局下达经营创收指标 140 万元,实际完成 257 万元。

【职工生活】 全段职工人均收入达 85419 元,与同期相比增长 7.3% 。全面实施职工健康行动计划,为每一名职工发放《铁路职工健康应知应会》《五味调和养全家》共计 1600 册;全年共组织 122 名职工疗养,安排 743 名职工健康体检,323 名女职工妇科普查,补充“小药箱”2.14 万元;干部职工年休假全面完成,冬送温暖、夏送凉爽,共投入 18.2 万元,改善当班职工节日伙食;为行车公寓叫班室更换座椅 60 把;助困、助学、助医 336 人次、24.6 万元,慰问老职工、患病职工 242 人次、27 万元;为太原、大同、临汾等地住房困难职工,分配住房 14 套。

【党群工作】 “两学一做”学习教育扎实推进,领导班子成员、支委成员组织讲党课 47 场次,举办骨干专题培训班 5 期,党员全文抄写党章党规,进行四个专题研讨交流,践行“四讲四有”合格党员标准,涌现出“学做”典型 21 名,党员的党章意识、规矩意识、看齐意识、先锋意识不断增强。高质量召开民主生活会和组织生活会,党员领导干部的党章意识进一步唤醒，“四种意识”特别是核心意识、看齐意识进一步增强。举办党员骨干培训班8期，培训党员368人次。开展建党95周年“永远跟党走”歌咏大会、红军长征胜利80周年体会征文、参观红色教育基地、重温入党誓词等系列活动。落实《铁路企业党支部建设纲要》，强化党支部建设基础，转化薄弱党支部2个，标准党支部在动态中达到70%以上，党员“两违”率动态控制在5%以内。深入开展党员组织关系集中排查，成立专项领导小组，制定专题方案，对所属18个党支部、374名党员进行“过筛式”梳理排查，组织开展党费收缴工作，发挥领导班子成员和机关党员干部的带头作用，确保党员自觉、足额交纳党费。加强党支部班子建设，16个党支部严格按组织程序进行换届改选，选出新一届党支部班子，强化党支部班子的整体合力。将党风廉政建设责任分解到班子、科室和车间，明确20项、63条党政主体责任和纪委监督责任，并加强日常检查考核落实。通过专题党课、《寓段廉政园》等形式，深入学习贯彻中国共产党廉洁自律准则、纪律处分条例、问责条例，以及新形势下党内政治生活若干准则和监督条例，组织班子成员参加路局廉政考试，均分98.88，3人达到满分。

【大事记】 1.4月19日，来自全路18个铁路局的54名公寓系统业务主管人员和行车公寓主任，参观了太原动车公寓设施设备和职工标准化作业。

2.该段“梁凯琳11176服务工作法”“梁志洁3345叫班工作法”“梁永成高铁接送135工作法”，被收录到太原铁路局高技能人才成果集锦《匠星绝技选编》。

3.7月12日，太原汽车接送站驾驶员孙显锋，担当太原北至榆次西间大客车接送途中突发心肌梗塞，危机时刻，置个人安危于度外，采取果断安全措施，确保了全车乘务员的人身安全，他的先进事迹在《人民铁道报》、《太原铁道报》头版刊发，在省、市、铁路电视台播放。

（马保国）

太原铁路房建段
（太原铁路房建集团有限公司）

【领导成员】

段　　长　　邱　林（2016年3月3日任）
副 段 长　　刘志勇
　　　　　　李文举
　　　　　　刘增军
　　　　　　张国华
　　　　　　耿天军
　　　　　　杨　军（2016年6月29日免）
　　　　　　杨俊康（2016年9月1日任）
党委书记　　李永泽
党委副书记、纪委书记
　　　　　　邢建国（2016年6月29日免）
　　　　　　杨　军（2016年6月29日任）
工会主席　　安怀军

【概述】 太原铁路房建段是全局唯一的房建设备专业管理单位，下辖16个房建供热车间，3个综合车间，负责全局管内运输生产办公房屋、站台、雨棚、供热、制冷、燃气、电梯、职工住宅等设备的维修管理工作。在房修管理方面，负责全局813座站台、146座雨棚、884万hm^2房屋建筑物及附属设备的维修管理。在供热管理方面，负责全局134处锅炉房180台自供热锅炉、15台地源热泵机组、2处空气源热泵的维修和运行管理工作，承担141处集中供热换热站的运行监控，供暖面积1100万m^2。在制冷管理方面，负责大西高铁14站，太中银线5站，以及太原站、太原南站、路局调度指挥中心、路局西院合资楼，共计24处制冷处所，45台制冷机组的维修和运行管理工作。在住宅设备方面，负责全局67232户558万hm^2非物业小区住宅设备的日常巡视检查和病害处置，保证安全合用。

作为非运输业单位，太原房建集团有限公司下辖2个建安公司、5个物业公司、1个电梯公司、2个劳服公司，形成以建安施工、物业管理为主，电梯维保、锅炉安装、塑钢门窗制安、游泳洗浴、房屋租赁等相关产业同步发展的经营实体。在建筑安装施工方面，承建局内生产办公房屋的新建、更改和保障房建设中的道路、围墙、绿化、管网等小区配建任务。在物业经营管理方面，负责全局51个物业小区50422户业主的物业服务管理工作，其中新建高层小区14个20565户，既有物业小区37个29857户。在电梯维保方面，负责468部高层住宅电梯和9部生产办公电梯的日常管理工作。在其他业务方面，充分挖掘内部资源，统筹推动锅炉安装、塑钢门窗制安、房屋租赁、游泳洗浴等经营实体共同发展。2016年末，全段有职工3155人，其中男职工2694人，女职工461人，干部559人，工人2596人。

【安全生产】 修订完善335项管理职责、303项工作标准和38项管理流程，补充完善51个岗位作业指导书和“10部分45项288条房建安全风险控制措施”，扎实开展6项安全专项整治、三项重点工作和安全生产大检查，编发《周安全分析报告》41期，《安全预警通知书》34期，发放《安全问题通知书》2447张。各级管理人员累计下现场5756人次，合计发现并解决安全问题2310件，有效整治了一大批关键性安全隐患，切实筑牢了安全管理的闭环体系。

【房建维修】 完成设备巡检875万 hm^2，处置设备病害2097个，屋面补漏21万 m^2，设备整修425栋件30万 hm^2，大修更改121项，整治专项病害179件。实施维修天窗1149次，测量站台1278面、雨棚133座，自办营业线施工141次，配合施工1396次，重点完成了太原站高架候车厅天井外饰面整治、太中银线重点病害整治工程，切实提升了房建设备保障运输安全的能力。

【供暖制冷】 高质量完成锅炉整治210台78万 m^2，管网整修62万 hm^2，大修更改30项，消除直埋管网病害8000余延米。强化夏季空调、空气源等制冷设备运行管理，以“一坚持、两确保、三消灭”为目标，加强冬季供暖运行卡控，确保了供暖工作运行稳定。

【住宅管理】 全年整治住宅设备病害1068栋件126万 hm^2、电梯病害192件、燃气设备4192户。47个物业小区坚持对标服务、费用公示，充分展现了物业企业良好形象。试点推行10个小区业主委员会成立，封闭管理3个既有物业小区停车服务，稳妥推进“三供一业”分离移交工作，绵铁佳苑、汾铁佳苑等4个新建高层小区高标起步，顺利实现无缝衔接。

【工程建设】 按期完成侯马北机务段标准化整备场、太原机务段（南区）标准化整备场施工，高标兑现大同、太原、临汾职工文体活动设施整治，实现重点工程建设安全、质量、进度同步达标。

【经营管理】 全面落实财务预算管理，坚持增收节支并举，扎实开展“小金库”专项治理、合同审查和“三公”专项整治，立足创新、创效，全面推进资产经营招商工作，确保了经营管理依法合规。2016年前三季度运输辅助业、非运输业双双评定为路局经营业绩考核优秀单位。

【职工培训】 举办各类培训班181期，参培10383人次，开展应急演练49期，参演630人。代表路局参加铁路总公司房建系统电工职业技能竞赛，有效提升了职工队伍的业务水平和应急处置能力。

【机制创新】 深入推进大同东、大同西、临汾、侯马房建供热车间班组优化整合工作，撤销班组24个、集中优化377人。公开选拔任用8名优秀技术人员和工班长到管理岗位。大力推行计件工资奖惩考核机制，扎实开展劳动竞赛，全年奖励兑现1428万元，考核兑现46万元，企业活力显著增强。

【职工生活】 完成44处办公场所、26个锅炉房间休室整治，为车间、班组配备生产生活备品700余件，绿化办公场所1900m^2，组织职工健康体检2386人，参加路局健康疗养

383人，截止10月份，职工月均工资较上年同期增幅6.2%。二届一次职代会确定的实事、好事全部高标兑现。

【党群工作】 党纪工团各级组织围绕中心工作，以“两学一做”学习教育为引领，以党支部建设三年基础工程为载体，充分发挥政治工作保障作用。2016年段党委获总公司“先进基层党组织”以及路局“学习型领导班子标杆”称号，大同东房建供热车间获得路局“先进党支部标杆”称号。

（邵军强）

太原物资供应段（山西晋龙海川物资有限公司）

【领导成员】

董　事　长	郝学军
段长（总经理）	梁永军
副段长（副总经理）	张铁龙
	郑奇志
	茹述高
总经济师	郑保国
党委书记	徐素琴
工会主席	张　进

【概述】 太原物资供应段和山西晋龙海川物资有限公司（以下简称物资供应段）实行“一个机构、两块牌子”的管理模式。全段下设油库2个。仓储面积22000m^2。配送车辆36台（辆），其中油罐车22台。专用线5条，计3000延长米。2016年末，有职工426人，其中干部214人、工人212人；男职工325人、女职工101人；中共党员191人、共青团员10人；专业技术人员：高级2人、中级37人、初级86人。机构设9个科室，4个车间、19个生产班组，

【基础管理】 一是强化规矩意识。在坚持从严治党、从严治企的要求下，全段各级干部高标站位，严守党的政治纪律和组织纪律，自觉增强讲纪律、守规矩意识，在其位、谋其政，在岗履职尽责，坚决做到令行禁止，确保了政令畅通。迅速开展落实中央八项规定精神、防范经营风险专项治理工作，聚全段之力，围绕“三项”工作的专项清理整顿，坚持高标从严，做到立行立改，以超常规的工作方式，全面完成清理整顿和整章建制工作，并构建长效性管控机制。开展“整顿干部作风、增强服务意识”大讨论活动，机关各级干部，自找思想根源，对照岗位标准，检查不严不实问题，严格干部行为管理和约束，通过各级干部以上率下，示范引领，干部作风实现明显好转。二是强化督查督办。全段各级干部树立为基层服务意识，解决问题意识和挂牌督办意识。加大重点工作督办力度，严格奖惩考核，形成段主要领导、主管领导、科室和车间三级抓督办落实的格局，提高了工作效率。全年共督办重要文件落实289份，完成重点事项督办306件，把督查督办工作纳入经营目标考核内容，确保了各项工作落地生效。三是强化制度建设。按照路局规范管理要求，对全段所有规章制度进行审核验证。对在“三化”建设中形成的规章制度、管理办法、业务流程、操作规程和作业指导书进行一次全面梳理，按照“管理简捷、使用科学、方便班组”的原则，全年共对13大类，75项管理制度，办法和业务流程、操作规程和69个岗位作业指导书进行完善，对成熟的规章制度进行固化形成长效，切实发挥好服务现场的管控作用。

【安全生产】 各级干部坚持鲜明问题导向，全力投入安全大检查活动。按照“抓干部，抓管理，抓现场”的要求，围绕段制定的11项补强措施46个关键项点，推行干部挂牌督办制度，全员破解安全难题，在油库作业、油罐车运输、设备运用、人身安全、消防内保、队伍稳定、信息管理等加大集中整治力度，认真吸取“8·12”天津爆炸事故的教训。各级干部发各类检查通知书485张，对路局及段检查的78个问题全部录入问题库，逐一进行销号，做到件件有落实，以危化品运输和关停加

油站安全管理为重点的问题得到迅速整治，完成安全管理制度和应急预案的修订，全年开展16次计870余人次参加的各种应急演练，全员安全意识、安全责任和安全管理技能得到迅速提高。

【物资采供】 一是全力做好大西高铁试验、三晋快运和管内新线开通等上车上线物资保障工作。制定专项采供业务流程，加快供应配送时效，确保计划的高标兑现。配强动车所验收人员，强化验收环节的管理。对采供质量、供应时效、质量验收等实行周写实制度，严格执行采供验责任倒查制，高质量完成专项物资及设备的采购和供应工作。二是全方位落实路局新的物资采供办法，与有关处室和站段做好业务对接，统一基础台帐和完善验交手续，制定异地业务管控的长效性管理办法。积极推行3.0版物资信息新系统，完善网询和网上超市应用系统，网询范围不断扩大，信息技术的功能及处理实效得到全面提升。三是物资招投标实现规范管理。认真贯彻路局新的招投标办法，统一管理标准和基础台账，招投标会场硬件配置实现整体上升水平，有关资料的收集、整理、归档达到科学规范。通过严格会议组织流程和严把资质评审条件，做到评审有依据，过程可追溯。集中采购方式实现多样化，招标采购达到集约化管理。全年共组织召开集中招标采购会议128次，完成物资采供额35.7亿元，实现优惠节支额7658万元。四是开展利库工作，对闲置可用物资盘活存量，进入供应渠道，解决物资长期积压，减少库存资金占用。五是进一步增强业务人员岗位责任意识和廉洁自律意识，全年对45名关键人员进行定期工作述职和岗位廉洁写实。对照岗位工作标准和基本业务技能，开展业务、信息、法规、廉政、法律合同等培训6次，有效提升了业务技能和管理水平。

【经营创效】 一是由山西晋龙海川物资有限公司与青岛四方销售有限公司共同出资600万元，成立山西晋龙四方轨道车辆设备有限公司，并于2015年12月9日正式挂牌，进入试运营阶段，标志着该段在经营创效、转型发展上迈出了新步子，走出了联营办厂、合作共赢的新路子。二是完善经营实体运营管理。抓好滤材厂和清洗剂厂原材料、产品销路、后期设备投入、人员配备、技术培训和安全规章的建立，确保了企业安全有序运行。消防器材厂变坐商为行商，全年为站段配备消防器具3000具，维修消防器材10000具。三厂共实现销售额1100多万元，实现利润400多万元。三是想方设法做好代理销售。继续在优势项目上开展重点营销，运用路局的政策优势，与南风集团等13家生产厂家建立战略伙伴关系，扩大与南风日化集中销售规模，站稳路内市场，销售实现稳中保增。四是迅速推进晋龙海川定点供应工作，按照已确定的供应流程，做到无缝对接。对供应过程中涉及的代理和营销政策规定，保证做到依规合法。五是以“适应新常态、创效做贡献”货运营销活动为主题，继续落实全员营销机制，与省内外226家厂商合作，全年发运三晋货物快运5920单，货物快运收入79万余元，货物快运重量6587余吨。从以代理销售为主转变为产供销一条龙服务创效。全年公司完成销售额2.22亿元，实现纯利润1200万元，超额完成路局下达的奋斗目标。

【企业文化建设】 一是打造“基地文化”。建立党建基地，形成党员教育新名片。全年共组织党支部书记培训、通讯员讲座3期，交叉观摩教学2期，丰富了培训内容、拓宽了宣传视野。二是打造“廉政文化”。建立廉政教育警示基地，打造成集传统教育、红色革命、孝道感恩、腐败案例、廉政建设等五位一体警示基地。全年共举办廉政观摩教学4期、以“守住清廉、留住幸福”等廉政专题讲座2期，筑牢反腐倡廉思想道德防线。三是打造“走廊文化”。在食堂、活动室、会议室必经之地墙面，制作先进典型宣传板报、岗位标语、温馨提示，运用“走廊”这个办公场所出入必经之地，让墙壁会说话、弘扬正能量。2015 年共制作宣传展板、典型事迹专栏 31 块，营造浓郁的文化氛围，引导干部职工爱岗敬业、尽职尽责。四是打造“读书文化”。在段机关建成 1 个图书阅览室，管内车间建成 4 个“职工书屋”，激发全段干部职工的阅读热情，在工作闲余中享受诗书精华、聆听圣贤教诲、领略文人风骚、掌握专业知识。全年举办读书沙龙 5 期、读书品鉴活动 2 期，通过研读经典书籍、交流心得体会，真正使读书成为提升素质的“加油站”、干好工作的“发动机”、成就事业的“推进器”，打造学习型职工、内涵型企业。五是强化舆情导向宣传。全年在各台网报刊刊稿 180 篇。其中：中央传统媒体刊发 4 篇，《人民铁道报》11 篇，《太铁报》49 篇，太铁政务信息 11 篇，其他各类媒体 105 篇。利用段办公网、手机短信、微信等，编发各种工作信息 132 条。

【职工生产生活】 一是利用段局域网、工会通知、电话解答、现场咨询讲解助困、助医、助学的政策变化，积极组织职工参加职工大病医疗互助会，按期保质完成了 2016 年职工大病医疗保险互助金的缴纳，完成缴纳人数 454 人，缴纳金额为 22700 元。入会率达到 99.8%；二是段工会对全段各车间、班组补充小药箱药品等支出 20450.30 元；对 90 人次的困难职工补助、患病职工慰问等支出 31018.47 元；按照路局落实帮扶救助有关政策规定，对 1 名在职死亡职工发放慰问金 10000.00 元；对 95 人次的患病职工给予病种、金额救助 133517.00 元。三是元旦、春节等重大节日，段党政主要领导均带队组成慰问组，关怀慰问节日值班干部、加班职工。集中修、冬、暑运期间，筹措资金 4 万元购买慰问品，分赴大同、秦皇岛、茶坞等 49 个供油点进行慰问；为职工送防暑降温食品、用品、药品；为全段每个班组配置小药箱送防暑降温药品；为 26 名高考金榜题名职工子女购买拉杆皮箱，召开座谈会，由党政工领导亲自分发到每名职工高考子女手中。四是及时为重点生产班组配备米面油和节日慰问品，各车间伙食团精心准备，提高饭菜质量，保证为生产作业和值班职工提供可口饭菜。五是完成年初确定的“八小”工程项目的改建和新建施工。

在经营业绩考核、全面质量管理、标准化管理、绿化卫生、信访稳定、综合治理、计划生育、离退管理等工作中，质量良好的完成了路局下达的各项管理和考核指标，全段全年四个季度均取得优秀的好成绩。

【党群工作】 段党委深入开展“党支部标准化建设深化年”活动，以党的群众路线教育实践活动为契机，把政治优势转化为推动全段和谐发展的工作优势。一是“三严三实”工作落到实处。把好“党课教育关”“学习质量关”“思想反思关”，班子上专题党课 8 次，专题学习 19 次，举办“科长课堂”主题讲坛 4 期；查找不严不实问题 7 项 86 个，解决物资供应流程再造等 13 个瓶颈性问题。二是深入开展班子建设工作。加强中心组学习，在班子中开展了“学哲学、学业务、学法律”的“三学”活动，提高了班子思想水平。举办了 4 期“科长课堂”主题论坛，提高了班子业务能力。三是严格议事程序。将党政联席会议、党委会全部进行会前调研、集体讨论、表决联签等程序，民主集中制得到有效落实。落实联系点制度，班子成员发现和解决问题 173 个、与职工“三同”谈心谈话 58 次。破解《强化物资采购各环节廉政风险卡控》等发展难题 16 个，制定破解推进方案，确保任务期到必成。三是提升标准党支部建设工作。分季度召开 4 次党建观摩会，组织专职党支部书记进行专项述职，同时举办支部书记轮训班、研讨班等 11 期。攻关 9 个课题，节支 1.1 万元；8 个“三队”开展志愿攻坚服务活动 173 次；评选 5 大“太物之星”，打造 6 个党内优质品牌，建立“陈润明技术攻关小组”等 3 个党员工作室。段党委 2 次被评为政治工作一体化 A 级单位，获得路局“先进党委”荣誉称号。四是加强党风廉政建设。开展“对照职责、履职尽责”主题活动,组织中层以上干部撰写“责任胜于能力”心得体会25篇,营造“守纪律、讲规矩”的良好氛围。编发廉政家书89封,制作《迷失的权力》等2部微电影,举办2期专题廉政讲座。实施制表留痕、互控监督、层层审核的新供应流程,防控78个廉政风险点,形成廉政风险防控长效管理机制。

(刘　娟)

物资采购所

【领导成员】

所　长　　程晓光

书　记　　远　巍(2016年12月12日任)

【概述】 根据中国铁路总公司强化物资集中采购工作的要求,2015年10月路局下发编制文件,单独设立物资采购所,单位性质为运输辅助单位,副处级建制,主要负责全局运营维修、大修、更新改造、建设、非运输企业生产、工会项目等所需物资的集中采购工作,业务上受路局物资管理处指导。

2016年末,全所人员编制55名,其中设所长1名,副所长4名;机构设:管理科、采购科、信息科、综合科、财务科5个部门,现员41人。

【基础管理】 在物资采购方面出台了《物资采购所物资采购管理实施细则》《物资供应商关系及信用评价管理实施细则》等4项制度,对采购方式、采购过程、档案管理等方面做出明确规定。

在公开招标方面出台了《物资采购所物资设备集中公开采购实施细则》《招标项目标书款收支管理实施办法》等3项制度,进一步规范物资采购招标流程、投标保证金的收取及退还流程,保障物资采购工作依法合规进行,促进物资采购工作进一步走向公开、公平、公正,为集中公开采购工作走上良性轨道打下坚实基础。

在信息建设方面出台了《物资采购所运营维修物资价格管理办法》《物资管理信息化建设实施细则》等2项制度,一方面对物资采购中节支降耗、卡控物资采购价格提供依据,规范价格管理工作;另一方面适应路局物资管理信息化的发展要求,为做好全所物资管理信息化工作奠定了基础。

在财务管理方面出台了《物资采购所资金管理办法》《增值税发票管理办法》等12项制度,进一步健全完善了财务管理体系,规范日常财务管理、核算报销流程。

在综合管理方面出台了《物资采购所各岗位职责》《绩效奖惩考核管理办法》《档案管理办法》等13项制度,逐步完善日常管理,增强全所职工纪律规矩意识,保证全所工作有章可循,有章可依。

【招标采购】 坚持公开招标为主、网上电子采购为辅的采购方式,全力推进公开采购,规范采购流程,实现物资采购依法合规。2016年共发布各类物资需求、采购信息1569条,其中公开招标494条,网上采购529条,采购结果公示401条,审前公示145条;累计集中采购生产、经营物资245885万元,公开采购率99.51%,公开招标占69.27%。节支19946万元,节支率8.11%;建设物资归口物资部门采购31892万元,均通过地方公共资源交易市场公开采购。

【信息化管理】 以物资管理为落脚点,推进物资管理创新发展。一是完成铁路物资管理信息系统2.0版本和物资采购商务平台的升级改造工作,以及两个系统的互联互通、信息共享,实现物资从需求计划提报、需求信息发布到付款完结等全过程的闭环管理。导入新版物资管理系统目录89426条,参考价格57283条,物资与供应商绑定对应数据82万条,为系统升级提供准确、可靠的基础数据。二是圆满完成晋云平台的供应商注册任务。积极引导供应商、物流企业注册会员,鼓励供应商利用网上平台进行物流交易。2016年晋云平台营销注册会员共1837家,其中供应商1700家,物流企业137家。营销晋云平台链接物资采购订单21784单,采购交易金额25.68亿元。三是完成物资采购所采购结果查询打印系统的研发工作,实现采购结果、中标通知书在线查询、打印功能。四是开发了会议室管理系统,为科学管理会议室提供了可靠平台。

(张芳芳)

非运输企业

山西先行经贸有限公司

山西太铁联合物流有限公司

大同铁联实业有限责任公司

大同新通实业有限责任公司

太原晋太实业(集团)有限公司

山西大秦物流有限公司

山西三晋铁建工程集团有限公司

太原铁路新创实业集团有限公司

京太联合物流有限公司

大同地方铁路公司

太原铁路地产置业有限公司

山西先行经贸有限公司

【领导成员】

董 事 长　　赵晓华
总 经 理　　杨喜贵
副总经理　　刘春光
　　　　　　刘秋勤
党委书记　　刘　军
纪委书记　　解　哲
工会主席　　赵　斌

【概述】 山西先行经贸有限公司于2005年6月重组整合成立以煤焦经销为主营业务的专业化公司,公司注册资本15280.12万元,实收资本15280.12万元,具有"煤炭经营资质""焦炭经营资质"。公司经营范围主要以批发、零售煤炭、焦炭为主,兼营石膏、铝矾土、矸石、生铁、钢材、金属材料(除贵稀金属)以及铁路延伸服务、装卸、搬运、货运代理;铁路货运业务的咨询服务。

机构设:综合部、党群办、财务部、人力资源部、安全设备部、管理部。所属二级机构4个:财务稽核中心、营销服务中心、安全检查队、项目开发中心。设立太原经营业务部、晋中经营业务部、古交经营业务部、临汾经营业务部、山西岩先物贸有限公司和太原先行焦化有限公司。截至2016年末,有职工121人,其中男职工83人,女职工38人。干部105人,工人16人。

【经营管理】 各级管理人员积极适应现代物流发展的新形势,新变化,以4A级物流企业为标准,以路局、公司各阶段重点工作为中心,调整管理思路,提高管控水平,不断释放企业经营活力。

1. 企业管理再上台阶。以4A级物流企业管理为目标,深化提升企业管理水平,全面开展现代化物流管理及4A级综合型物流企业申报工作,通过积极努力,顺利通过评估、审验,9月份被全国物流协会授予4A级物流企业称号。

2. 合同管理全面覆盖。结合新修订《合同管理实施细则》中的相关规定,制定《控制经营风险管理办法》,严格履行合同送审和联签制度,降低经营风险,实现对经营合同履行过程进行全面的监控。

3. 债权清理稳步推进。发扬"啃硬骨头"的精神,对剩余的债权进行细化分解,进度倒排、责任倒逼、专人盯控、关死后门。全年清理各类债权债务75笔,合计3399万元,清欠工作取得预期目标。

4. 职工素质明显提高。①全年组织职工参加局外培训4人、局内培训63人,参加34个专业性培训班学习,培训干部职工67人次。②经公司人才小组推荐申报铁路总公司高级会计师1人,申报路局工程系列评委会物流快车道4人,推荐以考代评初级人员3人和经济系列中级1人。③组织15名干部职工参加由人社部组织的物流师中、初级考试,通过严格考核,通过率达到100%。

【安全管理】 1. 基础管理。细化修订完善管理岗位、专业技术岗位的安全管理职责、工作标准和重点工作流程,规范各项安全风险的管控责任、管控措施、考核办法。全年共修订《先行公司安全检查监督管理办法》等各项规章制度4个。

2. 现场检查。全年,先后开展安全生产月、综合评估、春检春鉴、人身安全、防寒过冬等专项检查11次,各级安全管理人员共下现场1720人次,发现各类安全问题56个。

3. 问题整改。针对全年检查发现的271个各类安全隐患,专人负责、专人盯控、专人整改。全年,共下发《安全问题通知书》12个,考核12人次、750元,问题整改率达到100%。

【增收创效】 1. 市场开拓。一是积极开展与山西建龙集团以发运矿粉为主的全程物流总包业务。全年,共发运矿粉9.7万t,创效58.4万元。二是积极与焦煤集团汾西矿业有限公司合作,开行C80煤炭短途循环班列项目。全年,共发运68列,26万t。

2. 物流总包业务。不断加大太钢物流总

包服务资源的投入，构建完善的服务网络，提高服务的准确性和及时性，为客户提供高效、快捷、一站式物流服务。全年发运球团、矿粉1822列，688.9万t，此项业务作为公司现代物流业务的一项精品，被评为全局资产开发“十大品牌”业务。

3. 煤焦自营业务。先后与中国华电集团公司、山西西海峰煤业有限公司、山西三维瑞德焦化公司、曲沃闽光焦化公司等企业建立长期、稳定、密切的战略合作关系。全年，共发运煤炭49.3万t，实现收入2.19亿元、创效86万元，发运焦炭4.5万t，实现收入4500万元、创效36万元。

4. 在商贸业务上“着力”。根据客户需求，推出“一企一案”服务模式，与曲沃闽光焦化公司、江苏新大和商贸有限责任公司、潞安集团等优质企业建立良好的合作共赢关系，签订70.15万t焦炭，0.43万t铜材，35万t钢材销售合同。全年商贸经营实现收入13.94亿元，创效310.3万元。

全年，完成经营收入17.3亿元，实现利润4141万元，为路局增收创效做出积极的贡献。

【职工生活】 1. 筹资6.7万元，为全体职工进行健康体检，为岗位、班组配备小药箱50个，为所属各公司配备血压计、体重秤15个。

2. 为岚县基地等伙食团补贴26万余元，丰富饭菜品种，保证岩先公司岚县基地等当班职工良好的就餐条件。

3. 列支15万元，丰富职工文化生活，保证人均一份报纸、月有一箱牛奶，生日送上一个蛋糕。

4. 投资2.3万元，建成职工之家、党员活动室1个，配置图书500套，健身、娱乐、体育设备10种，组织丰富多彩的文化娱乐教育活动20余次，参加职工430人(次)。

5. 筹资60余万元，对公司、二级公司经营场所办公环境的电线路、空调、地面、灯具等进行维修改造，消除安全隐患，改善办公环境。

6. 对自学取得高职称、高学历的人员进行奖励，金秋助学发放物品、书籍等6套。

7. 积极与路局争取房源，在太原地区为职工二次分配住房一套。

8. 想方设法为大家增加收入，职工平均工资同比高于路局平均基数。

（任冠英）

山西太铁联合物流有限公司

【领导成员】

董事长	李晓宏
总经理	任殿伟
副总经理	杜　渐
	郭建伟
	宋慧忠
	邢乙平
党委书记	卫光锐
党委副书记、纪委书记	陈金全
工会主席	李林军

【概述】 山西太铁联合物流有限公司(以下简称太铁物流)成立于2003年6月18日，为路局直属非运输企业，注册资金9404万元。公司主要为客户提供钢材、煤炭、焦炭、水泥、粉煤灰、剥岩土、商品汽车、铁路配件产品、零散百货等货物铁路运输、供应链商贸、接卸仓储、加固材料、采购供应、公路配送、公铁联运、物流信息、仓单质押等综合性物流服务。2016年末，有员工160人，机构设10个职能部室，2个附属机构，6个二级公司。

年内，公司按照现代物流理念，坚持专业化发展、规模化经营、规范化管理的思路，致力于创建集运输、装卸、仓储、配送、包装、加工、信息等一体化功能的国家5A级综合服务型物流企业。公司先后荣获了ISO9001质量管理体系认证证书、国家4A级综合服务型物流企业和国家AAA级信用企业、国家税务总局批准的全国物流行业第二批税收试点单位、国家商务部批准的物流行业产业损害预警系统重点联系企业、国家人事部和中国物流与采购联合会授予的“全国物流行业先进集体”、山西省首届百家信用示范企业、中国物流采购联合会理事单位、山西省物流采购联合会副会长单位。截止2016年末公司总资产7.28亿元,固定资产原值1.49亿元,固定资产净值0.73亿元。

公司新开发使用的中鼎物流园商品汽车基地　　（杨鹏超　供）

【安全管理】 始终把安全工作摆在各项工作的首位，强化综合施策，深化专项整治，安全关键得到有效控制。深入推进安全三化建设，强化安全管理基础，健全安全履职考评机制，突出安全问题、安全隐患的解决数量和整治质量，不单纯以发牌数量作为安全履职依据，形成由重发现问题向重解决问题转变，由重事后追责向重事前教育转变，由重检查考核向重奖励激励转变的鲜明导向。将新业务开发过程的安全工作关口前移，确保安全工作与新业务开发始终同步。提前介入晋南、晋北快线业务，开行前完善流程、制定标准、规划场地，建立业务通知、货物抽检等管理制度；开行后现场包保、规范作业、现场解决安全相关问题。围绕安全关键，加大重点风险防范和突出隐患整治力度，紧盯商品汽车作业、太铁快线作业、司曹车门加固作业、道路交通、人身安全、消防等安全重点，全年各级干部职工累计下现场检查1897人次，发现解决各类问题496件，安全生产一事未出，公司顺利实现了第13个安全年。

【现代物流】 坚持创新驱动的发展战略,将“创新”作为推动企业发展、破解经营难题的重要法宝。商品汽车入驻中鼎物流园,月接卸量突破万台,年物流量达55881台,同比增长180%,成为全省、全路18家铁路局中最大的商品汽车物流自营商。不断巩固三大厂公路外包业务,构建城市、城际、省际等多种公路配送体系,全年配送2172车、20111t,实现物流收入2681.9万元。设计开发“太铁快线”物流产品,成功开行“晋南、晋北快线”,打造了路局首趟具有夕发朝至、客车化、直达运输等优势的铁路循环货运班列,全年发运2408车、24692t、104732m^3、实现收入530万元。参与客户供应链经营,创新开展煤炭购运销一体化物流服务,全年实现收入9185.2万元。试水“以煤换轨”业务,创新“资金→煤炭→钢轨→资金”循环经营模式,供应钢轨6190.23t,实现收入3743.49万元。唐山剥岩土车门加固全年完成3621列、383795车、2686.565万t,实现收入2702.28万元。车门紧固器销售807504根,实现收入49.8万元。传统加固材料竹围挡销售330车、焦炭网1800个,实现收入30余万元。全年供应石济、西成、哈牡客专、中鼎物流园钢材1.18万t,完成收入2485.15万元。公司全年营业收入完成3.96亿元,实现利润407.24万元,实现了经营业绩考核优秀企业目标。

美特好超市商品搭乘“晋南快线”发往临汾市分店　　（杨鹏超　供）

【资产开发】 顺应全路土地资产经营开发大势,按照路局加大盘活铁路用地资源,鼓励土地综合开发利用要求，先后取得了太原动车所西侧52亩、北侧20亩、东侧高铁桥下70亩、中鼎物流园220亩闲置土地开发使用权，年内建成投入180亩，一举成为路局土地开发的“地王”。同时在中鼎物流园率先建成山西省首个汽车厂商区域中心库—“五菱汽车专属库”，可一次仓储5000台，年吞吐量8万台，按照“货场变市场”的经营思路，公司完成了鸣李货场2万m^2汽车仓储区项目调研、场地腾空封闭、施工组织、投入使用等一系列市场化改造，实现了汽车厂商库区向市场前移、汽车4S店零库存的双重需求，提高了货场闲置场地的附加值。主动融入路局“1+3+13+300+N”物流节点网络布局，公司商品汽车、公路配送、太铁快线业务先后入驻中鼎物流园，实现资源开发，共创共享，为中鼎开园作出突出贡献、受到路局表彰嘉奖。

公司城市配送车辆正在开展作业（杨鹏超　供）

【经营管理】　围绕商品汽车营销增量、太铁快线开行等经营任务，领导班子带头，组建机关商品汽车卸车队、党员突击队、青年突击队，根据现场需要随时增援一线、服务基层。继续推行项目经理人制度，全年开发立项南果北运等8个新项目，商品汽车、煤炭供应链业务实现跨越式发展，攀钢项目经理享受中层干部待遇，商品汽车团队拟升级成为分公司，激发了全员创新创效创业的热情。适应时代发展和路局“互联网+”战略要求，公司公文管理、合同联签、经营管理、财务管理、资产开发等日常工作全部实现网上操作、电子办公，工作效率大幅提高。通过法律诉讼、账务处理、委托付款协议、站台使用费抵债权等方式，下大力气，逐笔攻坚，强力推进债权清理工作，全年累计清回债权6393.6万元，债权笔数及金额均实现减半目标。

【职工生活】　坚持让职工共享公司转型发展成果，二届五次职代会提出的实事好事高标兑现。优先考虑一线偏远基地生产生活，先后投入21万余元改造司家营和曹北两个伙食团，聘请山西厨师，让远离故土的职工吃上了地道“家乡饭”。为司曹基地、商品汽车中鼎物流基地改造修建24间简易板房，安装空调16台，驱散了冬季的寒冷，让职工有了“家”的感觉。参加和举办了元宵节游艺会，“学大寨精神，走红色之路”，“忆党史、颂党恩、跟党走”、“七一红歌赛”等10余项活动，鼓舞了职工斗志，凝聚了干群合力。关注职工身体健康，高标完成职工体检工作，为患大病和生病住院的职工办理救助77991元，为16名一般困难职工和家遇突发性灾难的职工发放日常补助4777元，上门关心慰问患病、住院和生活有困难的职工累计11人次，送去5100元慰问品，使广大职工感受到了党政工团组织的温暖，全身心地投入到安全生产和经营创效上。特别是在当下公司二次创业，经营十分困难的情况下，仍然克服困难，想方设法提高大家收入，职工平均工资同比增长5%，大家得到了实实在在的好处。

（杨鹏超）

大同铁联实业有限责任公司

【领导成员】

董 事 长	赵洪雁
副总经理	刘　立
	王　儒
	吴双龙
	李　溥
	李　猛
总经济师	李玉山
党委书记	丁　龙
党委副书记、纪委书记	卢志鸿
工会主席	任彦龙

【概述】　大同铁联实业有限责任公司（以下

简称大同铁联)现有15个二级法人企业,10个二三级分公司,14个经营网点。经营范围有设备租赁、煤炭商贸、联营装船、石油天然气开发、汽车销售、汽车租赁、汽车维修、汽车美容、保险代理、抑尘喷淋、机车租赁、机车配件销售、房屋租赁、宾馆、旅游、商贸、疗养服务,以及防冻液生产、养殖、林业种植等综合服务业务。经营区域跨及山西、内蒙、河北、吉林、海南、北京、天津五省两市。主要骨干企业有丰镇市路源煤炭加工有限责任公司、天津市滨海新区路源煤炭运销有限责任公司、万通集团乾安石油天然气开发有限责任公司、大同云海汽车贸易有限责任公司、山西云中环保科技有限责任公司和大同铁联实业有限责任公司云河科技分公司。2016年末,公司在册职工684人,其中干部408人。机构设:综合部、人力资源部、经营管理部、安全设备部、计划财务部、保卫部,行政监察、党群工作部。

【经营管理】 积极应对市场环境的发展变化,坚持“稳主业拓新业、降成本增效益、强管理促发展”的工作思路,克服重重困难和种种挑战,各项工作保持了稳中向好、稳中有优、稳中求进的良好态势。全年实现经营收入120193万元、利润1232万元(含云海汽贸),超额完成路局下达的经营任务指标。

【创效增收】 1.煤炭商贸业务。一是成立煤炭商贸工作组,制定并严格落实煤炭商贸业务风险评估防控机制,对每一笔煤炭商贸业务坚决做到“一笔一签定、一笔一付款、一笔一结算”,消除了潜在资金风险,保证了业务稳定开展。二是与资质信用高、规模实力强的大企业和大客户合作开展煤炭商贸业务,通过多方强强联手和共享共赢,拓宽了煤炭商贸渠道,扩大了增收创效空间。全年煤炭商贸业务总计实现收入61156万元、创效400万元、净利润120万元,成为创收增收的“主力军”。

2.抑尘业务。将40个抑尘站、7个维修站全部纳入了视频信息化系统,通过先进的科技手段和全覆盖的管理系统,实时掌握、动态监控抑尘设备运用检修状况,及时跟进、快速解决设备故障;并全面加强设备技术更新改造和巡检整治力度,从源头上保障了抑尘设备质量稳定、运行良好,保证了抑尘业务收益最大化。全年抑尘业务总计实现收入14042万元、利润2178万元,成为创效获利的“排头兵”。

3.汽贸产业。汽贸产业坚持实体店和互联网两个平台有机融合、路内和社会两个市场协同发展的经营方向,借助新闻网络媒体、参加大型国际车展、举办客户体验营销、入驻庞大汽车园区运营4S店等多种渠道和多种方式,全方位、多维度扩大荣威、MG品牌汽车市场占有率。同时,通过日臻成熟的营销模式和服务体系,不断升级汽车销售、租赁、维修、保养、保洁一条龙产业链和一站式服务能力,保持汽贸产业稳步发展的势头,实现市场营销和经营业绩的双丰收。全年汽贸产业总计创收18195万元、利润297万元,其中云海新华夏实现收入10507万元、利润277万元,云海汽贸实现收入7688万元、利润20万元;销售各型汽车1067辆,其中面向社会市场销售荣威和MG汽车773辆;汽车租赁业务实现收入5640万元;汽车维修业务实现收入876万元,维修车辆9540辆次;日均开行通勤汽车80趟次,日均接送通勤职工13000人次。

4.养殖产业。生活中心精心培育打造绿色、特色养殖产业,改造扩建了养殖规模可达5000只的养羊基地,新开发70亩水面的野生鱼养殖场;并与省农科院深度合作,运用“植物原性增加有效成分、改善猪肉品质”饲料配方成功实验养殖了196头改良生态猪,经过专业机构检测,口感、品质和营养价值等各项指标均达到一流标准。此项重大实验的成功,为下一步推广高科技含量的养殖模式、开发高品质的养殖产业创造先决条件,也为实现养殖基地取得国家无公害养殖绿色标识,“美餐思”成为山西省著名商标、农业部绿色产品三个战略目标下好了先手棋。全年面向局内配送销售猪牛羊鱼235.6万斤，创收7959万元，实现了供应任务和经济效益的双赢。尤为欣喜的是，“美餐思”在全局资产经营开发十大品牌评选中脱颖而出，荣获“品牌项目”的殊荣，既为公司赢得了一项沉甸甸的荣誉，也大幅提升了“美餐思”品牌的知名度和影响力。

5. 石油产业。在油价出现断崖式下跌并长期低位运行的市场波动下，乾安石油公司把铁联公司确立的“稳产增产、节支降本”作为逐步扭转石油产业经营困局的着力点。一方面努力提高开井数量和产量，促进稳产增产，全年开采原油16316t，实现收入2559万元；另一方面大力实施开源节流、节支降本，全面压缩生产、能耗、人工成本和不必要开支，同比大幅减亏3407万元，真正把降本减亏的重任落到了实处，取得了非常好的实效，值得肯定和褒扬。

6. 服务产业。旅游和疗养两大服务业通过抢抓市场、融入市场，在“转闯增”的进程中迈出了坚实出彩的步伐。旅游公司瞄准热点旅游线路，成功开行9列旅游专列，圆满完成路局市场化经营考核任务，取得丰厚的市场回报和丰硕的经营成果（创收925万元）。全年旅游公司实现收入1143万元，重新回到收入千万元以上大户的行列，稳居国内旅游百强企业的前列。四家疗养院充分利用职工休养空档期和当地旅游资源，针对不同地区游客对住宿、餐饮、土特产的差异化需求，推出了品质化、特色化、个性化的服务项目和温馨、贴心、舒适的服务标准，吸引多方游客入住消费。全年四家疗养院共计接待路内休养职工12798人，创收1771.8万元；面向社会市场接待游客14611人，创收108.7万元，全部实现了自给自足和一定盈余，为公司减轻了负担，同样值得肯定和褒扬。

7. 保险业务。保险公司在拓展局内保险市场上阔步向前、高歌猛进。尤为难得的是，协助中铁自保公司成功承保了保额65亿元、保费1243万元的大张高铁工程险，从中实现保费413万元、代理费62万元的可观收入。通过收获价值连城的大保单，成就了两个“第一”：既是铁联保险公司成立以来拿下的第一单工程险，也是在全路所有保险公司中率先拿下第一单工程险。加上自主拿下了保额3.37亿元、保费56.5万元的京原线改造工程险（从中获取代理费8.5万元），标志着该公司在开发铁路工程险上取得了里程碑式的重大突破，真正意义上做大保险业务“蛋糕”。同时，成为首批进驻中鼎物流园开启业务的非运输企业，为未来发展赢得了先机。全年保险业实现收入300万元、利润40万元，主要经济指标创造历史新高。

8. 互联网+业务。紧跟网络营销在经济运行中比重越来越大的新趋势，公司旗下所有生产型、实体型、销售型、服务型企业全部建立微信公众号，并在国内多家知名网站和路局职工生活电商平台上线展示和经营宾馆、旅游、汽车销售、“美餐思”、土特产、保险代理、电子等七大类商品，其中“美餐思”新开发8种杂粮、6种干菜类产品，既提高社会公众的关注度，又增加网络经营收入。全年互联网+业务收入达到了1400万元，在创新业态发展上取得了不小的突破。

【资源整合】 1. 重组煤炭商贸业务。针对天津中大和天津路源两个公司在同一地区经营煤炭商贸业务，在煤炭资源、客户资源、经营业务等方面存在交叉重叠的现状，对两个公司进行了全面整合，实施统一管理、统一经营、统一核算，从源头上解决内部争抢客户、相互竞争的弊端，与客户洽谈业务形成一个声音、一个模式、一个价格底线，促进煤炭商贸业务形成合力、健康发展。

2. 成立财务核算中心。组建成立了财务核算中心，推行财务联署办公、集中核算、一体化管理，自上而下形成财务管理统一标准、统一规范、统一体系，有利于公司对财务工作的整体监管和把控，对资金运用的合理调度和安排，对成本支出的动态掌握和调控。

3. 启动中煤大秦公司。经与中煤集团多次沟通协调,就重新启动运营中煤大秦公司达成一致,待各种变更手续办理齐备后就可正式运营。中煤集团作为煤炭行业的“巨头”,通过与其联合运营经营机构,建立合作纽带关系,可以充分利用中煤集团具有的品牌强、资源广、产业大等多重优势,进一步延伸煤炭商贸业务,扩大增收创效空间。

4. 融合养殖种植产业。对土地资源统一规划安排,将生态园林基地划归生活中心统一经营管理,种植30亩苜蓿及其他有机作物,作为养殖基地的养殖原料;反过来,利用养殖基地产出的纯天然肥料反哺种植基地,促进了养殖业和种植业优势互补、良性循环和融合发展,保证了养殖原料安全可靠、养殖方式科学环保、养殖产品天然绿色,也降低了养殖业和种植业的成本。

金海洋抑尘站进行喷淋作业(崔山佳　供)

【安全管理】 1. 以整章建制规范安全管理。对公司19项安全制度、11项应急预案、562项岗位职责、452项工作标准、20项工作流程动态梳理修订,确立14类安全风险项目、36个风险重点、194项卡控措施,保证安全工作有章可循、有标可依;并据此制定安全关键项点卡控“菜单”,列明了所有安全关键设备和重点部位,划清了每个安全项点的负责部门和责任人,明确了安全检查的量化指标和频次,实现了安全管理规范化、安全责任全覆盖。

2. 以强抓关键夯实安全基础。全年圆满完成春检秋鉴、防洪防寒等季节性安全工作以及各类安全专项整治、安全大检查活动;并把抑尘喷洒、石油开采、职工通勤汽车等关键设备作为安全的重中之重,针对关键设备点多、线长、面广的实际,持续抓好运管修各个关键环节,确保了公司所辖的40个抑尘站、100口生产油井、141辆通勤汽车安全运行。截至2016年底,公司胜利实现连续安全生产2558天和七创安全年。

3. 以从严考核落实安全责任。建立安全管理信息平台,坚持“一事一分析、一事一报告、一事一考核”的原则,按照安全“红线”管理办法和“七项”制度,对安全问题及时晾晒通报、追责落责和对标考核,以严管理和严考核增强各层面抓安全、保安全的责任心。全年各级干部下现场1120人次,发现解决各类问题612个,发放通知书169张,落实安全考核责任3958人次,考核金额87753元。

【整章建制】 1. 财务合同管理。一是全面推行预算管理、成本定额法和项目负责制,对各项成本支出严格执行分层审批、逐级联签、定期分析制度;把煤炭商贸放在突出位置,健全完善审计稽查、提前预警、动态管控机制,严防严控资金风险。二是制定公司新的合同管理办法,明确了合同签订不可逾越的原则,所有经营合同严格执行层层审核把关和集体联签确认,重大经营合同必须经上级审批。全年签订各类经营合同1962份,合同金额16亿元,其中1719份履行完毕,未发生任何经济纠纷。

2. 人力资源管理。一是结合经营发展实际,修订完善了绩效考核工资和计件考核工资奖励分配办法,适度调整收入分配和绩效考核的机制和模式,调动和激发广大干部职工的工作积极性。二是严格执行选人用人组织程序,提拔启用一批“德才兼备、敬业奉献、谋事干事”的管理人员,满足公司及直管单位的发展需要和岗位需求。三是按照“合规合理”的原则梳理核查了公司业务外包和劳务用工现状,按照“整洁明了”的原则整理规范了281份职工档案。

3. 政务管理。一是落实"机关服务、基层自立",使得各部室和直管单位既能协作对接,又能自我提升。二是推进"强三基创三优",印制了公司规章制度文件汇编丛书,成为指导全员干好工作的"指南"和"规矩"。三是严格落实重点工作任务督查督办工作制度,提高了工作效率,保证了政令畅通。

4. 乾安公司管理。乾安公司在一段时期内,由于管理弱化、纪律松弛、工作滞后,给安全管理、生产经营、队伍稳定带来了严重的负面影响。对此,公司领导班子及专业部室组成工作组,多次对乾安公司进行"多对一"的督导指导、帮教帮扶,针对性地健全完善了涉及各个方面的40部制度和办法;并对在位不谋事、在职不尽责、在岗不作为的人员予以调整,提拔启用了一批有能力、有担当、有事业心的人员,迅速扭转了乾安石油公司管理被动局面,使得各项管理工作逐步走上规范有序的轨道。管理跟上了的直接效果就是安全稳了、经营好了、人心齐了。

【党群工作】 一是畅通职工诉求渠道。针对关系职工切身利益的热点问题,做好思想引导和信访稳定工作,保证了公司正常经营管理秩序和职工队伍稳定。二是加大帮扶救助力度。对符合规定的72名患病职工救助12.53万元,一般困难职工救助60人次、3.96万元,看望生病职工48名、发放救助金1.4万元;按"三个一"标准为32名高考职工子女发放了助学用品。三是打造暖心工程。为全公司65个工会小组配备健身包、走步机、羽毛球拍等文体器材,新建了篮球、毽球、羽毛球塑胶场地3块、小理发室1个、女工爱心屋1个,为偏远地区经营网点配备乒乓球桌3张以及电视机、洗衣机等设备,更新补充了41个小药箱药品,按计划落实职工带薪休假、健康休养、健康体检,职工生产生活条件得到显著改善。四是重抓青工提素工程。围绕经营发展组建了云海公司青年创新创效突击队,开展"青创杯"项目攻关和"笔书青春风采,墨绘智慧人生"书法大讲堂活动,组织团员青年参加全局"转闯增"演讲比赛,青年生力军和突击队作用充分发挥。五是尽力保持职工收入平稳。2016年路局下达该公司工资总额计划6802.3万元,人均工资9.76万元;实际发生工资总额8762.7万元,超路局计划9.76万元,人均工资达到12.57万元。单从数据上看,2016年工资总额支出较2015年的10776.5万元下降了2013.8万元,人均工资较2015年的14.89万元下降了2.32万元。2016年公司严格按照路局一次性奖励政策要求,规范了各种奖励发放行为,剔除2015年超额发放的各种奖励,2016年人均工资较2015年的12.51万元增长了0.5%。

(崔山佳)

大同新通实业有限责任公司

【领导成员】

董 事 长　秦　美
总 经 理　张月中
副总经理　刘玉峰
　　　　　李国强
　　　　　郭树义
　　　　　王华清
总经济师　王新旗
党委书记　贾兴贵
党委副书记、纪委书记
　　　　　樊培春(2016年6月1日免)
工会主席　李宏伟

【概述】 大同新通公司是路局2006年12月22日进行资产重组而成的非运输业直属公司,注册资本10430万元。主要经营煤炭批发经营、铁路专用线运输设备设施的运营和租赁、销售煤炭抑尘剂;喷淋服务;铁路货物运输代理,装卸服务,仓储,房屋租赁;销售金属材料、工矿产品、五金材料、机电产品,电子产品,针纺织品、日用百货、文体用品;铁路物流服务等。

机构设:综合部、经营部、人力资源部、计

财部、安设部、党群工作办公室；两个附属机构：安全检查队、基地经营业务部；8个二级公司。2016年末，公司有460人，领导成员9人，路工106人（干部86人，工人20人），集体工354人。

2016年，面对煤炭市场疲软、部分商贸业务萎缩的外在不利形势，面对人员少、任务重的诸多内在压力，该公司全体干部职工克服重重困难，逆势拼搏，认真落实路局对非运输业提出的“转型、开发、创新、提质”工作要求，强化安全风险管理，力推煤炭自营业务，创新经营管理，夯实基础工作，扎实推进转型发展，各项业绩取得长足进展：全年完成营业收入9.87亿元，创效4947万元，提前26天完成路局下达的任务指标，人均创收1000余万元，人均创效44.72万元，截至2016年12月31日，实现安全生产3663天，十创安全年。

【安全生产】 公司始终把安全工作摆在首位，完善管理制度、加强风险卡控、严抓责任落实，深入开展安全大检查活动，推行“菜单式”“标准化”检查指导，实施“发现问题、研究对策、完善制度、细化项点、问题整改、回头再看”的闭环管理，投资对生产设备进行大中修，使设备质量得以保证，过程控制得以强化，安全管理水平有效提升，实现十创安全年，为经营发展创造良好的安全环境。

【物流业务】 一是扩大煤炭商贸物流业务规模。公司班子带领干部职工不断开拓思路，推进转型发展步伐，主动上门联系神华等大客户，通过调整合作方式，在煤炭市场波动不稳的情况下，和神华合作煤炭商贸物流业务，全年累计发运95万t，创收3.14亿元，创效476.33万元。针对长城梁物流基地停滞发运的困境，公司加强市场研判，采取先启动沉寂停运业务，再精选上游合作对象，最后形成稳定下游客户群的“三步走”经营策略，以个性化、点对点经营服务，加强市场融合，构建煤炭“产运销”实业链，经营格局明显改观，全年累计发运煤炭25.56万t，创收6494万元，创效60.55万元。这项业务获路局资产经营开发“十大品牌”创建活动入围奖。二是白货物流业务规模稳定增长。同山西高义、凝辉等公司定期沟通，协商会诊合作症结，做实经营网络，通畅经营链条，线材物流业务合作规模不断扩大。全年共签订、履行合同20份，完成线材物流12.07万t，创收2.2亿元，创效131.36万元。三是物流总包业务顺利推进。经过不懈努力，从8月1日起开展的代县—侯马北铁矿粉集装箱物流总包业务，到年底发运14.1万t，创收756万元，创效21万元。

麻家梁抑尘站检修设备（宋永军　供）

【经营质量】 一是实体经营规模得以壮大。朔兴分公司通过配强人员，健全制度，抑尘设备维修质量不断提高；通过精检细修，快速保障，抑尘设备运行状态始终良好，累计年创效1985万元。通宇兴公司认真落实路局及公司要求，强化抑尘剂生产、检测、化验等环节的监督检查，严把进货及出入库关，生产质量稳步提升。累计年生产930t，创收2376.7万元，创效558万元。二是专用线潜力有效发挥。公司沟通协调激活老客户，牵线搭桥寻找新伙伴，全年发展新客户14家，签订综合设备占用费协议61份，收取设备占用费2913.8万元。三是“三晋快运”业务大幅增长。修订完善考核管理办法，奖先进，罚落后，营销力度与考核力度得到同步提升，公司综合排名由第6名上升到第3名，实现收入28.77万元。接取送达业务，累计完成2049

单、19.4 万件、3223t，各项指标同比全面增长 30% 以上。四是闲置资产得以盘活。公司领导经过多次调研，与阳原地方政府进行艰苦谈判，盘活阳原国通专用线，创效 33 万元。五是证券投资取得新收益。2016 年，大同证券分红收益达 633.5 万元；深能源股份、太平洋保险、大同煤业三支股票收益 552.5 万元，比往年均有新的增长。

【节支降耗】　一是卡控成本，节支效果明显。以控制非生产性经营支出和五项费用支出为目标，严格执行预算管理，严把审批，严控接待，节俭办公，减少委外，动态监控，同时加强宣传，使节支降耗深入人心，深入到每项工作细节。全年"五项"费用合计支出 95.68 万元，较预算节支 76.08 万元。二是多措并举，清欠效果明显。实行分工包保，责任到人，按月考核，充分运用"上门追缴"、"法律诉讼"等综合手段，清欠攻坚战取得阶段性成果，全年清理债权 21 笔 7.52 亿元。同时公司也没有再产生一年以上新债权。三是健全机制，考核效果明显。不断完善和规范奖惩办法，做到干有标准、考有依据，年度共考核 421 人次、31.37 万元。各部门、各二级公司按照责任和贡献大小拉开分配档次，达到奖优罚劣、奖勤罚懒的目的，"有付出就有回报，不让老实人吃亏"的分配导向机制效果显著。

【队伍建设】　一是坚持正确的选人用人导向。通过竞争上岗，择优选拔 3 名工人到管理岗位；通过组织考察，择优选拔出 6 名业绩优秀的干部，担任更高一级的管理岗位工作。二是坚持业务技能的培养。注重岗位应知应会和相应业务知识的培训，严格考试，干部职工业务素质和业务能力明显提高。三是坚持劳动安全意识的提高。组织在岗职工进行全员劳动安全（人身安全、电气化作业安全、特种设备作业安全）、防洪防汛，防寒过冬、消防安全培训考试工作，参培率、合格率均达到 100%；此外，还组织消防、防洪应急演练，职工安全意识和应急处置理能力得到提高。

【职工生活】　公司努力为职工办实事，真心关爱职工。重新整修食堂，接通天然气，生熟食分离，就餐环境亮堂了，卫生了，也更安全了；注重维护职工的身心健康，并合理安排体检项目，选择知名医院进行全员体检；坚持将职工的生日祝福和生日蛋糕送到岗位，使职工体会到组织的温暖；及时回应职工的期盼，采取灵活的休假形式落实年休制度，方便职工；想法设法提高职工收入，年内人均增幅达 2.6%。5 月 25 日，组织开展"爱我新通，徒步文瀛"徒步竞走活动，职工肩并肩，家属手拉手，迈开大步向前走，凝聚起共谋发展的强大正能量。

（宋永军）

太原晋太实业（集团）有限公司

【领导成员】

董 事 长　王　栋
总 经 理　李耀宇
副总经理　李存真
　　　　　李　胜
　　　　　张林明
　　　　　杨宝生
　　　　　宁　洪
党委书记　王旭荣（2016 年 3 月 3 日免）
　　　　　张海明（2016 年 3 月 3 日任）
党委副书记、纪委书记　李锡俊
工会主席　陈逸民（2016 年 5 月 25 日免）
　　　　　尹振江（2016 年 5 月 25 日任）

【概述】　太原晋太实业（集团）有限公司是太原铁路局投资控股的有限责任公司，注册资本 18112 万元（太原铁路局辅业资产管理中心出资 17940.1 万元占 99.34%，大同新通实业有限责任公司出资 171.88 万元占 0.66%），实收资本 24174.8 万元。机构设：办公室、人力资源部、计划财务部、企业管理与法律事务部、安全设备部、市场开发部、经营部、工业办、抑尘中心。党群机构设：党委、纪委、工会、团委。公司下辖单位 21 个，其中:分公司9个、二级法人企业9个、三级法人1个、民办非企业1个,代管执法单位1个。公司所辖企业分别从事铁路专业配件加工制造,广告、印刷,汽车租赁、维修、车辆停放、驾驶员培训,粮油商贸、生活品采购供应、服装加工、仓储服务等经营业务,以及烟草专卖执法检查。年末,职工人数为1425人,其中:干部465人,女职工375人。

【经营质量】 坚持经营过程全方位、全要素节支降耗目标、清单"双管理",细化22条具体措施,全年节支1000万元。实体经营板块收入结构明显变化,装备制造占比上升到66.3%,资源开发占比上升到10.8%,客运延伸上升到2.1%,商贸和社会物流下降到20.8%,全年完成收入19.1亿元,实现利润2.6亿元,全面超额完成任务指标,收入利润双创新高,在全局非运输业中均名列第一。2016年,荣获了路局先进单位称号。

【安全生产】 以强化规矩意识、"红线"意识、落实主体责任为主线,深化安全风险管理,先后修订完善安全规章制度12项、安全管理职责441个,工作标准347个、重点工作流程21项,管理体系得到完善。按照"变化产生风险"的原则,针对新业务开发、新项目开展同步研判风险,强化防控措施,细化分解安全风险项点,编制各级管理和专业技术人员《月度预考核表》《安全职责考评表》,管理责任得到落实。实行领导干部履职监督评价,二级公司领导在公司安委会上述职,每月在安委会上对两级干部安全量化指标完成情况进行"晾晒",提高了安全管理能力。突出涉运产品、设备、业务和季节性安全重点,每月两项专项检查,通报问题促整改,消除隐患促提高,专业部门作用充分发挥。坚持问题导向,持续开展安全大检查,同步实施设施设备整治更改,两级领导班子对重点问题挂牌督办,45项砸锅惹祸安全隐患得到有效解决。落实严抓严管、以赛促学、选树典型、正反激励考核,事事讲安全、人人保安全,提高了"我要安全"的能力,全年安全目标全部兑现,顺利实现了安全年。

【产品制造】 瞄准重载、高铁、地铁、新线四大市场,加快产品升级换代,工务厂75kg尖轨、基本轨进入路局采购目录、60kg/m钢轨12号交叉渡线道岔铺设到现场、KQ18合金钢组合辙岔上道试用、27t轴重道岔通过了技术审查;电务厂新型产品ZYJ9转辙机CRCC认证通过现场审核,ZY系列电液转辙机中标云桂高铁、南宁地铁、巴基斯坦拉合尔轨道交通橙线轨枕式转辙机等项目,沿着"一带一路"开拓了海外市场,年产10000组产品供不应求。配件厂C70、C80车辆脱轨自动制动装置配件批量生产,累计供应15000套;与瑞斯福公司生产D型高磨合成闸瓦取得突破性进展,铁道车辆合成闸片、CRH2动车研磨子、HXD2大功率机车闸瓦研制有效推进,B型闸瓦中标青藏铁路5.5万块,局外市场进一步拓展,争取投资1200余万元实施综合技改,依靠技术创新提升实力、能力、影响力,产品市场占有率稳步提升,全年完成收入突破10亿元,对全局非运输业利润贡献率达到30%,全路装备制造收入利润排行第一。

【资源开发】 主动融入山西建设文化旅游强省、培育战略支柱产业发展,推动广告资源开发形成路局领导亲自抓、相关部门联动帮、相关单位同协作的良好局面,相继成功冠名"运城号""云冈号""朔州号""五台山号",以列车冠名为平台,打造了广告新品牌。合资成立晋太光讯公司,积极推进站车电子商务项目,创建了旅游网络信息化服务体系成功安装运行,开发"一路通"终端APP,为"三个出行"打造了"文化大餐",以站车电子商务为载体,开创了广告产业新途径。实施太原南站广告媒体二期开发,新建的灯箱、电梯广告成功招商,推动了高铁广告资源开发向纵深发展,广告收入增长了26.3%。坚持铁路高架桥下土地开发性保护、保护性开发,以市场需求为导向,为商家量身定做,与客户共建共创,许坦铁路高架桥下30亩土地实现效益最大化。晋中环城西路铁路高架桥下土地开发农副产品物流交易园纳入中鼎物流园 D 区，一期批复投资 3887.9 万元。北格铁路高架桥下土地开发机动车驾驶员考试训练场得到路局高度认可，可研批复 3657.8 万元。资源开发成为了晋太公司转型发展的有力支撑。煤炭抑尘剂自主生产，保证了路局南区 28 个抑尘站点的配送供应。地热、空气源、太阳能、声屏障项目在生产生活中推广应用，节能环保新业务成为转型发展新的经济增长点。

【转型发展】　深入开展“转观念、闯市场、增效益”主题活动，用互联网思维推动资源开发、转型发展，在全局先行先试，成功注册并开办了“晋太商城”，实现“互联网 + 销售”“互联网 + 服务”功能，立足“晋思源”米面油自主品牌，引进家用电器和地方名优土特产品，打造临汾家用电器和太原生活超市两个实体店，线上线下联动，累计销售 150 余万元，呈现出良好的发展态势。积极调研外部市场变化，围绕“方便出行”做文章，求新思变，抢抓商机，在太原站、太原南站开设两个定点租车点，设计单租、整租、团体租、自驾、代驾等不同形式的服务项目，根据客户需求调度配置车辆，积极与 58 同城、百度商谈上线事项，努力实现线上下单、线下定点提车“互联网 +”经营模式，提高汽车租赁经济效益。以互联网带动传统产业拓展新业态、发展新产业，打开了局面、产生了影响。

【经营管理】　全年组织各类招标招商 207 项，节约和增收资金 538 万元。严格落实收支利全面预算管理，全力以赴开展债权清理，全年累计清回债权 908 笔 19.18 亿元。定期开展合同、财务、劳资管理综合平推检查和专项审计监察，及时指导、规范、纠错、补强，有效防范了风险。举办合同管理、招投标、劳资财务、公务接待等专项培训 5 批次，“六管”人员做到全覆盖。严格执行“三重一大”，全年召开党政联席会议 25 次，及时研究议题 108 项，保证决策的科学性、准确性，管理水平明显提升，管理效能充分体现。

【党群工作】　一是规范党建工作标准。编印下发公司党群部门的工作制度 37 项、岗位职责 16 个、工作流程 55 条，统一工作规范。二是提升党员党性意识。指导各党支部通过“党章书法秀”“每周一红歌”，红色教育基地现场教学等形式，提升党员学习的主动性。通过送学上门、微视频互动、阶段性测试等形式，确保党员全覆盖。三是推动整体晋位升级。针对机关党支部“灯下黑”的问题，通过优化设置，配强书记、专题培训等进行全面整治。公司党委每月参加指导 1 个党支部的组织生活，每季度调阅党支部工作记录，每半年组织平推检查，重点帮扶 2 个薄弱党支部成功转化，实现整体提升。四是引深立项攻关活动。紧扣安全重点，经营难点，坚持党政同研、攻关同力、成果同享，评选 9 个优秀成果，电务厂“电液转辙机油泵气密试验台”荣获路局党支部立项攻关优秀成果。五是凝聚创新发展正能量。开展“转观念、闯市场、增效益”主题宣讲，现场答疑释惑，引导干部职工认清形势，明确任务。利用微信易信、网络报刊等媒体宣传上级精神，宣传公司发展成效，宣传敬业奉献的人和事，全面展示公司发展新形象。六是加强党风廉政建设。细化分解 10 名领导人员 106 条责任清单，实行定期督办、交叉签字背书。组织集中观看《警钟长鸣》《规矩》电教片，自编自演《晋太清风之歌》，组织 74 名中层干部廉政承诺，实施中层以上管理人员网上考廉，提升“六管”人员的廉洁自律意识。

【职工生活】　年内，职工人均工资同比增长 5.8% 。筹措资金对部分单位生产办公场所、房屋、管网专项整治，生产生活环境得到改善。继续创建职工浴池、伙食团、图书室和活动场所，初步形成“家”的氛围。全面落实职工健康行动计划，关注有毒有害工种健康，计名定期体检。按计划推进职工带薪年休，100% 完成任务。积极落实帮扶救助，全年支出助困、助医、助学专项资金 56 万元，为 114 个车间、班组“小药箱”补充了药品。组织劳模先进和一线职工 149 名进行健康休养。

2016 年确定的 6 类 18 项实事除“印务所房屋改造”因规划审批和“配件厂主马路整治”未争取到投资没有兑现外,其他全部落实。广泛开展纪念建党 95 周年歌咏比赛、“中国梦·太铁情·晋太美”等群众性文体活动,业余文化生活更加丰富。

【大事记】 1.1 月 7 日,太原市京丰铁路电务器材制造有限公司技术中心通过山西省省级企业技术中心认定。

2.1 月 13 日,晋太公司榆次工务器材厂新装备的“16m 数控龙门铣床生产线”安装调试完毕,正式投产运行。

3.2 月 1 日,太原机车车辆配件厂生产的高摩合成闸瓦在青藏铁路公司成功中标 50000 块。

4.3 月 15 日,太原电务器材厂继云桂高铁广西段中标后再次夺标云南段所有的转辙设备项目。

5.7 月 19 日,晋太临通分公司开业。晋太公司开发的“互联网 + 体验店 + 实验店”新市场,拓展的“互联网 + B2C”的销售业务,成功实现线上线下一体式购物的无缝对接。

6.7 月 27 日,山西晋太光迅网络科技有限公司成立。

7.11 月 11 日,山西晋太朗炫照明有限公司注册成立。

(薛宏伟)

山西大秦物流有限公司

【领导成员】

董 事 长　曹志刚(2016 年 8 月 1 日任)
总 经 理　张永茂
副总经理　侯建平
　　　　　许　喆
　　　　　宋泉成
总经济师　张小平(2016 年 9 月 30 日任)
党委书记　安瑞敏
党委副书记、纪委书记　郭煜凌
工会主席　李凤桃(2013 年 5 月 16 日任)

【概述】 山西大秦物流有限公司成立于 2010 年 1 月 6 日,主要从事以煤炭经营为主的商贸物流服务,同时开展金融质押、物流方案设计等服务。机构设:经营管理部、市场开发中心、计划财务部、人力资源部、安全设备部、综合部和党群工作部 7 个部门。下辖岢岚安塘分公司、唐山路宝装卸公司、北铁工贸有限公司、恒通物流公司、畅通服装厂、临汾服装厂和太原并铁煤焦物资联合经销公司等子(分)公司及网点。2016 年末,公司有职工 146 人。

【经营管理】 煤炭商贸业务。一是推进实体转型。以“转观念、闯市场、增效益”为契机,加大公司各经营网点市场营销力度,重点针对恒通公司、经营一部等实体网点,做好经营工作,积极吸引客户努力开展煤炭商贸业务。全年累计实现商贸煤炭业务量 57.5 万 t。二是构建战略合作。与神华集团所属新准铁路公司、包神公司建立战略伙伴关系,签订合作协议,共同开展蒙煤商贸业务,截至 2016 年底发运 18 列,15.1 万 t。三是注重市场营销。先后多次赴内蒙、山西、河北阜平、天津、秦皇岛等地区进行调研摸底,主动营销上下游煤炭企业,主动为企业降低成本,提高效益,扩大规模的经营模式,新增合作客户 50 余家。

物流总包服务,多元经营创效。一是全程物流服务项目全面升级。圆满结束曹西煤二期全程物流服务,全年累计卸车 1200 万 t;成功与世忻公司签署合作协议,开展兴保地方铁路全程物流服务,为 2017 年开局奠定坚实基础。二是路内生活煤炭配送保质保量。对偏远地区网点需求提前安排煤炭供应,为各站段安全生产奠定基础。全年累计供应生活煤 25.9 万 t。三是开展多元创效。科学合理组织剥岩土接卸,高效有序推进场内存土外运,有效提升接卸能力,全年累计卸车 1984.4 万 t;立足路内市场,做好废旧钢铁、电池买卖业务,加大与路局相关站段沟通协调力度,努力提升业务规模,合计销售额

67.5 万元。

2016 年,完成经营收入 16.4 亿元,利润 2604 万元。

现代物流转型进展。一是加盟社会物流企业融入市场。利用武装部马道坡战备仓库,加盟百事快远,成为太原市杏花岭区域代理,在人员、设备、薪酬等方面大胆尝试,开展社会物流揽货、配送业务,起到了融入市场、熟悉流程、锻炼队伍的目的。二是与社会物流企业深化合作,合资成立山西大秦伟捷物流有限公司,成为商桥物流山西省总代理,入驻中鼎物流园,在全省范围内进行网络布局。

重点项目推进。一是积极推进重点项目建设。吴城项目:向路局上报引入大秦公司资金、解决项目困境措施建议,按照路局对项目投资方案及回购方案的批示,积极与有关部门积极沟通研究下一步推进具体发难。滦县菱角山全程物流项目:主动上门与客户洽谈,拟定投资菱角山唐钢美锦铁路专用线,开展全程物流服务,测算年运量 220 万 t,目前已经签署框架协议。二是拓展多元经营项目。对马道坡街周围的充电桩经营情况进行充分调研,计划将彩鑫仓库改建为电动汽车充电桩,有效增加收益;对武装部仓库进行开发利用,建设 3 层办公楼一栋,吸引更多物流企业入驻,目前已经取得杏花岭区发改委预算审查意见、节能评估等前期手续。

【企业管理】 1. 扎实开展“强三基、创三优”活动。成立由公司党政正职担任组长,副职任副组长的领导小组,班子成员按照分管部室,对活动进行具体指导、帮助和把关。明确主题,以服务各网点和公司创新发展、转型升级为切入点,对 128 个岗位标准和 30 个工作制度、流程进行修改完善。

2. 深入贯彻“机关服务、基层自立”。坚持实行基层自立,帮助二级公司扭转“等靠要”和依赖总公司的思想,主动抓好营销工作。及时调整薪酬发放制度,严格执行“多挣多发,少挣少发,不挣不发”,极大地激发了各网点全员参与营销的热情,涌现出以张岳生为代表的营销标兵。加强机关服务功能,机关各部室按照职能分工,加大对各二级公司的帮助和督导力度,主动深入现场,帮助建立健全各种制度、标准和流程。加强包保和现场检查力度,特别是节日和特殊时期确保有包保干部盯控现场作业。机关全年共深入二级公司、网点检查 77 天,1014 人次,发现并解决 616 个问题。

3. 合同管理不断深化。一是结合公司实际,不断完善基础制度,提升法律事务管理水平。二是组织各部室、各网点负责人和合同管理人员进行合同管理培训,聘请路局企法处专业人员授课,对新修订的路局合同管理办法进行讲解。三是全面运行合同管理电子信息系统,提高合同管理效率。四是严格按照路局合同管理办法,抓好合同联签审查、合同签订和履行监管工作。五是在合同履行过程中,合同承办人牵头,各联签部门监控,随时在合同管理电子信息系统中录入监管意见,从而保证合同正常履行,规避违约,进一步管控经营风险。

【安全管理】 一是贯彻落实铁总、路局安全工作精神和部署,召开专题安委会,对全年工作任务按照责任部室、责任领导、完成期限等项点,进行任务分辟,倒排进度,紧盯落实。二是结合公司实际情况,重新修订下发公司《安全监督检查管理办法》《安全风险控制“红线”实施细则》等 9 项安全管理制度、办法;规范公司应急处置流程等工作。三是深入开展克服安全意识疲劳,查摆整治活动。查摆出 1522 个突出表现和问题,认真分析原因,制定加强安全基础管理“强身”的办法和措施。四是扎实开展排查整治安全风险隐患,进一步对本公司安全风险管控项点、防范控制措施进行再完善。2016 年公司实现安全生产 2565 天,顺利实现第 7 个安全年。

【职工生活】 一是将公司“八小”工程纳入职代会为职工办实事项目,投资 10 万元全面建成了恒通公司“标准化”办公区、“星级”生活区，伙食团、职工小单身、小浴室、小活动室、小菜园。为改善沿线职工的生活条件，投资5万元为公司6个网点小单身宿舍定做棉被、床单，并实行了公寓化管理。二是深入开展“双进双千”送温暖活动，为节日期间坚守在工作岗位的职工送去熟肉、鸡蛋、蔬菜等节日慰问品；暑运期间开展了“主人翁、保安全、送凉爽”活动，为一线加班干部职工送去藿香正气水、绿豆、冰糖、消暑饮品等。中秋、国庆等节日期间为在岗职工送去熟肉、鸡蛋、大米、蛋糕、面包等节日食品。

【大事记】 1.10月10日，公司召开营销标兵表彰大会，授予张岳生同志“营销标兵”称号，给予一次性奖励3万元。

2.11月26日，公司召开战略发布会，正式与社会物流企业深化合作，合资成立山西大秦伟捷物流有限公司，成为商桥物流山西省总代理。

（郑志鹏）

山西三晋铁建工程集团有限公司

【领导成员】

董事长	毛鹏飞
总经理	李　铁
副总经理	郭美龙
	王文力
	程中民
	郭志军
	岳国星
总会计师	孙金生
党委书记	侯宝亮
党委副书记、纪委书记	乔效军
工会主席	刘学东

【概述】 山西三晋地方铁路开发集团有限公司是太原铁路局直属非运输企业，下设分子公司8个。机构设：工程部、安全设备部、市场开发部、经营管理部、人力资源部、计划财务部、审计监察部、综合部。党群设：党群工作部。年末，公司有干部职工261人，其中工人85人。

该公司营业范围涵盖工程施工、工程代建、路材路料生产，地方铁路及专用线货物运输，机车租赁、铁路专用设备租赁，客货运延伸服务、货物储运，非路产铁路专用线代运营、代维修，铁路技术咨询服务；其他经营项目有餐饮、宾馆、房屋租赁、通讯器材配件生产、汽车修理等。业务遍及路内路外，工程建设市场由山西延伸至北京、天津、河北、内蒙及陕西等省市。

公司具有铁路工程施工总承包一级、二级、三级资质；房屋建筑工程施工总承包二级资质，铁路铺轨架梁工程、土石方工程、建筑装修装饰工程、机电设备安装工程专业承包二级资质；铁路电务工程、铁路电气化工程、混凝土预制构件专业承包三级资质。通过了ISO9000质量管理体系认证审核和山西省住房和城乡建设厅安全生产许可证延期审查。

【安全管理】 一是强化安全教育培训。结合公司的业务性质和特点，针对性地编写近20万字的《安全知识问答》学习资料和9.5万余字的《事故案例汇编》，奠定施工安全的智力支持。组织公司本部及分子公司、中心施工负责人、项目（副）经理、安全员、防护员、驻站联络员等81名人员进行脱产专项培训。重点针对《细则》变化部分，逐项逐条进行解读，培训中采用抽考抽问、组织考试等形式检验培训效果，督促学习，确保培训质量。

二是加强规章制度建设。公司把整章建制作为加强基础管理的抓手，建立和修订管理制度和办法94项，形成安全管理、工程管理等五大方面的文件汇编，突出强化安全管理的量化考核，形成一整套量化、考核、奖惩为一体的、较为完整的规章制度和有效的运作机制，为实现闭环管理提供制度保障。

三是严格施工现场管理。紧密围绕文水海威钢铁货场改造、五寨场站油库转运站铁路专用线改建、太原卧虎山快速路改造、晋中市快速路与石太、南同蒲立交桥工程等重点工程以及邻近营业线施工重点项目的组织和管理,从施工方案制定、安全措施落实、施工现场交底、施工防护配置、机械设备运用、人身安全防护、施工过程管理、应急处置措施等施工关键环节入手,全面筛查施工过程中的安全风险和安全关键,重点分析研判可能出现的新风险,修订《安全风险管控表》,完善管控环节和管控措施,确保施工现场安全有序可控。

四是扎实开展专项整治。严格落实《太原铁路局关于加强安全关键时期三项重点工作的通知》(太铁安监函〔2016〕554号)文件要求,切实做好隐患排查整治、安全重点监督检查、围剿弄虚作假行为三项工作,确保各项重点工作任务的顺利完成。特别针对新增业务、设备、人员、作业等情况,针对分析研判出的风险,从规范管理入手,完善"强身"的相关管理制度和办法,明确安全岗位职责、工作标准、重点工作流程,纳入对相应管理人员、技术人员的月度安全考核。对重新研判排查出的安全风险和隐患,全部纳入安全风险问题库,突出问题纳入分管领导干部挂牌督办,安全生产做到"防患于未然"。

【经营管理】 公司坚持以经济效益为中心,推进改革创新,建立健全公司内部管理体系和运行机制,更好地适应走向市场和应对市场风险的需要。2016年,公司完成营业收入10.53亿元,实现利润6,824万元,超额完成经营任务指标。

一是坚持规范运作。进一步完善公司施工资质的管理与使用,严格审批程序,对工程运作过程中的资质管理进行规定和划分,明确各主体和下属的责任,清晰资质使用流程及注意事项,对资质使用形成一个科学严谨的闭环管理。

二是强化合同管理。严格执行关于合同管理的各项规定,重抓合同的谈判、起草、签订、履约、执行等工作,及时有效地防范合同履约风险。

三是从严预算管理。严格实施财务集中管理,建立项目全成本控制体系,严把购料、用料、资金使用三个环节,盯控执行过程,确保实现经营考核目标。

四是大力节支降耗。严格执行预算管理,充分挖掘成本控制潜能,从严控制出差人数、出差次数、报销标准;实行办公用品领用申请制度,控制办公耗材使用,减少文件、材料用纸;通过采取以上措施,实现非生产性费用的大幅度压缩。

五是加快债权清理。树立"清欠就是创效"思想,进一步加大对债权的清理力度,加强债权清理考核,及时回笼资金,减少应收款长期挂账不清理的问题,有效防范经营风险。

六是拓展主营业务。按照路局提出的地方涉铁工程实施统一归口管理的要求,公司新增涉铁工程建设管理业务,采取工程项目管理、工程总承包、施工总承包、施工配合管理四种管理模式,与建设单位进行充分沟通协商,依法合规签订工程项目管理合同。公司架构规模和主营业务得到进一步拓展,将会更好地推动公司经营发展。

七是树立品牌形象。在全局开展的资产经营开发"十大品牌"选评活动中,大同路兴公司作为品牌企业当选路局资产经营开发"十大品牌",公司转型代建业务作为路局品牌业务当选路局资产经营开发"十大品牌"入围奖,进一步打造公司品牌,树立企业形象。

【转型发展】 2016年初,路局下发《太原铁路局关于调整路局地方涉铁工程有关机构编制及职责的通知》(太铁劳卫〔2016〕74号)和《太原铁路局地方涉铁工程建设管理办法》(太铁师〔2016〕157号)文件,山西三晋铁建工程集团有限公司更名为山西三晋地方铁路开发集团有限公司,由过去单一从事施工业转型为从事涉铁工程建设管理。

一是深入学习,形成推动公司转型发展共识。公司组织干部职工认真学习路局相关文件,广泛收集、学习上海局、北京局、武汉局、郑州局等周边兄弟铁路局地方涉铁工程管理制度，了解掌握地方涉铁工程管理模式及运作情况，积极转变观念，调整经营发展思路，达成拓展地方涉铁工程建设管理市场的转型发展共识。同时，领导带头，公司上下开展学业务、学知识活动。4月份，聘请路内、外工程项目管理方面的资深专家对公司管理人员进行专题培训。通过组织学习、培训使公司管理人员掌握了工程项目管理知识，为地方涉铁工程管理工作奠定基础。

二是夯实基础，建立完善内部各项管理制度。针对涉铁工程建设管理要求，进一步理顺公司内部运作机制，先后制订出台了《涉铁工程管理工作流程》《涉铁工程招投标管理实施细则》《涉铁工程内部发包管理办法》《涉铁工程信息管理制度》《涉铁工程内部发包评标专家库及评标专家管理办法》《涉铁工程安全管理办法》《涉铁工程项目管理办法》等8项制度、办法，建立一套较为完整的规章制度和有效的运作机制。同时，根据公司新增涉铁建设管理业务需要，修订机关各部门、分子公司（中心）工作职能、职责和工作流程，确保公司涉铁建设管理依法合规，运作有序。通过规范、科学的制度建设，为履行地方涉铁建设管理职责奠定基础。

三是主动出击，积极承揽涉铁建设管理项目。公司在转型发展过程中，积极与路局总工室、路外办、施工办等相关处室进行沟通，按要求参加总工室、路外办组织的各阶段设计和施工方案审查会，主动与业主、施工单位接洽，提早介入，积极跟进，并结合项目实际情况制定具体的涉铁工程建设管理方案。2016年以来，集团公司主要领导带领相关人员，深入唐港、大同、临汾地区走访相关建设单位，对涉铁工程建设管理项目进行沟通协调，加强合作，互利双赢。先后与唐山曹妃甸德厚铁路物流专用线、曹妃甸港集团股份公司集装箱物流场站铁路专用线曹妃甸港港铁物流有限公司铁路港池岛站铁路专用线、洪洞县旅游公路下穿铁路桥等工程建设单位达成合作意向。公司通过有效的市场开发工作，先后承揽晋中市快速路与石太、南同蒲立交桥工程，阳原县乡道灰牛线上跨大秦铁路立交桥工程，唐山曹妃甸德厚铁路物流专用线工程，山西天然气有限公司榆次—清徐输气管线穿越石太、南同蒲、太焦、大西高铁防护涵工程，共计合同总金额2.35亿元。

5月22日，重点工程文水站改封锁施工场景（杜俊伟　供）

【职工生活】　继续加大“春有慰问、夏有凉爽、秋有助学、冬有温暖”的帮扶救助力度，丰富职工精神生活，凝聚人心、激发斗志。2016年，先后为职工安排健康体检、休养，送去节日慰问和伙食团补助，年初在职代会上确定的改善职工生产生活条件的9件实事全部高标兑现。

【大事记】　1.1月29日，路局下发《太原铁路局关于调整路局地方涉铁工程有关机构编制及职责的通知》（太铁劳卫〔2016〕74号），山西三晋铁建工程集团有限公司拟更名为山西三晋地方铁路开发有限公司。7月26日，山西省工商局核准公司名称为山西三晋地方铁路开发集团有限公司，并注册登记核发营业执照。

2.12月19日，在全局资产经营开发“十大品牌”命名表彰会上，大同铁路路兴工程有限责任公司被授予全局资产经营开发“十大品牌”的荣誉称号。

（杜俊伟）

太原铁路新创实业集团有限公司

【领导成员】

董 事 长	郝兔魁
总 经 理	刘　峰
副总经理	王晋泉
	何　军
	孙林林
	裴丽群
	梁晓宇
党委书记	赵慧青
党委副书记、纪委书记	姚文杰
工会主席	魏　伟

【概述】 太原铁路新创实业集团有限公司有二级公司15个,其中:二级子公司8个、分公司7个,主要分为"保洁服务业、高铁商贸业、宾馆酒店业、旅游客票业、生态农业"五大业态。2016年末,有职工335人,其中:干部185人,工人150人;男职工180人,女职工155人。共产党员180人,农工党员1人,共青团员26人,离退休职工96人。高级技术职称7人:高级工程师2人,高级经济师1人,高级会计师2人,高级政工师2人;中级技术职称31人:工程师6人,经济师2人,会计师5人,政工师6人,幼儿高级教师12人;初级技术职称49人:会计员1人,技术员5人,经济员1人,助理工程师8人,助理会计师11人,助理经济师14人,助理政工师3人,幼儿一级教师4人,幼儿二级教师1人,医师1人。

机构设:经营管理部、安全设备部、站车业务部、旅游客票管理部、市场开发部、综合部、计划财务部、审计监察部、人力资源部、党群部;下设13个二级公司

【安全生产】 瞄准"十大安全风险源",强力推进"大安全"管理,收获固本强基的实效。一是安全管理实现由粗放向规范的转变。坚持安全为先谋发展,着力岗位风险点研判、规范作业标准、完善作业流程、强化应急培训。三次修订安全管理职责、工作标准,并汇编成册;修订安全管理制度30余项,重点工作流程47个,两次修订应急处置预案15个,制定安全管理"红线"38条,帮助二级公司制定卡控措施379条,完成79个岗位的作业指导书,指导演练培训12次。二是现场作业实现由盲从向精准的转变。实施责任逐级承接、坚持干部月度履职写实、坚持将人身安全放在首位。通过盯作业、盯流程、盯违章、盯考核,找准安全风险卡控的落脚点。推行外包业务评价机制,激发外包单位安全管理的主动性。三是问题整治实现由治病向强身的转变。以问题为导向,紧盯各业态安全关键,强化专项整治,落实跟班作业、检查督导、挂牌督办、安全预警、安全评估。全年领导挂牌督办解决问题11项,组织开展安全专项整治15项,整改问题2159个。实现"十杜绝、一确保"的安全年度目标,夺取第十一个安全年。

【经营管理】 围绕"依法治企"这个核心,落实"三大风险"防控,超额完成年度经营指标。紧紧抓住"做大做强既有业务,做好做实新开项目"两条主线,强力推进既有五大业态规模化、产业化、效益化和新开项目当年开发当年见效。通过经营指标分劈、对话、层层传递压力;坚持经营活动分析,堵漏增收;坚持月度考核、季度兑现,保证质量进度;深入开展"转、闯、增"活动,调动全员创效积极性;狠抓经营全过程的法律、经营、廉政风险的管控,落实商贸清单、全面核算、大额联签、合同约束,实现"经营零纠纷"。2016年新创集团实现收入2.6亿元,完成计划指标的123%,利润350万元,完成计划指标170%。

【综合管理】 落实逐级负责制,理顺五大管理机制,激发企业发展的新动能。在坚持党委政治核心和董事会决策中心的基础上,建立以总经理行政负责制、五大管理主管领导分工负责,职能部门专业负责,二级公司主体承责的日常行政管理体系;逐步形成

"五大管理"的新格局。一是班子成员严格《约法三章》,突出挂帅出征的表率作用,主管业务分管业态,经过三次分工调整,逐步落实"五大管理",补强分工负责的短板。二是机关职能部门树立"机关服务"的理念,突出规范、指导、监督、协调的职能作用,坚持以工作需要设岗位的原则,增设旅游客票管理部、审计监察部,健全行政监察;明确各职能部门的责、权、利,界定"五大业态"的主管部门和"五大管理"的牵头部门,逐步补齐岗位负责的短板。三是各二级公司树立"基层自立"的理念,突出承接主体责任的作用,按照编制配齐配送分公司、临汾铁旅、高铁商务公司、天龙分公司、高铁服务中心等九个二级公司班子,逐步补齐逐级负责的短板。经过一年的努力,集团公司上下规矩意识有了实质性的提升,管理基础得到明显的加强,全年共建立健全安全、经营等七大类178项制度办法,明确95项权利清单和138项商贸清单,规范党政联席会和二级公司重要事项集体决策等六项会议制度。"说话讲道理、办事有规矩"的氛围已经形成。

吸纳当地农民参与云竹生态农业园农业种植 (赵丽萍 供)

【科技教育】 把"人才强企"做为长远战略,坚持培养与引进相结合,挖掘与交流相促进,逐步奠定企业发展的人才基础。注重岗位成才,坚持以会代培进行中层以上管理人员的综合素质培养,因地制宜对10名新入职大学生进行一对一理论实践培训;坚持以师带徒对53名新入岗人员进行转岗培训,有针对性地开展各类专业培训20多场;坚持难点攻关,成立以班子成员为组长的攻关小组,彻底解决19项制约发展的难题。培养历练出一批专业技术管理型人才,一批大学生快速成才的典型,一批实践成才型的导师。注重引进人才,广开人才接纳渠道,在路局的大力支持下,从全局范围引进各类人才53名。其中一批专业型人才已走上关键岗位,一批技术型人才已成为重点工程的中流砥柱。注重发掘人才,为想干事、能干事、干成事的人才提供建功立业的机会,严格用人规矩,先后发掘使用酒店管理型、财务专业等能为新创好做贡献的人才。注重人才交流,为专业人才创造更大更好的创业平台,先后交流使用一批专业管理人员。

【党群工作】 以"政通人和"为目标,一手抓遗留问题的处理,一手抓政治生态的建设,风清气正的发展环境逐步形成。突出"两学一做"教育的扎实开展,在全体党员中强化理想信念、宗旨意识、党性观念教育,争做合格党员蔚然成风。突出"两级班子"建设,把规矩、纪律挺在前面,健全完善"三重一大""权力清单"等34项行政规矩,17次党政联席会议定182项"三重一大"事项;利用月度例会、职工大会等形式全面公开企务。全年共推进落实1128项重点工作,解决97个历史遗留问题。对涉及企业发展、关乎职工切身利益的一切事务做到事前有调研论证,事中有监督把关,事后有审计备案,决策的科学性、民主性、操作性逐步增强。突出"一把手"履职,把"公正、公开、务实、廉洁"作为检验标准,把"红线意识""底线思维"作为"一把手"用权的戒尺。明确143项廉政风险点,制定247条卡控措施,落实行政正职离任审计、交接签字;规范"职工大会"制度及述职述廉制度,15个二级公司全部召开职工大会,两级班子成员和各部部长均向职工述职,接受测评监督。

把职工的事作为企业发展的头等大事,全年不仅坚持春送慰问、夏送凉爽、秋有助学、冬送温暖，办结职代会确定的“十件实事”；而且主动将“工资奖金分配”“学历认证”“健康体检”“住房分配”等职工关注的热点问题，作为组织关怀的重点和机关服务的焦点，坚持公开、公平、公正，主动邀请支部纪检委员、职工代表监督，实现大家的事大家办，好事办实、实事办好。

【任务完成】 举全公司之力，选调精兵良将，高质量地完成路局15项年度重点工作。太铁广场经过八个月的艰辛筹备，不仅于8月31日正式开业，而且经营收入月月攀升，得到社会各界的广泛赞誉。云竹有机蔬菜经过一年的土壤改良、资源检测、品种培养、成品鉴定，不仅生产出国家认证的三种有机蔬菜，而且成功注册“云竹鲜”品牌。云雁办公区的改造和糯玉米SC认证经过一年的努力，不仅全面完成改造工程、认证取证，而且形成150万穗糯玉米、10万斤小米的产能。旅游专列的开行，以开行总数65列位居全路第三。太原南站商业开发获得年均500万元的收益。空铁联运经过周密筹备于10月8日全面开通。电商平台建设7月1日顺利实现“云冈号”土特产电商的开通，12月20日又组织酒店、旅游、农副产品加载路局电商平台。中鼎新创便利店于9月25日全面运营。太南综合楼元月1日全功能开通运营。太南2号地、阿里山合作项目、客票代售点的转型等6项重点工作也按照进度计划如期落实。

【大事记】 1.8月31日，太铁广场开业。

2.10月1号，中鼎物流园新创便利店开业。

3.12月8号，空铁联运业务开通。

（赵丽萍）

京太联合物流有限公司

【领导成员】

总 经 理	李 鹏
常务副总经理	王建民
副总经理	巩立虎
	张世宏
	何新林
	胡超林
总会计师	孙铁善

【概述】 京太联合物流有限公司由北京京铁投资管理中心和太原铁路辅业国有资产管理中心共同出资组建，成立于2010年12月10日，公司注册号：110102013510618，注册资本5000万元，性质为其他有限责任公司。公司经营范围：仓储服务（需要审批除外）；陆路、海运、航空国际货运代理服务（需要审批除外）；货物包装；货物装卸搬运；经济信息咨询；技术服务；航空、铁路票务代理；销售矿产品、焦炭、钢材、建筑材料、木材、化工产品（不含危险化学品及一类易制毒化学品）、化肥、百货、五金交电、工艺品、机械设备、金属材料、纺织品、计算机软硬件及辅助设备（计算机信息系统安全专用产品除外）、汽车配件、煤炭（不在北京地区开展实物煤的交易、储运活动）；设备租赁；合同能源管理。

机构设：财务部、综合部、业务一部、业务二部四个管理部门。无子公司，设一分公司（京太联合物流有限公司唐山分公司）。2016年末，在册职工39人，其中北京局15人，太原局24人。

【经营任务】 完成营业收入21.99亿元，完成全年预算21.3亿元的103%，其中商贸收入21.98亿元，信息服务收入122.3万元，灯具销售收入476万元；发运煤炭613.78万t；实现利润总额298万元。

【业务开展】 主营绥中电煤发运业务单吨利润由去年的10元降为4元，面临较大经营困难。公司努力为对方提供优质服务，盯控好车辆，减少自备车使用，合理分配每月运量，取得营业收入11.98亿元，毛利1182万元，发运煤炭354万t的经营业绩。

同时，公司立足长远，积极开发新项目，

开拓新市场,为公司可持续发展夯实基础。公司先后参与建设京广线高邑站铁路专用线项目及开发利用原石家庄下行编组场闲置土地和部分站段、车间、工区旧址建设石家庄塔坛铁路仓储物流园项目,力争在明年完成施工,早日投入运营。

此外,沙岭子电厂电煤业务、华远焦专车业务、山西天狼星LED照明灯具销售业务均取得较好的经营业绩。

【资产管理】 严格按照财务制度规定实行财务章、人名章、支票分人管理、共同控制，严控货币资金流出；每月及时进行银行对账，防止产生长期未达账项；严格控制应收账款的产生，按照谁的业务谁负责的原则，责任落实到人。公司在与客户签订合同时，首选预收账款形式，对信誉好的国有大客户灵活掌握付款方式，个别采取压月付款方式。财务部每月与业务部核对当月销售情况和欠款情况，并积极与对方单位联系催收欠款，把应收账款控制在最小范围内，防止呆坏账产生；加强集体决策和大额资金联签。根据京太公司对等股权、共同控制的合资公司实际和董事会关于公司运转的基本原则，对订立合同和大额货币资金支出实施联签联控制度。

【职工队伍建设】 制定详尽的培训计划，利用月度例会时间，由综合部、财务部、业务部制作PPT培训课件，形象生动地进行铁道概论、调度指挥、站场设计及财务、社保、货改、合同知识讲解，增强全员依法合规经营意识，规避经营风险；结合理论培训，组织员工到业务开展重点地区如高邑、绥中、石家庄、郑州、太原、成都等地实地观摩物流产业发展和基地建设，增加员工对公司业务的感性认识；针对公司资源、资金、资源不足，着力培养业务骨干，使他们尽快进入角色，为完成公司经营任务多做贡献。公司工会也结合各时期工作特点和形势，开展“安全在我心中知识问卷”、“健康知识问卷”等竞赛活动，进一步提升员工的业务水平。

(曹龙珠)

大同地方铁路公司

【领导成员】

总 经 理　赵培基
党委书记　宋艳萍(山西地铁集团委派)
副总经理　周荣志
　　　　　陈九彪
总会计师　郭志敏
工会主席　田威荣

【概述】 大同地方铁路公司成立于1989年7月1日,为太原铁路局和山西地铁集团公司共同管理的国有企业。2016年末,有员工65人。机构设9个职能部室,5个附属机构,4个控股(含全资)公司,1个参股公司。公司管理专用铁路93条、总里程482km,拥有电力、内燃等各型机车87台(其中内燃机车17台、HXD3C型电力机车30台,HXD2C型电力机车40台),C70E型铁路货车车辆500辆。经过20多年的发展,目前公司的经营业务已拓展到专用铁路行业管理、地方铁路联合运营、专用铁路线路代管代维修、机车租赁、机车配件营销以及涉煤业务共计6个板块,多元发展经营格局业已形成。

公司秉承“诚信为本、优质服务、规范发展、争创一流”的企业宗旨,开拓经营思路,走出了一条创新发展、转型升级之路。公司以显著的经济效益和社会效益,连续多年获得国家、省、市“守合同重信用”企业,2015年5月获得山西省“五一劳动奖状”。2016年末,公司总资产9.59亿元,净资产3.06亿元。

【创收创效】 面对宏观经济形势增速放缓这一新常态和新挑战,尤其是国家供给侧结构性改革给公司支柱产业造成巨大冲击的不利形势下,公司及时规划调整经营发展的思路和方向,2016年主要经济指标顺利兑现。全年完成煤炭发运量8010万t,经营收入实现52645万元,其中运输收入实现26874万元,机车车辆租赁收入实现 20802 万元,煤炭销售收入实现 3779 万元,同方公司完成收入 933 万元,路同公司完成收入 256 万元;全年实现利润 3065 万元。

2016 年 11 月,公司建成党风廉政建设警示教育厅,对党员干部常态化开展廉政教育(齐飞　供)

【市场开发】　围绕"稳固既有业务,优化产业结构,规范经营管理,创新发展模式"的战略规划,在业务拓展、项目开发上取得了新成果。1 月,结合铁路供给侧改革、推动现代物流建设、降低货运收费等新政,公司研讨形成了初步的专用铁路收费定价机制、量价互保策略;3 月,公司与中行大同分行共同组织召开银企座谈会并签订了开展票据池业务协议;5 月,同方公司开始对小河头煤站两侧站台进行统一管理;8 月份,同方公司与从事煤炭行业的山煤集团和国新能源公司达成战略合作意向,同时积极谋划开展 35t 敞顶箱发运煤炭的新型业务;9 月份,公司确定专用铁路、机车"双百"发展战略,并组织多部门联合前往唐山曹妃甸地区调研首钢工业站和司家营两线的代管代维修业务。10 月份,同方公司与张家口蒙垣煤炭运销公司、五寨奥维乾元煤炭运销公司分别就小河头煤站东西两侧站台签订租赁协议。12 月份,公司联合省地铁集团前往太原中鼎物流园参观调研现代物流业务。

【经营管理】　一是积极贯彻落实 3 月 24 日全局资产经营开发工作会议部署要求,明确 28 项资产经营开发重点工作;二是完成了公司法人变更、(营业执照、组织机构代码和税务登记证)"三证合一"及财务相关印鉴的变更工作,保证公司经营、财务工作有序进行。三是同方公司将站台管理、治安巡防和后勤等多项业务进行外包,通过优化站场作业环节,降低客户运营成本,提升经营活力。四是所有经营合同必须执行集体联签,重大经营合同必须经法律顾问审核把关,全年签订各类合同 86 份,未发生任何纠纷和违约。合同履约率 100%。五是树立培养"节支就是创效"的意识,严格卡控财务预算管理,按照科目负责制科学合理下达全年成本支出预算指标,实施节奖超罚。六是加大债权债务清欠力度,全年累计催收回笼应收账款 15 笔,共计 1.13 亿元,有效缓解了公司的资金压力。

【安全管理】　扎实推进安全"三化"建设,完善安全管理制度,规范安全管理机制,健全风险过程管控体系,狠抓人员素质达标和干部履职落责,强化隐患排查整治,以标准化建设提升安全管理。2016 年,公司出台安全管理制度 4 部,动态修订完善安全工作标准 79 个,重点工作流程 26 个,梳理现行安全管理制度 37 部,对公司九大安全关键管控项点进行梳理分解、细化完善,增加安全关键风险项点至 30 个,细化责任管控措施至 190 条,并全部责任到人,使公司安全项点覆盖更全面,对标更清晰、追责更明确。以安全教育培训提升人员素质能力,全年举办各类培训 9 期、应急演练 4 次,总计 348 人次参加,不断增强职工的安全认知和应急处置能力。以专用铁路联管办和机车联管办两个平台延伸专业管理力量,建立与站段、处室、厂家、产权单位密切的协作服务机制,实现全部运输设备运管修工作的资源共享和信息互通,共管共保运输设备维修质量和运营安全。同方公司、主要设备部门通力协作,通过加强与部队、路局有关处室以及设计、施工、监理等单位的协商沟通,以高质、高效的施工建设标准如期竣工五寨油库线改建工程。全年各级干部累计下现场411天、发现解决各类问题596件，圆满完成春检秋鉴、防洪防寒、安全大检查等季节性和阶段性安全工作，保证了运输安全持续稳定。连续安全生产成绩于2016年11月15日突破一万天大关，并于年底顺利实现第27个安全年。

2016年6月，五寨油库线改建工程顺利通过竣工验收(齐飞　供)

【职工生活】 一是落实“三不让”承诺，全年为7名困难职工申请、发放困难补助8500元，为1名职工子女提供金秋助学补助2000元。二是建设蔬菜基地、翻新改造文体活动室、洗衣房等“八小工程”，通过细致周到的后勤保障服务，解决职工工作中的后顾之忧。三是安排职工进行健康体检，及时发放各类劳保用品，关注职工身体健康。

(齐　飞)

太原铁路地产置业有限公司

【领导成员】

董事长	邢占勇
总经理	贺小平
副总经理	耿海峰
	赵利民
	王更林
党总支书记	邢建国

【概述】 太原铁路地产置业有限公司(以下简称地产置业公司)为路局直属非运输企业，经营范围涵盖保障性住房开发建设、商品房开发、铁路土地综合经营开发；基础设施的配套建设、建筑安装工程、房屋租赁、房屋维修及供暖服务、物业管理等领域，纳入房建系统业务管理，受路局土地房产管理处管理和指导。经营工作受经营开发处指导，财务决算纳入非运输业务决算体系。2016年末，公司在册职工133人，其中干部78人，工人55人；男职工111人，女职工22人。机构设：综合部、财务部、安全质量部、市场开发部、工程管理部

【经营管理】 2016年，地产置业公司坚定不移地贯彻路局经营工作方针，主动适应市场经济的新要求，统筹资源配置，不断创新管理模式，强化预算管理，严抓制度落实，资金管理全面步入规范化轨道，严格预算管控，保障资金供给，夯实基础工作，依法规范核算，落实增收节支措施，完成了2016年公司经营业务收入3340.61万元，实现利润350.01万元，超额完成了上级下达的利润指标，确保完成全年经营管理工作。

公司经营主要有三个方面，分别为商铺出租、原平站北项目开发、迎春街土地开发项目改造。其中：商铺出租：公司自营出租商铺4505m^2；合作经营商铺41824m^2。原平站北项目：建筑面积9374m^2，共79户(含住宅73户、公租房6户)，建设成本2192.24万元。迎春街土地开发项目改造：经营面积为540m^2，投资159万元，已于2016年由迎春街海鲜次加工市场承租并营业。

【安全管理】 明确安全管理总体要求和安全管理目标。制定《关于完善运行机制深化安全风险管理坚决实现安全年的决定》，明确了2016公司安全管理以深入推进安全风险管理向机制化、规范化方向发展，全面提升安全管理水平，确保安全生产持续稳定。

开展安全专项检查活动，大力加强安全隐患排查、紧盯问题整改。结合各保障性住房建设项目和各经营网点的安全管理实际，

深入开展"人身安全安全检查"、"夏季消防安全检查"、"暑期劳动安全"、"防洪安全"等20项专项安全检查活动。组成专项检查组以人身安全、特种设备安全、消防安全、用电安全、食品卫生安全、危化品安全为管控重点,采取日常巡查、重点排查、平推检查等方式,定期深入保障性住房建设项目现场和各经营网点进行安全隐患排查,特别是加强元旦、春节、"两会"、国庆、"G20 峰会"等重点时期的安全隐患排查力度;组织相关责任单位召开专题分析会,采取回头看、重点盯控、持续追踪、下发通知、通报、《安全监察指令书》专项督查督办等方法,做好安全问题闭环管理。

加强全员安全教育培训、强化各级管理人员安全管理责任意识,全面提升安全管理水平。一是开展专题学习活动,对照安全意识疲劳的八种表现,制定整治措施,深入查摆和反思自身和安全风险管理工作存在的差距和不足,全面提高安全责任意识和安全无小事的思想。二是持续开展应急预案管理学习活动,完善公司应急管理制度、推进应急预案管理工作的制度化、规范化。三是开展"119"消防宣传周活动,以"消除火灾隐患,共建平安班组"为宣传主题,以火灾危害、火灾原因、火灾预防、逃生自救知识等为重点宣传内容,以现场安全隐患排查整治为重点工作,排查整治消防安全隐患,并在原平项目部进行消防应急演练。四是开展安全专题教育工作,对各保障性住房建设项目发生的典型安全质量问题进行了梳理汇总,结合重大事故案例,对公司全员进行了安全警示教育,教育职工要高度重视安全管理工作,强化全员"安全第一""安全无小事"的思想,增强了各级管理人员的安全责任意识和防范意识。五是组织全员进行"劳动安全""防洪安全""消防安全"等专项培训考试。

完善安全管理制度、强化风险研判,加强安全基础工作建设。一是对公司的"安全管理职责、工作标准、重点工作流程"进行了动态修订,合并了安全职责、工作标准各1项,增加工作流程3项,并编制网络与信息安全事故应急预案和处置工作流程。二是制定太原南站项目施工现场安全文明施工制度、编制《保障性住房建设项目和经营网点安全风险防控清单》,对9个已竣工保障性住房建设项目和公司黑土巷出租房、停车场经营网点的安全管理风险项点做了全面的梳理,明确公司各级管理人员的安全管理职责和施工现场安全管理的要求,完善各类安全风险的防范控制措施,提升了非正常情况下的临险决策和应急处置能力。

【保障性住房建设】 2016年,地产置业公司顺利完成太铁胜利小区、绵铁佳苑、汾铁佳苑、运铁佳苑四个小区和原平站北项目竣工验收及发放钥匙工作。

1. 太铁胜利小区:规划建设两栋33层高层住宅楼,建筑高度96.7m,占地面积17131.45m^2,总建筑面积6.7万m^2。其中:1#楼建筑面积31670m^2,2#楼建筑面积28846m^2,商业建筑面积1915m^2,地下车库建筑面积2129m^2,总户数512户,2016年1月19日完成住户发放钥匙工作。

2. 绵铁佳苑:规划建设两栋26层高层住宅楼,项目占地面积17614m^2,总建筑面积37800m^2,其中:1#住宅楼建筑面积14274.63m^2,2#住宅楼建筑面积23566.22m^2,商业建筑面积1945m^2,总户数296户,2016年1月15日完成住户发放钥匙工作。

3. 汾铁佳苑:规划建设7栋高层住宅楼,项目占地面积41016.01m^2,总建筑面积186376m^2,其中住宅建筑面积155155m^2,地下车库建筑面积16183m^2,商业及配套公建建筑面积7670m^2,总户数1467户,2016年1月26日完成住户发放钥匙工作。

4. 运铁佳苑:规划建设一栋26层高层住宅楼,项目总建筑面积35731.16m^2,占地面积5307.38m^2,其中地上建筑面积32272.69m^2,住宅建筑面积29710.87m^2,配套物业商业建筑面积 2561.82m²，地下建筑面积 3458.47m²，小区绿化率 30%，总户数 250 户，2016 年 1 月 27 日完成住户发放钥匙工作。

5.原平站北项目为 2016 年续建项目，建筑面积 9400m²，公司以精细化管理为抓手，积极沟通原平市市政、自来水、供热、供电、煤气等部门，协调室外配套工程，同时加强施工现场质量、安全、进度、文明施工管理，科学推进工程建设，于 2016 年 11 月 25 日发放钥匙，顺利完成了路局交办的保障性住房建设任务。

【物业管理】 迎春街土地开发项目顺利交付使用。迎春街土地开发项目为公司资产开发经营项目，施工面积 2000 余平方米。2016 年 7 月底经路局经营开发处审批，8 月份组织工程招标及施工事宜。积极组织前期拆除、施工管理、现场协调及相关水、暖、电、道路等配套手续办理工作。克服了小区停车占道严重施工通道经常被阻断、既有配套老化负荷严重不足、居民投诉以及公安、城管部门执法检查等困难，经过 4 个月紧张的工作，于 12 月 26 日正式交付租赁单位使用，为迎春街、敦化南路区域铁路职工提供便利的市场服务，也为公司资产经营开发建设推进进程迈出了坚实的一步。

完善太原地区 2014 年竣工项目后续工作。1.完成 2014 年竣工小区太铁佳苑、北河湾、路景苑、迎晖苑、185 号 5 个小区总计 8411 户天然气开通工作；2.完成太铁佳苑地下车库立体机械停车设备安装施工。太铁佳苑小区地下车库 1699 个立体停车设备安装工程安排专人进行施工监督管理、现场协调及相关报建、特检验收手续办理；3.完成太铁佳苑、路景苑、北河湾、迎晖苑地下车库车位租售工作。组织专人与住户签订车位使用协议，协调物业、财务各部门工作，顺利完成了各小区车位租售工作；4.进一步完善物业验收移交工作。除太铁佳苑小区消防外，其余所有小区物业土建、安装及消防验收移交均全部完成；5.完成各小区消防管道保温工作。组织物业部门完成各小区地下车库出入口、地下室出入口、楼梯间、单元门厅等易受冻部位口部 20 米范围内的消防管道保温施工，确保消防管道冬期安全正常使用；6.完成 185#小区地下室分隔。对 185#小区地下一、二层空闲空间进行了合理分隔，租售给需要使用地下室储物空间的住户；7.继续安排施工单位及项目部人员做好后期维保工作。尤其是冬期供热期间加强了对住户提出问题的处理力度，为职工住户提供后勤保障。

精心组织提前介入太原南站项目配套工程。抓住市政府修建太行路南延工程时机，提前介入，积极联系太原市自来水公司、热力公司、市政、绿化等管理部门，提前完成小区热力、自来水、雨污水、天然气配管管线预埋及太行路预留小区道路开口施工，节约后期室外管线手续办理及施工费用 1000 余万元。

（王雁蓉）

工程建设指挥部及合资公司

太原地区工程建设指挥部
临汾地区工程建设指挥部
大同地区工程建设指挥部
太原枢纽建设指挥部
山西太兴铁路有限责任公司
吕临铁路有限责任公司
山西侯禹铁路有限责任公司
唐港铁路有限责任公司
准朔铁路有限责任公司
大秦铁路股份有限公司
山西中鼎铁路货运物流有限公司
晋豫鲁铁路通道股份有限公司

太原地区工程建设指挥部

【领导成员】

指 挥 长　　张少华

副指挥长　　左振飞

　　　　　　赵伟民

党支部书记　　陈逸民

【概述】 太原地区工程建设指挥部管辖范围南到榆次,北到宁武,辐射太原地区周边相关地区,主要承担管辖区域的基本建设、更新改造工程项目的建设单位职责。指挥部定员35人,2016年末在册人员28人。其中领导干部4人,部长4人、副部长1人。技术岗位高级职称3人,中级职称15人,初级职称7人。机构设:综合管理部、工程管理部、安全质量部、物资设备部、计划财务部。

【各项目工程推进情况】 1. 更新改造项目(11项)

(1)太原南站配套商务酒店及乘务员换乘中心。主体结构、二次砌筑及室内管线、支吊架全部完成,室内装修因酒店管理公司尚未确定不具备施工条件。工程实体完成总量的60%。

(2)太原南站配套商务酒店、快捷酒店及写字楼。1号楼全部完成,2号楼11月底完成室外幕墙装饰装修施工,其他剩余工程因商业开发方案未确定暂不具备施工条件。工程实体完成总量的80%。

(3)中鼎物流园配套项目晋中市环城西路土地综合开发。完成1#、2#交易大厅、电商交易、三区、四区、五区及商铺基础施工。

(4)忻州培训站实训学员楼改造。基坑开挖已完成,按照路局指示,该项目已停工,并对已完成的基坑进行了防护。

(5)智慧物流云平台建设智能化物流区系统建设完成。

(6)太铁公安局业务技术用房。完成基坑开挖及基础钢筋绑扎。

(7)太铁公安局餐厅改造。完成屋顶钢筋施工,主体工程量完成60%。

(8)五菱商品汽车山西中心库。于2016年10月8日开工建设,11月20日完成地块1南区场区硬化工程,初步具备使用条件;11月30日完成地块2场地平整。

(9)太原南地区综合生产调度中心。工程基本完成。

(10)太原南地区北配电室工程完成设备安装。

(11)中鼎海关监管场所。完成可研批复。

2. 太原南站及相关工程

太原南站视频监控系统整合扩容已竣工。

3. 代建项目

(1)新建中鼎物流中心项目。完成了多式联运港、综合楼及客服中心、中鼎、中盛、中广道路等建设任务以及园区信息化建设。

(2)大西代建。太原南动车所Ⅰ类变更设计五项工程除增设踏面诊断库因实施方案尚未确定外,已全部完成。

投入使用的中鼎物流园综合楼及客服中心(霍鹏　供)

【经营管理】 全力确保中鼎物流园建设项目如期开园。一是提早谋划,先期开展土方填筑施工。按照设计,中鼎二期工程范围内需填筑土方280余万方,与地方政府紧密联系,确保了土方供应质量及进度,为施工单位进场后大面积展开施工创造了条件。二是多方协调,加快工程招标流程办理。该指挥部多次与晋中市相关单位、部门沟通协调,中鼎物流园二期工程1~4标先后在晋中市建设市场进行公开招标,确保工程建设的依法合规和施工、监理单位尽快进场。三是靠前指挥,及时解决影响工程推进的问题。指挥部成立现场指挥组,相关人员现场办公,明确主管副指挥长每周现场巡视督导不得少于3次,指挥长每周现场巡视督导不得少于2次,及时解决现场过程影响工程推进的问题。四是加强现场组织,各施工作业面同步推进。在指挥部的要求下,各项目均见缝插针的安排施工,具备条件的工作面同步推进,同时增大管理资源和作业资源配置。

动车所施工顺利进行。一是贯彻风险管理,积极开展安全风险研判。针对阶段性作业特点和安全管理形势,对作业中可能存在的安全风险点进行研判,并制定预控措施,明确标准和管控责任人。二是突出制度作用,以落实制度促安全管理。细化和完善大型机械管理制度、安全防护管理制度、量化检查和盯控制度、施工道口管理办法等，现场严格落实。三是加强过程盯控，建立常态化检查机制。动车所Ⅰ类变更施工期间，指挥部将每日的检查、巡视任务分解到各个职能部门，并明确检查重点和检查标准，由职能部门自行安排每日重点检查，每周二由主管副指挥长组织召开周例会，及时协调工程建设过程中发现的问题，对安全管理提出具体要求，人工补洗线、接触网改造等营业线施工期间，指挥部全程盯控施工。

全面推进各项建设管理工作。2016年路局下达到指挥部的建设项目有14项，大多都工期紧、施工难度大、盯控任务繁重，人员紧缺（特别是专业人员）是指挥部建设管理面临的一个难题。一是抓好统筹，细化人员分工。结合指挥部日常工作及在建项目情况，梳理工作项点，采用从岗位、专业、项目等多个方面分工，确保人人有事管，事事有人管。二是强化规矩意识，履行建设管理程序。指挥部注重日常对全员规矩意识的培养，按程序开展工程建设的招投标、施工图审查、技术交底、验工计价等工作，并且要落实工作标准。三是强化人员履职尽责，充分发挥主观能动性。指挥部细化和完善指挥部岗位职责和工作标准，做到一人一份岗位职责，每月结合个人履职尽责情况进行考核。

积极发挥党支部战斗堡垒作用。按照“标准化”党支部建设要求，重点抓思想建设、组织建设、制度建设、作风建设和党风廉政建设。一是规定动作与自选动作相结合。创新主题党日活动及党课模式；搭建“两学一做”学习交流平台，在“学”“做”结合上体现立项攻关效果；选树先进典型，发挥示范引领作用。二是落实工作制度。开展党内品牌创建；强化党员“两违”联控；突出党员教育管理监督；完成支部换届改选。三是落实“两个责任”。强化纪律规矩意识；督办在建工程项目，卡控廉政风险，消除投诉及不良反映；践行“三优共创”，努力营造内部清廉环境。在各项建设管理中充分发挥了党支部的战斗堡垒作用和党员的先锋模范作用。

正在建设中的中鼎物流园中鼎大道及多式联运港(霍鹏　供)

【大事记】 1.10月15日,中鼎物流多式联运港竣工。

2.11月7日,中鼎物流园盛大开园。指挥部组织完成多式联运港、综合楼及客服中心、中鼎、中盛、中广道路等建设任务以及园区信息化建设,完成实体工程投资6亿余元。创造令人叹服的“中鼎速度”。

3.12 月 25 日，指挥部整体从长治路搬迁至太原南站综合楼办公。

（霍　鹏）

临汾地区工程建设指挥部

【领导成员】

指 挥 长　霍彦龙（2016 年 3 月 29 日任）
副指挥长　段　毅
　　　　　裴建平
　　　　　樊金林（2016 年 5 月 25 日任）
党支部书记　呼志刚（2016 年 3 月 29 日任）

【概述】 2005 年 5 月 15 日，根据《关于成立太原铁路局南同蒲线铁路扩能改造指挥部机构的通知》（太铁编〔2005〕11 号）文件，成立太原铁路局南同蒲线铁路扩能改造指挥部，为太原铁路局机关派出临时机构，具体负责组织南同蒲线铁路扩能改造工程的现场施工及管理等工作，行管定员 30 名，其中：指挥长 1 名、副指挥长 2 名、工程师 8 名、助理工程师 13 名、业务员（含汽车驾驶员）6 名。行政级别按副处级建制设置。

2016 年 3 月 23 日，根据《太原铁路局关于调整路局建设项目管理机构设置的通知》（太铁劳卫〔2016〕2019 号），更名为“大秦铁路股份有限公司临汾地区工程建设指挥部”，正处级单位，管辖范围以临汾为中心，辐射介休、侯马、运城等山西南部地区的相关区域，主要承担管辖区域内的基本建设、更新改造工程项目的建设单位职责，定员 35 名。机构设：综合部、计划财务部、工程管理部、安全质量部、物资设备部。

【安全生产】 一是强化规章学习和制度完善。多次组织指挥部、设计、施工、监理四方参建人员认真学贯太铁师〔2016〕62 号、太铁工〔2016〕134 号、太铁安监〔2016〕158 号文件，并聘请安监室、建设处、工务段专家进行专题讲座，提高大家遵章守规意识。同时制定《安全管理卡控措施》《关于加强邻近营业线施工计划管理措施》《作业队对劳务队管理一日施工标准化措施》《关于营业线关键施工卡控管理措施》《项目部日常安全管理实施细则》《项目部施工调度管理措施》《施工安全管理考核办法》《项目部安全督导管理措施》《作业队、班组会议制度及考核》等 9 项制度，并汇编成《南同蒲线侯马至风陵渡段电气化改造工程施工安全管理措施汇编》合订本，从根本上解决了施工组织不严、日常管理不细、作业行为不标准问题，为安全工作高效率开展奠定了基础。

二是推行“三个十”“四凡四必”。同时结合现场实际情况，制定指挥部确保人身安全“十卡控”、行车安全“十必须”、施工安全“十严禁”措施，并通过推行“凡施工、必驻站”“凡施工、必隔离”“凡确定、必执行”“凡风险、必研判”的“四凡四必”卡控措施，规范了参建人员施工行为。

三是设立“曝光台”抓警示教育。利用月度安委会平台，将当月施工中存在的施工组织混乱、驻站联络员违纪、防护作业不标准、现场盯控不严、工完料具回收不及时等影像图片资料收集整理，利用投影现场进行放映，让参建四方直观作业典型、惯性违章安全问题隐患，深刻反思，汲取教训，引以为鉴，在施工作业中举一反三，扎紧安全篱笆，筑牢安全防线，有效避免各类违章、事故重演。再一方面是强化安全风险管理，组织设计、施工、监理三方对侯南电化改造施工安全风险进行调查研判，明确站前、通信、信号、电力、供电、房建等专业风险点，制定防控措施，做到风险、隐患心中有底，为安全筑牢防线，实现“无延点、无拦停、无电缆挖断”的“三无”安全目标。

截至 2016 年 12 月 31 日 18 时，实现安全生产 2418 天。全年无事故，实现安全年，为路局安全生产作出积极贡献。

【工程建设】 1. 既有南同蒲榆次至侯马北电化等项目剩余工程完成情况：

（1）改建铁路南同蒲榆次至侯马北电气化扩能改造工程

①山西省公路局审查通过了圣佛至辛置间 K557 + 330 平改立工程涉及省桃临公里改移的设计方案。

②组织第三方中介机构进行新征土地的领证确权和环保、水土保持的国家验收工作。项目概算批复建设投资 313471.00 万元,投资计划 2010 年已全部下达,截止 2016 年 12 月,开累计价完成 309342.64 万元,剩余 4128.36 万元,剩余费用包括地方配合辅助工程、新征土地补偿费、环保工程补偿费及平改立工程等费用。

(2)改建侯月线侯马北至嘉峰牵引供电设备能力加强工程

2016 年完成固定资产移交,工程项目销号。项目概算批复建设投资 14788.40 万元,投资计划 2012 年已全部下达,截止 2015 年 12 月,开累计价完成 14788.40 万元。

(3)南同蒲线部分车站到发线延长至 1050m 改造工程

根据新征土地的批复文件,组织第三方中介进行南同蒲线部分车站到发线延长至 1050m 改造工程、南同蒲线侯马至东镇增建第二线改造工程、介西线扩能改造工程及高显至曲沃联络线工程新征土地的领证确权工作(说明:根据路局 2010 年安排,上述四项工程新征土地费用归南同蒲线部分车站到发线延长至 1050m 改造工程统一结算,其他三项工程已销号)。

(4)侯月线端氏站增加到发线和曲沃站增加到发线工程

组织进行遗留问题的处理和固定资产移交前期工作。

2. 南同蒲线侯马至风陵渡段电气化改造工程 2016 年建设任务完成情况

南同蒲铁路侯马至风陵渡段电气化改造工程是铁路总公司为贯彻落实国家能源政策要求,提高铁路运输能力,节约运营成本,满足客货运量增长需要,促进区域经济协调发展批准的既有铁路改造项目。

该项目铁路总长 173.45km,进行现状电气化改造,同步实施与电气化相关的病害整治及平改立等工程,全线供电、工务、电务、通信、房建、给排水等固定设备生产、生活设施实现集中管理。项目涉及山西省临汾市侯马市,运城市闻喜县、夏县、盐湖区、永济市、芮城县,工程范围内有侯马、东镇、闻喜、运城、永济、风陵渡等 20 个铁路车站。

主要工程数量:路外三电迁改 541 处、永久用地 48.12 亩;路基土石方 8.03 万方、线路安全防护栅栏 70.40 单侧公里;框构桥 10m/2 处,涵洞 96m/2 处;礼元、店坡、蒲州站轨道车站线铺轨 0.698 单线公里、铺设道岔 6 组;通信光电缆敷设 182km,信号电缆敷设 174km;电力电缆敷架设 344.77km、箱变设备安装 23 座;接触网立杆 4636 个、横跨基础 776 个、拉线基础 985 个、软横跨安装 398 组、接触网承载力索及导线架设 328 条公里;新建礼元、半坡村、董村、韩阳镇牵引变电所及生产、生活房屋共计 46 处 9623.39m^2。

项目初步设计概算批复 9.69 亿元,全部为静态投资,由大秦铁路股份有限公司筹措,施工总工期 2 年。2015 年 12 月开工,计划 2017 年 12 月建成投入使用。2015 年、2016 年、2017 年铁路总公司下达投资完成计划为 0.1 亿元、5.0 亿元、4.1 亿元。

建设管理单位为太原铁路局,项目管理机构为南同蒲线铁路扩能改造指挥部(现更名成为:大秦铁路股份有限公司临汾地区工程建设指挥部)。施工图审核单位为中铁第五勘察设计院集团有限公司。设计单位为中铁电气化勘测设计研究院有限公司、中铁工程设计咨询集团有限公司、中铁通信信号勘测设计(北京)有限公司。施工单位为中铁电气化局集团有限公司,监理单位为山西铁建工程监理咨询有限责任公司。

根据指导性施工组织设计的要求和安排,指挥部组织各参建单位,严格遵守铁路基本建设程序,认真落实营业线施工安全管理的各项规定,圆满完成 2016 年建设任务。

(1)建设项目前期手续全部取得批复。

(2)新征土地全部完成,所有项目全部开工建设。

(3)牵引变电所110kV外电引入按计划积极推进。

(4)工程总体进展:

三电迁改完成设计数量45.00%;路基工程的完成设计数量62.02%;轨道工程完成设计数量20.00%;桥涵工程完成设计数量100%;信号工程完成设计数量57.00%;通信工程完成设计数量75.00%;接触网工程完成设计数量65.00%;电力及变电工程完成设计数量63.00%;房建工程完成设计数量的60.00%。

【投资完成情况】 2016累计完成投资5.1000万元,占总投资9.6928万元的52.62%。

(杨小平)

大同地区工程建设指挥部

【领导成员】

指挥长　李　勇

副指挥长　赵小宁

　　　　　刘进仁

党支部书记　王玉祥(2016年5月免)

　　　　　　封登超(2016年5月任)

【概述】 按照《太原铁路局关于调整路局建设项目管理机构设置的通知》(太铁劳卫〔2016〕2019号),大秦铁路股份有限公司大秦线铁路扩能改造指挥部更名为大秦铁路股份有限公司大同地区工程建设指挥部,按正处级建制设置,业务上受建设管理处指导。主要承担管辖区域内全局的基本建设、更新改造工程项目的建设单位职责。2016年末,人员编制35名,其中,领导职数4名,行管干部12名,业务主管20名。机构设:综合管理部、计划财务部、工程管理部、安全质量部、物资设备部。

【京原铁路电气化改造工程进展顺利】 京原铁路电气化改造工程是铁总的重点工程。从京原铁路太原局管段局界至薛孤正线公里共计174.29km,19个站、1个线路所及相邻区间的单线现状电气化改造。一是前期手续6项,已完成环评、水保、选址、节能4项。征地50.34亩,土地预审资料已完成上报。房屋拆迁完成4771m²,开累完成95.59%。三电迁改工作,已与相关设备单位签订了施工配合协议,按要求对施工人员进行了施工安全、防护培训,取得了资格证,已开展施工。已全部完成影响房建的1853棵树木移植工作,影响接触网的8794棵已完成签订树木移植补偿协议。二是外电工作已完成四座变电所的接入系统方案和电能质量评估报告,已纳入山西省2017年投资计划。三是主体工程东河南站、五台山站、枣林站路基工程已经开工;隧道共计7座,开工4座隧道,五台山站涵洞接长已完成,东河南涵洞挡墙已开工;避车台改移两处已全部完成;桥墩加固22处已全部完成;轨道专业已完成枣林站既有7道拆除和正线700m拨道;房建专业共计59栋房屋,已开工46栋;通信专业光电缆沟开挖、敷设、铁塔组立等平均完成65%。信号专业电缆沟开挖、敷设、扼流变压器组立、高柱信号机安装等已平均完成75%。电力专业低高压电缆敷设、电杆组立、站台折弯灯基础、箱式变电站基础等平均完成56%。接触网专业砼支柱组立、软横跨钢柱基础浇制、承力索架设等平均完成53%。

【有序推进原太牵引变电所工程】 完成豆罗、部落、高村、皇后园4座分区所和忻州、平社、原平3座牵引所安装牵引变压器、电流电压互感器、隔离开关、电杆组立等施工6处,占全部工程总量的92%。

【按时间节点完成原太北电力自闭贯通线改造工程】 全线因15处新旧导线交叉影响以外,新建自闭、贯通线路全部连通,14座箱变全部安装就位,四座配电所改造完毕忻口、部落、播明站信号、通信机械室已倒接。

【湖东电力机务段整备场改造工程】 湖东电力机务段整备场改造工程是路局下达的

2016年更新改造项目，指挥部指定专人负责，定期对施工进行协调组织，工程进度稳步推进，新微机联锁现已开通，站场改造施工全部完成。

【唐林岗、南塔底站设施完善施工】 利用北同蒲线第二次集中修，对唐林岗、南塔底站遗留接触网工程组织施工单位进行了施工，南塔底站钢柱组立20根，唐林岗站承导线架设五个锚段5.68条公里。

【安全管理】 1. 把确保既有线行车安全放在首位，结合既有线改造工程建设项目施工实际，严格落实工程关键节点、工艺流程、技术标准、安全风险防控措施为一体的《施工现场安全卡控手册》，解决指挥部干部到现场查什么、盯什么、管什么、控什么的问题，进一步明确专业和包保干部现场质量安全管控职责，规定了安全质量“巡、检、盯、控、防”工作量化标准，规范行为促进作为，既保证施工质量和工期，又保证既有线行车安全，不断提升安全检查的效果。

2. 从严查、严管、严考核入手，把施工作业过程中，违反两纪、违反施组设计、违反技术规范、违反工艺标准、违反营业线施工安全管理办法的行为作为现场作业质量安全的卡控重点，指挥部专业工程师和包保干部坚持与参建单位现场负责人一道，强化架子队施工管理，工前讲标准、明规范、提要求，优化施工方案，细化作业措施，跟班作业盯控严查，发现解决电缆埋设、砼支柱组立、承导线安装、软横跨安装等施工中存在的质量安全问题，当场纠正返工，对不按作业程序施工违纪民工立即清退出现场，同时，加强问题库管理，将检查发现的安全防护、临近营业线施工隔离措施等问题48个纳入问题库，进行挂牌督办，有力推进了工程项目标准化管理。

3. 利用冬季停工和进场前的准备阶段，组织全体业内人员按照指挥部业务主管、施工单位主要管理人员、防护人员三个层次，集中进行《太原局安全风险控制“红线”管理办法》《太原局普速铁路工务防护管理办法》、电化、人身安全、防洪安全、冬季施工作业人身安全等内容的培训。全年举办6期、220余人次参建了培训考试，严格评判打分，防止不合格人员进出参与施工作业，培训覆盖面达到100%，确保所有施工人员考试合格持证上岗。通过培训提高了施工人员的安全意识，为施工安全奠定了良好基础。

4. 先后开展整治、自轮运转特种设备防溜专项检查、轮小车和接触网梯车专项排查、人身安全专项检查活动、以及“三违”专项治理等9项安全生产专项检查活动，及时制订各个时期专项检查活动方案，落实专项整治内容、责任部门和责任人，定期组织分析、总结，进一步消除了安全质量隐患，确保专项整治活动取得成效。

【党群工作】 一是根据指挥部大同、原平两地办公和二线党员多的特点，在大同成立党小组，指定专人负责，及时下发各种学习资料，按《大秦指挥部“两学一做”推进计划》组织学习和研讨，确保所有党员都能参加活动，一个不漏；召开两次全体党员大会，由书记做了《扎实学习，争做合格党员》和《发挥模范作用，确保建设项目按期完成》的党课辅导。按照推进计划，先后4次召开了班子和党员的专题研讨会，班子成员除参加班子专题研讨会还以普通党员身份参加了支部的党员专题研讨会，全体党员人人写出发言提纲，每次研讨支部都要确定5名党员进行交流，确保4个专题每名党员发言不少于1次，现已进行4个专题的研讨，22名党员一人不漏的进行研讨发言。同时积极开展党内活动，组织全体党员积极参加党章“学背答”活动，从中层干部和优秀党员中选出3名同志参加建工委的“学背答”竞赛活动取得较好成绩。组织全体党员举办了主题党课日活动，参观了平型关展览馆，使大家受到一次深刻的党的优良传统教育。积极抓好组织关系排查，对指挥部32名党员组织关系逐一进行排查，特别是对10名已退二线的党员不等不拖，逐一取得联系，成立了党小组，制定了负责人，纳入党支部的有效管理,健全了党员档案,使所有党员信息完整、档案资料齐全,没有失联党员。

二是以"两学一做"专题教育为契机,认真落实"三会一课"制度,严格执行中心组学习制度,采取集中学习和个人自学相结合的方法,认真抓好落实。全年共组织领导班子集中学习40多次,学习《习近平总书记系列重要讲话读本》《胡锦涛文选》等理论书籍50余册,党风廉政建设等原著书籍12本,各种文件规定、领导重要讲话等160余篇,组织开展专题学习研讨9次。学习中,班子成员每个人都做了大量的学习笔记,撰写各种学习体会文章20余篇,并学以致用围绕项目管理、施工重点全年工作重点,确定立项攻关和破解难题课题,进行分工明责,领导班子和成员完成立项攻关、破解难题6项,有效推进了指挥部整体工作,领导班子整体素质、管理水平有了明显提高。

三是组织职工积极参加大秦公司工会举办的"庆国庆,走文赢湖"、毽球比赛等活动。针对指挥部搬迁到原平后,大家业余文化生活枯燥,缺乏生气的实际情况,自筹建立了羽毛球场,经常组织大家进行羽毛球、毽球、跳绳、杠铃等活动,丰富大家的业余文化生活,为稳定大家的情绪、安心工作做出了努力。在职工节假日期间走访慰问病、困人员和子女入学职工,全年慰问病、困人员和子女入学职工8人,发放慰问金5700元。

(韩建华)

太原枢纽建设指挥部

【领导成员】

指 挥 长　次　岗
副指挥长　王原平
　　　　　侯贵明
　　　　　陆化平(2016年4月1日任)
党支部书记　夏春江

【概述】 太原枢纽建设指挥部(以下简称指挥部)机构设:综合部、计划财务部、工程管理部、安全质量部、物资设备部。2016年末,定员34名,现员32名(其中内退2名),领导干部定员4名,现员5名。

【工程建设】 1.西南环线工程:公路桥设计8401.35m²/5座,开累完成8053.3m²/5座,完成比例95.86%;路基土石方设计数量543.8712万方(其中区间270.1757万方,站场273.6955万方),开累完成数量490.42万方(其中区间241.98万方,站场248.44万方),完成比例90.17%(其中区间89.56%,站场90.77%)。特大桥设计数量14856.75延长米/9座,开累完成数量14168.24延长米/9座,完成比例95.36%;大桥设计数量2168.74延长米/8座,开累完成数量1766.62延长米/8座,完成比例81.46%;中桥设计数量862.73延长米/11座,开累完成数量785.01延长米/11座,完成比例90.99%。框构中桥设计数量22720.75顶m²/28座,开累完成数量12578.3顶m²/20座,完成设计总量的55.36%。涵洞设计数量1640.58延长米/51座,开累完成数量1553.2延长米/48座,完成设计总量的94.67%。隧道设计数量21316.98m/3座,其中晋祠隧道全长10675m,累计完成折合成洞8060m,完成设计量的75.5%;东晋隧道全长9794.99m,累计完成折合成洞1500m,完成设计量的15.31%;柴村隧道全长845m,累计完成折合成洞845m,完成设计量的100%。生产及办公房屋设计数量6737.25m²,开累完成数量5465.09m²,完成设计总量的81.12%。铺轨完成102.91km,完成设计的55.2%。信号工程太北Ⅰ、Ⅱ、Ⅲ场改造完成并开通,完成汾河站、北格站、西草寨站室内设备安装,敷设电缆335.4km,完成全部设计量的33%,通信工程完成汾河站G网基站施工并开通使用,敷设光缆14.2km,完成设计量的20.3%,接触网工程完成40%,电力工程完成汾河10kV配电所的施工,完成全部工程量的5%。

2. 代建大西客专工程：路基土方填筑设计19.7万m^3，完成4.65万m^3，累计完成14.65万m^3，完成设计的74.36%。；路基扶壁式挡土墙设计11899m^3，完成11196m^3，完成设计的94.1%；路基基底处理旋喷桩设计7850根，完成7850根，素砼钻孔桩设计252根，完成252根。太钢左线特大桥设计桥墩68个，完成19个，累计完成42个，完成设计的61.76%；28#－38#上跨石太客专门式墩钢横梁设计11根，工厂拼装完成5根。T梁预制设计134片，全部完成。太钢右线特大桥设计桥墩51个，完成12个，累计完成22个完成设计的43.13%；5#－9#上跨石太上行线门式墩砼横梁设计5根，完成5根。T梁预制设计86片，全部完成。线路及接触网拆旧：太原北站Ⅱ、Ⅲ场改造后，拆除线路完成6km，拆除接触网承导6条公里。

截至2016年底，西南环线实体工程完成9.8亿元，完成计划的100%，开累完成投资74.2亿元，占总投资105.99亿元的70.4%。实现第六个安全年。安全生产连续保持2203天的好成绩。

“麒麟号”盾构机，蓄势待发　（郭太秀　供）

【安全施工】　一是安全风险管理取得实效。根据路局关于安全风险控制“红线”管理办法（太铁安监〔2016〕158号），结合指挥部实际情况，制定下发指挥部《安全风险控制“红线”管理办法》，对4项46条规定“红线”进行宣贯落实，通过分析、检查、培训、闭环等十项基本制度，采取每周交班会、每月安委会、每季施工安全分析会、监理例会，梳理通报典型问题，研判和掌握在建项目的安全风险特点，制定落实措施。深刻领会到“红线”就是“高压线”，不可逾越，不可碰触，做到自觉遵章守纪，养成良好的职业操守，安全意识得到普遍增强。全体干部共发放《安全质量问题整改通知书》86张，发现问题216个，全部进行闭环销号，截止年底实现安全生产2203天，连续实现第六个安全年，指挥部被路局评为先进单位。

二是落实安全管理七项工作制度取得实效。指挥部每日对路局下发的《安全问题通知书》进行落实，对列入路局《安全检查重要信息》的，组织施工、监理单位管理人员和责任人进行专题分析；对总公司、路局下发的事故通报及时组织传达学习，吸取教训。落实“一月一岗一表”制度，每月填写月度预考核表，安全职责考评表，加强对岗位工作计划制定月度工作内容，管理职责项点，标准项点和落实情况，部门领导进行考评，评价完成情况和取得效果。完善岗位工作考评体系，使得岗位工作计划有安排，落实有标准，考评有结果，整合岗位工作内容，完成量化任务指标，强化安全基础管理。

三是现场安全管控取得实效。首先完善安全监督检查机制。侧重于发现突出风险和隐患，整治解决问题，改进监督检查方式方法。合理确定监督检查重点、内容、方法、频次、数量、质量等，规范监督检查行为。对重点突出问题，明确重点，落实督办机制，确保落实到位。其次完善安全问题整治机制。对惯性问题、事故苗子、《安全问题通知书》、安全“红线”等安全问题及时入库整治，实现闭环管理。落实专项整治，定人、定部门、定期限、定期督查、考核，确保整治效果到位。强化问题综合整治，从人员配备、机构设置、安全投入、培训教育、考核考评等方面进行综合治理。再次强化施工安全过程控制。邻近营业线施工认真执行“十严格”、“五必须”等文件精神，详细制定和严格落实施工项目安全质量卡控措施，施工单位加强自检自验，严格工序质量验收，现场监理以高度的责任心做好互检签字确认把关,指挥部加大日常检查力度,开好安全质量工作月度例会。发挥好隧道、路基、钢结构焊缝、桥梁桩基等第三方检测单位的作用。同时请路局安监室、质量监督站等部门,加大质量监督检查频次,做好问题闭环治理,使现场实现有施工程序,有工作标准,有检查整改,有考核评价。

(郭太秀)

山西太兴铁路有限责任公司

【领导成员】

董 事 长　　齐　峰(2016 年 10 月任)
总 经 理　　赵志伟
副 经 理　　张宇光
党支部书记　赵长文
业务指导　　曹緒麓

【概述】 山西太兴铁路有限责任公司成立于2010 年4 月27 日,2016 年末,编制17 名,现有人员 26 名。机构设:综合部、计划财务部、工程管理部、安全质量部、物资设备部。

【太兴线项目】 太原至兴县铁路是山西省与原铁道部于 2008 年 12 月 6 日签署的《关于加快推进山西铁路建设有关问题的会议纪要》中共同确定的山西省重点建设项目。2008 年 12 月 6 日,原铁道部分太原至静游段、静游至兴县段两个项目批复了太兴铁路项目建议书。太兴铁路位于山西省中西部地区,东端通过太原枢纽与南北同蒲、太焦线、石太线、石太客专连通,西端与山西中南部铁路通道连接,远景具备向西北延伸跨黄河在神木连接包西线的条件。线路由东向西穿越山西省 18 个矿区中的西山、岚县、离柳 3 个矿区。途经太原、吕梁两市的万柏林区、尖草坪区、古交市、娄烦县、阳曲县、岚县、兴县、临县等八个县区。太兴铁路由既有线太岚线汾河至镇城底段增建二线改造和新建镇城底至白文铁路组成,起点为太原北编组站的汾河站,终点为白文站,项目总投资 79.61 亿元。线路建设标准为国铁Ⅰ级,全线采用电力牵引,牵引质量 5000t,到发线有效长 1050m,沿线设置车站 11 个,线路正线全长约163.4km,其中改造太岚线 52.65km,镇城底至静游新建双线 34.95km。配套建设西张至三给联络线 5km,静游至白文间新建线路单线长 75.8km,项目工期太原至静游段 3 年、静游至兴县段 3.5 年,其中重点限制工期工程为静兴段二青山隧道,全长约 15.8km。建成后,将成为我省中部煤炭的外运通道,并带动晋西北老区经济发展。

2008 年末由原铁道部招标确定,中铁太原勘察设计咨询院有限公司中标新建太兴铁路项目总体设计、中铁隧道设计院中标二青山隧道设计。太兴铁路项目由铁道部、山西省按多元化投资,市场化运作的方式合资建设,并组建山西太兴铁路有限责任公司,负责工程的建设及经营管理。项目资本金占总投资的 50%,其中铁道部承担 70%,由铁路建设专项资金安排;山西省承担 30%,由地方政府自筹。资本金以外 50% 的工程投资使用国家开发银行、招商银行贷款。既有太古岚铁路资产经评估后,计入太兴铁路有限责任公司铁路总公司股份。

【工程建设】 一是加强建设管理,提升建管水平。围绕太兴铁路年内太北六场至西张段增二线开通及全线开通后工程克缺目标,开展以"保安全、保质量、保进度、实现节点工期目标"为主题的"三保一实现"活动,公司多次组织各参建单位,对照太兴铁路剩余工程施组节点要求,认真分析梳理剩余工程量,分阶段编制剩余工程施组,协调路局先后组织方案审查、施工协调各类会议 37 次,重点优化太北六场过渡开通相关配套设备设施调整、太兴铁路隧道电力洞室门安装、长大隧道救援设施、克服缺陷施工及邻近营业线施工方案 47 项。将西张站 6、8 道路基,太北六场至西张间增二线开通,下槐村大桥架梁,逐一倒排工期节点,明确分管领导和专业负责人员,坚持每周分析兑现情况,及时解决存在问题。重点对中铁六局施工进度滞后的问题,采取发督办函、组织约谈会的形式，帮助解决施工组织不到位、劳力投入不足、达不到工期要求的问题，有序推进工程建设。

【安全管理】 年初，以深化安全风险管理和推进标准化建设为重点，组织制定公司《深化安全风险管理、推进标准化建设、坚决实现安全年》的具体安排，明确“三杜绝、一消除、一实现”的安全工作目标，细化5个方面19项深化安全风险管理、推进标准化建设的具体措施。围绕剩余工程建设、静态验收、安全评估问题整改销号等重点工作，积极开展“四保一夺取”劳动竞赛、安全生产大检查活动，适时组织邻近营业线施工安全、LKJ专项整治、防洪安全、新线安全管理、劳动安全等5个安全专项整治，针对太兴全线开通后各项施工作业纳入既有线管理的情况，组织施工单位施工负责人、技术主管、防护人员、安全员、工班长等有关人员进行营业线和邻近营业线施工专题培训，严格执行“四不准、五必须、十严格”要求，重点组织盯控太北六场至西张间增二线开通、汾西区间路基等。全局安全生产大检查活动开展以来，梳理2013年以来的太兴公司典型安全问题306个，组织公司全员对照岗位职责、工作标准和工作流程，进行深刻反思。每名班子成员确定1项挂牌督办项目，重点解决了策马村隧道进出口消防水池位置变更及施工、西张大桥桥面系施工安全防护等5个施工安全突出问题。按照“查干部、查管理、查现场”的要求，成立3个专项检查组，徒步检查新开通线路及施工工点，重点检查防洪安全、邻近营业线施工项目的安全防护隔离及剩余工程、处理克缺等施工项目，认真排查设备安全隐患和施工安全隐患，累计查整重点问题116个，确保质量安全。

【查摆问题】 扎实开展“三严三实”专题教育，班子成员紧扣“三严三实”三个专题研讨主题，认真查找各自存在的“不严不实”问题，列出“三严三实”问题清单，重点查找理想信念不够坚定、执行纪律不严格、推动工作标准不高、履职尽责不够等方面存在的突出问题47个，完成了《加强岚县站剩余工程施工安全管理，确保太兴铁路新线开通运营安全》《强化物资材料过程控制，确保工程质量》《西张站渡槽拆除》等难题破解、立项攻关7个。修订公司经营业绩考核实施细则，进一步细化干部包保方案，逐一明确包保范围、具体分工和量化要求，组织公司各级干部采取添乘机车、徒步检查等形式，重点对全线11个车站的路基、轨道、四电等剩余工程施工、各专业遗留问题以及质量安全重点部位和关键环节，加强监督检查，及时协调解决包保区域内的问题并盯控落实。对太兴铁路静态验收问题、安全评估问题，目前正与设备单位对接、验收销号。按照铁路总公司、路局明确的的太兴铁路太静段、静兴段年内完成工程概算清理工作的目标，3月起，就各专业需要清理的项目进行梳理、组卷，并召开太兴线概算梳理会20余次，并及时向铁路总公司汇报，目前完成太静段、静兴段概算清理鉴修版并启动太兴铁路工程竣工决算工作。

【廉政建设】 将2016年党风廉政建设的38项重点任务细化分解到班子成员和5个部门。制定《2016年太兴铁路政治工作要点暨“三优共创”活动推进方案》，将班子建设、基层组织、思想文化、党风廉政、考核机制等8项工作重点、41项具体任务，细化量化到5个部门和相关参建单位。明确责任领导、落实部门和完成时限。“两节”前夕，以《廉政准则》《廉洁从业规定》，组织党员干部集中学习，并进行集体廉政谈话。组织公司4名领导班子成员在公司年度员工大会上，按规定进行述廉，并组织民主测评，自觉接受职工群众的监督。在公司领导班子成员中召开加强党风廉政建设专题民主生活会，班子成员对照“六个纪律”“四个着力”，认真查找遵纪守法、廉洁从业、落实党风廉政建设责任制等方面存在的突出问题，分析问题原因，制定整改措施，进一步增强廉洁从业意识。同时，不断加大廉政监督力度，健全合同管理、验工计价、建设资金拨付等6项台帐，对60余份四电设备补充供货合同、50万元以上的大额资金使用进行规范性联签，从源头上防控腐败问题的发生。

（杨　俊）

吕临铁路有限责任公司

【领导成员】

董事长、党总支书记　董惠忠
总经理、指挥长　郭保义
副总经理、副指挥长　王　斌
　张洪赞

【概述】 2009年1月24日，路局成立吕临铁路有限责任公司筹备组，明确了机构编制和主要职责。2010年12月1日成立了吕临铁路有限责任公司。2010年12月16日登记注册，公司负责新建吕梁至临县（孟门）铁路吕梁至三交段建设和经营管理。2016年末：公司有职工21名，其中领导干部4名。

2016年7月14日，路局下达《太原铁路局关于设立吕梁生产设施建设指挥部的通知》（太铁劳卫〔2016〕2047号）文件，根据《中国铁路总公司关于新建山西中南部铁路通道增设运输站段调整变更设计的批复》（铁总鉴函〔2015〕1382号）精神，为加快推进吕梁地区生产设施建设工作，设立吕梁生产设施建设指挥部，主要承担吕梁地区铁路生产设施的建设任务。吕梁生产设施建设指挥部与吕临铁路有限责任公司实行“一个机构、两块牌子”。

【工程建设】 新建吕梁至临县（孟门）铁路（吕梁至三交段）位于山西省吕梁市境内。途经吕梁市的离石区、方山县、临县等三个区县，南起太中银铁路吕梁站向北，途径西属巴站、吕梁北站（再向西）、三交东站后与瓦日线三交疏解区接轨。线路正线全长38.177km，其中：桥隧涵占比为70%。桥梁21座，隧道12座，涵洞52座，其中：车赶隧道长长11.8km，为该线控制工程。轨道采用无缝线路60kg/m新轨。全线采用电气化机车牵引。铁路等级为国铁Ⅱ级。预计经济运量：货运量近期2020年1410万t/年，远期2030年1640万t/年。客运量客车每日1对。投资概算22.1亿元。

2016年，主要完成邻近太中银铁路173线路所的浆砌护坡片石防护1784m^3、浆砌水沟184m、种植紫穗槐16.45万株等剩余工程。

【吕梁生产设施建设】 年内，完成规划建设方案的设计，建设用地位置已确定、控制坐标已拿到。截至年底基本完成地质勘探工作，形成了建设项目地质勘探中间报告。

【安全管理】 针对项目由建设期向运营期转变及遗留工程大多为临近营业线施工的特点，一是强化思想认识，消除“疲劳”意识。通过认真学习铁路总公司领导尤其是盛总经理4.26重要讲话精神，消除了剩余工程工作量小，无关大局的糊涂认识；克服了一味强调施工环境差、资金不到位的推诿思想；改变了对安全管理现状盲目乐观、麻痹大意的状况。二是针对性地制定了安全风险管理、安全培训教育、专项施工方案、营业线施工安全管理等措施。三是强化关键作业的卡控。在事关太中银线行车安全的173线路所、吕梁站的临近营业线施工中，突出干部包保卡控、突出现场问题整改销号的闭环管理。四是强化季节性安全工作。面对雨季降雨量大，持续时间长，对行车设备造成严重损害，全线出现38处严重病害，其中12处线路被迫封锁的严峻局面，通过公司领导亲自组织，主管部门现场盯控，全体员工全员参与，确保了防洪抢险及复旧工程的施工安全。五是强化关键时段的安全工作。按照路局的要求，在黄金周、防洪防汛、防寒过冬、春运、G20峰会、十八届六中全会等关键时期，组织施工单位持续对临时防护栅栏、已送电但未投运的变电设备予以巡视看护并及时补强缺陷。2016年，在临近营业线施工中，做到了一事不出，施工安全保持平稳有序，实现了安全年。

【**任务指标完成**】　始终坚持问题导向，面对困难探寻办法。一是克服阻力，寻求突破，剩余工程的施工在艰难中不断推进。面对项目竣工开工后仍遗留有1368个静态验收、安全评估问题以及23%的建设资金未能到位的现实。首先，想方设法积极筹措资金，为剩余工程的推进提供物质保证。其次，积极联系地方各级政府及有关部门，努力优化施工环境，本着能开工一处是一处，能完工一处是一处的原则，基本完善了与太中银线相关的剩余工程。第三，面对雨季降雨量大，持续时间长，对行车设备造成严重损害，全线多处线路被迫封锁的情况，组织完成了防洪抢险及大部分复旧工程。全年，处理静态验收及安全评估遗留问题1267个，完成率达到93%。二是是强化管理、挖潜提效，全面完成经营目标。首先，在“转观念、闯市场、增效益”活动中，组织开展“我为吕临献计策活动”，充分发挥全体员工的创造性。其次，以节支降耗为重点，修订完善并实施低值易耗品及汽车管理办法。第三，在债务性资金筹集中，严格遵守总公司规定的利率不超同期基准利率的规定，并在融资租赁中努力实现综合费率低于同期基准利率，有效降低财务成本。全年，财务预算计划指标超额完成，各季度经营业绩考核均达到优秀等级。三是主动上手、积极沟通，扎实推进吕梁生产生活设施项目。首先，按照路局对吕梁生产生活设施建设指挥部的任务要求，明确职责、明确分工，迅速启动前期工作。其次，以求实的态度，多次对规划建设方案修改完善优化，经过3次与地方政府相关部门的正式对接协商，规划建设方案得以确定。第三，主动联系、积极沟通，想方设法创造条件，在努力解决办理占地手续存在问题的同时，提前取得建设用地的控制坐标。第四，精心组织地质勘探工作，形成《工程勘察中间报告》，项目具备开展施工图设计的条件。

【**突破难点问题**】　始终坚持大胆探索、勇于创新，以重难点问题的突破带动整体工作的推进。一是想方设法拓宽融资渠道，缓解资金短缺的严峻局面。首先，依靠路局支持、积极联系中国银行、克服项目资产运营效益先天不足的缺点、正视清理概算没有批复的劣势，多次完善补充风险评估资料，取得工程投资超概部分追加贷款授信批复38900万元，并在春节前发放贷款1亿元，及时支付农民工工资和其他款项，稳定了队伍。其次，拓宽思路、打破常规、多渠道筹措资金。同交通银行对接，用融资租赁的方式，筹集部分资金，在铁总和太原铁路局的支持和帮助下，筹集资金7500万，有效缓解资金不足的燃眉之急。第三，在地方股东不能确定是否投入追加资本金的严峻局面下，积极联系太平石化租赁公司，完成并报请路局同意了新的租赁融资方案，为资金筹措及稳定工作奠定了基础。二是加快装车系统建设进度，努力谋求运量起步，完善资产经营管理的基础性工作。面对运营初期规划中的7条专用线无法开工建设、没有运量、没有运营收入的窘况。首先，积极联系有意向合作建设“短平快”装车系统的霍州煤电集团吕梁山煤电公司，通过多次协商，达成了在吕临支线吕梁北站合作建设装车系统的意向性协议。其次、组织霍州煤电集团吕梁山煤电公司、铁三院、中铁十二局、大地设计院、北京圆之翰煤炭工程技术有限公司并邀请吕梁市政府参与，完成装车系统的方案。第三，积极汇报并取得路局的支持，实现项目的推进进入实质性实施阶段。目前，同合作方的框架协议已经签订，正在协调确定公司内部的投资事宜。三是积极联系，求得支持，按照当期政策规定办齐批复用地手续要件的全部内容。面对用地手续还没有完全办结的现状，充分依靠地方各级政府，完成影响用地手续办理中压矿框架协议长时间未能签订的难点问题。目前，压覆重要矿产资源的手续已得到批复，并完成压覆资源登记，用地手续办理中的最大障碍得以清除。目前，国土资源部各有关部门已完成初审程序。

【党群工作】 始终坚持履行职责，抓基层党建工作促管理水平提升。一是强化思想引领，提升敢担当善创新意识，破解难点问题。针对在推进难点工作中存在于部分党员中的意识疲劳、不在状态、畏难怕事的现象，结合“两学一做”学习教育，通过研讨交流、谈心谈话、严格考核，起到坚定信心、鼓足勇气、树立高度的责任感和事业心、努力做到“知行合一”、敢担当、善创新的作用。二是把握着力点，提高凝聚力，调动积极性。紧紧围绕“保安全、保稳定、增效益、促转变”的工作主线，在开展“转观念、闯市场、增效益”活动、安全大检查活动、防洪防汛工作中，以提高党员凝聚力、战斗力为抓手，确保责任到位、工作到位、措施到位。充分尊重全体员工的首创精神，开展了“我为吕临创效益”合理化建议征集活动。三是严明纪律、严格标准、夯实作风。坚持把纪律和规矩挺在前面，不断优化管理体系和运行机制。以节支降耗为目标，修订完善并实施了低值易耗品及汽车管理办法。全面加强预算管理，实施节能降损措施，实现了财务预算计划指标的超额完成。四是立足现实条件、充分挖掘资源、服务职工群众。在新办公场所的搬迁中，通过完善设施彻底解决职工洗澡难的问题。通过安排专人负责、重新修改并落实菜谱食谱，伙食团饭菜质量得以提高。全年，在建设资金短缺、经营亏损严重的不利局面下，按照路局的政策规定努力确保职工的平均收入增幅4.6%。

（曹学进）

山西侯禹铁路有限责任公司

【领导成员】

董事长　　张　将

总经理　　崔建东

副总经理　　刘中强

党支部书记　　吴永生

【概述】 山西侯禹铁路有限责任公司负责黄陵至韩城至侯马（山西段）铁路工程建设，工程内容为既有侯西线增建二线、电气化改造及侯马枢纽改造，2015复线开通运营后的剩余部分工程任务在2016年全面完成。2016年投入运输经营工作，实现利润120万元。2016年末，公司有职工17人，其中领导4人。机构设：工程管理部，安全质量部，综合管理部，计划财务部。

【工程任务】 年内，公司集中有生力量全面推进剩余工程。一是狠抓实施结点的兑现落实，按期完成侯西线K6+265处1~16m框构、侯北Ⅲ场（6+12+12+6）m立交中桥二处顶进，完成侯北Ⅲ场、南同蒲下行、侯西联络下行、侯北南环线上1~2m圆管涵顶进及附属工程，组织对防护栅栏、声屏障、站场围墙、管内视频监控工程验收，协调施工单位完成安全评估问题36个。二是全面推进工程后序工作。组织施工单位完成清涧站综合生产房屋交付使用。完成黄韩侯建设志编写上报。水土保持通过国家水利部的验收并取得水土保持设施验收鉴定。铁路总公司鉴定中心对本项目清理概算进行初审。三是积极应对不合理投诉。针对管内沿线宋郭村村民长期状告机车噪声超标，积极应诉，深入现场、奔走于设计单位、设备生产厂家、邀请专业监测机构搜集证据，用数据、事实说话，经过数月开庭审理，最终胜诉。

【安全管理】 公司始终坚持依法合规、科学合理推进工程建设的总体思路，把安全风险管理作为贯穿整个工程的重要基础工作，全面开展安全大检查活动，严格整治施工过程存在的安全问题隐患，加强规章制度建设，强化现场卡控，全面提高安全管理质量。一是强化安全基础工作。按照路局安全管理规范化要求，组织编制修订了安全管理职责34项、工作标准28项和工作流程11项。同时还编制了公司《安全生产费管理办法》，为保安全、强管理奠定了坚实基础。二是持续开展安全大检查活动。强力落实安全大检查关键项点，将长效机制和有安全施落实到施工现场，落实到施工过程控制中，逐项落实卡控关键环节，检查设备运行状态、人员持证上岗、安全防护措施的落实、高处作业临边防护设置，临时护网以及硬隔离的完好情况、大型施工机械“一机一人”防护，防护员、驻站员的作业状况、来车迎送情况等，发现问题盯控整改，形成闭环管理，保证了安全大检查的质量。三是加强风险研判确保安全可控。公司全面分析剩余工程现场情况，安全专题会议研判确定风险点，将营业线和邻近营业线施工安全、桥梁施工、四电高处维修作业、护栏未交接地段人身和交通安全、验收后问题整治为安全风险重点，领导包片、干部包点，逐级负责，严防死守，确保各风险源得到有效控制。公司全年未发生任何影响行车安全和人身责任事故。

供电线路施工现场　　（樊康峰　供）

【运营管理】　一是加强成本管理。加强对成本节支出的审核，针对货车占用费大幅超预计问题，公司向路局进行专题汇报，并积极展开调研，会同路局计统处重新确定统计口径，最终调减此项费用11060万元。二是强化运营管理。针对管内配属机车不匹配造成的平均功率达不到设计使用功率，被电力部门处罚的情况，积极协调有关单位，摸清原因，向路局反馈信息，经路局职能部门协调并对管内担当车型重新配属，消除了电力部门处罚行为。三是强化科学预测。针对部分车流计费路径调整问题，公司与路局有关部门积极对接充分调研，确定车流路径调整补偿的可行性，此项收入将增收约3000万元，为完成全年经营目标作出了积极的努力。四是探索管理新技术新模式，提高管理科技含量。技术管理人员不断研究新技术，新的管理模式，提出合理化建议3项，其中《建议推广钢筋混凝土枕道岔架空顶进框构施工工艺新技术》《合理筹划黄韩侯铁路（山西段）建设项目增值税涉税事项，增加增值税留抵税款，释放涉税资金，加快工程建设速度》获2016年上半年路局合理化建议三等奖，为公司向科学规范标准化管理迈出了坚实的步伐。

【党群工作】　公司党支部着力从“四个方面”抓好“两学一做”学习教育。一是规定内容全面学。组织全体党员认真学习党章、党规、党纪和习近平总书记系列讲话精神以及路局党委最新部署要求。深入领会党的性质、宗旨、指导思想、奋斗目标，掌握廉洁自律准则规定的“四个必须”“四个坚持”，增强党性修养、践行宗旨观念、涵养道德品格。二是班子成员带头学。针对白天业务繁杂，抓事务推进实际，班子成员每周进行1至2两次交流学习，每一学习阶段围绕主题轮流向全体党员讲党课、谈心得，深入开展自我批评，对存在不足进行恳谈互补，提高学习质量，缓解工学矛盾。三是主题党日灵活学。结合纪念建党95周年，公司党支部细化党日活动方案，精心组织党日活动，参观彭真故居，组织全体党员重温入党誓词、学习老一辈革命家优良传统，牢记党的光荣历史，增强党的意识和组织观念。四是保证质量重点学。在学习教育中，支部着眼于推动重点工作，持续开展好三项主题活动。围绕安全生产，深入开展“三无”竞赛，引导广大党员带头承诺践诺、履行职责，自觉遵章守纪，严防安全风险。围绕铁路建设，深入开展“保质量、保安全、保进度”主题实践活动，引导广大党员认真开展创岗建区、技术攻坚、立功竞赛，创建党内品牌，打造精品工程，在铁路建设主战场创先争优、建功立业。围绕经营工作，深入开展“转观念、提素质、增效益”主题教育活动，引导广大党员带头开展形势任务宣讲、带头进行问题查摆讨论、带头增收节支，以实际效果促进公司经营实现年度目标。

（樊康峰）

唐港铁路有限责任公司

【领导成员】

董事长	薛继勇
总经理	梁雁生
副董事长	安祥光
副总经理	郑国明
	角仕利
	张武中
	李文龙
	王林平
	张　炎
	刘建民
	刘志刚
总会计师	张会文
党委副书记、纪委书记	田有喜
工会主席	张廷江
董事会秘书	张　毅

【概述】 公司管辖线路为国家Ⅰ级全自动闭塞双线电气化铁路，与大秦铁路同为可运行两万吨大列的目前最高等级重载铁路。主要车站到发线有效长度为2800m，线路营业里程237.600km，正线延展里程467.006km。铺设60kg钢轨、Ⅲ型轨枕的无缝线路。公司现共设运营车站11个，其中一等站4个（曹妃甸北站、曹妃甸西站、京唐港站、东港站），二等站2个（曹妃甸南站、柏庄村站），三等站3个（滦南站、菱角山站、聂庄站），四等站2个（乐亭站、曹妃甸站）。线路北起大秦线迁安北站和京秦线滦县站，南至唐山港曹妃甸港区和京唐港区，贯穿迁安市、滦县、滦南县、南堡盐场、曹妃甸新区、乐亭县、海港开发区等四县（市）、两区、一盐场。

机构设：技术设备部、运营统计部、安全监察部、总经理工作部、计划财务部、人力资源部、后勤服务中心、工程指挥部（含工程管理部、综合管理部、安全质量部、计财部）、党委工作部、工会。后勤服务中心下设三个后勤服务车间：菱角山后勤服务车间、京唐港后勤服务车间、曹妃甸后勤服务车间。另有联运办由运营统计部管理。局属各站段安全直管车间共25个。

2016年末，有职工2483人，其中公司员工489人、京局60人、港投5人、太原局派入管理干部14人、各委管单位派驻1652人，临时性劳务派遣工46人、沿线保安217人。

【安全生产】 1.安全生产保持平稳有序。认真落实监督检查职能，科学补位，与站段密切配合，建立良好的安全互通机制，同时不断夯实公司内部安全管理基础，实施安全发展战略，认真开展“安全大检查”、“安全生产月”、人身安全隐患专项整治、职工安全教育、季节性安全问题排查等主题活动。全年公司机关干部下现场检查共计6416人次，检查解决各类问题4491件，签发《安全问题通知书》897张，实现九创安全年。

2.货运市场开发收到实效。一是巩固好煤炭到达和剥岩土运输市场同时，充分利用“一口价”等优惠政策，抢占矿石发运市场，成功开发望奎嘉运、山西新泰、山西中阳三家矿石发运企业，以发补到，2016年公司矿石总发运量完成609.6万t，同比增加419.8万t，增长221%。二是大力开拓集装箱运输市场，公司管内集装箱班列首次实现从迁安北口直接经大秦线运输，解决滦县交口不畅问题，减少货车占用费的支出，缩短货运到达时间，提高物流效率，实现了双赢。全年集装箱运量完成271.9万t，同比增加218.2万t，增长406%。三是与蒙冀公司完成《关于运营里程划界与费用清算的协议》的签订工作，解决唐张线5.13km线路划界与费用清算问题。

3.设备管理投入力度持续加大。通过两次集中修完成计划施工项目40项，安全设备投入7649万元，为确保全年运输生产安全有序提供有力保障。在应对季节性安全问题方面，2016年6月1日至9月20日，公司管内降雨量为 2752mm，较 2015 年大幅增加 1058mm，出现大雨 12 次，暴雨、大暴雨 4 次。公司采取专项联合检查、平推检查、重点抽查的方式，切实加强防洪检查，合计检查 320 人次，发现解决大小问题 52 件，确保管内顺利度汛，完成防洪复旧工程 20 处，确保汛期后设备状态良好。

4. 财务管理精细化程度不断提高。一是年度预算执行力得到强化，每项资产购建及费用预算分解落实到部门，从事前、事中、事后各个环节全面加强预算卡控，保证不发生超预算和无预算支出情况。参与费用支出造价预算编制、招投标、验工计价和竣工验收工作，完善细化公司经济活动分析等管理活动。二是通过协调银行将东港扩能和曹扩能工程贷款利率在基准利率基础上下浮 10%，2016 年节约利息支出 410 万元。降低融资成本，工程建设贷款利息支出比预算减少 11,617 万元。协调银行对协定、通知存款利率上浮 30%，增加利息收入 220 万元。三是加强银行承兑汇票使用管理，2016 年收取银行承兑 20,620 万元，全年合计对外支付银行承兑汇票 13,475 万元，提高了公司资金周转速度。四是加强收入管理，做好堵漏保收工作，2016 年共计补收运费 2,291.3 万元，核收货车延期占用费 232.2 万元，合计堵漏保收 2523.5 万元，另外核收调卸运费 1,376.7 万元。剥岩土运费截至 2015 年底共发生 6.19 亿元，其中拖欠运费 2.96 亿元。2016 年当年发生 2.48 亿元，经过与司曹公司多次协调，采取多种措施全年收回剥岩土运费进款 2.34 亿元，当年回款率达到 94.3%。五是加强基础建设工程造价审计工作，全年完成基础建设工程造价审计 20 项 4,591 万元，审减额 378 万元，平均审减率 8.3%。六是继续做好遗留债权清理的相关工作，通过发律师函和起诉等多种方式合计收回拖欠运费 226 万元。

【企业管理】　1. 成本支出控制取得初步成效。一是节能效果显著，通过开展节能降耗活动，全年节约电费约 935 万元，节约水费 28 万元，节约油料费 242 万元。二是充分开展利旧工作，对闲置家具备品登记造册，将有利用价值的家具配置新建房屋，节约新购置资金约 47 万元。三是通过细化完善剥岩土机车租赁协议，节约机车租赁费 59 万元。

2. 工程建设按计划完成工程节点。2016 年是曹妃甸地区扩能改造工程建设的关键期，公司上下全力以赴，边运营边建设，积极推进各项工程节点目标，圆满完成年度建设任务。2016 年 10 月 26 日曹南增二线及曹妃甸站、曹妃甸南站改造工程顺利拉通，12 月 26 日曹西增二线及曹妃甸西站改造工程顺利拉通。全年完成投资 17.7 亿元，完成年度计划的 100%，完成路局下达推进计划的 100%。

3. 企业管理水平不断提高。始终坚持内涵发展，创新发展，将“讲规矩、守纪律”挺在前面，企业管理制度进一步得到规范。一是修订机关各部室《工作手册》，进一步明确公司各部门岗位职责、工作流程、管理制度、考核办法，“界面清晰、职责分明、运行有序、考核有效”的管理体系初现雏形。二是开展立项攻关、节支降耗等活动，激发广大干部职工创造热情，积极投入到运输生产当中。三是成立专项领导小组，有效的应对并解决制约运输生产、经营管理方面的一些突出问题。四是通过资产经营开发工作提升公司核心竞争力。目前公司已经完成曹北德厚物流和曹西港铁物流注资工作，两个项目建设相关工作按程序顺利推进中。两个项目的建成对完善公司在曹妃甸地区运输到发功能和开拓运输市场均可起到良好的推动作用。另外依托太原铁路局转型升级在曹妃甸地区和京唐港地区建设铁路物流园项目也在按程序报批中。

【职工生活】　惠民项目充分体现公司共享发展理念。上次职代会提出的 9 大项 18 件惠民项目。除曹妃甸新建职工活动中心、聂庄、菱角山站区绿化、东港站宿舍楼给水加压四个项目结转至2017年完成外，其余项目全部高标兑现。一是改善站区办公作业条件，完成站区房屋修葺、供水管网改造等一系列惠及职工生产生活的整治维修工程；完成对沿线17处治安岗亭进行改造，新建正式房屋16处、整修1处，消除大风天气下彩钢板房上线路隐患，改善桥梁看守人员工作环境。二是加强文体设施投入，完成曹妃站区新建文体活动中心前期准备工作；对具备场地条件的站区，配备相应的室外活动器材，丰富站区职工业余文化生活。三是完成公司全体573名职工的体检工作，并新增肺CT检查项目，女性职工乳腺彩超检查项目；四是完成公司200名职工健康休养工作，极大的促进干部职工的身心健康。五是修订各类奖惩办法完善公司劳资管理体系，体现按劳分配的劳资管理理念。六是通过后勤生产基地产出鱼共计13200kg，产稻米4800kg，出笼鸡鸭750只，全部按照就餐人数核算配发到沿线，为食堂和伙食团提供免费就餐食材，让全体员工共享生产成果。

【综合管理】 1.与唐港公司签订劳动合同的正式员工(地方人员)，参加当地社会保险，人事档案在公司管理。京局、太局派入人员，港投派入人员，其保险关系仍在原单位所在地参保，唐港公司每月代扣拨付给原单位，上述人员档案关系仍在原单位。

实行站段委托管理后，工务、车务、机务唐港公司正式员工(含京局派驻人员)归委管单位管理，其人事任命、调配权归委管单位所有，委管单位下人事令后由唐港公司兑现待遇。

唐港公司自管人员含后勤服务车间、联办以及机关管理人员、后勤服务人员的人事任命权归唐港公司。

2.委管单位派驻人员。由委管单位管理，社会保险仍在原单位参保，档案关系在原单位，人事任免权归委管单位。

3.业务发包性岗位。与唐港公司不存在劳动关系，劳务工与承包单位签订劳动合同，由承包单位为其发放工资、缴纳社会保险，档案在承包单位管理。

【大事记】 1.1月27日7时28分，唐张铁路线上第一列运营列车驶达曹西站，标志着唐张铁路正式运营。

2.4月25日，公司京唐港站站长刘仪伟荣获河北省“五一劳动奖章”。

3.7月4日15:18，公司迁曹线跨青林公路特大桥随着最后一片32m预应力T梁顺利落位，标志着全桥胜利合拢。

4.7月13日，曹妃甸港区铁路扩能改造工程曹妃甸特大桥完成最后一片梁的铺架，实现顺利合龙。

5.10月2日，公司单日货运量突破75.11万t。发送货物2.23万t，到达货物64.72万t，管内剥岩土运输累计完成8.16万t。再创公司成立以来的单日货运量历史新高。

(徐嘉慧)

准朔铁路有限责任公司

【领导成员】

董事长	王建功
总经理、指挥长	王俊国
副指挥长	张志刚
	樊建章
总工程师	王翠萍
党支部书记	王玉祥

【概述】 2016年，准朔公司以大力推进准朔线、朔山线实体工程建设为主攻目标，加大征拆力度，优化施工组织，卡控质量安全，努力筹集资金，最大程度地完成实物工程量，为项目早日建成开通努力创造条件。2016年末，准朔公司定编45人(太原铁路局实际派出42人)，其他股东方派出7人，现有员工49人。

【准朔线工程建设】 1.征拆工作取得突破性进展。借助路局领导和朔州市委、市政府现场办公的有力契机，向朔州市主要领导、主管领导全面汇报征拆中遇到的困难,及时提出公司的诉求和解决方案,得到朔州市委、市政府大力支持。

(1)目前准朔线黄河以东河曲境内拆迁已全部完成,偏关县境内拆迁大部分完成,朔州市平鲁区涉及的三个村拆迁已基本完成,特别是解决了多年以来的六狼山进口阻工问题和卧场村拆迁问题,上称沟村拆迁也全部完成;

(2)准朔线黄河以西内蒙境内解决了多处阻工问题,完成了老工矿区及沿线零散户拆迁,剩余榆树湾老工矿区 4 户,影响 9 个桥墩施工,赵家塔 16 户影响采空区处理 200m,准旗政府高度重视,有望于 2017 年 3 月底拆迁完毕,具备施工条件。

2. 科学合理优化施工方案。公司坚持“科学有序、安全优质、统筹推进”的原则,一方面组织专业技术人员现场调查、核对,理清施工难点;另一方面组织施工、设计、监理单位共同研究施工方案,向上级部门寻求技术指导,编制完善实施方案。特别是 9 月 2—3 日,路局王全献副局长对准朔线进行工程推进现场办公并提出具体指导意见和要求后,公司立即对施组细节进行了专业梳理分析,为各分项工程量身定制节点,再将小节点内的工程量分解到每旬、每周、每日,明确考核标准,责任到人,以小节点保大节点,以大节点保整体工程进度。自 9 月份以后,工程部、安质部专业工程师每日扎根在现场,第一时间发现问题、分析问题、督促和解决问题,为快速推进工程建设提供了保障。

3. 准朔线实体工程进展情况。

(1)制梁及湿接缝 874 孔。黄河以东:制梁 432 孔,全部完成;湿接缝完成 34 孔,剩余 398 孔。黄河以西:制梁 442 孔,完成 254 孔、剩余 188 孔;湿接缝完成 18 孔,剩余 424 孔。

(2)桥梁架设 874 孔。黄河以东:432 孔,完成 38 孔、剩余 394 孔;黄河以西:442 孔,完成 80 孔、剩余 362 孔。

(3)线路铺设。黄河以东:正线 119.787km、完成 30.33km、剩余 89.457km;站线 27.072km、完成 8.867km、剩余 18.205km;道岔 35 组、完成 13 组、剩余 22 组。黄河以西:正线 92.964km、完成 0km、剩余 92.964km;站线 18.169km、完成 0km、剩余 18.169km;道岔 30 组、完成 0 组、剩余 30 组。

(4)无砟轨道。38.668 正线公里全部完成。

(5)土石方工程。完成偏关至店坪南间 15 万方,桥梁 1 座 110m,涵洞 4 座,上跨桥 14 座。偏关至红进塔完成土石方 23 万方,桥梁 435 延长米,涵洞 12 座,上跨桥 17 座。

(6)房建工程。偏关以东各站具备四电设备安装条件。黄河以西设备房屋完成 60%

(7)10kv 外电。引入店坪南站,平鲁西以东送电。

(8)接触网工程。从店坪南站至偏关站开通区段下部工程具备施工条件的均已完成,包含混凝土支柱组立、钢柱基础浇筑、钢柱组立等施工。

(9)变电所工程。从店坪南站至偏关站开通区段共有 2 个牵引变电所、4 个 AT 所,具备施工条件的平鲁西牵引变电所、老营 AT 所下部工程均已完成,包含设备基础浇筑、支柱组立、地网敷设。

(10)电力工程。从店坪南站至偏关站开通区段电力外线除桥电缆(桥未铺架)未施工外已基本贯通,等桥铺架完成、设备到货、外电源引入后即可安装调试,具备开通条件。包含开闭所基础及其他基础浇筑、支柱组立、架空线架设、隧道电缆敷设、隔开安装。

(11)信号工程。从店坪南站至偏关站开通区段信号电缆峙峪站、平鲁西站,南坪站、老营站均已完成。

(12)通信工程。从店坪南站至偏关站开通区段通信漏缆、光缆已基本贯通,通信基站铁塔基础具备施工条件的均已完成。

【朔山线工程建设】 1.征地拆迁进展情况

(1)山阴县境内控制性工程先行用地手续已得到国土资源部批复,境内 9.525hm^2 地上附着物清点拆除已完成。

(2)朔山线林地手续已得到国家林业总局批复,征地 43.3923hm^2。

(3)东榆林站房屋建筑物完成 7 户拆除。

(4)办理完成路内用地租占用 3.88119hm^2。

(5)永久占地 186.8916hm^2 已上报山西省国土厅,正在审核中,预计 3 月中旬报国土部。

2.朔山线实体工程进展情况

(1)路基工程路基土方。设计 564 万 m^3,完成 16 万 m^3,完成设计的 2.8%;

(2)桥涵工程。目前开工 4 座特大桥、3 座大桥,分别为西鄯河跨北同蒲铁路特大桥、疏解线跨北同蒲四线铁路特大桥、大夫庄至东榆林下行联络线跨既有北同蒲铁路特大桥、跨罗庄桑干河特大桥、跨桑干河总渠大桥、跨大忻公路大桥、跨 208 国道大桥,共完成桩基 799 根、承台 85 个、墩身 75 个,分别完成设计的 25%、19%、17%;

(3)涵洞设计 139 座,完成 9 座,完成设计的 6%;

(4)重难点工程顶推连续梁:疏解线跨北同蒲四线特大桥顶推连续梁(32+48+32)m,大夫庄至东榆林下行联络线顶推连续梁(32+48+32)m,已完成现场浇筑具备顶推条件。

(胡　斌)

大秦铁路股份有限公司

【领导成员】

董 事 长	赵春雷
副董事长	俞　蒙
总 经 理	关柏林
常务副总经理、董事会秘书	黄松青
副总经理	常　巍
总会计师	田惠民

【概述】 大秦铁路股份有限公司是由太原铁路局控股的一家以煤炭、焦炭、钢铁、矿石和旅客运输为主的区域性、多元化的铁路运输企业。公司于 2004 年 10 月 26 日创立,10 月 28 日在国家工商总局注册;2006 年 8 月 1 日在上海证券交易所挂牌上市,是我国铁路第一家以路网干线为主体改制成立、在国内资本市场公开发行股票并上市的股份公司。

公司管辖大秦、北同蒲、南同蒲、侯月、石太、丰沙大、太焦、京原等铁路干线,口泉、宁岢、介西等铁路支线,东起能源大港秦皇岛,西至黄河禹门口,北到煤都大同,南至古迹风陵渡,纵贯三晋南北,横跨晋冀京津两省两市。公司目前拥有的铁路干线衔接了我国北方最重要的煤炭供应和中转枢纽,处于“承东启西”的战略位置。核心经营资产大秦线是我国“西煤东运”的战略通道。截至 2016 年末,公司在职员工为 9.85 万人。

公司致力于煤炭重载运输的研究和实践,相继试验开行了万吨、1.5 万 t、2 万 t、2.1 万 t重载列车,形成具有独特优势的核心竞争力。公司装备 HXD 型大功率电力机车、CRH380AL 型高速动车和 C80 型专用运煤货车,拥有 CTC 调度集中系统、LOCOTROL 机车同步操纵系统、“5T”车辆检测系统、ZPW-2000 型信号自动闭塞系统、GSM-R 数字通信系统等一系列达到世界一流水平的重载技术装备。

公司总股本 148.67 亿股,太原铁路局持有 61.7% 的股权,为公司的控股股东;其余 38.3% 的股权由社会公众股东持有,持股结构总体呈现机构投资者为主体的格局。股东总数约 16 万户。

【主要运输经营指标完成情况】 2016 年,完成旅客发送量 5578.4 万人;完成货物发送量

44736.5 万 t,同比下降 17.5%;完成货物运输量 62550.2 万 t,同比下降 8.2%;完成换算周转量 2848.1 亿 t 公里,同比下降 16.5%。大秦线完成货物运输量 35125.1 万 t,同比下降 11.5%。

【资本市场表现情况】 2016 年是资本市场改革创新,深化发展的一年。A 股全年呈"N"型运行,沪指报收 3103.64 点,跌幅 12.31%。公司股票总体呈先抑后扬,宽幅震荡走势。年初在经历熔断机制冲击快速下跌后,出现技术性修复行情,短暂企稳。在公司发布业绩预减公告后,再次回踩寻底,盘中最低下探至 5.98 元。进入 9 月份,随着运量恢复、运价上浮及国企混改预期强烈,股价逐级反弹修复。全年,公司股票开盘 8.62 元,最高 8.64 元,最低 5.98 元,报于收 7.08 元,跌幅 17.87%。以 2016 年 12 月 31 日收盘价计算,公司市值总额约 1053 亿元。其中,控股股东太原铁路局持股市值约为 649 亿元。

公司积极适应以信息披露为核心的监管理念,进一步优化信息归集和发布流程,提升信息披露质量。2016 年,公司披露定期报告及摘要 8 份,各类临时公告及资料 67 份,均一次性报送成功,实现了上市十年来各类公告"零补丁"。在上海证券交易所年度信息披露工作评价中,公司再次获得最高等级 A 类评价。董事会秘书连续 6 年获得"金牌董秘"称号,入选了新财富董秘名人堂。

公司认真履行社会责任,连年实行高比例现金分红政策,让全体股东共享经营成果。2016 年,公司将上年度净利润的 53% 用于现金分红,每股派现金股利 0.45 元(含税),共分配股利 66.9 亿元。上市以来,公司分红总额达到 525.9 亿元,现金分红总额位居山西省辖区上市公司首位。

【安全生产】 1. 挖掘运输潜能,提升服务质量,做强客货核心业务。货运方面,顺应国家供给侧结构性改革大势,稳大宗、抢白货、调结构。抓住四季度煤炭市场回暖机遇,压缩开车间隔,组织 C80 车辆跨局运输、重去重回,大秦线非施工日运量持续保持在 130 万 t,创历史最高水平。推行实重计费、量价捆绑、阶梯运价等政策,开发货运新产品,新增特需班列产品 18 个,开行大宗直达班列 2914 列。开展与海运公司、港口等合作,集装箱发送同比增长 89%;客运方面,增设售取票网点,创新推出银铁通、空铁通、常旅客积分等便民利民措施,打造客运服务品牌,新购动客车装备。抓住调图契机增开上海、北京等热门方向列车,开行旅游专列 71 列;现代物流方面,中鼎物流园建成开园,大同、运城、曹妃甸物流园建设有序展开,太原西、临汾北等 13 个货场升级改造稳步实施,313 个无轨站遍布管内。与百度、清华同方携手合作,中鼎智慧物流云平台成功上线,园区智能管理平台投入使用。

【经营管理】 夯实安全基础,完善管控体系,确保安全持续稳定。公司牢固树立安全底线思维和红线意识,突出高铁和旅客安全,强化综合施策,深化专项整治,安全关键得到有效控制。狠抓安全生产责任制落实,加大安全"大数据"集成运用,修订完善安全管理职责、工作标准和重点工作流程,梳理分解安全风险项点 866 项。严格落实施工作业组织、行车组织、人身安全"三个方案",全年开展集中修和综合维修施工 12 次,完成大机清筛 558.8km、更换轨枕 9.3 万根、道岔达标整治 2033 组。实施"视频进车间、网络进班组"工程,安全生产指令直达一线。加大 6A、6C、STP、防断监测系统推广应用,实现 TEDS、TVDS 联网共享,增加 TDCS 防错办功能,有效提高安全技防水平。深入开展安全大检查,扎实推进安全标准线建设,坚持重点问题领导干部挂牌督办,大秦线乘务员超劳、按图行车等突出问题得到了有效解决。提升应急管控,运输生产单位全部建立应急指挥平台。科学修订考核激励机制,突出正向引导,全年奖励安全有功人员 674 人次 164.1 万元。

【节支创效】 推进增收节支,保证公司经营业绩。发挥预算龙头作用,修订预算考核办法,逐月召开经济活动分析会议,跟踪分析考核指标。制定增运增收、节支降耗、转型升级、创新机制、优化用工等五大方面100项增收节支创效措施,全年节支16亿元。全面掌控资金运用情况,先后两次共发行110亿元短期融资债券,同比节约财务费用1.5亿元。优化银行承兑汇票结算政策,最大限度满足客货需求,累计核收银行承兑汇票2179张,结算金额64亿元。完善内部控制管理机制,建立低值易耗品管理制度,规范废旧物资处置财务管理行为,明确无形资产管理权责,出台公允价值应用实施办法。面对低迷的市场环境和严峻的经营形势,公司管理层积极应对,攻坚克难,各项生产经营结果明显好于预期。

【股权管理】 增加经营范围,拓宽公司发展战略。推进铁路现代物流建设,成立全资子公司山西晋云现代物流有限公司。针对中鼎公司两家股东资金不到位的实际,分两次增资1.22亿元,有效缓解中鼎公司资金紧张的压力,保证中鼎物流园顺利开园。针对太兴铁路建设资金不足的问题,研究制订向太兴公司借款3亿元方案,并严格履行相关程序。主动介入准朔铁路重大股权收购项目,组织独立董事及相关人员实地考察调研,综合各方意见后提出项目“暂缓实施”的建议,缓和了资本市场对公司投资项目盈利状况的担忧。从资产完整、风险防控及投资保值增值的角度出发,提出以分公司模式实体运作太铁广场的方案。按照这一模式,成立太原配餐洗涤分公司。试水电商市场,以食品类产品为切入点,整理收集路内外品牌,拓展电子商务业务,天猫大秦食品专营店上线运营。

【信息管理】 适应资本市场,加强信息披露,打造优质蓝筹品牌。公司牢牢把握监管部门的转型脉络,以信息披露为重点,加强与控股股东实时沟通,实现信息数据无缝对接。密切监控关键时点业绩,于一季报、中期报告发布前,依规向市场发布业绩预减公告,管控市场各方预期。精准把控披露切入时点,在接到主管部门铁路货运价格调整的通知后,立即测算调价因素对公司经营结果的影响,采用应急方式及时公告,避免引起市场误读。严格落实内幕信息知情人登记制度,防止内幕信息泄露。全面升级投资者关系管理,继续健全以定期报告为时点,业绩说明会为载体的定期沟通机制。2016年,于定期报告发布后召开3次业绩说明会,参加山西证监局组织的“2016年上市公司投资者网上集体接待日活动”活动,与大同证券联合组织“走进上市公司”大型调研活动,实现了与投资者的有效、良性互动,在资本市场树立良好的蓝筹形象。

【科技创新】 开展课题攻关,确保公司规范运作。针对公司与铁总关联交易事项,多次赴证监局、交易所汇报说明,争取理解。牵头组织中介机构反复研究讨论,重新设计关联交易框架。经四届十七次董事会批准后,公司于2016年12月1日正式与铁总签署《综合服务框架协议》,使得这一清算关系复杂、数额较大的关联交易事项取得重大进展。针对唐港公司、侯禹公司、大西客专等关联合资公司拖欠委托运输管理费问题,组织相关部门及中介机构认真研究应对策略,及时向欠款单位发出催款函。适应公司转型发展要求,争取工商部门的理解支持,完成增加经营范围事项,为公司开展铁路现代物流、土地开发、合资铁路委托运输管理及餐饮、洗涤等业务扫除了法律障碍。

(代志兴)

山西中鼎铁路货运物流有限公司

【领导成员】

董 事 长　肖忠海(太原铁路局推荐)

副总经理　吴建文(太原铁路局推荐,主持工作)

副总经理、总工程师

张立志(太原铁路局推荐)

侯喜发(太原铁路局推荐)
杜　渐(太原铁路局推荐,助勤)
韩春志(股东方山西煤炭运销集团晋中有限公司推荐)
王水令(股东方晋中市公用基础设施投资控股(集团)有限公司推荐)
陈永新(股东方山西煤炭运销集团晋中有限公司推荐)

党支部书记

张　伟(太原铁路局推荐)

【概述】 依据《太原铁路局关于调整山西中鼎铁路货运物流有限公司机构编制的通知》(太铁劳卫〔2016〕2066号),中鼎公司人员编制暂设115名,其中行管人员47名(管理人员20人,业务主管27人),生产人员68名。机构设:综合部、计划财务部、策划招商部、调度部、多式联运部、客户服务部、信息技术部、物业安保部。

【公司治理】 2016年第一次临时股东会、第一届董事会第八次会议,于2月以议案、决议送达方式召开。通过了《关于山西中鼎铁路货运物流有限公司在既有建设基础上进行二次开发增加投资的议案》。

2016年5月27日,第二次临时股东会通过了《关于修改山西中鼎铁路货运物流有限公司经营范围的议案》《关于修改山西中鼎铁路货运物流有限公司章程的议案》。

2016年8月16日,第三次临时股东会、第一届董事会第九次会议召开,通过了《关于山西中鼎铁路货运物流有限公司与普洛斯投资管理(中国)有限公司成立合资公司的议案》。

2016年8月29日,第四次临时股东会通过了《关于山西中鼎铁路货运物流有限公司购买土地的议案》《关于山西中鼎铁路货运物流有限公司注册地址变更的议案》《关于山西中鼎铁路货运物流有限公司经营范围变更的议案》《关于山西中鼎铁路货运物流有限公司章程修正案》。

2016年12月30日,山西中鼎铁路货运物流有限公司2016年度股东会暨第一届董事会第十次会议、第一届监事会第五次会议在二楼会议室召开。董事会审议通过了8个议案,其中《关于调整山西中鼎铁路货运物流有限公司总经理、副总经理的议案》,建议调整总经理、副总经理人选,原董事长、总经理肖忠海先生不再担任山西中鼎铁路货运物流有限公司总经理,原太原铁路局营销处副处长吴建文先生担任副总经理(主持工作)。

【工程建设】 中鼎物流园一期工程主要为"两线一区":"一区"是指物流场区;"两线"是指从物流园区一线引入中鼎物流园站(原北六堡车站),另一线引入榆次编组站。永久用地2907.44亩,共计铺轨33.18km,新建房屋约5万m^2,2座特大桥计6304.4m。

1.征地拆迁。以"6·23"晋中市委领导现场办公会为契机,督促中鼎公司抽调骨干力量组成征拆工作组,由班子成员分片包保,按照项目属地行政区域分片对接,协调各级政府解决征地拆迁工作中的难题。经多次协调并在太原小店区、晋中市开发区、榆次区政府努力下,一期征拆工作全部结束,目前中鼎公司已向晋中国土部门完成土地交易,正办理土地证。

2.土地报批。通过和建设单位共同努力,陆续完成水浇地的占补挂钩确认、晋中市国土局审查、节地评价专家评审和山西省国土厅评审,用地组卷资料经多次修改后上报国土部,3月1日,取得《国土资源部关于太原铁路枢纽(北六堡)物流中心工程建设用地的批复》(国土资函〔2016〕86号)。

3.实体建设。该项目2012年以来,连续被山西省列为重点项目,倍受山西省委省政府和总公司领导的关爱和关注,为克服征地拆迁难点多,临近营业线施工安全风险高等不利因素,中鼎公司在铁路局的指导下,加强协调、统筹推进,组织各参建单位通过优化完善设计方案；量身定制工期节点；细化措施保施组兑现；科学组织，提前 20 天完成 270 万 m^3 土方拉运等。同时，加强安全管控，对工地试验室、混凝土拌合站建设实行了信息化管理；在 5335m 的迎宾路立交特大桥施工中实施了一墩一方案；建立和完善安全质量保证体系等。通过中鼎公司、施工、监理各方共同努力，陆续完成动静态验收，9 月 26 日铁路港试运营；11 月 7 日正式运营。山西省代省长楼阳生给予中鼎物流园建设“中鼎速度”的高度赞誉。

【建设资金筹措】 1.资本金筹集。资本金到位 13200 万元，其中 2016 年 7 月 13 日大秦股份有限公司到位 5700 万元；8 月 4 日晋中公投公司到位 1000 万元；9 月 13 日大秦铁路股份有限公司到位 6500 万元。

累计到位 96600 万元，其中：大秦铁路股份有限公司到位 63500 万元；晋中煤运到位 23100 万元；晋中公投公司到位 10000 万元。

2.银企协作。银行贷款到位 137200 万元，其中：工行晋中分行道北支行 36000 万元；农行晋中大学城支行 40000 万元；中行晋中市分行 29200 万元；交行太原望景路支行 2000 万元；建设山西省分行营业部 30000 万元。

【大事记】 1.1 月 14 日，山西省成立“推进中鼎物流园建设协调服务领导组”。

2.1 月 18 日，晋中市副市长任忠率领市规划局、住建局等部门负责人就中鼎物流园项目建设情况进行现场办公。任忠就项目建设过程中涉及的征拆供地等问题与太原铁路局等相关部门负责人进行协商解决。

3.3 月 28 日，榆次编组站Ⅲ、Ⅳ站场改造完成。

4.4 月 24 日，路局局长赵春雷与晋中市市长胡玉亭在中鼎物流园现场办公，协调解决征地拆迁、道路、水电气暖接通等问题。

5.6 月 19 日，全长 5335m 的迎宾路立交特大桥合拢。

6.6 月 30 日，迁出线特大桥合拢。

7.7 月 13 日，路局举办中鼎物流园招商推介会。局长赵春雷出席大会并致欢迎辞，山西省经信委副主任、省推进中鼎物流园建设协调服务领导小组办公室主任冀明德作重要讲话，路局总经济师俞蒙介绍中鼎物流园情况，副局长王全献出席会议，副局长刘枫主持大会。省市政府部门、企事业单位和新闻媒体共 170 人参加此次招商推介会。会上，山西中鼎铁路货运物流有限公司与山西国储物流有限公司、百世物流科技（中国）有限公司、安得物流股份有限公司、山西金昌国际物流有限公司、晋中大代物流有限公司 5 家企业签署战略合作协议。

8.9 月 1 日，中鼎物流园智慧物流云平台作为经典案例走进“百度世界大会”。

9.9 月 12 日，山西中普仓储管理有限公司成立。公司注册资本 1000 万元，其中山西中鼎铁路货运物流有限公司出资 400 万元，占注册资本的 40%；普洛斯投资管理（中国）有限公司出资 600 万元，占注册资本的 60%。公司经营范围：仓储，物流仓储设施及附属设施的经营、出租、管理及相关的商务信息咨询服务；仓储设备租赁，机械设备租赁。该公司的成立，标志着山西中鼎铁路货运物流有限公司和亚洲最大的现代高端物流设施开发商与服务商“普洛斯中国”战略合作的开始。

10.11 月 7 日，中鼎物流园正式开通运营。

（张　江）

晋豫鲁铁路通道股份有限公司

【领导成员】

董事长、总经理　王金虎
副董事长　刘　俊
　于喜东
　龚建中
监事会主席　潘来喜

副总经理　　程　章
　　　　　　徐跃峰
　　　　　　郝学臣
总会计师　　王祥义

【概述】 2016 年末,公司编制 64 人(含拟设立的晋豫鲁工程建设开发公司编制人员 34 人),现员 31 人。机构设:综合管理部、运输安全部、计划财务部、经营开发部。

【运输生产】 积极应对市场考验,加大运输组织协调力度,千方百计促进本线装运量和他线分流量的增加,并充分利用运价下浮等优惠政策,积极为上下游客户牵线搭桥,对部分长距煤炭运输实行一口价,调动企业发运积极性,于 9 月份成功开行兴县北至日照的煤炭直达列车。截至年底,全线完成货物发送量 360 万 t,实现运输收入 8.77 亿元,较计划 7.07 亿元增收 1.7 亿元,运输生产水平逐步向好。

【经营开发】 积极加快专用线建设,多次组织现场办公,协调解决建设中的专业接口、验工计价、变更设计等具体问题,督促加快施工进度,实现竣工投产。目前,由公司负责代建的 15 条专用线工程中,全部完工 10 条,接近完工 1 条,剩余 4 条也正在加紧施工,为逐步提高瓦日铁路运能奠定良好基础。积极推进汤台铁路资产移交工作,盘活既有闲置资产,以线路租赁等方式多方寻求合作,开辟经营创效增长点,全年非运输业务创收 517 万元。

【节支降耗】 针对运营电费支出问题,积极与有关供电部门协商,通过将供电方式由按容供电转变为按需供电,全年节约电费达 1.5 亿元。积极与各委管铁路局就委托运输管理协议进行沟通协商,综合各方利益,最大限度地压缩委管费用。积极创新筹融资和资金运作方式,通过开展提前还款、协定存款等方法,增加资金使用效益,全年节约资金成本 4000 余万元;对部分资金实施归集管理,全年增加利息收入 2000 余万元。积极开展税务筹划工作,通过研究"营改增"后的有关计税方法、甲供料和部分自购料的核算模式等,降低企业税负,节省成本 2000 余万元。

【国验工作】 大力推进剩余工程建设,全年共完成建设投资 51 亿元,完成总公司下达的年度投资计划的 100%。大力推进征地拆迁组卷报批和土地证办理,其中山西省完成全部征地报批工作的 83.4%,河南省完成 90.1%,山东省完成 83.2%。大力推进设备移交工作,全线公安派出所房屋、水质检测、防洪调研、长子南站重配套房屋复验交接、濮阳站站改验收等均已全部完成。大力推进档案制作及移交工作,济南局、郑州局管内施工单位资料已全部完成移交,太原局管内过半数单位已完成移交。大力推进安全设施移交工作,全线公跨铁设施及其附属安全设施移交 181 处,整改回复安全评估问题 1531 个,安全保护区公告完成 19 处,各项工作全部按照节点目标稳步推进。大力推进环水保工作,全线水保工作的资料收集、问题整改、自查自检、报验申请等工作均已全部完成,水保验收程序已经正式启动。大力推进消防验收,全线已完工房屋以及 17 座 5 公里以上隧道的消防验收和取证工作全部完成。大力推进压矿补偿工作,逐项突破难点,各项补偿工作进入收尾阶段。大力推进竣工决算工作,决算初稿编制工作已顺利完成,项目投资控制在清理概算之内。国验各项重点工作基本满足节点计划要求。

【施工安全】 坚持"安全第一,预防为主"的原则,有组织、有计划开展一系列安全质量监督、检查工作,集中解决一批质量安全突出问题和隐患。特别是针对既有线施工,组织有关部门和单位成立站改施工安全管理包保组,进行安全包保、现场盯控,确保了既有线施工安全。加强汛期安全排查,及时督促整治,确保了汛期行车安全。按照总公司和铁路局的安排部署,组织全线参建单位开展安全大检查,共检查全线在建工点 11 个,及已开通使用的路基、桥梁、隧道、四电线路、房建工程,发现问题 37 项,全部完成整改销号,实现安全年工作目标。

【经营管理】 进一步理顺内部管理关系,按照总公司和路局有关要求,对公司原有组织管理机构进行优化调整,撤销原有部分内设管理机构,组织成立经营开发部、运输安全部等职能部门,积极推进工程建设开发公司的筹建,为公司规范发展奠定了基础。积极推进日照路港合资公司组建工作,多次组织推进协调、现场论证等工作,及时完成各类审批资料,安排专人协调太原铁路局和铁路总公司加快审批进度,合资公司组建进入最后批复阶段。积极与各股东协调,审议有关报告和议案,并认真执行股东会、董事会以及监事会有关决议;顺利完成外商投资企业联合年检、"五证合一"工商登记变更工作及公司融资租赁方案表决;认真落实经营管理责任,特别对重大事项,严格执行公司章程和议事规则,依法履行公司决策程序,确保公司治理依法合规。

(关根锁)

其他单位

机关服务所

传媒中心

工程监理所

自备车管理

信息技术所

山西晋云现代物流有限公司

宁岢车务段(筹备组)

吕梁供电段(筹备组)

吕梁工务段(筹备组)

吕梁电务段(筹备组)

机关服务所

【领导成员】

所　　长　　　王永和

副 所 长　　　霍　光

【概述】 2016 年末,全所有职工 104 人(其中干部 11 人、工人 93 人;女职工 8 人)。

2016 年,机关服务所上下牢固树立服务理念,坚持食品安全、设备安全责任重于泰山,始终把安全工作放在各项服务工作首位,把服务好机关干部职工作为自己的生命线、作为干部职工的政治责任和职业底线,主要领导坚持主要精力抓安全、抓服务,较好地完成了全年各项工作任务。

【综合管理】 机关图书活动室续订 2017 年杂志 47 种、报刊 38 份,全年为 12500 余人次提供了资料查阅、健身锻炼服务,职工澡堂为 13700 余人次提供了洗浴服务,全年机关两院环境卫生保持较好,为机关职工提供了舒适愉悦的办公环境。

年内,机关服务所党支部扎实开展“两学一做”学习教育,学习教育中坚持以尊崇党章、遵守党规为基本要求,以用习近平总书记系列重要讲话精神武装全党为根本任务,教育引导党员自觉按照党员标准规范言行,进一步坚定理想信念,提高党性觉悟;进一步增强政治意识、大局意识、核心意识、看齐意识,坚定正确政治方向。经过一次主题党日活动、四次党课、四个专题的学习讨论,全体党员的党性观念和思想意识有效提高,全体党员对“党要管党、从严治党”有了更深刻的认识。

工会组织慰问职工子女中高考 8 人、慰问住院职工 19 人次、一次性困难救助 3 人次、就医报销 27 人次。高标准完成了职工健康休养、全局运动会队员选拔比赛、博爱慈善募捐、女职工妇科普查、大病医疗保障互助金及会费收缴等工作,参与完成了旧房二次分配等任务。

【膳食卫生】 膳食卫生科持续以“强三基、创三优”活动为抓手,严格执行《中华人民共国食品安全法》和《铁路餐饮服务食品安全管理规章》法律法规,认真落实路局劳动和卫生处制定的“一点一卡”管理制度,坚决在太原铁路局定点采购单位采购原料,各项进货票证、食品添加剂使用、炊餐具消毒、餐厨废弃物等台帐记录完整。年内路局疾控所 6 次采样检测食(饮)具大肠菌群,均符合卫生消毒标准,路局卫生监督所 8 次检查均未发生需整改销号问题。全体干部职工各司其职、各负其责,高标准完成了机关职工就餐、调度所送餐、集中修施工供餐及其他接待任务。全年在经费管理不超标、环境服务质量好、无卫生安全事故的前提下,窗口销售回笼资金 190 万元,就餐总人次达 60 万人次。

【设备安全】 机关生产用车实施集中调遣、汽车驾驶员实施集中管理后,设备安全科现配备车辆 67 台,职工 67 人(党员 37 人)。其中:科长 1 名、科员 2 名、汽车驾驶员 57 名、锅炉工 3 名、自行车车棚巡守工 4 名。2016 年设备安全科认真贯彻落实中央“八项规定”精神,强化公务用车管理工作。实行统一管理且不固定专门服务对象,严格“派车单”管理制度,实行“三优先保障原则、一车一单、一事一单”流动派车。出车实行《行车日志》管理制度,出乘驾驶员要按照“短途按趟、一趟一表,长途按日、一日一表”的原则,及时、认真、准确填记《行车日志》。车钥匙定置存放、统一管理,车辆定位停放,确保油满车净,随时出发。全体驾驶员严格遵守“十严禁”管理制度,时刻准备着以饱满的精神状态投入到出乘服务工作中去。2016 年全年完成长途、短途用车 10130 趟次,圆满完成了会务、接待、施工保障用车,全年产生车辆费用 160 余万元,比上年度节约 10% 费用。

年末,对锅炉设备存在安全隐患的部件进行了集中更换维修,对锅炉出水部分设备进行了改造,为存车棚加装了 20 组电源插座,极大地方便了机关职工的生产、生活。

【机关保卫】　机关保卫科在做好机关要害重点部门巡查的同时，开展了机关职工防火、灭火演练活动，为维护机关工作秩序的平稳有序保驾护航。

（段汉彤）

传媒中心

【领导成员】

主　　任　　史文琦
副 主 任　　张　富
　　　　　　张培旺
　　　　　　苏丽静
　　　　　　郭保安
党总支书记　陈建宇

【概述】　2015 年 12 月 13 日，根据《中共太原铁路局委员会关于组建太原铁路局传媒中心的通知》（太铁党〔2015〕74 号），撤销太原铁道报社、太原铁路有线电视台，组建太原铁路局传媒中心。传媒中心为正处级建制，业务上受路局党委宣传部（企业文化处）指导。传媒中心编制 68 人，机构设：综合部、编辑部、记者部、专题策划部、新媒体部、通联部、技术部、大同记者站、临汾记者站。2016 年末，现员 60 人（干部 51 人，工人 9 人）。传媒中心主要负责《太原铁道》《太原铁道通讯》《大秦风》的采编出版、印刷发行及管理工作；负责《太铁新闻》的采编，摄制各类电视专题片和宣传片，做好太铁电视频道自办节目的播放工作。

【宣传引领】　一是十八届六中全会精神的宣传引领。对路局党委举办党委中心组（扩大）学习会，传达学习党的十八届六中全会和全国国有企业党的建设工作会议精神进行报道。为深化党的十八届六中全会精神的学习宣传贯彻，引导干部职工把思想和行动统一到全会精神上来，特邀路局党干校部分理论工作者畅谈学习体会，分期刊发，进行解读。同时，重点采写报道了《宣讲走进王家湾典型带头当先行——路局党的十八届六中全会精神宣讲团深入王家湾站区》《宣讲到一线精神入人心——路局党的十八届六中全会精神宣讲团宣讲侧记》等。

二是全局党代会精神的宣传引领。通过报纸、电视，用镜头、文字对全局党代会的胜利召开进行全面报道。提前预热。刊发播报系列报道《旗帜的力量》《争当创新发展的时代先锋》《锻造太铁文化软实力》等；做好宣传，报纸开设专版专栏，电视进行现场采写、专题播报等。第一时间，将全局党代会召开盛况及圆满闭幕的消息，全程进行播报，将党代会精神通过报纸、电视播报给全局职工。并配发特约评论员文章《不忘初心砥砺奋进》《蓝图绘就重抓落实》做好引领，通过图解，对报告内容精神进行解读。做好策划。于大会召开之际，对全局 14 个党内优质品牌及其特色做法进行集中展示。并刊发 20 位党员寄语。策划视觉专刊《不负使命认真履职绘就蓝图团结奋进》。

三是全局职代会精神的宣传引领。在报纸、电视连续刊发、播报《学习领会精神实质坚定打造“六新太铁”必胜信心》《让安全太铁成为全局创新发展的基石》等系列评论员文章 8 篇；策划 4 个图文专版进行解读，做好精神解读和导向引领。突出引导“为太原局好”最大公约数成为太原局全体干部职工共同的价值取向。开辟专栏，撰写评论，引导全局干部职工时时处处把“为太原局好”作为一切工作的首要信条，把“与太原局同荣辱、共奋进、敢担当”变成自觉行动，真正做到“太铁安全我负责、太铁效益我尽责、太铁发展我有责”。

四是“两学一做”学习教育的宣传引领。及时宣传路局党委“两学一做”学习教育安排部署，讲好学习教育的重大意义、目标任务、方法途径、责任要求等，在报台开设“两学一做”专栏进行宣传报道。对路局党委中心组召开“两学一做”专题学习及推进会，全局“两学一做”学习教育骨干培训班开班，基层党组织扎实推进“两学一做”学习教育“让每名党员学起来做起来”等动态信息进行报道播出。专题采写报道《一个先进党总支的反思与进取——大同工务段王家湾线路车间党总支开展“两学一做”学习教育纪实》《学以致用争做增运增收排头兵——路局调度所党员两学一做真学实做侧记》等。并把镜头对准普通党员，制作专题片《做合格党员——助残日访太原站改梅助困室》等。

五是“转观念、闯市场、增效益”主题教育活动的宣传引领。在路局提出创新创效创业总体安排部署后，连续刊发《打造动力强劲的创新引擎》《拓宽与时俱进的创效途径》《掀起众志成城的创业热潮》等3个系列评论文章进行宣传引领，用重要讲话精神统一干部职工的思想，引导全员立足岗位创新创效创业。开辟“转、闯、增”“经营视角”“营销经”等系列专题专栏，对路局党委举办“转观念、闯市场、增效益”主题教育活动专题宣讲等重要动态活动、路局与百度公司签订合作备忘录、路局举办“互联网与传统产业融合发展”高端讲座等全局专项工作推进动态、措施效果等进行及时报道播出；同时，通过“研究与思考”“党旗红”等栏目，对站段干部职工“转、闯、增”交流研讨和活动亮点进行跟进报道。策划专题讨论。开展“如何‘转、闯、增’，站段领导干部如是谈”专题系列讨论，专版刊发8个站段领导谈“转、闯、增”，连续刊发五期站段领导《互联网与传统产业融合发展高端讲坛学习体会摘编》；策划专题播报，统筹报纸电视，专版专题报道播出榆次站“转观念、闯市场、增效益”主题教育示范讨论实录《头脑风暴接地气鼓干劲》；策划专题系列，对全局资产经营开发“亮点”项目进行采写，播出报道了《“连锁经营”打开创效新天地》《“提档升级”打造旅游列车新品牌》《“量身定制”强推物流总包新产品》等10个系列报道。重点采写报道，山西太铁联合物流有限公司转型发展探秘《动力转换进行时》；路局调度所与基层站段协作“转观念、闯市尝增效益”侧记《沉一线调研促保量增收》等。

【重点报道】 一是中鼎物流园的宣传报道。全面做好“中鼎物流园”开园的宣传策划及重点报道。及时报道中鼎物流园开园、“中鼎现代物流发展论坛”等重要新闻。策划专刊、专版“中鼎物流特刊”“中鼎现代物流发展论坛掠影”“中鼎物流园开园掠影”“中鼎开园啦”等。对中鼎物流园开出首趟列车，中鼎物流园区电务设备顺利开通重点推进工作、中鼎物流园运营满月运输效益稳步增长进行报道等。

二是集中修施工宣传报道。组织记者深入一线班组，把镜头对准奋战在大秦、北同蒲、侯月、石太线集中修现场的干部职工，采写播出了《大同站“三个严抓”编织大秦、北同蒲集中修施工安全网》《侯马北供电段树立新理念助推侯月线集中修施工》《太原南工务段千人奋战石太线》《集中修又见“喜师傅”》《“秦大队”的第33个集中修》等。

三是运输安全生产的宣传报道。以“安全、优质、高效”为主题，围绕“上下同心协作，目标同向发力”，集中力量专题报道春运、暑运期间同，十一、春节小长假运输安全生产。春运工作宣传报道方面。以“宣传‘三个出行’常态化，讲好太铁人春运故事”为主题，把镜头对准一线职工。策划新春佳节特别直通车，用镜头展现了年轻一代列车长的春运故事、“赵老先生的春运探亲路”“除夕夜响起了生日祝福歌”等；用文字记录了路局“东、西、南、北”四个点，即“东大门”石太线坡头站、“西大门”太中银线柳林南站、“南大门”南同蒲线风陵渡站、“北大门”京包线柴沟堡站，干部职工春节期间坚守岗位的感人事迹。暑运工作宣传报道方面。开辟情系暑运专栏，对单位专项工作及干部职工抗暑运战高温进行报道。策划通栏专版《今年暑运真叫个热》，宣传报道奋战在各条战线上的干部职工。采写专题报道《真情献暑运合力创佳绩——2016年太原客运段暑运服务工作纪实》。

四是防汛抗洪的宣传报道。做好宣传发

动,迅速对局长1号令,防洪工作会议精神进行宣传报道;深入现场采写,派出多路记者深入一线单位,播出太南工务段、路局调度所、太原站、太原南站等单位抗洪保安全的典型事例;做好专题策划,重点采写报道了《构筑防汛抗洪“铜墙铁壁”——路局全力应对强降雨确保运输安全畅通综述》;策划了视觉专版《干群合力抗水害昼夜奋战保畅通》,专题通版《防汛抗洪群英谱》,对强降雨天气下,太原南站、太原机务段、太原公寓管理段等16个单位职工处置安全隐患确保安全的典型事迹进行报道等。同时,报纸、电视开辟“防洪防汛一线风采”“抗洪我们在行动”等专栏、栏目,把镜头对准抗洪一线干部职工,重点报道了《“闸把”无言显担当——太原机务段干部职工应对石太线恶劣天气行车安全侧记》《暴雨袭来情满站——太原站馨旅服务台共产党员李小勤“一家三代”服务旅客的暑运故事》等典型事迹。

五是工务系统安全风险管理暨安全文化建设现场会的宣传报道。报纸策划整版,全面围绕局工务系统安全风险管理暨安全文化建设这一主题,四个版面图文并茂进行宣传报道。重点对全局召开工务系统安全风险管理暨安全文化建设现场会、赵春雷局长致全局工务安全风险管理暨安全文化建设现场会的一封信、工务系统安全文化建设巡礼,现场会掠影等进行宣传报道。头版专题报道《痛则变变则通通则强路局工务施工安全质量实现新飞跃》。

【弘扬先进】 弘扬先进人物。集中采写播报2015年度“全局最具影响力人物”专题报道等,用典型感召干部职工全心全意“为太原局好”。宣传劳模,专题播出《向劳模致敬》,专版报道《弘扬劳模精神打造“六新太铁”——全局劳模先进座谈会发言摘录》;反映先进党员的典型事迹《坚守大秦铁路的岁月——记大同西供电段阳原检修队工长、共产党员王养国》;制作了专题片《太铁工匠-全局高科技人才展播》,报道了张龙、邵啸海、李世明等人物事迹。弘扬典型,通过“星耀太铁”栏目,对“2015年度全局最具影响力人物”进行宣传报道。重点采写报道了安全典型太原机务段原段长陈海波、营销典型大同站刘贵平、坚守“道钉本色”的太原工务段防护员李洪志等。同时,专题专版报道了“中国好人”太原站杨静。

采写先进集体。派出文字、摄像记者,专题策划、重点采写了反映王家湾精神的长篇通讯报道《一座铁路人的精神丰碑》;资产经营“十大品牌”系列报道《“一流品牌”助推创新发展——全局资产经营开发“十大品牌”创建活动现场展示侧记》等;反映服务基层服务职工的《聆听心声传递真情——路局12306客服中心服务旅客掠影》《“三个直通”让服务职工更精准》《路局劳卫处创建“服务一线联系基层”工作机制纪实》等。

紧贴一线,讲安全生产小故事、树生产一线普通人物。报纸进行了改版,开设了“体验”“练功场”“枝叶情”等新专栏。拍摄了《我的春运心声》等注重个体价值,记录众多职工内心旁白和愿景的电视节目等,拉近媒体与一线职工的感情距离。

【支部建设】 围绕中心工作,发挥组织保障作用,以支部建设为龙头,压实分管责任,细分任务清单,努力发挥把大局、把方向的作用。强化党员日常教育。组织党员集体学习、上专题党课、组织专题研讨、撰写学习体会等;扎实推进“两学一做”学习教育,把“两学一做”学习教育与践行党的新闻舆论工作的职责和使命结合起来,在全体党员中开展"弘扬工匠精神,提升传播品质"主题实践活动,学做并重,知行合一,加强全员思想政治建设,提升队伍素质,促进融合优化,全面提升工作质量。结合传媒中心工作实际,于6月18日组织全体党员奔赴左权麻田八路军总部纪念馆开展“传承太行精神,振奋担当创新”主题党日活动。全体党员站在党旗下重温入党誓词,庄严承诺,传承太行精神,振奋担当创新,用坚定的理想信念,用手中的笔和镜头，宣传好党的事业，做党的事业的坚定守护者和拥护者，永远跟党走，做一名合格的共产党员。坚持正面引导，凝聚共识，积极推进企业文化建设，努力构建“置而有序、洁而共享、文而化人”的环境，致力营造见贤思齐、崇德向善的良好氛围。传媒中心被评为2016年度机关先进集体。

【大事记】 中层干部落编。按照政治素养、业务能力、品德修养考察干部，从个人能力和团队合作出发搭配正副职，拟定了落聘方案草案，经请示路局分管领导和人事处同意，在征求中心干部意见的基础上，对编制内中层干部进行了落编。

入驻新办公区。通过严密组织、技术攻关，组建调试，于2016年8月27日搬入太铁广场A座22层传媒中心新办公区，顺利实现非编、导播等新设备，配电柜，媒资等旧设备的组建、搬迁调试成功。

实现电视高清和标清信号同步输送。通过铺设光缆，增加高标清编码器、调制器，进行点对点调试等，太铁传媒频道和铁道影视频道实现高清和标清信号同步输送，成为全路18个局首家。

（陆青红）

工程监理所

【领导成员】

所　　长　　冯世彪

副 所 长　　薛新宁

工 程 师　　赵建军

【概述】 工程监理所是路局直属单位。年末，全所有职工40人，其中所长1人，副所长1人，总工程师1人，机构设综合部、工程管理部、技术部、开发部及大同、临汾工程监理站。

【生产任务】 中鼎物流园建设从年初开始入园建设，于11月7日开园运营。该所担当施工监理任务的曹妃甸港区扩能改造工程在全路首次实现“4m线间距双线墩”邻近营业线不停电架设单线梁施工，于年底顺利开通运营；太北枢纽西南环线汾太疏解线特大桥和大西代建太钢特大桥紧邻石太线和石太客专，施工场地狭窄，桩基、承台、墩身施工安全风险极高，以风险最大的两处门式墩和新店街上跨计18片梁安全顺利架设完成为标志，全年汾太疏解线特大桥全部、太钢特大桥绝大部分下部结构施工顺利完成，为2017年大西高铁引入太原枢纽和西南环线（除东晋隧道外）开通创造了条件；南同蒲、京原电气化改造主体工程大部分完成，全面完成施组计划；路局胜利街职培中心高层住宅楼、太原南动车所Ⅰ类变更项目、太原南站行车室搬迁、增加视频监控系统改造等工程按期顺利完工并交付使用，朔山联络线、临县北铁路专用线等按计划稳步推进。

【安全管理】 一是明确职责，提高安全责任意识。完善风险管控体系，动态完善了安全管理职责、工作流程、工作标准和考核标准，从领导班子到现场每一个监理岗位做到岗位有职责，工作有流程，落实有标准，考核有依据。全体干部职工牢固树立“安全第一”的思想和“施工安全无小事”的责任意识、“安全问题必须立即解决”的危机意识，时刻保持清醒头脑，始终把主要精力放在抓安全、保安全上。二是把握关键，强化施工安全过程控制。围绕营业线及邻近营业线施工、特大桥施工、隧道施工、大型机械使用、人身安全等容易“砸锅惹祸”的安全风险关键项点，制定了针对性的卡控措施，强化现场安全卡控，加大了过程巡视检查力度，特别是太原北站邻近营业线重点施工，分不同施工阶段制定了监理保证措施，加大监理力量投入和激励倾斜，严格落实干部包保和全程旁站安全监理，发现和处理了现场存在的290多个安全问题，这些问题全部纳入“问题库”，督促施工单位按期进行整改销号，实现闭环管理。全年太原北枢纽、南同蒲、京原、曹西、北同蒲、太原南等各项营业线和邻近营业线施工，做到只要现场有施工作业，就有监理人员在现场进行安全盯控,实现了安全卡控全方位、全过程、全覆盖。三是狠抓制度落实,强化安全责任考核。认真落实月度安全例会制度、安全工作专项巡视检查制度、安全日常巡视检查制度、安全关键项点旁站监理制度和安全管理考核及责任追究制度,每月对当月各个项目安全进行考核,及时下发考核通报,全年共计对发生安全问题的 23 名相关责任人进行了考核和责任追究。

【质量管理】 始终把工程质量作为监理工作“饭碗”工程“生命线”工程。在质量控制上,一是明确了各级质量管理责任,从监理所层面,进一步细化明确了监理所领导、机关各部门、项目监理部三级质量管理责任;在项目监理部层面,建立了以总监全面负责、监理工程师按专业分工负责、监理员岗位负责的质量管理体系,明确了各级、各岗位的质量责任。二是强化了源头控制。重点抓好施工组织、开工报告、专项施工方案的审批关,必要时由监理所提供技术支持,组织专家论证。对工地试验室、拌合站、钢筋加工场等按照标准化、信息化要求进行验收,合格后方可投入使用,严格进场人员、机械的资质审查,强化了进场材料的见证试验或平行检验,试验合格后方准进场使用。三是抓好过程控制。在施工监理过程中,督促施工单位严格按照设计文件和施工方案组织施工,认真履行监理验收程序,凡验收不合格一律不得进行下一步施工。四是狠抓问题整改。对施工过程中检查发现的质量问题,现场能立即整改的,要求施工单位立即进行了整改;不能立即整改的或惯性问题,一律下发监理工程师通知书,要求施工单位限期进行了整改;对于较大质量问题,由总监下发工程暂停令,要求施工单位停工整改。问题整改,现场监理人员做到了一盯到底,闭环管理,从而确保了整改质量和效果。五是强化了督导检查和考核追究。全年,监理所领导采取了分片包保,不定期重点抽查,业务部门日常全面检查的方式,强化了对各个项目施工过程的督导检查,对检查发现的问题,一律纳入项目监理部月度考核。全年考核监理人员 13 人次,清退监理人员 9 人。

【市场开发】 全年先后承揽京原线太原局管段电气化改造、南同蒲侯马至风陵渡电气化改造、新建太原至焦作铁路山西段一标段、西南环线太西隧道进口至晋祠隧道进口段改线等 29 项工程的施工监理任务,监理合同额 4134.6 万元,较去年有较大幅度的提高。10 月份承揽了新建太原至焦作铁路山西段一标段施工监理任务,这是监理所成立以来承揽的第一项真正意义上的高速铁路监理项目。由监理所主要领导牵头,成立了专门的债权清理工作小组,明确分工,责任到人,限期完成,做了大量艰苦细致的工作,较好地完成了年初制定的债权债务清理目标。全年超额完成路局下达的经营收入 2500 万元和利润 150 万元的经营考核指标,分别达到 3053 万元和 430 万元。

【教育培训】 通过公开选聘和相互推荐,全面考察、择优录用,共计引进测量、试验、桥梁、隧道、路基等方面的专业监理人员共计 30 余人,基本满足了现场监理工作需要。鼓励在职人员参加路局职称评审,全年有 2 名同志通过高级职称、3 人通过了中级职称评审,监理所及时给予了相关待遇。积极创造条件,鼓励参加上级部门的各类培训,在施工监理任务异常繁忙的情况下,想法设法,保证了监理人员按时参加各类取证或继续教育及其他业务培训,全年组织了国家注册监理工程师考试 14 人,通过 4 人;铁路总监理工程师培训 1 人,通过 1 人。参加国家注册监理工程师继续教育培训 13 人次,铁道部监理工程师继续教育 12 人次,造价工程师继续教育 1 人次,完成国家注册监理工程师初始、延续、变更、人员转入等注册 45 人,完成铁路监理工程师证书更换 21 人,队伍整体素质得到了明显提升。

【职工生活】 一是为项目监理部租用了办公生活用房,配齐了办公生活用品,配备了必要的交通工具,开设了小伙食团,解决了一线监理人员吃住难题。二是尽量安排职工正常休息，确实工程施工任务繁忙不能正常休息的，在施工不太紧张时安排调休。三是安排3名同志健康疗养；投资7.68万元为256名人员（含外聘人员）办理了人身意外伤害险。四是为所有职工及外聘人员发放了茶叶、绿豆、夏令防暑盒等防暑降温用品，冬季配发了棉大衣、防寒手套等防寒过冬用品，每季度按时发放职工劳保洗漱用品，配发统一的工作服等。五是在三八、端午、七一、中秋、春节等节日，由所领导带队，对女职工、坚守施工监理一线的监理人员、困难职工和党员等进行慰问，为食堂、伙食团采购了米面油、粽子、月饼等，并按工会要求为职工配送了米面油等过节用品，体现了单位的温暖和关怀。六是在监理所经营效益逐年好转的情况下，年初在路局统一增加岗位工资的基础上，在政策允许范围内对监理所生产奖基数进行了调整，发放了经营效益一次性奖励，职工收入较往年有了较大幅度的提高，企业的凝聚力和职工的获得感得到了进一步增强。

（薛新宁）

自备车管理

【领导成员】

主　　任　　张国忠

副 主 任　　杜新民

　　　　　　丰　雷

　　　　　　王喜来

【概述】 路局自备车管理办公室是依据太铁编〔2010〕36号文件，从路局运输处附属机构划出后，于2011年初调整组建而成的，系路局直属单位，现员28人，下设运营科、车辆调度科、核算科、财务科和综合科5个科室。2015年2月12日，经党政联席会议研究，决定设立大秦铁路股份有限公司太原自备车中心，与自备车管理办公室实行“一个机构、两块牌子”。

自备车管理办公室主要负责贯彻落实中国铁路总公司《自备铁路车辆经国家铁路过轨运输管理办法》等各项有关企业自备车的办法、规定，准确掌握自备车企业车辆及过轨运输情况，协助企业向铁路总公司起草过轨运输要约通知公函，确认并核实要约通知资料，按规定与企业对不跨局过轨运输的自备车签订过轨运输协议，正确行使《过轨运输协议》的权利，履行相应义务，协调铁路部门与企业自备车产权方的关系，维护正常的自备车运输秩序，搞好企业自备车的运用管理，并按照物价部门批准的收费项目和标准做好收费工作。

【运营管理】 年内，针对自备车管理中存在的过轨运输协议把关、超期自备车违章过轨运输卡控、危险货物运输等安全关键点，以及自备车收费、核算等方面的经营性问题，从安全管理和基础管理入手，加大检查力度和问题梳理，认真落实整改，达到了超前防范过轨企业自备车安全风险和经营风险的目的，有效促进了自备车运营管理水平的提高。不断强化KM70自备车的运营管理，由主管副主任带队，多次深入装车站、卸车站以及武乡电厂进行调研指导，协调做好破损车辆整治，并按期完成了120辆KM70车的第二次段修任务。同时，积极寻找运输市场，拓展KM70运输范围，在玉门沟—武乡电厂的基础上，进一步优化运输组织，提高自备车周转率，于2016年11月1日又增加魏家滩装车站，较去年同期增加收入28%。

【基础管理】 根据安全规范化建设需要，为进一步提高安全管理职责、工作标准及重点工作流程的科学性、适用性、有效性，切实加强安全风险过程管控，组织对安全管理职责、工作标准进行了修订完善。

按照太原铁路局多元化经营成果共享机制的要求，认真落实《太原铁路局自备车管理考核办法》，做到了专门统计，专项考核，按期兑现，促进了站段自备车管理工作的积极性。

【过轨情况】 2016年，局管内经国家铁路过轨运输的自备车企业共计8家，过轨企业自备车5365辆，其中：敞车3321辆、罐车1349辆、矿石车695辆，运行范围涉及全路各铁路局，运输品名为煤炭、铝矾土、氧化铝粉以及化工产品等。

（张学山）

信息技术所

【领导成员】

所　　长　　宋锦平

副 所 长　　郭文哥

　　　　　　呼志峰

　　　　　　乔小龙

【概述】　信息技术所是路局直属单位，2016年，信息技术所狠抓党建工作、制度建设，强化基础管理、运维管理、安全管理，全面提升干部职工执行力，不断创新工作思路，努力提高信息化工作质量和服务水平，强力推进中鼎物流园信息化、车间班组联网、站段电子公文系统等重点工作，促进路局信息化发展。

下设综合科、软件科、设备科、运行调度科、网络安全科共5个科及大同维修站。负责信息系统的开发、试验、推广，应用项目的运行维护、技术支持等工作。管理固定资产4.731亿元，各类信息系统设备22043台（件），其中大型主机及其附属设备88台、存储设备219台、微机服务器773台、微机3498台（件）、显示器及终端设备3324台、各种UPS电源1669台、空调机150台、各种网络设备4995台（件）、其他设备7367台（件）。承担着全局223个既有投产应用项目的运行维护、设备维修工作。

2016年末，信息技术所现员82人，太原本部64人，大同维修站18人。其中高级工程师10人，工程师39人，助工25人，技术员1人，干事1人，工人6人。

信息技术所运维项目覆盖太原铁路局运输生产、经营管理、客货营销等各个领域。截止2016年底，投产的信息系统应用项目主要有客票发售与预订系统、电话订票系统、客服系统、自动售检票系统、货运制票系统、货运计划系统、调度系统、货运电子商务系统、十八点统计报告系统、确报系统、铁路车站综合管理信息系统、车号识别系统、三晋货物快运服务平台、电子公文管理信息系统、95306网山西区域板块及纸和纸浆板块、太原铁路局检测车数据综合应用系统、大秦线提效运输组织分析决策系统等223个项目。

【安全管理】　1. 加强安全关键时期重点工作的检查。所领导组织各科、站有关人员召开了信息系统安全关键分析会，对全所安全风险和隐患排查情况进行了分析、研讨，从机房管理、运维管理、应急预案管理、机房基础设施、应用项目相关软硬件的运行状态管理、系统管理等方面重新梳理安全风险项点14条，进一步完善风险防范控制措施，杜绝安全风险隐患发生。

2. 做好春运、春节等重大节日（会议）期间信息系统安全检查。认真落实总公司及路局要求，在春运、春节等重大节日（会议）期间，提前筹划，重点部署，全面安排。2016年，在重大节日（会议）期间值班值守200余人次，下现场检查130人次，全力保障信息系统设备运行安全，确保了运输生产平稳有序。

3. 组织开展网络安全自查。结合项目实际，成立了“客票发售与预订系统”“铁路综合计算机网”“中国铁路95306网”“供电远动系统（SCADA）”“太原铁路局互联网门户网站”五个专项检查小组，从网络安全管理、技术防护、应急工作、宣传教育培训、应急处置与容灾备份、控制系统安全防护情况、重点网站安全防护情况、数据泄露及系统被控情况落实等八方面进行了全面自查，并对发现的三个重点问题和漏洞立即采取了应对和补救措施，全力保证网络安全。

4. 强化应急管理专项检查。以应急预案管理、重要信息报告、应急值守、应急资源管理4个方面作为检查重点，重新梳理和规范13个应急预案（处置流程）资料，并对自查存在的信息不畅、操作不当等五个问题，逐一分解，落实到人，做好整改。全年开展了客票系统、电商系统等9次应急演练，通过演练，提升作业人员应急处置能力，提升应急管理水平。

【重要工作】 1. 加快车间班组联网工作。组织网络技术人员加快对全局39个需要联网的站段及辅助单位共4216个车间、班组联网点实行分批实施，最终实现了1510个源点接入工作，其中原平车务段（含）以北854个源点，原平车务段（不含）以南656个源点。

2. 开发“大秦线提效运输组织分析决策系统”。对大秦线运输组织进行调研分析，并积极与运输部门对接，从提高湖东站运输组织水平，提升运输分析质量，完善运输指挥人员作业技能等方面着手研究，组织技术人员开发了“大秦线提效运输组织分析决策系统”，通过对调度系统、现车系统中的数据进行识别、过滤、匹配，实现了列出到发预测、合理掌握司机叫班、提效同时压缩超劳，为大秦线提效运输固化成果。

【系统建设】 1. 加快推进“中鼎物流园”信息系统建设。2016年，“中鼎物流园”开通成为路局现代物流转型发展的重要标志，作为主要参战单位，该所竭尽所能，全力以赴，抽调了副所长在内的8名技术人员配合百度公司开展云平台的建设、测试等工作，安排项目人员现场为中鼎物流园铁路港信息系统维护人员讲解车站、现在车查询等7个系统客户端的安装、功能、操作流程等内容，同时，根据铁路港各系统岗位配置情况，帮助安装了电子公文、车站系统、货运制票等9个系统，确保系统满足上线运行条件，为中鼎物流园的开通作出积极贡献。

2. 推进电子公文管理信息系统。6月全面开通站段电子公文管理信息系统，通过扎实调研，细化方案后，分三批对67个基层单位进行实施，解决疑难问题203个，同时为基层单位制作电子印章145个，保证站段电子公文系统的顺利投产。

3. 升级运输调度管理系统TDMS5.0系统。完成计划调、计划查询、计划维护、车站上报站存车、日班计划平台、行调查询、客调、动调、TD结合、军特调、施工计划等16个子系统的升级，进一步完善了机调、计划调等相关功能，成功实现了与邻居数据交换新模式，提高调度指挥水平。

4. 推广“铁路限界管理及超限超重货物运输辅助决策系统”。按照《中国铁路总公司运输局关于推进铁路限界管理及超限超重货物运输辅助决策系统的通知》（运营专业电〔2016〕812号）要求，联系总公司课题组完成系统环境安装及部署，并配合总工室、货运处完成了系统相关培训工作，系统的上线运行为限界及超限超重货物管理提供了有效依据。

5. 建设“综合网虚拟平台”。组织技术人员积极研讨利用虚拟化技术满足项目的多元化及应用要求。在实际调研，反复研讨后，利用虚拟化技术，建成基于VMwarevSphere6.0虚拟化软件的“综合网虚拟平台”，既合理有效利用信息资源，又满足新项目快速上线。现在上线运行的项目有6个，分别是：客运管理系统、铁路物资管理信息系统、铁路局物资采购商务平台、审计管理信息系统、机务驾驶证管理系统、运输收入综合信息系统。

【系统研发】 1. 研发“现代物流专题网”。组织技术人员完成“现代物流专题网”的功能设计与程序编制工作。使用该系统，推进办可实时发布督办通知、督办通报、推进动态、物流规划等方面的信息，为全局物流转型发展提供准确的信息和指导。

2. 研发“路局机关办公房屋信息管理系统”。着手研发“路局机关办公房屋信息管理系统”，通过现场调研、制定方案、功能开发和测试等，完成了路局机关东西院各办公楼层的房屋信息录入、图片上传等，提供了精准的房屋信息。

3. 研发“车站中停时预警查询系统”。组织项目人员开发车站中停时预警查询系统。开展需求调查、方案设计、数据来源分析、算法设计、代码编写、程序测试等一系列工作,实现了现车停留时间查询、平均停留时间统计、号码制中停时统计等功能,为运输生产组织与分析提供了有效的信息。

【节支降耗】 秉承“机关服务,基层自立”的原则,加大对生产一线的指导和支持力度,同时,也通过各种途径开源节流,节省资金。2016 年,信息系统委保项目 16 个,其中续保 15 个,新增 1 个,公开招标采购服务商的 9 个,单一来源方式采购服务商的 5 个,竞争谈判方式(5 万元以下)采购服务商的 2 个,较预期相比节约支出 42.22 万元,为路局的节支降耗工作做出了积极的努力。

(王　颖)

山西晋云现代物流有限公司

【领导成员】

总 经 理 沈　冰(兼)(2016 年 5 月 11 日任)

副总经理 葛建山(2016 年 11 月 11 日任)

【概况】 依据路局 2016 年 5 月 9 日下发《太原铁路局关于设立晋云现代物流集团公司的通知》(太铁劳卫〔2016〕2027 号),成立晋云现代物流集团公司。公司编制 23 名,其中设行政领导 5 名,其中总经理 1 名,副总经理 4 名。内设运营部、发展策划部、信息化部、财务部、综合部。8 月 3 日路局下发《太原铁路局关于晋云现代物流集团公司更名的通知》(太铁劳卫函〔2016〕582 号),将晋云现代物流集团公司更名为山西晋云现代物流有限公司。

【云平台研发】 中鼎智慧物流云平台(以下简称“云平台”)是路局在深刻领会国家“互联网 +”战略思想的基础上,与百度公司合作开发的以海、铁、公、航交通网络和实体物流资源为基础,以互联网、云计算、大数据为支撑、以实现“一站式、一单制、一体化”多式联运为核心功能的供应链服务生态平台。

云平台充分发挥铁路路网、铁路运力、铁路货场、物流园区、物流中心、物流网点等资源优势，充分利用公路、航空、港口、海（水）运、城乡配送和其他社会物流资源，构建以多式联运服务为核心功能的供应链服务生态体系，向用户提供最优的供应链和多式联运解决方案。云平台通过信息流带动商流、物流、人流、资金流、技术流相互融合，优化资源配置，提升物流效率，带动区域经济的发展。

云平台定位与目标。1. 定位:以“一站式、一单制、一体化”多式联运服务为核心功能的供应链综合服务生态平台。

路局发展现代物流,是站在现代物流组织者的角度来谋划推进的。云平台作为现代物流的“天网”,其定位不仅是一个物流运营平台,而是能够提供供应链综合服务的生态平台,是能够实现“一站式、一单制、一体化”的多式联运服务平台。

2. 目标:着力探索市场化运作条件下,铁路发挥骨干作用,主导开展以多式联运为核心功能的供应链平台服务,为铁路改革转型、创新发展拓展新天地。

面对国家宏观经济、山西区域经济创新驱动、转型升级的迫切需要,铁路运输企业深化货运改革,走市场化发展的道路,从传统的铁路运输企业向铁路现代物流企业转变,已是当务之急。太原铁路局转型发展的现实矛盾尤为突出,建设一个面向市场、全社会,发挥铁路主导作用,能够提供以多式联运为核心功能的供应链服务生态平台,全力支持现代物流各要素的高效率、低成本配置,成为该公司的战略目标。

云平台系统架构。云平台集物流电商、物流调度、支付结算、综合服务、云仓储、综合电商、生态 O2O、金融服务、数据交互、应用开发部署等 10 大系统于一体,并努力与路内、物流园区、社会企业等信息系统实现互联互通、数据共享,作为路局开展供应链综合服务和多式联运的“指挥中枢”。通过云平台系统资源的综合利用,为线下实体物流和多式联运业务提供有力支撑,从而带动社会实体经济降本增效。

1. 物流电商系统：发货方、承运方可通过发布货源、车源信息，完成物流交易业务。

2. 物流调度系统:通过云平台智能计算,为用户提供最优的物流解决方案。

3. 支付结算系统:为用户提供线上支付结算服务。

4. 综合服务系统:为物流企业提供运输全过程的信息管理服务。

5. 云仓储系统:对线下实体仓库运用进行全方位信息化管理。

6. 综合电商系统:为用户提供商品展示与交易服务。

7. 生态 O2O 系统:为用户推送餐饮、住宿等商务、政务、生产、生活配套服务。

8. 金融服务系统:为用户提供基于供应链业务的金融产品服务。

9. 数据交互系统:为系统间提供数据交互服务。

10. 应用开发部署系统:云平台后台基础框架管理控制系统。

云平台研发阶段。中鼎智慧物流云平台项目按功能分为十大系统,其中一级功能 76 项、二级功能 240 项、三级功能 629 项。项目自 2016 年 6 月 17 日开始实施,至 2017 年底完成,分四个研发阶段。

第一阶段从 2016 年 6 月 17 日至 2016 年 9 月 30 日;第二阶段从 2016 年 10 月 1 日至 2016 年 12 月 31 日;第三阶段从 2017 年 1 月 1 日至 2017 年 6 月 30 日;第四阶段从 2017 年 7 月 1 日至 2017 年 12 月 31 日。

四、云平台实现功能。1. 第一阶段。第一阶段 2016 年 5 月至 9 月 30 日，完成物流电商系统、物流调度系统、支付结算系统、物流综合服务平台、云仓储管理系统、综合电商系统、数据交换系统、应用开发部署 8 个系统的基本框架，理顺各系统业务流程，实现每个系统的基本功能，满足开园条件，其中合同内一级功能 62 项，二级功能 154 项，三级功能 368 项，其中延期或取消 36 项。二阶段前置功能 16 项，因线下业务实际需要增加功能 13 项。一阶段共计完成研发功能 361 项。

2. 第二阶段。第二阶段 2016 年 10 月至 12 月 31 日,完成清算系统、O2O 系统、云仓储系统、数据交互系统、物流综合服务系统、综合电商系统、物流调度系统、物流电商系统等系统的功能升级,理顺各系统业务流程,实现每个系统新增加的功能,合同内一级功能 55 项,二级功能 108 项,三级功能 236 项(一阶段已完成 16 项,取消 27 项,后移 28 项,调整 9 项),因线下业务实际需要增加功能 28 项,四阶段前置到二阶段 36 项,一阶段延期 1 项(二阶段未完成)。二阶段共计完成研发功能 220 项。

【云平台建设动态】 中鼎物流园的建设受到山西省、总公司、铁路局的高度重视,并得到总公司、山西省主要领导的大力支持。一是 2015 年 12 月 17 日,山西省委书记王儒林在听取路局赵局长的专题汇报后,做出“太原局以时不我待的紧迫感推动创新发展、转型发展的精神可嘉,加快物流业发展的意见很好,请伟中同志协调省市各相关方面主动、全力支持”的重要批示;12 月 27 日省委书记王儒林深入太原铁路局调研时强调:要把加快发展现代物业作为调结构、降成本、促发展的重要增长点和支柱产业,全力支持太铁现代物流转型发展重点项目建设,降低物流成本,调高物流效率,为全省经济持续健康发展提供有力保障;二是路局把物流园建设列为主要领导的“一把手”工程,成立“6 处 1 办 1 部 1 公司”工作组,每周召开推进会,制定具体推进措施,提出下一步落实要求;期间,连续组织工作组成员赴广铁集团、济南局等物流经验成熟的企业、单位进行调研,借鉴成功经验,指导中鼎物流园建设。

【大事记】 1.8 月 12 日,收到大秦铁路股份有限公司投入资本金 3000 万元整。

2.6 月 27 日,路局和百度公司在局机关正式签约,共建“智慧物流云平台”,路局局长赵春雷和百度公司董事长兼 CEO 李彦宏出席签约仪式,大秦公司总经理关柏林和百度开放云总经理刘炀分别代表双方签订合作协议。

3.10 月 10 日,云平台一阶段功能测试评审通过。

4.12 月 24 日,云平台二阶段功能测试评审通过。

(刘大材)

宁岢车务段(筹备组)

【领导成员】

组　　长　　张　溯

副 组 长　　侯安泽

温建宽

孟恭慧

王宝玉

张　剑

【概况】 根据《太原铁路局关于设立宁岢车务段的通知》(太铁劳卫〔2015〕97 号)精神,决定设立宁岢车务段筹备组(以下简称筹备组),筹备组为独立运输生产站段,正处级建制,主要负责瓦日线(局管段)的车站管理,业务上受路局运输处、客运处专业管理和指导。2016 年末,筹备组定员 21 人,现员 17 人。

【现场调研】 年内,筹备组安排 147 人次深入瓦日线各站对车站基础管理工作、现场作业情况进行了检查,检查发现问题 155 个,全部与车站干部和有关车务段进行了沟通处理。在现场检查的同时,对各站干部职工基本状况、站场设备开通情况、车站基础设施建设进度等进行了解和调研。按照路局要求,瓦日线各站共进驻人员 111 人,其中车站管理干部 33 人、职工 78 人,基本保证了正常生产需要。

【规范管理】 为保证筹备组开展工作和规范管理,制定 21 项筹备组管理制度,明确了筹备组人员分工和职责,建立会议制度、学习制度和下现场检查制度,规范了职工劳动纪律,制定了职工食堂、公寓管理等公共服务和后勤保障制度。同时,结合瓦日线实际情况,基本完成了整章建制工作,针对安全管理、运输生产、行车组织、职工教育、后勤保障、政治工作等方面起草了八个大项 350 多个车务段管理制度和办法。

【职工教育】 结合工作实际,制定筹备组学习计划,重点组织全体人员对总公司、路局工作会议、职代会及运输安全工作会相关内容进行了集中学习传达。同时,每周安排一名筹备组班子成员或业务干部给全体人员集中授课,内容涉及:政治理论和形势任务,重载和 CTC 集中调度相关业务知识,货运营销及经营业务知识,瓦日线各站基本概况和行车组织办法,瓦日线货源组织及专用线建设情况,瓦日线供电、车辆、信连闭等行车设备概况,站车客运组织及典型案例,公文格式及文件流转相关规定要求等。认真组织开展“两学一做”专题学习教育,通过对党章、党规、党纪的学习,使筹备组全体党员加强了对党章的认识,增强了对党章精神的把握和领会。强化了党员的“先锋队”意识、“奋斗终身”意识,进一步明确了党员义务和权利,唤醒了全体党员对党员标准的掌握和党员意识的强化。

(张　箭)

吕梁供电段(筹备组)

【领导成员】

段　　长　　孙禹文(兼)

副 段 长　　席春堂

【概况】 根据《太原铁路局关于设立吕梁工务段、吕梁电务段、吕梁供电段筹备组的通知》(太铁劳卫〔2014〕45号)文件的相关要求,吕梁供电段筹备组(以下简称筹备组)成员暂控制在20名以内。2016末,有职工11人,其中组长1人,副组长1人,组员9人。筹备组统筹协调管理瓦日线电气化铁路牵引供电、铁路运输生产电力供电、供水和居民生活供电、供水等工作。

【安全大检查】 根据路局相关文件要求,筹备组积极组织,并先后开展瓦日线车间、班组及供电设备的“安全大检查”、“防洪安全大检查”、“生活房屋设施检查”等检查活动,下现场共计200余人次,发现各类问题500余个,均已按要求上报路局供电处。

【经营管理】 一是完成对瓦日线管内12个配电所、148个箱式变压器进行了远动调试;二是组织完成对管内牵引变电所新增主变双套保护装置进行调试;三是修订绘制并完成瓦日线电力供电设备示意图的制作;四是于2016年5月23日至6月5日与各管段三个供电段共同开展为期半月的瓦日线电力配电所外电源线路验收工作,参与此次验收的各单位人员共计42人;共对管内10座配电所、2座变配电所、2座站房变电所、4座箱变的27条电力外电源线路进行了验收;发现问题十大类,共计428个。

【大事记】 12月20日,瓦日线牵引远动系统投入运行。

(郅敏惠)

吕梁工务段(筹备组)

【领导成员】

段　　长　　梁文怀

常务副段长　　薄天智

【概况】 根据《太原铁路局关于设立吕梁工务段的通知》(太铁劳卫〔2015〕年99号)精神,决定设立吕梁工务段筹备组(以下简称筹备组),该段为路局独立运输生产站段,正处级建制。主要负责瓦日线(局管段)工务设备维修管理,业务上受路局工务处专业管理和指导。2016年末,筹备组有12人,其中组长、常务副组1人。期人中员10人。

【工务设备管理】 瓦日线太原局管段正线k0+000~k501+417为双线,营业里程501.417km,延展长1002.512km,站线长度93.726km,道岔357组。相关配套工程有魏瓦联络线及三交疏解区4条联络线,合计1113.446km。正线为60kg/m区间无缝线路,站线为50kg/m钢轨普通线路。

表28　　瓦日线及相关配套线路统计表

序号	线名	行别	起迄里程	延展长 km	其中无砟道床 km	备　注
1	瓦日	下	k0+000~k501+417	501.417	204.483	道岔357组
2	瓦日	上	k0+000~k501+417	501.385	204.483	
3	瓦日	站线		93.726		
4	吕临线	单	k36+871~k38+205	1.334	道岔	道岔2组
5	北东联络线	单	k0+002~k1+323	1.321	道岔	道岔1组
6	东北联络线	单	k3+781~k5+699	1.918	道岔	道岔2组
7	东南联络线	单	k0+004~k1+138	1.134	道岔	道岔1组
8	魏瓦联络线	单	k0+000~k11+211	11.211		尚未开通
	合　计			1113.446		

表 29 **瓦日线桥隧设备数量统计表(不含联络线)**

类别	座数	全长(km)	延展长(km)	占比(%)	备　注
隧道	151	303.316	552.917	55.1	
桥梁	264	103.417	195.763	19.5	
路基	–	132.782	254.122	25.4	
合计			1002.802	100	

瓦日线属于典型的山区铁路,交通不便,桥隧占比达75%,长大隧道、特大桥较多,最长的隧道为蒲县—龙马间的南吕梁山右线隧道(k284 + 534 ~ k308 + 008),全长23.474km,最长的桥梁为洪洞北—浮山间师村特大桥(中心里程 K355 + 792),桥长6.567km,最高的桥是兴县北—兴县间石岭则蔚汾河特大桥(中心里程 K18 + 173),桥高97m。全线10km以上的长大隧道共计8座,分布在6个区间;500m以上的特大桥56座,在全线16个区间都有分布。瓦日线桥隧设备数量统计见表29。

朔州、太原、侯马北工务段设立了兴县北、临县、孟门、石楼、隰县、蒲县、洪洞北、浮山、安泽9个线路车间筹备组及临县、石楼、洪洞北、安泽4个桥隧车间筹备组,共进驻114人。同时使用中铁电气化铁路运营管理有限公司太原公司职工131人。加上筹备组12人,瓦日线工务系统生产及管理人员共计257人。

目前瓦日线工务系统配备的生产力量主要是线桥维修养护人员,按照正常养护设备的标准还不能满足要求。主要是缺少车间,如安泽二线路车间、孟门探伤车间、洪洞北探伤车间、洪洞北自轮运转车间、洪洞北重点维修车间、洪洞北综合机修车间等6个车间尚未筹备。段一级的管理机构还基本空白。现在每个车间有干部2名,尚未组成工区。

【基础建设】 一是起草吕梁工务段(筹备组)基本的管理办法和制度草稿。结合瓦日线的实际情况,已制定20个生产管理办法,现已对其中的10个管理办法进行了两稿修订;其他方面的办法进行了起草,由于缺少专业人员尚未进行讨论。

二是组织并参与瓦日线的设备检查及机车添乘工作。熟悉瓦日线的基本情况。筹备组通过下现场、走区间进行设备检查,对新发现的设备问题、静动态验收中所提问题的整改销号情况,及时向路局汇报并与相关工务段沟通,确保瓦日线的设备安全。

三是根据路局、路局委员会关于深入开展安全生产大检查的安排要求,筹备组全员在每周一召开专题会议组织学习各种典型安全事故案例,会上人人发言进行深刻反思,查摆自身存在的安全问题,筹备组全体人员多次开了安全生产大检查反思会,集体学习安全通报、典型事故案例,使大家在安全管理的认识上和安全第一的意识上得到了提高。

【党群工作】 全体党员按照上级党组织"两学一做"总体要求,积极开展"学党章党规、学系列讲话,做合格党员"活动,筹备组制定了细化学习教育推进计划,并按计划积极完成了各阶段任务,并召开民主生活会,每名党员写心得谈体会。通过学习教育,提高了党员的综合素质、党性修养,为筹备组各项工作的开展打下了良好的基础。

(赵宏山)

吕梁电务段(筹备组)

【领导成员】

段　　长　　宋　钢(兼)

副 段 长　　廉国政

【概况】 根据《太原铁路局关于设立吕梁电务段的通知》(太铁劳卫〔2015〕100号)精神,设立吕梁电务段筹备组(以下简称筹备组),该段为路局独立运输生产站段,正处级建制,主要负责瓦日线(局管段)电务设备的维修管理,业务上受路局电务处专业管理和指导。定编24人,现员9人。

【经营管理】 树立"扎根山区、耐得寂寞、吃的苦头,自立自强"的工作理念,以"安全优质、兴路强国"思想为指导,坚持"三点共识"和"三个重中之重",以实现安全管理规范化、现场作业标准化、检查整治常态化为抓手,结合实际积极推进安全风险管理和机制建设。紧紧围绕打造瓦日"绿色通道"目标,以路局各阶段重点工作要求及专题活动为载体,主动作为,扎实推进自身及现场安全基础建设。

【基础建设】 1. 整章建制。本着既考虑眼前又着眼长远,组织制定安全19项应急预案,安全七项制度,通信、信号技术及生产管理制度,草拟现场通信、信号工作业指导书等,整章建制形成初稿。

2. 台账管理。与过渡期通信段、电务段、车间、施工单位共同完成对现场设备配置图实核对,建立信号站场、区间、室内、室外设备,通信传输设备配置、光电缆芯线运用台帐、G网设备的覆盖方式、FAS设备配置情况对位核实建立台账。

3. 综合应急基础建设。集中技术力量,通过现场调查采集和电子地图截取实地核实,组织绘制全线现场应急电子交通地图,为应急处置提供帮助。

4. 建立监测中心。协调组织施工单位完成信号、通信监测终端建设;绘制管内设备平面示意大型挂图,建立全线110架路基段可能存在防洪险情区间信号机电子照片档案。

【安全生产】 1. 持续抓好安全风险管理。本着"安全第一、预防为主、综合治理"方针,本着责任共担的思路,对照各阶段预警内容及要求,结合现场检查问题,综合研判,同时结合管理现状,制定阶段性风险控制防范措施。

2. 反违章专项整治活动。开展为期一个月的反违章专项整治活动。一是广泛宣传。二是开展专题教育学习研讨,牢固树立"红线"意识,严肃电务基本安全制度和作业纪律。三是开展专题反思。全员签订"不违章指挥、不违章作业"承诺书。五是印制安全风险控制"红线"细目卡,梳理归纳总公司、路局关于安全管理、风险控制,"红线"管理规定条款,印制下发随身带细目卡,从而养成常学、常查、常反、常纠的思维和工作习惯。

3. 施工安全专项检查。积极开展施工安全专项检查活动,为确保瓦日线开通初期电务施工及运用安全,对瓦日线进行集中检查。参加部分站道岔、轨道电路平推调试作业过程;组织电务工程施工单位项目部专业人员,共同检查施工组织及设备质量,检查共发现问题72件,其中,信号方面44件,通信方面28件,对发现的各类问题均现场核实,确定方案,提出解决建议,电务处经宋刚处长指示下发专题通报,督促相关段及施工单位解决。

4. 强化春融检查。针对开通后第一个春融季节,成立春检春鉴工作组,该段成员组成督查组分阶段,按照专业分工在3、4月份开展为期45天的春检春鉴工作,共发现问题236件,其中信号专业问题115件,通信专业问题78件,结合部问题43件,并督办处理。

5. 扎实开展防洪工作。一是成立防洪抢险小组。二是组织防洪培训。三是配备防洪器具,并明确应急器具的管理。四是绘制应急抢险交通图和防洪重点区段图。五是建立防洪值班制度。六是分阶段开展防洪检查工作。在防洪汛期期间,开展汛期电务重点处所平推式检查,对全线501km线路处在区间土质路基地段的110处信号机进行全覆盖检查,其间发现通信基站院墙外复垦挖土危及墙体安全问题 2 处,及时汇报相关部门联系解决。七是本次平推检查同步拍照建立电子档案,继续复核、确定、建立应急交通道路实际状况电子地图。

6. 积极参与关键把控。在秋检秋鉴工作中，派技术人员参与了侯马电务段组织的蒲县至安泽段联锁试验，共同发现、处理了洪洞北站 20#道岔、22/24#道岔监测采集线配线错误，蒲县道岔缺口监测系统不能正常运行，室内器材图实不一致等问题得到了解决。

（曾文泽）

荣誉记载

获国家级荣誉

获省部级荣誉

2016年获得荣誉

1. **获国家级荣誉**

(1)全国“安康杯”竞赛优胜集体(1个)

湖东电力机务段

(2)全国“安康杯”竞赛优胜班组(1个)

侯马北供电段翼城网电工区

(3)全国工人先锋号获得集体(2个)

湖东电力机务段和谐型机车高级修项目管理部

太原车辆段太原动车组运用所

(4)全国五一劳动奖章获得者(1名)

李　静(女)　太原南站售票车间学习技术员

(5)太原铁路局工会财务部荣获中华全国总工会2015年度市级工会财务工作先进单位

2. **获省部级荣誉**

(1)2016年综合表彰火车头奖杯获得集体(4个)

侯马北机务段侯北二运用车间

太原供电段太原供电车间太北一电力综合工区

太原工务段太原探伤车间

太原电务段晋中站信号工区

(2)货运“五比五创”劳动竞赛火车头奖杯获得集体(8个)

太原北站货运车间

侯马车务段清涧站

介休车务段祁县站货运班组

营销处

榆次站鸣李货运营销网点

湖东货运营销中心物流服务部

朔州货运营销中心

调度所丙班大秦台

(3)客运“三个出行”劳动竞赛火车头奖杯获得集体(3个)

太原站客运车间

太原南站客运车间

太原客运段上海车队

(4)“中国标准动车组研发创新”劳动竞赛火车头奖章获得集体(1 个)

太原机务段动车运用车间运用二车队

(5)2016 年综合表彰火车头奖章获得者(23 名)

刘玉奎　侯马北机务段侯北检修车间质检组组长
蔡晓东　湖东电力机务段湖东运用车间大秦十一队第一指导组司机
刘　蓬　侯马北供电段临汾西供电车间霍州东网电工区工长
张　勇　大同西供电段茶坞供电车间下庄检修队工长
石进龙　太原北车辆段太北轮对车间轮对轮轴班车辆钳工
马建忠　侯马北车辆段侯北检修车间轴承班轮轴装修工
潘二小　湖东车辆段湖东运用车间湖东一场列检三班班组长
陈　丽　太原工务段质量监控中心主任
刘学伶　侯马北工务段襄汾线路车间襄汾综合维修工区工长
侯晋平　原平工务段原平综合机修车间原平机修工区工长
张宇慧　大同工务段安全科科长
王晓峰　茶坞工务段遵化北线路车间主任
石岩涛　秦皇岛西工务段港站线路车间维修工队工长
陈顺庚　太原工务机械段综合机修车间钢轨打磨工区工长
张春虓　太原电务段信号技术科副科长
张大成　大同电务段安全科科长
曾　强　太原通信段大同通信车间口泉通信工区工长
刘贵河　太原公寓管理段太原行车公寓主任
张宝宏　大同铁联实业有限公司云江商贸分公司副经理
吴　侠　太原晋太实业(集团)有限公司太原机车车辆配件厂厂长
张子良　太原铁路公安局临汾公安处乘警支队副队长
白沛锋　路局计划统计处处长
李明义　路局党委宣传部(企业文化处)部长(处长)

(6)2016 年货运“五比五创”劳动竞赛火车头奖章获得者(16 名)

邵　强　榆次货运营销中心客户营销部部长
刘　慧　太原车务段古交站货运班组货运组织员
刘成林　介休车务段平遥站货运班组货运值班员
孟建军　原平车务段忻州站行车班组车站值班员
李瑞刚　大同车务段柴沟堡站货运班组货运值班员
杨立新　大秦车务段秦皇岛东站副站长
那俊杰　路局营销处生产科科员

罗万军　　大同站站长
丁润斌　　太原北站玉门沟站副站长
张栓红　　太原车务段清徐站货运班组货运组织员
段晓军　　侯马车务段运城站行车甲班车站值班员
韩书荣　　原平车务段播明站站长
谢步俊　　朔州货运营销中心副主任
靳志刚　　大同车务段新高山站站长
王政枢　　路局调度所货运调度室调度员
王志评　　太原站党委书记

(7)2016 年客运“三个出行”劳动竞赛火车头奖章获得者(7 名)

王　燕　　太原站售票车间丙班售票员
康慧阳　　太原南站售票车间乙班售票员
邢太生　　太原客运段安全科业务主管
武　民　　太原机务段榆西折返车间主任
赵俊文　　太原车辆段太原运用车间乘务九队 K565/6 次三组发电车乘务员
贺　军　　太原南工务段道岔整修队业务主管
丁长喜　　侯马电务段临汾西车间临汾西工区信号工

(8)2015 年铁路重点工程劳动竞赛火车头奖章获得者(3 名)

秦青俊　　太原枢纽建设指挥部工程管理部部长
刘平英　　准朔铁路工程建设指挥部部员
成建国　　迁曹铁路扩能改造工程建设指挥部工程师

(9)2015 年全路职业技能竞赛火车头奖章获得者(3 名)

李存良　　湖东车辆段茶坞运用车间茶坞列检三班动态检车员
宋现瑞　　大同西供电段茶坞检修车间试验组高压试验工
杨悦艺　　太原通信段网管中心助理工程师

(10)2015 年“中国标准动车组研发创新”劳动竞赛火车头奖章获得者(3 名)

李　伟　　太原机务段动车运用车间运用二车队大西高铁高速综合试验乘务组司机
董　宁　　太原车辆段太原动车组运用所忻州西动车组检修点工长
陈富强　　路局总工程师室主任

(11)2016 年山西省五一劳动奖状获得集体(1 个)

大同西供电段

(12)2016 年山西省工人先锋号获得集体(1 个)

大同电务段湖东车间湖东东二信号工区

(13)2016 年山西省五一劳动奖章获得者(1 名)

高　斌　　　朔州工务段里八庄线路工区巡道工

(14)太原铁路局工会荣获 2015 年山西省总工会直属基层工委“五小”竞赛活动“优秀组织奖”

(15)2015 年度所属局级工会财务竞赛评比特等奖

太原铁路局工会财务部

(16)太原南站“婷婷爱心服务区”获 2016 年山西省总工会“五一巾帼标兵岗”“十大杰出女子班组”和“工人先锋号”

(17)2016 年山西省“巾帼文明岗”

太原站“改梅助困室”

(18)2015 年度铁路工会经审工作规范化建设考核特等奖

太原铁路局工会经审办

(19)2015 年度铁路工会优秀审计项目

太原铁路房建段工会 2015 年经费及帮扶救助专项资金收支审计项目

(20)2016 年“争当法律专家,做好维权服务”全国铁路工会干部法律知识竞赛二等奖

太原铁路局工会

(魏福华)

统计资料

2016 年主要设备状况统计

2016 年主要指标完成情况

2016 年车站、车务段主要运输指标统计

2016 年机务段主要指标统计

2016 年固定资产投资完成情况

表 30

2016 年主要设备状况统计

一、线路长度

线路名称	营业长度（km）	延展里程		道口（个）	
		总计（km）	其中:正线（km）	合计（个）	其中:有人看守（个）
总计	4576.431	11744.961	8260.183	142	56
一、正式营业	4576.431	11744.961	8260.183	142	56
1. 国铁	2623.760	7283.717	4569.571	115	45
京包线	155.500	435.131	310.970		
太焦线	190.800	249.867	190.800		
南同蒲线	478.481	1288.841	810.341	27	10
侯月线	150.290	432.659	302.925		
北同蒲线	335.479	1136.008	618.007	9	6
京原线	174.744	256.676	175.675		
石太线	123.398	525.257	242.919	12	3
口泉线	9.730	100.496	15.361	3	3
宁岢线	95.371	167.994	95.916	16	3
忻河线	39.942	58.138	50.669	16	2
兰村线	12.657	16.642	12.052	8	4
太岚线	7.186	17.568	3.606		
西山线	23.600	76.002	26.934	5	5
介西线	46.907	118.573	57.995		
二峰山线	4.323	7.485	4.238	1	
礼垣线	44.280	52.525	44.013	6	
大秦线	652.000	1824.623	1320.945		
韩原线		11.229	11.229		
秦皇岛进出港线	0.300	9.960	3.037		
湖大线	21.762	64.909	42.261		
大秦四期煤码头线	7.640	68.514	7.640		

线路名称	营业长度(km)	延展里程		道口(个)	
		总计(km)	其中:正线(km)	合计(个)	其中:有人看守(个)
秦东联络线	14.420	79.890	23.724	2	2
大秦津蓟上联线	5.098	5.098	5.098		
大秦津蓟下联线		5.103	5.103		
义万联线		5.294	5.294		
皇太联络线		5.767	5.767	2	2
汾太联络线		1.362	1.362	1	
榆次联络线	1.800	0.848	0.848		
介休洗选线		11.899	6.236	1	1
洗选介西线		1.658	1.549		
南联线	1.228	1.228	1.228		
龙联线	1.900	10.293	1.752	1	
大包下发线		5.713	5.713		
大包上引线		3.430	3.430		
薛梅联络线		8.782	8.782	2	1
大同北环线		15.681	10.976		
同蒲大秦上联线	0.228	6.909	6.784		
同蒲大秦下联线	5.750	5.813	5.813		
云岗大秦上联线		20.848	15.263		
云岗大秦下联线		18.998	18.804		
汾皇联络线		2.929	2.929		
茶高线	5.946	2.947	2.947	3	3
大段上联线	8.000	6.652	6.652		
大段下联线	5.000	6.260	6.260		
大秦三期煤码头线		67.057	7.440		
侯北南环线		3.113	3.113		

线路名称	营业长度（km）	延展里程		道口（个）	
		总计（km）	其中:正线（km）	合计（个）	其中:有人看守（个）
榆次联1线		1.237	1.237		
榆次联2线		3.245	3.245		
高曲联络线		17.055	17.055		
迁曹线		7.404	7.404		
滦菱线		1.291	1.291		
燕大上行联络线		0.757	0.757		
古大联络线		19.282	17.405		
白彪疏解线		8.029	8.029		
义万疏解线		1.824	1.824		
云岗线		0.924	0.924		
2.控股公司	1836.703	4266.973	3574.644	17	3
侯西线	76.597	218.007	152.074		
太中线	219.645	489.249	437.289		
瓦日线	499.779	1092.150	999.526		
韩原线	153.309	320.095	300.446		
太兴线	164.311	322.756	249.982		
吕临线	37.981	46.064	37.981		
唐呼线	5.129	2.632	2.632		
东港线	49.278	163.748	100.662	1	
迁曹线	144.630	360.027	285.539	4	
京唐港线	9.112	16.884	10.407	12	3
滦菱线	7.932	18.325	18.325		
曹港联络线	3.133	3.293	3.133		
货联线		21.646	21.646		
石太动车线		4.854	4.854		

线　路 名　称	营业长度 (km)	延展里程		道　　口(个)	
		总计 (km)	其中:正线 (km)	合　计 (个)	其中:有人 看守(个)
大西动车线		4.852	4.576		
太南动车走行线		49.847	3.352		
运城北动车走行左		2.730	2.730		
运城北动车走行右		3.264	3.264		
侯西联络线	4.029	7.796	7.266		
白文疏解线		4.143	4.143		
白文北疏解线		4.189	4.189		
吕临货联线		5.307	5.221		
吕临客联线	5.513	2.212	2.158		
曹西线	18.388	141.368	46.308		
北东联络线		1.411	1.321		
东北联络线		5.776	5.686		
东南联络线		1.224	1.134		
石太客专	14.113	25.433	25.433		
大西高速	409.941	893.621	826.704		
中鼎联络线	13.883	34.070	6.663		
3.非控股公司	115.968	194.271	115.968	10	8
孝柳线	115.968	194.271	115.968	10	8
二、临时营业					

二、钢轨、道岔

线路名称	钢轨总延长(km)	其中				无缝线路(km)	道岔(组)
		75kg	60kg	50kg	43kg及以下		
乙	1	2	3	4	5	6	7
总计	11745.123	1074.087	8632.399	1241.433	797.204	7804.09	10792
一、正线合计	8260.183	887.802	7212.317	111.577	48.487	7517.682	4191
1.正式营业	8260.183	887.802	7212.317	111.577	48.487	7517.682	4191
①国铁	4569.571	868.015	3553.691	101.064	46.801	4017.098	2754
京包线	310.97		310.97			297.023	170
太焦线	190.8	119.882	70.918			125.195	86
南同蒲线	810.341		810.341			735.709	564
侯月线	302.925		302.925			288.317	168
北同蒲线	618.007	22.348	595.659			564.206	547
京原线	175.675		175.675			175.296	92
石太线	242.919		242.919			221.478	191
口泉线	15.361		15.361			3.43	20
宁岢线	95.916		95.916			88.535	57
忻河线	50.669		1.386	49.283			19
兰村线	12.052		0	11.652	0.4		14
太岚线	3.606		3.606			0.701	10
西山线	26.934		18.965	7.969			46
介西线	57.995	6.959	51.036			45.219	75
二峰山线	4.238		0	1.161	3.077		8
礼垣线	44.013		0	0.725	43.288		16
大秦线	1320.945	658.835	662.11			1301.319	376
韩原线	11.229		11.229			11.229	20
秦皇岛进出港线	3.037		0.38	2.657			15
湖大线	42.261	21.506	20.755			38.454	44
大秦四期煤码头线	7.64	7.35	0.29				8

线　路 名　称	钢轨总延长(km)	其　　中				无缝线路(km)	道岔(组)
		75kg	60kg	50kg	43kg及以下		
秦东联络线	23.724	6.231	17.493			6.9	17
大秦津蓟上联线	5.098	1.597	3.501				6
大秦津蓟下联线	5.103	1.557	3.546				10
义万联线	5.294		5.294			4.894	5
皇太联络线	5.767	5.4	0	0.367		5.4	11
汾太联络线	1.362	1.2	0.062	0.1		1.2	3
榆次联络线	0.848		0.605	0.243			3
介休洗选线	6.236		6.2		0.036	6	14
洗选介西线	1.549		1.424	0.125			2
南联线	1.228		1.228				5
龙联线	1.752		1.752				3
大包下发线	5.713		5.713				4
大包上引线	3.43		3.43			0.929	2
薛梅联络线	8.782		0.332	8.45			5
大同北环线	10.976	0.238	10.668	0.07		10.624	5
同蒲大秦上联线	6.784		6.784			6.472	5
同蒲大秦下联线	5.813	0.129	5.684			2.222	4
云岗大秦上联线	15.263	1.908	12.865	0.49		14.722	12
云岗大秦下联线	18.804		4.924	13.88		4.226	13
汾皇联络线	2.929	2.844	0	0.085		2.844	2
茶高线	2.947		2.947			2.638	
大段上联线	6.652		6.652			6.652	5
大段下联线	6.26		6.26			6.26	5
大秦三期煤码头线	7.44		7.44				11
侯北南环线	3.113		3.113				6
榆次联1线	1.237		1.237			1.237	1
榆次联2线	3.245		0	3.245			4

线路名称	钢轨总延长(km)	其中				无缝线路(km)	道岔(组)
		75kg	60kg	50kg	43kg及以下		
高曲联络线	17.055	9.444	7.611			6.344	9
迁曹线	7.404		7.404			7.404	17
滦菱线	1.291		1.291			1.291	
燕大上行联络线	0.757	0.587	0.17			0.47	1
古大联络线	17.405		17.405			12.405	5
白彪疏解线	8.029		8.029			8.029	9
义万疏解线	1.824		1.824			1.824	
云岗线	0.924		0.362	0.562			4
②控股公司	3574.644	19.787	3544.344	10.513		3500.584	1363
侯西线	152.074		152.074			143.726	117
太中线	437.289		437.289			437.289	121
瓦日线	999.526		999.526			999.526	357
韩原线	300.446		300.446			300.446	85
太兴线	249.982		249.982			216.81	112
吕临线	37.981		37.981			37.981	24
唐呼线	2.632	1.316	1.316			2.632	
东港线	100.662		95.451	5.211		89.936	67
迁曹线	285.539		285.539			270.041	106
京唐港线	10.407		9.572	0.835		8	8
滦菱线	18.325		18.325			18.325	13
曹港联络线	3.133		3.133			2.77	1
货联线	21.646		21.646			21.646	18
石太动车线	4.854		4.854			4.854	13
大西动车线	4.576		4.576			4.576	9
太南动车走行线	3.352		3.2	0.152		3.352	1
运城北动车走行左	2.73		2.625	0.105		2.73	4
运城北动车走行右	3.264		2.6	0.664		3.264	5

线　路 名　称	钢轨总延长(km)	其　　中				无缝线路(km)	道岔(组)
		75kg	60kg	50kg	43kg及以下		
侯西联络线	7.266		7.266			7.266	23
白文疏解线	4.143		4.143			4.143	3
白文北疏解线	4.189		4.189			4.189	6
吕临货联线	5.221		5.221			5.221	5
吕临客联线	2.158		2.158			2.158	2
曹西线	46.308	18.471	24.291	3.546		42.762	44
北东联络线	1.321		1.321			1.321	
东北联络线	5.686		5.686			5.686	6
东南联络线	1.134		1.134			1.134	
石太客专	25.433		25.433			25.433	67
大西高速	826.704		826.704			826.704	142
中鼎联络线	6.663		6.663			6.663	4
③非控股公司	115.968		114.282		1.686		74
孝柳线	115.968		114.282		1.686		74
2. 临时营业							
二、站、段、岔、特线合计	3484.94	186.285	1420.082	1129.856	748.717	286.408	6601
1. 正式营业	3484.94	186.285	1420.082	1129.856	748.717	286.408	6601
①国铁	2714.146	186.285	1065.18	751.366	711.315	222.275	5458
②控股公司	692.491		349.413	326.79	16.288	64.133	978
③非控股公司	78.303		5.489	51.7	21.114		165
2. 临时营业							

三、桥梁

线路名称	桥梁总计		其中		
	座数（座）	延长米（m）	钢梁桥（座）	混合桥（座）	圬工桥（座）
甲	1	2	3	4	5
总计	3937	788289	12	4	3921
一、正、站线	3894	787200	10	4	3880
1. 国铁	2703	170721	8	2	2693
京包线	366	8322			366
太焦线	142	9086	1		141
南同蒲线	407	11118			407
侯月线	104	17212		2	102
北同蒲线	350	9909			350
京原线	174	5287			174
石太线	255	10827	5		250
口泉线	20	466			20
宁岢线	97	5087			97
忻河线	34	1394			34
兰村线	11	240	1		10
太岚线	1	18			1
西山线	33	2040	1		32
介西线	34	1110			34
二峰山线	1	209			1
礼垣线	17	415			17
大秦线	533	68541			533
秦皇岛进出港线	2	78			2

线路名称	桥梁总计		其中		
	座数（座）	延长米（m）	钢梁桥（座）	混合桥（座）	圬工桥（座）
湖大线	17	475			17
大秦津山上联线	1	56			1
大秦四期煤码头线	3	1354			3
秦东联络线	16	3681			16
义万联线	2	62			2
皇太联络线	3	107			3
介休洗选线	5	96			5
洗选介西线	2	99			2
龙联线	1	89			1
大包下发线	3	97			3
大包上引线	4	49			4
薛梅联络线	9	151			9
大同北环线	4	1144			4
同蒲大秦上联线	3	1957			3
同蒲大秦下联线	3	51			3
云岗大秦上联线	11	623			11
云岗大秦下联线	11	1638			11
大段上联线	1	158			1
大段下联线	4	173			4
大秦三期煤码头线	5	461			5
侯北南环线	1	14			1
榆次联 1 线	1	29			1

线路名称	桥梁总计		其中		
	座数（座）	延长米（m）	钢梁桥（座）	混合桥（座）	圬工桥（座）
榆次联2线	1	109			1
高曲联络线	2	30			2
古大联络线	5	6350			5
白彪疏解线	1	150			1
义万疏解线	3	159			3
2. 控股公司	1099	605265	2	2	1095
侯西线	93	5027			93
太中线	160	72613			160
瓦日线	264	103416			264
韩原线	104	18729		1	103
太兴线	135	25558	2	1	132
吕临线	19	4703			19
唐呼线	2	41			2
东港线	38	1396			38
迁曹线	90	18703			90
京唐港线	6	134			6
滦菱线	9	3561			9
曹港联络线	1	62			1
货联线	8	10087			8
石太动车线	2	1874			2
大西动车线	4	169			4
太南动车走行线	5	143			5

线路名称	桥梁总计		其中		
	座数（座）	延长米（m）	钢梁桥（座）	混合桥（座）	圬工桥（座）
运城北动车走行左	1	1122			1
运城北动车走行右	1	1197			1
白文疏解线	2	276			2
白文北疏解线	2	1912			2
吕临货联线	2	1544			2
吕临客联线	4	880			4
曹西线	10	16085			10
东北联络线	1	816			1
东南联络线	1	639			1
石太客专	2	88			2
大西高速	129	310097			129
中鼎联络线	4	4393			4
3. 非控股公司	92	11214			92
孝柳线	92	11214			92
二、段、岔、特线合计	43	1089	2		41
国铁	43	1089	2		41
控股合资					
非控股合资					

四、隧道

线路名称	隧道及明峒		其中:隧道		长隧道(座)
	座数(座)	延展米(m)	座数(座)	延展米(m)	座数(座)
总计	584	739028	561	736339	35
一、正站线合计	584	739028	561	736339	35
1. 国铁	218	170058	204	168186	12
太焦线	56	25983	53	25397	1
南同蒲线	5	4586	5	4586	
侯月线	43	40950	42	40863	2
北同蒲线	23	10742	14	9699	2
京原线	7	11823	7	11823	1
石太线	25	5926	24	5770	
宁岢线	2	1224	2	1224	
忻河线	1	155	1	155	
礼垣线	4	1472	4	1472	
大秦线	52	67197	52	67197	6
2. 控股公司	329	558528	320	557711	23
太中线	68	93505	68	93505	1
瓦日线	151	303316	145	302789	12
韩原线	1	14085	1	14085	
太兴线	70	90308	67	90018	5
吕临线	12	20663	12	20663	1
迁曹线	2	462	2	462	
东北联络线	1	625	1	625	
东南联络线	1	555	1	555	
大西高速	23	35009	23	35009	4
3. 非控股公司	37	10442	37	10442	
孝柳线	37	10442	37	10442	
二、段、岔、特线合计					

五、配属机车台数

机　型	总计	侯马北机务段	湖东电力机务段	太原机务段	唐港公司	孝柳公司
机车总计	1218	234	637	318	5	24
1. 电力机车	922	138	550	217		17
8G	2	2				
8K	40		40			
HXD1	270		250	20		
HXD2	180	40	140			
HXD3C	25			25		
韶山 1	1			1		
韶山 4	387	96	120	171		
韶山 3	2					2
韶山 3B	13					13
韶山 7C	2					2
2. 内燃机车	296	96	87	101	5	7
HXN5B	7	2	2	3		
东风 12	1				1	
东风 4	25			25		
东风 4B	44	32	9		2	1
东风 4BD	21		6	15		
东风 4BK	31		9	22		
东风 4D	2	2				
东风 4DD	8		8			
东风 4D 客	6		2	4		
东风 7	45	7	16	22		
东风 7B	10	2	8			
东风 7C	9	9				
东风 7G	7	7				
东风 8B	80	35	27	10	2	6

六、配属客车辆数

车型	车辆类别																双层车	空调车
	总计（辆）	软座车	硬座车	软卧车	硬卧车	软硬座车	软硬卧车	其他合造车	餐车	行李车	邮政车	公务车	试验车	维修车	空调发电车	特种车	其他		
甲	1	2	3	4	5	6	7	8	9	10	11	12	13	14	15	16	17	18	19
总 计	1979		699	174	861				106	57		10	2	4	66			10	1704
19K	4			4															4
19T	3			3															3
22	3									3									
22B	1									1									
25	2				2														2
25A	55		18	4	25				5						3				55
25B	343		161	45	105				13	19								10	72
25G	1507		509	112	705				83	34			1		63				1507
25T	52		11	6	24				5			1	1	4					52
25K	9											9							9

表31　　2016年主要指标完成情况

指标名称	计算单位	2015年		
		计划	实际完成	完成%
换算周转量(客+货)	百万换算t·km	366900	329717.9	89.9
旅客周转量	百万人km	16400	16719.4	101.9
货物周转量	百万t·km	350500	312998.6	89.3
行包周转量	百万t·km		13.9	
旅客发送量	万人	7390	7101.1	96.1
货物发送量	万t	59170	51208.9	86.5
其中:煤	万t	48600	40703.6	83.8
晋煤外运量	万t		38656.3	
行包发送量	t	16000.00	14651.7	91.6
装车数	日车	22480	19739	87.8
其中:煤	日车		14882	
静载重	t		70.9	
卸车数	日车		14781	
周转时间	天	2.79	2.70	103.3
中时	h	4.8	5.7	84.2
停时	h	14.0	13.2	106.1
旅速	km/h	37.5	37.1	98.9
货车出发	%		95.7	
货车运行	%		95.6	
客车出发	%		99.8	
客车运行	%		99.9	
运输总收入	亿元	742	627.0	84.6

（周文杰　供）

表 32 **2016 年车站、车务段主要运输指标统计**

指标 单位	旅客发送（万人）	货物发送（万 t）	其中：煤（万 t）	货物到达（万 t）	装车数（日车）	静载重 t	卸空车数（日车）	停 时（h）	中 时（h）
太原站	1431.1			0.3					
太原北站	7.5	1785.0	949.4	1733.8	805	60.7	698	30.8	5.4
太原南站	1153.7								
榆次站	161.3	337.8	11.8	84.5	176	52.6	71	19.4	5.4
大同站	532.6	10512.7	10430.4	136.9	3633	79.3	72	3.8	2.9
大秦车务段		228.8	147.8	17121.0	84	74.7	6097	13.2	5.5
太原车务段	405.5	3692.5	2607.6	84.7	1491	67.8	32	22.4	23.4
原平车务段	700.6	1422.9	522.7	91.6	614	63.5	47	33.3	5.2
介休车务段	666.6	6397.1	4690.8	631.0	2794	62.7	531	12.5	6
侯马车务段	1475.7	3452.7	1290.1	2658.4	1611	58.7	1221	28	11.5
大同车务段	108.5	3890.4	3858.0	56.3	1404	75.9	27	16.2	9.8
朔州车务段	457.9	16533.3	16194.7	269.6	5941	76.2	67	9.3	8.2
唐港公司		2955.7	0.4	17724.8	1239	65.3	6333	8.2	4.7
太原铁路局	7101.1	51208.9	40703.6	40593.0	19793	70.9	15196	13.2	5.7

（周文杰　供）

表 33　**2016 年机务段主要指标统计**

指标 单位	机车总重吨公里（百万）	机车总走行公里（万 km）	货运机车日产量（万 t·km）	货运机车日车公里（km）	货运机车平均牵引总重（t）	货运机车技术速度（km/h）
太原局	506444	19173	231.7	564	6041	48.1
其中：内燃	14655	3013	54.9	305	2685	42.9
电力	491789	16160	250.4	591	6220	48.4
太原机务段	82926	7505	100.4	456	3124	46.7
其中：内燃	9419	1442	70.3	369	2697	44.1
电力	73507	6063	105.6	472	3182	47.0
侯马北机务段	49571	3011	109.3	417	3089	45.0
其中：内燃	3469	881	36.1	240	2263	40.8
电力	46102	2130	128.6	464	3174	45.5
湖东电力机务段	373946	8657	354.1	683	8232	49.9
其中：内燃	1766	690	68.2	311	4262	43.4
电力	372180	7967	360.1	691	8263	50.0

（周文杰　供）

表 34 **2016 年固定资产投资完成情况**

项　　目	年计划(万元)	完成(万元)	为年计划%
基本建设项目	1752802	1752802	100
复线及扩能	177000	177000	100
曹妃甸港区铁路扩能	177000	177000	100
电气化铁路	100000	100000	100
南同蒲铁路侯马至风陵渡电气化改造	50000	50000	100
京原铁路太原局管段电气化改造	50000	50000	100
枢纽、客站	168100	168100	100
太原铁路枢纽新建西南环线	98000	98000	100
太原枢纽(北六堡)物流中心	70000	70000	100
聂庄至东港增二线和东港站改造	100	100	100
新建铁路	1307702	1307702	100
大同至西安铁路	120000	120000	100
朔州至准格尔铁路	18000	18000	100
北同蒲铁路韩家岭至应县增建四线	55000	55000	100
吕梁至临县(孟门)铁路	100	100	100
(1)吕梁至临县(孟门)铁路－中南	50	50	100
(2)吕梁至临县(孟门)铁路－吕临	50	50	100
黄陵至韩城至侯马铁路	1000	1000	100
山西中南部铁路通道	510000	510000	100
太兴铁路太原至静游段	79308	79308	100
太兴铁路静游至兴县段	24294	24294	100
大同至张家口铁路	400000	400000	100
太原至焦作铁路	100000	100000	100

项　　目	年计划(万元)	完成(万元)	为年计划%
更新改造			
总公司管理项目	1276.4	805.7	63.1
铁路局管理项目	13180	1920.9	14.6
大秦公司管理项目	227306.2	57220.4	25.2
大秦公司 2015 年结转项目		51735	
保价资金	3363.1	1014.3	30.2
其他资金	77880.4	25427.2	32.6
护路联防	232.2	123.1	53.0
大秦职教经费及其他	880.8	163	18.5
大秦综合开发投资	68344.4	22869.8	33.5
太原铁路局专项资金	1529.5		
大西客专专项资金	6300.4	2271.3	36.1
太兴线专项资金	593.1		
机车车辆装备购置			
机辆互换配件	26676.4	15981.7	59.9
机辆加改	18470.6	3179.1	17.2
大秦机辆购置		129538.6	

（白燕　供）

图书在版编目（CIP）数据

太原铁路局年鉴. 2017/《太原铁路局年鉴》编委会编. —北京：中国铁道出版社，2017. 12

ISBN 978-7-113-24073-8

Ⅰ. ①太… Ⅱ. ①太… Ⅲ. ①铁路局—太原—2017—年鉴 Ⅳ. ①F532. 6-54

中国版本图书馆 CIP 数据核字（2017）第 294687 号

书　　名：太原铁路局年鉴 2017

作　　者：《太原铁路局年鉴》编委会　编

责任编辑：朱景芳　　**编辑部电话：**010-51873407

封面设计：崔丽芳

责任校对：王　杰

责任印制：郭向伟

出版发行：中国铁道出版社（100054，北京市西城区右安门西街 8 号）

网　　址：http://www.tdpress.com

印　　刷：虎彩印艺股份有限公司

版　　次：2017 年 12 月第 1 版　2017 年 12 月第 1 次印刷

开　　本：787 mm×1 092 mm　1/16　**印张：**30. 75　**字数：**650 千

书　　号：ISBN 978-7-113-24073-8

定　　价：260. 00 元